江南大学“钱钟书及其海外传播研究”基地研究成果之一，
受中央高校基本业务费专项资金资助

《管锥编》西文注释译解

张俊萍 著

上海三联书店

目　录

序言："通者"的力量

“钱学”成为“显学”，还是上世纪八、九十年代的事。那时候对于钱钟书先生的评价，不外乎“国学大师”、“文化昆仑”、“比较文学泰斗”这些钱先生本人也讨厌的“帽子”。但后来的情况是，钱学研究从“热”趋于正常理性、甚至有点“冷”的状态；而“国学大师”等头衔，也纷纷“共享”于他人。其实无论“热”与“冷”，都无害于钱学的博通。钱学之博通，用他自己话来说就是“颇采二西之书，以供三隅之反”（见《谈艺录》序言）、“妙手穿窬探楱蕴”（见《槐聚诗存》之《戏燕谋》）。据统计，《管锥编》引用过的中文和西文作家近四千人，其中，西文作家一千多人，西文书籍达一千七百多种。即便现在学术研究进入“大数据”时代，我们还是不禁为这种“博通”而惊叹。一位作家说过，在人类修好巴别塔之前，上帝为什么有力量，就是因为他无所不知。而现实的很多缺憾都是因为“数据阻隔”、“信息不对称”造成的。所以，如果从大数据、数据融合的角度来看钱钟书，我们还可以赠他这样一顶“帽子”：“人文研究数据融合者”。

近十年来，无锡致力于“云计算”、“大数据”和“智慧城市”建设，“数据融合”成为必备之基础。殊不知，作为其“邑贤”的钱钟书先生，已早作“先声”矣。如果此时天上的钱先生也懂得“云计算”，莫不作会心一笑乎？

但从来曲高者和寡，当今人文学者真正能通读和读通钱氏著作的并不多见。除了学术兴趣方面的原因外，古文和外文构成了两大障碍。笔者年少时攻读比较文学学位，当时即已发愿，期有一日能尽译钱氏著作中西文注释，于有志、有趣于钱学研究者裨益之，但庸碌人生物事丛脞，一直不能遂愿。2017 年 6 月，江南大学外国语学院龚晓斌教授、朱义华博士等诸君创立“钱钟书及其海外传播研究中心”，对从西语文化角度整理研究钱氏著作有所商略，此项工作方得提上日程，先选择《管锥编》（生活 · 读书 · 新知三联出版社，2011）西文注释着手翻译并对注释中出现的人名和书名作简要介绍。由于《管锥编》中的西文注释涉及英、法、德、意、拉丁、西班牙等多个语种，非笔者一人之所能，乃邀请生、友加入团队，共襄译事。

对我们这样一个于文史哲学问都孤陋寡闻的团队而言，此任务实际上是过于沉重的，所以结果可能是错讹群飞，乃至贻笑大方；但因为译解过程中的艰难辛酸（有时候一本书名或一个人名要花上几天时间去核校），让我在内心先宽释自己。令我们肠车辘转的是，通过翻译《管锥编》的西文注释，那些在西方文化自身中也已“寂寂身名”的作者和作品，重新被照亮。我想，大概这也是“上帝”的力量吧！

乃赋七律以咏之：

江河滚滚千年泪，
无奈幽州叹落晖。
山藏册书薪不灭，
雪埋名姓迹渐微。
文章绝世知音渺，
士女谀时赞誉肥。
幸赖擎鲸探椟手，
逸才隐士尽来归。

张俊萍于无锡天鹅湖花园
2021年2月

P4 注释①*Wissenschaft der Logik*, Reclams, Universal-Bibliothek, 1,19.

《逻辑学》,莱克拉姆,通用图书出版社,1,19。

《逻辑学》:黑格尔主要哲学著作之一。为了区别于他的另一著作《哲学全书》的第一部分"逻辑学",通常称它为"大逻辑",称后者为"小逻辑"。《逻辑学》由客观逻辑和主观逻辑两部分组成。客观逻辑包括"存在论"和"本质论",这两编分别出版于1812和1813年,主观逻辑即"概念论",出版于1816年。此书中,黑格尔分析了逻辑学的历史和现状,指明从根本上改造旧逻辑的必要。

黑格尔(G. W. F. Hegel, 1770—1831),德国古典哲学的集大成者,主要著作有:《精神现象学》、《逻辑学》、《哲学全书》(其中包括逻辑学、自然哲学、精神哲学3部分)、《法哲学原理》、《美学讲演录》、《哲学史讲演录》、《历史哲学讲演录》等。

P4 注释②ibid, 124 - 125。

同上124—125。

P6 注释① Cf. *Die Phänomenologie des Geistes*, Akademie verlag, 90: "Es ist eine Negieren und ein Aufbewahren zugleich."

参见《精神现象学》,学院出版社,90:"这是否定,同时也是保存。"

黑格尔,参见第一册P4注释①。

《精神现象学》:黑格尔著。此作首次出版于1807年3月,是黑格尔阐述自己哲学观点和方法论原则的第一部纲领性巨著。此作总结了黑格尔以前的哲学家们的哲学研究成果,宣告了未来哲学的大纲,论述了人的意识发展诸阶段,提供了一部人类意识的发展史,深刻地揭示了人的个体发展及人类社会发展两个方面的历史辩证法,是一部人类意识的发展史。

P6 注释② Kant 同上 hrsg. E. Cassirer，VIII. 142。

康德，同上，E. 卡西尔编，VIII. 142。

康德（Immanuel Kant，1724—1804），德国古典哲学的开启者，是继苏格拉底、柏拉图和亚里士多德后，西方最具影响力的思想家之一，著有《纯粹理性批判》、《实践理性批判》和《判断力批判》等。

P6 注释③*Schillers Werke*，Hrsg. L. Bellemann. 2. Aufl. VII，93.

《席勒作品集》，L. 贝雷曼编，第 2 版. VII，93。

席勒（Johann Christoph Friedrich von Schiller，1759—1805），德国 18 世纪著名诗人、哲学家、历史学家和剧作家，德国文学史上著名的"狂飙突进运动"的代表人物，也被公认为德国文学史上地位仅次于歌德的伟大作家。代表作有戏剧《阴谋与爱情》、美学著作《美育通信》等。

P7 注释① Wundt，*Grundzuege der physiologischen Psychologie*，6，Aufl，III，663.

冯特，《生理心理学原理》，第 6 版，III，663。

威廉·冯特（Wilhelm Wundt，1832—1920），德国生理学家、心理学家、哲学家，实验心理学之父。他于 1879 年在莱比锡大学创立世界上第一个专门研究心理学的实验室，这被认为是心理学成为一门独立学科的标志。冯特经常被视为心理学之父。代表作有《生理心理学原理》、《民族心理学》等。

《生理心理学原理》：冯特著，1874 年出版。此书把心理学牢固地确立为有自己的实验课题与实验方法的实验科学。因此，该作被后来心理学界认为是科学心理学史上最伟大的著作，是科学心理学的独立宣言。

P7 注释② Eckermann，*Gespräche mit Goethe* 10. Nov. 1823，Aufbau，80.

爱克曼，《歌德谈话录》，1823 年 11 月 10 日，建设出版社，80。

爱克曼（J. P. Eckermann，1792—1854），歌德的秘书，直接参与了歌德晚年的全部创作，一直到歌德逝世，他编辑了《歌德谈话录》和由歌德亲自审定的《歌德文集》。

P7 注释③ Schiller，*op. cif.*，289，336。

转引自席勒，289，336。

席勒，参见第一册 P6 注释③。

P7 注释④*Schelings Werke. Auswahl in 3 Bänden*, Hrsg. O. Weiss. II. 289, 293,295,300.

《谢林选集 3 卷本》,O. 维斯编,II. 289,293,295,300。

谢林(Friedrich Wilhelm Joseph von Schelling, 1775—1854),德国哲学家。德国唯心主义发展中期的主要人物,处在费希特和黑格尔之间。其哲学可分为三个时期:从费希特哲学过渡到强调客观自然的重要性,也就是自然哲学;对精神和自然的同一性、无差别性的思考,发展成同一哲学;对消极的和积极的哲学的反抗转变成和宗教密切相关的启示哲学。著有《论一种绝对形式哲学的可能性》、《先验唯心论体系》、《宗教与哲学》等。

P7 注释⑤O. Zitker, *Die Bereicherung der deutschen Wortschatzes durch die Spätmittelalterliche Mystik*, 82－3.

奥·契克,《中世纪晚期神秘主义对德语词汇的丰富》,82—83。

奥·契克(O. Zitker),不详。

《中世纪晚期神秘主义对德语词汇的丰富》:不详。

P8 注释① Suetonius, II. xii, "The Loeb Classical Library", 1, 136; Heine: "Ludwig Börne", in *Werke and Briefe*, *Aufbau*, 1962, Vol. VI, P. 91.

苏埃托尼乌斯,II. xii,"洛布古典丛书"(以下注释中简称"洛布"Loeb),1,136;海涅:"路德维希·白尔尼",见《作品书信集》,建设出版社,1962,第 VI 卷,P91。

苏埃托尼乌斯(Gaius Suetonius Tranquillus,约 69/75—130),罗马帝国历史学家。他最重要的作品是《罗马十二帝王传》,另有《语法家》、《修辞家》、《名人传》、《名妓传》等大量著述。《名人传》至少汇集了古代三个门类的著名人物传记,即演说家、历史学家和诗人,包括大约 21 位文法家、16 位修辞学家、33 位诗人和六位史家,均仅存残篇。《名人传》和《名妓传》可以说是最早的社会史、文化史范畴的著作。他还著有关于罗马古代、自然科学以及文法方面的作品,多数告佚。

《罗马十二帝王传》:亦称《十二凯撒传》,是关于尤利乌斯·凯撒以及从奥古斯都到图密善前 11 位罗马皇帝的传记,是现存最早的拉丁文传记。

海因里希·海涅(Heinrich Heine, 1797—1856),德国抒情诗人、散文家、思想家,被称为"德国古典文学的最后一位代表"。1821 年开始发表诗作,以 4 卷《游记》(1826—1827,1830—1831)和《歌集》(1827)而闻名文坛,代表作有《罗曼采罗》、《佛罗伦萨之夜》、《游记》、《德国,一个冬天的童话》、《论浪漫派》等。海涅在《白尔尼回忆录》记录过路德维希·白尔尼这个人。在十九世纪三十年代,白尔尼是流亡在巴黎的德国民主人士的领袖;海涅跟白尔尼意见有分歧,也评论过白尔尼的文章。

卡尔·路德维希·白尔尼(Ludwig Börne, 1786—1837),德国记者、作家和戏剧评论家、德国革命民主主义者、政治家。白尔尼致力于向德国人民宣传民主自由,他的作品风格以辛辣的讽刺著称。

P10 注释①*Wissenschaft der Logik*, l. ii. *op. cit*. 1. 138.

《逻辑学》(黑格尔著),l. ii. 如前所引,1. 138。

《逻辑学》及其作者黑格尔:参见第一册 P4 注释①。

P10 注释② Spinoza, *Correspondenc*, Letter L(to Jarig Jelles), tr. A. Wolf, 270; Jonas Cohn, *Theorie der Dialektik*, 227. Cf. R. Polin, *Du laid*, *Du Mal*, *Du Faux*, 87: "C'est parce qu'elle est négatrice qu'elle ne peut pasêtre négative."

斯宾诺莎,《斯宾诺莎书信集》,第十二封信(致赫里格·耶勒斯),A. 沃夫译,270;乔纳斯·科恩,《辩证法理论》,227;参见 R. 波林,《丑,恶,假》,87:"这是因为她否认她不能持否定态度。"

斯宾诺莎(Baruch de Spinoza, 1632—1677),犹太裔荷兰籍哲学家,近代西方哲学公认的三大理性主义者之一,与笛卡尔和莱布尼茨齐名。主要著作有《笛卡尔哲学原理》、《神学政治论》、《伦理学》、《知性改进论》等。

《斯宾诺莎书信集》:一部收录斯宾诺莎哲学思想的书信集。《斯宾诺莎书信集》在消除一些对斯宾诺莎哲学观点过分夸大的理解方面也起了明显的纠正作用。一个最明显的例子是对其"规定就是否定"的理解,黑格尔对斯宾诺莎这一命题作了很高的评价,认为它是"一个伟大的命题:一切规定都是否定"。

乔纳斯·科恩(Jonas Cohn,也有译作"寇恩"的,1869—1947),德国新康德主义理论家,代表作有《辩证法理论》(或译《道义论》)。

《辩证法理论》:不详。

R. 波林(Raymond Polin, 1910—2001),法国哲学家,主要作品有《价值的产生》、《价值的内涵》、《丑,恶,假》等。

《丑,恶,假》:雷蒙德·波林著,发表于 1948 年。

P14 注释①*Fragments*, no. 83(*Hippocrates and Heraclitus*, "Loeb", IV, 497)。

《赫拉克利特残篇》,第 83 篇,(《希波克拉底和赫拉克利特》,"洛布古典丛书",IV, 497)。

《赫拉克利特残篇》:属于《论自然》一书。《论自然》包括"论万物"、"论政治"和"论神灵"三部分,但现在能看到的只是 130 多个残篇,是从不同时期的著作中摘录出来的。赫拉克利特认为事物的运动变化是按一定的规律进行的,并把这种规律称为"逻各斯";他还提出对立统一的思想,认为任何事物都包含着两个相互斗争、相互依存的对立面,对立面的斗争是事物发展的根源。

赫拉克利特(Heraclitus,约前 530—前 470),爱菲斯学派的代表人物,一位富传奇色彩的古希腊哲学家。赫拉克利特是第一个提出认识论的哲学家,他的理论以毕达哥拉斯的学说为基础。赫拉克利特的"逻各斯学说"认为,万物是永远变动的,而这种变动是按照一定的尺度和规律进行。赫拉克利特也被称为辩证法的奠基人之一,因为他是在古代希腊哲学家中第一个用朴素的语言讲出辩证法要点的人。此外,他还是尝试使宗教哲学化的先驱。赫拉克利特著有《论自然》一书,内容有"论万物"、"论政治"和"论神灵"三部分,后世有残篇留存。

希波克拉底(Hippocrates,前 460—前 370),古希腊伯里克利时代的医师,西方医学奠基人,被尊为"医学之父"。他的医学观点对以后西方医学的发展有巨大影响。《希波克拉底誓言》是希波克拉底警诫医生的职业道德圣典,也是他向医学界发出的行业道德倡议书。

P14 注释②*Ennéades*, II. ii. 3, tr. É. Bréhier, II, 23.

《九章集》,II. ii. 3,É. 布莱尔译,II, 23。

《九章集》:古罗马时期新柏拉图学派哲学家普罗提诺(Plotinus)的代表作。相传大部分内容是普罗提诺在自己创办的学校中对听众提出的问题所作的解答,后来由他的弟子波菲利(232—304)编纂而成。全书共 6 集,每集含 9 篇,故名《九章集》。全书总共 54 篇论文,各篇独立成章。全书在结构上并非统一的整体,内容主要论述哲学问题,同时也论及伦理学、美学问题。作者在书中提出了具有浓厚宗教神秘主义成分的客观唯心主义体系,其核心是关于"太一"和"流溢"的理论。该书还提出了一套关于美的理论,在西方美学史上有一定的地位和影响。

普罗提诺(Plotinus, 205—270),又译柏罗丁,新柏拉图主义奠基人。其学说融汇了毕达哥拉斯和柏拉图的思想以及东方神秘主义,视"太一"为万物之源,人生的最高目的就是复返"太一",与之合一。其思想对中世纪神学及哲学,尤其是基督教教义,有很大影响。

P14 注释③*Confessions*, I. iv, "Loeb", I, 8.

《忏悔录》,I. iv,"洛布古典丛书",I, 8。

《忏悔录》:圣奥古斯丁著。本书是以祷告自传手法所写的悔改故事,描写早期奥古斯丁归信时的内心挣扎及转变经历,反映了作者的心路历程,具有自传性质。作者在书中不仅流露出真挚的情感,而且对自己的行动和思想作了非常深刻的分析,被称为西方历史上"第一部"自传。此书文笔细腻生动,别具风格,成为晚期拉丁文学中的代表作,被列为古代西方文学名著之一。

圣奥古斯丁(Saint Aurelius Augustinus, 354—430),天主教圣师,古罗马帝国时期天主教思想家,欧洲中世纪天主教神学、教父哲学的重要代表人物。在罗马天主教会,他被封为圣人和圣师,并且是奥斯定会的发起人。对于新教教会,特别是加尔文主义,他的理论是宗教改革的救赎和恩典思想的源头。代表作有《忏悔录》、《论三位一体》、《上帝之城》、《论自由意志》、《论美与适合》等。美学思想主要体现在他的神学著作和《忏悔录》中。

P16 注释①*Faust*, II, 4722. Cf. Coleridge: "*Hymn before sunshine*": "For ever shattered and the same for ever"; Wordsworth, *Prelude*, VI. 626: "The stationary blasts of waterfalls"; Shelly: "*Ode to Liberty*", 78 - 9: "immovably unquiet".

《浮士德》,II, 4722. 参见柯勒律治:"黎明的赞歌":"不断地摔碎又始终如一";华兹华斯,《序曲》,VI. 626:"瀑布悄无声息的爆炸";雪莱:《自由颂》,78—9:"不动的动荡"。

《浮士德》:诗剧,歌德的代表作,长达12111行。全剧以浮士德思想的发展变化为线索,以德国民间传说为题材,以文艺复兴以来的德国和欧洲社会为背景,写一个新兴资产阶级先进知识分子不满现实,竭力探索人生意义和社会理想的生活道路。《浮士德》构思宏伟,内容复杂,结构庞大,风格多变,融现实主义与浪漫主义于一炉,将真实的描写与奔放的想象、当代的生活与古代的神话传说杂糅一处,善于运用矛盾对比之法安排场面、配置人物,达到了极高的艺术境界。

歌德(Johann Wolfgang von Goethe, 1749—1832),德国著名思想家、作家、科学家,他是魏玛古典主义最著名的代表,也是世界文学领域的一个出类拔萃的光辉人物,其作包括《少年维特之烦恼》和《浮士德》等。

柯勒律治(Samuel Taylor Coleridge, 1772—1834),英国浪漫主义诗人、文艺批评家,湖畔派诗歌的代表作家。1795年与威廉·华兹华斯相遇并结成好友。3

年后两人联合出版《抒情歌谣集》，开英国浪漫主义文学之先河。集中收有《古舟子吟》等当时最美的诗歌，还有《忽必烈》及哲学、文艺批评的论著《文学传记》等。

《查莫尼山谷黎明的赞歌》：选自《柯勒律治诗选》。

华兹华斯（William Wordsworth，1770—1850），英国浪漫主义诗人，当时的桂冠诗人。其诗歌理论动摇了英国古典主义诗学的统治，有力地推动了英国诗歌的革新和浪漫主义运动的发展。他是文艺复兴运动以来最重要的英语诗人之一。代表作有《抒情歌谣集》等。

《序曲》：华兹华斯的一部自传体长诗，有将近八千行。他在《序曲》中系统地诠释了自己的自然理念——自然在诗人眼中具有神性。在他看来，自然最接近上帝，是上帝的仆人。自然净化人类的思想，纯洁人类的感情。自然是人类的家园，回归自然是人类的精神追求。

雪莱（Percy Bysshe Shelley，1792—1822），英国著名作家、文艺理论家、浪漫主义诗人，被认为是历史上最出色的英语诗人之一。重要作品有叙事长诗《麦布女王》、《解放了的普罗米修斯》及《西风颂》等。

《自由颂》：雪莱的“三大颂”之一，另两首分别为《致云雀》和《西风颂》。该诗创作于1820年，是一首支持意大利民族解放斗争的政治诗。

P16 注释①【增订三】G. M. Materdona：“La Fontana di Ponte Sisto in Roma” in，G. G. Ferrero，*Marino e i Marinisti*，776.

G. M. 马特多纳：“罗马的西斯托桥喷泉”，见 G. G. 法里罗，《马里诺和马里诺主义》，776。

G. M. 马特多纳（Giovan Francesco Maia Materdona），16世纪末到17世纪初的意大利诗人。

G. G. 法里罗和《马里诺和马里诺主义》：不详。

马里诺（Giambattista Marino，1569—1625），意大利诗人，是意大利巴克罗文学的代表人物，17—19世纪马里诺主义诗歌流派的奠基人。其诗往往使用大量别出心裁的比喻和字词游戏。代表作有《阿多尼斯》等。

马里诺主义：也称马里诺体或马里尼体，是一种模仿强巴迪斯塔·马里诺（Giambattista Marino）诗歌风格的诗歌或诗剧风格，诗句以华丽、机智、新奇、怪诞著称，追求繁丽的创作格调，较多地使用比喻和象征的艺术手法。马里诺及其追随者宣称，诗歌应该以它的新奇和怪诞给读者在听觉上造成快感。此风格对欧洲其他国家的文学有一定的影响。

P16 注释①【增订四】*The Notebooks of S. T. Coleridge*, ed. Kathleen Coburn, Vol. II, § 2832.

《柯勒律治笔记》,凯瑟琳·科伯恩编,第 II 卷,§ 2832。

柯勒律治,参见第一册 P16 注释①。

凯瑟琳·科伯恩(Kathleen Coburn, 1905—1991),加拿大学者,是研究诗人柯勒律治的权威专家。

P16 注释② Francis Ponge: "*LaFindel'Automne*", *LeParti Pris des Choses*, Gallimard, 10.

弗朗西斯·蓬热:"晚秋",《物象录》,伽利玛出版社,10。

弗朗西斯·蓬热(Francis Ponge 1899—1988),法国当代诗人。他喜欢描写客观事物。大自宇宙星辰,小至一草一木,无生命的坛坛罐罐,千变万化的人生长河,都是他描摹的对象。他是一个崇尚物质如神灵的唯物主义者,致力于恢复卑微物体的尊严和地位。他的诗虽未形成一种流派,但对当代文学特别是对"客观派"文学影响巨大,也影响了罗伯·格里耶等人。

《物象录》:蓬热所写的一部诗集,于 1942 年出版,共收录了包括《蜗牛》、《蜡烛》、《牡蛎》、《雨》等 32 首中短篇散文诗。蓬热从物出发,描写的大多数是日常生活中微不足道,经常被人忽略的最平凡、最常见的物体。与致力于研究物体中的共性的科学家不同,蓬热志在挖掘物的个性。

P18 注释① Cf. A. Lalande, *Vocabulaire technique et critique de la Philosophie*, 9e éd., 361, 722: "Organe: caractérisé par l'accomplissement d'une fonction déterminée. Fonction: rôle caractéristique joué par un organe."

参见 A. 拉兰德,《哲学批评术语词汇》,第 9 次再版,361,722:"体,以其决策功能完成为特征。用,指由本体所扮演的独特角色。"

A. 拉兰德(André Lalande, 1867—1963),法国哲学家。曾主编巨著《哲学批评术语词汇》。

《哲学批评术语词汇》:A. 拉兰德编纂的有关哲学批评词汇的辞典,于 1902—1923 年间首次分册出版,共有 17 个版本,最后由法国大学出版社统一出版。

P22 注释① Vico, *Scienza nuova*, § 209, *Opere*, Riccardo Ricciardi, 453; cf.

§ § 401 - 2,412 - 7,460, pp. 517 - 8,527 - 30,551.

维柯,《新科学》, § 209,《作品》,理却地 · 里西亚蒂,453;参见 § § 401—402, 412—417,460, pp. 517—518,527—530,551。

维柯(Giambattista Vico, 1668—1744),意大利政治哲学家、修辞学家、历史学家和法理学家,近代历史哲学之祖和精神科学原理奠基者。他批判了现代理性主义,在科学理性开始获得思想界霸权地位的当时,他强调历史、政治、法律、哲学等人文学科的价值。以巨著《新科学》闻名于世。

《新科学》: 初版于 1725 年,全名是《关于各民族的共同性质的新科学原则》,是一部阐述古代文化史、诗歌和美学的理论著作。维柯在书中力图说明人类如何从神的时代,经过英雄时代,进入人的时代。这三个时代各有相应的不同的心理、性格、宗教、语言、诗、政治和法律。《新科学》的目的是要探讨人类各民族的共同性原则。

理却地 · 里西亚蒂(Riccardo Ricciardi, 1879—1973),意大利出版商,专门研究历史、文学和哲学。那不勒斯同名出版社(1903 年)的创始人。

P23 注释① Herder, *Vom Erkennen und Empfinden der menschlichen Seele*, I, *Werke*, hrsg, E. Naumann, III, 234.

赫尔德,《人类灵魂认知感知》,I,《作品集》,E. 挪曼恩编,III, 234。

赫尔德(Johann Gottfried Herder, 1744—1803),德国哲学家、路德派神学家、诗人,德国十八世纪启蒙运动的思想家,德国浪漫主义的先驱。在历史哲学方面,赫尔德是维柯的主要继承者之一。赫尔德力图在多变的历史事实中去寻求不变的历史规律,并认为所谓的历史规律是由所处地区的状况及其需要、所处时代及其机会和人们内在特征这三个因素所决定的,时间、空间和民族特性决定了历史的面貌。其作品《论语言的起源》(*Treatise on the Origin of Language*)是德国狂飙突进运动的基础。

《论语言的起源》: 赫尔德著。此书中,赫尔德坚持认为,语言之兴起是出于自然,而非超自然的力量。此外,赫尔德认为人类和自然的成长与衰颓都是依循相同的法则,因此将历史视为所有人类共通的有机演变,而显示于各民族特有文化的发展中。

P23 注释② Nietzsche, *Der letzte philosoph*, § 149, *Werke*, Alfred Kröner, X, 171.

尼采,《最后一个哲学家》,§149,全集,阿法尔德·科罗内,X,171。

尼采(Friedrich Wilhelm Nietzsche,1844—1900),德国著名哲学家、语言学家、文化评论家、诗人、作曲家、思想家,被认为是西方现代哲学的开创者,他的著作对于现代宗教、道德、文化、哲学以及科学等领域提出了广泛的批判和讨论。他的写作风格独特,经常使用格言和悖论的技巧。尼采主要著作有《权力意志》、《悲剧的诞生》、《不合时宜的考察》、《查拉图斯特拉如是说》、《希腊悲剧时代的哲学》、《论道德的谱系》等。

《最后一个哲学家》:不详。

P23 注释③ Bergson, *La Pensée et le Mouvant*, 137,149-50.

柏格森,《思想和运动》,137,149—150。

柏格森(Henri Bergson,1859—1941),法国哲学家,曾获诺贝尔文学奖。他反对科学上的机械论,心理学上的决定论与理想主义。他认为人的生命是意识之绵延或意识之流,是一个整体,不可分割成因果关系的小单位。他对道德与宗教的看法,亦主张超越僵化的形式与教条,走向主体的生命活力与普遍之爱。其写作风格独特,表达方式充满诗意。代表作有《创造进化论》、《直觉意识的研究》、《物质与记忆》等。

《思想和运动》:亨利·柏格森的文集,收录了他1903—1923年间所发表的文章和演讲报告。(共包含《形而上学(上)》、《形而上学(下)》、《可能与现实》、《哲学的直觉》、《对变化的感知》、《对形而上学之介绍》、《克劳德·伯纳德的哲学》、《威廉姆·詹姆士的实用主义》、《哈维松的生活与工作》等九篇文章。)柏格森提倡直觉,贬低理性。他认为科学和理性只能把握相对的运动和实在的表皮,不能把握绝对的运动和实在本身,只有通过直觉才能体验和把握到生命存在的"绵延"——唯一真正本体性的存在。

P24 注释① Cf. Goethe, *Spruchweisheit in vers und Prosa* in *sämtliche Werke*, "Tempel-Klassiker", III, 463 (die Symbolik); C. Peirce, *Collected Papers*, ed. C. Hartshorne and P. Weiss, III. §362, V, §475, VIII. §183 (index, icon, symbol); M. Dufrenne, *Phénoménologie de l'Experience esthétique*, I, 287 (désigner I'objet, dessiner I'objet).

参见歌德,《诗歌和散文中的谚语智慧》,《歌德集》,"神寺经典",III,463(象);C. 皮尔士,《皮尔士文集》,C. 哈茨霍恩与 P. 韦斯编,III. §362,V,§475,VIII.

§183(指、迹、象,或译为"指示符号、图像符号、象征符号");M. 杜夫海纳,《审美经验现象学》,I,287(所指对象,所画对象)。

歌德:参见第一册 P16 注释①。

《诗歌和散文中的谚语智慧》:也译为《慧语集》或《格言和思考集》,歌德著。其他不详。

C. S. 皮尔士(C. S. Peirce,1839－1914),美国哲学家、符号学家、科学家。符号学最重要的创始人,是"通才"型的学者。他是美国最伟大的学术体系缔造者,被认为是自康德和黑格尔之后最重要的理念体系建构者。他是数学、研究方法论、科学哲学、知识论、逻辑学和形而上学领域中的改革者。特别是对形式逻辑,他做出了重要贡献,他发现并创建了作为记号语义学分支的逻辑学。著作丰厚,多数收入《皮尔士文集》。

M. 杜夫海纳(Mikel Dufrenne,1910－1995),法国美学家,现象学美学的主要代表之一。他的基本美学思想是肯定审美感知是人与大自然创造力的独一无二的接触。在他看来,艺术是保持着人与自然的这种接触的唯一活动,这种接触建立在同世界的联系的感受上,而不是建立在对这些联系的理解上(认识作用)。他把艺术看作是拯救人摆脱"异化"的文明能力,这促使他在 60 年代末的资产阶级文化危机中探索新的美学。其代表作有《审美经验现象学》、《诗学》、《美学与哲学》等。

《审美经验现象学》:M. 杜夫海纳著的现象学美学著作,发表于 1953 年。此作中,作者通过对审美对象的探讨,具体描述了现象学方法。他将英伽登的现象学美学经验主义化,把研究重点由创作主体的"意向性"转向鉴赏主体的"审美经验",以审美对象和审美感知作为研究的中心。

P25 注释① Thomas Browne, *Pseudodoxia Epidemica*, Bk I, ch. 4, *Works*, ed. J. Grant, I, 142; Joubert, *Pensées*, "Librairie Académique", Perrin, Tit, XXII, 110.

托马斯·布朗,《常见错误》第 1 卷,第 4 章,J. 格兰特编,《作品集》,I, 142;儒贝尔,《冥想录》,"学术书店",佩兰,Tit, XXII, 110。

托马斯·布朗(Thomas Browne, 1605—1682),英国医师和作家,英国哲学家和联想主义心理学家。他的讲稿《人的心灵哲学演讲集》,在他死后不久即发行于世。他对联想主义心理学的发展起了促进作用,布朗把联想主义称为提示原则。

《常见错误》:托马斯·布朗著于 1646 年。此书反驳了生物学、地理学和历史领域的众多错误观念。

约瑟夫·儒贝尔(Joseph Joubert, 1754—1824),法国道德家、散文家,其闻名

于世的作品是《冥想录》(*Pensées*,或译为《思想集》或《随思录》)

《冥想录》:儒贝尔著,于其去世后(1838年)出版。儒贝尔将许多关于自然、人类存在、文学以及其他主题的格言式的深刻思想记载在信件、纸片还有小笔记本中,逝世后,他的遗孀将这些笔记交付与法国文豪夏多布里昂出版,夏多布里昂将其命名为《儒贝尔先生思想集》选集,随后又出现了包括儒贝尔的信件在内的更为完整的版本。

P25 注释② Diogenes Laertius, *Lives of Eminent Philosophers*, IX, 76, "Loeb", II, 491. Cf. *Sextus Empiricus*, "Loeb", I, 9: "The main basic principle of the Sceptic system is that of opposing to every proposition an equal proposition", 11: "the Sceptic enunciates his formulae so that they are virtually cancelled by themselves."

第欧根尼·拉尔修,《名哲言行录》,IX, 76,"洛布古典丛书",II, 491;参考《塞克斯都·恩披里柯》,"洛布古典丛书",I, 9:"怀疑论系统最主要的基础理论是,反对每一个命题都是同等命题的观点",11:"怀疑论者阐释他的公式,因而实际上,他们是被自身所否定。"

第欧根尼·拉尔修(Diogenes Laertius,生卒年不详,大约在公元前三世纪),罗马帝国时代作家。古希腊犬儒学派的主要代表。第欧根尼·拉尔修的学说反映了犬儒学派的共同原则。他认为幸福固然在于满足自然欲望,但自然欲望应该是极其单纯的、原始的,凡违反这种简单、原始的自然欲求的人世习俗和享受都应该弃绝。他的主要著作《名哲言行录》为希腊哲学史提供主要参考来源。

《名哲言行录》:相传是第欧根尼·拉尔修使用希腊文写成。此作描述了希腊哲学家的生平和言论。全书共10卷,包括200余位哲学家与300余篇作品。它将古希腊哲学按哲学家籍贯分为两大学派:爱奥尼亚派与意大利派,再按哲学流派来划分。该书是大量前代资料的总汇。

塞克斯都·恩披里柯(Sextus Empiricus,160—210),罗马帝国时期的希腊专家,怀疑论者。恩披里柯的著作记载了古代怀疑论者的主张以及他们对各派学说的反驳,是研究古代哲学的重要史料。

P26 注释① *A History of Western Philosophy*, Allen and Unwin, 827.

《西方哲学史》,艾伦和昂温,827。

《西方哲学史》:罗素著,哲学名著,1945年出版。此书全面考察了从古希腊罗马时期到20世纪中叶西方哲学思潮的发展历程。罗素将哲学看作某种介乎神学和科学之间的东西，基于对哲学的这种理解，他认为西方哲学在发展过程中始终受到来自科学和宗教两方面的影响，并据此把西方哲学发展史划分为古代哲学、天主教哲学和近代哲学三个时期，揭示了在哲学的发展历程中，科学与宗教、社会团结和个人自由是如何错综复杂地交织在一起与哲学交互作用的。

罗素(Bertrand Russell, 1872—1970)，20世纪英国声誉卓著的思想家、哲学家、数学家。罗素一生所涉及的研究领域极其广泛，著述颇丰，其首要建树在数学和逻辑学领域，同时对西方哲学产生了深远影响。此外，他的研究还涉及道德、政治、教育、和平等方面。罗素的主要著作有：《西方哲学史》、《意义与真理的探究》、《数学原理》、《物的分析》、《心的分析》等。

P26 注释②*La Pensée et Mouvant*, 210.

《思想和运动》,210。

《思想和运动》及其作者柏格森：参见第一册P23注释③。

P27 注释① Cf. C. S. Lewis, *Rehabilitations*, 151 - 2, 162, 170; Donald A. Stauffer, *The Nature of Poetry*, 83 ff.; Jean Rousset, *Circé et le Paon*, 191 ff.; H. Morier, *Dictionnaire de Poétique et de Rhétorique*, 201.

参见C. S.刘易斯,《改邪归正暨论文集》,151 - 152,162, 170;唐纳德A.斯托弗,《诗歌的本质》, 83页及之后;让·鲁塞,《喀耳刻与孔雀》, 191页及之后;H.莫里尔,《诗学和修辞学词典》,201。

C. S. 刘易斯(Clive Staples Lewis,1898 - 1963)，英国小说家、诗人、学者、中世纪研究者、文学批评家、散文家、神学家。代表作有《纳尼亚传奇》和《太空三部曲》。作为基督教护教者，写过《返璞归真：纯粹的基督教》、《四种爱》、《痛苦的奥秘》。

《改邪归正暨论文集》：原名为*Rehabilitations and other essays*, C. S. 刘易斯著，发表于1979年。

让·鲁塞(Jean Rousset,1910 - 2002)，瑞士文学批评家，专攻法语文学作品，尤其是17世纪早期文艺复兴时期的巴洛克文学。他常被认为是早期结构主义者和日内瓦学派学者。

《喀耳刻与孔雀》：发表于1954年，是让·鲁塞的出版的第一篇关于法国巴洛克时期的文献。喀耳刻是一个象征性的变态人物，变态和炫耀是巴洛克时期人们热衷的两个主题。

唐纳德·A. 斯托弗(Donald A. Stauffer，1902－1952)，美国文学批评家、小说家，普林斯顿大学英语教授，著有《诗歌的本质》、《1700 年前的英国传记》。其诗学观点是：对于诗人而言，语言不仅是工具，它本身就是目的。

H. 莫里尔(Henry Morier，1910－2004)，日内瓦大学法语历史系教授，日内瓦大学诗歌中心创始人兼法语国际委员会成员。著有《诗学和修辞学词典》等。

P28 注释①*Della Difesa della"Commedia"di Dante*，I，lxvii，in A. H. Gilbert，ed.，*Literary Criticism*：*Plato to Dryden*，387.

《但丁的喜剧辩护》，I，lxvii，载于 A. H. 吉尔伯特所编的《文学批评：从柏拉图到德莱顿》，387。

《文学批评：从柏拉图到德莱顿》：A. H. 吉尔伯编著，1962 年出版。此书试图向读者展示从柏拉图时代到 16 世纪的欧洲诗歌理论。编者 A. H. 吉尔伯特挑选了各个时代具有前瞻性的一些作家，其理念具有非常现实的意义，能拓展读者的批判性思维。

P30 注释①*Memoirs of Martinus Scriblerus*，ch. 15，ed. C. Kerby-Miller，158：“... the Organ of Generation is the true and only seat of the Soul. That this part is seated in the middle，and near the Centre of the whole Body is obvious.” Cf. R. M. Wardle，*Oliver Goldsmith*，37(“Now，blockhead，where is your centre of gravity?”etc.).

《马蒂努斯·斯克里布莱拉斯回忆录》，第 15 章，C. 科比-米勒编，158 页：“……生殖器官是灵魂唯一真实之宝座，显而易见，此部件处于正中，居全身之中心。”参见 R. M. 沃斗，《奥利弗·哥德史密斯》，37(“现在，傻瓜，你的身体重心在哪呀?”等等)。

《马蒂努斯·斯克里布莱拉斯回忆录》：一部未完成的讽刺作品。表面上由涂鸦社的成员所合著，实际上主要是由约翰·阿布斯诺特所撰写。这部作品中唯一已完成的一卷，于 1741 年被当作亚历山大·蒲柏(Alexander Pope，1688—1744)作品的一部分出版。

约翰·阿布斯诺特(John Arbuthnot，1667—1735)，常被称为阿布斯诺特医生，是苏格兰内科医生、讽刺作家、伦敦的博物学家。因其数学上的成就、涂鸦社成员的身份、他所创造的“约翰牛”的形象而为世人所知。

R. M. 沃斗(Ralph Martin Wardle，1909—?)，美国学者。主要作品有《戈德温

和玛丽》(*Godwin and Mary*)等。

《奥利弗·哥德史密斯》：R. M. 沃斗著。其他不详。

奥利弗·哥德史密斯(Oliver Goldsmith，1730—1774)，英国作家。不论是诗歌、小说、文章还是剧本，哥德史密斯的写作格风格均是以嘻笑怒骂的形式，藉以讽刺时弊。他最著名的两出喜剧是《善性之人》和《屈身求爱》。他的戏剧以莎士比亚闹剧式的传统结构，企图重建他所谓的畅笑喜剧(“laughing” comedy)，致力于打破当时英国舞台盛行的感伤主义，以提高公众的品位。

P34 注释 ① Freud，*Totemund Tabu*，2. Aufl.，26（Gesetzeskodex），91（Gewissen).

弗洛伊德，《图腾和禁忌》，第 2 版，26(法典)，91(良心)。

弗洛伊德(Sigmund Freud，1856—1939)，奥地利心理学家、精神分析学家，精神分析学的创始人，二十世纪最伟大的心理学家之一。他提出“潜意识”、“自我”、“本我”、“超我”、“俄狄浦斯情结”、“力比多”、“心理防卫机制”等对后世产生重大影响的概念。著有《梦的解析》、《精神分析引论》、《图腾与禁忌》等。

《图腾和禁忌》：1913 年出版，是弗洛依德所著的一本人类学及心理分析的著作。其内容主要包括四点：乱伦的畏惧、禁忌和矛盾情感、精灵说，巫术和思想的全能、图腾崇拜在孩童时期的重现。

P35 注释①*Decline and Fall of the Roman Empire*，ch. 2，“World's Classics”，1,31 - 2.

《罗马帝国衰亡史》，第 2 章，世界经典出版社，1，31—32。

《罗马帝国衰亡史》(全名是 *The History of The Decline and Fall of the Roman Empire*)：英国历史学家爱德华·吉本创作的一部历史著作。全书共六卷，分期出版。包括罗马帝国后期和整个拜占庭帝国的历史事件。书中包含许多详尽的考证，为后来众多历史学家们引用。

爱德华·吉本(Edward Gibbon，1737—1794)，英国历史学家，《罗马帝国衰亡史》的作者。受法国启蒙思想家伏尔泰、狄德罗等人影响。1764 年，他参观罗马废墟时萌发写作罗马帝国史的念头。1776 年《罗马帝国衰亡史》第一卷出版，立即取得成功，但他对早期基督教历史的写法，受到猛烈的攻击，然而，吉本继续搜集材料编写，1781 年《罗马帝国衰亡史》第二、三卷出版，1788 年所有手稿全部出版，受到广泛赞扬。

P37 注释① St Augustine, *The City of God*, IV, xxxii, "Loeb", II, 122.

圣奥古斯丁,《上帝之城》,IV, xxxii,"洛布古典丛书",II, 122。

圣奥古斯丁,参见第一册 P14 注释③。

《上帝之城》:圣奥古斯丁著。全书分二十二卷。第一部分一至十卷主要驳斥对基督教的攻击,第二部分十一至二十二卷则说明地上城和上帝城的不同起源、进展和结局。这书既是历史书、哲学书,也是神学书。

P37 注释② Cf. T. R. Glover, *The Greek Byways*, 200, 260.

参考 T. R. 格洛弗,《希腊的小路》,200,260。

T. R. 格洛弗(Terrot Reaveley Glover, 1869—1943),英国古典学者,历史学家。代表作有《罗马帝国早期的宗教矛盾》、《门徒》等。

《希腊的小路》(*Greek Byways*):T. R. 格洛弗著,初版于 1932 年。此作涉及古希腊生活的方方面面。格洛弗研究了诸如古代旅行、礼仪和将异邦神纳入希腊万神殿等话题。

P37 注释③ Politics, Bk. VII, ch. 11, *Basic works of Aristotle*, Random House, 1260.

《政治学》,VII 卷,第 11 章,《亚里士多德要籍选》,兰登书屋,1260。

《政治学》:亚里士多德著。此作是西方历史上第一部成体系的政治理论著作。政治学是一门以研究政治行为、政治体制以及政治相关领域为主的社会科学学科。本书具有多方面的学术价值,对于了解当时希腊社会的状况,了解古希腊人的政治、法律、伦理、教育思想,研究亚里士多德的学说,均有不可替代的作用。

亚里士多德(Aristotle,前 384—前 322),古希腊人,世界古代史上伟大的哲学家、科学家和教育家之一,堪称希腊哲学的集大成者。他是柏拉图的学生,亚历山大的老师。他的写作涉及伦理学、形而上学、心理学、经济学、神学、政治学、修辞学、自然科学、教育学、诗歌、风俗以及雅典法律。

《亚里士多德要籍选》:理查德·麦基翁(Richard McKeon)主编,1941 年由兰登书屋出版。该著作主要收录了亚里士多德的一些基本著作并加以阐释。

P37 注释④ Machiavelli, *Il Principe*, cap. 18, *Opere*, Riccarodo Ricciardi, 57. Cf Burton, *Anatomy of Melancholy*, Part III, Sect. IV, Mem. I, Subs. II,

"Everyman's", III, 328－331(Captain Machiavel etc).

马基雅维利,《君主论》,第 18 章,里卡罗多 · 里恰尔迪,《作品》,57;参考伯顿,《忧郁的解剖》,第 III 卷,第 IV 部,第 I 章,第 II 节,"人人文库",III, 328—331(麦齐甫队长)。

马基雅维利(Niccolo Machiavelli, 1469—1527),又译尼科洛 · 马基雅维利或马基雅弗利,意大利政治思想家和历史学家,是近代政治思想的主要奠基人之一。其思想常被概括为马基雅维利主义。在中世纪后期政治思想家中,他第一个明显地摆脱了神学和伦理学的束缚,为政治学和法学开辟了走向独立学科的道路。他主张国家至上,将国家权力作为法的基础。

《君主论》:尼可罗 · 马基雅维利的代表作。主要论述为君之道,君主应具备哪些条件和本领、应该如何夺取和巩固政权等。这是一本毁誉参半的奇书,一直被奉为欧洲历代君主的案头之书,政治家的最高指南,统治阶级巩固其统治的治国原则,人类有史以来对政治斗争技巧最独到最精辟的解剖。

罗伯特 · 伯顿(Robert Burton, 1577—1638),英国学者、诗人、牧师。他擅作拉丁文和英文诗,参写了数部学术选集。闻名于世的有《忧郁的解剖》。

《忧郁的解剖》:英国牧师兼学者的罗伯特 · 伯顿撰写,在 1621 年首次出版。这本书从封面标题来看,是一本探讨忧郁症的医学教科书(其中还包括临床抑郁症),但其内容以哲学和科学居多,往往超越该书探讨的主题,读来又如小说一般轻快,是一部内涵丰富的人类情感百科全书;而且此书所谓的"忧郁"和"解剖"其实是用忧郁的笔调来剖析人类所有情感和思想表达方式。伯顿把自己连同整个古代的学问都倾注进了他的书里,然后又巧妙地将这锅大杂烩变成了一部条理分明的专著。

P38 注释① Montesquieu, *De l'Esprit des Lois*, Liv. XXIV, ch. 2, *Oeuvres Complétes*, "Bibliothèque de la Plèiade", II, 716.

孟德斯鸠,《论法的精神》,第 XXIV 篇,第 2 章,《全集》,"七星文库",II, 716。

孟德斯鸠(Charles de Secondat, Baron de Montesquieu, 1689—1755),法国启蒙时期思想家、律师,也是西方国家学说和法学理论的奠基人,与伏尔泰、卢梭合称"法兰西启蒙运动三剑侠"。孟德斯鸠是一位百科全书式的学者。在学术上取得了巨大成就,得到了很高的荣誉。曾被选为波尔多科学院院士、法国科学院院士、英国皇家学会会员、柏林皇家科学院院士。代表作有《波斯人信札》、《罗马盛衰原因论》、《论法的精神》等。

《论法的精神》：孟德斯鸠最重要、影响最大的著作。此作是一部综合性的政治学著作。书中提出的追求自由、主张法治、实行分权的理论，对世界范围的资产阶级革命产生了很大影响，被载入法国的《人权宣言》和美国的《独立宣言》。此书还被称为是"亚里斯多德以后第一本综合性的政治学著作"。

P42 注释① S. Reinach, Orpheus, tr. F. Simmonds, 8－9 (the theory of imposture).

S. 赖那克，《俄耳甫斯》，F. 西蒙德译，8—9(欺骗理论)。

S. 赖那克(Salomon Reinach, 1858－1932)，法国考古学家、宗教历史学家、艺术史家，著有《阿波罗艺术史》、《基督教简史》等作品。

《俄耳甫斯》：不详。

俄耳甫斯，古希腊神话传说中的诗人和歌手，他的父亲是太阳、畜牧、音乐之神阿波罗，母亲是司管文艺的缪斯女神卡利俄帕，所以他具有非凡的音乐天赋。

P43 注释① Lettre à M. Necker, I et II, *Écrits politiques et littéraires*, choisis par V.-H. Debidour, 97, 99.

《致 M. 内克尔先生的信》，I et II，《政治和文学作品》，由 V.-H. Debidour 精选，97，99。

《致 M. 内克尔先生的信》：出版于 1788 年，是里瓦罗写给内克尔的两封信。信中，他宣扬高度的爱国主义，支持独立于所有宗教的道德的可能性。

安东尼·里瓦罗(Antoine Rivarol, 1753－1801)，法国政论家、新闻记者、小说家及讽刺诗人。他的第一篇重要作品为 1784 年出版的《论法语的普遍性》。里瓦罗的讽刺天才在他 1788 年所著的《大人物小年鉴》中展示无遗，在这部作品中，他以诗文讽刺了所有当代作家。他还翻译过但丁长诗《地狱篇》并受到广泛好评。

《政治和文学作品》(*Écrits politiques et littéraires*)：里瓦罗著。其他不详。

P44 注释①*Das Wesen des Christenthums*, Kap7, *Sämmtliche Werke*, hrsg, W. Bolin und F. Jodl, VI, 90。

《基督教的本质》，第 7 章，《全集》，W. 保林和 F. 约戴编，VI，90。

《基督教的本质》：费尔巴哈的宗教哲学著作，1841 年首次出版。全书分 3 部分：《导论》，概述人和宗教的本质；第一部分，论述宗教的人本学本质；第二部分，批判宗教的神学本质。书后附有费尔巴哈续写的解释、注释和引证。费尔巴哈在这部著作中，从人本学唯物主义的立场出发，阐明了宗教神学的秘密，认为它实质上是人本学；分析批判了基督教及神学，批驳了黑格尔思辨哲学关于基督教的错误观点。人对上帝的意识就是人对自己的意识，人对上帝的认识就是人对自己的认识；上帝的本质就是人的本质，神学就是人本学。费尔巴哈在该书中认为，上帝的全知全能和无所不在等等特性，只是人的本质的虚幻反映。宗教是人类的精神之梦，是人的本质的异化。此书对卡尔·马克思和弗里德里希·恩格斯影响巨大。

费尔巴哈(Ludwig Andreas Feuerbach, 1804—1872)，德国哲学家。他批判了当时的宗教和唯心主义哲学，著有《论死与不朽》、《近代哲学史》、《对莱布尼茨哲学的叙述、分析和批判》、《论哲学和基督教》、《基督教的本质》，《宗教的本质》、《上帝、自由和不朽》等。

P44 注释②"Zur kritik dir Hegelschen Rechtsphilosophie", *Die Heillige Familie*, usw., Dietz, 12. Cf. Dryden, *Religio Laici*, 54-61, *Poems*, oxford, 100.

《黑格尔法哲学批判》，(神圣家族)等等，迪茨出版社，12. 参考德莱顿，《宗教》，54—61，《诗歌》，牛津，100。

《黑格尔法哲学批判》：马克思的一本早期著作，也是马克思批判黑格尔哲学的第一部著作。1843 年夏天写于莱茵省的克罗茨纳赫，故又称《克罗茨纳赫手稿》。这部著作是对黑格尔《法哲学原理》第 261—313 节阐述国家问题的部分所作的分析和批判。在这部手稿中，马克思批判黑格尔把市民社会从属于政治国家的观点，得出了市民社会决定政治国家的著名结论；批判了黑格尔主张君主、官僚决定国家制度的英雄史观，阐明了人民创造国家的思想；批判了黑格尔在国家发展问题上否认有质变的缓慢进化论，提出必须经过真正的革命来建立新国家的观点。

马克思(Karl Heinrich Marx, 1818—1883)，德国思想家、政治家、哲学家、经济学家、革命理论家和社会学家，马克思主义的创始人之一，第一国际的组织者和领导者，马克思主义政党的缔造者，全世界无产阶级和劳动人民的革命导师，国际共产主义运动的开创者。主要著作有《资本论》、《共产党宣言》等。

约翰·德莱顿(John Dryden, 1631—1700)，英国诗人、剧作家、文学批评家，也是英国戏剧史上戏剧评论的鼻祖人物。从王政复辟(1660 年)到十七世纪结束，他一直是英国文学界的主导人物，1668—1688 年，任桂冠诗人。他影响了亚历山大·蒲柏和其他年轻的作家，被这些人称为"光荣约翰"(Glorious John)。代表作有《时髦的婚礼》、《一切为了爱情》、《阿龙沙与施弗托》(诗作)、《论戏剧诗》、《悲剧批评的基础》等。

《宗教》：德莱顿著于 1682 年。

P44 注释③ Novalis, *Fragmente*, Nr. 1388, hrsg, E. kammitzer, 451–2.

诺瓦利斯，《断章》，第 1388 篇，E. 凯密茨编，451—452。

诺瓦利斯(Novalis, 1772—1801)，德国浪漫主义诗人。他的抒情诗代表作有《夜之赞歌》(或《夜颂》)，《圣歌》等。他还写过长篇小说《海因里希·冯·奥弗特丁根》，书中以蓝花作为浪漫主义的憧憬的象征，非常著名。他也因此被誉为“蓝花诗人”。

《断章》：诺瓦利斯著。此作以其独特的精悍简洁著称，简洁中蕴含无限的意味。

P44 注释④ De Vigny, *Journal d'un Poète*, 1839, *Oeuvres complètes*, “Bibliothèque de la Pléiade”, II, 1116; cf. 1134.

阿尔弗雷·德·维尼.《诗人日记》，1839，《全集》“七星文库”，II，1116；参见 1134。

阿尔弗雷·德·维尼(Alfred De Vigny, 1797—1863)，法国浪漫派诗人、小说家、戏剧家。1845 年被选为法兰西学院院士。著有《古今诗稿》、历史小说《桑－马尔斯》、小说《军人的荣誉与屈辱》、剧本《夏特东》与诗歌《命运集》等。

《诗人日记》：不详。

P45 注释①J. W. Cross, *Life of George Eliot*, II, 283.

J. W. 克劳斯，《乔治·艾略特的一生》，II，283。

乔治·沃特·克劳斯(John Walter Cross, 1840—1880)，美国银行家，19 世纪英国著名女作家乔治·艾略特的丈夫。乔治·艾略特与刘易斯同居 24 年，刘易斯去世后两年，乔治·艾略特与其理财顾问乔治·沃特·克劳斯结婚。

《乔治·艾略特的一生》：乔治·沃特·克劳斯著。

P45 注释② Nietzsche, *Menschliches*, *Allzumenschliches*, Bdl §108, Werke, hrsg. K. Schlechta, I, 517. Cf. Emily Dickinson, “This World is not Conclusion”: “Narcotics cannot still the Tooth/That nibbles at the soul–.”

尼采，《人性的，太人性的》，108 小节，《全集》，K. 施勒赫塔编，I，517；参见艾米

莉·狄金森,"世界不是结论":"麻醉剂无法平静啮噬灵魂的牙痛。"

尼采,参见第一册 P23 注释②。

《人性的,太人性的》:尼采为纪念伏尔泰逝世 100 周年而写的书。全书用格言体写成,分两卷。第一卷从各方面探讨了世界与人生的基本问题。第二卷两个部分《见解与箴言杂录》和《漫游者和他的影子》,延续了作者在第一卷中开始的对西方形而上学传统及其影响下的西方文化的全面批判。作者一方面肯定人性中值得肯定的方面,希望挖掘人的潜力,使人类变得更优秀;另一方面又对人性的弱点和缺点,尤其对西方文化传统下形成的这种弱点和缺点,进行了尖刻的讽刺。作者寄希望于"自由精灵",也就是能超越传统思维方式、传统道德观念而实现思想自由的人。

艾米莉·狄金森(Emily Dickinson,1830－1886),美国传奇诗人。她自二十五岁开始弃绝社交闭门不出,在孤独中埋头写诗三十年,留下诗稿一千七百余首。生前只发表过七首,其余均是死后出版,并被世人所知。狄金森的诗主要写生活情趣、自然、生命、信仰、友谊、爱情。诗风凝练婉约、意象清新,描绘真切、精微,思想深沉、凝聚力强,极富独创性。虽然她的诗歌以描写日常生活的普通事物为主,但内容深邃,别具一格。代表作有《云暗》、《逃亡》、《希望》和《补偿》等。

P46 注释① Fragments, No. 45, *op*, *cit.*, 485.

《赫拉克利特残篇》,第 45 篇,如前所引,485。

《赫拉克利特残篇》:参见第一册 P14 注释①。

P46 注释② Morris. R. Cohen, *A Preface to Logic*, 76; *Reason and Nature*, 165.

莫里斯·R. 科恩,《逻辑序言》,76;《理性与自然》,165。

莫里斯·R. 科恩(Morris Raphael Cohen, 1880—1947),美国哲学家、律师、法律学者。他成功地将实用主义与逻辑实证主义、语言分析相结合。代表作有《理性与自然》、《法律与社会秩序》、《人类历史的意义》等。

《逻辑序言》:莫里斯·拉斐尔·科恩著,1944 年出版。此作清晰明了地描绘了不同于传统三段论和形式证明的逻辑学。

《理性与自然》:1931 年出版,修改至 1953 年,是莫里斯·拉斐尔·科恩最重要的哲学作品之一。

P47 注释①Lady Holland, *A Memoir of Sydney Smith*, ch 11, Longmans, 234.

赫兰德夫人,《悉尼·史密斯传》,第11章,朗文出版社,234。

萨巴·赫兰德(Lady Saba Holland, 1802—1866),悉尼·史密斯的长女,因其所著关于其父亲悉尼·史密斯的回忆录而闻名。

《悉尼·史密斯传》:萨巴·赫兰德为其父亲所著传记。悉尼·史密斯(Sydney Smith, 1771—1845)是英国作家、哲学家、神学家。

P47 注释②Dino Provenzal, *Perché si dice cosi?* 53.

迪诺·普罗旺萨,《为什么他要这样说呢?》,53。

迪诺·普罗旺萨(Dino Provenzal, 1877—1972),意大利学者、作家。

《为什么他要这样说呢?》:1962出版,内容不详。

P50 注释①*Orlando Furioso*, Canto IV. 63e 66, "Biblioteca Classica Hoepliana", 32. cf. Goldoni, *II Servitore di Due Padroni*, II. ii (Smeraldina).

《疯狂的罗兰》,第IV颂歌.63e 66,"欧伯利古典丛书",32;参见哥尔多尼,《一仆二主》,ll. ii(圣玛蓝)。

《疯狂的罗兰》(又译《疯狂的奥兰托》):阿里奥斯托著,第一版于1516年出版。此作以查理曼率军抵抗北非摩尔人入侵为经,再以数个杰出勇士所从事的诸多冒险为纬交织而成,将充满神话色彩的骑士冒险故事同现实生活事件编织在一起,使叙事与抒情、悲剧因素和喜剧因素、严肃与诙谐融为一体,对欧洲的叙事长诗产生了深远影响。

阿里奥斯托(Ludovico Ariosto, 1474—1533),意大利文艺复兴时期的诗人、剧作家。代表作有《列娜》、《妖术》等风俗喜剧、长诗《疯狂的罗兰》。

哥尔多尼(Carlo Goldoni, 1707—1793),意大利剧作家,现代喜剧创始人。一生剧作甚多,有悲剧、传奇剧、歌剧,以喜剧最多,达100多部。在喜剧《剧院》和《回忆录》中阐明了他的喜剧理论。代表作为《一仆二主》、《女店主》、《狡猾的寡妇》等。

《一仆二主》:哥尔多尼著,1745年出版。该话剧描写特鲁法尔金鲁仆人为两家主人效力,遭遇了种种的尴尬,更尝到了底层人民生活的酸甜苦辣以及人生的况味。

P50 注释①【增订四】Montaigne: "*Sur des vers de Virgile*", *Essais*, III, v,

Bibliothèque de la Pléiade, p. 821.

蒙田:《论维吉尔的几首诗》,《随笔录》,第Ⅲ卷,第Ⅴ章,“七星文库”,P821。

蒙田(Michel Eyquem de Montaigne, 1533—1592),法国文艺复兴后期、十六世纪人文主义思想家、作家、怀疑论者。主要作品有《随笔录全集》。他是启蒙运动以前法国的一位知识权威和批评家。

《随笔录》:蒙田著。蒙田以博学著称,随笔卷帙浩繁,用古法文写成,又引用了希腊、意大利等国的语言,以及大量拉丁语。蒙田在随笔中论述日常生活、传统习俗、人生哲理等,对古希腊罗马作家的论述也能旁征博引。书中,作者还对自己作了大量的描写与剖析。此书语言平易通畅,不假雕饰,在法国散文史上占有重要地位,开创了随笔式作品之先河。

P50 注释②*Monsieur Alphonse*, Préface, *Théâtre Complet*, Calmann Lévy, VI, 32,33。

《阿尔冯斯先生》,前言,《戏剧全集》,卡尔曼·勒维出版社,VI, 32,33。

《阿尔冯斯先生》:十九世纪法国作家小仲马著,是一部三幕戏剧。

小仲马(Alexandre Dumas fils, 1824—1895),法国著名作家大仲马的儿子,法兰西学院院士,著有《茶花女》、《私生子》、《金钱问题》、《放荡的父亲》等作品。

P50 注释③哲学、宗教、法律家言具见 W. G. Sumner, *Folkways*, 359 - 62.

哲学、宗教、法律家言具见 W. G. 萨姆纳,《民俗》,359—362。

威廉姆·格雷厄姆·萨姆纳(William Graham Sumner, 1840—1910),崇尚古典自由主义的美国社会科学家,社会达尔文主义的主要代表人物之一。萨姆纳博学多才,著作等身,对美国史、经济史、政治理论、社会学、人类学等学科均有所涉猎。

《民俗》(*Folkways-A Study of the Sociological Importance of Usages, Manners, Customs, Mores and Morals*):萨姆纳著。此书记录了人类文化怎样顺从于达尔文进化论。他追踪人类的历史,细述人类如何在生存的斗争中创造民俗。健康优秀的民俗被继承并为外国的社会所借鉴,弱小的民俗则被淘汰出局。

P51 注释①M. Bandello, *Le Novelle*, XXVI, dedicatoria, Laterza, I, 345 - 6.

马代奥·班戴洛,《小说集》,XXVI,献词,拉泰尔扎,I, 345—346。

马代奥·班戴洛(Matteo Bandello, 1480—1562),意大利文艺复兴时期杰出的小说家。短篇小说是班戴洛最重要的作品,凝聚了他毕生的心血。他一生写了短篇小说二百一十四篇，结集为四卷，前三卷于1554年问世，第四卷在他逝世以后，于1573年出版。代表作为《罗密欧与朱丽叶》、《菲利普·利皮》、《孪生兄妹》。莎士比亚的《罗密欧与朱丽叶》，就是以他的《罗密欧与朱丽叶》(1562)为素材写成的。

P57 注释① Athenaeus, *The Deipnosophists*, XIII, 581, "Loeb", VI, 137 note.

阿忒纳乌斯，《诡辩论者》，XIII, 581，"洛布古典丛书"，VI, 137 注释。

阿忒纳乌斯(Athenaeus of Naucratis，约170—230)，公元二世纪末、三世纪初的古希腊修辞学、文法学家。著作包括《希腊爱经》、《诡辩论者》、《叙利亚诸王纪》、《欢宴的智者》等数种。他的许多著作现已散佚，但《诡辩论者》大部分都存留了下来。

《诡辩论者》(*The Deipnosophistae*)：(或译作《哲人燕谈录》、《餐桌上的健谈者》)，阿忒纳乌斯著于3世纪早期，主要记录了作者阿忒纳乌斯和提莫克拉底(Timocrates)的谈话，内容丰富有趣，讨论了早期希腊文学和希腊人的生活。原来共15卷，第1、2、11、15卷及第3卷的部分章节失传，仅留下纲要，其余部分保存完好。书中的主角劳伦提斯(Laurentius)是一位家财万贯的罗马人，他在自己的家中宴请各学科、各领域的泰斗巨匠。阿忒纳乌斯详细记录下了宴会中鱼的多种烹饪方法，描述了多种蔬菜和动物，记录了许多像史学家、诗人那样的智者，讨论了各类乐器、各式杯具、国王们的财富、船舶的大小，还引用了一万种笑话，话题包罗万象。

P58 注释① Aulus Gellius, *The Attic Nights*, XIX. ii, "Loeb", III, 356.

格利乌斯，《阿提卡之夜》，XIX. ii，"洛布古典丛书"，III, 356。

格利乌斯(Aulus Gellius，125—180年)，古罗马学者、语法学家、哲学家。格利乌斯唯一留存至今的作品是《阿提卡之夜》。

《阿提卡之夜》：全书20卷，其中第8卷只有目录和片段，作者是在阿提卡的冬夜着手整理此书，因而以此作为书名。作者自称此书内容有些是他阅读希腊罗马作家作品的笔记，有些则是谈话或听课的记录。书中内容涉及文学、语言学、哲学、神话、历史、考古、风习、制度以及游记、名人轶事等各方面。由于征引了将近300种古人的作品，这些作品大多又已失传，因而此书具有颇高的史料价值。

P60 注释 ① Quintillian, *Institutio oratoria*, I. vi. 34 - 5 (a contrariis aliqua trahi), "Loeb", I, 126.

昆体良,《雄辩术原理》, I. vi. 34—35(通过正话反说的方式引起听众的注意), "洛布古典丛书", I, 126。

昆体良(Marcus Fabius Quintilianus, 35—100),又译昆提利安。古代罗马演说家、教育家。他是教育史上极大发展完善教育方法和思想的先驱。

《雄辩术原理》(也译作《演说家教育》):昆体良著。此书在总结了作者一生丰富教育实践经验基础上,针对罗马教育当时存在的各种弊端,较为全面地提出了雄辩家教育的基本原则和设想,尤为详尽地阐明了雄辩术的各种理论问题。

P62 注释 ① Laurence Sterne, *Letters*, ed. L. P. Curtis, 83 (to Catherine Fourmantel).

劳伦斯·斯特恩,《劳伦斯·斯特恩书信》, L. P. 柯蒂斯编辑, 83(致凯瑟琳·福尔曼特尔)。

劳伦斯·斯特恩(Laurence Sterne, 1713—1768), 18 世纪英国小说家,著有《项狄传》、《感伤旅行》等。

《劳伦斯·斯特恩书信》:由柯蒂斯(Lewis Perry Curtis)编,牛津大学的克拉伦登出版社(Clarendon Press)出版。

P63 注释 ① R. Otto, *The Idea of the Holy*, tr. J. W. Harvey, 70 - 2.

鲁道夫·奥托,《神圣者的观念》, J. W. 哈维译, 70—72。

R. 奥托(Rudolf Otto, 1869—1937),德国宗教学家、哲学家、基督教神学家。研究领域包括西方哲学、系统神学、新约和旧约宗教史学、印度学等,曾潜心探讨宗教本质与真理、宗教情感与体验、哲学认识论、神圣观念和神秘主义等问题。代表作为《论神圣:关于神灵观念的非理性现象和它与理性的关系》(即《神圣者的观念》),还写有《路德的圣灵观》、《自然主义与宗教的世界观》、《东西方神秘主义》、《印度的恩典宗教与基督教》等著作。其对"神圣"这一宗教范畴的研究影响深远,曾为宗教现象学的发展创造了条件。他称这种超自然的"神圣"乃主客体之结合,由绝对意义的"神圣实体"和人们"对神圣的体验"所构成。

《神圣者的观念》:鲁道夫·奥托著。"神圣"本是宗教领域特有的范畴,但是随着宗教、尤其是基督教的理性化,"神圣"越来越失去了它原初的含义,而拥有了更多的道德的含义。奥托著此书旨在剔除"神圣"观念中的道德与理性因素,彰显

"神圣"观念的非理性因素,明确宗教的根基。此书具体包括理性与非理性、"神秘"与"神秘者"、对"神秘"的分析、类比和联想感受、表达神秘的各种方式、《新约》中的神秘、最初的表现、作为一种先验范畴的神圣等方面的内容。

P63 注释①【增订四】R. A. Vaughan, *Hours with the Mystics*, Bk VII, ch. 2, Vol. ll, p. 13.

R. A. 沃恩,《与神秘主义者共处的时日》,VII 卷,第 2 章,Vol. ll,P13。

R. A. 沃恩和《与神秘主义者共处的时日》:不详。

P68 注释① Der Guotaere, *The Penguin Books of German Verse*, 39.

德·库忒尔,《企鹅丛书之德国诗歌卷》,39。

《企鹅丛书之德国诗歌卷》:德·库忒尔编著的诗歌选集。此选集追溯了从中世纪早期到二十世纪德国诗歌的演变——从中世纪的歌词、民谣到 16 世纪的新教赞美诗,再到与德国文学大爆炸时期的歌德和席勒的诗,以及后来的孤独的天才荷尔德林的诗,直至 19 世纪后期的自然主义诗歌、一战后的表现主义诗歌以及二十世纪其他诸如洛克(Loerke)和贝托尔特·布莱希特(Bertolt Brecht)等著名诗人的诗。

企鹅出版集团(Penguin Group):皮尔松公司(Pearson P. L. C.)的子公司,也是世界最著名的英语图书出版商,在世界媒体业排行第 10 位。主要出版小说与非小说作品以及儿童图书。

P68【增订四】Max Wehrli, *Deutsche Lyrik des Mittelalters*, 6th rev. ed., 1984, pp. 253,588.

马克斯·威利,《中世纪的德国抒情诗》,第 6 修订版,1984,P253,588。

马克斯·威利(Max Wehrli, 1910—1998),瑞士学者,专攻中世纪德语文学。他的主要教学和研究领域包括中世纪巴洛克艺术、苏黎世作为从中世纪到现代的文化城市、诗学以及文学史。代表作有《德国巴洛克抒情诗》、《约翰·雅各布·博德默和他的文学作品》、《中世纪的德国抒情诗》等。

《中世纪的德国抒情诗》:马克斯·威利著,首次出版于 1955 年。此作关于中世纪民族和诗歌,书中收集了 150 多首原创诗歌及译作,囊括从 12 世纪的游吟诗人的诗歌到 14 世纪早期的宗教诗和世俗诗。

P68【增订四】Katharine Briggs, *A Dictionary of Fairies*, Penguin, 1979, pp. 92,122.

凯瑟琳·布里格,《童话词典》,企鹅出版社,1979,P92,122。

凯瑟琳·玛丽·布里格(Katharine Mary Briggs, 1898—1980),英国民俗学家、作家;被誉为英国最受尊敬的民俗学者之一;1969 年至 1972 任英国民间故事协会会长。撰写过大量关于童话和民间传说方面的书籍,如《童话词典》、《小鬼迪克》、《英格兰民间传说》等。

《童话词典》:凯瑟琳·布里格著,1976 年出版。

P69 注释① Phineas Fletcher, *The Locuts*, I, st. 12, *The Oxford Book of Seventeenth-Century English Verse*, 210.

菲尼亚斯·弗莱彻,《蝗虫》,I,第 12 首,《牛津十七世纪英语诗歌词典》,210。

菲尼亚斯·弗莱彻(Phineas Fletcher, 1582—1650),英国诗人。他的作品包括三卷宗教散文、一部史诗、一部小型史诗、一部戏剧、几部中篇叙事小说、田园诗、书信集、赞美诗、诗篇、译作、各种歌曲等。在范围、种类和质量方面,他的作品在那个时代都是首屈一指的。

《蝗虫》:菲尼亚斯·弗莱彻著,1627 年出版,是不规则的简短的斯宾塞流派史诗。

P69 注释②J. Rousset, *Anthologie de la Poésie baroque française*, 1,17. Cf. Burton, *Anatomy of Melancholy*, "Democritus to the Reader", George Bell, I, 132(the double or turning pictures); Rousset, *Circé et le Paon*, nouv. éd., 1954, p. 24(Gracian: "regarder les choses à rebours").

让·鲁塞,《法国奇崛派诗歌选集》,1,17;参见伯顿,《忧郁的解剖》,"德谟克利特致读者",乔治·贝尔,I, 132,(双重图片或转动的图片);鲁塞,《喀尔刻与孔雀》,新编版,1954,P24(葛拉西安:"反向看待事物")。

让·鲁塞,参见第一册 P27 注释①。

《法国奇崛派诗歌选集》:让·鲁塞编,其他不详。

《忧郁的解剖》:参见第一册 P37 注释④。

《喀尔刻与孔雀》:参见第一册 P27 注释①。

P69 注释③ Logau: "Kenne dich!" *Sinngedichte. Eine Auswahl*, hrsg. U.

Berger, 139.

洛高:"认出你!"《讽刺短诗: 一个选择》,U. 贝格尔编,139。

洛高(Friedrich von Logau, 1605—1655),德国作家,巴洛克时代的德国讽刺诗人。著有《讽刺短诗》、《洛高小册子》等。

《讽刺短诗: 一个选择》: 洛高著。此作毫不留情地讽刺宫廷生活、战争中无意义的流血事件、德国人如何缺乏民族自豪感以及他们在服装、衣着、言语层面对法国人的模仿等。

P70 注释① *The Merchant of Venice*, II. vii. 63. ff. Cf. St John Damascene, *Barlaam and loasaph*, vi, Apoloque 2, "Loeb",75 - 7.

《威尼斯商人》,II. vii. 63 页及之后. 参见大马士革的圣约翰,《贝尔拉姆与约瑟伐特》,vi,寓言 2,"洛布古典丛书",75—7。

《威尼斯商人》: 英国戏剧家莎士比亚创作的一部讽刺喜剧,大约作于 1596—1597 年间。剧本的主题是歌颂仁爱、友谊和爱情,同时也反映了资本主义早期商业资产阶级与高利贷者之间的矛盾。

威廉·莎士比亚(William Shakespeare, 1564—1616),英国文学史上最杰出的戏剧家,也是欧洲文艺复兴时期最重要、最伟大的作家,全世界最卓越的文学家之一。著有《奥赛罗》、《哈姆雷特》、《李尔王》和《麦克白》等 39 部戏剧、154 首十四行诗、两首长叙事诗。

大马士革的圣约翰(St John Damascene,约 675 或 676—749),叙利亚僧侣和神父。他涉猎很广,在法律、神学、哲学和音乐方面都有造诣,撰写了大量阐述基督教信仰的作品,并创作了大量赞美诗,对后世影响极大。

《贝尔拉姆与约瑟伐特》: 大马士革的圣约翰著。此作是基督教版本的释迦牟尼本生故事,取材于普曜经,以阿拉伯语、希伯来语、波斯语、粟特语和回鹘语写成。故事叙述王子约瑟伐特在修士贝尔拉姆教导下成为基督徒的过程。贝尔拉姆(Barlaam)源自于世尊(Bhagavad),而约瑟伐特,或称为约瑟法(Joasaph),则是由菩萨(Bodhisattva)转化而来。在中世纪,贝尔拉姆与约瑟伐特都被认为是圣徒。

P70 注释② Calderon, *El Mágico Prodigioso*, Jornada II, *Las Comedias de De Pedro Calderon*, Fleischer. III, 417.

卡尔德隆,《奇妙的魔术师》,行程 II,《卡尔德隆的喜剧》,弗莱舍,III, 417。

卡尔德隆(Pedro Calderón de la Barca, 1600—1681),西班牙剧作家,诗人。

他与维加齐名，是西班牙黄金世纪戏剧两大派之一的代表人物。他所开创的戏剧新风格，一直影响了从17世纪中叶至18世纪初的黄金时期后期文学。他的戏剧作品共约120出，代表作有《精灵夫人》、《医生的荣誉》、《奇妙的魔术师》、《萨拉梅亚的镇长》和《人生如梦》等。其中《奇妙的魔术师》被马克思称为"天主教的浮士德"。

《奇妙的魔术师》：卡尔德隆著，1637年出版。这部作品属圣徒喜剧类型。

P72 注释① Logau："Angedankte Soldaten"，*op. cit.*，142；L. Casaburi："Rimprovero di bella donna al suo marito，che propone d'andare alla guerra"，*Marino ei Marinisti*，Ricciardi，1061. Cf. Byron，*Don Juan*，II. 23，Varirorum ed. by T. G. Steffan and W. W. Pratt，II，287；G. W. E. Russell，*Collections and Recollections*，ch. 31，Nelson，308(a charade of a crusader knight and his lady).

转引自洛高："想象中的战士"，如前所引，142；L. 卡萨布里："一位美丽女子对提出要去打仗的丈夫的训斥"，《马里诺和马里诺主义》，里西亚蒂出版社，1061；参见拜伦，《唐璜》，II. 23，"海难"，T. G. 斯蒂芬和 W. W. 普拉特编，II，287；G. W. E. 拉塞尔，《趣闻回忆录》，第31章，尼尔森出版社，308(圣骑士和女郎的字谜)。

洛高，参见第一册P69注释③。

"想象中的战士"：洛高著，其他不详。

马里诺和马里诺主义：参见P16注释①【增订三】。

《马里诺和马里诺主义》及其作者 G. G. 法里罗：不详。

乔治·戈登·拜伦(George Gordon Byron，1788—1824)，英国19世纪初伟大的浪漫主义诗人。他的代表作品有《恰尔德·哈洛尔德游记》、《唐璜》等。他在诗歌里塑造了一批"拜伦式英雄"。

G. W. E. 拉塞尔(George William Erskine Russell，1853—1919)，英国自由党政客，以传记和回忆录流传于世。

《唐璜》：19世纪浪漫主义诗人拜伦的代表作。它是一部长篇诗体小说，通过主人公唐璜在西班牙、希腊、土耳其、俄国和英国等不同国家的浪漫奇遇展现了19世纪初欧洲的现实生活，讽刺批判了"神圣同盟"和欧洲反动势力；同时描写了欧洲社会的人物百态、山水名城和社会风情，画面广阔，内容丰富，堪称一座艺术宝库。

《趣闻回忆录》：拉塞尔所撰写的回忆录。作者的朋友詹姆斯·佩恩曾因病无法出门，拉塞尔每周从自己的日记中撷取一些有趣的事情，在探病时讲与他听。在佩恩的劝说下，作者决定将这些趣闻和日记以回忆录的形式整理，并于 1897 年在《曼彻斯特卫报》上连载，颇受读者好评。1898 年初，该书正式出版。

P73 注释①Cf. C. Reade, *The Cloister and the Hearth*, ch. 72: "Jerome reported that Clement'spirit was willing, but his flesh was weak, 'Good! 'said Anselm; 'his flesh is weak, but his spirit is willing'"("Everyman's", 515).

查尔斯·里德，《患难与忠诚》，第 72 章："杰洛姆报告说，克里蒙特的精神强大，但身体却虚弱，安塞姆说：'很好，他的身体虚弱，但精神强大。'"（"人人文库"，515）。

查尔斯·里德（Charles Reade, 1814—1884），英国小说家，著有《患难与忠诚》（又译《修道院与壁炉》）、《佩格沃零顿》、《奥斯陆·约翰斯顿》、《设身处地》等。

《患难与忠诚》：查尔斯·里德著。主人公杰勒德是荷兰特尔哥城一个布革商的儿子。他与玛格丽特真心相爱，却遭小人暗算，被迫流落他乡，走上堕落之路，遭刺得救后皈依宗教并成为一名出色的修士。在教堂偶遇已为他生下一子的玛格丽特，得知真相后因极端的宗教信念，不敢留恋世俗情爱，躲进山洞过起了隐居的生活，因玛格丽特夜抱幼子再三苦劝，才迁出隐居处。

P74 注释①Epictetus, *Encheiridion*, § 45, "Loeb", II, 527.

爱比克泰德，《手册》，§ 45，"洛布古典丛书"，II，527。

爱比克泰德（Epictetus，约 55—约 135 年），古罗马最著名的斯多葛学派哲学家之一。爱比克泰德对斯多葛派学说有极其重要的发展和突破，是继苏格拉底后对西方伦理道德学说的发展作出最大贡献的哲学家，是真正集希腊哲学思想之大成者。他把注意力集中在对具体的生活伦理学的思考上，重心性实践，主张遵从自然过一种自制的生活。他的思想对后来的哲学与宗教都产生过深远的影响。

《手册》：爱氏本身没有著作，他的学生阿利安记录了他的许多谈话，并整理为《爱比克泰德论说集》（Arrian's *Discourses of Epictetus*），以及从中辑选《手册》（*Encheiridion*）。爱氏思想由此得以保存并流传于世。也有人持反对意见，认为那两本书是爱氏自己著述或大部分由爱氏执笔。

P76 注释①V. Brancati, *Don Giovanni in Sicilia*, quoted in D. Provenzal,

Dizionario delle lmmagini, 93, "Beltà".

V. 布莱凯蒂,《西西里岛的唐·乔万尼》,引自 D. 普罗旺斯,《图像字典》,93,百通社。

V. 布莱凯蒂(Vitalianu Brancati, 1907—1954),意大利作家,其创作以讽刺幽默著名。代表作有《西西里岛的唐·乔万尼》、《穿靴子的老人》等。

《西西里岛的唐·乔万尼》: V. 布莱凯蒂著,1943年出版。

D. 普罗旺斯和《图像字典》: 不详。

P76 注释②J. B. Priestley, *When We are Married*, Act III, *The Plays of J. B. Priestley*, Heinnemann, II, 214.

J. B. 普利斯特利,《当我们结婚的时候》,第三幕,《普利斯特利的戏剧》,海涅曼,II, 214。

J. B. 普利斯特利(John Boynton Priestley, 1894—1984),英国剧作家,小说家,批评家。1929年出版代表作流浪汉小说《好伙伴》。他的作品主要描写约克郡人的生活和向往,以刻画人物见长。作品还有《危险的角落》、《金链花小树林》、《安乐土的末日》、《当我们结婚的时候》等。

《当我们结婚的时候》: J. B. 普莱斯利著的喜剧。1938年,该剧在伦敦的圣马丁剧院首次出演。该剧讲述了在同一天、同一个教堂结婚且彼此熟识的三对夫妻聚集在一起庆祝银婚纪念日的故事。

P76 注释③ Cf. J. -P. Vinay èt J. Darbelnet, *Stylistique comparée du Français et de l' Anglais*, 70 - 2, 170 - 3.

参考 J. -P. 维奈和 J. 达贝内尔,《法英文体比较: 翻译的方法》,70—72, 170—173。

《法英文体比较: 翻译的方法》: 维奈(Vinay)和达贝内尔(Darbelnet)于1958年出版。维奈和达贝内尔研究的出发点就是把翻译当作一门精密科学,认为只有这样才能减少翻译中的主观臆断成分。维奈和达贝内尔把翻译方法分为直接翻译(direct translation)和间接翻译(oblique translation)两种。维纳和达贝内尔还提出,译者翻译的并非单词,而是观点和情感,因此翻译单位也只能是一种"思想的单位"。具体而言,就是"话语中的最小片断,组成这些片断的符号互相连接,不能单独地翻译"。

让·保罗·维奈和让·达贝内尔(Jean-Paul Vinay and J. L. Darbelnet),法国

语言学家，翻译学家。其他不详。

P79 注释① Christina Rossetti："Sing-Song"，*Poetical Works*，ed. W. M. Rossetti，432 - 3；CF 434："The peacock has a scores of eyes with which he cannot see"，etc.

克里斯蒂娜·罗塞蒂：《唱歌》，《诗集作品》，W. M. 罗塞蒂编，432—433；参见434："孔雀有许多'眼睛'，但他们却看不见"等等。

克里斯蒂娜·罗塞蒂(Christina Georgina Rossetti，1830—1894)，英国著名女诗人，与19世纪英国文坛的著名女诗人伊丽莎白·芭蕾特·布朗宁齐名。罗塞蒂的主要作品集有《妖魔集市》、《王子的历程》、《赛会》。她还出版了童谣集《唱歌》、儿童故事集《会说话的画像》，但最负盛名的还是她的诗歌创作，她的诗歌表现出一种双重的自相矛盾的感情，一方面它们表达感官上的审美情趣，另一方面又含有神秘圣洁的宗教信仰。它们有时在语调上非常多愁善感，但在形式和遣词造句方面却又十分严谨。她的不少诗歌还很有幽默感，这使得她的多愁善感适可而止，并使矛盾趋于平衡。

W. M. 罗塞蒂(William Michael Rossetti，1829—1919)，英国作家和评论家。

《唱歌》：童谣集，由威廉姆·米歇尔·罗塞蒂编，1872年出版。

P82 注释①R. A. Vaughan，*Hours with the Mystics*. 6th ed.，I. 115 - 6.

R. A. 沃恩，《神秘者的时间》，第6版，I. 115 - 116。

R. A. 沃恩(Robert Alfred Vaughan，1823—1857)，英国公理会成员、作家。著有《安铎的女巫及其他诗歌》、《神秘者的时间》等作品。

《神秘者的时间》：原名《神秘者的时间：宗教思想史》(*Hours With the Mystics：A Contribution to the History of Religious Opinion*)，其他不详。

P82 注释②K. Vossler，*The Spirit of Language in Civilisation*，tr. O. Oeser. 33；E. Cassirer，*Language and Myth*，tr. Susanne Langer. 71 - 73.

K. 浮士勒，《文明中的语言精神》，O. 奥瑟译，33；E. 卡西尔，《语言与神话》，苏珊·朗格译，71—73。

K. 浮士勒(Karl Vossler，1872—1949)，德国罗曼语文学研究者和语言学家。浮士勒的主要著作是关于罗曼语族各国人民的精神文化。他研究了意大利、法兰西、西班牙的文学和语言；晚年还研究了葡萄牙和南美洲的文学。在语言学方面，他是“新语言学”唯心主义学派的主要代表，强调个人在语言中的创造作用。

《文明中的语言精神》：浮士勒著，其他不详。

E. 卡西尔（Ernst Cassirer，1874—1945），德国哲学家、文化哲学创始人。他从知识论的问题出发，经过文化哲学，发展出一套独特的哲学人类学。卡西尔在符号理论上进行了广泛的研究，把神话、艺术等都看作是语言的符号形式。他认为，人类的一切文化现象和精神活动，如语言、神话、艺术和科学，都是在运用符号的方式来表达人类的种种经验。而人则是符号活动的动物，人的本质在于能创造符号，运用符号。代表作有《人论》、《语言与神话》等。

《语言与神话》：卡西尔著。在此作中，卡西尔认为，除了语言世界之外，还有另一个具有自己的结构和意义的世界，即艺术世界——音乐、诗歌、绘画、雕刻和建筑的世界。

P84 注释① Diogenes Laertius，*op. cit.*，VII. 87，177，“Loeb”，II，195，221. cf. Plutarch：“How the young Man should study Poetry”，14，*Moralia*，“Loeb”，I，196.

第欧根尼·拉尔修，同前所引，VII，87，177，“洛布古典丛书”. II，195，221. 参考普鲁塔克：“年轻人应如何学习诗歌”，14，《道德论丛》，“洛布古典丛书”，I，196。

第欧根尼·拉尔修，参见第一册 P25 注释②。

普鲁塔克（Plutarch，约 46—120），罗马帝国时代的希腊作家、哲学家、历史学家，以《比较列传》（又称《希腊罗马名人传》或《希腊罗马英豪列传》）一书闻名后世。

《道德论丛》：又译《掌故清谈录》或《道德论集》），是普鲁塔克一生讲学要义的精粹。其中包含七十八篇论文和语录。这部著作广泛地探讨了伦理、宗教、哲学、科学、政治、文学等方面的问题。内容扩及子女的教育、如何分辨善恶、夫妻人伦守则和相处之道，还有当世的格言及风习，尤其论及为官之道、为政之道。由于普鲁塔克超拔的文学驾驭，这也是一部典雅的随笔集，行文流丽、内容丰茂。

P84 注释② Spinoza，*Ethica*，V，Prop. 17et Cor.，“Classiques Garnier”，II，198 - 9.

斯宾诺莎，《伦理学》，V，命题 17 et Cor.，“卡尼尔经典”，II，198—199。

斯宾诺莎，参见第一册 P10 注释②。

《伦理学》（Ethica in Ordine Geometrico Demonstrata）：巴鲁赫·斯宾诺莎著于 1664 年至 1665 年之间的哲学论文，于 1677 年首次出版，全名为《用几何学方法作论证的伦理学》。该书用几何学的方法写成,认为只有凭理性的能力获得的知识才是最可靠的知识,人有天赋的知识能力,世界是可以认识的。《伦理学》从本体论、认识论开始,最后得出《伦理学》的最高概念"自由",为人的幸福指明了道路。可以说,自由是斯宾诺莎哲学的核心和最终归宿。

P84 注释③S. Athanase, quoted in Leibniz, *Théodicée*, Disc. Prél, § 22, *Die Philosophischen Schriften*, hrsg. C. J. Gebhardt, VI, 63; S. Bernard, quoted in Feuerbach, *Das Wesen des Christenthums*, Kap. 5, op. cit. , 67.

S. 阿森纳斯引自莱布尼茨,《神义论》,前言部分, § 22,《哲学著作》,C. J. 格布哈特编,VI, 63; S. 伯纳德,引自费尔巴哈,《基督教的本质》,第 5 章,同上,67。

莱布尼茨(Gottfried Wilhelm Leibniz, 1646—1716),德国哲学家、数学家,被誉为十七世纪的亚里士多德。在数学上,他和牛顿先后独立发现了微积分,而且他所使用的微积分的数学符号被更广泛的使用,莱布尼茨还对二进制的发展做出了贡献。在哲学上,莱布尼茨的乐观主义最为著名,他认为,"我们的宇宙,在某种意义上是上帝所创造的最好的一个"。莱布尼茨在政治学、法学、伦理学、神学、哲学、历史学、语言学诸多方向都留下了著作,如《人类理智新论》、《形而上学论》、《单子论》等。

《神义论》:莱布尼茨著于 1710 年。此作被称为"神的义"或"上帝的理由",其正文由三部分构成。上编的中心内容是对一切世界中最好的可能的世界的命题的论证,并在此论证的基础上辩明上帝之慈善和正义。中编论证了信仰与理性、自由与上帝的预先规定的一致。下编的论证主题是道德的恶与形体的恶,即罪与罪过。莱布尼茨在此作中阐明信仰与理性的一致性。

《哲学著作》:不详。

费尔巴哈和《基督教的本质》:参见第一册 P44 注释①。

P85 注释①R. L. Neetleship, quoted in C. E. Montague, *A Writer's Notes on his Trade*, "The Phoenix Library", 237.

R. L. 尼透西,节选自 C. E. 蒙塔古,《作家行当记》,"凤凰图书馆",237。

C. E. 蒙塔古(Charles Edward Montague,1867—1928),英国记者,因写小说和散文而闻名。

《作家行当记》:不详。

P87 注释① Cf. A. Lalande, *op. cit.*, 859－861, art. "Puissance", note; Hegel, *Geschichte der Philosophie*, "Einleitung", Felix Meiner, 101－3(das vermögen, das Ansichsein).

参见 A. 拉兰德,如前所引,859—861,艺术。"权力",注释;黑格尔,《哲学史讲演录》,"导论",费列克斯·梅内出版社,101—103(一体化的乐趣)。

A. 拉兰德,参见第一册 P18 注释①。

黑格尔,参见第一册 P4 注释①。

《哲学史讲演录》:黑格尔的代表作之一,"哲学史"的开山之作。此作介绍了哲学的概念以及各个时期的哲学发展史。黑格尔一方面将哲学史纳入他的客观唯心主义体系的框架中,把哲学史归结为理念回归自身的绝对精神阶段;另一方面把辩证法贯彻于哲学史研究,深刻地揭示了哲学史的发展规律。

P88 注释①R. J. Clements, *Michelangelo's Theory of Art*, 175. Cf. W. J. Bate, *John Keats*, 246("Stationing").

R. J. 克莱门茨,《米开朗基罗的艺术理论》,175。参考 W. J. 贝特,《约翰·济慈》,246("伫立")。

罗伯特. J. 克莱门茨(Robert J. Clements),不详。

《米开朗基罗艺术理论》:R. J. 克莱门茨著。此作揭示米开朗基罗如何因其才华和技巧而面临的佛罗伦萨的大部分阴谋,他与上帝的关系,以及他如何在他的作品中表达神圣之光等。

W. J. 贝特,不详。

《约翰·济慈》:不详。

P97 注释①*Ethica*, Pars II, Prop. 7, op. cit., I, 131.

《伦理学》,第 II 部分,命题 7,如前所引,I, 131。

《伦理学》及其作者斯宾诺莎:参见第一册 P84 注释②。

P97 注释②*Scienza Nuova*, § 238, op. cit., 458.

《新科学》, § 238,如前所引,458。

《新科学》:参见第一册 P22 注释①。

P98 注释①E. g. Montaigne, *Essais*, I. 39("Bib. de la Pléiade", 248－9);

Leibniz："Lettre à Bourguet"，"Lettre touchant ce qui est indépendant des sens et de la matière"，etc.（op. cit.，III，578；IV. 508）；G. Herbert，*Jacula Prudentum*，no. 1121（Works，ed. E. F. Hutchinson，359）；Chesterfield："*To His Son*"（*Letters*，ed. B. Dobrée，V，2343）.

蒙田，《随笔录》，I，39（"七星文库"，248—249）；莱布尼茨：《致布尔盖》，"独立于官能与物质的感人文字"等等（同前所引，III，578；IV. 508）；乔治·赫伯特，《箴言集》，第1121页（E. F. 哈钦森编，359）；切斯特菲尔德："致他的儿子"（信件，B. 多布雷编，V，2343）。

蒙田和《随笔录》：参见第一册P50注释①【增订四】。

莱布尼茨，见第一册P84注释③。

《致布尔盖》：不详。

乔治·赫伯特（George Herbert，1593—1633），英国威尔士诗人、演说家、牧师、玄学派诗人。他的作品将丰富的感情和清晰的逻辑融为一体，描写生动形象，隐喻出神入化，特别是，他坚持不懈用精确的语言来创作宗教诗。代表作有诗作《衣领》等。

《箴言集》：也被叫做"智者的飞镖"，是乔治·赫伯特在17世纪编辑的近1200条谚语的集子。这个选集富有趣味，迎合了人们好奇心。

切斯特菲尔德（Philip Dormer Stanhope，4th Earl of Chesterfield，1694—1773）：切斯特菲尔德第四任伯爵、英国政治家、文学家。他因写给私生子菲利普·斯坦霍普（Philip Stanhope）的书信而闻名（1737—1768年，1774年出版）。这些书信风格简洁优美、充满了处事智慧、睿智的建议和犀利的评论。"切斯特菲尔德式"（Chesterfieldian）成为温文儒雅的代名词。

B. 多布雷（Bonamy Dobrée，1891—1974），英国学者，曾任利兹大学英国文学教授。

P99 注释①*David Copperfield*，ch. 27（Mr. Micawber）.

《大卫·科波菲尔》，第27章（米考伯先生）。

《大卫·科波菲尔》：英国小说家查尔斯·狄更斯创作的长篇小说，于1849至1850年间，分二十个部分逐月发表。全书采用第一人称叙事，讲述了主人公大卫从幼年至中年的生活历程。小说语言诙谐风趣，展示了19世纪中叶英国的广阔画面，反映了狄更斯希望人间充满善良正义的理想。米考伯先生是此作中一滑稽可笑的人物。

查尔斯·狄更斯(Charles John Huffam Dickens, 1812—1870),英国作家。1837年他完成了第一部长篇小说《匹克威克外传》,后来创作日渐成熟,先后出版了《雾都孤儿》、《老古玩店》、《董贝父子》、《大卫·科波菲尔》、《艰难时世》、《双城记》、《远大前程》等。狄更斯特别注意描写生活在英国社会底层的"小人物"的生活遭遇,深刻地反映了当时英国复杂的社会现实,为英国批判现实主义文学的开拓和发展作出了卓越的贡献。狄更斯在其作品中大量描写了黑暗的社会现实,对平民阶层寄予了深切的同情,并无情地批判了当时的社会制度。他在小说描写的现实性和人物的个性化方面成绩突出。他成为继莎士比亚之后塑造作品人物数量最多的一个作家。

P99 注释②*Dicta Catonis*, II, 10(*The Minor Latin Poets*, "Loeb", 606); cf. Montaigne, *Essais*, I. 12 (*op. cit.*, 60 ff.)

《加图格言》,II, 10(《次要拉丁诗人选集》,"洛布古典丛书",606);参见蒙田,《随笔录》I. 12(如前所引,60页及之后)。

马尔库斯·波尔基乌斯·加图(Marcus Porcius Cato,前234—前149),通称为老加图(Cato Maior)或监察官加图(Cato Censorius),以与其曾孙小加图区别。罗马共和国时期的政治家、国务活动家、演说家,前195年的执政官。老加图在拉丁文学的发展方面有重大影响。他是第一个使用拉丁语撰写历史著作的罗马人,也是第一个值得一提的拉丁语散文作者。在他之前,罗马主要的文学语言是希腊语。

蒙田和《随笔录》:参见第一册P50注释①【增订四】。

《次要拉丁诗人选集》:不祥。

P99 注释③R. J. Clements, *Michelangelo's Theory of Art*, 42; Bruno, *Spaccio de la Bestia Trionfante*, Dialogo I (*Opere di G. Bruno e di T. Campanella*, Riccardo Ricciardi, 475).

R. J. 克莱门茨,《米开朗基罗的艺术理论》,42;布鲁诺,《驱逐趾高气扬的野兽》,对话I(《G. 布鲁诺和T. 坎培奈拉文集》,理却地·里西亚蒂,475)。

R. J. 克莱门茨和《米开朗基罗的艺术理论》:参见第一册P88注释①。

布鲁诺(Giordano Bruno, 1548—1600),意大利思想家、自然科学家、哲学家和文学家。他勇敢地捍卫和发展了哥白尼的太阳中心说,并把它传遍欧洲。代表作有《论无限宇宙和世界》、《诺亚方舟》等。

《驱逐趾高气扬的野兽》:布鲁诺于1584年在伦敦出版的意大利语哲学著作,

以对话的形式写成。

坎培奈拉(Tommas Campanella，也译为康帕内拉 1568—1639)，意大利文艺复兴晚期最重要的哲学家之一。他最著名的作品是题为《太阳之城》(*La Città del Sole*)的乌托邦著作；但实际上，他的思想极其复杂，并且与众多领域如自然哲学、魔术、政治理论和自然宗教等有关。

《G. 布鲁诺和 T. 坎培奈拉文集》：不详。

P99 注释③【增订四】Boiardo，*Orlando lnnamorato*，Lib. II，Canto viii，§23，Garzanti，1978，Vol. II，II，p. 694.

博亚尔多，《恋爱中的奥兰多》，第 II 部，第 viii 篇，§23，伽赞替出版社，1978，第 II 卷，II，P694。

博亚尔多(Matteo Maria Boiardo，1440—1494)，意大利文艺复兴时期诗人，代表作有《歌集》、《恋爱中的奥兰多》等。

《恋爱中的奥兰多》(或译《热恋的罗兰》)：博亚尔多著，1483 年出版。这是一首骑士诗，讲述了一系列奇妙的冒险、决斗以及关于爱情和魔力的故事。作品把查理大帝系统的英雄史诗题材和不列颠系统的骑士传奇题材融合在一起，把战争主题和爱情主题结合起来，情节错综复杂，故事性强，但结构松散。

P99 注释④ G. Gascoigne，*Dulce Bellum Inexpertis*，st 34（quoted in *Coleridge*，*Collected Letters*，ed. E. L. Griggs，IV，756)；cf. *Don Quijote*，Parte II，cap. 41：“... como hace el sacre éneblí sobre la garza para cogerla，por más que se remonte”(“Clásicos Castellanos”，VII，83).

G. 加斯科因，《不知情人士的甜蜜战争》，第 34 首(引自《柯勒律治书信集》，E. L. 格里格斯编，IV，756)，参见《堂吉诃德》，第 II 部，第 41 章，“…就像有一只猎隼在追着苍鹭想要抓住它，所以苍鹭越飞越高。”(“西班牙古典文学丛书”，VII，83)。

G. 加斯科因(George Gascoigne，1535—1577)，英国诗人。他被认为是早期伊丽莎白时代最重要的诗人，也是第一位神化女王伊丽莎白一世的诗人。著有《FJ 大师历险记》、《猜想》等。

柯勒律治，参见第一册 P16 注释①。

《堂吉诃德》：西班牙文艺复兴时期的现实主义杰作，塞万提斯于 1605—1615 年分两部分出版的长篇反骑士小说。故事发生时，骑士早已绝迹一个多世纪，但主角却因为沉迷于骑士小说，时常幻想自己是个中世纪骑士，进而自封为“堂吉诃德”

骑士,拉着邻居桑丘·潘沙做自己的仆人,"行侠仗义"、游走天下,作出了种种与时代相悖、令人匪夷所思的行径,结果四处碰壁。但最终他从梦幻中苏醒过来。回到家乡后死去。此长篇小说主要讽刺了当时西班牙社会十分流行的骑士小说,并揭示出教会的专横、社会的黑暗和人民的困苦。

塞万提斯(Miguel de Cervantes Saavedra, 1547—1616),西班牙小说家、剧作家、诗人。其代表作《堂吉诃德》标志着欧洲近代现实主义小说的创作进入了一个新的阶段。

P100 注释① Daniel von Czepko, *Sexcenta Monodisticha Sapientum* (M. Wehrli, *Deutsche Barocklyrik*, 3. Aufl., 176); Pope, *The Dunciad*, Bk II, 297 - 8 (*Poems*, "Twickenham Ed.", V, 139).

丹尼尔·冯·齐普科,《关于智慧的600首两行体诗》(M. 威利,《德国巴洛克抒情诗》,第三版,176);蒲柏,《愚人志》,第二卷,297—298(《诗集》,"特威克南",V, 139)。

丹尼尔·冯·齐普科(Daniel von Czepko, 1605—1660),德国路德派诗人兼剧作家,著有《关于智慧的600首两行体诗》等。

《关于智慧的600首两行体诗》:宗教讽刺短诗集,出版年份不详。

亚历山大·蒲柏(Alexander Pope, 1688—1744),18世纪英国最伟大的诗人,杰出的启蒙主义者。他推动了英国新古典主义文学发展。代表作品有《夺发记》、《愚人志》等。

《愚人志》:蒲柏作于1728—1743年间的叙事讽刺诗。

P101 注释① *Phaedrus*, II, Prol. 10; Cf. Publius Syrus, § 278 (*The Minor Latin Poets*, "Loeb", 50).

《斐德若篇》, II, Prol. 10;参见普布里乌斯·西鲁斯, § 278(《次要拉丁诗人选集》,"洛布古典丛书",50)。

《斐德若篇》:古希腊先哲柏拉图对话录里讨论爱情和美的一篇。里面涉及灵魂的问题。灵魂是希腊美学的重要概念。希腊人认为人由灵魂和肉体组成,肉体会死去。灵魂是不朽的。柏拉图接受了传统的观点。

柏拉图(Plato, 前427—前347),古希腊哲学家,也是全部西方哲学乃至整个西方文化最伟大的哲学家和思想家之一。他和老师苏格拉底、学生亚里士多德并称为"古希腊三贤"。柏拉图的主要作品为对话录,其中绝大部分对话都有苏格拉底出场。代表作有《理想国》、《普罗塔哥拉》等。

普布里乌斯·西鲁斯(Publilius Syrus,前 85—前 43),古罗马拉丁文格言作家之一。他是叙利亚人,作为奴隶被带到意大利,但是他的机智和才华赢得了主人的青睐,主人解放并教育了他,不久他即开始文学创作,并闻名遐迩。他的作品现仅存残篇。

《次要拉丁诗人选集》:不详。

P101 注释②B. Bosanquet, *A History of Aesthetic*, 2nd ed., 4 and 30。

伯纳德·鲍桑葵,《美学的历史》,第 2 版,4 和 30。

伯纳德·鲍桑葵(Bernard Bosanquet, 1848—1923),十九世纪末二十世纪初期英国新黑格尔主义、英国唯心主义和新自由主义的代表人物。他在逻辑学、美学、哲学、政治哲学、宗教学、心理学等方面都有建树。鲍桑葵一生的编著超过 20 本书,并发表了 150 篇左右的论文。

《美学的历史》:伯纳德·鲍桑葵著。此书是一部比较详细而完整的西方美学史专著,是当代美学研究的经典。它对上自古希腊罗马,下迄当代的美学发展历程作了全面、系统的考察,集中反映了作者的唯心主义美学史观。重点论述了自然美同艺术美的关系,从论述美学史和美的艺术史、自然美和艺术美、美的定义及其与美学史的关系入手,在对这些关系作了明确阐述的基础上,按美学史发展的线索对各个时代的美学理论予以考察和论证,并叙述了各个时期审美意识的特征以及这些审美特征赖以形成的历史基础和现实条件。

P102 注释① Th. Lipps, *Grundlegung der Aethetik*. 29*f*..

西奥多·利普斯,《美学基础》,29f。

西奥多·利普斯(Theodor Lipps, 1851—1914),德国哲学家、美学家。其美学思想受胡塞尔影响。

《美学基础》:不详。

P102 注释②*The Table-Talk of S. T. Coleridge*, ed. T. Ashe, George Bell, 146,268,291.

《S. T. 柯勒律治漫谈录》,由 T. 阿什和乔治·贝尔编辑,146,268,291。

柯勒律治,参见第一册 P16 注释①。

《S. T. 柯勒律治漫谈录》:或译《桌边闲谈》或《桌边文谈》,其他不详。

P104 注释①W. C. Greene, *Moira*, 75, 85-7.

W. C. 格林尼,《莫伊拉》,75,85—87。

W. C. 格林尼(William Chase Greene),不详。

《莫伊拉》:不详。

P104 注释② Diogenes Laertius, I, 69, Chilo, *op. cit.*, I, 71.

第欧根尼·拉尔修,I, 69,奇洛,如前所引,I, 71。

第欧根尼·拉尔修,参见第一册P25注释。

奇洛(Chilo of Thales),古希腊"七贤"之一。

P104 注释③ Isaiah, XL. 3; Luke, III. 5. Cf. W. Y. Tindall, *John Bunyan, Mechanick Preacher*, 115.

以赛亚书,XL. 3;路加福音,III. 5;参考 W. Y. 廷德尔,《约翰·班扬,技工传道人》,115。

W. Y. 廷德尔(William York Tindall, 1903—1981),美国学者,詹姆斯·乔伊斯研究专家。他写了十三部关于詹姆斯·乔伊斯、狄兰·托马斯、W. B. 叶芝和塞缪尔·贝克特等英国及爱尔兰作家的作品。

《约翰·班扬,技工传道人》:廷德尔著,研究约翰·班扬的著作。

约翰·班扬(John Bunyan, 1628—1688),英国著名作家、布道家,著有《天路历程》(*The Pilgrim's Progress*)一书。

P104 注释④ Emerson, *Works*, Centenary Ed., II, 108 ff..

爱默生,《爱默生随笔集》,世纪编辑,II, 108 页及之后。

爱默生(Ralph Waldo Emerson, 1803—1882),美国思想家、散文家、诗人、美国超验主义哲学的代表。爱氏一生著述丰富,大多为散文。重要作品有《论自助》、《论自然》、《论超灵》等等。爱默生不仅对美国文学影响重大,而且也是美国思想史上举足轻重的人物,他的自立主张、民权观念等对美国人民影响深远。爱默生是确立美国文化精神的代表人物。美国前总统林肯称他为"美国的孔子"、"美国文明之父"。

《爱默生随笔全集》:爱默生一生写作、思考的结晶。英国著名作家阿诺德称他以散文创作了19世纪最重要的作品。

P107 注释①O. Jespersen, *The Philosophy of Grammar*, 261, 279 (Verbs meaning"go"and"come"used in indicate futurity).

奥托·叶斯柏森,《语法哲学》,261,279(与"go"和"come"("去"和"来")义相关的动词意指未来)。

奥托·叶斯柏森(Otto Jespersen, 1860—1943),享誉国际的丹麦语言学家。一生著述颇丰,多达487种,其研究涵盖普通语言学、语法学、语音学、语言史、符号系统、语言哲学、外语教学、国际辅助语等多个领域,对普通语言学和语法学的贡献尤为显著,影响了包括布龙菲尔德(L. Bloomfield)、乔姆斯基(N. Chomsky)、韩礼德(M. Halliday)等语言学泰斗在内的大批学者。他还是英语界公认的英语语法的最高权威,对英语语法学贡献巨大。

《语法哲学》:丹麦语言学家奥托·叶斯柏森的代表作,是当今世界最重要的几部语言学著作之一。作者从人类社会的实际活动出发研究人类的语言活动,运用其他学科的成果来研究语言,阐述了语言学的基本原理以及语言学与逻辑学、心理学、历史学等学科的联系。此作讨论了逻辑范畴和语法范畴及其相互关系。作者指出,语言理论应是概括语言事实的工具,而不是让语言事实去迁就语法的教条。这对一般语法理论的探索具有很重要的意义,是使传统的规范语法向现代的描写语法转变的重要一步,也使该书近百年来一直被看作是语言学史上的经典文献。

P107 注释②M.-J. Guyau, quoted in J. A. Gunn, *The Problem of Time*, 243.

M.-J. 顾尧,引用自 J. A. 冈恩,《时间的问题》,243。

M.-J. 顾尧,不详。

J. A. 冈恩(John Alexander Gunn, 1896—1975),英国哲学家,著有《柏格森及其哲学》、《现代法国哲学》、《时间的问题》、《社会学角度的艺术》等书。

《时间的问题》:J. A. 冈恩著,发表于1929年。其他不详。

P108 注释①Reuben A. Brower, ed., *On Translation*, 12.

鲁本·亚瑟·布罗尔编,《论翻译》,12。

鲁本·亚瑟·布罗尔(Reuben Arthur Brower):不详。

《论翻译》:布罗尔所编论文集,哈佛大学出版社1959年出版。《论翻译》所收文章,都出自当世名家之手,如翻译理论家奈达、语言学家雅各布森等。

P109 注释①J. J. Winckelmann："Versuch einer Allegorie"，*Kleine Schriften und Briefe*，Hrsg. von W. Senff. 179.

J. J. 温克尔曼，《尝试寓言》，《小书信作品集》，冯 · W. 赞夫编，179。

温克尔曼(Johann Joachim Winckelmann，1717—1768)，德国艺术史家、美学家和考古学家。温克尔曼开辟了一条以造型艺术为主要研究对象的美学新途径。温克尔曼认为古典艺术的最高理想是"高贵的单纯，静穆的伟大"。

《尝试寓言》：不详。

《小书信作品集》：不详。

P109 注释②M. Jähns，*Ross und Reiter in leben und Sprache*，*Glauben und Geschichte der Deutschen*，quoted in E. Jones，*Nightmare*，*Witches*，*and Devils*，248.

麦克斯 · 约斯，《德国人生活、语言、信仰、历史中的骏马和骑手》，引自 E. 琼斯，《梦魇、女巫及魔鬼》，248。

麦克斯 · 约斯(Max Jähns，1837—1900)，德国作家，曾任普鲁士军官。代表作有《德国人生活、语言、信仰、历史中的骏马和骑手》、《陆军宪法和人民生活》等。

《德国人生活、语言、信仰、历史中的骏马和骑手》：麦克斯 · 约斯著，1872 年出版。其他不详。

E. 琼斯：不详。

《梦魇、女巫及魔鬼》：不详。

P117 注释①C. Spearman，*Psychology down the Ages*，I，71.

C. 斯皮尔曼，《古今心理学》，I，71。

C. 斯皮尔曼(Charles Edward Spearman，1863—1945)，英国心理学家。斯皮尔曼根据智力测验相关的研究提出著名的二因素论，认为智力可被分析为 g 因素("一般因素")和 s 因素(特殊因素)。他反对联想理论，著有《智力的性质和认知的原理》、《人的能力：本质和尺度》等。

《古今心理学》：C. 斯皮尔曼著，1937 年发表。其他不详。

P118 注释①F. Kainz，*Aesthetics the Science*，tr. H. M. Schueller，306.

F. 卡因斯，《美学科学》，由 H. M. 舒勒尔翻译，306。

F. 卡因斯，不详。

《美学科学》：不详。

P123 注释①S. H. Butcher, *Aristotle's Theory of Poetry and Fine Art*, 4th ed., 128 ff..

S. H. 布彻,《亚里士多德的诗歌和艺术理论》,第4版,128页及之后。

萨缪·亨利·布彻(Samuel Henry Butcher, 1850—1910),爱尔兰古典学家、政治家,著有《亚里士多德的诗歌和艺术理论》等。

《亚里士多德的诗歌和艺术理论》:萨缪·亨利·布彻的译著。此书被认为是史上最具影响力的翻译佳作。S. H. 布彻在此作中解读了亚里士多德关于艺术和道德的讨论以及诗学的真理所在等等。

P124 注释①*Die Welt als Wille und Vorstellung*, III, §52, *Sämtliche Werke*, hrsg. E. Grisebach, I, 340.

《作为意志和表象的世界》,III, §52,《全集》,E. 格里泽巴赫编,I, 340。

《作为意志和表象的世界》:叔本华(Arthur Schopenhauer)著,1819年首次出版。此书综合康德的意志理论、柏拉图的理念论和印度哲学的悲观主义而形成唯意志论体系。认为世界只是感觉和表象的世界,表象后面的实体是不可知的,但可以通过人自身的直接经验达到。全书共分四篇,第一篇是全书的导论,也可以和第二篇合起来看作全书的第一部分,主要讨论认识论和"真"的问题。第三篇关涉"美"的问题,而第四篇是关于"善"和人生的终极关怀问题的。叔本华认为"理性"不过是意志的派生物,意志具有决定性。

叔本华(Arthur Schopenhauer, 1788—1860),德国著名哲学家。他是哲学史上第一个公开反对理性主义哲学的人,开创了非理性主义哲学的先河,也是唯意志论的创始人和主要代表之一,认为生命意志是主宰世界运作的力量。代表作有《作为意志和表象的世界》、《论自然界中的意志》等。

P128 注释① Cf. W. H. Auden: "One, two, three, four/The last war was a bosses' war/Five, six, seven, eight/Rise and make a workers' State" (G. Grigson, ed., *The Concise Encyclopedia of Modern World Literature*, 1963, p. 42).

参考威斯坦·休·奥登:"一二三四,最后的战事是老板的战事;五六七八,起来建立一个工人的国家"(J. 格里格森编辑,现代世界文学简明百科,1963, P42)。

W. H. 奥登(Wystan Hugh Auden, 1907—1973),英裔美国诗人,20世纪重要的文学家之一,现代诗坛名家。奥登的写作,尤其是诗歌的写作技巧,深受北欧主要诗歌派别的影响,他被公认为是艾略特之后最重要的英语诗人。

G. 格里格森(Geoffrey Edward Harvey Grigson, 1905—1985),英国诗人、作家、编辑、批评家、文选编者和自然主义者。在20世纪30年代,他曾在当时颇具影响力的《新诗》(*New Verse*)担任编辑,并相继出版了收录他自己的诗歌在内的十三部诗歌选集,还编选了其他许多涉及艺术、旅行、乡村等题材的文选。

P131 注释① H. Lausberg, *Handbuch der Literarischen Rhetorik*, I. 361 ("Ueberkreuzstellung").

H. 劳斯伯格,《文学修辞手册》,I. 361("交叉观点")。

H. 劳斯伯格(Heinrich Lausberg, 1912—1992):德国修辞学家,古典语言学家和历史语言学家,著有《文学修辞手册》。

《文学修辞手册》:H. 劳斯伯格著,1963年出版。这是一本文学和修辞研究方面的参考书,对古典修辞学作了详细完备的总结。

P135 注释①P. Claudel, *Art poétique*, ii"Du Temps", *Oeuvre poétique*,"Bib. de la Pléiade", 139.

保罗·克洛岱尔,《诗的艺术》,ii"时间",《诗的艺术》,"七星文库",139。

保罗·克洛岱尔(Paul Claudel, 1868—1955),全名保罗-路易-夏尔-马里·克洛岱尔,也翻译为克洛代尔,法国诗人、剧作家、外交家,法国天主教文艺复兴运动(发生在一战之前的)中的一个重要人物。他于1890年皈依天主教,1891年开始职业外交家生涯,先后在美国、中国、捷克、德国、比利时、日本等地任外交官,1936年以后回国,潜心从事写作,宣扬天主教。1946年当选法兰西学院院士。他的大部分作品带有浓厚的宗教色彩和神秘感。他用诗歌,主要是诗剧,来抒发自己的宗教热情。早期剧作代表有《金头》和《城市》。戏剧代表作有《正午的分界》、《人质》等。

《诗的艺术》:不详。

P136 注释①*Don Quiijote*, II. vi, "Clásicos Castellanos", V, 111.

《堂吉诃德》,II. vi,"西班牙古典文学丛书",v, 111。

《堂吉诃德》及其作者塞万提斯:参见第一册P99注释④。

P136 注释② Thackery, *Vanity Fair*, ch. 32, ed. G. and K. Tillotson, 315.

萨克雷,《名利场》,第 32 章,提勒斯顿编,315。

萨克雷(William Makepeace Thackeray, 1811—1863),英国作家,批判现实主义代表人物。他也是英国 19 世纪小说发展高峰时期的重要作家,擅长描写英国资产阶级的风俗人情,尤其擅长揭露英国上流社会的黑暗面。其作品对英国社会的种种势利风尚、投机冒险和金钱关系进行了极为深刻的揭露。他著有多部小说、诗歌、散文、小品,以特写集《势利人脸谱》和长篇小说《名利场》(1848 年)最为有名。

《名利场》:十九世纪英国批判现实主义作家威廉·梅克比斯·萨克雷的成名之作。作者以圆熟泼辣的手笔,淋漓尽致地描绘了一幅十九世纪英国贵族资产阶级上层骄奢淫逸、勾心斗角的生活图景,无情地揭露了封建贵族荒淫无耻、腐朽堕落的本质和资产阶级追名逐利、尔虞我诈的虚伪面目。小说主要描写穷画家女儿蓓基·夏泼靠色情和机智不择手段向上爬的故事。这部小说篇幅宏大,场面壮观,情节复杂,心理刻画深入,其尖锐泼辣的讽刺风格更为精彩。

P141 注释① Cf. K. Koffka: "Problems in the Psychology of Art", *Art: A Bryn Mawr Symposium*, 1940, pp. 211 ff.; R. Arnheim: "Art and Visual Perception", M. Rader, ed., *A Modern Book of Esthetics*, 3rd ed., 260 ff..

参考 K. 考夫卡:"艺术心理学问题",《艺术:布林茅尔研讨会》,1940,P211 页及之后;R. 阿恩海姆:"艺术与视觉认知",R. 雷德编,《现代美学》,第 3 版,260 页及之后。

库尔特·考夫卡(Kurt Koffka, 1886—1941),美籍德裔心理学家,格式塔心理学的代表人物之一。考夫卡最早向美国心理学界介绍了格式塔心理学,对格式塔心理学的对象、方法等问题作了详尽的阐述,使格式塔心理学系统化。其主要著作有《心理发展原理》、《知觉:格式塔学说引论》、《格式塔心理学原理》等书。在美学方面,他的主要论著是《艺术心理学问题》。

R. 阿恩海姆(Rudolf Arnheim, 1904—2007),德裔美国著名心理学家、美学家。他是格式塔学派创始人之一韦特海默的学生,并致力于将格式塔理论运用于艺术分析。30 年代他也曾从事过电影理论研究,对西方电影理论具有较大影响。著有《电影》、《艺术与视觉认知》、《视觉思维》等,以《艺术与视觉认知》最为著名。

梅尔文·弥勒·雷德(Melvin Miller Rade, 1903—1981),美国作家、哲学教授。曾在华盛顿大学执教,主要教伦理学、美学和政治哲学。

《现代美学》：R. 雷德编，其他不详。

P143 注释①*The Spectator*. No. 249, "Everyman's", III 300.

《旁观者报》，第 249 期，"人人文库"，III 300。

《旁观者报》：英国全国性的周刊杂志中最悠久的杂志之一，是艾迪生(Joseph Addison)与他的好朋友理查德·斯蒂尔(Richard Steele)一起于 1711 年创办的杂志。《旁观者报》对社会生活中的错误行径与愚蠢行为进行了嘲讽，对一些好人好事则作了赞扬，还虚构了一些非常古怪的人物，然后根据这些人物杜撰一些有趣的故事。该杂志聚焦国内政治与热点新闻评论。

P145 注释① Hugo, *La Fin de Satan*, I. ii, *Oeuv. poét. comp.*, Valiquette, 943; *Littérature et Philosophie mêlées*, Albin Michel, 85.

雨果，《撒旦的末日》，I. ii，《现代诗歌集》，威力凯特，943；《文学与哲学札记》，阿尔宾·米歇尔，85。

维克多·雨果(Victor Hugo, 1802—1885)，法国作家，19 世纪前期积极浪漫主义文学的代表作家，法国文学史上卓越的资产阶级民主作家，被人们称为"法兰西的莎士比亚"。贯穿他一生活动和创作的主导思想是人道主义、反对暴力、以爱制恶。他一生多产，写过多部诗歌、小说、剧本、各种散文和文艺评论及政论文章，在法国及世界有着广泛的影响力，代表作为《悲惨世界》、《巴黎圣母院》、《九三年》等。

《撒旦的末日》：维克多·雨果的宗教史诗。其中有 5700 行是在 1854 年至 1862 年之间写成的，但在他去世后尚未完成并出版。

威力凯特，不详。

阿尔宾·米歇尔，不详。

《文学与哲学札记》：不详。

P145 注释② Erika Mitterer: "klage der deutschen Frauen", W. Rose. ed., *A Book of Modern German Lyric Verse*, 246 - 8.

艾瑞卡·米特："德国女人的控诉"，罗斯编，《现代抒情诗手册》，246—248。

艾瑞卡·米特(Erika Mitterer, 1906—2001)，澳大利亚作家，著有大量诗歌及小说《黑王子》等。

P145 注释③ Horace, *Carm.*, I. i. 24 - 5.

贺拉斯,《抒情诗集》,I. i. 24—25。

贺拉斯(Quintus Horatius Flaccus,前 65—前 8 年),罗马帝国奥古斯都统治时期著名的诗人、批评家、翻译家。他与维吉尔、奥维德并称为古罗马三大诗人,代表作有《诗艺》等。

《抒情诗集》:拉丁语为 Carmina,贺拉斯著。

P146 注释① Balzac, *Physiologie du Mariage*, Méditation IV, *Oeuv. comp.*, Conard, XXXII, 49.

巴尔扎克,《婚姻生理学》,沉思 IV,《巴尔扎克全集》,康纳德,XXXII, 49。

巴尔扎克(Honoré de Balzac, 1799—1850),法国小说家,被称为"现代法国小说之父"。他一生创作甚丰,写出了 91 部小说,塑造了两千四百七十二个栩栩如生的人物形象,合称《人间喜剧》。《人间喜剧》被誉为"资本主义社会的百科全书"。

《婚姻生理学》:巴尔扎克著,1829 年出版。这部作品不能算小说,全篇既无情节也无中心人物,所述及的轶闻趣事之间亦毫无联系。但从这部风趣俏皮、才华横溢的作品中,可看出《人间喜剧》里不少题材和构思的来源。这是一部貌似玩笑的严肃作品:玩笑中充满哲理,讲哲理时又夹带玩笑。全篇的主旨在于揭露以财产为基础的婚姻制度及其带来的一系列社会问题。

P146 注释②E. g. Aristophanes, *The Frogs*, 59 ff., "Loeb", II, 303; Shakespeare, *Twelfth Night*, II. iv. 100 ff.; Fielding, *Tom Jones*, Bk. VI, ch. 1 and Bk IX, ch. 5, "Everyman's", I, 196 - 7 and II, 2; D. H. Lawrence, *Letters*, ed. A. Huxley, 58 - 9.

阿里斯托芬,《蛙》,59 页及之后,"洛布古典丛书",II, 303;莎士比亚,《第十二夜》,II. iv. 100 页及之后;菲尔丁,《汤姆·琼斯》,第 VI 卷,第一章和第 IX 卷,第 5 章,"人人文库",I, 196—197 和 II, 2; D. H. 劳伦斯,《劳伦斯信件》,A. 赫胥黎编,58—59。

阿里斯托芬(Aristophanes,前 446—前 385),古希腊早期喜剧代表作家。相传写有四十四部喜剧,现存《阿卡奈人》、《骑士》、《和平》、《鸟》、《蛙》等十一部。有"喜剧之父"之称。

《蛙》:阿里斯托芬的喜剧,创作于公元前 406 年。

莎士比亚,参见第一册 P70 注释①。

《**第十二夜**》：莎士比亚写于1600—1602年间的喜剧。

亨利·菲尔丁（Henry Fielding，1707—1754），18世纪英国小说家、戏剧家，英国启蒙运动的代表人物之一，是英国第一个用完整的小说理论来从事创作的作家。菲尔丁奠定了至19世纪末一直支配着英国小说的全面反映当代社会的现实主义传统。代表作有《约瑟夫·安德鲁斯》、《汤姆·琼斯》、《阿米莉亚》等。

《**汤姆·琼斯**》：亨利·菲尔丁的代表作。全书以汤姆·琼斯和索菲亚的爱情故事为主线，勾勒出18世纪英国社会的全景图。作品篇幅宏大、内容广泛，艺术上也很成熟。小说在叙述角度、结构、人物塑造等方面都富有创造性，同时继承和发扬了英国幽默讽刺文学的传统，被视为英国小说发展史上的里程碑。

D. H. 劳伦斯（David Herbert Lawrence，1885—1930），英国诗人、小说家、散文家。代表作有《虹》、《爱恋中的女人》和《查太莱夫人的情人》等。

《**劳伦斯信件**》：原名 *The Letters of D. H. Lawrence*，由阿多斯·赫胥黎（Aldous Huxley）编辑出版。

P147 注释① Feuerbach："Das Geheimnis des Opfers"，*Säemtl*. Werke.，hrsg. W. Bolin and F. Jodl，X，60.

费尔巴哈："受害者的秘密"，《全集》，W. 保林和 F. 约戴编，X，60。

费尔巴哈，参见第一册 P44 注释①。

P147 注释② Cf. Novalis，*Fragmente*，§999，hrsg. E. Kamnitzer，348："Umarmen ist Geniessen，Fressen"；Kleist，*Penthesiliea*，24 Auftritt，*Sämtl. Werk.*，A. Weichert，II，159："So war es ein Versehen Küsse，Bisse，/Das reimt sich，undwer recht von Herzen liebt，/Kann schon das eine für das andre greifen".

参考诺瓦利斯，《断章》，§999，E. 开姆尼茨编，348："拥抱是享受，是饕餮"；克莱斯特，《潘西利亚》，24幕，《全集》，A. 维舍特，II，159：**"此系无心之失，亲吻和咬噬，二词押韵，发自肺腑之爱者，会以此代彼。"**

诺瓦利斯和《断章》，参见第一册 P44 注释③。

克莱斯特（Heinrich Wilhelm von Kleist，1777—1811），德国剧作家、小说家和出版家。代表作有小说《米克尔·科尔哈斯》、悲剧《潘西利亚》等。

《**潘西利亚**》：克莱斯特著于1808年的一部悲剧，表现了个人与社会秩序之间的冲突。

P151 注释①F. B. Gummere, *The Beginnings of Poetry*, 194.

F. B. 格默里,《诗歌的开始》,194。

F. B. 格默里(Francis Barton Gummere, 1855—1919),美国民俗学家、古文字学家。

《诗歌的开始》:1901 年出版,F. B. 格默里著。

P152 注释①Katharine C. Balderstone, ed., *Thraliana*, 2nd ed., I, 10.

凯瑟琳·C. 巴尔德斯顿编,《萨拉丽娜》,第 2 版,I, 10。

《萨拉丽娜》:赫斯特·林奇·斯拉勒(Hester Lynch Thrale)著的一本以桌边谈话形式记录下的日记。日记开头记述的是斯拉勒和家人的事情,但后面却记载了许多奇闻轶事和塞缪尔·约翰逊(Samuel Johnson,十八世纪英国文坛巨擘)的生平故事。以这部日记作为基础,斯拉勒还撰写了《塞缪尔·约翰逊轶事》。《萨拉丽娜》一直到 1942 年才出版。这部作品在 20 世纪非常流行,许多文学评论家都认为它对文学体裁做出了贡献,对于作者本人及约翰逊的研究也极具价值。

赫斯特·林奇·斯拉勒(Hester Lynch Thrale, 1741—1821),英国日记作者、作家、艺术赞助者。她的日记和信件对于研究塞缪尔·约翰逊及了解 18 世纪人们的日常生活有重要价值。

P154 注释①*The Greek Anthology*, Bk XIV, 108; "Loeb", V, 81.

《希腊诗选》,第 XIV 卷, 108;"洛布古典丛书",V, 81。

《希腊诗选》:诗歌集。此作是关于古典时代和拜占庭时代的古希腊诗歌及警句、隽语的选集。

P158 注释①*Cymbeline*, I. iii. 17 - 21. Cf. Hardy: "On the Departed Platform".

《辛白林》,I. iii. 17—21;参考哈代:"在离别的站台"。

《辛白林》:是莎士比亚于 1610—1611 年创作的喜剧作品。剧中,不列颠国王辛白林的女儿与恋人普修默私订终身,令辛白林大怒,一气之下将普修默放逐到遥远的罗马。遭放逐的普修默深信妻子绝对会对他忠贞,但普修默的朋友埃契摩却认为公主铁定会改嫁。两人于是打赌,埃契摩若能取到公主手上的手镯,普修默便输,并将戴在自己手上象征爱情的戒指输给他。奸诈的埃契摩为了赢得那只手镯,使出各种谎言与骗术,甚至还厚颜向公主求爱,但聪明的公主化解了埃契摩所有的骗局，证实了自己纯洁的心意。

莎士比亚，参见第一册P70注释①。

哈代和“在离别的站台”：不详。

P168 注释①*Antony and Cleopatra*, l. ii. 169 ff.; Cymbeline, III. iv. 53 ff..

《安东尼和克莉奥佩特拉》，l. ii. 169页及之后；《辛白林》III. iv. 53页及之后。

《安东尼与克莉奥佩特拉》：莎士比亚于1607年左右创作的悲剧。此剧取材于古罗马历史学家普鲁塔克的《希腊罗马名人传》，讲述当时罗马的三大首领之一安东尼与埃及女王克莉奥佩特拉的故事。

莎士比亚，见第一册P70注释①。

P168 注释② Donne, *Sermons*, ed. G. R. Potter and Evelyn M. Simpson, II, 345.

约翰·多恩，《布道文》，由G. R. 波特和埃尔文. M. 辛普森编辑，II, 345。

约翰·多恩(John Donne, 1572—1631)，英国诗人、牧师，是英国詹姆斯一世时期的玄学派诗人。他的作品包括十四行诗、爱情诗、宗教诗、拉丁译本、隽语、挽歌、歌词等，代表作有《日出》、《歌谣与十四行诗》、《神圣十四行诗》、《给圣父的赞美诗》等。

《布道文》：约翰·多恩的布道文，涉及的话题非常广泛。

P173 注释① Martin Buber, *Between Man and Man*, tr. R. G. Smith, 3; *I and Thou*, 4.

马丁·布伯，《人与人》，由R. G. 史密斯翻译，3；《我和你》，4。

马丁·布伯(Martin Buber, 1878—1965)，奥地利-以色列-犹太裔哲学家、翻译家、教育家，他的研究工作集中于宗教有神论、人际关系。马丁·布伯的作品富于感染力，采用诗歌般的写作风格。他的影响遍及整个人文学科，特别是在社会心理学、社会哲学和宗教存在主义领域等。

《人与人》：马丁·布伯著。这是一部哲学视角中的人类学史论，对自亚里斯多德以来的“人是什么”的种种探索加以批判和考察，对人是什么做出了独特的回答。

《我与你》：20世纪最著名的宗教哲学家马丁·布伯的代表作。该著作对现代西方思想产生了巨大影响，已深入到哲学、神学、心理学、教育学以及各门社会科学之中。马丁·布伯从犹太思想出发，对近代西方哲学进行了批判。他认为，真正决定一个人存在的东西，决不是“我思”，也不是与自我对立的种种客体，而是他自己同世界上各种存在物和事件发生关系的方式。基于此，马丁·布伯论述了人的两种关系，即“我与它”和“我与你”关系。

P174 注释①W. Kayser, *Das sprachliche Kunstwek*, 4. Aufl, 191.

W. 凯塞尔，《语言的艺术作品》，第 4 版，191 页。

W. 凯塞尔（Wolfgang Kayser，1906—1960），德国哲学家、文艺理论家，战后德国文本批评之父。他在纳粹德国曾是政治急先锋，先后加入纳粹冲锋队和纳粹党。纳粹倒台后，他远离政治，撰写出不朽的文艺学经典《语言的艺术作品——文艺学引论》。其著述除《语言的艺术作品——文艺学引论》外，还有《特奥多·施托姆小说中的文明与部落制度》，《赫尔德的伊比利亚人的世界》，《荒诞——其在绘画和诗中的设计》等。

《语言的艺术作品——文艺学引论》：W. 凯塞尔著，1948 年由瑞士伯尔尼的弗朗克出版社用德文出版。这是一部试图找出能够适用于分析所有文学作品内容和形式准则的理论著作。此书把文学作品看作由语言的特殊力量表现出来的艺术作品，讨论了内容、语言形式、风格和种类组织方面的基本概念和基本理论。凯塞尔认为，我们必须把文学作品看作是一个完全独立的、完全摆脱它的创造者的自主的形态；在一个文学作品中，没有任何本身以外存在的东西。

P176 注释①G. -G. de Bévotte, *La Légende de Don Juan*, 2e éd., I, 3.

G. -G. 德·贝沃特，《唐璜的传说》，第 2 版.，I，3。

G. -G. 德·贝沃特，不详。

《唐璜的传说》：不详。

P176 注释② Mozart, *Don Giovanni*, I. ii, Leporello: “questo non picciol libro è tutto pieno dei nomi di sue belle; …un catalogo egli è”; iii, Don Giovanni: “Ah, la mia lista doman mattina d'una decina devi aumentar”, Dover Publications, 100,124. Cf. Mérimée, *Les Âmes du Purgatoire* (une liste à deux colonnes), *Romans et Nouvelles*, “Bibl. de la Pléiade”, 421.

莫扎特，《唐·乔万尼》，I. ii，莱波雷洛：“这本不小的书上写满了他的美人们的名字；……这是他的名册”；iii，唐·乔万尼：“啊，明天早上我在名单上必须增加十

个",多佛出版社,100,124;参考梅里美,《炼狱里的灵魂(一个两列的名单)》,《小说集》,"七星文库",421。

莫扎特(Wolfgang Amadeus Mozart, 1756—1791),出生于神圣罗马帝国时期的萨尔兹堡,欧洲古典主义音乐作曲家。

《唐·乔万尼》: 全名《浪子终受罚,或唐·乔万尼》(*Il dissoluto punito, ossia il Don Giovanni*,作品号 K. 527;又译乔望尼先生、唐璜),是一部由著名作曲家莫扎特谱曲,洛伦佐·达·彭特作词的二幕意大利语歌剧,首演于 1787 年 10 月 29 日的布拉格城邦剧院,由莫札特本人亲自指挥。歌剧《唐·乔万尼》以唐璜为主要人物。

梅里美(Prosper Merimee, 1803—1870),法国现实主义作家、剧作家、历史学家。主要作品有收集出版的剧本集《克拉拉·加苏尔戏剧集》和历史剧《雅克团》,有长篇小说《查理九世纪事》和中、短篇小说《马特奥·法尔哥内》、《夺堡记》、《塔芒戈》、《高龙巴》、《卡门》、《伊尔的美神》等。

《炼狱里的灵魂(一个两列的名单)》: 梅里美的中短篇小说集。收入的作品包括:《马铁奥·法尔哥尼》、《费德里哥》、《塔芒戈》、《夺堡记》、《一场赌博》、《古花瓶》、《双重误会》、《炼狱里的灵魂》、《伊尔的美神》、《阿尔赛娜·吉约》、《卡门》、《高龙巴》等。最后还附有梅里美小传、梅里美作品要目。

《小说集》: 梅里美著的小说集。

P176 注释③E. g. Burton, *Anatomy of Melancholy*, Pt III, Sect. ii, Mem. 2, Subs,1(Anacreon), "Everyman's", III, 60; Fletcher, *The Wild-Goose Chase*, II. i(the debt-book of mistresses), *Select Plays of Beaumont and Fletcher*, "Everyman's", 333; La Fontaine: "Joconde"(le livre blanc), *Contes et Nouvelles*, Garnier, 12; Restif de la Bretonne, *Monsieur Nicolas* (les fiches de l'Amour, le Calendrier), éd. abrégée par J. Grand-Carteret, I, p. xvi, p. 4 note.

例如伯顿,《忧郁的解剖》,第 III 卷,第 ii 部分,第 2 章,第 1 节(阿那克里翁),"人人文库",III, 60;弗莱切,《野鹅追逐》,II. i(情妇名册),《博蒙特和弗莱切话剧精选》,"人人文库",333;喷泉:"蒙娜丽莎"(白皮书),《故事和新闻》,卡尼尔,12;里提夫·德·拉·布莱东尼,《尼古拉先生》(爱情卡片,日历),由 J. 格兰德-卡特里特编选,I, p. xvi, P. 4 注释。

伯顿和《忧郁的解剖》: 参见第一册 P37 注释④。

阿那克里翁(Anacreon,约前 570—约前 480),希腊亚洲部分最后一个伟大的抒情诗人。他的诗作现仅存片断。诗歌中歌颂爱情、美酒和狂欢的较多。他的观感和风格广被模仿,诗体中的"阿那克里翁风格"即以其名命名。

弗莱彻(John Fletcher, 1579—1625),英国剧作家,是继威廉·莎士比亚之后的又一位国王剧院的宫廷剧作家,在其时代最为多产,也最负盛名。

《野鹅追逐》:弗莱彻所写的一部舞台喜剧。它被认为是其构思最精巧的作品之一,1621 年初演。"野鹅追逐"("wild-goose chase")一词是莎士比亚在 16 世纪 90 年代初次使用。

里提夫·德·拉·布莱东尼(Nicolas-Edme Rétif 或 Nicolas-Edme Restif,也被称为 Rétifde la Bretonne, 1734—1806),法国作家、插图画家。

P183 注释①*Paradise Lost*, I, 301 - 3.

《失乐园》,I, 301—303。

《失乐园》:英国政治家、学者约翰·弥尔顿创作的史诗。《失乐园》取材于圣经,讲述撒旦因反抗上帝的权威被打入地狱,却毫不屈服,为复仇寻至伊甸园,引诱亚当与夏娃偷吃上帝的禁果。最终,撒旦及其同伙遭谴全变成了蛇,亚当与夏娃被逐出了伊甸园。

约翰·弥尔顿(John Milton, 1608—1674),英国诗人、政论家,民主斗士,17 世纪英国资产阶级革命时期的重要人物。代表作有长诗《失乐园》、《复乐园》、《论出版自由》和《力士参孙》等。

P183 注释② Richard Aldington, *Life for Life's Sake*, 326 - 7.

理查德·奥尔丁顿,《为生而生》,26—27。

理查德·奥尔丁顿(Richard Aldington, 1892—1962),现代英国诗人兼小说家。著有诗集《新与旧的意象》。

《为生而生》(原名为 Life for Life's Sake: Memories of a Vanished England and a Changing World):理查德·奥尔丁顿著。

P184 注释① St. Basil, *AsceticWorks*, tr. W. K. L. Clarke, 180. Cf. E. R. Curtius, *Èuropäische Literatur und lateinisches Mittelalter*, 2, Aufl., 492.

圣贝索,《苦行》,W. K. L. 克拉克翻译,180;参见 E. R. 库尔提乌斯,《欧洲文学与拉丁中世纪》,第 2 版,492。

圣贝索和《苦行》:不详。

E. R. 库尔提乌斯(Ernst Robert Curtius, 1886—1956),德国文献学家、语言学家、文学评论家,以其《欧洲文学与拉丁中世纪》一书闻名于世。库尔提乌斯将当代欧洲文学看作是从希腊和拉丁作家开始并持续到整个中世纪的文学传统的一部分。他还著有《岌岌可危的德国精神》、《新法兰西的文学先锋》等。

《欧洲文学与拉丁中世纪》:库尔提乌斯著,1948 年出版。这是对中世纪拉丁文学及现代欧洲语言后续写作的一项重要研究。此书提出,标准的"古典—中世纪—文艺复兴—现代"的文学分期价值不大,甚至有害。

P186 注释①*L'Oeuvre du Comte de Mirabeau*, "Les Maitres de l'Amour", 107 (*sylva Nuptialis*); Brantôme, *Vies des Dames galantes*, Disc. II, art. 3, "Classiques Garnier", 162; E. W. Lane, *Arabian Society in the Middle Ages*, 216.

《米拉波伯爵的作品》,"爱的主人",107(森林婚礼);布兰托姆,《优雅贵妇们的生活》,第 II 卷,第 3 篇,"卡尼尔经典",162; E. W. 蓝恩,《中世纪的阿拉伯社会》,216。

米拉波(Honoré-Gabriel Riqueti, comte de Mirabeau, 1749—1791),法国政治家,曾任法国国民议会议长,法国大革命初期的核心人物。

《米拉波伯爵的作品》:米拉波著。其他不详。

布兰托姆(Brantôme,或 Pierre de Bourdeilles, 1537—1614),法国军事家和作家。他的代表作有《优雅贵妇们的生活》、《名人和法国中尉传》等。他写了很多他同时代名人的传记。

《优雅贵妇们的生活》:布兰托姆著,其他不详。

E. W. 蓝恩(Edward William Lane, 1801—1876),英国东方学者、翻译家和词典编纂家。因翻译《一千零一夜》闻名于世。著有《中世纪的阿拉伯社会》、《阿拉伯语英语词典》等。

《中世纪的阿拉伯社会》(*Arabian Society in the Middle Ages: Studies from the Thousand and One Nights*):蓝恩著,1883 年出版。该书全面地介绍了中世纪阿拉伯的风土人情,为阅读《一千零一夜》的读者提供了百科全书式的注解。

P189 注释① Ovid, *Heroides*, XIX. "Hero Leandro", 5 - 7, "Loeb", 258.

奥维德,《女杰书简》。XIX. "英雄莱安德罗",5—7,"洛布古典丛书",258。

奥维德(Ovid,前 43—17 或 18),古罗马时期最具影响力的诗人之一,与贺拉斯、卡图卢斯和维吉尔齐名。著有《爱的艺术》、《女杰书简》、《变形记》、《爱情三论》等。

《女杰书简》：此作也被译为《古代名媛》，是诗人奥维德假想古代传说中21位著名妇女写给丈夫或情人的信。

P190 注释① Byron, *Don Juan*, I, St. 194, Variorum Ed. by T. G. Steffan and W. W. Pratt, II, 131 and IV, 45.

拜伦，《唐璜》，I，第194篇，集注本，由T. G. 斯坦芬和W. W. 普拉特编，II，131和IV，45。

拜伦和《唐璜》参见第一册P72注释①。

P191 注释① Marlowe, *Hero&Leander*, II Sestiad, 154.

马洛，《希罗与利安德》，II 塞斯蒂阿德，154。

马洛(Christopher Marlowe, 1564—1593)，英国文艺复兴时期重要诗人、剧作家。马洛革新了中世纪的戏剧，在舞台上创造了反映时代精神的巨人性格，并创"素体诗"，为莎士比亚的创作铺平了道路。

《希罗与利安德》：作于1598年，是马洛创作的最大成就之一，是一首未完成的叙事诗。希罗与利安德各住在赫勒斯滂(Hellespont)的海峡一边，利安德每夜游过海峡去与希罗相会，直到在一天夜里被淹死，希罗也跳海殉情。故事来自希腊，马洛用它做为诗的骨架，细节则很多是他所创造的，但他只写完两章，其余三章由查普曼完成。

P194 注释① Cf. Rousseau, *Les Rêveries du Promeneur solitaire*, IV, *Les Confessions et les Rêveries*, "Bibliothèque de la Pléiade", 684 - 5 ("fiction" vs "mensonge").

参见卢梭，《一个孤独漫步者的遐想》，IV，《忏悔录》，"七星文库"，684—685("小说"与"谎言")。

卢梭(Jean-Jacques Rousseau, 1712—1778)，十八世纪法国启蒙思想家、哲学家、教育家、文学家，18世纪法国大革命的思想先驱，杰出的民主政论家和浪漫主义文学流派的开创者。主要著作有《论人类不平等的起源和基础》、《社会契约论》、《爱弥儿》、《忏悔录》、《新爱洛漪丝》、《植物学通信》等。

《一个孤独漫步者的遐想》：卢梭的最后一部作品。里面的十篇漫步者遐想录，是卢梭"为自己而作",书中展露了卢梭推崇感情、赞扬自我、热爱大自然的思想。

《忏悔录》:卢梭晚年写成,记载了卢梭从出生到1766年被迫离开圣皮埃尔岛之间50多年的生活经历。他历数了孩提时寄人篱下所受到的粗暴待遇,描写了他进入社会后所受到的虐待以及他耳闻目睹的种种黑暗和不平,愤怒地揭露社会的"弱肉强食"、"强权即公理"以及统治阶级的丑恶腐朽。该书名为"忏悔",实则"控诉"、"呐喊"。

P195 注释①*Organon*:"On Interpretation", iv, "Loeb", I, 121.

《欧加农:"工具论"》,iv,"洛布古典丛书",I,121。

《欧加农:"工具论"》:亚里士多德写了六个与逻辑相关的作品,被后世研究者归并为《欧加农》(意为"工具")。该书是亚里士多德的逻辑论文的汇编,主要论述了演绎法,为形式逻辑奠定了基础,对这门科学的发展具有深远的影响,也为西方的思维形式奠定了基础。亚里士多德使形式逻辑从哲学、认识论中分化出来,形成了一门以推理为中心,特别是以三段论为中心的独立的科学——形式逻辑学。

亚里士多德,参见第一册P37注释③。

P195 注释②*Apology of Poetry*, in *English Critical Essays*: *16th, 17th & 18th Centuries*, "The World's Classics", 33.

《十六、十七、十八世纪英语批评文章:为诗辩护》,"世界经典",33。

《为诗辩护》:是诗人菲利普·西德尼(Philip Sidney)的文学批评作品。大约1579年写成,并于1595年首次出版。此作中,西德尼为诗辩护,他提出,诗歌在激发读者对美德的作用方面比历史或哲学更有效。

菲利普·西德尼(Philip Sidney, 1554—1586),英国政治家、军人、诗人和学者。其《为诗辩护》将文艺复兴理论家的思想介绍到英国。

P195 注释③*La Cena de le Ceneri*, Dialogo iv. *op. cit.*, 255-6.

《灰的晚餐》,对话 iv. 如前所引,255—256。

《灰的晚餐》:不详。

P195 注释④*La Scienza Nuova*, §205, *op. cit.*, 452.

《新科学》,§205,如前所引,452。

《新科学》:参见第一册P22注释①。

P195 注释⑤C. K. Ogden & I. A. Richards, *The Meaning of Meaning*, 4th ed., 149 ff..

C. K. 奥格登 &I. A. 瑞恰慈,《意义的意义》,第 4 版, 149 页及之后。

C. K. 奥格登(Charles Kay Ogden, 1889—1957),英国语言学家、哲学家和作家。他参与了许多与文学、政治、艺术和哲学有关的活动,特别是作为编辑,其影响较为深远。他通常被认为语言心理学家,是基础英语的发明者和传播者。

艾·阿·瑞恰慈(Ivor Armstrong Richards, 1893—1979),英国文学批评家、美学家、诗人、语言教育家,"新批评派"理论的创始人之一。著有《批评原理》、《实用批评》等。

《意义的意义》(原名为 *The Meaning of Meaning: A Study of the Influence of Language upon Thought and of the Science of Symbolism*):奥格登和瑞恰慈合著的书。此书系统地阐述了符号的语境理论。

P197 注释① Musset: "La Nuit d'Août", *Poésies nouvelles*, Flammarion, 93.

缪塞:"八月之夜",《新诗》,弗莱马利翁出版社,93。

缪塞(Alfred de Musset, 1810—1857),法国唯美主义文学的代表作家、诗人。他终身信奉卢梭思想,崇敬拿破仑的伟业。20 岁时出版抒情诗集《西班牙与意大利故事》,名噪一时。缪塞早期诗风散发着浪漫主义文学新秀的勃勃朝气,想象丰富,辞章精美。缪塞的戏剧作品十分丰富,在 19 世纪浪漫主义文学中有相当高的地位。他最著名的抒情诗是《四夜》,即《五月之夜》、《十二月之夜》、《八月之夜》和《十月之夜》。文学史家们都把它们统称为"四夜组诗"。组诗表达了诗人丰富而复杂的感情。

《八月之夜》:缪塞所撰的抒情诗。

P199 注释① Marcel Mauss, *Sociologie et Anthropologie*, 143 ff. Cf. Shakespeare, *Timon of Athens*, I. i. 287 - 290: "No gift to him/But breeds the giver a return, exceeding/All use of quittance."

马塞尔·莫斯,《社会学与人类学》,143 页及之后;参见莎士比亚,《雅典的泰门》,I. i. 287—290:"谁送给他什么东西,他的答礼总是超过一般酬酢的极限。"

马塞尔·莫斯(Marcel Mauss, 1872—1950),法国人类学家、社会学家、民族学家,著有《早期的几种分类形式:对于集体表象的研究》、《关于爱斯基摩社会季节性变化的研究》、《天赋》、《关于原始交换形式——赠予的研究》等。

《社会学与人类学》：马塞尔·莫斯的社会学专题论文集。其中“论礼物”一文比较著明，此文着重论述了美拉尼西亚、波利尼西亚、北美洲西北部等地土著民族的交换和契约形式，并对赠与、接受及偿报等行为的宗教、法律、经济、神话和其他方面予以探讨，典型地体现了他对社会现象研究的“以小见大”之法。

莎士比亚，参见第一册 P70 注释①。

《雅典的泰门》：莎士比亚的最后一部悲剧，大约写于 1607—1608 年。剧情讲述了雅典贵族泰门，由于乐善好施，许多人乘机前来骗取钱财，导致其倾家荡产，最后泰门在绝望中孤独地死去。

P202 注释①*Mariana*, st 7.

《玛里安娜》，第 7 首。

《玛里安娜》：英国诗人丁尼生于 1830 年出版的第一部诗集中的著名诗篇。

阿尔弗雷德·丁尼生(Alfred Tennyson，1809—1892)，英国维多利亚时代最受欢迎、最具特色的诗人。他的诗歌准确地反映了他那个时代占主导地位的看法及兴趣。代表作品为组诗《悼念》。

P209 注释① Antipater of Thessalonica, *Greek Anthology*, V. 3, “Loeb”, I, 129.

帖撒罗尼迦的安替帕特，《希腊诗选》，V. 3.“洛布古典丛书”，I，129。

帖撒罗尼迦的安替帕特(Antipater of Thessalonica，生卒不详)，古罗马奥古斯都时期的警句作家，曾任帖撒罗尼迦总督，故被称为帖撒罗尼迦的安替帕特，著有《希腊诗选》。

《希腊诗选》：参见第一册 P154 注释①。

P209 注释②A. Preminger, ed., *Encyclopedia of Poetry and Poetics*, 8,841－2.

A. 普雷明格，《新编普林斯顿诗歌与诗学百科全书》，8，841—842。

《新编普林斯顿诗歌与诗学百科全书》：A. 普雷明格(Alex Preminger，生卒年不详)编辑，由普林斯顿大学出版，并多次修订。

P212 注释① Ovid, *Amores*, I. iii. 14, “Loeb”, 326.

奥维德，《恋歌》，I. iii. 14，“洛布古典丛书”，326。

奥维德，参见第一册 P189 注释①。

《恋歌》：奥维德最早的作品，发表于公元 18 年左右，共 49 首，诗歌主要抒发对一个名叫科林娜的女子的爱情。科林娜可能并无其人，这只是当时爱情诗中常用的一种表现手法。

P213 注释①Cf. Tasso, *Gerusalemme Liberata*, XII. 21: "la regia moglie,/che bruna è sì ma il bel non toglie", *Poesie*, Riccardo Ricciardi, 298.

参见塔索,《被解放的耶路撒冷》,XII. 21:"王的女人,/黑不妨美",《诗歌》,理却地·里西亚蒂,298。

塔索(Torquato Tasso, 1544—1595),意大利诗人,文艺复兴运动晚期的代表。代表作是叙事长诗《被解放的耶路撒冷》。

《被解放的耶路撒冷》:塔索著于 1575 年。此作品叙述第一次十字军东征中,基督教士历经各种艰难险阻,最终取得对穆斯林的胜利,解放了圣城耶路撒冷。诗人以丰富的想象力将真实的历史事件、婉转的爱情与超现实的魔幻情节交织在一起。

P214 注释①K. O. Erdmann, *Die Bedeutung des Wortes*, 3, Aufl., 196, 216 – 7.

K. O. 艾尔德曼,《文字的意义》,第 3 版,196 页,216—217 页。

K. O. 艾尔德曼(Karl Otto Erdmann)和《文字的意义》:不详。

P214 注释②*The Deipnosophists*, Bk. XIII. 604, "Loeb"VI, 205 – 7.

《诡辩论者》,第 XIII 卷. 604,"洛布古典丛书"VI, 205—207。

《诡辩论者》及其作者阿忒纳奥斯,参见第一册 P57 注释①。

P215 注释①L. Russo, *La Critica letteraria contemporanea*, 3ª ed., II, 153 – 4 (F. Flora).

L. 鲁索,《当代文学批评》,第 3 次再版,II, 153—154(F. 弗罗拉)。

鲁索和《当代文学批评》:不详。

P215 注释②Burke, *Inquiry into the Sublime and Beautiful*, Pt V, sect. v, ed. J. T. Boulton, 170 – 1. Cf. G. F. Stout, *Analytic Psychology*, I, 79 ff..

伯克,《论崇高与美丽概念起源的哲学探究》,第 V 部分,第 v 节,J. T. 博尔顿

编,170—1;参见 G. F. 斯托特,《分析心理学》,I, 79 页及之后。

伯克(Edmund Burke, 1729—1797),爱尔兰政治家、演说家、政治理论家、美学家和哲学家。著有《对法国大革命的反思》、《论崇高与美丽概念起源的哲学探究》等。

《论崇高与美丽概念起源的哲学探究》:伯克著,此作探讨美学问题。

斯托特(George Frederick Stout, 1860—1944),英国哲学家、心理学家。著有《心理学手册》等。

《分析心理学》:不详。

P218 注释① Ilonka Schmidt Mackey, *Lou Salomé*, 181(Aphorismes inédits); cf. "Out of sight is out of mind"vs"Familiarity breeds contempt."

伊隆卡·施密特·麦基,《露沙乐美》,181(格言);参考"眼不见则心不见"与"亲密滋生傲慢"。

伊隆卡·施密特·麦基和《露沙乐美》:不详。

P222 注释①*Romeo and Juliet*, III. v. 1—16.

《罗密欧与朱丽叶》,III. v. 1—16。

《罗密欧与朱丽叶》:莎士比亚著名戏剧作品之一。故事讲述出生于世仇两家的年轻人罗密欧与朱丽叶的爱情故事。

莎士比亚:参见第一册 P70 注释①。

P226 注释① Cf. J.-P. Sartre, *L'Être et le Néant*, 315 ff. (le regard regardant et le regard regardé).

参考让-保罗·萨特,《存在与虚无》,315 页及之后(凝视着凝视着)。

让-保罗·萨特(Jean-Paul Sartre, 1905—1980),法国20世纪最重要的哲学家之一,法国无神论存在主义的主要代表人物,西方社会主义最积极的倡导者之一。他也是优秀的小说家、戏剧家、评论家。代表作有《存在与虚无》、《墙》等。

《存在与虚无》:让-保罗·萨特著,存在主义的代表作。此作内容可分五方面:1)对存在的探索;2)虚无的起源;3)自为的存在;4)我和他者;5)拥有、作为和存在。萨特阐释了存在和虚无的关系,对存在和虚无的相互作用进行了开创性论证。

P231 注释①Cf. M. Rat, *Dictionnaire des Locutions françaises*, 103: "On fait dire aux cloches tout ce qu'on veut(dando, dando, dando)"; Basile, *lI Pentamerone*, IV. 7, tr. B. Croce, 406: "la campane di Manfredonia dice dammi e dòtti".

参见 M. 拉特,《法语短语词典》,103;"这些是人们模拟钟声用的(咚,咚,咚)";巴西尔,《五日谈》IV. 7,克罗齐译,406:"曼弗雷多尼亚的钟声激励着我并指引着我去学习"。

M. 拉特(Maurice Rat, 1891—1969),法国作家、翻译家、文献学家和法语语言学家。代表作有《希腊备忘录》、《拉丁备忘录》、《越狱》和《我的贵宾犬》等。

巴西尔(Giambattista Basile, 1566—1632),意大利诗人、童话收集家。他主要因为写了那不勒斯童话故事集而被人们铭记,该故事集称为"最好的故事,小孩子的消遣读物",也被称为《五日谈》。

《五日谈》:此书在 1634 至 1636 年间于那不勒斯第一次出版时书名原为《最好的故事,小孩子的消遣读物》(*Lo cunto de li cunti overo lo Trattenemiento de peccerille*)。它以那不勒斯方言写成。故事主要由巴西尔所收集。

P234 注释①A. Preminger, *op. cit.*, 103 - 4.

A. 普雷明格,如上所引,103—104。

A. 普雷明格,参见第一册 P209 注释②。

P237 注释①*Richard II*, V. v. 84 ff.

《理查二世》,V. v. 84 页及之后。

《理查二世》:英国剧作家威廉·莎士比亚创作的历史剧。该剧于 1597 年首次出版。

莎士比亚,参见第一册 P70 注释①。

P242 注释①Marlowe, *Edward* Ⅱ, I. iv. 390.

马洛,《爱德华二世》,I. iv. 390。

马洛,参见第一册 P191 注释①。

《爱德华二世》:马洛著。剧中,马洛大肆渲染被谋杀的统治者爱德华二世和男伴匹尔·加弗斯丁的同性爱情故事,在英语文化里第一次对同性恋伴侣寄予同情。

P242 注释② Du Bellay, *Les Regrets*, cxxxix.

杜·贝莱,《忏悔集》,cxxxix。

杜·贝莱(Joachim Du Bellay, 1522—1560),法国诗人,七星诗社重要成员。主要诗集有《罗马怀古》、《悔恨集》等。

《悔恨集》:杜·贝莱在1553年至1557年间到罗马访问期间所写的诗集,包括191首十四行诗。

P243 注释①*Aeneid*, Vl, 313-4, "Loeb", I, 320.

《伊尼特》,Vl, 31 3—4,"洛布古典丛书",320。

《伊尼特》(也译为《埃涅阿斯纪》):古罗马诗人维吉尔(Vergil)的著名史诗,共12卷,约12000行,写于公元前30年至公元前19年,讲述特洛伊战争中的一位英雄伊尼斯历经风险的一生。

维吉尔(Vergil或Publius Vergilius Maro,前70年—前19年),古罗马奥古斯都时代的诗人。田园抒情诗《牧歌》十首是他早期的重要作品;第二部重要作品是他在公元前29年发表的4卷《农事诗》;晚年著有史诗《伊尼特》(又译《埃涅阿斯纪》)十二卷,语言严谨,画面动人,情节严肃、哀婉,富有戏剧性,堪称后世著作之楷模。

P244 注释①"Tiefe Wasser", "Es Waren Zwei Königskider", *The Oxford Book of German Verse*, 10 and 44.

"深水","有两个出生贵族的孩子",《牛津德语诗歌》,10和44。

P244 注释②*Purgatorio*, XXVIII. 70 ff., *La Divina Commedia*, Riccardo Ricciardi, 714.

《炼狱篇》,XXVIII. 70页及之后;《神曲》,理却地里西亚蒂,714。

《炼狱篇》:《神曲》第二部,但丁著。但丁历时十余年完成《神曲》——长达14233行的古典长诗。全书分为《地狱篇》、《炼狱篇》、《天堂篇》三部分。

但丁(Dante Alighieri, 1265—1321),意大利诗人,现代意大利语的奠基者,欧洲文艺复兴时代的开拓人物之一。以长诗《神曲》(原名《喜剧》)而闻名。他被认为是中古时期意大利文艺复兴中最伟大的诗人,也是西方最杰出的诗人之一。

《神曲》:写于1307年至1321年,是著名意大利诗人但丁创作的长篇叙事诗。全诗为三部分:《地狱篇(Inferno)》、《炼狱篇(Purgatorio)》和《天堂篇(Paradiso)》,

叙述了但丁在“人生的中途”所做的一个梦，以此来谴责教会的统治，但仍然未摆脱基督教神学的观点。但丁在诗中以亲身经历的形式描绘了梦幻中的地狱、炼狱和天堂，以诗的语言和诗的意蕴描绘了一幅博大精深的时代生活剖面图。这部作品作者通过与地狱、炼狱以及天堂中各种著名人物的对话，反映出中古文化领域的成就和一些重大的问题，带有“百科全书”性质，从中也可隐约窥见文艺复兴时期人文主义思想的曙光。

P244 注释③D'Annunzio: "Bocca di Serchio" (*Alcione*), E. de Michelis, Tutto D'Annunzio, 338.

邓南遮:《塞尔基奥河口》(《翠鸟》),E. 德米歇里斯,《邓南遮全集》,338。

邓南遮(Gabriele D'Annunzio, 原名 Gaetano Rapagnetta, 1863—1938)，意大利诗人、记者、小说家戏剧家和冒险者，意大利文坛上的唯美派文学巨匠，也是当时政坛上可与墨索里尼并驾齐驱的人物。主要作品有《玫瑰三部曲》、《无辜者》、《欢乐》、《死亡的胜利》等。

《翠鸟》：意大利诗人邓南遮在 1899 年至 1903 年间写的的 88 首诗集的集合，并于 1903 年出版。

《塞尔基奥河口》：邓南遮著的诗歌，出自其诗集《翠鸟》。

E. 德米歇里斯(E. de Michelis, 1904—1990)，意大利一位作家，文学评论家和诗人。

《邓南遮全集》：不详。

P244 注释④N. Frye, *Anatomy of Criticism*, 200.

N. 弗莱,《批评的解剖》,200。

N. 弗莱(Northrop Frye, 1912—1991)，加拿大文学批评家、理论家，以《批评的解剖》一书而闻名。他认为文学批评应具有方法论原则和自然科学的连续性。

《批评的解剖》：弗莱著。此书以相当开阔的眼界剖析和总结了西方现存各种批评流派的是非得失，既是 50 年代以前西方文艺批评的系统总结，又是 50 年代以后西方文学批评新动向的明确宣言，是一部划时代的批评专著。

P245 注释① Plotin, *Ennéades*, IV. 8. 3, tr. É. Brehier, IV, 221; cf, IV. 7. 13: "Tout ce qui est simple intelligence, ... qui reste éternellement là-bas" (IV, 209); V. 8. 4: "Là - bas, la vie est facile" (V, 139).

普罗提诺，《九章集》，IV. 8. 3，由布莱希尔翻译，IV，221；参见 IV. 7. 13；“所有这些都是简单的智慧，……永远存在于那里”(IV，209)；V. 8. 4：“那里，生活很轻松”。

普罗提诺和《九章集》，参见第一册 P14 注释②。

P252 注释① *Die Welt als*：*Wille und Vorstellung*，*Ergänzung*，Kap. 44，*op. cit.*，II，639.

《作为意志和表象的世界》，44 章，转引，第二版，639 页。

《作为意志和表象的世界》及其作者叔本华：参见第一册 P124 注释①。

P252 注释② Thomas Mann，*Der Zauberberg*，Kap. 5，“Humaniora”，Gesammelte*Werke*，Aufbau，II，369，372.

托马斯·曼，《魔山》，第五章，“人文”，《全集》，建设出版社，II，369—372。

托马斯·曼(Thomas Mann，1875 年—1955 年)，德国小说家和散文家，20 世纪著名的现实主义作家和人道主义者，1929 年诺贝尔文学奖获得者。其代表作有《魔山》、《马里奥与魔术师》、《布登勃洛克一家》等。其中，《布登勃洛克一家》被誉为德国资产阶级的“一部灵魂史”，是德国 19 世纪后半期社会发展的艺术缩影。

《魔山》：托马斯·曼著。小说以一个疗养院为中心，描写了欧洲许多封建贵族和资产阶级人物，整个疗养院弥漫着病态的、垂死的气氛，象征着资本主义文明的没落。

P256 注释① Cf. Pascal，*Pensées*，VI. 397：“Un arbre ne se connaît pas misérable”；Coleridge：“The Picture，or the Lover's Resolution”：“And of this busy human heart aweary，/Worships the spirit of unconscious life/In tree or wildflower”；Keats：“In a Drear-nighted December”：“Too happy happy tree，/ Thy branches ne'er remember/Their green felicity”；Friedrich Schmack：“Busch”：“Du warst mit dir allein/Und littest nicht an Blut und Leidenschaft：/…/Im Brand der Zeiten lebten wir，/Du aber weisst nicht，wie die Herzen bitter sind.”

参见帕斯卡，《思想录》，VI. 397：“树不知道自己渺小”；柯勒律治，《图片或爱人的决心》：“忙碌而倦怠的人类心灵/崇拜树木或野花的/无意识生命的精神”；济慈，《在一个凄凉夜的十二月》：“太幸福、太幸福的树，/你的枝丫不记得/他们绿色

的幸福";弗里德里希·施马克,《灌木》:"你独自安处/不经受血与激情的痛苦:/.../在我们生活的时代之火中,你不知道,心是多么痛苦。"

帕斯卡(Blaise Pascal, 1623—1663),法国数学家、物理学家、哲学家、散文家。代表作有《圆锥曲线论》、《论摆线》、《算术三角形》、《思想录》等。

《思想录》:帕斯卡尔的重要理论著作。全书集中反映了帕斯卡的神学和哲学思想。作家继承了理性主义的传统,对于人性、人生、社会、哲学和宗教等问题进行了深入的探讨。

柯勒律治,参见第一册P16注释①。

济慈(John Keats, 1795—1821),英国诗人、作家,浪漫主义运动的杰出代表。济慈才华横溢,与雪莱、拜伦齐名。他善于运用描写手法创作诗歌,将多种情感与自然完美结合。他的诗被认为完美体现了西方浪漫主义诗歌特色,代表作有《恩底弥翁》、《夜莺颂》、《希腊古瓮颂》。

弗里德里希·施马克:德国诗人,其他不详。

《灌木》:弗里德里希·施马克所著的诗歌。

P256 注释② Cf. I. Babbitt, *On Being Creative*, 51 (E. Legouis on Wordsworth); F. Florio, *Orfeismo della Parola*, 75-6(Pascoli).

参考I. 白璧德,《论创造力》,51(E. 李勾斯论华兹华斯);F. 弗洛里,《词的象征》,75—76(牧场)。

I. 白璧德(Irving Babbitt 1865—1933),美国文学批评家,新人文主义美学创始人之一。他主张文学应恢复以"适度性"为核心的人文主义的传统,以"人的法则"来反对"物的法则",其作用是给人以道德的知识。认为自然主义的倾向(包括浪漫主义、批判现实主义等思潮)只服从"物的法则",会牺牲美的全部含义,应该加以否定。他的著作包括《文学与美国大学》、《新拉奥孔》、《卢梭与浪漫主义》、《民主与领袖》、《论创造性》等。

《论创造力》:欧文·白璧德于1932年著。

P256 注释③ Schiller: "Das Höchste", *op. cit.*, I, 145, Cf. Fr. Strich, *Deutsche Romantik*, 89(Fr. Schlelgel: "das höchste vollendeste Leben nichts als ein reines Vegetieren").

席勒:"至高",如前所引,I, 145,参考斯特里奇:"德国浪漫主义",89(施莱格尔:"最完美的生活,只不过是一种纯粹的植物",或"生命的崇高意义在于播

种")。

席勒：参见第一册 P6 注释③。

斯特里奇，不详。

施莱格尔，不详，疑为德国早期浪漫主义的奠基人施莱格尔兄弟的父亲——路德宗牧师、诗人约翰·阿道夫·施莱格尔(Johann Adolf Schlegel, 1721—1793)。

P256 注释④ Leopardi: "Dialogo della Natura e di un'Anima", *op. cit.*, I, 496. Cf. *Taine*, *La Fontaine et ses Fables*, 174: "… la plante est affranchie de la pensée… l'animal est affranchi de la raison. A mesure que l'on déscend d'un degré, l'être devient plus libre."

莱奥帕尔迪:"自然与灵魂的对话",如前所引,I, 496。参考丹纳:《拉·封丹及其寓言》,174:"……植物没有思想……动物不受理性约束。当一个人下降一级,存在就变得更加自由。"

莱奥帕尔迪(Giacomo Leopardi,也译为"列奥巴迪",1798—1837),意大利十九世纪著名浪漫主义诗人。他的诗歌继承古希腊和文艺复兴诗歌的传统,格律自由多变,语言洗练朴素,形象丰满,描绘心理活动细致,把意大利现代抒情诗提高到一个新水平,开意大利现代自由体抒情诗的先河。他的许多诗歌和对话录饱含着对黑暗社会的愤懑,对人的力量脆弱的悲叹,对理想破灭的失望,格调哀婉忧伤。代表作有《致意大利》、《但丁纪念碑》等。莱奥帕尔迪也是一位散文家。他的《道德小品集》借具有象征意义的历史人物或虚构人物,来阐发哲学观点。

丹纳(Hippolyte Adolphe Taine, 1828—1893),又称泰纳。法国 19 世纪杰出的文学批评家、历史学家、艺术史家、文艺理论家、美学家。主要著作有《拉封丹及其寓言》、《巴尔扎克论》、《英国文学史引言》和《艺术哲学》等,在欧洲文艺界引起过强烈而广泛的反响。丹纳是法国美学艺术领域内试图用实证的纯客观观点来建立学说理论基础的第一人。

《拉·封丹寓言诗》:拉·封丹著,其第一部分于 1668 年出版,第二部分于 1679 年出版,是世界上最早的诗体寓言集,是继《伊索寓言》之后又一部经典寓言名著。拉·封丹的寓言大多取材于古希腊、罗马和古印度的寓言以及中世纪和 17 世纪的民间故事,运用诗的语言对之进行再创造,成功地塑造了贵族、教士、法官、商人、医生和农民等典型形象,涉及各个阶层和行业,深刻描绘了人间百态。文笔高雅,寓意深刻,讽刺辛辣,富含哲理。他的寓言诗对 17 世纪法国社会上的丑陋现象进行了大胆的讽刺。此作创造了约496个人物，其中动物125个，人123个，神话人物85个，构成了一个虚拟的大千世界，同时也构成了拉·封丹时代的《人间喜剧》，拉封丹被法国文学评论家丹纳誉为“法国的荷马”。

P257 注释① A. Graf: “Azzurro”, L. Baldocci, *Poeti minori dell' Ottocento*, I, 1150.

A. 格拉夫:“蓝色”,L. 巴尔多奇,《十九世纪次要诗人选集》,I, 1150。

A. 格拉夫和“蓝色”：不详。

L. 巴尔多奇和《十九世纪次要诗人选集》：不详。

P264 注释① *Aesthetik*, Aufbau Verlag, 1270-1.

《美学》,建设出版社,1270—1271。

《美学》：黑格尔著，此书是西方美学的经典著作，原是黑格尔在海德堡大学和柏林大学期间所作的“美学讲演录”，后整理成书，于1835年出版。全书将辩证法应用于美学研究，认为美是理念的感性显现，是主观与客观、形式与内容、理想与现实、感性与理性、特殊与一般、自由与必然的辩证统一；这种统一只有在经过艺术家心灵创造的艺术美中才能真正达到；因此，艺术美高于自然美，自然美是艺术美的不完全、不完善的反映；美学的确切名称应是“美的艺术的哲学”，明确将美的本质与“自然的人化”联系起来探讨，提出美是人的“自我创造”，审美和美的创造是人从对象上复现自己。黑格尔提出“美是理念的感性显现”的核心观点，同时对象征型艺术、古典型艺术和浪漫型艺术等不同历史发展阶段产生的不同艺术类型进行了分析，也对建筑、雕刻、绘画、音乐和诗等艺术门类进行了具体阐述。

黑格尔：参见第一册P4注释①。

P268 注释① A. E. Rodway, ed., *Godwin and the Age of Transition*, 36; cf. Lamb to Thomas Manning: “Lawsuits, where I was counsel for Archbishop Fenelon *versus* my own mother, in the famous fire cause”. (*Works*, ed. E. V. Lucas, VI, 207.)

A. E. 罗德温编,《古德温和转型时代》,36;参考兰姆致托马斯·曼妮:“说到诉讼,我在著名的纵火案中为大主教指控我自己的母亲。”(由 E. V. 卢卡斯编, VI. 207.)

A. E. 罗德温(Allan Edwin Rodway)和《古德温和转型时代》：不详。

P268【增订一】E. Rodocanachi, *La Femme italienne*, 189.

E. 罗多卡纳奇,《意大利女人》,189。

E. 罗多卡纳奇(E. Rodocanachi, 1859—1934),法国作家兼历史学家。作品有《罗马的工人行会》、《自 1342 年以来的罗马历史》等。

《意大利女人》:罗多卡纳奇著,1907 年出版,讲述了文艺复兴时期意大利女人的私生活、社交生活及社会影响。

P272 注释① Shelley: "The Recollection"; cf. Coleridge: "The Aeolian Harp": "The stilly murmur of the distant sea/Tells us of silence."

雪莱,"回忆录";参考柯勒律治,《风弦琴》:"遥远的大海静静的低语/告诉我们沉默。"

雪莱,参见第一册 P16 注释①。

柯勒律治,参见第一册 P16 注释①。

《风弦琴》:柯勒律治的诗歌。诗歌中描写的大自然宁静而又祥和。

P272 注释②W. James, *Principles of Psychology*, II, 14.

W. 詹姆斯,《心理学原理》,II, 14。

詹姆斯(William James, 1842—1910),美国心理学家和哲学家,美国机能主义心理学和实用主义哲学的先驱,美国心理学会的创始人之一。代表作有《心理学原理》、《对教师讲心理学和对学生讲生活理想》、《实用主义》、《彻底经验主义论文集》等。

《心理学原理》:威廉·詹姆斯著,1890 出版。此书既是当时实验心理学研究成果的基本总结,又是詹姆斯机能主义(或实用主义)心理学思想的集中体现。詹姆斯在书中提出,心理学是关于心理生活的现象及其条件的科学。它研究情感、欲望、认识、思维、判断等经验以及人的躯体,特别是人脑等心理生活的直接条件。他在书中明确主张心理学是一门自然科学,而且是一门生物科学。此书含有明显的实用主义思想,强调心理的实验效用和人的非理性的方面,认为概念、信仰、推理等都是为了追求行动成功、满足个体欲望。作者还把许多复杂的心理现象都归结为本能。

P273 注释①"*Ozymandias of Egypt*".

《埃及的奥斯曼迪斯》。

《埃及的奥斯曼迪斯》:雪莱著的诗歌。此诗表达了诗人对权威、传统的反抗情感。

雪莱，参见第一册 P16 注释①。

P274 注释① V. Cardarelli, quoted in *Momenti e Problemi di Storia dell'Estetica*, Marzorati, IV, 1664.

V. 卡达尔里，引自《美学史的时代与问题》，玛佐拉蒂，IV，1664。

《美学史的时代与问题》：不详。

P277 注释①*Faust*, I, 4544.

《浮士德》，I，4544。

《浮士德》及其作者歌德：参见第一册 P16 注释①。

P278 注释①*A Woman of No Importance*, IV.

《一个无足轻重的女人》，IV。

《一个无足轻重的女人》：奥斯卡·王尔德(Oscar Wilde)著的风俗喜剧。

奥斯卡·王尔德(Oscar Wilde, 1854—1900)，英国作家与艺术家，以其剧作、诗歌、童话和小说闻名，唯美主义代表人物。代表作有童话《快乐王子和其他故事》、小说《道连·格雷的画像》以及戏剧《温德米尔夫人的扇子》、《莎乐美》等。

P283 注释①Martin Luther, *Table Talk*, tr. W. Hazlitt, "Bohn's Library", 153(Jeremiah cursing the day of his birth).

马丁·路德，《马丁·路德桌边谈话录》，由 W. 海兹利特翻译，"博恩图书馆"，153(耶利米诅咒他自己的生日)。

马丁·路德(Martin Luther, 1483—1546)，德国宗教改革家。他是 16 世纪欧洲宗教改革的倡导者，基督教新教路德宗创始人。

《马丁·路德桌边谈话录》：本书共收录了马丁·路德的 918 篇谈话，大致分为三个部分，主要是路德神学，其次是路德对世俗生活和异教徒的看法，展示他对神学和世俗生活各个方面的见解，同时展现了晚年路德的心态。

P283 注释②M. Heidegger, *Sein and Zeit*, I. Hälfte, 3. Aufl., 385.

M. 海德格尔，《存在与时间》，I. 黑利特，第 3 版，385。

M. 海德格尔(Martin Heidegger, 1889—1976)，德国哲学家，20 世纪存在主义

哲学的创始人和主要代表之一。代表作有《存在与时间》、《真理的本质》、《荷尔德林诗的阐释》等。

《存在与时间》:海德格尔著。此作对于日常语言中的“是”或“存在着”的意指提出诘问,重新提出“存在的意义”的问题。海德格尔提出,生存在世界上的“人”,通过情绪、领会、语言等方式与各色各样的物事打交道,世界也就在这种展开中同时成为人的舞台。

P284 注释① A. Camus, *L'Homme révolté*, 47 - 8. Cf. Leopardi: "Il Risorgimento": "so che natura è sorda,/ che miserar non sa", *op. cit.*, I, 90.

A. 加缪,《反抗者》,47—8. 参考莱奥帕尔迪:“绯红色的外形”;“我知道大自然失聪”,“很抱歉打扰你”,如前所引,I, 90。

阿尔贝·加缪(Albert Camus, 1913—1960),法国作家、哲学家、存在主义文学、“荒诞哲学”的代表人物、1957 年诺贝尔文学奖获得者。主要作品有《局外人》、《鼠疫》等。加缪一生创作和思考的两大主题就是“荒诞”和“反抗”。

《反抗者》:加缪著。此作是全面阐释他反抗思想的理论力作。加缪在《反抗者》中提出这样一个命题:“我反抗故我在”,将反抗视为人之所以为人、人之所以存在的标志与条件。

莱奥帕尔迪,参见第一册 P256 注释④。

P284【增订三】 *Thraliana*, ed. Katharine C. Balderston, 2nd ed., II, 699.

《萨拉丽娜》,凯瑟琳·C. 巴尔德斯顿编,第二版,II, 699。

《萨拉丽娜》:参见第一册 P152 注释①。

P284 注释② Lucretius, *De Rerum Natura*, II, 646—8, "Loeb", 130; cf. III. 18—22, P. 170: "apparet divum numen sedesque quietae"etc.

卢克莱修,《物性论》;II, 646—8,“洛布古典丛书”,130;参考 III. 18—22, P170:“神的力量是寂静的座席”等等。

卢克莱修(Titus Lucretius Carus,前 99—前 55),罗马共和国末期的诗人和哲学家,以哲理长诗《物性论》著称于世。他继承古代原子学说,特别是阐述并发展了伊壁鸠鲁的哲学观点。认为物质的存在是永恒的,提出了“无物能由无中生,无物能归于无”的唯物主义观点。反对神创论,认为宇宙是无限的,有其自然发展的过程,人们只要懂得了自然现象发生的真正原因,宗教偏见便可消失。承认世界的可知性，认为感觉是事物流射出来的影像作用于人的感官的结果，是一切认识的基础和来源，驳斥了怀疑论。认为幸福在于摆脱对神和死亡的恐惧，得到精神的安宁和心情的恬静。

《物性论》：卢克莱修所著的哲学长诗，是现存唯一系统阐述古希腊罗马的原子唯物论的著作。全书依据德谟克利特开创的原子唯物论，以大量事例阐明了伊壁鸠鲁的学说，批判了灵魂不死和灵魂轮回说及神创论，将朴素唯物主义的观点贯彻于自然、社会和思维领域。

P285 注释① *Elegy and Iambus*, "Loeb", I, 281. cf. *Hesiod, the Homeric Poems and Homerica*, "Loeb", p. 573; Plutarch, *Moralia*, "A Letter to Apollonius", §27, "Loeb", II, 177—9; E. Rohde, *Psyche*, tr. W. B. Hillis, "International Library of Philosophy, Psychology and Scientific Method", 412 (Silenos to King Midas).

《优雅和美丽》，"洛布古典丛书"，I，281；参见《赫西奥德、荷马诗歌与荷马》，"洛布古典丛书"，P573；普鲁塔克，《道德论丛》，"致阿波罗尼奥斯"，§27，"洛布古典丛书"，II，177—179；E. 罗德，《心智》，由 W. B. 西里斯译，"国际哲学、心理学和科学方法图书馆"，412(迈达斯王)。

《优雅和美丽》：不详。

《赫西奥德、荷马诗歌与荷马》：赫西奥德编著。此作收录了赫西奥德及荷马的疑作，它以古老的史诗风格创作，被认为是希腊神话和希腊文学的来源，由 33 首希腊诗歌组成，它们的长度从 3 到 500 行不等，其中最短的是简短的引语。

赫西奥德(Hesiod，前 8—?)，也译为赫西俄德，古希腊诗人。以长诗《工作与时日》、《神谱》闻名于后世，被称为"希腊训谕诗之父"。

荷马(Homer，约前 9 世纪—前 8 世纪)，古希腊盲诗人。相传记述了公元前 12—前 11 世纪特洛伊战争，以及关于海上冒险故事的古希腊长篇史诗《伊利亚特》和《奥德赛》。《荷马史诗》对西方的宗教、文化和伦理观影响极大。

普鲁塔克和《道德论丛》：参见 P84 注释①。

E. 罗德(Erwin Rohde, 1845—1898)，德国古典学家。除古文物领域外，罗德也因其与尼采的友情及通信而出名。

《心智》(全名为 *Psyche: The Cult of Souls and the Belief in Immortality among the Greeks*)：E. 罗德著于 1890—1894 年间，是研究古希腊与灵魂相关的宗教信仰及仪式的重要文献。

P286 注释① Bacon: "The World's a Bubble", J. Aubrey, *Brief Lives*, "Ann Arbor Paperbacks", 11. cf. P. Collenuccio: "Canzone alla Morte", *The Oxford Book of Italian Verse*, 183.

培根:"世界是一个泡泡",约翰·奥布里,《名人小传》,"安·阿伯平装版",11;参考 P. 克莱努西奥:"歌唱到死",《牛津意大利诗集》,183。

弗朗西斯·培根(Francis Bacon, 1561—1626),英国文艺复兴时期散文家、哲学家、科学家、政治家。英国唯物主义哲学家,实验科学的创始人,是近代归纳法的创始人,又是给科学研究程序进行逻辑组织化的先驱。代表作有《新工具》、《培根随笔》、《论学术的推进》等。

约翰·奥布里(John Aubrey, 1626—1697),英国古文物研究者、自然哲学家、考古学家、博物学家、作家。他首次发现并记录下了英格兰南部的巨石阵及其他遗迹。代表作有《短暂人生》、《不列颠历史遗迹》、《名人小传》等等。

《名人小传》:奥布里著的一部短篇传记集。此作因其极具地方色彩的语调而深受读者喜爱。这是他留给后世的一本奇书。奥布里细心搜集资料,上门拜访知情者,获得所有资料,为他那个时代的人物一一立传。当后世读者落入奥布里传记的庞杂细节中不知所向时,却发现,这不是一本描述名人生平及所为的一般传记,而是对文艺复兴晚期世界的详尽描绘。

P. 克莱努西奥,不详。

P286 注释②*Paradise Lost*, X. 743—4.

《失乐园》,X. 743—744。

《失乐园》及其作者弥尔顿:参见第一册 P183 注释①。

P286 注释③ Heine: "Morphine", *The Penguin Book of German Verse*, 332.

海涅:"吗啡",《企鹅丛书之德国诗歌卷》,332。

海涅,参见第一册 P8 注释①。

《企鹅丛书之德国诗歌卷》:参见第一册 P68 注释①。

P286 注释④ Freud, *Der Witz und sein Beziehung zum Unbewussten*, 3. Aufl., 44–5.

弗洛伊德,《笑话与无意识的关系》,第 3 版,44—45。

弗洛伊德,参见第一册 P34 注释①。

《笑话与无意识的关系》：弗洛伊德著。此书中弗洛伊德试图探究"为什么笑话是愉快的"这个问题，弗洛伊德的回答是，从精神能量的节省中获得乐趣；弗洛伊德还将他的玩笑理论与他的释梦理论联系起来，以解释一些比较令人费解的玩笑。

P286【增订四】*Oedipus Coloneus*, 1275.

《俄狄浦斯在科罗诺斯》，1275。

《俄狄浦斯在科罗诺斯》：索福克勒斯著，写于公元前 401 年。与《俄狄浦斯王》不同，该剧的情节编织不甚完善，但它的有趣之处并不在情节方面。也许该剧应被视为一部奇迹剧或者神秘剧，旨在探讨一个人背负了过多的罪恶感和知识而变得失常，他的一生最终被众神和典雅市民所拥戴，并被赋予新的意义。最后，俄狄浦斯王成了一个超越人类的英雄。

索福克勒斯(Sophocles，约前 496—前 406)，古希腊三大悲剧作家之一，公元前 440 年，还当选为雅典十将军之一，进入雅典的最高层。索福克勒斯早年就盛名远扬，在戏剧竞赛中屡屡获胜，自从公元前 468 年在戏剧比赛中赢了埃斯库罗斯，到 72 岁后败给欧里庇得斯，其间罕有人能与之匹敌。代表作为《埃阿斯》、《俄狄浦斯王》、《安提戈涅》、《特拉喀斯少女》、《菲罗克忒忒斯》和《俄狄浦斯在科罗诺斯》。

P287【增订四】"Ruhelechzend", Heine, *Werke und Briefe*, Aufbau, 1961, Bd II, S. 195.

"渴望休息"，海涅，《作品书信集》，建设出版社，1961，第 II 卷，S. 195。

海涅，参见第一册 P8 注释①。

P287 注释① Jeremiah 22:14; Job 3:3. Cf. Scott: "He [Swift] early adopted the custom of observing his birthday as a term not of joy but of sorrow, and of reading…… the striking passage of Scripture in which Job laments" etc. (J. G. Lockhart, *The Life of Sir Walter Scott*, ch. 7, "Everyman's", 250).

耶利米书 22:15；约伯记 3:3；参考司各特："他(斯威夫特)很早就采取了这种古老的做法，把生日不当作快乐的代名词，而是悲伤和阅读的代名词……就如约伯在圣经的那些惊人的片段中所抱怨的"等等(J. G. 洛克哈特，《沃特·司各特先生的一生》，第七章，"人人文库"，250)。

《耶利米书》和《约伯记》：参见《圣经》。

《圣经》：分为旧约和新约两大部分。新旧约的划分是以耶稣出生为界限的。

旧约通常被分类为摩西五经（又称律法书）、历史书、圣颂诗、智慧书和先知书五部分。旧约圣经全在耶稣诞生之前已写成及被辑录成书。新约由福音书（马太福音、马可福音、路加福音、约翰福音）、使徒行传、使徒书信和启示录组成。目前保存的最早希腊文《圣经》抄本为公元 4—5 世纪的抄本，最著名的有西乃山抄本、梵蒂冈抄本和亚历山大抄本。

J. G. 洛克哈特（John Gibson Lockhart，1794—1854），苏格兰作家和编辑。曾为其岳父司各特（Sir Walter Scott）作传记而出名。

《沃特·司各特的先生的一生》：J. G. 洛克哈特所著的关于司各特（Sir Walter Scott）的传记。

P290 注释① Jean Paul，*Kleine Nachschule zurästhetischen Vorschule*，§ 21，*Werke*，Carl Hanser，V，486.

让·保尔，《美学入门》，§ 21，全集，卡尔·韩瑟出版社，V. 486。

让·保尔（Jean Paul，1763—1825），德国著名幽默作家，原名约翰·保尔·弗利德利希·利希特尔（Johann Paul Friedrich Richter）。著有《快活的小教师马利亚·乌茨传》、《赫斯培鲁斯》、《昆图斯·菲克斯莱因传》、《花、果实与荆棘片段》）或称《穷律师弗·席·西奔克斯的夫妻生活、死亡和结婚》）、《提坦》、《淘气的年代》等，还写过一本美学著作《美学入门》。

《美学入门》：也译作《美学初槐》，让·保尔著，发表于 1804 年。作者在《美学入门》中把小说分成三类。他的小说思想受到十八世纪英国作家斯威夫特和其他小说家，尤其是劳伦斯·斯特恩的影响。

P290 注释② Dryden，*Ovid's Epistles*，Preface，*Poems*，ed. J. Kinsley，Ⅰ，183；Prior，*Solomon on the Vanity of the World*，Preface，*Literary Works*，ed. H. B. Wright and M. K. Spears，309；D'Alembert，quoted in J. Brody，*Boileau and Longinus*，64；A. W. Schlegel，*Briefe über Poesie*，*Silbenmass und Sprache*，*I*，*Kritische Schriften und Briefe*，W. Kohlhammer，I，142.

德莱顿，《奥维德的书信》，序言，《诗集》，由 J. 金斯里编辑，1，183；普里奥，《名利场中的所罗门》，序言，《文艺作品》，由 H. B. 莱特和 M. K. 斯皮尔斯编辑，309；引自 J. 布罗德，《布瓦洛和郎吉努斯》，64；A. W. 施莱格尔，《关于诗歌的信件》、《音节和语言》、《批评性著作信函》，W. 科尔翰莫，I，142。

德莱顿，参见第一册 P44 注释②。

马修·普赖尔(Matthew Prior, 1664—1721),英国诗人、外交官。

《名利场中的所罗门》:不详。

J. 布罗德(J. Brody, 1928—?),法国作家,编者。代表作有《法国古典主义》、《蒙田演说集》、《俄狄浦斯·泰勒斯的命运》等。

《布瓦洛和郎吉努斯》:J. 布罗德著,出版于1958年。本书是一本人物传记,介绍了尼古拉·布瓦洛(Nicolas Boileau, 1636—1711)和卡修斯·郎吉努斯(Cassius Longinus,约公元1世纪)二人。布瓦洛,法国诗人、文学理论家。朗吉努斯,希腊修辞学批评家,哲学批评家。

A. W. 施莱格尔(August Wilhelm Schlegel, 1767—1845),德国诗人,翻译家和评论家,德国浪漫主义运动的核心人物。

P290【增订三】*Menschliches, Allzum en schliches*. II. ii. § 140, *Werke*, hrsg. K. Schlechta, I, 932.

Alfred Tennyson: *A Memoir*, by His Son, I, 268.

《人性的,太人性的》,II. ii. § 140,全集,K. 施赫勒塔编,I, 932。

《阿尔弗雷德·丁尼生:悼念》,丁尼生之子著,I, 268。

《人性的,太人性的》:参见第一册P45注释②。

阿尔弗雷德·丁尼生(Alfred Tennyson, 1809—1892),英国维多利亚时代最受欢迎及最具特色的诗人。他的诗歌准确地反映了他那个时代占主导地位的看法及兴趣,这是任何时代的英国诗人都无法比拟的。代表作品为组诗《悼念》。

P291 注释①T. A. Sebeok, ed., *Style in Language*, 84.

T. A. 西比奥克编,《语言的风格》,84。

T. A. 西比奥克(Thomas Albert Sebeok, 1920—2001),美国符号学和语言学家,是当代符号学发展的关键人物,20世纪北美符号学派的杰出代表。在西比奥克的引领下,世界符号学研究超出结构主义传统,并呈现出多元对话的局面,进而跨越自然与人文的界限。

《语言的风格》:西比奥克编,1960年出版。

P297 注释①E. Cassirer, *Philosophie der symbolischen Formen*, II, 66,83,87 (ein Grundprinzip der "primitiven Logik").

E. 卡西尔,《符号形式的哲学》,第二版,66,83,87("原始逻辑"的基础原则)。

E. 卡西尔，参见第一册 P82 注释②。

《符号形式的哲学》：卡西尔在文化哲学方面的重要著作。全书共分三卷，第一卷《语言》，第二卷《神话思维》，第三卷《认识的现象学》。三卷分别于 1923 年、1925 年和 1929 年出版。

P300 注释①H. Küpper，*Wörterbuch der deutschen Umgangssprache*，II，126.

G. 克佩，《德语日常口语词典》，II，126。

G. 克佩，不详。

P300 注释② Christina Rossetti："Sing-song"，*Poetical Works*，ed. W. M. Rossetti，432—3.

克里斯蒂娜·罗塞蒂："唱歌"，《诗作》，W. M. 罗萨迪编，423—423。

克里斯蒂娜·罗塞蒂：参见第一册 P79 注释①。

P301 注释① Marino："Ninfa avara"，*Marino e i Marinisti*，Riccardo Ricciardi，543—4；Cervantes："Man of Glass"，*Three Exemplary Novels*，tr. S. Putnam，101.

马里诺：《贪婪的女神》，《马里诺和马里诺主义》，理却地·里西亚蒂，543—544；塞万提斯："玻璃人"，《三个范例小说》，S. 普特南译，101。

马里诺，参见 P16 注释①【增订三】。

《贪婪的女神》：选自马里诺 1620 年初描写田园生活的牧歌集《风笛》。

马里诺和马里诺主义：参见 P16 注释①【增订三】。

《马里诺和马里诺主义》及其作者 G. G. 法里罗：不详。

塞万提斯，参见第一册 P99 注释④。

《三个范例小说》：塞万提斯著。

P301 注释② Peacock，*Melincourt*，ch. 12，*The Novels of T. L. Peacock*，Simpkin，Marshall，Hamilton，Kent&Co.，552.

皮科克，《险峻堂》，第 12 章，《T. L. 皮科克的小说》，辛普，马沙尔，汉密尔顿，肯特 &Co.，552。

皮科克（Thomas Love Peacock，1785—1866），英国作家。其小说以对话为主，人物描写和故事情节居于次要地位。1820 年他的短论《论诗的四个时代》引发雪莱(Percy Bysshe Shelley)撰写了著名的《诗之辩护》。皮科克的代表作有《险峻堂》、《恶梦隐修院》等。

《险峻堂》：皮科克著的小说，发表于1817年。其他不详。

P301 注释③ J. Renard, quoted in L. Guichard, *L'Oeuvre et l'Âme de Jules Renard*, 50.

J. 列那尔，引自 L. 基查德，《儒勒·列那尔作品集》，50。

J. 列那尔(Jules Renard, 1864—1910)，法国小说家、散文家、戏剧家。代表作有诗集《玫瑰花集》，小说《乡村的罪行》、《胡萝卜须》，戏剧《破裂的乐趣》、《凡尔奈先生》等。

L. 基查德和《儒勒·列那尔作品集》：不详。

P301 注释④ Boccaccio, II *Decamerone*, VIII. 7, Ulrico Hoepli, 502 - 3; H. Weber, La Création poétique au 16e Siècle en France, I, 175 - 6.

薄伽丘，《十日谈》，VIII. 7，厄利齐·欧伯利，502—503；H. 韦博，《十六世纪法国的诗歌创作》，I，175—176。

薄伽丘(Giovanni Boccaccio, 1313—1375)，意大利文艺复兴运动的杰出代表，人文主义杰出作家。他与但丁、彼特拉克并称为佛罗伦萨文学"三杰"。他的代表作有《十日谈》等。

《十日谈》：薄伽丘著。该作讲述1348年，意大利佛罗伦萨瘟疫流行，10名男女在乡村一所别墅里避难。他们终日游玩欢宴，每人每天讲一个故事，共住了10天讲了一百个故事。这些故事批判天主教会的罪恶，鞭挞封建贵族的堕落，赞美爱情、智慧和高尚的情操。

H. 韦博(Henry Weber, 1783—1818)，法国政治家、社会党的成员，在欧洲议会文化教育委员会有一席之地。代表作有《十六世纪法国的诗歌创作》等。

《十六世纪法国诗歌创作》：不详。

P303 注释① E. Rohde, *opcit.*, 261 - 3 (Ekstasis, enthousiasmos and the dance).

E. 罗德，如前所引，261—263(狂喜，热情与舞蹈)。

E. 罗德，参见第一册 P285 注释①。

P303 注释②E. Cassirer, *op cit.*, II, 53.

E. 卡西尔,如前所引,II, 53。

E. 卡西尔,参见第一册 P82 注释②。

P307 注释①*Gerusalemme Liberata*, III. 2, *Poesie*, Riccardo Ricciardi, 59.

《被解放的耶路撒冷》,III. 2,《诗歌》,理却地 · 里西亚蒂,59。

《被解放的耶路撒冷》及其作者塔索:参见第一册 P213 注释①。

P313 注释① Cf. E. Bernheim, *Lehrbuch der Historischen Methode und Der Geschichtsphilosophie*, 6. Aufl., 17.

参考 E. 伯恩海姆,《史学方法论》,第 6 版,17。

伯恩海姆(Ernst Bernheim,也译作伯伦汉,1850—1942),德国历史学家,有"西方史学方法之父"的美称。代表作有《史学方法论》等。

《史学方法论》:伯恩海姆著。此书论述历史学的对象和任务、史学方法、史料考证、历史的结合和编写,是史学方法论的权威著作之一。

P317 注释① Cf. W. Dilthey, *Entwürfe zur Kritik der Historischen Vernunft*, I. i. I, *Gesammelte Werke*, hrsg. G. Misch, et al, VII, 191(das Verstehen als ein Wiederfinden des Ich im Du); M. Scheler, *Wesen und Formen der Sympathic*, 3. Aufl., 4 (die Gabe des Nacherlebens); R. G. Collingwood, *The Idea of History*, 40 (imaginative construction).

参考 W. 狄尔泰,《历史理性批判手稿》,《全集》,G. 密施等编,VII, 191(理解即以我之心度你之心);马克斯 · 舍勒,《同情的本质与形式》,第 3 版,4(重温故事);R. G. 科林伍德,《历史的观念》,40(想象性重构)。

W. 狄尔泰(Wilhelm Dilthey, 1833—1911),德国哲学家,生命哲学的奠基人。狄尔泰的研究领域极其广泛,涉及哲学、伦理学、心理学、社会学、教育学、思想史等多门学科,几乎汇集了当时所有的思潮,对 20 世纪的哲学、心理学、社会学的发展产生了重大的影响。主要著作有《哲学的本质》、《精神科学导言》、《宇宙观的类型》等。

《历史理性批判手稿》:威廉 · 狄尔泰著的哲学名著,也是历史解释学中最重要的著作之一。此书探讨历史及其生产系统、人文科学的基础和范畴等问题。

马克斯 · 舍勒(Max Scheler, 1874—1928),德国现象学哲学家、基督教思想家，是现象学价值伦理学的创立者、现代哲学人类学的奠基人。舍勒的思想博杂多方，其研究遍及伦理学、宗教哲学、现象学、社会学、政治思想、形而上学和哲学人类学等诸多领域，收录于《舍勒全集》中。

《同情的本质与形式》：舍勒著。此书是最早被译成法语的现象学经典著作。舍勒在其《同情的本质与形式》中区分了同情感受的四个层级，对勘于人的四种先天共存形式（社群形式），融社会学维度与他者问题为一体。舍勒认为，同情的四个层级依次递进，分别为：与他人的共同感受，指向他人共同痛苦的同情感，与两者不同且可发生在任何数量的人当中的心理传染，标志着自我与他者完全融合的同一感。

R. G. 科林伍德（Robin George Collingwood，1889—1943），英国哲学家，历史学家，也是表现主义美学的主要代表之一。主要著作有《宗教与哲学》、《心灵的思辨》、《艺术原理》、《历史的观念》。他认为只有表现情感的艺术才是"真正的艺术"，而任何再现艺术都是"伪艺术"，从而否定了艺术认识生活的基本功能。

《历史的观念》：科林伍德著，1936 年出版。

P318 注释①*Institutio oratoria*，X. i. 101. "Loeb"，IV，58；*Philosophie der Geschichte*，Reclam，35.

《雄辩术原理》X. i. 101. "洛布古典丛书"，IV，58；《哲学史讲演录》，莱克拉姆出版，35。

《雄辩术原理》及其作者昆体良：参见第一册 P60 注释①。

《哲学史讲演录》，黑格尔著。具体见第一册 P87 注释①。

黑格尔：参见第一册 P4 注释①。

P318【增订四】Thucydides，I. xxii. 13，Loeb，Vol. I，p. 39.

修昔底德，I. xxii. 13，"洛布古典丛书"，第 I 卷，P39。

修昔底德（Thucydides，约前 460—前 400/396 年），古希腊历史学家、文学家，雅典十将军之一，代表作有《伯罗奔尼撒战争史》。

P319【增订四】Philip Sidney，*An Apology for Poetry*，in E. D. Jones，ed.，*English Critical Essays*，"World's Classics"，P3 - 4.

P.-L. Courier，in Sainte-Beuve，*Causeries du lundi*，Vol. VI，p. 333.

菲利普·西德尼，《为诗辩护》，E. D. 琼斯编，《英语批评文章》，"世界经典"，P3 - 4。

P.-L. 考特亚,见圣-伯夫,《周一漫谈》,Vol. VI, P333。

菲利普·西德尼和《为诗辩护》：参见第一册 P195 注释②。

圣-伯夫(Sainte-Beuve, 1804—1869),法国文学评论家、小说家。他是将传记方式引入文学批评的第一人。他认为了解一位作者的性格以及成长环境对理解其作品有重要意义。他将这一理论应用于其最重要的作品中,如《文学肖像》、《当代肖像》、《周一漫谈》、《伟大的法国作家》等。

《周一漫谈》：圣-伯夫著,写于1851—1862年,共15卷。是圣伯夫对于文学主题和巴黎或其他欧洲作家所作的批判性或传记性的文章。这些文章每周一发表在巴黎时报上。

P322 注释①*III Henry VI*：V. vi. 70 - 1.

《亨利四世》V. vi. 70—71。

《亨利四世》：莎士比亚著的历史剧。此作的主要表现亨利四世和他的王子们与反叛的诸侯贵族进行殊死斗争的过程。

莎士比亚：参见第一册 P70 注释①。

P323 注释①F. Guicciardini, *Ricordi*, §78, *Opere*, Riccardo Ricciardi, 114.

F. 圭恰尔迪尼,《杂感》, §78,《作品》,理却地·里西亚蒂,114。

F. 圭恰尔迪尼(Francesco Guicciardini, 1483—1540),意大利文艺复兴时期的历史学家、政治论文作家,尼可罗·马基雅维利(Niccolò Machiavelli)的友人和批评者,与马基雅维利齐名。代表作有《意大利史》、《政治与社会问题杂感》、《论弗罗伦萨政权》等。他把人们的利己主义动机看成历史发展的主要动力。

《杂感》：圭恰尔迪尼著。原名为《政治与社会问题杂感》(Ricordi politici e civili),著于1525—1530年间。此作是最能代表圭恰尔迪尼思想特点的作品,也是文艺复兴时期最重要的散文作品之一,共收集了400多条作者为教育子女而写的有关政治与道德问题的箴言。

P323 注释② Bacon: "Of Delayes", *Essays*, "The World's Classics", 90.

培根:《论待机》,《随笔集》,"世界经典",90。

培根,参见第一册 P286 注释①。

《随笔集》：培根著。是培根在文学方面的代表作。此书的内容涉及到政治、经济、宗教、爱情、婚姻、友谊、艺术、教育和伦理等等,几乎触及了人类生活的方方面面。其中的《论读书》、《论真理》、《论待机》、《论死亡》语言简洁文笔优美，说理透彻，警句迭出，蕴含着培根的思想精华，是他的著名篇章。

P323 注释③ Montesquieu, *De l'Esprit des Lois*, Liv. XXVIII, ch. 39, *Oeuvres complètes*, "Bibliothèque de la Pléiade", II, 855.

孟德斯鸠，《论法的精神》，第 XXVIII 篇，第 39 章，《全集》，"七星文库"，II, 855。

孟德斯鸠和《论法的精神》：参见第一册 P38 注释①。

P324 注释① Rivarol, quoted in Sainte-Beuve, *Les Grands Écrivains Français*, ed. Maurice Allem, X, 262.

里瓦罗，引自圣-伯夫，《伟大的法国作家》，莫里斯·阿兰姆编，X. 262。

里瓦罗，参见第一册 P43 注释①。

圣-伯夫，参见第一册 P319【增订四】。

《伟大的法国作家》：圣-伯夫著，其他不详。

P328【增订四】Friedrich Ast, *Grundlinien der Grammatik*, *Hermeneutik und Kritik*, §75, in U. Nasser, ed., *Klassiker der Hermeneutik*, 1982, p. 95. Cf. K. Mueller-Vollmer, ed., *The Hermeneutics Reader*, 1986, p. 16, Humboldt; p. 19, Droysen; pp. 84 - 5, Schleiermacher; p. 144, Boeckh; pp. 225 - 6, Heidegger.

H.-G. Gadamer, Wahrheit und Methode, 2nd ed., 1965, p. 297.

弗勒贝尔·阿士德，《语法学、阐释学、订勘学本刊》，§75，U. 纳赛尔编，《阐释学家》，1982，P95；参见 K. 米勒-孚尔默编，《阐释学读者》，1986，P16，洪堡；p. 19，德罗伊森；P84—85，施莱尔马赫；P144，伯克；P225—256，海德格尔。

H.-G. 伽达默尔，《真理与方法》，第二版，1965，P297。

弗勒贝尔·阿士德(Friedrich Ast, 1778—1841)，德国哲学家和语言学家。

《语法学、阐释学、订勘学本刊》：弗勒贝尔·阿士德著，1808 年出版。

K. 米勒-孚尔默(Kurt Mueller-Vollmer, 1928—?)，美国哲学家、斯坦福大学德国研究与人文学教授。他的主要出版物集中在诠释学、比较文学领域。

《阐释学读者》：米勒-孚尔默编，出版于 1986 年，主要讨论理性与理解、释义、语言、人文科学、社会科学和一般解释学理论。

洪堡(Wilhelm von Humboldt, 1767—1835),德国教育改革家、语言学者、外交官,柏林洪堡大学创始人。洪堡创立柏林大学时,奠定了学术自由、教学自由、学习自由三原则,这后来成为世界各大学所遵循的基本价值和基本准则。作为语言学家,洪堡一生研究过多种语言,包括巴斯克语、爪哇语,还有汉语。他是最先提出"语言左右思想"学说的学者之一。其代表作有《论国家的作用》、《论爪哇岛的卡维语》等。

约翰·古斯塔夫·德罗伊森(J. G. Droysen, 1808—1884),德国著名历史学家,他的学术著作《亚历山大大帝》体现了德国"新历史学派"的关于理想化的伟大人物的思想。他的学术研究和著作用实例表明综合和彻底运用史料的方法,给历史学者们以极大影响。

弗里德里希·施莱尔马赫(Friedrich Daniel Ernst Schleiermacher, 1768—1834),德国神学家、哲学家,著有《论宗教》、《基督教信仰》等。

奥古斯特·伯克(August Boeckh, 1785—1867),德国古典学者和古文物研究者。

马丁·海德格尔,参见第一册 P283 注释②

汉斯-格奥尔格·伽达默尔(Hans-Georg Gadamer, 1900—2002),德国哲学家,他对诠释学作出了巨大贡献,他的哲学精神和人生实践统一在这样一个问题上:对话和理解如果可能则是此在(Dasein)的一种存在方式。他的一生都在研究对话和理解,他的教学和著述也都是在与听众的对话中展开的。著有《真理与方法》、《科学时代的理性》。

《真理与方法》:1960 年出版,是伽达默尔阐释学美学的代表作,也是阐释学哲学的经典著作。它是研究"诠释学"的专著,具体包括:人文主义传统对于精神科学的意义、"体验"一词的历史、艺术作品的本体论及其诠释学的意义、偶缘物和装饰品的本体论根据、真理问题扩大到精神科学里的理解问题、以语言为主线的诠释学本体论转向等方面的内容。

P328 注释 ① W. Dilthey: *Die Entstehung der Hermeneutik*: "Auss den einzelnen Worten und deren verbindungen soll das Ganze eines Werkes verstanden werden, und doch setzt das volle Verständnis des einzelnen schon das des Ganzen voraus", *op. cit.*, V, 330; cf. "Ideen über eine beschreibende und zergliedernde Psychologie", Kap. 4, *ib.*, 172. Cf. L. Pareyson, *Estetica*: *Teoria della Formatività*, 2ª ed., 86: "La parte è contenuta dal tutto solo in quanto a sua volta lo contiene, e il tutto è formato dalle parti solo in quanto le ha esso stesso reclamate e ordinate".

W. 狄尔泰,《阐释学的起源》:"一部作品的整体应该从单个词及其互相组合来理解,而对个体词的充分理解又以对整体的理解为前提。"引自第四版,330 页,《关于描述性心理学和解剖心理学的观点》,第四章,如前所提,172;参见 L. 帕雷森,《美学: 形成论》,第 2 次再版,86:"只有当整体反过来包含部分时,部分才被整体所包含,而整体仅在它自己要求并命令如此时,才由部分形成。"

W. 狄尔泰,参见第一册 P317 注释①。

《阐释学的起源》: 狄尔泰著。此书中,狄尔泰论述了其生命阐释学,以"体验""表达"与"理解"为核心观念,不仅为阐释学奠定了学科诞生的理论基石,而且为其此后的发展开辟了道路。

L. 帕雷森(Luigi Pareysón, 1918—1991): 意大利哲学家,代表作有《美学问题》、《真相与阐释》等。

《美学: 形成论》: L. 帕雷森著。其他不详。

P330 注释① Cf. Bruno, *Spaccio de la Bestia Trionfante*, Dial. I: "La unità è nel numero infinito ed il numero infinito nell' unità; l'unità è uno infinito implicito, e l' infinito è la unità explicita" (*Opere di G. Bruno e di T. Campanella*, Riccardo Ricciardi, 517); George Herbert: "Providence": "Thou art in all things one, in each thing many"(*Works*, ed. E. F. Hutchinson, 118).

参见布鲁诺:《驱逐趾高气扬的野兽》,对话 I:"个体存于无数中,无数存于个体中,整体是无尽的默示,无尽是个体的体现方式"(《G. 布鲁诺和 T. 坎培奈拉文集》,理却地 · 里西亚蒂出版,517);乔治 · 赫伯特,"天意":"你在多中显示为一,在一中显示为多"(《作品》,E. F. 哈奇森编,118)。

布鲁诺和《驱逐趾高气扬的野兽》,参见第一册 P99 注释③。

坎培奈拉,参见第一册 P99 注释③。

《G. 布鲁诺和 T. 坎培奈拉文集》: 不详。

乔治 · 赫伯特,参见第一册 P98 注释①。

P333 注释①R. Bayer, *Histoire de l'Esthétique*, 18.

R. 巴叶,《美学史》,18。

莱蒙 · 巴叶(Raymond Bayer),法国哲学家,巴黎索尔邦大学教授。其他不详。

《美学史》：莱蒙·巴叶著，1961年由巴黎Colin书店出版。作者在序文里说，“这部美学史——正如美学本身一样——一方面越界到了哲学领域，另一方面又越界到了艺术史领域。”他的论述结合文艺作品的比较多，结合哲学思潮方面则比较薄弱。

P334 注释① Sophocles, *Seven Plays*, "The World's Classics", 28.

索福克勒斯，《七部剧》，“世界经典”，28。

索福克勒斯，参见第一册P286【增订四】。

《七部剧》：索福克勒斯流传至今的作品只有7部，即《埃阿斯》、《俄狄浦斯王》、《安提戈涅》、《厄勒克特拉》、《特拉喀斯少女》、《菲罗克忒忒斯》和《俄狄浦斯在科罗诺斯》。其中，《安提戈涅》和《俄狄浦斯王》最能反映索福克勒斯的创作才能。

P335 注释① Bergson, *Essai sur les Données immédiates de la Conscience*, p. vii; *La Pensée et le Mouvant*, 11.

伯格森，《论意识材料的直接来源》，Pvii；《思想和运动》，11。

亨利·柏格森和《思想和运动》，参见第一册P23注释③。

《论意识材料的直接来源》：柏格森著，他倡导的生命哲学是对现代科学主义文化思潮的反拨。

P335 注释② Fr. Mauthner *Kritik der Sprache*, 3. Aufl. III, 119-126.

毛特纳，《语言批判论稿》，第3版，III，119—126。

毛特纳(Fritz Mauthner, 1849—1923)，德国(奥匈帝国)哲学家，专攻语言哲学。他主张哲学的批判亦即“语言的批判”。他认为，对语言的性质进行分析或批判，就会发现：不能运用语言这一工具去认识世界，因而可以“取消语言”，他提出从个人的“感情”与“生活”方面出发去“把握现实”。他著有小说、戏剧多种；在语言哲学方面，主要著作为《语言批判论稿》三卷。

《语言批判论稿》：毛特纳著，其他不详。

P347 注释① Frontinus, *Strategems*, I. ii. 7, 8, "Loeb", 20, 22.

弗罗蒂努斯，《谋略》I. ii. 7，8，“洛布古典丛书”，20，22。

弗罗蒂努斯(也译作弗朗提努、弗仑蒂努斯，Sextus Julius Frontinus, 40—103)，古罗马政治家和军事理论家，曾任不列颠总督，他一生军事著述颇多，但其中绝大部分均已散佚，留传至今的仅存《谋略》。书中记载以曼陀罗酒胜敌的战例。

他对流体力学也提出过重要的见解。

《谋略》：弗罗蒂努斯著，此书成书于公元84年到96年之间。这本书旨在叙述战略上获得成功的战例，用以说明军事学的规律，并使将军们对这些规律能有充分的认识，以提高作战指挥的能力。《谋略》一书不仅有反映带普遍性的军事指导规律内容的学术价值，而且还有军事史学研究价值。书中的绝大部分史例，均来自古希腊、古罗马的各次重大战争，涉及大流士、居鲁士、腓力、亚历山大、汉尼拔、凯撒、马略等世界著名统帅的事迹。

P355 注释①I Kings 22:22; Ezekiel 14:9; Isaiah 14:5 – 7; 2 Thessalonians 2:11.

列王纪上 22:22；以西结书 14:9；以赛亚书 14:5 — 7；帖撒罗尼迦后书 2:11。（参见《圣经》新、旧约）

P356 注释①R. Otto, *The Idea of the Holy*, tr. J. W. Harvey, 26, 123 – 6, 136.

R. 奥托，《神圣者的观念》，J. W. 哈维译，26，123—126，136。

R. 奥托和《神圣者的观念》：参见第一册 P63 注释①。

P358 注释①E. Cassirer, *Philosophie der Symbolischen Formen*, II, 247; *An Essay on Man*, 97.

E. 卡西尔，《符号形式的哲学》，II, 247；《人论》，97。

E. 卡西尔，参见第一册 P82 注释②。

《符号形式的哲学》：参见第一册 P297 注释①。

《人论》：卡西尔晚年到美国后，用英文简要地阐述《符号形式的哲学》基本思想的一本书。《人论》分为上下两篇。上篇集中回答"人是什么"这一问题。下篇全面考察了人类世界本身，研究了人是怎样运用各种不同的符号来创造文化的。卡西尔在《人论》中研究了"符号功能"这一极其重要的人类活动能力。

P359 注释① Tacitus, *Histories*, IV. 17(Civilis), "Loeb", II, 32; Lucan, *Civil War*, I, 128, "Loeb", 12.

塔西佗，《历史》IV. 17(文明)，"洛布古典丛书"，II, 32；卢坎，《内战》，I, 128，"洛布古典丛书"12。

塔西佗(Publius Cornelius Tacitus，约55—120)，古代罗马历史学家，代表作

有《历史》等。

《历史》(亦译作《罗马史》):塔西佗著的史书,完成于公元109年。叙述内容包括整个弗拉维王朝(Flavian Dynasty)的史事。但是现在的残留部分的内容只到公元70年8月为止。塔西佗在此书中记载的都是"当代"的史事,其中有许多都是他亲身经历过的,基本上是信史实录。

卢坎(Marcus Annaeus Lucanus, 39—65),罗马诗人。他最著名的著作是史诗《法沙利亚》(Pharsalia),也译作《内战记》(The Civil War),描述凯撒与庞培之间的内战。这部史诗虽是未完成作品,却被誉为是维吉尔《埃涅阿斯》之外最伟大的拉丁文史诗。

《内战》:卢坎著,用自由诗体写成,传达了卢坎对于内战史实的冷酷的现实主义观点。

P359 注释②Mérimée à A. Panizzi (4 Fév. 1864), quoted in P. Léon, *Mérimée et Son Temps*, 236.

梅里美致 A. 潘尼兹(1864 年 2 月 4 日),引自 P. 莱昂,《梅里美及其时代》,236。

P. 莱昂(Paul Léon, 1874—1962),法国历史学家。

《梅里美及其时代》:不详。

梅里美,参见第一册 P176 注释②。

P360 注释① Cf. V. Pareto, *A Treatise on General Sociology*, tr. A. Bongiorno and A. Livingstone, §§1942 ff., Dover Publications, II, 1355ff. (implicit and explicit contradictions about God the Just); E. R. Curtius, *Europäsche Literatur und lateinisches Mittelalter*, 2. Aufl., 180(die Polarität Varuna-Mitra).

参考 V. 帕累托,《思想与社会》,A. 邦奇奥诺和 A. 列文斯顿译,§§1942 页及之后。多佛出版社,II, 1355 页及之后(关于正义上帝的隐性和显性的矛盾);E. R. 库尔提乌斯,《欧洲文学与拉丁中世纪》,第 2 版,180(伐楼拿和密特拉的对立)。

V. 帕累托(Vilfredo Pareto, 1848—1923),意大利经济学家、社会学家,社会系统论的代表人物,对经济学,社会学和伦理学做出了很多重要的贡献,特别是在收入分配的研究和个人选择的分析中,提出了帕累托最优的概念,并用无异曲线来帮助发展了个体经济学领域。他的理论影响了墨索里尼和意大利法西斯主义的发展。代表作有《纯粹经济学原理》、《政治经济学讲义》、《普遍社会学》、《社会主义体制》、《事实与理论》、《民主制的变革》等。

《思想与社会》：V. 帕累托著，1916 年出版，也译为《普通社会学纲要》。帕累托的代表作。此书着重论述了他的三大理论：行为理论——主要涉及人的非逻辑行为；精英理论——主要探讨社会分层和统治阶级循环问题；社会系统理论——主要研究社会动态平衡问题。他在此提出了理想社会模式：理想社会能够进行连续不断并井然有序的精英循环，从而保障社会处于动态平衡。一旦精英循环中止，社会就处于静态平衡或爆发革命。此书对现代西方社会学和政治学产生了深远的影响。在此书中，帕累托提出了第一个以精英社会阶级概念为中心的社会学循环理论。帕累托将精英阶层分为两类：现状的保守维护者（暴力的"狮子"）和变革的激进推动者（狡猾的"狐狸"）。他认为，权力不断在"狐狸"和"狮子"之间传递。

库尔提乌斯和《欧洲文学与拉丁中世纪》：参见第一册 P184 注释①。

伐楼拿：婆罗门教中的神，宇宙大王。

密特拉：印度神话中的早期日神。

P362 注释① Plutarch, *Lives*, "Lysander", vii, "Loeb", IV, 251.

普鲁塔克，《传记集》，"莱赛德"，vii，"洛布古典丛书"，IV，251。

普鲁塔克，参见第一册 P84 注释①。

《传记集》：普鲁塔克著。所用材料多为后世无从看到的文献，有重要的史料价值。书中很多篇幅拿作者所认为的在命运和气质上类似的一名希腊人和一名罗马人的传记并列对比，附以合传，并用他的折中主义伦理思想加以评论。

P362 注释② Xenophon, *Cyropaedia*, I. vi. 27, "Loeb", I, 113－5.

色诺芬，《居鲁士的教育》，I. vi. 27，"洛布古典丛书"，L，113—115。

色诺芬（Xenophon，前 440—前 355），古希腊历史学家，苏格拉底的弟子。他以记录当时的希腊历史、苏格拉底语录而著称。他著有《长征记》、《希腊史》（修昔底德《伯罗奔尼撒战争史》之续编）、《拉西第梦的政制》、《雅典的收入》以及《回忆苏格拉底》等。

《居鲁士的教育》：色诺芬著的政治哲学著作。色诺芬通过叙述居鲁士的性格、品德和生平事迹，提出了他自己理想中的培养政治家的方式，同时也阐发了他自己的济世方略。

P362 注释③*Aeneid*, II, 390, "Loeb", II, 320.

《伊尼特》，390，"洛布古典丛书"，II，320。

《伊尼特》及其作者维吉尔：参见第一册 P243 注释①。

P362 注释④ *Discorsi sopra la Prima Deca di Tito Livio*, III. 40, *Opere*, Riccardo Ricciardi, 409.

《论李维》，III. 40，《作品》，理却地·里西亚蒂，409。

《论李维》：意大利佛罗伦萨共和国的政治家、思想家尼可罗·马基雅维利的著作，全名是《论蒂托·李维前十本(罗马)史书》，其他不详。

马基雅维利，参见第一册 P37 注释④。

P362 注释⑤ *Leviathan*, pt. I, ch. 13, Routledge, 82.

《利维坦》，第 I 部分，第 13 章，劳特利奇出版社，82。

《利维坦》：托马斯·霍布斯于 1651 年出版的一本著作。全名为《利维坦，或教会国家和市民国家的实质、形式和权力》(Leviathan or The Matter, Forme and Power of a Common Wealth Ecclesiastical and Civil；又译《巨灵论》)。“利维坦”原为《圣经旧约》中记载的一种怪兽，在本书中用来比喻强势的国家。该书系统阐述了国家学说，探讨了社会的结构，书里的大多数篇幅都用于证明只有强大的中央权威才能够避免邪恶的混乱和内战，其中的人性论、社会契约论，以及国家的本质和作用等思想在西方产生了深远影响，是西方最著名和有影响力的政治哲学著作之一。

托马斯·霍布斯(Thomas Hobbes，1588—1679)，英国政治家、哲学家。他提出“自然状态”和国家起源说，指出国家是人们为了遵守“自然法”而订立契约所形成的，是一部人造的机器，反对君权神授，主张君主专制。他把罗马教皇比作魔王，僧侣比作群鬼，但主张利用“国教”来管束人民，维护“秩序”。代表作有《论政体》、《利维坦》、《论人》、《论社会》等。

P367 注释① S. Guazzo, *Dialoghi Piacevoli*: “Del Principe di Valacchia”; J. Bertaut, *Défense de l'Amour*. Cf. A. Arthaber, *Dizionario comparato di Proverbi*, 469: “Chi offende scrive in polvere di paglia, /Chi è offeso, nei marmi lo sdegno intaglia”etc.

S. 古阿佐，《愉快的对话》：“瓦拉基亚的王子”；J. 贝尔托，《捍卫爱》；参考 A. 阿尔萨贝尔，《比较谚语词典》，469；“冒犯者用稻草在尘埃上写字，被冒犯者则将愤怒刻于大理石上。”等等。

S. 古阿佐，不详。

J. 贝尔托(Jean Bertaut，1552—1611)，法国诗人，代表作有《爱情文集》等。

A. 阿尔萨贝尔(AugustoArthaber)：不详。

《比较谚语词典》：阿尔萨贝尔著，1972 年出版。

P370 注释① Frontinus，*The Stratagems*，IV. i. 17，“Loeb”，274；cf. II. viii14 (Philippus)，180.

弗罗蒂努斯，《谋略》，IV. i. 17，“洛布古典丛书”，274；参见 II. viii14(菲利普斯)180。

弗罗蒂努斯和《谋略》：参见第一册 P347 注释①。

P371 注释① Gibbon，*The Decline and Fall of the Roman Empire*，ch. I，“The World's Classics”，I，12；cf. Montaigne，*Essais*，III. xii，“Bibl. de la Pléiade”，1003(“cet ancien praecepte”).

吉本，《罗马帝国衰亡史》，第 I 章，“世界经典”，I，12；参考蒙田，《随笔录》III. xii，“七星文库”，1003(“这个古老的戒律”)。

吉本和《罗马帝国衰亡史》：参见第一册 P35 注释①。

蒙田和《随笔录》：参见第一册 P50 注释①【增订四】。

P371 注释② Ariosto，*Orlando Furioso*，XIV. 16，Ulrico Hoepli，133；cf. XXIX. 9. p. 418.

阿里斯奥斯托，《疯狂的罗兰》，XIV. 16，厄利齐·欧伯利出版社，133；参见 XXIX. 9，P418。

阿里奥斯托和《疯狂的罗兰》：参见第一册 P50 注释①。

P372 注释①C. S. Lewis，*Studies in Words*，41，103(the same lexical meaning used to mean different things).

C. S. 刘易斯，《文字研究》，41，103(同样的词汇意义用于指不同的事物)。

C. S. 刘易斯，参见第一册 P27 注释①。

《文字研究》：C. S. 刘易斯所撰写的语言学著作，1960 年由剑桥大学出版社出版。此作中，刘易斯探讨了在英语中常用的许多词汇随着历史发展发生的语义变迁现象。

P373 注释① Cf. *Anatomy of Melancholy*, Part. II, Sect. II, Mem. IV, Bell, II, 88—90(pleasant to behold a battle fought).

参见《忧郁的解剖》,第 II 卷,第 II 部,第 IV 章,贝尔,II, 88—90(惬意地去看一场战斗)。

《忧郁的解剖》及其作者伯顿:参见第一册 P37 注释④。

P374 注释① Montaigne, *Essais*, I. 23, *op. cit*, 123:"…comme de vray il faut noter que les jeux des enfants ne sont pas jeux, et les faut juger en eux comme leurs plus sérieuses actions"; M. Scheler, *Wesen und Formen der Sympathie*, 24:"Was beim Erwachsenen *Einfühlung* ist, ist dort *Einsfühlung*; was eigentlich nur beim Erwachsenen'Spiel' ist, ist dort 'Ernst'."

蒙田,《随笔录》,I. 23,如前所引,123:"…儿童游戏似乎并非游戏,它多真实,必须将其视为最严肃的行为";M. 舍勒,《同情的本质和形式》,24;"在成年人这儿是善解人意,在那儿是自以为是;在成年人这儿原本只是'游戏',在那儿是'一本正经'。"

蒙田和《随笔录》:参见第一册 P50 注释①【增订四】。

M. 舍勒,参见第一册 P317 注释①。

P375 注释①J. Huizinga, *Homo Ludens*, tr. F. C. Hull, 40 ff., 72.

约翰·赫伊津哈,《游戏的人》,F. C. 赫尔译,40 页及之后,72。

J. 赫伊津哈(Johan Huizinga, 1872—1945),荷兰语言学家和历史学家。代表作有《游戏的人》等。

《游戏的人》:约翰·赫伊津哈在 1938 年写的一本著作,是西方休闲学研究的重要参考书目。此书讨论了在文化和社会中游戏所起的重要作用。

P375 注释②II Samuel, 11:14.

撒母耳记下,11. 14。

撒母耳记:参见《圣经》。

P376 注释① Schiller:"Die Schlacht", *op. cit.*, I, 38.

席勒:"战斗",如前所引,I, 38。

席勒,参见第一册 P6 注释③。

P379 注释① Hegel, *Aesthetik*, *op. cit.*, 671.

黑格尔,《美学》,如前所引,671。

黑格尔: 参见第一册 P4 注释①。

《美学》: 参见第一册 P264 注释①。

P380 注释① Pliny, *Natural History*, XI. 138,158, "Loeb", III, 518,530.

普林尼,《自然史》,XI. 138,158,"洛布古典丛书"III, 518,530。

普林尼(Gaius Plinius Secundus, 23—79),世称老普林尼(与其养子小普林尼相区别),古代罗马的百科全书式的作家,以其所著《自然史》一书著称。

《自然史》: 普林尼一生写作的 7 部书中,6 部已经散失,仅存片断,仅有 37 卷《自然史》广为流传。全书记叙了近两万种物和事。其内容上自天文,下至地理,包括农业、手工业、医药卫生、交通运输、语言文字、物理化学、绘画雕刻等方面。此为我们保存了许多已经散佚的古代资料,提供了了解古代的物质与精神文明的丰富资料。《自然史》一书中,普林尼还新创了许多术语和名词,从希腊语和其他语言中借用了许多词,丰富了拉丁文的词汇。这对于后来拉丁文成为欧洲学术界通用的语言起了很大的作用。

P388 注释①W. G. Sumner, *Folkways*, 341. Cf. P. P. Read, *Alive*(1974).

W. G. 萨姆纳,《民俗》,341. 参见 P. P. 李德.《活着》(1974)。

W. G. 萨姆纳, 参见第一册 P50 注释③。

《民俗》: 参见第一册 P50 注释③。

P. P. 李德(Piers Paul Read, 1941—),英国小说家、历史学家、传记作家。代表作有《活着》等。

《活着》(原名 Alive: The Story of the Andes Survivors): P. P. 李德著,1974 年出版。此书以真实事件为基础,叙述 1972 年飞机撞到大雪封顶的安德斯山后,机组人员和乘客求生的故事。

P390 注释① Frontinus, *op. cit.*, II. vi, pp. 164 ff.

弗罗蒂努斯,同前文所引,Ⅱ. vi, 164 页及之后。

弗罗蒂努斯, 参见第一册 P347 注释①。

P390 注释②*Aeneid*, II, 353—4.

《伊尼特》II，353—354。

《伊尼特》及其作者维吉尔： 参见第一册 P243 注释①。

P390 注释③ Defoe，*Serious Reflections of Robinson Crusoe*，in *Romances and Narratives*，ed. G. Aitkin，III，25. Cf. Cardinal de Retz："Quand la frayeur est venue à un certain point，elle produit les mêmes effets que la témérité"（quoted in *Letters of Lord Chesterfield*，ed. B. Dobreé. IV，1642）.

笛福，《鲁滨逊的沉思集》，G. 艾特金编，IIL，25；参见红衣主教："当恐惧来临，她同时也带来了勇气"（引自《查斯菲尔德勋爵》，B. 多勃雷编，IV，1642）。

丹尼尔·笛福（Daniel Defoe 1660—1731），英国作家，英国启蒙时期现实主义小说的奠基人，被誉为欧洲的"小说之父"、"英国小说之父"和"英国报业先驱"等。其作品可读性强。其代表作《鲁滨孙漂流记》中，乐观又勇敢的鲁滨逊通过努力，靠智慧和勇气战胜了困难、表现了当时追求冒险、倡导个人奋斗的社会风气。

《鲁滨逊的沉思集》： 笛福著，《鲁滨逊漂流记》的续集，于1720年完成。该作品是一部流传很广、影响很大的文学著作，它表现了资产阶级的进取精神和启蒙精神。

P391 注释①*Paradise Lost*，I，190－1；*Paradise Regained*，III，206.

《失乐园》，I，190—191；《复乐园》，III，206。

《失乐园》及其作者弥尔顿： 参见第一册 P183 注释①。

《复乐园》： 弥尔顿著的长诗，发表于1671，是其继长篇圣经题材《失乐园》之后的又一力作，也可以说是《失乐园》的续篇。此作中，作家以饱满的热情讴歌了耶稣的诞生，讲述了耶稣抵御住撒旦的诱惑，从而拯救人类重返伊甸园的故事。

P391 注释②*Antony and Cleopatra*，III. xiii. 195－7；III Henry VI，I. iv. 40－1.

《安东尼与克里奥佩特拉》，III. xiii. 195—7；III 亨利六世，I. iv. 40—41。

《安东尼与克里奥佩特拉》： 参见第一册 P168 注释①。

莎士比亚， 参见第一册 P70 注释①。

P391 注释③ Hume，*Treatise of Human Nature*，Bk II，pt iii，sect. 4，"Everyman's Lib."，II，131.

休谟，《人性论》，第 II 卷，第 iii 部分，第 4 节，"人人文库"，II，131。

大卫·休谟(David Hume，1711—1776)，苏格兰哲学家、经济学家和历史学家，苏格兰启蒙运动以及西方哲学历史中最重要的人物之一。休谟的哲学主要受到经验主义者约翰·洛克和乔治·贝克莱的深刻影响。休谟总结了自笛卡儿以来近代西方哲学的成果，其最直接、最重要的贡献是推动了康德批判哲学的形成。

《人性论》：休谟著于 1739—1740 年发表的哲学著作。全书分三卷，分别是“论知性”、“论情感”和“论道德”。《人性论》对于人类思想史具有独创性的理论贡献。休谟思想中最重要的方面都在这本书中进行了阐述，如关于人性的三个假设，有关自私和同情的看法，有关社会秩序和制度正义的看法等等。

P391 注释④C. Spearman，*Psychology down the Ages*，II，102，112.

斯皮尔曼，《古今心理学》，IL，102，112。

斯皮尔曼和《古今心理学》：参见第一册 P117 注释①。

P391 注释⑤ Cf. *Antony and Cleopatra*，I. ii. 128 - 130：“The present Pleasure，/By revolution lowering，does become/The opposite of itseIf”；Hamlet，IV. vii. 115 - 6：“For goodness，growing to a pleurisy，/Dies in his own too much.”

参见《安东尼与克里奥佩特拉》，I. ii. 128 — 130：“眼前享受着的情爱，/转眼便化作憎恶”；《哈姆雷特》，IV. vii. 115—116：“人情若太多，反把人情灭了”。

《安东尼与克里奥佩特拉》：参见第一册 P168 注释①。

莎士比亚，参见第一册 P70 注释①。

《哈姆雷特》：莎士比亚创作的著名悲剧，完成于 1601 年。

P398 注释① Cf. Shakespeare，*King John*，II. i. 573 ff. (Commodity).

参见莎士比亚，《约翰王》，II. i. 573 页及之后(商品)。

莎士比亚，参见第一册 P70 注释①。

《约翰王》：莎士比亚著，历史剧。

P398 注释②*Nicomachean Ethics*，II. vi and ix，*Basic Works of Aristotle*，Random House，958—9，963.

《尼各马可伦理学》，II. vi and ix，《亚里士多德要籍选》，兰登书屋出版社，958—959，963。

《尼各马可伦理学》：古希腊哲学家亚里士多德创作的伦理学著作，约公元前

330年左右成书。全书共10卷，132章，探讨了道德行为发展的各个环节和道德关系的各种规定等问题；系统阐述了德性在于合乎理性的活动，至善就是幸福等观点；认为万物都有一个目的——求善，任何事物都具备适合本性的功能——为善；人生最高目的是求得至善，至善就是幸福；求得个人善是伦理学目的，求得社会的群体善是政治学目的。该书是西方伦理学史上第一部伦理学专著，成为西方近现代伦理学思想的主要渊源之一，为西方近现代伦理学思想奠定了基础，对中世纪和近代资产阶级伦理思想的发展有深远而广泛的影响。

亚里士多德与《亚里士多德要籍选》：参见第一册P37注释③。

P399 注释 ① *La République*, II, 382, *Oeuvres complètes de Platon*, "Bibliothèque de la Pléiade", I, 933 – 4; cf. W. B. Stanford, *The Ulysses Theme*, 20(the medicinal lie).

《理想国》，II，382，《柏拉图全集》，"七星文库"，I，933—934；参见W. B.斯坦福，《尤利西斯主题》，20(医学谎言)。

柏拉图，参见第一册P101注释①。

《理想国》：柏拉图的重要的对话体著作之一，又译作《国家篇》、《共和国》等。此书分十卷，涉及柏拉图思想体系的各个方面，包括哲学、伦理、教育、文艺、政治等内容，主要是探讨理想国家的问题。《理想国》与柏拉图大多数著作一样以苏格拉底为主角用对话体写成，书中，柏拉图通过苏格拉底与其他人对话的方式设计了一个真、善、美相统一的政体，即可以达到公正的理想国。此书中，柏拉图把国家分为三个阶层：受过严格哲学教育的统治阶层、保卫国家的武士阶层、平民阶层。在柏拉图眼中，第三阶层的人民是低下的，可以欺骗的。他赋予了统治者无上的权力，统治者"为了国家利益可以用撒谎来对付敌人或者公民"。

P399 注释②W. B. Stanford, *Ambiguity in Greek Literature*, 12.

W. B.斯坦福，《希腊文学中的歧义性》，12。

W. B.斯坦福(William Bedell Stanford, 1910—1984)，爱尔兰古典学者和参议员。他是都柏林三一学院的希腊语讲座教授。

《希腊文学中的歧义性》：W. B.斯坦福著。其他不详。

P399 注释③Th. Gomperz, *Greek Thinkers*, tr. G G. Berry, IV, 435; cf. Quintillian, *Institutio oratoria*, II, xv. 24(fallendi artem), xvii, 18 – 21(dicere falsa pro veris), "Loeb", I, 310,332 - 4.

西·贡佩茨,《希腊思想家》,G G. 贝瑞译,IV, 435;参见昆体良,《雄辩术原理》,II, xv. 24(欺骗的艺术),xvii, 18—21(论真理谬误),"洛布古典丛书",I, 310, 332—334。

西·贡佩茨(Theodor Gomperz, 1832—1912),德国哲学家、古典学者。代表作有《希腊思想家》等。

《希腊思想家》:原名《希腊思想家:古代哲学史》(*Greek Thinkers; a History of Ancient Philosophy*),西·贡佩茨著。其他不详。

昆体良和《雄辩术原理》:参见第一册 P60 注释①。

P399 注释④ Cf. C. F. D'Arcy, *A Short Study of Ethics*, 218.

参见 C. F. 达西,《伦理学简论》,218。

C. F. 达西(Charles Frederick D'Arcy, 1859—1938),爱尔兰神学家、作家和植物学家。

《伦理学简论》:不详。

P400 注释① Cf. Henry James, *The Art of the Novel*, ed., R. B. Blackmur, 46,298,306,327.

参见亨利·詹姆斯,《小说的艺术》,R. B. 布拉克默编,46,298,306,327。

亨利·詹姆斯(Henry James, 1843—1916),美国(英国)小说家、文学批评家,剧作家和散文家,被认为是心理分析小说的开创者之一,他对人的行为的认识有独到之处,是 20 世纪小说的意识流写作技巧的先驱。代表作有《一位女士的画像》、《鸽翼》、《使节》和《金碗》等。他的创作对 20 世纪崛起的现代派及后现代派文学有着非常巨大的影响。

《小说的艺术》:亨利·詹姆斯著。此作收集了他发表于不同时期的具代表性的文学评论,既包括他为自己的长篇小说撰写的序言,也有他对屠格涅夫、巴尔扎克等作家以及小说本身的存在现状、发展前景的论述。

P401 注释①*Pickwick Papers*, ch. 13.

《匹克威克外传》,第十三章。

《匹克威克外传》:狄更斯著的小说,1836 年出版。此作写老绅士匹克威克一行五人到英国各地漫游的故事。小说情节以匹克威克等人在旅途的见闻和遭遇展开。

狄更斯，参见第一册 P99 注释①。

P401 注释②*Iliad*, III. 161 ff. "Loeb", I, 129—135.

《伊利亚特》III. 161 页及之后。"洛布古典丛书"，I, 129—135。

《伊利亚特》(又译《伊利昂记》)：相传是古希腊盲诗人荷马(Homer)所作的史诗，西方经典之一，古希腊文学中的重要作品。全诗共 15693 行，分为 24 卷，主要内容是叙述希腊人远征特洛伊城的故事。

荷马，参见第一册 P285 注释①。

P401 注释③*Gerusalemme Liberata*, III. 37 - 40, *op. cit*, 69 - 70.

《被解放的耶路撒冷》，III. 37—40，如前所引，69—70。

《被解放的耶路撒冷》：参见第一册 P307 注释①。

P411 注释① Cf. Johnson, *The Rambler*, No. 18: "As the faculty of writing has been chiefly a masculine endowment, the reproach of making the world miserable has always been thrown upon the women"; Richard Burton, *Thousand Nights and A Night*, *vol. X*, *Terminal Essay*, 192: "Women all the world over, are what men make them. It is the old ever-new fable: 'who drew the lion vanquished? 'Twas a man".

参见约翰逊：《漫步者》，第十八期："因为男性占据了大部分的话语权，所以女性总是被斥责为祸国殃民的元凶"；理查德·伯顿，《一千零一夜》，第十卷，《终章》，192："全世界的女性都是男性所铸就的，这是个亘古不变的寓言：'谁征服了狮子？'是男人"。

塞缪尔·约翰逊(Samuel Johnson, 1709—1784)，英国诗人、散文家、文学批评家、词典编纂家。代表作有《英文词典》、《诗人传》、《阿比西尼亚王子》等。

《漫步者》：约翰逊自编的周刊，主要发表文学评论。

理查德·伯顿(Sir Richard Francis Burton, 1821—1890)，英国探险家、地理学家、翻译家、作家、东方学家、诗人。代表作有《走向圣城》，此书记载了他对东方圣地的考察、对东方知识、理论、制度、实物的描述，以及对东方经验、风俗、观念、生活方式等的研究。

《一千零一夜》：理查德·伯顿所著的关于阿拉伯民间故事集《一千零一夜》(又

名《天方夜谭》)的论著。

P412 注释① Hesiod, *Theogony*, 585, *Hesiod, the Homeric Poems, and Hometica*, "Loeb", 123.

赫西奥德,《神谱》,585,《赫西奥德,荷马诗歌与荷马》,"洛布古典丛书",123。

赫西奥德和荷马,参见第一册 P285 注释①。

《神谱》:赫西奥德著。《神谱》描写的是宇宙和神的诞生,讲述从地神盖亚诞生一直到奥林匹亚诸神统治世界这段时间的历史,内容大部分是讲神之间的争斗和权力的更替。

《赫西奥德,荷马诗歌与荷马》:参见第一册 P285 注释①。

P412 注释② Athenaeus, *The Deipnosophistes*, XIII. 560, "Loeb", VI, 27; cf. Sterne, *Tristram Shandy*, Bk VI, ch. 33 (Helena a bitch for the destruction of the Greeks and the Trojans).

阿忒纳乌斯,《诡辩论者》,XIII. 560,"洛布古典丛书",VI, 27;参见斯特恩,《项狄传》,第 VI 卷,第 33 章(海伦是毁灭希腊和特洛伊的祸水)。

阿忒纳乌斯和《诡辩论者》:参见第一册 P57 注释①

斯特恩(Laurence Stern, 1713—1768),18 世纪英国最伟大的小说家之一,其所创作的小说巨著《项狄传》、《感伤的旅行》对后世小说影响巨大。

《项狄传》:劳伦斯·斯特恩著于 1759—1767 年间,共九卷。这是一部闻名世界的奇书,称得上是英国小说史及至世界小说史上的一部里程牌式的作品。此作中,作者富有创意地实验了众多小说技法。

P412 注释③ B. E. Perry, *Secundus the Silent Philosopher*, 96.

B. E. 佩里,《安静的哲学家塞古都斯》,96。

B. E. 佩里(Ben Edwin Perry, 1892—1968),美国古典语言学家,同时也是经典寓言和散文化小说研究领域的先驱。代表作有《安静的哲学家塞古都斯》、《北美古典主义者传记词典》。

《安静的哲学家塞古都斯》:B. E. 佩里著作,其他不详。

P413【增订四】 Castiglione, *II Cortegiano*, IV, § 56, Biblioteca Classica Hoepliana, 1928, p. 418.

卡斯蒂廖内,《廷臣论》,IV, § 56,"欧伯利古典丛书",1928, P. 418。

卡斯蒂廖内(Baldassare Castiglione, 1478—1529),意大利朝臣,外交官,士兵和著名的文艺复兴时期作家。著有《廷臣论》。

《廷臣论》:卡斯蒂廖内撰写,历时多年,始于1508年,最终于1528年发表。这部作品是一部关于礼节的书,涉及朝臣的礼仪和道德问题,并且在16世纪的欧洲非常有影响力。

Herodotus, I. 4, Loeb, Vol. I, p. 7.

希罗多德,I. 4,"洛布古典丛书",第1卷,P. 7。

希罗多德(Herodotus,前484—前425),古希腊作家、历史学家,他把旅行中的所闻所见,以及第一波斯帝国的历史记录下来,著成《历史》一书,成为西方文学史上第一部完整流传下来的散文作品,希罗多德也因此被尊称为"历史之父"。

W. Hildesheimer, *Das Opfer Helens*, 1955.

W. 希尔特海姆,《受害者海伦》,1995。

沃尔夫冈·希尔特海姆(Wolfgang Hildesheimer, 1916—1991),德国作家、画家。著有《受害者海伦》等。

《受害者海伦》:沃尔夫冈·希尔特海姆在1955年创作的广播剧,1959年重新加工。1961年又进行了另一次改编。这部作品从海伦的角度描述了部分特洛伊材料。

E. Frenzel, *Stoff der Weltliteratur*, 6th ed. , 1983, p. 305.

E. 弗伦泽尔,《世界文学素材》,第六版,1983, p. 305。

E. 弗伦泽尔(Elisabeth Frenzel, 1915—2014),德国文学学者。

《世界文学素材》:弗伦泽尔著,1962年出版。这部作品追溯了"浮士德"、"安提戈涅"和"唐璜"等基本文学主题。

P415 注释①Croce, *Estetica*, 10ª ed. , 198(Campanella).

克罗齐,《美学原理》,第10次再版,198(坎培奈拉)。

克罗齐(Benedetto Croce, 1866—1952),意大利哲学家、美学家、历史学家,新黑格尔主义的主要代表之一。代表作有《美学原理》、《逻辑学》、《历史学的理论和实际》以及《实践活动的哲学》等。

《美学原理》:克罗齐写的美学著作。他的美学思想主要体现在此书中。此书肯定了直觉即表现,把黑格尔以理念为核心的理性主义美学转变为以直觉为中心的非理性主义美学,开辟了20世纪西方美学的新趋向。

P415 注释② De Quincey: "On Murder Considered as One of the Fine Arts", *Collected Writings*, ed. D. Masson, XIII, 14 - 5.

德·昆西:"被看成是一种艺术的谋杀",《德·昆西选集》,D. 马森编,XIII,14—51。

德·昆西(Thomas De Quincey, 1785—1859),英国散文家、文学批评家。其作华美与瑰奇兼具,激情与舒缓并蓄,是英国浪漫主义文学中的代表性作品,被誉为"少有的英语文体大师"。德·昆西写了很多散文作品,题材涉及文学、哲学、神学、政治学等领域。代表作有《一个吸食鸦片者的自白》等。

P416 注释①C. St. John, ed. , *Ellen Terry and Bernard Shaw*: *A Correspondence*, p. x.

C. 圣约翰编:《埃伦·特里和萧伯纳: 通信集》,p. x. 。

C. 圣约翰,不详。

埃伦·特里(Ellen Terry, 1847—1928),英国戏剧表演艺术家。她经常出演莎士比亚戏剧,是当时伦敦戏剧舞台上的重要演员。乔治·萧伯纳(George Bernard Shaw)还特意为她写过戏剧《布拉斯邦上尉的改变》。

萧伯纳(George Bernard Shaw, 1856—1950),爱尔兰剧作家,擅长幽默与讽刺手法。1925 年因作品具有理想主义和人道主义而获诺贝尔文学奖。他是英国现代杰出的现实主义戏剧作家,是世界著名的擅长幽默与讽刺的语言大师,同时还是积极的社会活动家和费边社会主义的宣传者。代表作有《卖花女》、《鳏夫的财产》、《华伦夫人的职业》等。

P416 注释②E. Bullough, *Aesthetics*, 93 ff. .

E. 布洛,《美学》,93 及之后。

E. 布洛(Edward Bullough, 1880—1934),瑞士心理学家、语言学家。1902 年任英国剑桥大学教授,主讲意大利文学,兼通包括中文在内的六种语言,入英国籍。1912 年发表《作为艺术的一个要素与美学原理的"心理距离"》一文,提出"心理距离说"。布洛兴趣广泛,才华出众,著作甚丰。著述涉及文化、文学、美学等许多方面。代表作有《内容和形式》、《现代美学概念》等。

《美学》: E. 布洛著。

P417 注释① Plutarch, *Moralia*: "How to Profit by one's Enemies", §3,

"Loeb", II, 15.

普鲁塔克,《道德论丛》:"如何从敌人身上获益", § 3,"洛布古典丛书", II, 15。

普鲁塔克和《道德论丛》: 参见 P84 注释①。

P418 注释① Guicciardini, *Ricordi*, § 164, *Opere*, Riccardo Ricciardi, 131.

圭恰尔迪尼,《杂感》, § 78,《作品》,理却地·里西亚蒂,131。

圭恰尔迪尼和《杂感》: 参见第一册 P323 注释①。

P418 注释② Cf. Eckhard: "Das schnellste Tier, das dich trägt zur Vollkom menheit, ist Leiden", quoted in Nietzsche, *Schopenhauer als Erzieher*, § 4, *Werke*, hrsg. K. Schlechta, I, 317; Jeremy Taylor, *Holy Dying*: "The soul by the helpe of Sicknesse knocks off the fetters of pride and vainer complacencies", *The Golden Grove*, ed. L. P. Smith, 88; Novalis, *Fragmente*, § 984, hrsg. E. Kamnitzer, 344: "Krankheiten zeichnen den Menschen vor den Tieren and Pflanzen aus. Zum Leiden ist der Mensch geboren. Je hilfloser, desto empfänglicher für Moral und Religion"; Simone Weil, *La Pesanteur et la Crâce*, 109: "La misère humaine contient le secret de la sagesse divine, et non pas le plaisir".

参见埃克哈德:"驱使你最快走向完美的动物就是痛苦",引自尼采,《作为教育家的叔本华》, § 4,《作品》,K. 施勒赫塔编,I, 317;杰拉梅·泰勒,《神圣死去》,"灵魂在疾病的帮助下挣开骄傲和自满的枷锁。"《金色树林》,L. P. 斯密斯编,88;诺瓦利斯,《断章》, § 984, E. 卡姆尼茨编,344:"疾病是人类在动物和植物面前的特征。因为痛苦人类就此诞生。越无奈无助,越容易受到道德和宗教的影响。"西蒙娜·薇依,《重负与神恩》,109:"人类的苦难,而非快乐,包含着神圣智慧的秘密。"

埃克哈德,不详。

尼采,参见第一册 P23 注释②。

《作为教育家的叔本华》: 尼采著。此书以叔本华为范例,阐述了作者对哲学家的品格、哲学的使命、哲学与人生及时代的关系等重大问题的看法。

杰拉梅·泰勒(Jeremy Taylor, 1613—1667),英国散文家、诗人,克伦威尔执政时期的一位英国教会的牧师,代表作有《神圣生活的法则和实践》、《神圣死去的法则和实践》、《金色树林》、《关于真实存在的争论》等。

《神圣死去》: 原名《神圣死去的法则和实践》(*The Rule and Exercises of*

Holy Dying)，杰拉梅·泰勒著，1651 年出版。

《金色树林》：原名《金色树林：每日祈祷手册》(*Golden Grove*; or a *Manuall of daily prayers and letanies*)，杰拉梅·泰勒著，1655 年出版。

诺瓦利斯和《断章》，参见第一册 P44 注释③。

西蒙娜·薇依(Simone Weil, 1909—1943)，法国宗教思想家和社会活动家，深刻地影响着战后的欧洲思潮。代表作有《重负与神恩》、《哲学讲稿》、《西蒙娜·薇依读本》等。

《重负与神恩》：西蒙娜·薇依著，1952 年出版。此书是薇依的朋友、著名宗教学家梯蓬(G. Thibon, 1903—?)在薇依身后从她大量的手稿、言谈记录中整理成书的，是 20 世纪基督神秘主义思想史上一部不容忽视的著作。

P418 注释【增订三】Isocrates, *Areopagitica*, v, "Loeb", II, 107.

艾索克拉底，《论出版自由》，v，"洛布古典丛书"，II，107。

艾索克拉底(Isocrates，前 436—前 338)，古希腊修辞学家，古希腊十位最顶尖的演说家之一，为修辞和教育做出了许多贡献。

《论出版自由》：演说家艾索克拉底在公元前 4 世纪所写的演讲。

P419 注释①*Die Wahlverwandtschaften*, "Ottilies Tagebuch", *Gesam. Werk*, "Tempel-klassiker", III, *Spruchweisheit*, 295.

《亲和力》，"奥特里的日记"，《全集》，"寺庙经典"，III，《慧语集》，295。

《亲和力》：德国作家歌德创作的长篇小说，出版于 1809 年。小说围绕着爱德华和夏洛特夫妇以及他们的情人展开。虽是歌德晚年之作，却有着常见于其早期作品的浪漫色彩。

歌德，参见第一册 P16 注释①。

《慧语集》：参见第一册 P24 注释①。

P419 注释【增订三】E. Par tridge, *A Dictionary of Catch Phrases*, 127.

埃里克·帕特里奇，《英语口头语词典》，127。

埃里克·帕特里奇(Eric Partridge, 1894—1979)，新西兰裔英国人，英语词典编纂者，他特别关注俚语，编撰了《英语口头语词典》。

《英语口头语词典》：1978 出版，含英美从 16 世纪至今的口头语。口头语是指众所周知的、经常使用的短语或说法已经"流行"或在一段时间内变得流行的短语。

它通常是诙谐或有哲理性的，这本词典汇集了7000多个这样的短语。

P420【增订三】W. H. Auden and L. Kronenberger, ed., *The Faber Book of Aphorisms*, 61.

W. H. 奥登和路易斯·克罗内伯格合编，《费伯的格言书》，61。

W. H. 奥登，参见第一册P128注释①。

路易斯·克罗内伯格（Louis Kronenberger, 1904—1980）是美国文学评论家、小说家和传记作家。代表作有《马车与马》、《动物，蔬菜，矿物》等。

《费伯的格言书》：1964出版。这本选集包含来自赫拉克利特到奥格登纳什，以及简奥斯汀、帕斯卡、弗洛伊德、歌德、惠灵顿公爵等众多格言家的3000则语录。

P423 注释① Hegel, *Briefe*, Nr. 271, an Niethammer, 9 Juli 1816, *Ausgewählte Texte*, hrsg. R. O. Gropp, I, 52.

黑格尔，《信函集》，第271篇，1816，六月九日，《节选文本》，R. O. 格鲁普编，I, 52。

黑格尔，参见第一册P4注释①。

P423 注释② Sainte-Beuve, *Mes Poisons*, ed. V. Giraud, 197.

圣-伯夫，《我的毒药》，V. 吉洛德编，197。

圣-伯夫，参见第一册P319【增订四】。

《我的毒药》：圣伯夫著，其他不详。

P428 注释①*Leviathan*, pt. I, ch. 8, *op. cit.*, p. 81.

《利维坦》，第I部分，第8章，如前所引，P81。

《利维坦》及其作者霍布斯：参见第一册P362注释⑤。

P428 注释② James, *Principles of Psychology*, II, 409 – 10.

詹姆斯，《心理学原理》，II, 409 – 410。

詹姆斯和《心理学原理》：参见第一册P272注释②。

P430 注释①E. Staiger, "Entstellte Zitate": "Es wird in Wahrheit Angeeignet",

(*Die kunst der Interpretation*, 162). Cf. M. de Wolfe Howe, ed., *The Pollock-Holmes Letters*, II, 285: "All is fair in quotation."

E. 施塔格尔,"曲解的引用":"它被称为真理",(《阐释的艺术》,162);参见德·伍尔夫·霍尔编,《波洛克-福尔摩斯的信件》,II, 285:"引用中一切均公平。"

E. 施塔格尔(Emil Staiger, 1908—1987):瑞士文学理论家、文学史家。代表作有《诗学的基本概念》、《时代是诗人的想象力》、《歌德》(3卷,1952—1959)、《弗里德里希·席勒》等。施塔格尔在哲学上是个存在主义者,他把海德格尔存在主义的本体论运用于文学研究,并吸收了英国"新批评派"的批评方法,在西方国家很有影响。施塔格尔认为,"时代"是人的精神最深沉的表现,是自我最内在的本质,而时代的精神就是"人",艺术作品就是人的存在的一种精神表现。文学批评的任务就是分析"时代"在作品内部是如何实现的,对"人的存在"是如何塑造的。

《阐释的艺术》:E. 施塔格尔著,其他不详。

《波洛克-福尔摩斯的信件》:(原名 *Holmes-Pollock Letters-the Correspondence of Mr Justice Holmes & Sir Frederick Pollock 1874 -1932*),欧·福尔摩斯(O. W. Holmes)著。1942年出版。

P431 注释① Boccaccio, *II Decamerone*, VIII. 8, Hoepli, 519 ff.; La Fontaine, *Contes et Nouvelles*, IV. 5"Les Troqueurs", Garnier, 306 ff..

薄伽丘,《十日谈》,VIII. 8,欧伯利,519页及之后:拉·封丹,《故事诗》,IV. 5"交换者",卡尼尔,306页及之后。

薄伽丘和《十日谈》:参见第一册 P301 注释④。

拉·封丹(Jean de la Fontaine, 1621—1695),法国古典文学的代表作家之一,寓言诗人。代表作有《寓言诗》、《故事诗》等。他的作品经后人整理为《拉·封丹寓言》。

《故事诗》(原名 *Contes et nouvelles en vers*):拉·封丹著于1664—1685年间,内容取材自薄伽丘、拉伯雷、阿里奥斯托等人。

P433 注释①*Philèbe*, 46—48, *Oeuvres Complètes*, "Bib. de la Pléiade", II, 603 ff..

《斐里布篇》,46—48,全集,"七星文库",II, 603页及之后。

《斐里布篇》:柏拉图对话篇之一。此篇的主题是关于快乐、幸福等的理解。

《斐里布篇》的作者柏拉图,参见第一册 P101 注释①。

P433 注释② Montaigne, *Essais*, II. 20, "Bib. de la Pléiade", 654.

蒙田,《随笔录》,II. 20,"七星文库",654。

蒙田和《随笔录》: 参见第一册P50注释①【增订四】。

P434 注释①R. Müller-Freienfels, *Psychologie der Kunst*, I, 140 - 1.

R. 穆勒·法瀚菲儿,《艺术心理学》,I, 140—141。

R. 穆勒·法瀚菲儿(Richardu Müller-Freienfels, 1882—1949),德国哲学家、作家。代表作有《宗教哲学》、《诗意》、《艺术心理学》等。

《艺术心理学》: R. 穆勒·法瀚菲儿著。其他不详。

P434 注释② Bacon, *Advancement of Learning*, Bk II, ed. A. Wright, 209.

培根,《论学术的进展》,第II卷,A. 莱特编,209。

培根,参见第一册P286注释①。

《论学术的进展》: 培根著,出版于1605年,是培根关于认识论的著作。培根从哲学的高度总结人类知识发展的过程,反对旧的、关门论道的、空泛无用的经院哲学,主张学术不能脱离实际,科学要与工业结合。此作批判了贬损知识的蒙昧主义,并从宗教的信仰、国家的文治武功、社会的发展、个人的道德品性各个方面论证了知识的巨大作用和价值,为培根后来提出"知识就是力量"的著名口号打下了基础。书中还提出了新的科学分类原则,即依据记忆、想象、理性三种人类理论能力,相应地把科学划分为历史、诗歌、哲学。《论学术的进展》所阐明的科学分类以及由此建立起来的科学知识体系的新结构,对全部人类知识作了系统的划分,提供了当时人们还不曾想过的科学百科全书的蓝图,成为近代科学分类的先导。

P435 注释① Kant, *Anthropologie*, "Vorrede", *Werke*, hrsg. E. Cassirer, VIII, 5.

康德,《人性学》,"序",《作品》,E. 卡西尔编,VIII, 5。

康德,参见第一册P6注释②。

《人性学》: 也译为《实用人类学》。康德著。这是康德写得最通俗的一本书,与通常康德著作的深奥、抽象和枯燥形成鲜明对比,这本书充满了情趣和机智。

P435 注释② Cf. L. Fraiberg, *Psychoanalysis and American Literary Criticism*, 4, 6, 7; Simone de Beauvoir, *L'Existentialisme et la Sagesse des*

Nations, 119(Proust et Ribot).

参见 L. 弗雷堡,《精神分析与美国文学批评》,4,6,7;西蒙娜·德·波伏娃,《国家的存在论与智慧》,119(普鲁斯特和李博特)。

L. 弗雷堡(Louis Fraiberg),不详。

《精神分析与美国文学批评》:L. 弗雷堡著,1960 年出版。这是一本研究弗洛伊德对文学批评的影响的著作。

西蒙娜·德·波伏娃(Simone de Beauvoir, 1908—1986),法国存在主义作家,女权运动的创始人之一。代表作有理论著作《第二性》、小说《名士风流》等。

《国家的存在论与智慧》:不详。

P435 注释③ Freud, *Zur Psychopathologie des Alltagslebens*, 8. Aufl., 63, 114 - 8.

弗洛伊德,《日常生活的精神病理学》,第 8 版,63,114—118。

弗洛伊德,参见第一册 P34 注释①。

《日常生活的精神病理学》:弗洛伊德著,1904 年出版。此书用精神分析方法研究日常生活中的错失,提出不仅神经病患者,而且在正常人的日常行为中也可能因潜意识的内部斗争而改变思想行为,从而把早期精神分析方法推广到正常人的心智生活的分析和错失行为的改正上。

P435 注释④J. G. Flugel, *Man, Morals and Society*, 69 - 70.

J. G. 弗吕格尔,《人,道德,社会》,69—70。

J. G. 弗吕格尔(John Carl Flügel, 1884—1955),英国实验心理学家和精神分析学家,著名心理学家佛洛伊德的弟子。代表作有《人,道德,社会》、《衣服的心理》、《家庭的心理研究》等。

《人,道德,社会》:J. C. 弗吕格尔著,原名《人,道德,社会:精神分析研究》(*Man, Morals and Society: A Psycho-Analytical Study*),出版于 1945 年。

P436【增订四】*Madame Bovary*, III. ii, Conard, p. 339.

《包法利夫人》,III. ii,康纳德,P339。

《包法利夫人》:福楼拜著的小说,讲述一个受过贵族化教育的农家女爱玛两度偷情最后债台高筑、服毒自尽的故事。

福楼拜(Gustave Flaubert, 1821—1880),也译为"弗罗贝",法国作家,代表作

有《包法利夫人》、《萨朗宝》、《情感教育》等。

P439 注释 ① Demetrius, *On Style*, I, II, in *Aristotle*, *Longinus and Demetrius*, "Loeb", 305.

德米特里,《论文体风格》,I, II,见亚里士多德,《郎吉努斯和德米特里》,"洛布古典丛书",305。

德米特里(Demetrius,或称德米特里·法勒,鲁姆人,约前350—约前280年),古希腊演辩家、政治家、哲学家、作家。德米特里是记载中第一个汇集整理《伊索寓言》的人,其作品大多没有流传下来。

《论文体风格》:相传为德米特里所著,其实作者不是德米特里,而是公元2世纪的后人著作,托以德米特里之名。

亚里士多德,参见第一册P37注释③。

P440 注释①F. Schlegel, *Literary Notebooks*, ed. H. Eichner, p. 68, §548; cf. p. 70, §566.

F. 施莱格尔,《文学札记》,H. 艾克纳编,P68, §548;参见P70, §566。

F. 施莱格尔(Karl Wilhelm Friedrich von Schlegel, 1772—1829),德国文学理论家、作家、语言学家。与其兄奥古斯都·威廉·冯·施莱格尔(August Wilhelm von Schlegel, 1767—1845)同为德国早期浪漫主义的奠基人。其论著《断片》(1797、1798、1800)被认为是浪漫主义美学奠基之作。代表作有《论现代史》、《古代与现代文学史》、《印度人的语言和智慧》等。

《文学札记》: F. 施莱格尔著。

P440 注释②F. Stritz, *Deutsche Klassik und Romantik*, S. 302 - 303.

F. 斯特茨,《德国古典主义和浪漫主义》,S. 302—303。

F. 斯特茨和《德国古典主义和浪漫主义》:不详。

P440 注释③Vernon Lee, *The Handling of Words*, 9.

浮龙·李,《语言使用》,9。

浮龙·李(Ver Vernon lee,亦译"弗农·李",原名Violet Paget, 1856—1935),英国文艺批评家、美学家、小说家,"移情说"在英国的主要代表。代表作有《美与丑》、《论美》、《18世纪意大利研究》等。

《语言使用》：浮龙·李著，1923 年出版，原名《语言使用和其他文学心理学研究杂谈》(The Handling of Words and Other Studies in Literary Psychology)。

P440 注释④L. Guichard, *L'Oeuvre et l'Âme de Jules Renard*, 329 - 330. Cf. Coleridge, *Collected Letters*, ed. E. L. Griggs, III, 545, to Cottle: "The common of all *narrative*, nay, of all poems is…to make those events…assume to our Understandings a *Circular* motion-the Snake with it's Tail in it's Mouth."

L. 基查德，《儒勒·列那尔作品集》，329—330；参见柯勒律治，《书信集》，E. L. 戈里格斯编，III, 545，致科特尔："所有叙事的共同点，不，所有诗歌的共同点都是…那些事件…我们理解起来要像圆周轨迹——首尾相衔的蛇——一样。"

L. 基查德和《儒勒·列那尔作品集》：不详。

柯勒律治，参见第一册 P16 注释①。

P444 注释① Leonardo da Vinci, *The Notebooks*, tr. E. MacCurdy, I, 210,212: "A dead Woman lies face downwards in water, a man the opposite Way." Cf. Mark Twain, *Huckleberry Finn*, ch. 3: "'I knowed mighty well that a drowned man don't float on his back, but on his face.' "etc.

列奥纳多·达·芬奇，《达·芬奇笔记》，E. 麦科迪，I, 210,212："女子溺亡时面朝下，男人则相反"。参见，马克·吐温，《哈克贝利·费恩历险记》，第三章："我很清楚，溺亡的男人面朝上，而非背朝上"等等。

列奥纳多·达·芬奇(Leonardo di ser Piero da Vinci, 1452—1519)，意大利学者、艺术家。欧洲文艺复兴时期的天才科学家、发明家、画家等，被称为"文艺复兴时期最完美的代表"，他最大的成就在绘画方面，代表作有《蒙娜丽莎》、《最后的晚餐》、《岩间圣母》等。他是一位思想深邃，学识渊博、多才多艺的人。他认为自然中最美的研究对象是人体，人体是大自然的奇妙之作品，画家应以人为绘画对象的核心。

《达·芬奇笔记》：列奥纳多·达·芬奇著。此作是破解达·芬奇的一线资料，其中收录了大量原创手稿，集结了达·芬奇近 400 幅真迹。此书的编译者 E. 麦考迪说："我编译此书的目的在于体现列奥那多作为作家的这一方面，因而在本书中选进了手稿中具有哲学与文学意义的篇章。"这些笔记体现出达·芬奇运用语言修辞和形象思维的巨大才华。

马克·吐温(Mark Twain，原名 Samuel Langhorne Clemens, 1835—1910)，

美国作家、演说家。代表作有《百万英镑》、《哈克贝利·费恩历险记》、《汤姆·索亚历险记》等。其创作以幽默和讽刺见长。

《哈克贝利·费恩历险记》：马克·吐温著，出版于1885年，是马克·吐温小说《汤姆·索亚历险记》的续集，描写了白人少年哈克贝利·费恩与黑奴吉姆为了追求自由的生活，在密西西比河上逃亡历险的经历。

P448 注释【增订四】*The Tempest*, III. ii.

《暴风雨》, III. ii。

《暴风雨》：莎士比亚著的戏剧。剧情大意是：普洛斯彼罗是意大利北部米兰城邦的公爵，他的弟弟安东尼奥野心勃勃，利用那不勒斯国王阿隆索的帮助，篡夺了公爵的宝座。普洛斯彼罗和他三岁的小公主历尽艰险漂流到个岛上，他用魔法把岛上的精灵和妖怪治得服服贴贴。几年后，普洛斯彼罗用魔术唤起一阵风暴，使其弟弟和那不勒国王的船碰碎在这个岛的礁石上，用魔法降服了他的弟弟和阿隆索，使他们答应恢复他的爵位。最后大家一起回到意大利。本剧歌颂了纯真的爱情、友谊和人与人之间的亲善关系。

莎士比亚，参见第一册P70注释①。

P450 注释① Cf. M. Scheler, *Der Formlisumus in der Ethik und die materiale Wertethik*, 4. Aufl. Hrsg. Maria scheler, 131, ff..

参见M. 舍勒，《伦理学中的形式主义与质料的价值伦理学》，第4版，玛丽·舍勒编，131页及之后。

M. 舍勒，参见第一册P317注释①。

《伦理学中的形式主义与质料的价值伦理学》：M. 舍勒著。此书论及伦理学中的进化论、价值论、义务论、代价论、成效论、律令论、功利论、幸福论、实然、应然与能然的关系理论，等，同时也涉及到例如社会政治理论中的“权力”和“强力”、“共同体”与“社会”等等概念范畴。

P452 注释① Hegel, *Wissenschaft der Logik*, I. ii. Reclams "Universal Bibliothek", I, 137-8: "Wenn Wir ein Dasein A nennen, das andere aber B, so ist zunächst B als das Andere bestimmt. Aber A ist ebensosehr, das Andere des B. Beide sind auf gleiche Weise Andere".

黑格尔，《逻辑学》，I. ii. 莱克拉姆“通用图书”出版，I, 137—8:“如果我们把一

个存在称作 A，另一个称作 B，那么 B 就被首先确定为另一个。但是 A 也同样是 B 的另一个，两者都同样是另一个。”

黑格尔和《逻辑学》：参见第一册 P4 注释①。

P452 注释② *Fragments*, §§43, 59; cf. §§45, 46; in *Hippocrates and Heraclitus*, "Loeb", IV, 485, 489.

《赫拉克利特残篇》，§§43，59；参见§§45，46；《希波克拉底和赫拉克利特》，“洛布古典丛书”，IV，485，489。

《赫拉克利特残篇》和《希波克拉底和赫拉克利特》：参见第一册 P14 注释①。

P452【增订一】 Horace, *Epist.*, I, xii. 19; Ovid, *Metam.*, I. 433; Manilius, *Astronom.*, I. 142.

贺拉斯，《书札》，I，xii. 19；奥维德，《变形记》，I. 433；马尼吕斯，《天文学》，I. 142。

贺拉斯：参见第一册 P145 注释③。

《书札》：贺拉斯著。第一卷写于公元前 23—前 20 年，主要内容是生活哲理。第二卷全部与文艺批评有关，特别是其中第三首俗称《诗艺》，成为欧洲古典文艺理论名篇。诗人从自己的丰富诗歌创作实践出发，畅谈艺术模仿、艺术与生活的关系、文艺的教育作用、诗人的修养等，对后世欧洲文艺理论很有影响。

奥维德：参见第一册 P189 注释①。

《变形记》：奥维德著。该书用六音步诗行写成，全诗共 15 卷，取材于古希腊罗马神话，根据古希腊哲学家毕达哥拉斯的“灵魂轮回”理论，用变形，即人由于某种原因被变成动物、植物、星星、石头等这一线索贯穿全书，共包括大小故事 250 多个（其中以爱情故事为主），是古希腊罗马神话的大汇集。故事按照时间顺序叙述，由宇宙的创立，大地的形成，人类的出现开始，直至罗马的建立，凯撒遇刺变为星辰和奥古斯都顺应天意建立统治为止。作品集希腊罗马神话之大成，每一个故事都生动有趣，穿插巧妙，而所有故事都始终围绕“变形”的主题，以阐明“世界一切事物都在变易中形成”的哲理。

马尼吕斯（Marcus Manilius，公元 1 世纪），罗马诗人、占星家，著有《天文学》。

《天文学》：马尼吕斯于公元 10—20 年著，是一部关于天体现象的拉丁语教学诗，用六步格诗书写，共包含五本书。

P453 注释①*Le Banquet*, 187 a-c, *op. cit.*, I, 713.

《会饮篇》,187 a-c,如前所引,I, 713。

《会饮篇》:柏拉图著于前385年前后,以演讲和对话的形式写成。写悲剧家阿伽松为了庆祝自己的剧本获奖,邀请了几位朋友到家中会饮、交谈。参加者有修辞学家斐德罗、喜剧家阿里斯托芬、哲学家苏格拉底等人。整篇对话主要由六篇对爱神厄洛斯的颂辞组成,主要探讨爱的本质和从低级到高级的爱。

柏拉图,参见第一册P101注释①。

P453 注释②*Politics*, II. ii and v; *op. cit.*, 1146,1152.

《政治学》,II. ii 和 v;如前所引,1146,1152。

《政治学》及其作者亚里士多德:参见第一册P37注释③。

P453 注释③*Spaccio de la Bestia Trionfante*, Dialogo I, *op. cit*, 474.

《驱逐趾高气扬的野兽》,对话 I,如前所引用,474。

《驱逐趾高气扬的野兽》及其作者布鲁诺:参见第一册P99注释③。

P453 注释④*Degli Eroici Furori*, Dialogo IV; *op. cit.*, 616.

《论英雄热情》,对话 IV,如前所引,616。

《论英雄热情》:布鲁诺著。其他不详。

布鲁诺,参见第一册P99注释③。

P453【增订三】Montesquieu, *Considérations sur les Causes de la Grandeur des Romains et de leur Décadence*, ch. 9.

孟德斯鸠,《罗马盛衰原因论》,第9章。

孟德斯鸠:参见第一册P38注释①。

《罗马盛衰原因论》:孟德斯鸠著的历史学著作,1734年首次出版。在此书中,孟德斯鸠第一次阐述了自己的社会理论,按照孟德斯鸠的历史编纂学的观点,古罗马的兴起和衰亡是由它的政治制度的优劣和居民风俗的善恶决定的。孟德斯鸠认为政治制度和法律制度在社会发展中发挥重要作用,他反对专制制度,歌颂民主制度。

P454 注释① Croce, *Estetica*, 10ª ed., 415(R. Zimmermann).

克罗齐，《美学原理》，第 10 次再版，415(R. 齐默曼)。

克罗齐和《美学原理》：参见第一册 P415 注释①。

P454 注释② Hesiod, *Works and Days*, "Loeb", 3-5.

赫西奥德，《工作与时日》，"洛布古典丛书"，3—5。

赫西奥德，参见第一册见 P285 注释①。

《工作与时日》：赫西奥德著。此作是古希腊流传下来的第一首以现实生活为题材的诗作。该作具有史诗的体裁，但实际上是一部道德格言集和农业历书。风格清新自然，平易简洁。

P455 注释① Erasmus, *Adagia*: "Ut vivat castor, sibi testes amputat ipse," *Anatomy of Melancholy*, Part. II, Sect. III, Mem. VI, Bell, II, 215.

伊拉斯谟，《格言集》："为了生存，海狸可以切断自己的生殖器，"《忧郁的解剖》，第 II 卷，第 III 部，第 VI 章，贝尔，II, 215。

伊拉斯谟(Desiderius Erasmus Roterodamus, 1466—1536)，是中世纪尼德兰(今荷兰和比利时)著名的人文主义思想家和神学家。代表作有《愚人颂》、《基督教骑士手册》、《论儿童的教养》等。

《忧郁的解剖》及其作者伯顿：参见第一册 P37 注释④。

P455 注释②*Don Quiijote*, I, chap. 21, "Clásicos Castellanos", II, 167.

《堂吉诃德》，I. 第 21 章，"西班牙古典文学丛书"，II, 167。

《堂吉诃德》及其作者塞万提斯：参见第一册 P99 注释④。

P455【增订四】Pliny, *Natural History*, VII, § 134, "Loeb", Vol. III, p. 94.

普林尼，《自然史》，第 VII 章，§ 134，"洛布古典丛书"，第 III 卷，P94。

普林尼和《自然史》：参见第一册 P380 注释①。

P458 注释①*Odyssey*, XII. 215 ff.

《奥德赛》，XII. 215 页及之后。

《奥德赛》：又译《奥狄赛》、《奥德修纪》、或《奥德赛漂流记》，荷马著。此作是古希腊最重要的两部史诗之一(另一部是《伊利亚特》，统称《荷马史诗》)。《奥德赛》延续了《伊利亚特》的故事情节，叙述了俄底修斯的 10 年海上历险。

荷马，参见第一册 P285 注释①。

P458 注释②*Greek Anthology*, X. 47, Palladas, "Loeb", IV, 27.

《希腊诗选》，X. 47，巴拉达思，"洛布古典丛书"，IV，27。

《希腊诗选》：参见第一册 P154 注释①。

巴拉达思（Palladas，4 世纪左右），希腊诗人，生活在埃及，其现存的 151 首短诗都收录在《希腊诗选》中。

P458 注释③*Scienza Nuova*, § 784, *op. cit.*, 731.

《新科学》，§ 784，如前所引，731。

《新科学》及其作者维柯：参见第一册 P22 注释①。

P458 注释④A. W. Schlegel: "Goethes 'Hermann und Dorothea'", *KritischeSchriften und Briefe*. W. Kohlhammer, I, 47; cf. A. Huxley, *Music at Night*, 7(Tragedy and the Whole Truth).

A. W. 施莱格尔："歌德的'赫尔曼和多罗泰'"，《批评性著作信函》，W. 科尔翰莫，I，47；参见 A. 赫胥黎，《夜之乐》，7（悲剧与实情）。

A. W. 施莱格尔（August Wilhelm von Schlegel，1767—1845），德国作家、文艺理论家，与其弟奥古斯都·威廉·冯·施莱格尔（Karl Wilhelm Friedrich von Schlegel，1772—1829，参见第一册 P290 注释②）同为德国早期浪漫主义的奠基人。

歌德，参见参见第一册 P16 注释①。

《赫尔曼和多罗泰》：歌德著的叙事诗，又译作《赫尔曼与窦绿苔》。

A. 赫胥黎（Aldous Leonard Huxley，1894—1963），英国作家，他以小说和大量散文作品闻名于世，也出版过短篇小说、游记、电影故事和剧本。代表作有《美丽新世界》、《铬黄》、《男女滑稽圆舞》等。

《夜之乐》：A. 赫胥黎著的论文集，1931 出版。

P458 注释⑤*Don Quijote*, pt. II, cap. 74, "Clásicos Castellanos", VIII, 330.

堂吉诃德，第 II 部分，第 74 章，"西班牙古典文学丛书"，VIII，330。

《堂吉诃德》及其作者塞万提斯：参见第一册 P99 注释④。

P459 注释①*Candide*, ch. 16, *Romans et Contes*, "Bib. de la Pléiade", 179.

《老实人》,第 16 章,《小说与故事》,"七星文库",179。

《老实人》: 伏尔泰(Voltaire)发表于 1759 年的哲理性讽刺小说。写信奉"世间一切皆好"的"老实人"探索世界的经历。作者结合观望性第三人称的叙述手法,将读者的视角和思绪带入老实人的各种经历中,在观其经历的过程中,感悟小说的主题所在。作者用紧凑的节奏,在途中安排了大量的形形色色的天灾人祸与社会弊病,让"老实人"去经历、见证、思考、成长、成熟,慢慢摒弃盲目乐观主义,变得中庸实际。本书是伏尔泰在反对专制主义和封建特权,追求自由平等和资产阶级君主立宪制的斗争中创作的不朽作品。

伏尔泰(Voltaire,原名 François-Marie Arouet, 1694—1778),法国启蒙思想家、文学家、哲学家、学者。伏尔泰是十八世纪法国资产阶级启蒙运动的泰斗,被誉为"法兰西思想之王"、"欧洲的良心"。他主张开明的君主政治,强调自由和平等。代表作有《哲学通信》、《形而上学论》、《路易十四时代》、《老实人》等。

P459 注释②*Tom Jones*, Bk XVI, ch. 3, "Everyman's Lib.", II, 290.

《汤姆·琼斯》,第 XVI 卷,第 3 章,"人人文库",II, 290。

《汤姆·琼斯》及其作者菲尔丁: 参见第一册 P146 注释②。

P459 注释③G. O. Trevelyan, *Life and Letters of Lord Macaulay*, Longmans, 546.

G. O. 特里维廉,《麦考利勋爵的生活和信件》,朗文出版社,546。

G. O. 特里维廉(Sir George Otto Trevelyan, 1838—1928),英国政治家、传记家及历史学家。特里维廉于 1876 年出版了关于他舅舅麦考利勋爵(Thomas Babington Macaulay)的书《麦考利勋爵的生活和信件》(*The Life and Letters of Lord Macaulay*)。

P459 注释④ Feuerbach: "Die Naturwissenschaft und die Revolution," *Sämtl. Werke*, hrsg. W. Bolin und F. Jodl, X, 14.

费尔巴哈:"科学与革命",《全集》,W. 保林和 F. 约戴编,X, 14。

费尔巴哈: 参见第一册 P44 注释①。

P460 注释①*Greek Anthology*, IX, 497, Crates, *op. cit*, III, 275; *Inferno*,

XXXIIl. 75.

《希腊诗选》,IX, 497,克拉特斯,如前所引,III, 275;《地狱篇》,XXXIIl. 75。

《希腊诗选》：参见第一册 P154 注释①。

《地狱篇》：出自但丁《神曲》,参见第一册 P244 注释②。

P467 注释①*Romeo and Juliet*, II. iii. 19 - 21(Friar Laurence).

《罗密欧与朱丽叶》,II. iii. 19—21(福利亚尔·劳伦斯)。

《罗密欧与朱丽叶》：参见第一册 P222 注释①。

《罗密欧与朱丽叶》的作者莎士比亚,参见第一册 P70 注释①。

P467 注释② Jeremy Taylor:"Righteousness Evangelical", L. P. Smith, ed., *The Golden Grove* 147.

杰拉梅·泰勒:"正直福音派",L. P. 史密斯编,《金色树林》,147。

杰拉梅·泰勒和《金色树林》：参见第一册 P418 注释②。

P469 注释①II Samuel 14: 14.

撒母耳记下(见圣经旧约)14: 14。

P472 注释②G. Lanson, *L'Art de la Prose*, 158: "Marmontel se vante d'avoir, dans ses *Contes moraux*, supprimé les fastidieux *dit-il*, *répondit-elle*".

G. 朗松,《散文技巧》,158:"马蒙泰尔在他的《道德集》中自夸说,他已弃用了一问一答的方式"。

G. 朗松(Gustave Lanson, 1857—1934),法国文学史家,文学批评家。代表作有《布瓦洛》、《高乃依》、《伏尔泰》、《散文技巧》、《法国文学史》等。

《散文技巧》：G. 朗松著,其他不详。

P481 注释① Hegel, *Philosophie der Geschichte*, I. i, Reclam, 169; Cf. I. ii. 223 - 4.

黑格尔,《哲学史讲演录》,I. i,莱克拉姆出版,169;参见 I. ii. 223—224。

黑格尔：参见第一册 P4 注释①。

《哲学史讲演录》：参见第一册 P87 注释①。

P482 注释① Cf. R. G. Collingwood, *The Idea of History*, 14 ff..

引自,R. G. 科林伍德,《历史的观念》,14 页及之后。

R. G. 科林伍德和《历史的观念》:参见第一册 P317 注释①。

P484 注释① Basile, *Il Pentamerone*, Introduzione, I. 3, III. 5, tr. B. Croce, 3, 37,286.

巴西尔,《五日谈》,引子,I. 3, III. 5, B. 克罗齐译, 3,37,286。

巴西尔和《五日谈》:参见第一册 P231 注释①

P485 注释① Brüder Grimm, *Din Kinder-/undHans Märchen*: "*Die goldene Gans*".

格林兄弟,《儿童和家庭童话故事集》:《金鹅》。

格林兄弟(Brüder Grimm 或 Die Gebrüder Grimm),是雅各布·格林(Jacob Ludwig Karl Grimm, 1785—1863)和威廉·格林(Wilhelm Karl Grimm, 1786—1859)兄弟两人的合称,他们是德国 19 世纪著名的历史学家、语言学家,民间故事和古老传说的搜集者。他们共同整理了《格林童话》,还编写了《德国语法》、《德国语言史》及《德国大辞典》前 4 卷等学术著作,为日耳曼语言学的发展做出了贡献。

《儿童和家庭童话故事集》:雅各·格林和威廉·格林兄弟根据民间口述材料改写而成。作品颂扬勤劳和诚实,鄙弃懒惰和自私,鼓励对暴力和邪恶的反抗,激发对被压迫者的同情和爱护。书中的 200 多个故事,大部分源自民间的口头传说。其中,《灰姑娘》、《白雪公主》、《小红帽》、《青蛙王子》等童话故事,脍炙人口,享誉世界。

《金鹅》:世界著名童话故事集《格林童话》中的一篇童话故事。

P485 注释② Antoine Hamilton: "Les Quatre Facardins", *Oeuvres Compleètes*, A. Belin, 417.

安托万·汉米尔顿:"四个方面",《全集》,A. 贝林,417。

安托万·汉米尔顿(Antoine Hamilton, 1646—1720),爱尔兰古典作家,主要作品均用法语创作。

P485 注释③*Die romantische Schule*, III. i, *Sämtliche Werke*, A. Weichert,

VIII; 211.

《论浪漫派》,III. i,《全集》,A. 苇谢尔,VIII; 211。

《论浪漫派》: 海涅著的批评著作。该作集中表达了海涅的浪漫主义文艺观点,结束了思想感情消极的德国浪漫派在文坛上的统治地位。

海涅,参见第一册 P8 注释①。

P485 注释④*The Germanic Review*, Feb. 1957, 5 - 6.

《德国评论》,1957 年 2 月,5 - 6。

P488 注释①T. R. Glover, *Greek Byways*, 61.

T. R. 格洛弗,《希腊的小路》,61。

格洛弗和《希腊的小路》:参见第一册 P37 注释②。

P489 注释① Coleridge, *Biographia Literaria*, ed. J. Shawcross, II, 33, 318.

柯勒律治,《文学传记》,J. 肖克罗斯编,II, 33,318。

柯勒律治,参见第一册 P16 注释①。

《文学传记》: 柯勒律治著于 1817 年。此作囊括了柯勒律治二十多年来对文学批评、诗歌和艺术心理的思考。他写作此书,本是为自己诗集作序,阐释自己的诗歌,但写成了一本文学自传,涵盖了自己的生活、文学历程、文学批评和哲学思考。此作以博大精深见称,书中对想像(imagination)与幻想(fancy)的区别尤其著名。

P495 注释①*Il Principe*, cap. 2ᵉ 25; *Discorsi sopra la prima Deca di Tito Livio*, I. 18, 33 e III, 9, *Opere*, Ricciardi, 5, 81, 142, 163, 344 - 5. Cf. Guicciardini, *Ricordi*, 78 (tentate in tempo), *Opere*, Ricciardi, 114; Voltaire, *Dictionnaire philosophique*, art. "A Propos", *0euvres complètes*, ed. I. Moland, XVII, 338 - 9.

《君主论》,章节 2ᵉ 25;《论李维》,I. 18,33 e III, 9,《作品》,里西亚蒂,5,81,142,163,344—345;参见圭恰尔迪尼,《杂感》,78(及时尝试),《作品》,里西亚蒂,114;伏尔泰,《哲学词典》,"关于"艺术,《全集》,I. 莫兰编,XVII, 338—339。

《君主论》及其作者马基雅维利: 参见第一册 P37 注释④。

《论李维》: 参见第一册 P362 注释④。

圭恰尔迪尼和《杂感》：参见第一册 P323 注释①。

伏尔泰，参见第一册 P459 注释①。

《哲学辞典》：伏尔泰著，于 1764 年匿名出版。该书旁征博引，论述范围极其广泛，从宗教、历史到文化的各个方面均有涉及。此书贯穿了法国百科全书派的理性主义信条，对当时法国政治、社会和宗教进行了激烈的攻击和批判，反映了作者的自然神论和经验论的哲学思想，并突出了作者对封建制度及其精神支柱天主教的揭露和批判。

P500 注释① R. Whately, *Elements of Logic*, Longmans, 118. Cf. K. O. Erdmann, *Die Bedeutung des Wortes*, 162: "Etymologie hat mit Definition nichts zu schaffen."

R. 怀特利，《逻辑原理》，朗文，118. 参见 K. O. 艾德曼，《文字的意义》，162："词源与定义无关"。

R. 怀特利（Richard Whately, 1787—1863），英国修辞学家、逻辑学家、经济学家、神学家，担任爱尔兰都柏林大主教一职，是英国基督教圣公会广教会派的领袖。代表作有《逻辑原理》、《修辞原理》等。

《逻辑原理》：怀特利著于 1826 年。

O. 艾德曼（Karl Otto Erdmann）和《文字的意义》：不详。

P501 注释① Leibniz, *Nouveaux Essais sur l'Entendement*, Liv. III, ch. 2, *Die Philosophischen Schriften*, hrsg. C. J. Gerhardt, V, 264.

莱布尼茨，《人类理智新论》，第 III 篇，第 2 章，《哲学著作》，C. J. 格布哈特编，V, 264。

莱布尼茨和《哲学著作》：参见第一册 P84 注释③。

《人类理智新论》：莱布尼茨编著。十七世纪，西欧哲学界在认识论上爆发一场经验论与唯理论的大争论，到十七世纪末，洛克（John Locke）以其《人类理智论》详尽地批驳了天赋观念说，并系统地论证了经验论的原则；莱布尼茨则站在唯心主义唯理论和维护天赋观念说的立场，从"单子论"和"前定和谐"的观点出发，写成本书，以对话体的形式，与洛克的《人类理智论》逐章节逐段进行了针锋相对的辩驳和多方面的讨论。

P501 注释② *Die deutsche Ideologie*, iii, Dietz, 230. Cf. W. Muschg, *Die*

Zerstörung der deutschen Literatur, 3. Aufl., 221 – 2 (Heideggers Etymologisieren); J.-F. Revel, *Pourquoi des Philosophes et la Cabale des Dévots*, 206(le tour de passe-passe étymologique à la manière de Heidegger).

《德意志意识形态》,iii,戴茨,230;参考: W. 墨希格,《德国文学的没落》,第 3 版,221—2,(海德格尔词源学);J.-F. 何维勒,《为啥有哲学家和信徒的神力》,206(海德格尔式的词源学圈套)。

《德意志意识形态》:马克思、恩格斯著于 1845—1846 年。此书第一次系统阐述了历史唯物主义的基本原理,如社会存在决定社会意识、生产方式在社会生活中起决定作用、生产关系必须适合生产力的发展等,标志着马克思主义哲学的成熟。

W. 墨希格,参见第一册 P583 注释①。

《德国文学的没落》:W. 墨希格著。其他不详。

让-弗朗索瓦·何维勒(Jean-Francois Revel, 1924—),法国哲学家、政治评论家,法兰西学院院士,古典自由主义、自由市场经济的倡议者;其所著政治评论在西方世界皆引起很大反响,代表作有《僧侣与哲学家》、《没有马克思或耶稣:新一轮美国革命已开始》、《远离真理:信息时代的欺骗性统治》等。

《为啥有哲学家和信徒的神力》:J.-F. 何维勒著,1958 年出版。

P503 注释①*I Henry IV*, III. ii. 39 ff..

《亨利四世》,III. ii. 39 页及之后。

《亨利四世》:参见第一册 P322 注释①。

《亨利四世》的作者莎士比亚,参见第一册 P70 注释①

P503 注释② Burke, *Inquiry into the Sublime and the Beautiful*, II. iii, cf. xiv, ed. J. T. Boulton, 59,80.

伯克,《论崇高与美丽概念起源的哲学探究》,II. iii,参见 xiv, J. T. 博尔顿编,59,80。

伯克和《论崇高与美丽概念起源的哲学探究》:参见第一册 P215 注释②。

P504 注释①D. Bouhours, *Les Entretiens d'Ariste et d'Eugène*, III, Armand Colin, 98,104.

D. 波沃尔,《阿里斯特、尤金访谈录》,III,阿曼德·科林,98,104。

D. 波沃尔(Dominique Bouhours, 1628—1702),法国耶稣会牧师、散文家、语

法学家和新古典批评家。代表作有《阿里斯特、尤金访谈录》等。

《阿里斯特、尤金访谈录》：D. 波沃尔著于1671年。次作记录了阿里斯特和尤金之间的六次对话，主题是海。而海在法语中象征着秘密、大智慧、妙不可言、格言等一切完美的事物。

P504 注释② Alfred de Vigny, *Le Journal d'un Poete*, Oeuvres complètes, "La Bibliothèque de la Pléiade", II, 898.

阿尔弗雷·德·维尼，《诗人日记》，全集，"七星文库"，II，898。

阿尔弗雷·德·维尼和《诗人日记》，参见第一册P44注释④。

P505 注释①I Timothy 4: 16; *Purgatorio*, XVII. 57; *Paradise Lost*, III, 357 ff., VI. 25 ff., X. 32f.; Dryden, *The Hind and the Panther*, I, 66 ff..

提摩太前书4: 16;《炼狱篇》，XVII. 57;《失乐园》，III，357页及之后，VI. 25页及之后，X. 32f.;德莱顿，《牝鹿与豹》，I，66页及之后。

提摩太前书：参见《圣经·新约》。

《炼狱篇》：出自但丁的《神曲》。

但丁及其《神曲》：参见第一册P244注释②。

《失乐园》及其作者弥尔顿：参见第一册P183注释①。

德莱顿，参见第一册P44注释②。

《牝鹿与豹》：德莱顿所著的由三首诗构成的诗集(1687)。

P505 注释②*Paradise Lost*, X. 447-8.

《失乐园》，X. 447—448。

《失乐园》及其作者弥尔顿：参见第一册P183注释①。

P509 注释①*Die Wunderblume*, "*Der Fischerssohn*", Berlin: Verlag Kultur und Fortschritt, 99-100; Cf. Brüder Grimm, *Die Kinder-und Haus märchen*, "*Das Meerhäschen*", Berlin: Der kinderbuchverlag, 443-5.

《奇异之花》，"渔夫的儿子"，柏林：文化发展出版社，99—100页;参见格林兄弟，《格林童话》，"海的女儿"，柏林：儿童书籍出版社，443—445。

《奇异之花》：不详。

格林兄弟，参见第一册P485注释①。

P513 注释① Frontinus, *The Strategems*, I. xi. 21, "Loeb", 80.

弗罗蒂努斯,《谋略》,I. xi. 21,"洛布古典丛书",80。

弗罗蒂努斯和《谋略》:参见第一册 P347 注释①。

P513 注释② Cf. Plato, *Phaedo* 85 CD; P. Shorey, *What Plato Said* 530.

参见柏拉图,《斐多篇》85 CD; P. 肖里,《柏拉图说》530。

柏拉图,参见第一册 P101 注释①。

P. 肖里(Paul Shorey, 1857—1934),美国古典学者。代表作有《柏拉图说》、《柏拉图主义的过去与现在》、《柏拉图思想的统一性》等。

《柏拉图说》:P. 肖里著,1933 年出版。

柏拉图,参见第一册 P399 注释①。

《斐多篇》:柏拉图著。此作主要分析有限与无限,还探讨了灵魂的不朽、自杀及如何看待死亡等一系列问题。

P514【增订四】Simmias, *Phaedo*, 85 CD, "Loeb", p. 295.
L. Wittgenstein, *Tractatus Logico-philosophicus*, 6. 54, Suhrkamp, 1978, p. 115.

西缅斯,《斐多篇》85 CD,"洛布古典丛书",P295。

L. 维特根斯坦,《逻辑哲学论》,6. 54,苏尔坎普,1978, P115。

《斐多篇》:见第一册 P513 注释②。

L. 维特根斯坦(Ludwig Josef Johann Wittgenstein, 1889—1951),奥地利(英国)哲学家,20 世纪最有影响力的哲学家之一,其研究领域主要在数学哲学、精神哲学和语言哲学等方面,曾经师从英国著名作家、哲学家罗素,1939 年至 1947 年年间,维特根斯坦一直在剑桥大学教书。其代表作有《逻辑哲学论》、《哲学研究》等。其著作和思想引导了语言哲学的新走向。

《逻辑哲学论》:维特根斯坦著,1921 年出版。此作考察了任何语言中词和事物(语言和现实)之间的关系,并将这种考察的结果应用于传统哲学的各部分。它提出,传统的哲学问题是由于对符号系统原则的无知和对语言的误用产生出来的。此作标志着哲学的语言学转向。

P515【增订四】U. Eco, *Il nome della rosa*, Settimo giorno: notte, Bompiani, 1986, p. 495.

U. 艾柯，《玫瑰之名》，第七天：晚上，邦皮亚尼，1986，P495。

U. 艾柯（Umberto Eco，1932—2016），意大利哲学家、符号学家、历史学家、文学批评家和小说家。艾柯的世界辽阔而多重，除了随笔、杂文和小说，还有大量论文、论著和编著，包含中世纪神学研究、美学研究、文学研究、大众文化研究、符号学研究和阐释学研究等。代表作有《启示录派与综合派》、《玫瑰之名》等。

《玫瑰之名》：1980 年出版，安伯托·艾柯的第一部长篇小说，讲述的是修道院谋杀案，小说背景是中世纪。这是一部侦探、哲理、历史小说。除了扑朔迷离、扣人心弦的故事情节外，书中充满了各种学问，涉及神学、政治学、历史学、犯罪学，还涉及亚里士多德、阿奎那、培根等不同的思想。展现了作者渊博的学识和超凡的叙述才能。

P521 注释① Cf. V. Pareto，*A Treatise on General Sociology*，§1562，tr. A. Bongiorno and A. Livingstone，Dover Publications，II，1013（orations in ancient historians）.

参见 V. 帕累托，《思想与社会》，§1562，A. 帮焦尔诺和 A. 利文斯顿译，多佛出版社，II，1013（古历史学家演说）。

帕累托和《思想与社会》：参见第一册 P360 注释①。

P522 注释①*Physics*，IV. xiii，*op. cit.*，297.

《物理学》，IV. xiii，如前所引，297。

《物理学》：亚里士多德著。此作开创许多有关物理学本质的理论讨论。这些理论涉及到亚里士多德所描述的四大元素、这些元素间的密切联系、它们的动力、它们对地球的影响，以及它们在通常情况下是如何在不知名的力量驱使下相互吸引的。

亚里士多德，参见第一册 P37 注释③。

P523 注释① Huizinga，*Homo Ludens*，tr. F. C. Hull，92.

赫伊津哈，《游戏的人》，F. C. 赫尔译，92。

赫伊津哈和《游戏的人》：参见第一册 P375 注释①。

P523 注释②*Chronicles of Henry of Huntington*，“Rolls Series”，81.

《亨利·亨廷顿编年史》，“罗尔斯系列”，81。

亨利·亨廷顿(Henricus Huntindoniensis, 1088—1157),英国历史学家。代表作有《盎格鲁史》(*Historia Anglorum*)等。

《亨利·亨廷顿编年史》:亨利·亨廷顿著。

P524 注释① Robert Graves and Alan Hodge, *The Long Week-End*, 15.

罗伯特·格雷夫斯和艾伦霍奇,《漫长周末》,15。

罗伯特·格雷夫斯(Robert Graves, 1895—1985),英国小说家、诗人、评论家。第一次世界大战时任军官。因发表战争回忆录《向一切告别》(1929)而成名。战后移居西班牙。代表作有历史小说和传奇小说《克劳狄乌斯自传》、《克劳狄乌斯封神记》、《白色女神》、《荷马之女》等,也写过一些优美洗练的爱情诗。

艾伦·霍奇(Alan Hodge, 1915—1979),英国历史学家和记者。他曾与罗伯特·格雷夫斯合作撰写战争期间的英国社会历史。

《漫长周末》:由格雷夫斯和艾伦·霍奇合著。此作主要论一战和二战期间的英国社会,涉及英国政治、商业、科学、宗教、艺术、文学、时尚、教育、时髦娱乐、室内生活以及性关系等诸多方面。

P525 注释① Pliny, *Natural History*, VII. 16 - 18 (pupillas binas in singulisoculis), "Loeb", II, 516 - 8.

普林尼,《自然史》,VII. 16—18(一眼双瞳),"洛布古典丛书",II, 516—518。

普林尼和《自然史》:参见第一册 P380 注释①。

P529 注释① Ben Jonson, *The Case is Altered*, I. ii(Jaques); Cf. Sorel, *Histoire comique de Francion*, Liv. IV, "Société des Textes Francais Modernes", II, 21.

本·琼森,《今时不同往日》,I. ii(杰奎斯);参见索雷尔:《弗朗西荣的滑稽故事》,第 IV 篇,"法国现代文学",II, 21。

本·琼森(Ben Jonson,约 1572—1637),英格兰文艺复兴剧作家、诗人、评论家和演员。他的作品以讽刺剧见长,代表作有《福尔蓬奈》、《炼金士》、《格言诗》、《森林集》等。

《今时不同往日》:本·琼森著,该剧首次出版于 1609 年。

查尔斯·索雷尔(Charles Sorel, 1602—1674),法国小说家、历史学家。他写过关于科学,历史和宗教的文章,代表作有《弗朗西荣的滑稽故事》、《一妻多夫》、《好书之好》等。

《弗朗西荣的滑稽故事》：索雷尔著于1623至1633年的讽刺小说。此作讲述了一位法国绅士寻找伟大爱情的有趣冒险经历。

P529 注释② *The Letters of David Hume*, ed. J. Y. T. Greig, I, 127. Cf. Fanny Burney, *Diary*, "Everyman's", 138, 141 - 2; Trollope, *An Autobiography*, ch. 3, "The Oxford Trollope", 49 - 50; Charles C. F. Greville, *Memoirs*, Oct. 16, 1843, ed. H. Reeve, V, 208.

《大卫·休谟书信集》,J. Y. T. 基利编,I, 127,参见范尼·伯尼:《日记》,"人人文库",138,141—142;特罗洛普,《自传》,第3章,"牛津特罗洛普",49—50;查尔斯·C. F. 格雷维尔,《回忆录》,1843年10月16日,H. 里夫译,V, 208。

大卫·休谟：参见第一册P391注释③。

《大卫·休谟书信集》：J. Y. T. 基利编,1932年出版。此书提供了大量关于哲学家休谟的资料。

J. Y. T. 基利(John Young Thomson Greig, 1891—1963),英国传记作家。

范妮·伯尼(Fanny Burney, 1752—1840),也称达布莱夫人,英国作家。代表作有小说《伊夫莱娜》、《塞西莉亚》、《卡米拉》等,还有剧作《才女》、《爱情与时尚》、《繁忙一日》、《厌恨女人者》等,范妮还留下了大量的日记和书信。这些材料具有很高的史料价值和艺术价值。

《日记》：范妮·伯尼著。原名《早年日记：1768—1778》(The Early Diary of Frances Burney, 1768—1778),1889年出版。

特罗洛普(Anthony Trollope, 1815—1882),英国作家。代表作有《自传》、《巴彻斯特养老院》、《如今世道》等。

《自传》：特罗洛普著,原名《特罗洛普自传》。此书介绍了作者的生平、作者对小说创作的回顾与评论及其文艺观点。

查尔斯·C. F. 格雷维尔和《回忆录》：不详。

P539 注释① J. Burnet, *Early Greek Philosophy*, 28. Cf. Locke, *Essay*, Bk II, ch. 8, par. 5, ed. A. S. Pringle-Pattison, 64: "The picture of a shadow is a positive thing"; J. S. Mill, *Dissertations and Discussions*, I, 61: "Appearances too, like other things, must have a cause, and that which can cause anything, even an illusion, must be a reality."

J. 伯内特,《早期希腊哲学》,28。参见洛克,《人类理解论》,第II卷,第8章,第

5 部分,A. S. 普林格尔-帕蒂森编,64:"影子之相也是实在之物";J. S. 穆勒,《论文和论述》,I, 61:"表象也如此,其如世间万物,必有因,必有果,幻象亦实象。"

J. 伯内特(John Burnet, 1863—1928),苏格兰古典学家,以研究柏拉图闻名,代表作有《早期希腊哲学》等。

《早期希腊哲学》: J. 伯内特著。此书收集的作品构成了西方哲学的基础——柏拉图和亚里士多德及其继承者建立的哲学基础。

洛克(John Locke, 1632—1704),英国哲学家。在知识论上,洛克与乔治·贝克莱、大卫·休谟三人被列为英国经验主义(British Empiricism)的代表人物,但他也在社会契约理论上做出重要贡献,对于后代政治哲学的发展产生巨大影响,并且被广泛视为是启蒙时代最具影响力的思想家和自由主义者。洛克是第一个以连续的"意识"来定义自我概念的哲学家,他也提出了心灵是一块"白板"的假设。

《人类理解论》: 洛克著,1690 年出版。此作是英国经验论哲学的代表作,探究了人类知识的缘起、规律和扩展,同时讨论信仰、观点和共识。洛克提出"人心就像一张白纸,上面什么字迹也没有","人类一切知识的泉源就是经验"。

J. S. 穆勒(John Stuart Mill, 1806—1873),或译约翰·斯图尔特·密尔,英国哲学家、心理学家、经济学家、古典自由主义思想家。约翰·穆勒是孔德的实证主义哲学的后继者。他把实证主义思想最早从欧洲大陆传播到英国,并与英国经验主义传统相结合。代表作有《论自由》、《政治经济学原理》、《逻辑学体系》等。

《论文和论述》: J. S. 穆勒著,1859 出版。

P540【增订三】*De Anima*, III. 3, op. cit., 589.

《论灵魂》,III. 3,如前所引,589。

《论灵魂》: 亚里士多德著,写于公元前 350 年,是古希腊哲学家亚里士多德论述认识论、心理学方面的主要著作。他的讨论集中在不同生物所拥有的灵魂种类上,以不同的生活方式为特征。因此,植物具有营养和繁殖的能力,是任何生物体必须具有的最低限度。此外,低等动物还具有感知和自我运动(动作)的能力。人类拥有所有这些能力以及智力。

亚里士多德,参见第一册 P37 注释③。

Leonardo da Vinci, *Eine Auswahl aus seinem Schriften*, hrsg. V. Macchi, 61 e 62.

列奥纳多·达·芬奇,《作品精选》,V. 玛奇编,61 e 62。

列奥纳多·达·芬奇,参见第一册 P444 注释①。

《作品精选》：不详。

Goethe，*Spruchweisheit* in *Sämtl. Werk.*，"Tempel-Klassiker"，III，476. Cf. C. K. Ogden，*Bentham's Theory of Fictions*，66；J. S. Mill，*A System of Logic*，Bk V，ch 1，§ 2，Longmans and Green，420 – 1.

歌德，《慧语集》，《歌德集》，"神寺经典"，III，476；参见 C. K. 奥格登，《边沁的虚构理论》，66；J. S. 穆勒，《逻辑学体系》，第五卷，第一章，§ 2，朗文格林出版社，420—421。

歌德：参见第一册 P16 注释①

《慧语集》：参见第一册 P24 注释①。

C. K. 奥格登，参见第一册 P195 注释⑤。

《边沁的虚构理论》：C. K. 奥格登编，边沁著。此作是 C. K. 奥格登从边沁的诸多著作和手稿中整理汇编而成的一部著作，它旨在"澄清隐含在边沁法律思想当中的哲学方法"。此作于 1932 年初版后列入国际哲学书库"思维与语言"系列再版，为西方研究边沁法律理论的重要著作。其重要不仅在于本书是编者从边沁数量颇巨的手稿著作中选摘汇编了关于"方法论"的专论，而且作者在正文之前添加了一百多页的导言，更兼编者本人对方法论也颇有研究因而愈加有分量。边沁虚构理论的特征有以下几点：1）语言是思想的标识，是思想交流工具。2）所有的语词表述都很复杂，相应的没有语词可称为那些甚至是最为简单的思想的完全的标识。3）以言语形式指涉的与实体相关的话语称为"实质性名词"。实体（entity）分为可感知的（perceptible）和推论的（inferential），更为特别的，无论是可感知的实体还是推论的实体，还可另外分为真实的（real）或虚构的（fictous）。4）真实和虚构的重要区别在于"存在归结"（the ascription of existence），即这种区分由与一个名称或实体名词相应的实体是否可感知决定，分真实实体（real entity）和虚构实体（fictious entity）。5）虚构实体与真实实体相关联并仅能参照后者得以解释。6）虚构行为赖于他们在话语和语篇中的必要性，由此观点，这种没有人类的交谈就不可能存在的虚构，其在属类上不同于诗歌和政治信念。7）作为一种语言本性的结果，所有证据都倾向于证明事实的存在。除此之外，在边沁对自然法理论的批判包括对权利和社会契约的驳斥中都可见这种虚构理论的存在。

边沁（Jeremy Bentham，1748—1832），英国法理学家、功利主义哲学家、经济学家和社会改革者。他是英国法律改革运动的先驱和领袖，并以功利主义哲学的创立者、动物权利的宣扬者及自然权利的反对者而闻名于世。他还对社会福利制度的发展有重大的贡献。代表作有《道德与立法原理导论》、《惩罚原理》、《政府片论》等。

J. S. 穆勒，参见第一册 P539 注释①。

《逻辑学体系》：1843 年出版，约翰·斯图亚特·穆勒的古典逻辑的集大成之作，也是经验主义哲学向逻辑学领域的重大拓展。作者证明，逻辑学与经验主义哲学一脉相承。

P547 注释①*La Fin de Satan*, Liv. I, St iv. "Avec le Bois de l'Arche", 5. "La Trappe d'en bas et la Trappe d'en haut."

《撒旦的末日》，第 I 篇，第 iv 节。"方舟残骸"，5。"上天入地"。

《撒旦的末日》及其作者雨果：参见第一册 P145 注释①。

P557 注释①*Odyssey*, XVI. 392; XX. 74; XXI. 162.

《奥德赛》，XVI. 392; XX. 74; XXI. 162。

《奥德赛》：参见第一册 P458 注释①。

《奥德赛》的作者荷马：参见第一册 P285 注释①。

P557 注释②*The Merchant of Venice*, II. ix. 84; *All's Well That Ends Well*, I. iii. 67.

《威尼斯商人》，II. ix. 84；《皆大欢喜》，I. iii. 67。

《威尼斯商人》及其作者莎士比亚：参见第一册 P70 注释①。

《皆大欢喜》：莎士比亚著，大约著于 1598—1600 年间，是莎士比亚创作的"四大喜剧"之一，主要剧情为被流放的公爵的女儿罗瑟琳到森林寻父及她的爱情故事。

P557 注释③*Paradise Lost*, X. 898 ff..

《失乐园》，X. 898 页及之后。

《失乐园》及其作者弥尔顿：参见第一册 P183 注释①。

P557 注释④cf. A. Arthaber, *Dizionario comparato di Proverbi*, 388.

参见 A. 阿尔萨贝尔，《比较谚语词典》，388。

A. 阿尔萨贝尔和《比较谚语词典》：参见第一册 P367 注释①。

P558 注释① Freud, *Totem und Tabu*, 2. Aufl., 105 - 111.

弗洛伊德，《图腾与禁忌》，第 2 版，105—111。

弗洛伊德和《图腾与禁忌》：参见第一册 P34 注释①。

P558 注释②E. Cassirer, *Philosophie der symbolischen Formen*, II, 83："Die Ganze ist der Teile…In den Haaren eines Menschen, in seinen abgesschnittenen Nägeln, in seinen Kleidern, in seinen Fussstapfen ist noch der ganze Menschen enthalten."

E. 卡西尔，《符号形式的哲学》，II, 83；"整体即是部分……一个人的头发、指甲、衣服，甚至脚步，亦代表此人整体。"

E. 卡西尔，参见第一册 P82 注释②。

《符号形式的哲学》：参见第一册 P297 注释①。

P558 注释③M. Garçon et J. Vinchon, *Le Diable*, 80.

M. 嘎森和 J. 维沁，《魔鬼》，80。

M. 嘎森（Maurice Garçon, 1889—1967），法国小说家、历史学家、散文家。代表作有《趣史四十篇》、《魔鬼》等。

J. 维沁，不详。

《魔鬼》：M. 嘎森和 J. 维沁著，此书收集了很多关于魔鬼的民间传说。

P558 注释④ Virgil, *Eclogues*, VIII, 64 ff., "Loeb", I, 60 - 2; Pietro Aretino, *I Ragionamenti*, *I*, *L'Oeuvre du Divin Arétin*, "Les Maîtres de I'Amour", I, 60 - 1; Bruno, *Candelaio*, III. iii, 0*pere di G. Bruno e di T. Campanella*, Riccardo Ricciardi, 92 - 3; Antoine Hamilton: "L'Enchanteur Faustus", 0p. cit., 480; *Mérimée*, *Chronique du Règne de charles IX*, ch. 12, *Romans et Nouvelles*, "la Pléiade", 129.

维吉尔，《牧歌》，VIII, 64 页及之后，"洛布古典丛书"，I, 60—2；彼得罗·阿雷蒂诺，《老妓谈往，I，神圣的工作》，"爱的主人"，I, 60—1；布鲁诺，《举烛人》，《G. 布鲁诺和 T. 坎培奈拉文集》，理却地·里西亚蒂，92—3；安托万·汉米尔顿：《迷人的浮士德》，如前所引，480；梅里美，《查理九世纪事》，第 12 章，《小说集》，"七星文库"，129。

维吉尔，参见第一册 P243 注释①。

《牧歌》：维吉尔早期最重要的作品，被认为是拉丁语文学的典范，充溢着浓郁的古罗马田园风采。《牧歌》共收诗 10 首。各首诗具体写作年代无法考证，内容大体是关于一些牧人的生活、爱情故事与美妙的田园风光，有时也涉及一些政治问题，对了解当时的社会及自然环境有很高的史料价值。

彼得罗·阿雷蒂诺(Pietro Aretino, 1492—1556)，意大利小说家、剧作家、诗人。代表作有《老妓谈往》、《伪君子》、《哲学家》等。

布鲁诺，参见第一册 P99 注释③。

坎培奈拉，参见第一册 P99 注释③。

《G. 布鲁诺和 T. 坎培奈拉文集》：不详。

《举烛人》：布鲁诺用意大利文写的五幕喜剧，情节异常滑稽，充满肆无忌惮的玩笑，塑造了一个个令人发噱的人物，锐利地讥讽了当时意大利社会，嘲讽了迂腐的学究和陈旧的传统社会，歌颂聪明智慧。

安托万·汉米尔顿，参见第一册 P485 注释②。

梅里美和《小说集》，参见第一册 P176 注释②。

《查理九世纪事》：梅里美著，历史小说，1829 年出版。

P559 注释② Pareto, *op. cit.* §914–915, vol. I, pp. 533 ff.; M. Summers, *The Geography of Witchcraft*, 9–12, 67.

帕累托，如前所引，§914–915，第 I 卷，533 页及之后；M. 萨默斯，《巫术地理》，9—12，67。

帕累托，参见第一册 P360 注释①。

M. 萨默斯(Montague Summers, 1880—1948)，英国作家、教士。他研究巫术、吸血鬼和狼人。代表作有《吸血鬼文化探秘》、《巫术和鬼学史》、《巫术地理》等。

《巫术地理》：M. 萨默斯著。此作详细描写了女巫。

P560 注释①E. g. *La Celestina*, I, Aubier, 156–7; J. Webster, *The Duchess of Malfi*, IV. i, *Plays by Webster and Ford*, "Everyman's", 151.

例如《塞莱斯蒂娜》，I，奥比埃出版社，156—157；J. 韦伯斯特，《马尔菲公爵夫人》，IV. i，《韦伯斯特和福特戏剧作品》，"人人文库"，151。

《塞莱斯蒂娜》：西班牙作家佛朗多·德·洛加斯(Fernando de Rojas)著，1499 年出版。此作是继《堂吉诃德》之后最受欢迎的西班牙书籍，全篇以散文的形式创作。在 16 世纪，它在西班牙就已有 100 多个版本并被翻译成世界多种语言。

佛朗多·德·洛加斯(Fernando de Rojas, 1465 或 73—1541)，西班牙的作家。

生平事迹不详。代表作有《塞莱斯蒂娜》等。

J. 韦伯斯特(John Webster，约 1580—1625)，英国剧作家，以创作充满恐怖、让人感到厄运临头的悲剧而闻名。代表作有《白魔鬼》、《马尔菲公爵夫人》等。

《马尔菲公爵夫人》：约翰·韦伯斯特著的悲剧。剧情如下：寡居的马尔菲公爵夫人，因与管家秘密结婚，惹怒了她的兄弟斐迪南德公爵及主教。他们让公爵夫人受尽精神和肉体折磨后将她杀死，并掐死了她的两个儿子。最后，公爵发疯，曾经参与折磨公爵夫人的仆人幡然悔悟杀死了主教。剧情恐怖、血腥。

P560 注释② R. H. Barham："The Leech of Folkestone", *The Ingoldsby Legends*, Grant Richards, 540 ff..

R. H. 巴勒姆，"福克斯顿的水蛭"，《英格尔兹比传奇故事集》，格兰特·理查兹，540 页及之后。

R. H. 巴勒姆(Richard Harris Barham, 1788—1845)，英国小说家、幽默诗人，因其笔名托马斯·英格尔兹比(Thomas Ingoldsby)而为人所熟知。代表作有《英格尔兹比传奇故事集》、《李夫的生平和书信》等。

《英格尔兹比传奇故事集》：R. H. 巴勒姆著，1830—1840 年代出版，此书包含神话、传说、鬼魂故事与诗歌等内容。

P560 注释③ Thomas Middleton, *The Witch*, I. ii(the heart of wax stuck full of needles, the pictures of the farmer and his wife laid down to the fire, snake skins with retentive knots and needles thrust into the pillows), V. ii (Almachild's picture in wax molton in fire), Lamb, *Specimens of English Dramatic Poets*, *in Works*, ed. E. V. Lucas, IV, 137, 139, 142.

托马斯·米德尔顿，《女巫》，I. ii(针填满了蜡芯，农民和他妻子的画像置于火堆旁，打结的蛇皮和针被塞入枕头之中)，V. ii(阿尔玛查德的蜡绒相片在火中)，兰姆，《英国戏剧诗人之范作》，见《作品集》，E. V. 卢卡斯编，IV, 137, 139, 142。

托马斯·米德尔顿(Thomas Middleton, 1580—1627)，英国剧作家和诗人。英国文艺复兴时期为数不多既善写喜剧又善写悲剧的剧作家，此外，他还擅长描绘化装舞会和盛会游行。他的作品种类繁多、成就颇高，是当时唯一一位由莎士比亚剧团在莎翁逝世后授权改编其戏剧的剧作家。代表作有《女人提防女人》、《女巫》等。

《女巫》：托马斯·米德尔顿创作作于 1613 年至 1616 年间的一部悲喜剧。其后一直以手稿形式流传，直至1778年才出版。

兰姆(Charles Lamb, 1775—1834)，英国作家，以写随笔闻名。代表作有《伊利亚随笔》、《莎士比亚故事集》、《莎士比亚悲剧》、《霍格斯的天才与特点》、《熟悉的老面孔》等。

《英国戏剧诗人之范作》：兰姆著。原名《莎士比亚同时代英国戏剧诗人之范作及注》(*Specimens of English Dramatic Poets, Who Lived about the Time of Shakspeare, with Notes*)。1808年出版。

P570 注释① Cf. Gucciardini, *Ricordi*, §143: "Parmi che tutti gli istorici abbino, non eccettuando alcuno, errato in questo: che hanno lasciatodi scrivere molte cose che a tempo loro erano note, presupponendole come note" ecc., *op. cit.*, 126.

参见圭恰尔迪尼，《杂感》，§143："在我看来，历史学家们，假如记笔记的话，就可以及时记下当时许多事物，不会出任何错误"等等，如前所引，126。

圭恰尔迪尼和《杂感》：参见第一册P323注释①。

P570 注释② J. Michelet, *Journal*, ed. P. Viallaneix, I, 378: "... les silences de l'histoire, ces terribles points d'orgue, où elle ne dit plus rien..."

J. 米什莱，《日志》，P. 维厄雷内克斯编，I, 378："……历史之缄默，犹如损坏的管风琴口，再难吹奏出任何曲乐……"

儒勒·米什莱(JulesMichelet, 1798—1874)，法国作家、历史学家，被誉为"法国史学之父"、"法国最早和最伟大的民族主义和浪漫主义历史学家"，他在近代史研究领域中成绩卓越。他以文学风格的语言来撰写历史著作，并以历史学家的渊博来写作散文。代表作有《法国大革命史》、《人类的圣经》、《爱》、《妇女》、《女巫》等。

《日志》：不详。

P573 注释① E. g. Juvenal, *Satires*, II. 60, "Loeb", 22; Petronius, *Satyricon*, cxiii, "Loeb", 236.

例如朱文诺，《讽刺诗》，II. 60，"洛布古典丛书"，22；佩特洛尼乌斯，《萨蒂利卡》，cxiii，"洛布古典丛书"，236。

朱文诺(Juvenal)，古罗马讽刺诗人，约生活在公元1至2世纪间。代表作有

《讽刺诗》等。

《讽刺诗》：朱文诺著。此作收录了他在1世纪末至2世纪初所创作的一系列讽刺诗。

佩特洛尼乌斯（Petronius，27—66，也称阿尔比特罗），古罗马讽刺作家。留存于世的就一部作品《萨蒂利卡》。

《萨蒂利卡》（又译为《萨蒂利孔》）：佩特洛尼乌斯著，喜剧故事。此作以讽刺手法描绘了罗马帝国的荒淫生活。

P575 注释①Phaedrus，*Fabulae*，I. xv. 1－2.

费德鲁斯，《寓言集》，I. xv. 1—2。

费德鲁斯（Phaedrus，生卒不详），古罗马寓言作家，著有《寓言集》。他的寓言主要写动物故事，有不少是借用伊索寓言的题材，同时也注意从现实生活中取材，或利用神话传说、民间故事、历史笑话和流行的哲学格言等进行创作。他对后世欧洲的寓言作家如拉封丹、克雷洛夫等人都有较大的影响。

《寓言集》：费德鲁斯著，共5卷，现存130多个寓言。

P578 注释①F. M. Cornford，*From Religion to Philosophy*，"Harper Torchbooks"，13 ff..

F. M. 康福德，《从宗教到哲学》，"哈珀火炬丛书"，13页及之后。

F. M. 康福德（Francis Macdonald Cornford，1874—1943），英国古典学者、翻译家。代表作有《从宗教到哲学》等。

《从宗教到哲学》：F. M. 康福德著，原名为《从宗教到哲学：西方思想起源论》（*From Religion to Philosophy*：*A Study in the Origins of Western Speculation*），出版于1912年，此作探讨了早期希腊哲人的宗教观和社会观。

P582 注释①A. Adler，*The Practice and Theory of Individual Psychology*，tr. P. Radin，80－1，313；J. A. C. Brown，*Freud and the Post-Freudians*，"Pelican Books"，38.

A. 阿德勒，《个体心理学的理论与实践》，P. 拉丁译，80—801，313；J. A. C. 布朗，《弗洛伊德和后期弗洛伊德学说》，"鹈鹕丛书"，38。

A. 阿德勒（Alfred Adler，1870—1937），奥地利精神病学家，人本主义心理学先驱，个体心理学的创始人，曾追随弗洛伊德探讨神经症问题，但也是精神分析学派内部第一个反对弗洛伊德的心理学体系的心理学家。他在进一步接受了叔本华的生活意志论和尼采的权力意志论之后，对弗洛伊德学说进行了改造，将精神分析由生物学定向的本我转向社会文化定向的自我心理学，对后来西方心理学的发展具有重要意义。代表作有《自卑与超越》、《人性的研究》、《个体心理学的理论与实践》、《自卑与生活》等。

《个体心理学的理论与实践》：A. 阿德勒所撰的精神分析心理学著作。1919出版。

J. A. C. 布朗(James Alexander Campbell Brown)和**《弗洛伊德和后期弗洛伊德学说》**：不详。

P582 注释② Cf. *Odyssey*, VIII. 62 - 4.

参见《奥德赛》, VIII. 62—64。

《奥德赛》及其作者荷马：参见第一册 P458 注释①和第一册 P285 注释①。

P583 注释①W. Muschg, *Tragische Literaturgeschichte*, 3. Aufl. ,409.

W. 墨希格,《悲剧观之文学史》,第 3 版,409。

W. 墨希格,参见第一册 P501 注释②。

《悲剧观之文学史》：墨希格著。此作认为，多数优秀的文学家都是灵肉上有伤痕的人。

P584 注释① Bacon, *Novum Organum*, Bk I, Aphorism 129, *Physical and Metaphysical Works*, ed. J. Devey, 447.

培根,《新工具》,第 I 卷,格言,129,《培根集》,J. 迪韦编,447。

培根,参见第一册 P286 注释①。

《新工具》：培根著，1620 年出版，全书两卷，共 182 条格言。该书的主要内容是批判演绎法，建立归纳法。培根指出，演绎法脱离经验，从概念到概念，不能给人们扩大和提供新的知识，只能引起无聊的争论，只能用归纳法来取而代之。《新工具》试图为近代新兴的自然科学制订一套正确的方法，对近代科学产生了深远的影响。

P588 注释①*Poetics*, XX. 11, "Loeb", 103.

《诗学》, XX. 11,"洛布古典丛书",103。

《诗学》：亚里士多德所撰的文艺理论著作。《诗学》残本共26章，该书主要分两部分：第一部分为摹仿论，大致是从第1章到第5章，其余21章为第二部分，主要是运用摹仿论分析悲剧问题，即悲剧论，是全书的核心，其中还涉及到史诗及其比较等相关问题。

亚里士多德，参见第一册P37注释③。

P588 注释② Bruno, *De gli Eroici Furori*, Pte II, Dial. iv, *op. cit.*, 630.

布鲁诺，《论英雄热情》，第II部分，对话iv，如前所引，630。

布鲁诺，参见第一册P99注释③。

《论英雄热情》：参见第一册P453注释④。

P589 注释① Philip Massinger, *A New Way to Pay Old Debts*, IV. ii, *Plays*, ed. F. Cunningham, 413.

菲利普·马辛格，《偿还旧债的新方法》，IV. ii，《剧作》，F. 坎宁安编，413。

菲利普·马辛格(Philip Massinger, 1583—1640)，英国剧作家，以喜剧闻名，是17世纪早期英国剧作家中编剧技巧最佳者之一。代表作有《米兰公爵》、《城市夫人》、《偿还旧债的新方法》等。

《偿还旧债的新方法》：马辛杰所著的讽刺喜剧。此作塑造了一个工于心计的、贪婪的人物形象，名字就叫诡计·太机灵爵士，整出喜剧具有严肃的劝善、惩恶目的。

P592 注释①S. Butler, *Alps and Sanctuaries*, 43-4.

S. 巴特勒，《阿尔卑斯与避难所》，43—44。

S. 巴特勒(Samuel Butler, 1835—1902)，英国作家，代表作有小说《众生之路》、《埃瑞璜》等。

《阿尔卑斯与避难所》：S. 巴特勒著，1881年出版。

P592 注释②A. Koestler, *The Act of Creation*, 35; Cf. 27,45,94.

A. 库斯勒，《创造的行为》，35；参见27,45,94。

A. 库斯勒(Arthur Koestler, 1905—1983)，匈牙利裔英籍作家。他的作品关注政治和哲学问题。代表作有《中午的黑暗》、《创造的行为》等。

《创造的行为》：A. 库斯勒著，1964年出版。此作提出，所有生物都具有创造性活动的能力，而这种生物活动通常受到主导生活的思想和行为惯例的压制；因而，人类最具创造性的时候正是理性思维暂停的时候——例如在梦境和恍惚状态。库斯勒通过本书想要建立一个有关人类创造力的理论体系。他在此作中研究了幽默、科学和艺术中的发现、发明、想象和创造过程。他通过描述和比较不同例子的发明和发现，得出结论，它们都有一个共同的模式，并命名为"异类联想"。这一概念为认知语言学家吉勒斯·福科尼耶和马克·特纳所采用，并将其发展为概念整合理论。

P592 注释③ Kant, *Anthropologie*, § 54, *Werke*, hrsg. E. Cassirer, VIII, 109.

康德，《实用人类学》，§ 54，《作品》，E. 卡西尔编，VIII，109。

康德，参见第一册 P6 注释②。

《实用人类学》：参见第一册 P435 注释①。

P592 注释④ Jean Paul, *Vorschule der Ästhetik*, § 44, *Werke*, Carl Hanser, V, 173. Cf. Samuel Butler: "A Pimp": "He is a conjunction copulative", *Characters and Passages from Notebooks*, ed. A. R. Waller, 184.

让·保尔，《美学入门》，§ 44，《作品》，卡尔·汉森，V，173；参见塞缪尔·巴特勒："皮条客"："他是撮合关系的连接词"，《人物和段落摘记》，A. R. 沃勒编，184。

让·保尔和《美学入门》，参见第一册 P290 注释①。

塞缪尔·巴特勒，参见第一册 P592 注释①。

《人物和段落摘记》：巴特勒著，其他不详。

P599 注释① Plutarch, *Lives*, "Fabius Maximus", iv-v, "Loeb", III, 129 - 131; Frontinus, *Stratagems*, I. xi, "Loeb", 74 - 8.

普鲁塔克，《传记集》，"费边传"，iv-v，"洛布古典丛书"，III，129—131；弗罗蒂努斯，《谋略》，I. xi，"洛布古典丛书"，74—78。

普鲁塔克，参见第一册 P84 注释①。

《传记集》：参见第一册 P362 注释①。

"费边传"：普鲁塔克《传记集》中所记载的关于费边的传记。费边是古罗马的政治家、军事家，以其著名的拖延战术与迦太基名将汉尼拔周旋，解救了处于危机中的罗马，并因此而名垂史册。

弗罗蒂努斯和《谋略》：参见第一册 P347 注释①。

P600 注释①Plutarch, *op. cit.*, "Themistocles", X. "Loeb", II, 27－29.

普鲁塔克，如前所引，"地米斯托克利传"，X. "洛布古典丛书"，II，27—29。

普鲁塔克，参见第一册 P84 注释①。

"地米斯托克利传"：普鲁塔克《传记集》中所记载的关于此人物的传记。地米斯托克利是希腊军人、政治家。

P600 注释②Plutarch, *op. cit.*, "Fabius Maximus", vi, vol. III, pp. 137－9; cf. Frontinus, *op. cit.*, I. V. 28, p. 50.

普鲁塔克，如前所引，"费边传"，vi，第 III 卷，P137—139；引自弗罗蒂努斯，如前所引，I. V. 28，P50。

普鲁塔克，参见第一册 P84 注释①。

"费边传"：参见第一册 P599 注释①。

P608【增订三】Leopardi, *Zibaldone*, ed. F. Flora, I, 386.

莱奥帕尔迪，《杂记》，F. 弗罗拉编，I，386。

莱奥帕尔迪，参见第一册 P256 注释④。

《杂记》：莱奥帕尔迪在 1817 至 1832 年间随时写下来的笔记，于 1898 至 1900 年陆续出版。这部书和他的《书信集》都是研究他的思想和作品的重要文献。

W. Hazlitt, *Conversations of James Northcote*, in J. Thornton, ed., *Table Talk*, "Everyman's Lib.", 268.

W. 哈兹里特，《詹姆斯·诺斯科特的谈话》，J. 桑顿编，《席间闲谈》，"人人文库"，268。

威廉·哈兹里特(William Hazlitt, 1778—1830)，英国散文家，评论家，画家。他最著名的散文集是《席间闲谈》和《时代精神》。

《詹姆斯·诺斯科特的谈话》：出版于 1826 年，收录了詹姆斯·诺斯科特(James Northcote, 1746—1831，英国画家)的辛辣和愤世嫉俗的"谈话"。

《席间闲谈》(*Table-Talk, Essays on Men and Manners*)，哈兹里特著，作于 1821—1822 年，共两卷，文章涉及艺术，文学和哲学等主题。

P609 注释①M. Allem, *Portrait de Sainte-Beuve*, 214.

M. 阿兰姆，《圣-伯夫的肖像画》，214。

M. 阿兰姆(Maurice Allem, 1872—1959)，本名是莱昂·阿勒曼(Léon

Allemand)，法国语言学家，自传文学史学家和书目家。

《圣-伯夫的肖像画》：M. 阿兰姆著，其他不详。

圣-伯夫，参见第一册 P319【增订四】。

P612 注释① Guicciardini，*Ricordi*，§ 4，op. cit.，97－8.

圭恰尔迪尼，《杂感》，§ 4，如前所引，97—98。

圭恰尔迪尼和《杂感》：参见第一册 P323 注释①。

P616 注释①M. Landmann："Kulturphilosophie"，*Die Philosophie im XX，Jahrhundert*，Hrsg. F. Heinemann，551－2.

M. 朗德曼，"文化哲学"，《二十世纪的哲学》，F. 海尼曼编，551—552。

M. 朗德曼（Michael Landmann，1913—1984），瑞士哲学家，主要研究哲学人类学，代表作有《哲学人类学》等。

《二十世纪的哲学》：不详。

P617 注释① Philostratus，*Love Letters*；viii，in *Alciphron*，*Aelian*，*and Philostratus*，"Loeb"，431－3.

斐罗斯屈拉图斯，《情书》；viii，见《阿尔西弗伦、艾利安和斐罗斯屈拉图斯》，"洛布古典丛书"，431—443。

斐罗斯屈拉图斯（Lucius Flavius Philostratus，170—247），古希腊作家、诡辩家。代表作有《提阿纳人阿波罗尼奥斯传》（8 卷）和《诡辩家传》（2 卷）等。

《阿尔西弗伦、艾利安和斐罗斯屈拉图斯》：原名《阿尔西弗伦、艾利安和斐罗斯屈拉图斯书信》（*The Letters of Alciphron*，*Aelian*，*and Philostratus*），其他不详。

P617 注释②*Faust*，I. 2270－73.

《浮士德》，I. 2270—2273。

《浮士德》及其作者歌德：参见第一册 P16 注释①。

P619 注释① Quintilian，*Institutio oratoria*，V. x. 70，"Loeb"，II，238.

昆体良，《雄辩术原理》，V. x. 70，"洛布古典丛书"，II，238。

昆体良和《雄辩术原理》：参见第一册 P60 注释①。

P620 注释① Montaigne, *Essais*, II. 5, "la Pléiade", 350. Cf. *Don Quijote*, I. 22 (Confesar en el tormento), "Clásicos Castellanos", III, 203－4; La Bruyère, *Les Caractères*, XIV. 51(la question), Hachette, 437.

蒙田,《随笔录》,II. 5,"七星文库",350,引自《堂吉诃德》,I. 22(鞭笞忏悔),"西班牙古典文学丛书",III, 203—4;拉布吕耶尔,《品格论》,XIV. 51(问题),阿歇特出版社,437。

蒙田和《随笔录》: 参见第一册 P50 注释①【增订四】。

《堂吉诃德》及其作者塞万提斯: 参见第一册 P99 注释④。

拉布吕耶尔(Jean de La Bruyère, 1645—1696)法国作家、哲学家,代表作有《品格论》等。

《品格论》(或译《人品论》): 拉布吕耶尔著的随笔集,是法国文学史上一部重要的散文名著。这部书主要由两种文体组成: 格言式的简短段落及典型人物的肖像。格言,精练、深刻,充分表现古典主义语言明朗清晰、简练精确的文风。肖像部分则往往以真人真事为蓝本,但不用真实姓名。作者只用寥寥几笔,刻画出一种典型品格的典型人物,从而形象地批评某种时弊或某种"品格"。

P620 注释②H. Lausberg, *Handbuch der Literarischen Rhetorik*, I, 302: "Die Ironie ist der Ausdruck einer Sache durch ein deren Gegenteilbezeichnendes Wort."

H. 劳斯伯格,《文学修辞手册》,I, 302:"反讽是用意思相反的词来表达。"

H. 劳斯伯格和《文学修辞手册》: 参见第一册 P131 注释①。

P626 注释① Plotin, Énnéades, III. ii. 13, tr. É. Bréhier, III, 39－40 et note (*Phèdre*, 248c; *Lois*, 870e, 904e－905a); E. Rohde, *Psyche*, tr. W. B. Hillis, "International Library of Philosophy, Psychology and Scientifictional Method", 344.

普罗提诺,《九章集》,III. ii. 13,É. 布莱哀译,III, 39—40 和注释(《淮德拉》,248c;《罗以》,870e, 904e—905a);E. 罗德,《心智》,W. B. 希利斯译,"国际哲学、心理学图书馆和科幻小说方法",344。

普罗提诺和《九章集》: 参见第一册 P14 注释②。

《淮德拉》和《罗以》: 不详。淮德拉和罗以疑为《圣经》中两个女性人物。

E. 罗德和《心智》: 参见第一册 P285 注释①。

P628 注释①Cf. A. W. Schlegel: "Ueber den Dramatischen Dialog": "Sogar ein Monolog kann in hohem Grade dialogisch sein… Was man in gemeinen Leben nennt: 'sich mit sich selbst besprechen'…man sich gleichsam in zwei Personen teilt", *Kritische Schriften and Briefe*, W. Kohlhammer, I, 109.

A. W. 施莱格尔:"关于戏剧对话":"即使是独白,也可能是对话……就像人们在日常生活中所说的那样:'与自己讨论'……即是把自己分成两个人",《批评性著作信函》,W. 科尔翰莫,I, 109。

A. W. 施莱格尔,参见第一册 P290 注释②。

P628 注释②L. E. Bowling, quoted in L. Leary, ed., *Contemporary Literary Scholarship*, 267.

L. E. 鲍林,引自 L. 利里编,《当代文学研究》,267。

利里(Lewis Gaston Leary, 1877—1951)和《当代文学研究》:不详。

P630 注释①Tacitus, *The Annals*, IV. 18, "Loeb", III, 34.

塔西佗,《编年史》,IV. 18,"洛布古典丛书",III, 34。

塔西佗,参见第一册 P359 注释①。

《编年史》:又名《罗马编年史》,塔西佗创作的历史著作。《编年史》共有 16 卷,主要记载了从公元 14 年奥古斯都去世至公元 68 年尼禄死去半个世纪的罗马历史。内容包括罗马早期帝国时代的专制统治、政治变故、权力斗争、对外战争、君王生活等等,基本上是罗马帝国早期的一部政治史。

P630【增订四】*Il Principe*, xviii, *Opere*, Riccardo Ricciardi, pp. 57 - 9; *Paradise Lost*, IV, 393 - 4.

《君主论》, xviii,《作品》, 理却地 · 里西亚蒂, P57—59;《失乐园》, IV, 393—394。

《君主论》及其作者马基雅维利:参见第一册 P37 注释④。

《失乐园》及其作者弥尔顿:参见第一册 P183 注释①。

P631 注释①Machiavelli, *Il Principe*, cap. 3; *Discorsi*, I. 29; *op. cit.*, 14, 155 - 8.

马基雅维利,《君主论》,第 3 章;《演讲》,I. 29;如前所引,14,155—158。

《君主论》及其作者马基雅维利：参见第一册 P37 注释④。

P631【增订四】Essais，III. viii，Bib. de la Pléiade，p. 904.

《随笔录》，III. viii，"七星文库"，P904。

《随笔录》及其作者蒙田：参见第一册 P50 注释①【增订四】。

P633 注释① Plutarch，*Lives*，"Romulus"，XVII. 3 – 4(Tatius and Tarpeia)，"Loeb"，1，141. Cf. Sacchetti，*Il Trecentonovelle*，v，Castruccio Castracane："Il tradimento mi piace，ma il traditore no"，*Opere*，Rizzoli，57.

普鲁塔克，《传记集》，"罗穆卢斯"，XVII. 3—4(塔提乌斯和塔尔皮亚)，"洛布古典丛书"，1，141，参见萨凯蒂，《故事三百篇》，v，卡斯特罗西奥·卡斯特罗凯尼："吾喜背叛，但憎叛徒"，《作品》，里佐利，57。

普鲁塔克，参见第一册 P84 注释①。

《传记集》：参见第一册 P362 注释①。

萨凯蒂(Franco Sacchetti，约 1332 – 1400)，意大利诗人、小说家。代表作有《故事三百篇》等。

《故事三百篇》：萨凯蒂写于 1385 – 1392 年间的故事集。流传下来仅 223 篇，其中包括一些不完整的片段。故事集受到薄伽丘《十日谈》的明显影响，但又别具一格，不像《十日谈》那样构成一个整体，每个故事都独立成篇，短小精悍，近于速写。故事采用佛罗伦萨平民的口头语言，质朴、诙谐。

P638 注释① Cf. Shakespeare，*Antony and Cleopatra*，II. ii："Age cannot wither her，nor custom stale her infinite variety"；Racine，*Bérénice*，I. ii："Chaque jour je la vois，/Et croit toujours lavoir la première fois."；Laclos，*Les Liaisons dangereuses*，lettre 10，"Bib. de la Pléiade"，54："En effet，ses hommages réitérés，quoique toujours reçus par la même femme，le furent toujours par une maîtresse nouvelle"(cf. 1ettre l27，P. 373).

参见莎士比亚，《安东尼和克莉奥佩特拉》，II. ii："光阴无损其容貌，旧服难掩其多姿"；拉辛，《蓓蕾尼丝》，I. ii："岁月如故，眉眼如初"；拉克洛，《危险的关系》，第 10 封信，"七星文库"，54："事实上，他的敬意是多重的，尽管他总是由同一个女人伺候，但这女人总是表现出一副新面孔。"(引自，第 127 封信，P373)。

莎士比亚，参见第一册 P70 注释①

《安东尼和克莉奥佩特拉》：参见第一册 P168 注释①。

让·拉辛(Jean Racine，1639—1699)，法国剧作家，与高乃依和莫里哀并称为十七世纪最伟大的三位法国剧作家。代表作有《昂朵马格》、《讼棍》、《蓓蕾尼丝》、《费德尔》等。

《蓓蕾尼丝》：拉辛著的戏剧，1670 年出版。

拉克洛(Pierre Ambroise Choderlos de Laclos，1741—1803)，法国作家，代表作是小说《危险的关系》。

《危险的关系》：拉克洛著的长篇书信体小说。作为小说，此书书信体的形式和内容配合得天衣无缝，每一封信既是叙述手段，又体现、促进情节发展。此书讲述爱情的游戏，以及对异性的追逐与诱惑的故事，充满了征服与赢得爱情的各种技巧。书中一百七十五封信，正像拉克洛手中的一副纸牌，他谋篇布局，缜密计算在与读者进行的这一局局游戏中的得与失，诱惑读者步步深入这场危险的游戏。

P644 注释① *Nicomachean Ethics*，IV. iii，*Basic Works of Aristotle*，The Random House，994.

《尼各马可伦理学》，IV. iii，《亚里士多德要籍选》，兰登书屋，994。

《尼各马可伦理学》：参见第一册 P398 注释②。

亚里士多德与《亚里士多德要籍选》：参见第一册 P37 注释③。

P647 注释① Cf. Addison，*The Spectator*，No. 122(“Much might be said on both sides”)；Molière，*Le Bourgeois Gentilhomme*，I. ii(“Vous avez raison tous deux”)；Peacock，*Headlong Hall*，ch. 2(M’Jenkison)；George Eliot，*Silas Marner*. Pt I’ ch. 6(M’Snell).

引自艾迪生，《旁观者报》，第 122 期(“双方或许都说了许多”)；莫里哀，《贵人迷》，I. ii(“两个理由你都有”)；皮科克，《黑德朗大厅》，第二章(金克森)；乔治·艾略特，《织工马南传》，第 I 部，第 6 章(斯内尔)。

艾迪生(Joseph Addison，1672—1719)，英国散文家、诗人、剧作家、政治家。艾迪生的名字在文学史上常常与他的好朋友理查德·斯蒂尔(Richard Steele)一起被提起，两人最重要的贡献是创办两份著名的杂志《闲谈者》(Tatler)与《旁观者》(Spectator)。代表作有《战役》等。

《旁观者报》：参见第一册 P143 注释①。

莫里哀(Molière，1622—1673)，法国喜剧作家、演员、戏剧活动家，法国芭蕾舞喜剧的创始人。他的喜剧在种类和样式上都比较多样化。他主张作品要自然、合理，强调以社会效果进行评价。他的作品对欧洲喜剧艺术的发展有深远影响。代表作有《无病呻吟》、《伪君子》、《悭吝人》等。

《贵人迷》：莫里哀所著喜剧。主人公汝尔丹是一个醉心贵族的资产者，把贵族的一切当作他行动的标准，此作对资产阶级的这种庸俗心理作了无情的讽刺。

皮科克，参见第一册 P301 注释②。

《黑德朗大厅》：皮科克著，1816 年出版，中篇小说。

乔治·艾略特（George Eliot，1819—1880），原名玛丽·安·伊万斯（Mary Ann Evans），英国作家、翻译家、编辑。作为小说家，她擅长描写人物。代表作有《亚当·比德》、《织工马南传》、《弗洛斯河上的磨坊》、《米德尔马契》等。

《织工马南传》：乔治·爱略特著的小说，1861 年出版。此作讲述了织工马南曲折的人生经历。

P649 注释① J. Cohn, *Theorie der Dialektik*, 284, (die gegenseitige Anerkennung). Cf. Johnson, *Rasselas*, ch. 8, ed. G. B. Hill, 56: "Inconsistencies cannot both be right, but, imputed to man, they may both be true."

科恩，《辩证法理论》，284，(相互承认)。参见约翰逊，《拉塞拉斯》，第 8 章，G. B. 希尔编，56："矛盾双方不可能都是正确的，但于人而言，矛盾可能都是真的。"

科恩和《辩证法理论》：参见第一册 P10 注释②。

约翰逊，参见第一册 P411 注释①。

《拉塞拉斯》：约翰逊著，又名《阿比西尼亚国拉塞拉斯王子传》，出版于 1759 年，是一部富于道德和哲学思索的小说。

P649 注释② G. F. Senior and C. V. Bock, ed., *Goethe the Critic*, 18: "durch gegensätze zu operieren, die Frage von zwei Seiten zu beantworten und so gleichsam die sache in die Mitte zu fassen."

G. F. 斯奈尔和 C. V. 博克编，《评论家歌德》，18："通过相反的话语来实现意图，用正反两方面来回答问题，而置问题于中间。"

G. F. 斯奈尔、C. V. 博克和《评论家歌德》：不详。

P654 注释① Cf. *Anatomy of Melancholy*, Part. I, Sect. II, Mem. III, Subs. II,

Bell, I, 295 (a Jew in France).

参见《忧郁的解剖》,第I卷,第II部,第III章,第II节,贝尔,I, 295(一个在法国的犹太人)。

《忧郁的解剖》及其作者伯顿: 参见第一册 P37 注释④。

P655【增订三】*Essais*, II . xi, *op. cit.*, 406.

《随笔录》,II. xi,如前所引,406。

《随笔录》及其作者蒙田: 参见第一册 P50 注释①【增订四】。

P664 注释① Cf. G. Gusdorf: "Conditions et Limites de I'Autobiographie", *In Formen der selbstdarstellung*, hrsg. G. Reichenkron und E. Haase, 111 (I'héroïsme de tout dire).

参见 G. 古斯多夫:"自传的条件与局限",《自叙的形式》,G. 莱钦克洛和 E. 汉斯编,111(公之于众的自我英雄主义)。

G. 古斯多夫和《自叙的形式》: 不详。

P668 注释① H. Lausberg, *Handbuch der Literischen Rhetorik*, I, 337 (enumeratio oder Häufung im Kontakt), Cf. F. Schlegel, *Literary Notebooks*, ed. H. Eichner, 157, §1555 (ein Chaos von Substantiven zu häufen); N. Frye, *Anatomy of Criticism*, 336 (the verbal tempest, the tremendous outpouring of words in catalogues).

H. 劳斯伯格,《文学修辞手册》,I, 337(列举中的枚举和累加),参见 F. 施莱格尔,《文学札记》,H. 埃屈内编,157, §1555(堆积一堆名词);N. 弗莱,《批评的解剖》,336(词语风暴,在目录中涌现大量词语)。

H. 劳斯伯格和《文学修辞手册》: 参见第一册 P131 注释①。

F. 施莱格尔和《文学札记》: 参见第一册 P440 注释①。

N. 弗莱和《批评的解剖》: 参见第一册 P244 注释④。

P669 注释①R. Garapon, *La Fantaisie verbale et le Comique dans le Théâtre français du Moyen Âge à la Fin du XVII Siècle*, 74, 85, 113. Cf. Christina Rossetti: "Goblin Market": "Come buy, come buy: /Apples and Quinces,/ Lemons and oranges,/Plump unpecked cherries,/Melons and raspberries"etc.

R. 加拉蓬，《口头幻想作品和十七世纪末的法国中世纪喜剧》，74，85，113；参见克里斯蒂娜·罗塞蒂："妖魔集市"："来买，来买：/苹果和温柏，/柠檬和橘子，/饱满未啄的樱桃，/甜瓜和覆盆子"等等。

R. 加拉蓬和《口头幻想作品和十七世纪末的法国中世纪喜剧》：不详。

克里斯蒂娜·罗塞蒂：参见第一册 P79 注释①。

《妖魔集市》：罗塞蒂著的诗集，1862 年出版。

P670 注释①*Vorschule der Aestheik*，§35，op. cit，142.

《美学入门》，§35，如前所引，142。

《美学入门》及其作者让·保尔：参见第一册 P290 注释①。

P672【增订一】A. M. Clark，*Studies in Literary Modes*，176.

H. Weber，*La Création poétique au 16e Siècle en France*，I，155.

A. M. 克拉克，《文学模式研究》，176。

H. 韦博，《16 世纪法国的诗歌创作》，I，155。

A. M. 克拉克和《文学模式研究》；H. 韦博和《16 世纪法国的诗歌创作》：不详。

P674 注释① Cf. G. Picon，*La Littérature du XX*[e] *Siècle*，in R. Quéneau，ed.，*Histoire des Littératures*，III，1320："Rhétorique? C'est dire que la poésie est fondée sur le langage，non sur une expérience".

参见 G. 皮康，《二十世纪文学》，见 R. 奎尼奥编，《文学史》，III，1320："修辞学？就是说，诗是基于语言而非个人经验。"

R. 奎尼奥（Raymond Queneau，1903—1976），法国小说家、编辑、批评家、诗人，其文笔机智、辛辣、幽默。

G. 皮康和《二十世纪文学》：不详。

P676 注释①*Odyssey*，IX，364 ff.；cf. W. B. Stanford，*Ambiguity in Greek Literature*，98.

《奥德赛》，IX，364 页及之后；参见 W. B. 斯坦福，《希腊文学中的歧义性》，98。

《奥德赛》：参见第一册 P458 注释①。

W. B. 斯坦福和《希腊文学中的歧义性》：参见第一册 P399 注释②。

P677 注释①*On the Sublime*, ll. i, in *Aristotle*, *Longlnus*, *and Demetrius*, "Loeb", 127. Cf. A. Preminger, ed. , *Encyclopedia of Poetry and Poetics*, 71.

《论崇高》,ll. i,见《亚里士多德,朗吉努斯,德米特里》,"洛布古典丛书",127;参见 A. 普雷明格编:《新编普林斯顿诗歌与诗学百科全书》,71。

《论崇高》:文艺理论论文,它的主要抄本据说是古希腊作家朗吉努斯(Longlnus)著于公元一世纪的作品。在此作中,朗吉努斯主要对高尚和宏大的语言进行了探讨,以期对"激昂慷慨"(ekstasis)这种特殊审美感知的原因做出解释。《论崇高》是当时就文学和修辞学理论进行论战的产物,用书信体写成,阐述自己对崇高的风格,即对伟大文学作品的认识。这篇论文思想深刻,中世纪以来被译成各种文字,对欧洲古典主义时期的文艺理论有过很大影响。朗吉努斯的《论崇高》为法国古典主义理论纲领的建立作出了巨大的贡献

朗吉努斯,古希腊作家。在很长时间里,人们以为这个朗吉努斯就是公元前3世纪的希腊演说家和哲学家卡西乌斯·朗吉努斯,但现在一般认为,他应该生活在公元1世纪。朗吉努斯晚贺拉斯大约一个世纪。他唯一保存下来的作品是论文《论崇高》(*Peri Hupsous*)。他把"崇高"一词引入美学的殿堂,使之成为美学的一个重要范畴。在构成崇高的因素中,如庄严伟大的思想、天才与技巧、崇高的形象、高雅的措辞、尊严的结构等体现了古典主义者的理想完美性,所以为后来的新古典主义者所继承。

德米特里,参见第一册 P439 注释①

普雷明格(A. Preminger)和《新编普林斯顿诗歌与诗学百科全书》:参见第一册 P209 注释②。

P677 注释②S. Ullmann, *Semantics*, 168.

S. 乌尔曼,《语义学》,168。

S. 乌尔曼(Stephen Ullmann, 1914—1976),英国功能派语言学家,主要研究语言风格及语义学。1951 年他连续发表了《词及其用法》和《语义学原理》两书,后来又发表了《法语语义学概论》,其中《语义学原理》一书对西方语言学界影响最大。

《语义学》:乌尔曼著。书中有不少问题作者在《词及其用法》一书里已有论述,但是在新著中这些问题都谈得更详细透彻,而且叙述的系统也和旧著不同。新著和《语义学原理》也有所不同:《原理》着重在理论方面,评述百家,缕析条陈。作者表示要在这本新著里尽量反映语义学领域中最新的成就。正文包括九章。第一

至三章，讨论了几个基本原理：语言与语言单位，词的性质，意义。第四至七章是关于描写语义学的问题：词义的有理据性(motivation)与无理据性，词义中的逻辑要素及情感要素，同义现象，词义的暧昧性。第八讨论词义的变化问题。第九章谈词汇的结构。

P679 注释①*Essais*, I. iii,“la Pléiade”, 37.

《随笔录》,I. iii,“七星文库”,37。

蒙田和《随笔录》：参见第一册 P50 注释①【增订四】。

P680【增订四】Jean de la Varende, *M. le duc de Saint-Simon et sa comédie humaine*, 1983, p. 113.

让·德拉瓦伦德,《圣西门公爵和他的人间喜剧》,1983, P113。

让·德拉瓦伦德(Jean dela Varende, 1887—1959)，法国作家，文学评论家和画家。代表作有《福楼拜独自一人》、《伟大的诺曼人，感伤研究》、《圣西门公爵和他的人间喜剧》等。

P682 注释① Schiller: “Die Resignation”: “Die Weltgeschichte ist das Weltgericht”(*Werke*, hrsg. L. Bellermann, I, 75); Vigny, *Journal d'un Poète*: “La *moralité de la victoire* est la raison du plus fort”(*Oeuv. comp.*, “la Pléiade”, II, 999).

席勒:“辞职”:“世界历史则为世界法庭”(《作品》,L. 贝乐曼编,I, 75);维尼,《诗人日记》:“道德是胜利之源”(全集,“七星文库”,II, 999)。

席勒，参见第一册 P6 注释③。

维尼，参见第一册 P44 注释④。

《诗人日记》：参见第一册 P44 注释④。

P688 注释① James Frazer, *Folklore in the Old Testament*, II, 443 - 50(Cyrus, Telephus).

詹姆斯·弗雷泽,《旧约中的民俗》,II, 443—450(塞勒斯,忒勒福斯)。

詹姆斯·弗雷泽(James George Frazer, 1854—1941)，英国人类学家、宗教历史学、民俗学家，是认为“巫术先于宗教”的第一人。其著述甚丰，代表作为《金枝》。《金枝》研究巫术、宗教和科学对于人类思想发展的重要性。此书使其在世界学术界获得了崇高声誉。

《旧约中的民俗》：弗雷泽著。作者认为，《旧约》中的民俗素材是一种早期和过时的世界观的遗存，仅作为迷信而留了下来；这部书已成为人类学和《圣经》研究者的必备读物。

P688 注释② Plutarch, *Lives*, "Romulus", ii, op. cit., II 95.

普鲁塔克，《传记集》，"罗穆卢斯"，ii，如前所引，II 95。

普鲁塔克，参见第一册 P84 注释①。

《传记集》（*Parallel Lives*）：参见第一册 P362 注释①。

罗穆卢斯，古罗马君王。

P694 注释①*King Lear*, I. iv. 220 ·

《李尔王》，I. iv. 220。

《李尔王》：莎士比亚的四大悲剧之一，讲述的是古代不列颠国王李尔年老昏聩，要根据爱他的程度把国土分给自己三个女儿而后自食其果的悲剧故事。

《李尔王》的作者莎士比亚，参见第一册 P70 注释①。

P694 注释② Enid Welsford, *The Fool: His Social and Literary History*, 14.

依尼德·韦尔斯福德，《社会史与文学史中的傻瓜》，14。

依尼德·韦尔斯福德和《社会史与文学史中的傻瓜》：不详。

P696 注释①*On the Sublime* III. i(Gorgias of Leontini), op. cit., 129.

《论崇高》III. i(莱昂蒂尼的高尔吉斯)，如前所引，129。

《论崇高》及其作者朗吉努斯：参见第一册 P677 注释①。

P696 注释② Ennius, *Annals*, fr. 141-2, E. H. Warmington, *Remains of Old Latin*, "Loeb", I, 50.

恩尼乌斯，《编年纪》，fr. 141-142，E. H. 沃明顿，《古拉丁遗著》，"洛布古典丛书"，I，50。

恩尼乌斯（Quintus Ennius，前 239—前 169 年），又译埃纽斯，是古罗马诗人、剧作家。他很有诗歌才能，一生致力于向罗马人介绍希腊文学和哲学，在文学创作方面也有所建树，为罗马诗歌艺术的发展作出了贡献。现仅存 600 多行残诗。他的哲学著作、讽刺诗、铭辞及其他著作均已失传。

《编年纪》：恩尼乌斯著。《编年纪》全诗叙述罗马人的历史业绩。叙述从特洛亚毁灭开始，然后顺次叙述罗马的建立、王政时期和共和制的建立、高卢人的入侵、罗马向意大利扩张、迦太基的建立和第一次布匿战争、第二次布匿战争、马其顿战争、对西亚的征服、埃托利亚战争等。

P697 注释① Achilles Tatius, *Leucippe and Clitophon*, III. 5; *The Thousand Nights and One Night*, tr. P. Mathers, II, 229.

阿基里斯·塔提尔斯，《琉喀珀和喀里托丰的冒险》，III. 5；《一千零一夜》，P. 马特斯译，II, 229。

塔提尔斯（Achilles Tatius），罗马时代的一位希腊作家，活跃于公元二世纪，因其仅存的著作《琉喀珀和喀里托丰的冒险》而闻名。

《琉喀珀和喀里托丰的冒险》：塔提尔斯著，是仅存的五大古希腊小说之一，与朗格斯的《达佛涅克和克洛伊》有颇多相似之处，语言诙谐辛辣。

P697 注释② Jacopone daTodi: "Lauda delle Malattie"(L. R. Lind, *Lyric Poetry of the Italian Renaissance*, 64);*Orlando Furioso*, X. 28(op. cit., 84).

雅各波尼·达托迪："病中的劳达"（L. R. 林德，《文艺复兴抒情诗》，64）；《疯狂的罗兰》，X. 28（同前文所引，84）。

《疯狂的罗兰》及其作者阿里奥斯托：参见第一册 P50 注释①。

雅各波尼·达托迪，不详。

P697 注释③C. Lamb: "A Dissertation upon Roast Pig"(*Essays of Elia*, "Everyman's Lib.", 146); É. Goudeau: "La Revanche des Bêtes"(P. Mille, *Anthologie des Humoristes français contemporains*, 272).

C. 兰姆：《论烤猪》（《伊利亚随笔》，人人文库，146）；E. 古多：《野兽的复仇》（P. 米勒，《当代法国幽默家选集》272）。

C. 兰姆：参见第一册 P560 注释③。

《伊利亚随笔》：英国著名作家查尔斯·兰姆（Charles Lamb，1775—1834）写的随笔作品，堪称十九世纪英国文学的瑰宝。在这些随笔中，兰姆以"伊利亚"为笔名，从日常作息、家长里短切入，将平生感念娓娓道来；随笔主题既与兰姆本人的独特经历水乳交融，又浸淫于广阔深挚的人道主义氛围；文风含蓄迂回之余，亦不失情真意切。

E. 古多(Émile Goudeau, 1849—1906),法国记者、小说家、诗人。代表作有《沥青之花》、《野兽的复仇》等。

《野兽的复仇》:古多于1884年创作的小说。

P697 注释④ Milton, *Samson Agonistes*, 102; *An Epitaph on The Marchioness of Winchester*, 33.

弥尔顿,《力士参孙》,102;《温彻斯特侯爵夫人墓志铭》,33。

弥尔顿,参见第一册P183注释①。

《力士参孙》:英国文学家约翰·弥尔顿所作长篇诗歌,取材于圣经旧约,讲述以色列的大力士参孙被情人腓力斯人大利拉出卖,被弄瞎双眼。参孙念念不望复仇。后来腓力斯人逼迫参孙演武,参孙推倒庙宇,与敌人同归于尽。

P697 注释⑤*II Pentamerone*, V. 9(op. cit., 525).

《五日谈》,V. 9(同前文所引,525)。

《五日谈》及其作者巴西尔:参见第一册P231注释①。

P701 注释①cf. Leopardi, *Pensieri*, 1: "Colpa non perdonata dal genere umano, il quale non odia mai tanto chi fa male, né il male stesso, quanto chi lo nomina"(*Opere*, Ricciardi, I, 697).

莱奥帕尔迪,《沉思》,1:"人类不饶恕罪过,也不讨厌受害者;罪过本身不重要,关键是命名它的人"(《作品》,里西亚蒂,I, 697)。

莱奥帕尔迪,参见第一册P256注释④。

《沉思》:莱奥帕尔迪著,1837年出版,该作品凝结了作者对人与社会的思考。

P702 注释①*Il Principe*, cap. 15, *Opere*, Ricciardi, 49-50.

《君主论》,第15章;《作品》,里西亚蒂,49—50。

《君主论》及其作者马基雅维利:参见第一册P37注释④。

P702 注释② De Sanctis, *Storia della Letteratura italiana*, a cura di B. Crocee riveduta da A. Parente, I, 162 (si ha a distinguere il mondo intenzionale e il mondo effettivo); *Saggi critici*, a cura di L. Russo, II, 159; (Leopardi), 183 (Ariosto).

德·桑克蒂斯,《意大利文学史》,B. 克罗齐编,A. 帕伦特修订,I, 162(人们必须区分臆想世界和真实世界);《批评论文集》,L. 拉索编,II, 159;莱奥帕尔迪),183(阿里奥斯托)。

德·桑克蒂斯(Francesco Saverio De Sanctis, 1817—1883),意大利作家、文学评论家、政治家、哲学家。他是十九世纪意大利文学的主要批评家和历史学家之一。代表作有《意大利文学史》、《批评论文集》等。

《意大利文学史》:德·桑克蒂斯著于1870—1871年。此书不仅写意大利文学史,也详细描绘了从13世纪到19世纪意大利社会的发展。

莱奥帕尔迪,参见第一册P256注释④。

P704 注释① Adam Smith, *The Wealth of Nations*, Bk. II, ch. 2.

亚当·斯密,《国富论》,第II卷,第2章。

亚当·斯密(Adam Smith, 1723—1790),英国苏格兰哲学家和经济学家,是政治经济学古典学派的"创立者",代表作有《国富论》等。

《国富论》:亚当·斯密著,于1776年第一次出版。此书总结了近代初期各国资本主义发展的经验,批判吸收了当时的重要经济理论,发展出了现代的经济学学科,也提供了现代自由贸易、资本主义和自由意志主义的理论基础。书中对整个国民经济的运动过程做了系统的描述,被誉为"第一部系统的伟大的经济学著作"。

P704 注释②G. Simmel, *Philosophie des Geldes*, 5. Aufl, 578,583.

G. 齐美尔,《货币哲学》,第5版,578,583。

G. 齐美尔(Georg Simmel, 1858—1918),德国社会学家、哲学家。代表作有《货币哲学》、《历史哲学问题》、《道德科学引论:伦理学基本概念的批判》、《社会学的根本问题:个人与社会》等。

《货币哲学》:齐美尔著,出版于1900年。全书分为分析卷和综合卷两大部分,"分析卷"从社会生活入手剖析货币的本质,剖析产生货币的需求以及货币所满足的需求,"综合卷"则反之,综合考察货币对整体人类生活的影响,以此建立起西美尔式独特的世界图景。与马克思的《资本论》和韦伯的《经济与生活》一样,《货币哲学》主要也阐释自近代以来的货币经济现象以及与它相关的社会文化现象。

P704 注释③A. Arthaber, *Dizionario Comparato di Proverbi*, 185.

A. 阿尔萨贝尔,《比较谚语词典》,185。

A. 阿尔萨贝尔和《比较谚语词典》：参见第一册 P367 注释①。

P707 注释① Horace, *Epist.*, I. vi. 37; F. G. de Quevedo: "Letrilla". Cf. Burton, *Anatomy of Melancholy*, "Democritus to the Reader": "We adore Dea Moneta"etc., Bell, I, 69f f..

贺拉斯,《书札》,I. vi. 37; F. G. 德·克维多:"西班牙诗集";参见伯顿,《忧郁的解剖》,《德谟克利特致读者》:"我们都爱孔方兄"等等,贝尔,I, 69 页及之后。

贺拉斯,参见第一册 P145 注释③。

《书札》：参见第一册 P452【增订一】。

F. G. 德·克维多(Francisco Gomez de Quevedo y Villegas, 1580—1645),西班牙作家,曾任外交官、国王秘书等职,代表作有流浪汉小说《骗子,塞戈维亚的堂巴勃罗》、讽刺文集《梦》、诗集《西班牙诗集》、《西班牙的最后三位缪斯》,此外还写有神学和哲学论著。

伯顿和《忧郁的解剖》：参见第一册 P37 注释④。

P707 注释② G. Giusti, Gingillino, III. xxxii; Balzac, *La Maison Nucingen*, *Oeuv. comp.*, Conard, XIV, 348(cf. *Gobseck*: "L'or est le spiritualisme de nos sociétés actuelles", V, 398).

G. 朱斯缇,Gingillino, III. xxxii;巴尔扎克,《纽沁根银行》,《巴尔扎克全集》,康拉德出版社,XIV, 348(引自葛布塞:"钱是当今社会的唯一信仰",V, 398)。

G. 朱斯缇(Giuseppe Giusti, 1809—1850),意大利诗人、讽刺家。代表作有讽刺作品《蒸汽断头台》等。

巴尔扎克,参见第一册 P146 注释①。

《纽沁根银行》：巴尔扎克著的小说。此作讲述了以纽沁根为代表的金融大鳄,如何以假破产、假清理的手段,杀人不见血地掠夺千家万户的财产。作者以其非凡的洞察力,揭示了刚刚出现的银行、股份公司、证券交易对社会生活的影响;破译了资本的奥秘;进而指出了在社会进步、财富增值的过程中,优胜劣败、弱肉强食的残酷现实;同时也提出了自己对如何优化社会风俗、制约私欲膨胀的见解。

P707 注释③ Shakespeare, *Timon of Athens*, IV. iii. 28 ff..

莎士比亚,《雅典的泰门》,IV. iii. 28 页及之后。

莎士比亚，参见第一册 P70 注释①。

《雅典的泰门》：参见第一册 P199 注释①。

P707 注释④ *Le Quart Livre*，ch. 57. *Oeuv. comp.*，éd. J. Plattard，IV，205－7. Cf. Ch. Sorel，*Histoire comique de Francion*. éd. É. Roy，I，123－4.

《第四部》，第 57 章，《全集》，J. 普莱塔德编，IV，205—207。索雷尔，《弗朗西荣的滑稽故事》，E. 罗伊编，I，123—124。

《第四部》：见拉伯雷的《巨人传》（又译《巨人世家》）。

《巨人传》：拉伯雷著的小说。此作共分五部，取材于法国民间传说故事，主要写格朗古杰、高康大、庞大固埃这三代巨人的活动史。

拉伯雷（Francois Rabelais，1483—1553），文艺复兴时期法国人文主义作家之一。拉伯雷的主要著作是长篇小说《巨人传》等。

索雷尔和《弗朗西荣的滑稽故事》：参见第一册 P529 注释①。

P710 注释① P. Neveux，quoted in，J. Thoraval，*L'Art de Maupassant d'après ses variantes*，161.

P. 尼维克斯，转引自让·杜瑞乐，《莫泊桑艺术风格变化》，161。

让·杜瑞乐（Jean Thoraval），不详。

《莫泊桑艺术风格变化》：让·杜瑞乐著，1950 年出版。

P710 注释② L. Wittgenstein，*Philosophical Investigations*，tr. G. E. M. Anscombe，I，§109，§309，pp. 47e，103e.

L. 维特根斯坦，《哲学研究》，G. E. M. 安斯科姆译，I，§109，§309，起止页码：P47e—103e。

L. 维特根斯坦，参见第一册 P514【增订四】。

《哲学研究》：路德维希·维特根斯坦著。该书认为，过去的许多哲学问题都源自哲学家对语言的错误理解与使用，使哲学成为空洞的形而上学。哲学的当下任务在于，按照日常语言的规则讲话，在具体用途中考察语词的意义，来治疗这种病症。

P711【增订四】 Evelyn Waugh，*Diaries*，ed. M. Davie，1976，p. 783. Roland Barthes，Le plaisir du texte，Éditions du Seuil，1973，p. 52.

伊夫林·沃,《日记》,M. 大卫编,1976, P783。

罗兰·巴特,《文本的快乐》,瑟依出版社,1973, P52。

伊夫林·沃(Evelyn Waugh, 1903—1966),英国作家,代表作有小说《衰落与瓦解》、《一抔土》、《旧地重游》、《荣誉之剑》等。

罗兰·巴特(Roland Barthes, 1915—1980),法国作家、思想家、社会学家、社会评论家和文学评论家。代表作有《写作的零度》、《神话》、《符号学基础》、《批评与真理》、《S/Z》、《文本的快乐》等等。

《文本的快乐》: 罗兰·巴特著,发表于 1973 年。此作论文学、语言、创作和阅读。

P713 注释① St Clement of Alexandria, The *Miscellanies*, *or Stromata*, Bk I, ch. 13, tr. W. Wilson, "Ante-Nicene Christian Library", IV, 389.

亚历山大的圣克莱门,《杂文集》,第 I 卷,第 13 章,W. 威尔逊译,《尼西亚前基督文库》,IV, 389。

圣克莱门(St Clementof Alexandria, Titus Flavius Clements,约 150—220),早期的基督教教父与哲学家,并一直作为殉教者受到尊敬。他重视知识,崇尚哲学,称哲学知识为寻找真理的工具,并可以使信仰成为一门科学。著有《劝勉希腊人》、《导师》、《杂文集》、《谁是得救的富人》

《杂文集》: 亚历山大的圣克莱门著。其他不详。

P714 注释①*Geschichte der Philosophie*, "Einleitung", Felix Meiner, I, 126 – 9.

《哲学史讲演录》,"导论",费列克斯·梅内,I, 126—129。

《哲学史讲演录》: 参见第一册 P87 注释①。

《哲学史讲演录》的作者黑格尔: 参见第一册 P4 注释①。

P716 注释①*Richard* II, III. ii. 155 ff..

《理查二世》,III. ii. 155 页及其后。

《理查二世》: 参见第一册 P237 注释①。

《理查二世》的作者莎士比亚,参见第一册 P70 注释①。

P716 注释②A. de Vigny, *Journal d'Un Poète*, op. cit., II, 1222.

A. 德·维尼,《诗人日记》,如前所引,II, 1222。

A. 德·维尼和《诗人日记》:参见第一册 P44 注释④。

P718【增订一】J-B. Pontalis, Vocabulaire de la Psychanalyse, 19.

J-B. 蓬塔利斯,《精神分析词汇》,19。

P718 注释① James Joyce, *Ulysses*, The Odyssey Press, 536: "The Fan: 'Have you forgotten me?' Bloom: 'Nes. Yo.'"; cf. Evelyn Waugh, *Sword of Honour*, 687: "Uncle Peregrine: 'Yes and no. More no than yes perhaps …Yes and no. More yes than no.'"

詹姆斯·乔伊斯,《尤利西斯》,奥德赛出版社,536:"扇子:'你难道忘了我了吗?布鲁姆:'不,是。'"参见伊夫林·沃,《荣誉之剑》,687:"裴来格林叔叔说:'肯定还是否定。或许否定更多一些……肯定还是否定,肯定多于否定。'"

詹姆斯·乔伊斯(James Joyce, 1882—1941),爱尔兰作家、诗人,二十世纪最伟大的作家之一,后现代文学的奠基者之一,其作品及"意识流"思想对世界文坛影响巨大。代表作有小说《都柏林人》、《青年艺术家的自画像》、《尤利西斯》、《芬尼根的守灵夜》等。

《尤利西斯》:乔伊斯著,意识流小说的代表作。该小说讲述的是青年诗人斯蒂芬寻找一个精神上象征性的父亲和布卢姆寻找一个儿子的故事。小说以时间为序,描述了男主人公利奥波德·布卢姆于 1904 年 6 月 16 日 1 天 18 个小时之内在都柏林的生活经历。乔伊斯通过描述一天内发生的单一事件向人们展示了一幅人类社会的缩影,通过对一个人一天日常生活和精神变化的细致刻画揭示了人类社会的悲与喜,英雄与懦夫的共存以及宏伟与沉闷的同现。

《荣誉之剑》:英国作家伊夫林·沃著的讽刺小说。小说着重描写一个人对战争的体会。它虽然命名为"荣誉之剑",内容却是对荣誉的幻灭。小说的基调是讽刺,又有一种怀旧的伤感和无奈。小说写到了很多历史场景,将讽刺与传奇、反讽与同情融合在一起表现战争。它记录的不是英雄的业绩,而是战争的荒诞不经和人生的混乱不堪。

伊夫林·沃,参见第一册 P711【增订四】。

P720 注释① Suetonius, *The Lives of the Caesars*, VIII. 2, "Loeb", II, 284, note(Horace, *Epist.*, I. 17. 43; Martial, II. 18. 5).

苏埃托尼乌斯,《罗马十二帝王传》,VIII. 2,“洛布古典丛书”,II, 284,注(贺拉斯,《书札》,1. 17. 43;玛西尔,II. 18. 5)。

苏埃托尼乌斯和《罗马十二帝王传》:参见第一册P8注释①。

贺拉斯,参见第一册P145注释③。

《书札》:参见第一册P452【增订一】。

P9 注释①S. Ullmann, *Principles of Semantics*, 2nd ed, 58.

斯蒂芬·乌尔曼,《语义学原理》,第二版,58。

斯蒂芬·乌尔曼:参见第一册 P677 注释②。

P11 注释①F. Mauthner, *Kritik der Sprache*, 3 Aufl., l. 86－7(Fluch der Sprache), III. 629－32(Unzufriedenheit mit der Sprache).

F. 毛特纳,《语言批判论稿》第三版,I, 86—87(语言的诅咒),III, 629—632(语言的不足)。

F. 毛特纳,参见第一册 P335 注释②。

P11 注释②A. France, *Le Jardin d'Epicure*, Oeuvres complètes, Calmann-Lévy, IX, 430－1.

A. 法郎士,《伊壁鸠鲁的花园》,插图全集,卡尔曼-李维,IX, 430—431。

A. 法郎士(A. France, 1844—1924),法国作家、文学评论家、社会活动家。主要作品有小说《苔依丝》、《企鹅岛》、《诸神渴了》等。1921 年的作品《苔依丝》获诺贝尔文学奖。

《伊壁鸠鲁的花园》:法朗士著。在这部作品中,法郎士作了一番哲学的探讨。世界极其大而人极其小,人类的平庸随处可见,因此做人要谦虚。在此作中,作者表示,心灵的快乐远远超过肉体的快乐,而安宁平静的灵魂则是明智的人驾驶船只躲避感官生活的风暴的港湾。

P11 注释③ Hamann quoted in F. Mauthner, *op. cit.*, I. 335; II, 718.

哈曼引自 F. 毛特纳,如前所引,I. 335; II, 718。

毛特纳,参见第一册 P335 注释②。

P12 注释① Cf. V. Pareto, A Treatise on General Sociology, tr. A. Bongiorno and A. Livingston, §§114－6, 336－7, Dover ed., I, 61, 229－30; Ch. Perelman, The Idea of Justice and the Problem of Argument, tr. J. Petrie, 143－4.

参见 V. 帕累托,《思想与社会》章节 114—116, 336—337, I, 61, 229—230;佩雷尔曼,《正义理念与论证问题》,J. 皮特李里译,143—144。

V. 帕累托及其《思想与社会》,参见第一册 P360 注释①。

佩雷尔曼(C. Chaim Perelman, 1912—1984),比利时哲学家,主要研究领域是哲学、法学和新修辞学,主要关注正义、法律推理和修辞学问题。代表作有《正义》、《新修辞学》等。关于正义问题,佩雷尔曼侧重归纳了各种关于正义的解释,并力求在不同解释中发现共同因素——即平等对待,也就是对同一范畴的人同样对待。

P12 注释②*Phänomenologie des Geistes*, Berlin: Akademie Verlag, 229.

《精神现象学》,柏林:学院出版社,229。

《精神现象学》及其作者黑格尔:参见第一册 P4 注释①。

P12 注释③*Götzendäemmerung*, "*Streifzügeseines Unzeitgemässen*", §26, Werke, hrsg. K. Schlechta, II. 1005.

《偶像的黄昏:或怎样用锤子从事哲学》,弗里德里希·尼采,§26,《作品》,K. 施勒赫塔编,II. 1005。

尼采:参见第一册 P23 注释②。

《偶像的黄昏:或怎样用锤子从事哲学》:尼采批判当时的德国文化相当单纯而幼稚,并向法国、英国、以及意大利文化代表人物开炮。比起那些所谓的"颓废主义",尼采更赞成像凯撒、拿破仑、歌德、修昔底德以及诡辩家们,他认为后者比起前者健康且强壮。此作最后告诉了读者们尼采最重要的计划:"重估一切价值"(Umwertung aller Werte)。尼采在《偶像的黄昏》中针对的不是充斥着世界的许多偶像,而是人被不公正地、并非为了他们自己的幸福牺牲给他的偶像。

P12 注释④*Treatise on the Improvement of Understanding*, in J. Wild, ed., Spinoza, Selections, 35.

《知性改进论》,怀尔德编,《斯宾诺莎选集》,35。

《知性改进论》:斯宾诺莎关于方法论和认识论的著作。此作是他在 1661 年冬天到1662年春天所写的。这是一本未竟之作。虽未完成,却仍然是一篇可以告一段落的、内容丰富的独立论文,并且可以当作他的中心著作《伦理学》的导言来看。书中探讨寻求知识的途径和方法,指出真理与实在的系统一贯性,并力图把十七世纪发展起来的新力学和数学精神推广应用到研究存在的认识的整个领域。

斯宾诺莎,参见第一册P10注释②。

P13 注释①*Leviathan*, l. 4, Routledge, 14 ff..

《利维坦》,l. 4,劳特利奇出版社,14页及之后。

《利维坦》及其作者霍布斯:参见第一册P362注释⑤。

P13 注释② Bentham, *Theory of Fictions*, ed. C. K. Ogden, 12,15—6.

边沁,《虚构理论》,C. K. 奥格登,12,15—16。

边沁和《虚构理论》:参见第一册P540【增订三】。

C. K. 奥格登,参见第一册P195注释⑤。

P13 注释③ Aulus Gellius, II, iii, *op. cit.*, II, 210.

奥留斯·格里乌斯,II, iii,如前所引,II, 210。

格里乌斯,参见第一册P58注释①。

P13 注释④ Il Convito, III. 4, *opere*, ed, E. Moore and P. Tonybee, 275; Cf. *la Divina Commedia*, Ricciardi, 320n.; Campanella, *la Cantica*, *Proemio*, *0pere di G. Bruno e di T. Campanella*, Ricciardi, 787.

《飨宴》,III. 4,《作品》,E. 摩尔和P. 托里比编,275;参见《神曲》,里西亚蒂,320n.;坎培奈拉,《普罗米奥之歌》,《G. 布鲁诺和T. 坎培奈拉文集》,里西亚蒂,787。

《飨宴》(Banquet Il Convito):但丁著于1304—1307年间,是但丁的一些长诗和未完成的寓言、评论组成的哲理诗合集,也是意大利第一部用俗语写成的学术性论著,是一部内容丰富的百科全书式作品。此作中,作者传播古今科学文化知识,提供精神食粮,并希望以道德和知识消除各城邦之间与城邦内部各派之间的倾轧、攻伐。此作所具有的新思想,贯穿于但丁后期的全部主要作品,也反映在《神曲》中,所以,此作可以当做研究《神曲》的重要入门书。

《神曲》及其作者但丁：参见第一册 P244 注释②。

布鲁诺，参见第一册 P99 注释③。

坎培奈拉，参见第一册 P99 注释③。

《G. 布鲁诺和 T. 坎培奈拉文集》：不详。

P13 注释⑤ Italienische Reise, 2 Jan. 1787, *Sämtliche Werke*, "Temple-Klassiker", XIII, 159.

《意大利游记》1787. 1. 2，《全集》，"寺院经典"，XIII，159。

歌德：参见第一册 P16 注释①。

《意大利游记》：歌德著。歌德因陶醉于意大利风光和希腊罗马古典艺术，只身赴意大利旅行。此次旅行使他的思想起了重大转折，使他开始探索大自然的奥妙、追求希腊罗马艺术中体现的宁静、纯朴、和谐等。此作记载了歌德在意大利旅行中的感受，也常被视作歌德自传，可以从中了解诗人转向"古典"主义的变化。

P13【增订四】*Madame Bovary*, II. xii, *op*, *cit.*, p. 265.

《包法利夫人》，II. Xii，如前所引，P265。

《包法利夫人》及其作者福楼拜：参见第一册 P436【增订四】。

P14 注释① Mauthner, *op. cit.*, I. 81 - 2, 117 - 20 (dasheiligeSchweigen). III, 617 - 8 (die Stummen des Himmels); M. Scheler, Die Wissensformen und die Gesellschaft, 63 (sanctum silentium).

毛特纳，如前所引，I. 81—82，117—120，（光明沉默）III 617—618，（沉寂天空），舍勒，《知识形态与社会》，63，（圣教静穆）。

毛特纳，参见第一册 P335 注释②。

M. 舍勒，参见第一册 P317 注释①。

《知识形态与社会》：M. 舍勒著。此作认为，分析思想过程，最易了解社会生活的过程。思想与知识是社会生活的产物。社会学者的职责是研究知识与思想的发源及其与社会生活的交互关系。

P14【增订四】Molinos, Guía espiritual, lib. I, cap. 17, in B. Croce, La Poesia, 5ª ed., 1953, p. 263.

莫林诺,《灵程指引》,第 I 部,第 17 章, B. 克罗齐,《诗学》,第 5 次再版,1953, P263。

莫林诺(Miguel de Molinos, 1628—1696),西班牙神秘主义作家和神学家,寂静派主义的创造者。代表作有《简论每日灵修》、《灵程指引》等。

《灵程指引》: 莫林诺著,出版于 1675 年。在当时就有西欧几种主要语言的译本,影响较大。

B. 克罗齐,参见第一册 P415 注释①。

《诗学》: 克罗齐著,1936 年出版,介绍了诗歌发展历史以及文学批评。此作被认为是克罗齐在美学领域最成熟和最复杂的作品。

P15 注释①S. Ullmann, Semantics, 173. cf. Hobbes, op. cit., p. 18.

S. 乌尔曼,《语义学》,173;霍布斯,如前所引,第 18 页《利维坦》。

S. 乌尔曼和《语义学》: 参见第一册 P677 注释②。

《利维坦》及其作者霍布斯: 参见第一册 P362 注释⑤。

P17 注释① Plotin, *Ennéades*, V. 3. 13: "C'est pourquoi, en vérité, il est ineffable; quoi que vous diriez, vous direz quelque chose: or ce qui est au-delà de toutes choses, ... n'a pas de nom; car ce nom serait autre chose que lui"; 3. 14: "Nous pouvons parler de lui, mais non pas l'exprimer lui-même…il est trop haut et trop grand pour être appelé l'être… supérieur au verbe" (tr. É. Bréhier, V. 67,68).

普罗提诺,《九章集》,V. 3. 13:"因而,它实在是难以言说的;无论你对它说什么,你都是把它当作'某种事物'在说:这不是给它命名,而是说它不是万物之一,没有名称";3. 14:"我们确实在说着什么,但我们又肯定没有言说它……而它自己不仅不是这些之一,而且高于我们所称的'是',他比一切所说的事物更多更大"(É. 布雷耶译,67,68)。

普罗提诺和《九章集》: 参见第一册 P14 注释②。

P17 注释②B. Croce, *La Poesia*, 5ª ed., 131(W. von Humboldt).

B. 克罗齐,《诗学》,第 5 版,131(威廉·冯·洪堡)。

B. 克罗齐,参见第一册 P415 注释①。

《诗学》: 参见第二册 P14【增订四】。

威廉·冯·洪堡,参见第一册 P328【增订四】。

P18 注释① *Thirteen Epistles*, Letter VII, tr. L. A. Post, 96 – 7. Cf. E. Cassirer, Die Philosophie des symbolischen Formen, I,63 – 5.

《柏拉图十三封信札》,第 VII 封信;恩斯特·卡西尔,《符号形式哲学》,I,63—65。

柏拉图,参见第一册 P101 注释①。

《柏拉图十三封信札》:柏拉图著。第七封信是其中最长的一封,大多数学者承认这封信是柏拉图真作,把它当作可靠的史料进行研究和引证。在这封信中,柏拉图提出了"物自体"这个表达。这封信的主要情节是:现在已是老人,七十岁的柏拉图为狄翁的友人回忆他与狄奥尼修斯的相遇以及他在西西里政治努力的失败。

E. 卡西尔,参见第一册 P82 注释②。

《符号形式哲学》:参见第一册 P297 注释①。

P19 注释① Evelyn Underhill, *Mysticism*, 12th ed., 80.

伊夫林·昂德希尔,《密契主义》,第 12 版,80。

伊夫林·昂德希尔(Evelyn Underhill, 1875—1941),英国国教高教会派教徒、作家、和平主义者。众多作品都围绕宗教、修行的话题,特别是基督教神秘主义。20 世纪上半叶,昂德希尔的此类作品风靡于英语国家。

《密契主义》:昂德希尔著。"密契主义(Mysticism)"一词源于希腊语 myein,即"闭上",尤其是闭上眼睛。密契,意思是密切契合。密契主义者对可以通过感官从现象世界获得真理、智慧感到失望,它主张摆脱眼耳鼻舌身意六感束缚,摆脱第七感也就是理智的约束,使自身不受现象界的干扰,从而返回自我,在灵魂的静观中达到真理、智慧。

P19 注释②*Correspondence*, Letter L (to Jarig Jelles), tr. A. Wolf, 270. *Cf. Ethica*, I, Prop. viii, Schol. 1, "Classiques Garnier", 1, 30.

《斯宾诺莎书信集》(致加里哥·杰乐斯),A. 沃尔夫译,270;参见《伦理学》,I,命题 viii,旁注 1,"卡尼尔经典",1,30。

斯宾诺莎和《斯宾诺莎书信集》:参见第一册 P10 注释②。

《伦理学》:参见第一册 P84 注释②。

P22 注释①(Sie konnte ja nicht mitreden ohne ihren Charakter zu verleugnen) A. W. Schlegel: "Der Wettstreit der Sprachen", *Kritische Schriften und Briefe*, W. Kohlhammer, I, 252.

(如果不否认她的性格,她就无法发表意见)A. W. 施莱格尔:"语言相竞",《批评性著作信函》,W. 科尔翰莫,I, 252。

A. W. 施莱格尔,参见第一册 P290 注释②。

P23 注释① Phänomenologie des Geites, op. cit., 19.

《精神现象学》,如前所引,19。

《精神现象学》:黑格尔著,1807 年出版。提供了一部人类意识的发展史,揭示了人的个体发展及人类社会发展两个方面的历史辩证法。

黑格尔,参见第一册 P4 注释①。

P23 注释② Aristotle, *Metaphysics*, I. 5,985b23.

参见亚里士多德,《形而上学》,I. 5,985b23。

亚里士多德,参见第一册 P37 注释③。

《形而上学》:亚里士多德著。该作是亚里士多德死后 200 多年由安德罗尼柯把他专讲事物本质、灵魂、意志自由等研究经验以外对象的著作编集成册,排在研究事物具体形态变化的《物理学》(*Physica*)一书之后,并名之为《物理学之后诸卷》。它是西方思想传统中的最重要的经典文本,或者说是奠定西方思想传统的重要作品,它展示了人类理性对于事物最普遍的面相和终极的原因的探索。此作考察了人类知识的形成,进而提出关于普遍知识的理论,从根本上奠定了西方哲学思想的基本概念和问题。

P25 注释① Cf. J. Cohn, *Theorie der Dialektik*, 218: "Die Mystik geht vom Widerspruche unmittelbar zum Absoluten über, in dem er gelöst gedacht wird (coincidentia oppositorum)-ihr fehlt der Fortgang;... sie benutzt ihn nur als Sprungbrett, von dem aus sie sich in Fluten der Alleinheit schwingt."

参见 J. 科恩,《辩证法理论》,218;"神秘主义从矛盾直接转向绝对,矛盾被认为解决了(对立统一)——神秘主义没有往前再进一步……它只是把矛盾用作跳向统一洪流的跳板。"

J. 科恩和《辩证法理论》:参见第一册 P10 注释②。

P27【增订四】T. K. Seung, *Structuralism and Hermeneutics*, 1982, pp. 29–30.

T. K. 承炫,《结构主义和诠释学》,1982, P29—30。

T. K. 承炫(T. K. Seung, 1930—?),韩裔美国哲学家和文学评论家。他的学术兴趣涉及多元化的哲学和文学主题,包括伦理学、政治哲学、法律哲学、文化诠释学和中国古代哲学。代表作有《浮士德精神的形成》、《结构主义和诠释学》,以及《解释学中的符号学和主题》等。

《结构主义和诠释学》: T. K. 承炫著,1982 年出版。与《浮士德精神的形成》、《解释学中的符号学和主题》共同构成了他研究康德、柏拉图、尼采、斯宾诺莎、歌德、瓦格纳和规范政治理论的方法论基础,体现了他对文学和哲学诠释学的贡献。

P30 注释① Aristotle, *Politics*, I. viii, *Basic Works*, Random House, 1137.

亚里士多德,《政治学》,I. viii,《基本著作集》,蓝登书屋,1137。

《政治学》及其作者亚里士多德: 参见第一册 P37 注释③。

P30 注释② Spinoza, *Ethica*, I, Appendix, Garnier, 1,105.

斯宾诺莎,《伦理学》,I,附录,卡尼尔,I, 105。

斯宾诺莎,参见第一册 P10 注释②。

《伦理学》: 参见第一册 P84 注释②。

P30 注释③D. Mornet, *Les Sciences de la Nature en France au 18ᵉ Siècle*, 152ff.; E. Cassirer, *Rousseau*, *Kant*, *Goethe*, 65 ff.

D. 莫尔内,《18 世纪法国自然科学》,152 页及之后;E. 卡西尔,《卢梭,康德,歌德》,65 页及之后。

D. 莫尔内(D. Mornet, 1878—1954),法国历史学家。他曾指出,"法国大革命的起源是一回事,法国大革命是另一回事。"主要作品是《法国大革命的文化起源》。

E. 卡西尔: 参见第一册 P82 注释②。

《卢梭,康德,歌德》: 卡西尔著。通过追述从诗(卢梭)向哲学(康德)和从哲学(康德)向诗(歌德)的精神转换现象,生动而令人信服地说明了这一点: 伟大的心灵总是相通的。正因乎此,一位大哲学家和一位大诗人之间的距离,就比他与一位蹩脚的哲学家之间的距离小。

P30 注释④ Lucretius, IV. 823－835, "Loeb", 306.

卢克莱修,IV. 823—835,"洛布古典丛书",306。

卢克莱修,参见第一册 P284 注释②。

P30 注释⑤*Advancement of Learning*, III. 4, The Physical and Metaphysical Works of Bacon, ed. J. Devey, 141.

《论学术的进展》,III. 4,《培根的形而上学作品》,J. 德威,141。

《论学术的进展》:参见第一册 P434 注释①。

培根,参见第一册 P286 注释①。

P30 注释⑥ Spinoza, *Ethica*, IV, Praefatio, *op. cit.*, T. II, p. 4.

斯宾诺莎,《伦理学》,IV,天赋技能,如前所引,T, II, p. 4。

斯宾诺莎,参见第一册 P10 注释②。

《伦理学》:参见第一册 P84 注释②。

P31 注释① Voltaire, *Candide*, ch. 1(Pangloss)(*Romans et contes*, "Bib. de la Pléiade", 145,661 note); Heine: "Zur Teleologie" (Fragment).

伏尔泰,《老实人》,第一章(邦葛罗斯)(《小说与故事》,"七星文库"),145,661 注释;海涅:"目的论"(断章)。

伏尔泰和《老实人》:参见第一册 P459 注释①。

海涅,参见第一册 P8 注释①。

P31 注释② Cf. Schopenhauer, *Die Welt als Wille und Vorstellung*, IV, § 54, *Sämtl. Werke*, hrsg. E. Grisebach, I, 362: "Natura non contristatur."

参见叔本华,《作为意志和表象的世界》,IV,第 4 节,《全集》。E. 格里泽巴赫编,I, 362:"大自然并不悲伤"。

《作为意志和表象的世界》及其作者叔本华:参见一册 P124 注释①。

P32 注释① Pliny, *Natural History*, VII. 1, "Loeb", II, 506; Leopardi: "La Ginestra", *Opere*, Ricciardi, I, 157.

普林尼,《自然史》,VII. 1,"洛布古典丛书",II, 506;莱奥帕尔迪:"拉吉内斯特",《作品》,里西亚蒂,I, 157。

普林尼和《自然史》：参见第一册 P380 注释①。

莱奥帕尔迪，参见第一册 P256 注释④。

P32 注释②F. Th. Vischer, *Auch Einer*, Insel Verlag, 21, 26, 68 - 9. cf. Poe: "The Angel of the Odd", *Poems and Miscellanies*, Oxford. 159; Zola, *Pages d'Exil*, Publiées et annotées par Colin Burns, 50 (les objets se cachent parfois pour nous éprouver); Swinburne, *Letters*, ed. Cecil Y. Lang, VI, 64(malevolent furniture); Santayana, *Letters*, ed. Daniel Cory, 15 (the joke of things at our expense).

F. Th. 费肖尔，《还有更好》，岛屿出版社，21，26，68—69。参见爱伦·坡："奇怪天使"，《诗歌和杂记》，牛津，159；左拉，《流亡记》，柯林斯·伯恩斯注校，50（器物有时隐藏起来试探我们）；斯温伯恩，《书信集》，塞西尔·Y. 朗，VI，64（坏心眼的家具）；桑塔耶拿，《书信集》，丹尼尔·考里编，15（器物之玩笑常以我们为代价）。

F. Th. 费肖尔（Friedrich Theodor Vischer, 1807—1887），德国哲学家、美学家、小说家及诗人。与其子罗伯特·费肖尔（Robert Visher, 1847—1933）一起常被称为费肖尔父子。弗里德利希·费肖尔从黑格尔美学出发，但又批评黑格尔过分注重内容（理念）方面，认为美之所以美，就在于为何表现内容，即在于形式。美必须具备质的契机和量的契机，前者包括多样性和对立性，后者包括规则性、均衡、对照等。弗里德利希·费肖尔晚年致力于心理学研究，把移情作用看成是"对象的人化"，称之为"审美的象征作用"，成为"移情"说美学理论的先驱。主要著作有《美学》（6 卷）、《批评论丛》、《论象征》等，小说以《还有更好》、《新与旧》闻名于世。

《还有更好》：费肖尔著。该小说的第一版出现于 1879 年，共两卷。此作虽然结构奇特、主角古怪，却一直畅销。

爱伦坡（Edgar Allan Poe, 1809—1849），19 世纪美国诗人、小说家和文学评论家，美国浪漫主义思潮时期的重要成员。代表作有《怪异故事集》、《诗歌原理》等。

左拉（Émile Zola, 1840—1902），法国自然主义小说家和理论家，自然主义文学流派创始人与领袖。主要创作作品为《卢贡-玛卡一家人的自然史和社会史》，该作包括 20 部长篇小说，其中代表作有《小酒店》、《萌芽》、《娜娜》、《金钱》等。

斯温伯恩（Algernon Charles Swinburne, 1837—1909），英国诗人、剧作家和文

学评论家。他以抒情诗闻名。斯温伯恩崇尚希腊文化，又深受法国雨果和波特莱尔等人作品的影响，和英国"拉斐尔前派"的罗赛蒂等艺术家也志趣相投。在艺术手法上，他追求形象的鲜明华丽与大胆新奇、声调的和谐优美与宛转轻柔。代表作有诗剧《卡里顿的阿塔兰达》等。

桑塔耶拿(George Santayana, 1863—1952)，西班牙裔美国哲学家、美学家、文学家。代表作有《美感》、《理性的生活，或人类进步诸相》、《怀疑主义和动物的信念》、《存在诸领域》等。

P33 注释①J. S. Mill, *Three Essays on Religion*, Longmans, p. 29.

J. S. 穆勒，《宗教三论》，朗文，P29。

J. S. 穆勒，参见第一册 P539 注释①。

《宗教三论》：J. S. 穆勒著，1874 年出版。其中第一篇《论自然》于 1854 年完稿。他写道：效法自然——有意识地遵循自然之道立身处世——既不理性、也不道德。不理性，因为人活在世上，就得改变自然之道；利用厚生之事，有赖改善自然之道；不道德，因为自然之道充斥着令人极端厌恶的情事；任何人胆敢师法自然之道，将被视为大奸巨恶，绝无例外。穆勒认为，人的职责是利用厚生，而不是师法自然；是与自然的永恒斗争，迫使自然为人类服务，提升公义与善。

P33 注释② Cf. Pubilius Syrus, §128: "Crudelis lacrimis pascitur non frangitur", *Minor Latin Poets*, "Loeb", 30; M. Scheler, *Wesen and Formen der Sympathie* II(die Grausamkeit alseine Funktion des Nachfühlens).

参见普布里乌斯·西鲁斯，§128："这是一种不太可能的东西"，《次要拉丁诗人选集》，"洛布古典丛书"，30；舍勒：《同情的本质与形式》II(这就是残酷的感觉)。

普布里乌斯·西鲁斯，参见第一册 P101 注释①。

M. 舍勒和《同情的本质与形式》：参见第一册 P317 注释①。

《次要拉丁诗人选集》：不祥。

P33【增订四】Suetonius, *op. cit.*, Vol. I, p. 451.

苏埃托尼乌斯，如前所引，第 I 卷，P451。

苏埃托尼乌斯：参见第一册 P8 注释①。

P34【增订三】Proust, *Le Temps retrouvé* in *A la Recherche du Temps* perdu, “Bib. de la Pléiade”, III, 896.

普鲁斯特,《过去韶光的重现》,见《追忆似水年华》,“七星文库”,III,896。

普鲁斯特(Marcel Proust, 1871—1922),20世纪法国最伟大的小说家之一,意识流文学的先驱与大师。他研究柏格森直觉主义和弗洛伊德的潜意识理论并尝试将其运用到小说创作中,代表作有《追忆似水年华》等。

《追忆似水年华》:普鲁斯特著,被誉为二十世纪意识流小说的代表作之一。此书与传统小说不同,全书以叙述者“我”为主体,将其所见所闻所思所感融合一体,既有对社会生活、人情世态的真实描写,又是一份作者自我追求,自我认识的内心经历的记录。除叙事以外,还包含有大量的感想和议论。整部作品没有中心人物,没有完整的故事,没有波澜起伏,贯穿始终的情节线索。它大体以叙述者的生活经历和内心活动为轴心,穿插描写了大量的人物事件,犹如一棵枝丫交错的大树,可以说是在一部主要小说上派生着许多独立成篇的其他小说。

P35 注释①A. Huxley, *Grey Eminence*, 137-8,186.

A. 赫胥黎,《幕后操纵者》,137—138,186。

A. 赫胥黎,参见第一册P458注释④。

《幕后操纵者》:A. 赫胥黎著。此作是关于弗朗索瓦·勒克莱尔·德·特朗布莱的传记。弗朗索瓦是嘉布遣修会修士,人称约瑟夫神父。

P35 注释② Cf. Scheler: “*Ordo Amoris*”: “Die indifferenzenzzone ist nur einer idealer Schnitt, der von unserem wechselnden Gemütsverhalten nie völlig erreicht wird”, *Schriften aus dem Nachlass*, I, 252.

参见舍勒,《爱的秩序》:“冷漠的区域只是一个理想的切割,这是我们不断改变的思维行为所无法完全实现的”,《未完成的手稿》,I, 252。

M. 舍勒,参见第一册P317注释①。

《爱的秩序》:M. 舍勒著。此作包括六篇文章,即《爱与认识》、《爱的秩序》、《基督教的爱理念与当今世界》、《懊悔与重生》、《论人的理念》、《受苦的意义》。前三篇分别从认识论、本体论和社会理论层面集中反映了舍勒爱的现象学。《懊悔与重生》、《受苦的意义》两文是舍勒精神情感现象学之宗教哲学方向的重要文献。《论人的理念》反映了舍勒早年关于哲学人类学的初步构想。舍勒认为,真爱使人们的“精神之眼”可以看到被爱者身上潜隐的较高价值。爱使人眼光明晰,而非使人盲目。“只有有爱心的人的眼睛是睁开的——眼睛的明亮取决于他们爱的程度。”爱让我们看透事物的本质，让我们看见了事物固有的潜隐价值。

P41 注释① Livy, II. xxxii, 9－12; cf. Shakespeare, *Coriolanus*, I, i, 99 ff..

李维，II. xxxii，9—12；参见莎士比亚，《科里奥兰纳斯》I，i，99 页及之后。

李维（Titus Livius，前 59—公元 17 年），罗马共和国后期学问渊博的博物学家、历史学家，曾教授屋大维的继孙克劳狄，即后来的皇帝克劳狄一世。著有《罗马自建城以来的历史》等。

莎士比亚，参见第一册 P70 注释①。

《科里奥兰纳斯》：莎士比亚著。此作是莎翁晚年写的一出可与四大悲剧相媲美的古罗马历史悲剧。故事情节如下：罗马共和国的英雄马歇斯由于性格上的弱点得罪了群众，成了罗马的敌人而被放逐；他转而投靠敌人带兵围攻罗马，后接受其母劝告，放弃攻打，由此得罪了敌人，最后在战乱中被敌人杀死。

P47 注释① Evelyn Underhill, op. cit., 145, 169, 198, 231 (the purgative life and the unitive life).

伊夫林·昂德希尔，如前所引，145，169，198，231（清净戒体和天人合一）。

伊夫林·昂德希尔：参见第二册 P19 注释①。

P48 注释① Marcus Aurelius, *Meditations*, IV, 41, tr. T. J. Jackson, 90; Epictetus, *Discourses*, IV. 1, "Loeb", II, 269. Cf. *Ennéades*, I. i. 10, tr É. Bréhier, I, 46.

马可·奥勒留，《沉思录》；IV，41，T. J. 杰克逊译，90；爱比克泰德，《爱比克泰德论说集》，IV. I，“洛布古典丛书”，II，269。《九章集》，1. i. 10，É. 布莱埃译，I，46。

马可·奥勒留（Marcus Aurelius 121—180），罗马思想家、哲学家，公元 161 年至 180 年任罗马帝国皇帝。他以希腊文写成的著作《沉思录》传世。他是著名的“帝王哲学家”，斯多葛学派代表人物之一，也是一个少见的贤君和军事家。随着奥勒留的去世，罗马的黄金时期结束。代表作有《沉思录》等。

《沉思录》：马可·奥勒留著于公元前 2 世纪后期，是斯多葛派哲学的一个里程碑著作。《沉思录》来自于作者对身羁宫廷的自身和自己所处混乱世界的感受，追求一种摆脱了激情和欲望、冷静而达观的生活。马可·奥勒留在书中阐述了灵魂与死亡的关系，解析了个人的德行、个人的解脱以及个人对社会的责任，要求常常自省以达到内心的平静，要摈弃一切无用和琐屑的思想，正直地思考。而且，不仅要思考善、思考光明磊落的事情，还要付诸行动。

爱比克泰德，参见第一册 P74 注释①。

《爱比克泰德论说集》：爱比克泰德的学生记录整理的授课笔记。参见第一册 P74 注释①。

普罗提诺和《九章集》：参见第一册 P14 注释②。

P48 注释② *La Vie de Plotin*, in *Ennéades*, T. I, p. 1.

《柏拉图的生活》，来自《九章集》，T. I，P1。

柏拉图，参见第一册 P101 注释①。

《九章集》及其作者普罗提诺：参见第一册 P14 注释②。

P48 注释③ *The Romans*, 11,14.

《罗马人》，11，14。

《罗马人》：巴洛著。主要内容包括：罗马人的实践天赋、罗马人对宗教和哲学的态度、基督教与罗马帝国、罗马法等内容。

巴洛(R. H. Barrow, 1893—1984)，美国历史学家。

P48 注释④ Francis Thompson: "Health and Holiness": "The body was proclaimed enemy, and as an enemy it was treated" (*Works*, III, 251).

法兰西斯·汤普生："健康与圣洁"，"视身体为仇敌"(《作品》III，251)。

法兰西斯·汤普生(Francis Thompson, 1859—1907)，英国诗人。1893 年，发表了第一部作品《诗集》。1897 年，开始转向散文写作。他一生共出版了三部诗集。

P48 注释⑤ Aulus Gellius, X. xvii, "Loeb", II, 260. Cf. Descartes, *Méditations métaphysiques*, III: "Je fermerai maintenant les yeux, je boucherai mes oreilles, je détournerai tous mes sens", etc.

奥卢斯·格利乌斯，X. xvii，"洛布古典丛书"，II，260；参见笛卡尔，《形而上学的沉思》III："现在，我闭上双眼，堵住双耳，转移自己所有的感官"，等等。

奥卢斯·格利乌斯，参见第一册 P58 注释①。

笛卡尔(Rene Descartes，1596—1650)，法国著名哲学家、物理学家、数学家、神学家。笛卡尔是二元论的代表，留下名言“我思故我在”(或译为“思考是唯一确定的存在”)，提出了“普遍怀疑”的主张，是欧洲近代哲学的奠基人之一，黑格尔称他为“近代哲学之父”。他的哲学融唯物主义与唯心主义于一体，开拓了所谓“欧陆理性主义”哲学。同时，他又是一位勇于探索的科学家，他所建立的解析几何在数学史上具有划时代的意义，被誉为“近代科学的始祖”。笛卡尔堪称17世纪欧洲哲学界和科学界最有影响的巨匠之一。

《形而上学的沉思》：笛卡尔著。1641年用拉丁文在巴黎发表。这部书进一步论证了笛卡尔在《论方法》中提出的论点，同时用一些委婉的辞句谋求教会对他的宽容。书的内容是在宗教的外衣下为科学思想探寻根据。全书包括一封给巴黎神学院的信，一篇内容提要和6篇沉思。第1篇沉思提出我们可以怀疑一切的理由；第2篇说明思想者的存在是无可怀疑的；第3篇进而证明上帝存在；第4篇提出凡是理性清楚明白地理解到的都是真的以及错误的来源是什么；第5篇论述物质事物的本质是广延；第6篇讲述物质的存在以及人的灵魂和形体的差别。

P49 注释① Cf. Montesquieu, *Lettres Persanes*, ix, Garnier, 19, LePremier Eunuque: “Helas! on éteignit en moi l'effet des passions, sans en éteindre la cause.”

参见孟德斯鸠,《波斯人信札》,ix,卡尼尔经典,19,第一位宦官:“哎！激情的结果在我身上消失了,而原因却没有消失”。

孟德斯鸠,参见第一册 P38 注释①。

《波斯人信札》：孟德斯鸠唯一的一部文学作品。本书的主人公郁斯贝克是一位波斯贵族，他在法国旅游期间，不断与朋友通信。小说通过郁斯贝克在巴黎的所见所闻，以令人着迷的笔力描绘了18世纪初巴黎现实生活的画卷。《波斯人信札》“写得令人难以置信的大胆”，是启蒙运动时期第一部重要的文学作品，开了理性批判的先河。

P49 注释② Matthew, 14:12; Cf. Augustine, *Confessions*, VIII. 1, “Loeb”, 1, 404.

马太福音,14:12;参见奥古斯丁,《忏悔录》,VIII. 1,“洛布古典丛书”,1,404。

马太福音：参见《圣经·新约》。

圣奥古斯丁和《忏悔录》：参见第一册 P14 注释③。

P49 注释③E. Westermarck, *Early Beliefs and their Social Influence*, 122－3.

E. 韦斯特马克,《早期信仰及其社会影响》,122—123。

E. 韦斯特马克(Edvard Alexander Westermarck, 1862—1939),芬兰哲学家、社会学家。他认为,社会学的目标是解释社会现象,发现它们的原因。他是"社会制度的自然史"研究的开创者之一,并在早期婚姻制度史研究中独树一帜。他研究的重点是婚姻、家庭、伦理、宗教。他反对 L. H. 摩尔根的学说,否认人类最早的社会单位是"群",否认原始人最初处在杂婚、群婚的状态中;认为最早的社会单位是"家",一夫一妻制是人类的天然倾向和最早、最基本的婚姻家庭方式,这种倾向是自然选择的结果。在道德问题上,韦斯特马克认为没有绝对的标准,并引用大量材料论证各民族、各地区道德伦理上的差别。

P49 注释④ Nietzsche, Also *sprach Zarathustra*, "Von den verächten des leibes", Werke, hrsg. K. Schlechta, II, 300.

尼采,《查拉图斯特拉如是说》,"生命的蔑视者",《作品》,K. 施勒赫塔编,II, 300。

尼采,参见第一册 P23 注释②。

《查拉图斯特拉如是说》:尼采著的哲学小说,此作以散文诗体写就,由 1883 年至 1885 年间的四部分组成,并于 1883 年至 1891 年间出版。此书几乎包括了尼采的全部思想;文笔绮丽,哲理深沉;以振聋发聩的奇异灼见和横空出世的警世话语宣讲"超人哲学"和"权力意志",用如诗如歌的语言,道出了作者对人生、痛苦、欢乐、期许的深邃体悟。查拉图斯特拉,又译琐罗亚斯德(Zarathustra)。该人物是拜火教的创始人,出身于米底王国的一个贵族家庭,20 岁时弃家隐居,30 岁时受到神的启示,他改革传统的多神教,创立琐罗亚斯德教。在这本书里,尼采宣告"上帝死了",让"超人"出世。

P51 注释① Livy, I. lviii. 9 (Collatinus et a/toLucretia), "Loeb", I, 202; St. Augustine, *The City of God*, I. xviii, "Loeb", Vol. 1, p. 80, cf. XIV. iii:

"anima peccatrix fecit esse corruptibilem carnem."

李维,I, lVIII. 9(柳克丽霞和考蒂努斯),"洛布古典丛书",I, 202;圣奥古斯丁,《上帝之城》,I, xviii,"洛布古典丛书",卷 1, P80;参见 XIV. iii:"罪恶的灵魂在肉身腐朽。"

李维,参见第二册 P41 注释①。

圣奥古斯丁，参见第一册 P14 注释③。

《上帝之城》：参见第一册 P37 注释①。

P51 注释②E. g. Machiavelli, La Mandragola, III. xi: "perchè la volontà è quella che pecca, non el corpo" (*Opere*, Ricciardi, 1014); Boccaccio, *Il Decamerone*, III. 8: "perciò che ella [la santità] dimora nell'anima e quello che io vi domando è peccato del corpo", x. 5: "per questa volta il corpo ma non l'animo gli concedo" (ed. Hoepli, 219, 619); Montaigne, *Essais*, II. xii: "l'offense consiste en la volonté, non en la poictrine, aux yeux, aux genitoires" (éd, "Bibliothèque de la Pléiade", 503); Shakespeare, *The Rape of Lucrece*, 1655 - 6: "Though my gross blood be stain' d with this abuse, /Immaculate and spot-less is my mind"; Voltaire, *L'ingénu*, ch. 20: "Le crime ne peut être que dans 1e coeur, 1e vôtre est à la vertu et à moi" (Romans et Contes, "Bib. de la Pléiade", 290).

例如马基雅维利，《曼德拉草》，III. xi："因为意志才有罪孽，而身体没有罪孽"（《作品》，里西亚蒂，1044）；薄伽丘，《十日谈》，III. 8："因此，她[圣洁]居于灵魂之中，而我要求于你的是身体的罪过"，x. 5："这个时候的身体不给，我给了灵魂"（欧伯利编，219，619）；蒙田，《随笔录》，II. xii："罪行在意志中，而不在精神、眼睛和生殖器中"（"七星文库"）；莎士比亚，《露易丝受辱记》，1655—6："虽然我的血肉之躯受到污染，/但是我的心灵完美无暇"；伏尔泰，《天真汉》，第 20 章："罪孽乃以论心，汝身于我似美德"（《小说与故事》，"七星文库"，290）。

《曼德拉草》：马基雅维利所著喜剧。此作中，马基雅维利借对罗马史学家李维《历史》中所述美女卢克蕾佳殒身殉国的罗马故事之戏仿，消解了《历史》中所塑造的坚贞的卢克蕾佳形象。

马基雅维利，参见第一册 P37 注释④。

薄伽丘和《十日谈》：参见第一册 P301 注释④。

蒙田和《随笔录》：参见第一册 P50 注释①【增订四】。

莎士比亚，参见第一册 P70 注释①。

《露易丝受辱记》：莎士比亚著。该诗是根据古罗马传说创作的诗歌，主人公路修斯·塔昆纽斯（或塔昆）是罗马王政时代的最后一个国王。他在谋杀岳父、篡据王位后，暴虐无道，民怨沸腾。公元前 509 年，因其子奸污露易丝，激起公愤，他和他的家族被放逐，王朝被推翻，罗马共和国遂告成立。

伏尔泰，参见第一册 P459 注释①。

《天真汉》：伏尔泰著的哲理小说，1767年出版。此作描写了路易十四时代的法国。小说主人公天真汉从小生活在加拿大的部落中，后回到法国，他与虚伪的习俗格格不入，他"想什么说什么，想做什么就做什么"的淳朴思想习惯为周围的社会习俗、宗教偏见所不容，终被关进巴士底狱。妻子为搭救他屈身于权贵，在悲愤中死去，而天真汉却由于贵族的提拔，成为军官，得到正人君子的赞许。

P51【增订四】莎士比亚的《情人怨》中亦道此意：all my offences that abroad you see/Are errors of the blood, none of the mind——*A Lover's Complaint*, 183－4.

你所见的一切外在淫辱/均是血肉之躯之过，与心意无关——《情人怨》，183—184。

《情人怨》：又译为《爱人的怨诉》、《情女怨》，是莎士比亚著于1609年的一首诗。

莎士比亚，参见第一册P70注释①。

P53 注释① Cf. Wordsworth, *The Prelude*, Bk. VI, 3－4, ed. E. de Selincourt and Helen Darbishire, 265: "as if distance had the power/To make the sounds more audible."

参见华兹华斯，《序曲》，第VI卷，3—4，德塞林考特和海伦·达比学编，265："仿佛距离具有力量/使声音更加清晰"。

华兹华斯和《序曲》：参见第一册P16注释①。

P53 注释②*Modern Painters*, Pt I, Sect. iii, ch. 3, George Routledge, I, 253.

《现代画家》，第I部分，第iii节，第3章，乔治·劳特利奇，I，253。

《现代画家》：拉斯金著。本书内容丰富，涵盖从文艺复兴到19世纪的艺术流派、艺术分析、作品欣赏、画法研究、材料研究、地理文化研究、历史与社会文化分析等多重领域。透过拉斯金所描述的绘画及雕刻等艺术，人们不仅对罗马时期、哥特时期、文艺复兴时期、巴罗克时期以及整个欧洲中世纪时期和近现代绘画艺术的主要特点有了全面而清晰的了解，而且，也使读者对绘画发展所赖以存在的社会、政治、经济、文化等背景有所洞悉，从而可以更好地把握西方绘画发展的一般规律，并能同时感受作者追求美的历程。

约翰·拉斯金（John Ruskin, 1819—1900），英国作家、艺术家、艺术评论家，还是哲学家、教师和业余的地质学家。1843年，他因《现代画家》一书而成名，书中他高度赞扬了威廉·特纳(J. M. W. Turner)的绘画创作,使他成为维多利亚时代艺术趣味的代言人。

P53 注释③T. S. Eliot, *To Criticize the Critic*, 187.

T. S. 艾略特,《批评批评家》,187。

T. S. 艾略特(1888—1965),英国(美国)诗人、剧作家和文学批评家,诗歌现代派运动的领袖。艾略特曾在哈佛大学学习哲学和比较文学,接触过梵文和东方文化,对黑格尔派的哲学家颇感兴趣,也曾受到法国象征主义文学的影响。1922年发表的《荒原》为他赢得了国际声誉,被评论界看作是二十世纪最有影响力的一部诗作,被认为是英美现代诗歌的里程碑。1943年结集出版的《四个四重奏》使他获得了1948年的诺贝尔文学奖。晚年致力于诗剧创作。

《批评批评家》:艾略特著,收录了艾略特从1917年开始到1961年间的9篇评论文章和演讲稿。此作中,艾略特以独到的眼光对众多文化现象进行了评论,如对文学批评的运用的论述,还评价了对他产生巨大影响力的若干作家,并强调了接受正确教育的重要性。

P54 注释①*Wissenschaft der Logik*, op, cit, III, 367,374.

《逻辑学》,如前所引,III, 367,374。

《逻辑学》及其作者黑格尔:参考第一册P4注释①。

P56 注释①H. W. B. Joseph, *AnIntroduction to Logic*, 2nd ed., 533 - 4; J. Passmore, *Philosophical Thinking*, 50 - 1(the spelling out of analogies).

H. W. B. 约瑟夫,《逻辑学导论》,第二版,533—534; J. 巴斯摩尔,《哲学思维》,50—51(类比罗列)。

H. W. B. 约瑟夫(H. W. B. Joseph, 1867—1943),英国作家、学者,代表作有《逻辑学导论》。

《逻辑学导论》:约瑟夫著。此作是一本关于逻辑学的书籍,探讨了逻辑学的诸多方面。

J. 巴斯摩尔(John Passmore, 1914—2004),澳大利亚哲学家。他一生探讨了许多哲学问题,共出版著作20余本。代表作有《人对自然的责任》、《哲学百年新近哲学家》等。

《哲学思维》:不详。

P57 注释① Cf. Joseph de Maistre, Les Soirées de Saint-Pétersbourg, 7e Entretien, "Les Classiques Garnier", II, 25: "In mutua funera, Déjà, dans le règne végétal, on commence à sentir la loi", etc.; Leopardi, ll Zibaldone, a cura di F. Flora, II, 1005 – 6: "Entrate in un giardino di piante, d'erbe, di fiori"etc.; Hardy: "In a Wood": "Combatants all!" etc; Heinrich Lerch: "Im Schützengraben": "Zwei gleiche Bäume stehn Zusammen nicht" etc..

参见约瑟夫·德·迈斯特尔,《圣彼得堡对话录》,第7版,"卡尼尔经典",II,25:"同类相竞,我们在蔬菜王国,就可以感受到自然之法",等等;莱奥帕尔迪,《杂记》,F. 弗劳拉编,II,1005—6:"进入植物园,有草药,花卉。"哈代:"树林中":"全是战斗人员!"等等;海因里希·勒赫:《在战壕里》:"两棵相同的树不会站在一起"等等。

约瑟夫·德·迈斯特(Joseph de Maistre, 1753—1821),法国大革命之后法国保守派最重要的思想家。1792年拿破仑的革命军队攻克萨伏依后,他流亡瑞士洛桑,成为保守派的重要成员。著有《论法国》(1796),该书被视为法国保守主义的经典。其他代表作有《信仰与传统》、《政治组织和人类其他制度的基本原则论》、《圣彼得堡之夜》等。

莱奥帕尔迪,参见第一册P256注释④。

《杂记》:参见第一册P608【增订三】。

海因里希·勒赫,不详。

《在战壕里》:是德国的一部关于战争的宣传性无声电影,摄于1914年。

托马斯·哈代(Thomas Hardy),英国诗人、小说家。他是横跨两个世纪的作家,早期和中期的创作以小说为主,继承和发扬了维多利亚时代的文学传统;晚年以其出色的诗歌开拓了英国20世纪的文学。哈代一生共发表了近20部长篇小说,其中最著名的当推《德伯家的苔丝》、《无名的裘德》、《还乡》和《卡斯特桥市长》等。

P57 注释② B. Dunham, *Man against Myth*, 62 ff., 72 ff..

B. 邓纳姆,《人反神话》,62页及之后,72页及之后。

B. 邓纳姆(Barrows Dunham, 1905—1995),美国作家、哲学家。他对于超自然的宗教思想,持反对与不信任的态度。代表作有《人反神话》、《英雄与异教徒》等。

《人反神话》:巴罗斯·邓纳姆著于1947年。其他不详。

P58【增订二】*Krit. d. rein. Vernunft*, hrsg. Benno Erdmann, 6. Aufl., 462.

《纯粹理性批判》,贝诺·埃德曼编,第6版,462。

《纯粹理性批判》:德国哲学家康德著,首次出版于1781年,是康德的哲学巨著三部曲中的第一部,第二部是1788年出版的《实践理性批判》,第三部是1790年出版的《判断力批判》。此作首先确定了人的认识的形式和范畴,然后论证这些先天的形式和范畴只适用于现象界,而不适用于超验的本体——自在之物。认为对自在之物的认识不是人有限的认识能力所能达到的。所以得出结论,理论理性低于实践理性,科学知识应该让位给宗教信仰。该书是欧洲哲学史上一部具有转折意义的重要著作。

《纯粹理性批判》的作者康德,参见第一册P6注释②。

贝诺·埃德曼(Benno Erdmann, 1851—1921),德国新康德主义哲学家,逻辑学家,心理学家。

P59注释① Hume, *Treatise of Human Nature*, Bk I, Pt iv, Sect. 7, "Everyman's Library", I,249,254.

休谟,《人性论》,第I卷,第iv部分,第7节,"人人文库",I,249,254。

大卫·休谟和《人性论》:参见第一册P391注释③。

P59注释② Diderot: "Philosophie pyrrhonienne", *Oeuvres complètes*, éd. J. Assézat, XVll, 491; Kierkegaard, *Journals*, tr. A. Dru, 156. Cf. L. Nelson, *Socratic Method and Critical Philosophy*, tr. T. K. Brown III, 9,101.

狄德罗,"皮浪哲学"(怀疑主义),《全集》,J. 阿塞扎特编;克尔凯郭尔,《日记》,A. 德鲁译,156;参见L. 尼尔森,《苏格拉底教学法与批判哲学》,T. K. 布朗译,III,9,101。

狄德罗(Denis Diderot, 1713—1784),法国作家、启蒙思想家、唯物主义哲学家,百科全书派的代表人物。代表作有《哲学思想录》、《对自然的解释》、《达朗贝和狄德罗的谈话》、《关于物质和运动的原理》等。

克尔凯郭尔(Soren Aabye Kierkegaard, 1813—1855),丹麦宗教哲学心理学家、诗人,现代存在主义哲学的创始人,后现代主义的先驱,也是现代人本心理学的先驱。他认为,哲学研究的对象,不单单是客观存在,更重要是从个人的"存在"出发,把个人的存在和客观存在联系起来,哲学的起点是个人,终点是上帝,人生的道路也就是天路历程。代表作有《非此即彼》、《恐惧与战栗》、《人生道路的阶段》等。

《日记》：在克尔凯郭尔写作生涯中，除了大量以假名或真名发表的正式出版物外，他还留下了大量的文稿和日记。实际上，这些日记与他著作是浑然一体的。日记所展现的是活生生的作者本人。克尔凯郭尔把不能向别人直接诉说的，以更为直接且以极其深思熟虑的方式在日记中倾诉了出来。因此，这些日记是理解克尔凯郭尔思想的重要途径。

L. 尼尔森(L. Nelson, 1882—1927)，德国数学家、哲学家、社会学家。尼尔森深受苏格拉底哲学的影响，自 20 世纪 20 年代，他开始将苏格拉底对话方法用于思考和学习，到 20 世纪 50 年代，把苏格拉底对话发展为一种学习和教学过程。

P59 注释③ Molière, *Tartuffe*, IV. 5.

莫里哀，《伪君子》，IV, 5。

莫里哀，参见第一册 P647 注释①。

《伪君子》：莫里哀著，是其喜剧艺术的最高成果，也是世界戏剧史上的经典之作。小说讲述了宗教骗子达尔杜弗以伪装的虔诚骗得富商奥尔贡的信任，成为他家的上宾。奥尔贡背弃女儿原有婚约，欲招达尔杜弗为婿，还取消了儿子的继承权，把财产全部奉送给了骗子。他的做法遭到全家人反对，他们巧妙地揭露了达尔杜弗的真相，使奥尔贡翻然悔悟。骗子凶相毕露，企图陷害奥尔贡，但得到了应有的惩罚。

P61 注释① Heine, *Zur Geschichte der Religion und Philosophie in Deutschland*, *I*, *Säemtliche Werke*, *Weichert*, VIII, 24-6.

海涅，《论德国宗教和哲学的历史》，I，《全集》，威谢尔特出版社，VIII，24—61。

海涅，参见第一册 P8 注释①。

《论德国宗教和哲学的历史》：海涅著。此书分为三篇，第一篇论述了宗教史(从基督教的产生到路德宗教改革运动时的德国宗教)；第二篇论述德国古典哲学的来源，介绍了笛卡尔、斯宾诺莎、莱布尼茨等人的哲学和影响；第三篇论述从康德到黑格尔的德国古典哲学的发展，偏重于表述它的革命意义。从对宗教的批判开始，海涅论证了这一观点，即：从马丁·路德以来德国宗教和哲学的发展是德国社会革命的一种准备。

P67【增订四】"Yankee Doodle", G. Grigson, ed., *The Faber Book of Popular*

Verse, 1974, p. 166.

"扬基歌",G. 格里格森编,《费伯流行诗歌集》,1974, P166。

G. 格里格森,参见第一册 P128 注释①。

《费伯流行诗歌集》: G. 格里格森编,1971 年出版。

G. Ryle, *The Concept of Mind*, 1949, pp. 16 – 7.

G. 赖尔,《心的概念》,1949, P16—17。

G. 赖尔(Gilbert Ryle, 1900—1976),英国哲学家,日常语言哲学牛津学派的创始人之一。赖尔早年倾向于胡塞尔的现象学,后来对逻辑原子论、逻辑经验主义感兴趣,30 年代转向日常语言哲学。他的著作涉及哲学方法论、哲学逻辑、精神哲学、语言哲学以及哲学史等领域,著有《心的概念》、《两难论法》、《柏拉图的进展》、《论思想》等作品。

《心的概念》: G. 赖尔著,出版于 1949 年。赖尔写作此书的主要目的在于批驳笛卡尔以来的身心二元论,认为机器中的幽灵是人们因误用心理行为等语词概念而自设的藩篱。此书被认为是二战后最有影响的哲学著作之一。

P71 注释①*Treatise*, Bk I, Pt iii, Sect. 2 (the idea of cause and effect; Pt iv, Sect. 6 (personal identity) (op. cit., I, 76 ff., 238 ff.). Cf. M.R. Cohen, *The Meaning of Human History*, 64: "Hume's argument is analogous to Zeno's argument against motion by resolving time and space into an infinity of disconnected points and instants."

《人性论》,第 I 卷,第 iii 部分,节选 2(因果);第 iv 部分,节选 6(人格同一性)(如前所引,I, 76 页及之后,238 页及之后);参见 M. R. 科恩,《人类历史的意义》,64:"休谟对运动的观点与芝诺对运动的观点的相同之处在于,都将时空分解成无限数量的点和瞬间。"

《人性论》及其作者休谟: 参见第一册 P391 注释③。

M. R. 科恩,参见第一册 P46 注释②。

《人类历史的意义》: M. R. 科恩著,在此书中,作者将现实主义哲学应用到了历史学的领域。其他不详。

P71 注释② Leibniz, *Novreaux Essais sur l'Entendement*, Préface, Philosophischen Schriften, hrsg. C.J. Gerhardt. V, 47.

莱布尼茨,《人类理智新论》,莱布尼茨,《哲学作品集》,C. J. 格哈德编,V, 47。

莱布尼茨，参见第一册 P84 注释③。

《人类理智新论》：参见第一册 P501 注释①。

P71 注释③ W. James, *Principles of Psychology*, I, 164 - 5 (an excellent example of the so-called fallacy of division).

W. 詹姆斯，《心理学原理》，I，164—165(所谓分割谬误的极佳例证)。

W. 詹姆斯和《心理学原理》：参见第一册 P272 注释②。

P72 注释① Hegel, *Wissenschaft der Logik*, *op. cit.*, I, 490. Cf. Leibniz, *op. cit.* Préface, 49 (La nature ne fait jamais de sauts); Liv. IV, ch. 16, § 12, S455.

黑格尔，《逻辑学》，如前所引，I，490。参见莱布尼茨，如前所引，序 49(大自然从不跳跃)；IV，第 16 章，§ 12，455。

黑格尔和《逻辑学》：参见第一册 P4 注释①。

莱布尼茨，参见第一册 P84 注释③。

P72 注释② *The Phoenix and the Turtle*, st. 7.

《凤凰与斑鸠》，第 7 篇。

《凤凰和斑鸠》：莎士比亚著的一首寓言诗。此作描绘了凤凰和斑鸠的葬礼，凤凰代表着完美，而斑鸠则代表无私的爱。莎士比亚在这首诗中呈现了理想化爱情的死亡。众多批评家认为这首诗是莎士比亚最晦涩难懂的作品之一。

莎士比亚，参见第一册 P70 注释①。

P72 注释③ *Biographia Literaria*, ch. 14.

《文学传记》，第 14 章。

《文学传记》及其作者柯勒律治：参见第一册 P489 注释①和第一册 P16 注释①。

P73 注释① *Philosophie der Geschichte*, I Teil, ii Abschnitt, Reclam, 191; Disraeli, *Curiosities of literature*, 1,268.

《哲学史》，第 I 部分，第 ii 部分，莱克拉姆出版，191；迪斯雷利，《文苑搜奇》，1,268。

《哲学史》及其作者黑格尔：参见第一册 P87 注释①和第一册 P4 注释①。

迪斯雷利(Isaac Disraeli 1766—1848),西班牙裔意大利学者,一生致力于文学和史学研究,创作了许多极具价值的有趣作品,其中包括《文苑搜奇》、《论轶事》、《作者的灾难》,同时还研究了詹姆斯一世和查理一世的生平。

《文苑搜奇》:迪斯雷利著的趣味读物。全书共十三章,分别为:文学史上的食物(如《愤怒的葡萄》结尾处的喂奶场景);文学与身体—头脑、肺、心和肠(普鲁斯特和哮喘);文学史上的纪录——最差和最佳小说、最短的诗、最常被错误引用的句子;文学史的刑事观察;姓名游戏;杰出和不够杰出的读者(总统读者和首相读者);财富和图书贸易;车轮(名人的车祸);病态的好奇(奥威尔的死因等)。

P74【增订三】Du Halde, *Lettres édifiantes et curieuses de Chine*, ed. I et J.-L. Vissière, 1979, 469.

杜赫德,《中华帝国全志》,伊莎贝拉(Isabelle)**和 J.-L. 魏西埃编,1979,469。**

杜赫德(Jean Baptiste du Halde, 1674—1743),法国耶稣会神父,著名汉学家。杜赫德虽然一生从未踏上中国国土,但对中国文化与历史非常着迷。他收集了大量在华耶稣会士有关中国的通信、著作、研究报告等,精心选编著成《中华帝国全志》。

《中华帝国全志》:1735 年出版,全名为《中华帝国及其所属鞑靼地区的地理、历史、编年纪、政治和博物》,被誉为"法国汉学三大奠基作之一"。内容涉及中国的地理、历史、政治、宗教、经济、民俗、物产、科技、教育、语言、文学等各个领域,共分 4 卷。主要根据其他从 17 世纪来华的传教士的报道编辑而成,此书在欧洲直到 19 世纪末都被看作是关于中国问题的知识手册。

P74【增订四】*System und Geschichte der Philosophie*, ed. J. Hoffmeister, 1944, Vol. è, pp. 109, 110.

《哲学史讲演录》,J·霍夫迈斯特编,第 I 卷,P109,110。

《哲学史讲演录》:参见第一册 P87 注释①。

《哲学史讲演录》的作者黑格尔:参见第一册 P4 注释①。

P75 注释①*Wissenschaft der Logik*, *op. cit.*, III, 365.

黑格尔,《逻辑学》,如前所引,III, 365。

黑格尔和《逻辑学》:参见第一册 P4 注释①。

P76 注释① Ib., II, 80, III, 373, 375, *Aesthetik*, Aufbau, 69; *Phänomenologie* *des Geistes*, *op. cit.*, 20, *Geschichte der Philosophie*, Felix Meiner, I, 118, cf. 109.

出处同上,II, 80, III, 373,375,《美学》,建设出版社,69;《精神现象学》,如前所引,20,《哲学史讲演录》,菲利克斯·迈纳出版社,I, 118,参见 109。

《美学》、《精神现象学》、《哲学史讲演录》及其作者黑格尔: 分别参见第一册 P264 注释①、第一册 P6 注释①、第一册 P87 注释①和第一册 P6 注释①。

P76 注释②*Purgatorio*, XXV. 74 - 5.

《炼狱篇》,XXV. 74—75。

《炼狱篇》及其作者但丁: 参见第一册 P244 注释②。

P76 注释③"The Marriage of Heaven and Hell", *Poetical Works*, Oxford, 248.

《天堂与地狱的婚姻》,《诗作》,牛津,248。

《天堂与地狱的婚姻》: 布莱克著的诗集。在此诗集中,布莱克构筑了宏伟与庄严的教堂顶层。在那里,理想与现实的箴言熠熠闪光,时时提醒着圣母般的洁净与肃穆。他否定了代表理性的上帝,赞美代表力量的撒旦,并且宣称或者说预言上帝退位。诗人希望天堂与地狱结合,成为理想的人世。

威廉·布莱克(William Blake, 1757—1827),英国第一位重要的浪漫主义诗人、版画家,虔诚的基督教徒。主要诗作有诗集《纯真之歌》、《经验之歌》等。早期作品简洁明快,中后期作品趋向玄妙深沉,充满神秘色彩。

P77 注释① Platon, *Les Lois*, 898 a, *Oeuvres complètes*, "Bib. de la Pléiade", II, 1024.

柏拉图,《法律篇》,898 a,《全集》,"七星文库",II, 1024。

柏拉图,参见第一册 P101 注释①。

《法律篇》: 柏拉图著。此书是柏拉图《理想国》、《政治家篇》和《法律篇》三部曲中最后一部力作,可以说它集中反映了晚年柏拉图的反思成果。《法律篇》全面地反映了古希腊,特别是雅典城邦的建立、地理位置、政府结构、选举制度等情况。对话内容涉及法律、宗教、教育、历史、哲学、艺术、伦理、外交、贸易、家庭、婚姻、技艺、公民生活等。前三卷主要讨论立法的宗旨和立法者必须具有的素养和条件。第四卷到第十二卷分别论述各种法律和法律制度。此作对于理解古希腊法哲学的基础范畴与基本走向,对于正确评价柏拉图在西方法哲学史的地位,具有非常重要的意义。

P77 注释② Plotin, *Ennéades*, I. vi. 8, II. ii. 1, IV. iv. 16, V. ix. 1, tr. É. Bréhier, I, 104, II, 21, IV, 117, V, 161-2.

普罗提诺,《九章集》,I. vi. 8, II. ii. 1, IV. iv. 16, V. ix. 1,É. 布莱诃译,I, 104, II, 21, IV, 117, V, 161—162。

普罗提诺和《九章集》:参见第一册 P14 注释②。

P78 注释① Cf. St Luke, 14: 11-22(the prodigal son).

参见《路加福音》,14: 11—22(浪子回头)。

《路加福音》:《圣经》新约中的一卷书,本卷书共 24 章。记载了施洗约翰、耶稣的出生、童年、传道、受难、复活。路加是保罗(保禄)的追随者,所以一般认为他的福音中的内容大多源自保罗口述。

P78 注释② Proclus, *Elements of Theology*, tr. E. R. Dodds, Prop. 35,33,2 (pp. 39,37,3); cf. Prop. 15,17,31-2,37,42,146 (pp. 17,19,35,37,41,45,129).

普罗克洛斯,《神学要旨》,E. R. 多德译,命题 35,33,2(P39,37,3);参见命题 15,17,31—32,37,42,146(P17,19,35,37,41,45,129)。

普罗克洛斯(Proclus, 410—485),希腊哲学家、天文学家、数学家、数学史家。普罗克洛斯注释的书颇多,有柏拉图(Plato)的《巴门尼德》、《蒂迈欧》、《阿基比阿德》、《共和国》;托勒密(Ptolemy)的天文学;亚里士多德(Aristotle)的物理学等。在天文学方面,他写过《天文学家的假设》,详释托勒密的体系。此外还有《球面学》及占星术。在中世纪,他的哲学思想比学术思想影响更大。他的《神学要旨》(Elements of Theology)一直被看做新柏拉图主义(Neoplatonism)的便利手册。

E. R. 多德(E. R. Dodds, 1893—1979),爱尔兰学者,专攻古典文化。代表作有《为什么我不相信生存》等。

P78 注释③ Meister Eckhart, *Sermons*, tr. J. M. Clark, Sermon XXI, p. 230; cf. p. 27.

埃克哈特大师,《讲道集》,J. M. 克拉克译,布道文 XXI, P230;参见 P27。

埃克哈特(Meister Johannes Eckhar, 1260—1328),德国神学家、哲学家。中

世纪神秘主义的代表人物，曾任多明我修会会长。他是中世纪后期最为重要的基督教神学家和思想家之一，他的思想既是中世纪经院哲学传统的延续，也是对当时最为时髦的托马斯主义的超越。埃克哈特对近代哲学，尤其是德国哲学有着深远内在的影响，对德国哲学的发展和欧洲文化的转型起到了关键性的作用。埃克哈特的代表作《专论》、《讲道集》、《神的安慰》、《崇高的人》、《超脱》等。其《讲道集》非常有名。

P79 注释① Cf. Diogenes Laertius, IX. 58: "Metrodorus used to declare that he knew nothing, not even the fact that he knew nothing". ("Loeb", II, 471; Cf. 102 and 104, pp. 513, 515).

参见第欧根尼·拉尔修，IX. 58："美特若多若常自称一无所知，甚至否认自己一无所知的这一事实。"（"洛布古典丛书"，II，471；参见 102 和 104，P513，515）。

第欧根尼·拉尔修，参见第一册 P25 注释。

P79 注释② Angellus Silesius: "Gott aber selbst zu lassen" (L. Forster, *The Penguin Book of German Verse*, 144); Mme Guyon: "Les âmes en Dieu perdues,/Ne voient plus même leur rien." (A. J. Steele, *Three Centuries of French Verse*, 221).

安吉洛斯·西尔西乌斯："上帝自己"（L. 福斯特，《企鹅丛书之德国诗歌卷》，144）；M. 盖恩夫人："上帝的灵魂丢失，/他们再也看不到什么"（A. J. 斯蒂尔，《法国诗歌三百年》，221）。

安吉洛斯·西尔西乌斯（Angelus Silesius，1624—1677），德国天主教神父、医生、神秘宗诗人。西尔西乌斯喜欢神秘主义的微妙悖论。例如，上帝的本质就是爱；他说，上帝不会爱自己；但他不能成为爱的对象。因此，上帝和人基本上就是一个人。代表作有《漂泊的流浪者》等。

盖恩夫人（Madame Jeanne Guyon，1648—1717），法国人，内里生命派（奥秘派，Quietism）的代表人物。

《与神联合》：盖恩夫人七部名著之一。此书重视基督徒的实际经历，自从出版后，就产生了非常特殊的历史影响。有许多基督徒以此书的观点作为思想行为的指导。

P80 注释① Susanne K. Langer, ed., *Reflections on Art*, 111.

苏珊·K. 朗格编,《艺术问题》,111。

苏珊·K. 朗格(Susanne Katherina Langer,1895—1985),美国哲学家、符号论美学家。她融合了怀特海的逻辑符号论和卡西尔的人类文化符号论,并批判地汲取了克罗齐、贝尔等哲学家、美学家的思想精华,成功把分析哲学和符号学理论运用于艺术研究,以"艺术是人类情感符号形式的创造"这一全新的命题为核心,构建了极具特色的符号论艺术体系,引起了理论界的广泛兴趣。主要著作有《哲学新解》、《情感与形式》、《艺术问题》等。

《艺术问题》:苏珊·K. 朗格著。此书与《情感与形式》是朗格集中阐述其美学思想的主要著作,共同指向她独创的最重要的美学命题,即将艺术定义为"人类情感的符号形式的创造"。《艺术问题》从这一理论基础出发,提出艺术应当表现"生命的逻辑形式",并将这种生命形式的基本特点概括为有机性、运动性、节奏性和不断成长性,进而认为艺术创造应当把握这些特征,自觉运用艺术直觉捕捉艺术形式与生命的逻辑形式之间的"象征性联系",创造出"与情感和生命的形式相一致"的"有意味的形式",即幻象符号。与《情感与形式》的系统论述不同,《艺术问题》由十篇演讲稿构成,易于理解。

P81 注释① Cf. J. Volkelt, *System der Aesthetik*, III, 110, (die sinnliche Ergänzung); A. Russo, *L'Arte e le Arti*, 17 - 9 (le sensazioni concomitanti immaginate).

参见 J. 沃尔科特,《美学体系》,III, 110,(有意义的补充);A. 罗西,《总体艺术和分门艺术》,P17—19(想象中伴随的感觉)。

J. 沃尔科特(J. Volkelt,1848—1930),德国唯心主义哲学家、心理学家和美学家。

《美学体系》:不详。

A. 罗西和《总体艺术和分门艺术》:不详。

P81【增订四】 *Orlando innamorato*, VI. §50, *op. cit.*, Vol I, p. 131; cf JeanH. Hagstrum, *The Sister Arts*, 1958, p. 73, Aretino.

《恋爱中的奥兰多》,VI. §50,如前所引,第 I 卷,P131;参见让·H. 哈格斯特鲁姆,《姐妹艺术》,1958, P73,阿雷蒂诺。

《恋爱中的奥兰多》及其作者博亚尔多:参见第一册 P99 注释③【增订四】。

让·H. 哈格斯特鲁姆(Jean H. Hagstrum,1913—1995),英国学者。在

1941—1981 年任教期间，主要讲授 18 世纪和浪漫主义时期的文学，并发表了许多相关的作品。他关注诗歌与绘画之间的关系，研究路径不仅仅基于史实，还包括心理学研究。

《姐妹艺术》：哈格斯特鲁姆著，发表于 1958 年，探讨了从德莱顿时代到格雷时代有关文学描写以及英语诗歌的传统。

阿雷蒂诺，参见第一册 P558 注释④。

P83 注释①*Ennéades*, 1 vi. 8; V. ix. 1, *op. cit.*, I,104 et V, 161 - 2.

《九章集》,1 vi. 8; V. ix. 1,如前所引,I,104 et V, 161—162。

普罗提诺和《九章集》：参见第一册 P14 注释②。

P83 注释②*Confessions*, X. 27; cf. 1. 2: "Quo te invoco, cum in te sim?" "Loeb", I, 4.

《忏悔录》,X. 27;参见. 1. 2:"吾觅汝,汝何在?""洛布古典丛书",I, 4。

《忏悔录》及其作者圣奥古斯丁：参见第一册 P14 注释③。

P83 注释③ Angelus Silesius, *Der Cherubinnische Wandersmann*, F. J. Wamke, *European Metaphysical Poetry*, 192.

安吉洛斯·西尔西乌斯,《漂泊的流浪者》,F. J. 温克,《欧洲玄学派诗歌》,192。

安吉洛斯·西尔西乌斯：参见第二册 P79 注释②。

《漂泊的流浪者》：安吉洛斯·西尔西乌斯著的诗歌集。这些以警句格言形式写成的文本至今仍常被用于沉思和祈祷。

F. J. 温克和《欧洲玄学派诗歌》：不详。

P84【增订四】La Bruyère, *Les Caractères*, I, § 17, Classiques Hachette, p. 33.

拉布吕耶尔,《品格论》,I, § 17,阿歇特出版社,P33。

拉布吕耶尔及《品格论》：参见第一册 P620 注释①。

P85 注释①*Journal des Goncourt*, 5 Avril 1864,Éd. définitive, II, 149.

《龚古尔兄弟日记》,1864 年 4 月 5 日,权威版,II, 149。

龚古尔兄弟，法国作家，兄弟二人。哥哥埃德蒙·德·龚古尔(Edmond de Goncourt, 1822—1896)，弟弟茹尔·德·龚古尔(Jules de Goncourt, 1830—

1870)。两兄弟毕生形影不离，都没有结婚。他们共同创作，献身于艺术和文学，发表了《18世纪的艺术》等作品。合写的小说主要有《夏尔·德马依》、《热曼妮·拉瑟顿》和《玛耐特·萨洛蒙》等。后来创作了《艾丽莎女郎》、《桑加诺兄弟》，以及格调高雅的《拉·福丝丹》和《谢丽》。根据埃德蒙的遗嘱成立的龚古尔学院，每年颁发龚古尔文学奖，在法国有重要影响。

《龚古尔兄弟日记》：龚古尔兄弟共同创作。他们坚持写作数十年，此日记长达22卷。龚古尔兄弟以撰写小说的非凡笔触，精确描述了法国19世纪社会生活的方方面面；同时，他们作为福楼拜、波德莱尔、莫泊桑、大小仲马和左拉等法国大文豪的好友，也详细记录了诸多法国文学名流的活动。可以说，几乎延续了19世纪整个后半叶的《龚古尔兄弟日记》是法国近代社会史的宝贵材料。

P85 注释② Marino, *L'Adone*, V. 24, *Marino e i Marinisti*, Ricciardi, 76.

马里诺，《阿多尼斯》，V. 24.《马里诺和马里诺主义》，理却地·里西亚蒂，76。

马里诺和马里诺主义：参见P16注释①【增订三】。

《阿多尼斯》：马里诺著的长诗，是他的成名作。全诗共20歌。它取材于罗马神话，描述女神维纳斯爱慕美少年阿多尼斯，遭到战神马尔斯报复。作者编织了许多故事，情节曲折，又用比喻、对偶以及夸张等手法，雕琢辞藻，追求华丽的形式。他的诗歌反映了17世纪意大利文学衰落时期贵族阶级的趣味。此后，体现这种风格的"马里诺诗派"在意大利盛行一时。

《马里诺和马里诺主义》及其作者G. G. 法里罗：不详。

P85 注释③ Horace, *Epist.*, I, xi. 28－9, Goethe: "Sprüche".

贺拉斯，《书札》，I, xi. 28—9，歌德："箴言"。

贺拉斯，参见第一册P145注释③。

《书札》：参见第一册P452【增订一】。

歌德，参见第一册P16注释①。

P86 注释① Heine, *Romanzen*: "An meine Mutter B. Heine", ii.

海涅，《情歌》："献给我的母亲B. 海涅"，ii。

海涅，参见第一册P8注释①。

《情歌》：海涅的诗集。其他不详。

P88 注释 ①Montaigne, *Essais*, II. 12, "Bib. de la Pléiade", 431 - 2. Cf. Proust, *Le Côté de Guermantes*: "La vérité n'a pas besoin d' être dite pour être manifestée", etc. , *A la Recherche du Temps perdu*, "Bib. de la Pléiade", II, 66; Martin Buber, *Between Man and Man*, tr. by R. G. Smith, p. 3: "For a conversation (Zwiesprache) no sound is necessary, not even a gesture" etc.

蒙田,《随笔录》,II. 12,"七星文库",431—432. 参见普鲁斯特,《盖尔芒特家那边》:"真理无需言明,它会自己出现";《追忆似水年华》;马丁·布伯,《人与人》,P3:"对话中无需声音,也无需手势"。

蒙田及其《随笔录》:参见第一册 P50 注释①【增订四】。

普鲁斯特和《追忆似水年华》:参见第二册 P34【增订三】。

马丁·布伯和《人与人》:参见第一册 P173 注释①。

P89 注释 ①Schiller, "Sprache", *Werke*, hrsg. L. Bellemann. 2. Aufl. , I, p. 184.

席勒,《语言》,《作品集》,L. 贝勒曼编,第 2 版,I, 184 页。

席勒,参见第一册 P6 注释③。

《语言》:席勒著,其他不详。

P91 注释 ①Bruno, *Deglieroici furori*, II, Dial. iv, *Opere di Bruno e di Campanella*, Ricciardi, 648.

布鲁诺,《论英雄热情》,对话 iv,《G. 布鲁诺和 T. 坎培奈拉文集》,里西亚蒂,648。

布鲁诺,参见第一册 P99 注释③。

《论英雄热情》:参见第一册 P453 注释④。

P93 注释 ①K. Vossler, *The Spirit of Language in Civilization*, tr. O. Oeser, 33 - 4 (Rilke, *Das Stundenbuch*, II: "und sich den andern immer anders zeigt"); cf. G. Marcel, *Homo Viator*, 312: "A chaque instant Rilke brise les images qu'il vient de former et leur en Substitue d'autres qui peuvent paraître inverses."

K. 浮士勒,《文明中的语言精神》,O. 奥瑟译,33—4(里尔克,《时间之书》,II:"并且展现彼此总是不一样的";参见 G. 马塞尔,《人的尊严》,312:"里尔克每时每

刻都会打破他刚刚形成的图像，并将其他可能看起来像是倒置的图像替换掉。”

浮士勒和《文明中的语言精神》：参见第一册 P82 注释②。

埃米尔·里尔克（Rainer Maria Rilke，1875—1926），二十世纪奥匈帝国的德语诗人。早期代表作为《生活与诗歌》、《梦幻》、《耶稣降临节》等；成熟期的代表作有《祈祷书》、《新诗集》、《新诗续集》及《杜伊诺哀歌》等。此外，里尔克还有日记体长篇小说《马尔特手记》。

《时间之书》：里尔克的重要诗作。表现为一系列对神的诉告。

G. 马塞尔（Gabriel Marcel，1889—1973），法国存在主义哲学家、剧作家。他认为人的存在同时处于两个世界之中。首先，人总是存在于一定的状况中，于此时此地与客观世界发生确定的关系。此外，人的具体存在在本质上又不可言传，它是个人的经验、体会，它通过信仰和希望与神发生关系。因此，人要走出自我，追求超越性，与神交往，才能达到存在的家乡。其主要著作有《存在与所有》、《人的尊严》等。

《人的尊严》：G. 马塞尔著，1944 年出版，是马塞尔所作的对伦理价值观的哲学和现象学反思。

P97 注释① La Rochefoucauld, *Oeuvres*, “Les Grands Écrivains de la France”, I,151, note.

拉罗什富科，《作品集》，“法国的伟大作家”，I，151，注释。

拉罗什富科（La Rochefoucauld，1613—1680），法国思想家，著名的格言体作家。一生作品不多，唯有《回忆录》和《道德箴言录》两部作品传于后世。拉罗什福科以犀利的洞察力和优美的文字分析人的情绪、激情以及疯狂，分析人的精神、理智和判断力，追溯人们言行的动机。

P97 注释② Pindar, *Pythian Odes*, III. 81-2, “Loeb”, 193.

品达，《品达的毕达扬颂歌》，III. 81—82，“洛布古典丛书”，193。

品达（Pindar，前 518—前 438），古希腊抒情诗人。他的诗里有泛希腊爱国热情和道德教诲。品达写过各种题材的诗，尤以合唱颂歌著称。品达的合唱颂歌对后世欧洲文学有很大影响，在十七世纪古典主义时期被认为是“崇高颂歌”的典范。

《品达的毕达扬颂歌》：品达著。此作纪录了他的四十五首胜利颂歌，庆祝希腊在四个伟大的体育竞赛中的胜利：奥林匹克、皮迪安（德尔菲）、内梅恩和地峡运动会。

P100 注释① Hegel, *Geschichte der Philosophie*, "Berliner Einleitung", Felix Meiner, I, 27, Feuerbach: "Das Geheimnis Opfers", *Sämtliche Werke*, hrsg, W. Bolin und F. jodl, X, 41.

黑格尔,《哲学史讲演录》,"介绍柏林",费列克斯·梅内,I, 27,费尔巴哈:"牺牲之谜",《全集》,W. 保林和 F. 约戴编,X, 41。

黑格尔: 参见第一册 P4 注释①。

《哲学史讲演录》: 参见第一册 P87 注释①。

费尔巴哈: 参见第一册 P44 注释①。

P100【增订四】 J. -A. Brillat-Savarin, *Physiologie du goût*, "Aphorismes", iv, Lib. Gustave Adam, 1948, p. 13.

J. -A. 布里亚-萨瓦兰,《厨房里的哲学家》,"格言",iv,古斯塔夫·亚当文库,1948,P13。

J. -A. 布里亚-萨瓦兰(Jean Anthtrne Brillat-Savanin, 1755 - 1826),法国律师、政治家和美食家。著有《厨房里的哲学家》等。他出身于显赫的律师世家,曾在法国大革命时期的制宪议会任职,后来在巴黎做法官,1793 年担任家乡贝莱市长。后流亡瑞士洛桑,转又移民美国依靠演奏小提琴谋生, 1796 年才被允许回到法国,在人生的最后岁月专心为世人奉献了《厨房里的哲学家》这本美食之书。这本在他死前两个多月才出版的书却使他名传后世。

《厨房里的哲学家》: J. -A. 布里亚-萨瓦兰著创作于 1796 年,但直到 1825 年出版,本书主要讲述美食背后的故事,法国传奇政治家和美食家布里亚-萨瓦兰将自己跌宕起伏的一生化作美食奇谈,所写的主题与人们的日常生活息息相关。此作曾由大文豪巴尔扎克作序。该书内容涵盖理论、实例、奇闻异事、烹饪与美食的方方面面,有"饮食圣经"之称。

P101【增订五】 M. C. Hyers, *Zen and the Comic Spirit*, 1974, p. 144, the Profusion of Puns.

M. C. 海尔诗,《禅宗与喜剧精神》,1974, P144,双关语的丰富。

M. C. 海尔诗(Merritt Conrad Hyers, 1933—2013),美国作家,曾任长老会牧师。代表作有《禅宗与喜剧精神》等。

《禅宗与喜剧精神》: M. C. 海尔诗著,1989 年出版。该书讲述了禅宗的直觉性质、即时性、不协调性、惊喜、无忧无虑、幸福,都类似于喜剧精神。它借助轶事、牌局和绘画,传达了禅宗深刻的宗教视角和童心般的视角。它对禅宗精神和西方喜剧理论的类比很有学术价值。

P105 注释①Jonas Cohn, *Theorie der Dialektik*, 219: "Die beliebteste Ausdruckform dieser Geisteshaltung, die man'intuitionistisch' nennenkann, ist das Oxymoron"; cf. 110.

乔纳斯·科恩,《辩证法理论》,219:"这种态度最流行的表达方式,可称为'直觉主义'或矛盾修辞(冤亲词)",参见110。

乔纳斯·科恩和《辩证法理论》:参见第一册P10注释②。

P107 注释①Max Wehrli, *Deutsche Barocklyrik*, 3. Auf, 170.

马克斯·威利,《中世纪的德国抒情诗》,第3版,170。

马克斯·威利和《中世纪的德国抒情诗》:参见第一册P68【增订四】。

P107 注释②San Juan de la Cruz, *Noche Escura del Alma*, II. 5 (E. A. Peers, *Spanish Mysticism*, 223); Catharina Regina von Greiffenberg: "Ueber das unaussprechliche heilige Geistes-Eingeben" (Wehrli, 183); J. Rousset, *Anthologie di la Poésie baroque française*, I, Introduction, 20; Henry Vaughan: "The Night" (*Works*, ed. L. C. Martin, 523).

圣胡安德拉克鲁兹,《灵魂的黑夜》,II. 5(E. A. 皮尔斯,《西班牙神秘主义》,223);凯瑟琳娜·里贾纳·冯·格雷芬伯格:"关于那个无法形容的圣灵-进入"(威利,183)。让·鲁塞,《法国奇崛派诗歌文选》,I,介绍,20;亨利·沃恩:"夜晚"(《作品》,L. C. 马丁编,523)。

圣胡安德拉克鲁兹(San Juan de la Cruz),西班牙诗人和宗教徒,其他不详。

《灵魂的黑夜》:圣胡安德拉克鲁兹所著的诗,作者本人未给诗起任何标题。其他不详。

E. A. 皮尔斯和《西班牙神秘主义》:不详。

凯瑟琳娜·里贾纳·冯·格雷芬伯格(Catharina Regina von Greiffenberg, 1633—1694),奥地利人,其他不详。

J. 鲁塞:参见第一册P27注释①。

《法国奇崛派诗歌选集》:参见第一册P69注释②。

亨利·沃恩(Henry Vaughan, 1621—1695),威尔士人,玄学派诗人、翻译家和医生。

威利，参见第一册P68【增订四】。

P107 注释③ John Donne, *Devotions*, XV (*Complete Poetry and Selected Prose*, ed. J. Hayward, 534); Richard Crashaw: "A Hymne to Sainte Teresa" (*Poetical Works*, ed., L. C. Martin, 2nd ed., 319); Quirinus Kuhlmann "Unio Mystica" (Wehrli, 189).

参见约翰·邓恩,《祷告》,XV(《诗歌全集和散文精选》,J. 黑华德编,534);理查德·克拉肖,"圣特蕾莎颂歌"(《诗歌作品,L. C. 马丁编,第2版》,319);奎里努斯·库尔曼:"神秘合一"(威利,189)。

约翰·邓恩，参见第一册P168注释②。

《祷告》：邓恩著。此书与传统的宗教文学有很大区别。它将一种几乎是令人恐惧的强烈的感情与精巧细致的韵律和比喻结合在一起。

《诗歌全集和散文精选》：J. 黑华德编。此作收录了所有约翰·邓恩的玄学派十四行诗，包括爱情诗和讽刺诗歌。例如《告别：禁止哀悼》，爱情挽歌《嫉妒》等。此外还收录了诗人大量私人信件。

理查德·克拉肖(Richard Crashaw, 1613—1649)，英国玄学派诗人。克拉肖的诗作不仅带有神秘主义的色彩，而且辞藻华丽、充满美感。

奎里努斯·库尔曼(Quirinus Kuhlmann, 1651—1689)，德国巴洛克诗人，神秘主义者。库尔曼认为他生命中所发生的重大事件都是他神圣使命的体现。他因游历欧洲而闻名，但又因神学和政治上的主张在俄罗斯被处决。

威利，参见第一册P68增订四。

P108 注释① Fr. von Spee: "Die Gespons Jesu klaget ihrem Hertzen Brand" (F. J. Warnke, *European Metaphysical Poetry*, 164).

冯·朗格菲尔德："耶稣之新妇怨炙热之情感"。F. J. 王珂,《欧洲玄学诗》,164。

冯·朗格菲尔德(Fr. von Spee，原名Friedrich Spee von Langenfeld, 1591—1635)，德国经济学家、哲学家。他抨击政府专制统治，要求政治和社会改革。代表作有《唯物主义史》、《逻辑论文集》、《工人问题》等。其中《唯物主义史》是新康德主义哲学代表作。书中接受唯物主义方法论，但拒绝唯物主义世界观，认为有些真理是不可知的，无论是唯物主义还是任何形式的形而上学体系都不能声称拥有终极真理，并把意识看作是主观体验，而不仅仅是物质的结果。他用生理学唯心主义来论证康德哲学，并强调康德伦理哲学的定义，并将其与社会主义相结合，为伦理社会主义提供了理论基础。

F. J. 王珂与《欧洲玄学诗》：不详。

P108【增订四】*Confessions*, I, iv, Loeb, Vol I, p. 8.

《忏悔录》, I, iv, "洛布古典丛书", 第 I 卷, P8。

《忏悔录》及其作者圣奥古斯丁：参见第一册 P14 注释③。

P117 注释①H. Lausberg, *Handbuch der literarischen Rhetorik*, I, 315.

H. 劳斯伯格,《文学修辞手册》, I, 315。

H. 劳斯伯格和《文学修辞手册》：参见第一册 P131 注释①。

P119 注释① Arnold: "Morality".

阿诺德:"道德"。

马修·阿诺德(Arnold, 1822—1888)，英国近代诗人、教育家，评论家。写过大量关于文学、教育、社会问题的随笔，猛烈抨击英国生活和文化方面的地方主义、庸俗风气、功利主义，成为当时知识界的批评之声，影响了 T. S. 艾略特、利维斯等一代文人。代表作有《评论一集》、《评论二集》、《文化与无政府主义》、诗歌《郡莱布和罗斯托》、《吉卜赛学者》、《色希斯》和《多佛滩》等。

P121 注释① Cf. Voltaire, *Dictionnaire philosophique*, art. "Métamorphose", *Oeuvres complètes*, ed. L. Moland, XX, 75. (Tout paraît enfin métamorphosé dans la nature).

参见伏尔泰,《哲学辞典》, 艺术, "变形",《全集》, L. 莫兰, XX, P75(自然中的一切最终都将发生变化)。

伏尔泰和《哲学辞典》，参见第一册 P459 注释①。

P121 注释② Cf. E. Rhode, *Psyche*, tr. W. B. Hillis, "International Library of Philosophy, Psychology and Scientific Method", 342, 346 - 7, 361; A. Lalande, *Vocabulaire et critique de la Philosophie*, 9e éd., 623.

参见 E. 罗德,《心智》, W. B. 西里斯译, "国际哲学, 心理学和科学方法图书

馆”,342,346—347,361; A. 拉兰德,《哲学批评术语词汇》,623。

E. 罗德和《心智》:参见第一册 P285 注释①。

A. 拉兰德和《哲学批评术语词汇》:参见第一册 P18 注释①。

P125 注释① Phänomenlogie des Geistes, Berlin: Akademie Verlag, 15.

《精神现象学》,柏林:阿卡德米·弗拉格,15。

《精神现象学》:参见第一册 P6 注释①。

《精神现象学》的作者黑格尔:参见第一册 P4 注释①。

P126 注释① George Herbert: "Gidinesse", *Works*, ed. E. E. Hutchinson, 127.

参见乔治·赫伯特,“眩晕”。《作品》,E. E. 哈钦孙编,127。

乔治·赫伯特,参见第一册 P98 注释①。

P127 注释① Marcel Proust, *Du Côté de chez Swann*, ii; *A l'mbre des Jeunes Filles en Fleurs*, ii (*A la Recherche du Temps perdu*, "Bib. de la Pléiade", I, 372,671-2).

马塞尔·普鲁斯特,《去斯万家那边》,ii;《在少女们身边》,ii(《追忆似水年华》,“七星文库”,I,372,671—672)。

普鲁斯特和《追忆似水年华》:参见第二册 P34【增订三】。

P127 注释② Luigi Pirandello, *Uno*, *Nessuno e Centomila*, Lib. II, cap. 5, *Opere*, a cura di C. Alvardo, I, 1310.

路伊吉·皮兰德娄,《一个人,既不是任何人又是千万个人》,第 II 部,第 5 章,《作品》,C. 奥瓦多编,I, 1310。

路伊吉·皮兰德娄(Luigi Pirandello, 1867—1936),意大利小说家、戏剧家。一生创作了 40 多部剧本。主要剧作有《诚实的快乐》、《六个寻找剧作者的角色》、《亨利四世》、《寻找自我》等。1934 年因作品《寻找自我》获诺贝尔文学奖。获奖理由:“他果敢而灵巧地复兴了戏剧艺术和舞台艺术”。

《一个人,既不是任何人又是千万个人》(或译作《一个,谁都不是,十万个》):路伊吉·皮兰德娄于 1915 年完成 1926 年发表的长篇小说。作者自己说,这本书是“关于生活解体的最苦涩的、深刻的幽默”。作者在小说中刻画了一个荒诞的不可知的外部世界与一个充满种种焦虑的现代人的内心世界以及两者之间的冲突。

即表面上看，一个人只有一张“面孔”，一个“我”，而在特定的环境下，这个“面孔”里又能变幻出若干个“我”。这种变化又总是处于“永恒的运动中”。

P127 注释③ *Ethica*, IV, Prop. xxxix, Schol., “Classiques Garnier”, II, 84.

《伦理学》,IV,命题 xxxix,旁注,“卡尼尔古典版出版社”,II, 84。

《伦理学》及其作者斯宾诺莎：参见第一册 P84 注释②、第一册 P10 注释②。

P127 注释④ Schopenhauer, *Die Welt als Wille und Vorstellung*, IV, § 54.

叔本华,《作为意志和表象的世界》,IV, § 54。

《作为意志和表象的世界》及其作者叔本华：参见第一册 P124 注释①。

P128 注释① Jane Austen, *Letters*, ed. R. W. Chapman, 2nd ed., 148; John Keats, *Letters*, ed. H. E. Rollins, II, 208.

简·奥斯汀,《信件集》,R. W. 查普曼编,第 2 版,148;约翰·济慈,《书信集》,H. E. 罗琳斯编,II, 208。

简·奥斯汀(Jane Austen, 1775—1817),英国小说家。代表作有《傲慢与偏见》、《理智与情感》、《爱玛》等。

《信件集》：简·奥斯汀与家人、朋友的信件集。奥斯汀的信有时候不是同一天写的，今天写一点，明天写一点，然后再一起寄出，有点像日记。信虽不及小说有章有法，却让读者看到一个更加真实的奥斯汀，看到她从二十岁的少女慢慢走向成熟，经历对爱的憧憬、亲人的故去和家庭的变故，逐渐变得平和而淡然。

约翰·济慈，参见第一册 P256 注释①。

《书信集》：收录了济慈的一些信件。济慈的通信者主要是他的弟弟、妹妹、未婚妻以及其他诗人、朋友与出版商等。在这些书信中，济慈不假修饰地表述了他本人对诗歌和人生的见解，其中他对诗、想象力、真与美、善与恶等问题有独特体会，也涉及艺术、哲学乃至人类生存状况等。

P128 注释② Francisco de Quevedo: “Soneto: Ah de la Vida”, Eleanor L. Turnbull, *Ten Centuries of Spanish Poetry*, 308; Thomas Mann, *Der Zauberberg*, Kap. 5, *Gesammelte Werke*, Aufbau, II, 379. Cf. Montaigne, *Essais*, III. xiii, “Bib. de la Pléiade”, 1063; (J.-B. Chassignet, *Mespris de la Vie*, Sonnet v,). J. Rousset, *Anthologie de la Poésie baroque française*, I, 199.

弗朗西斯科·德奎韦多:"十四行诗: 生命啊",埃莉诺·特恩布尔,《十世纪的西班牙诗歌》,308;托马斯·曼,《魔山》,第 5 章,《作品集》,建设出版社,II, 379。参见蒙田,《随笔录》,III, xiii,"七星文库",1063;(J. -B. 查西那特,《蔑视生命》,十四行诗第 v 首)。让·鲁塞,《法国奇崛派诗歌选集》,I, 199。

弗朗西斯科·德奎韦多(Francisco de Quevedo, 1580—1645),西班牙诗人、小说家。他的作品涵盖了他那个时代的所有文学体裁。他的风格依赖于机智的概念和精心设计的隐喻,也擅长讽刺。代表作有流浪汉小说《布斯坎的生活史: 叫做唐帕布洛斯》等。

埃莉诺·特恩布尔,不详。

《十世纪的西班牙诗歌》: 埃莉诺·特恩布尔著。

托马斯·曼和《魔山》: 参见第一册 P252 注释②。

蒙田和《随笔录》: 参见第一册 P50 注释①【增订四】。

J. 鲁塞: 参见第一册 P27 注释①。

《法国奇崛派诗歌文选》: 参见第一册 P69 注释②。

P129 注释① Diogenes Laertius, *Lives of Eminent Philosophers*, I,33, "Loeb", I,35.

第欧根尼·拉尔修,《名哲言行录》,I,33,"洛布古典丛书",I,35。

第欧根尼·拉尔修和《名哲言行录》: 参见第一册 P25 注释②。

P129 注释② Swift, *Gulliver's Travels*, III. ii, Oxford, 192 - 3.

斯威夫特,《格列佛游记》,III. ii,牛津,192—193。

乔纳森·斯威夫特(Jonathan Swift, 1667—1745),英国爱尔兰作家、政论家、讽刺文学大师,以著名的《格列佛游记》和《一只桶的故事》等作品闻名于世。斯威夫特是英国启蒙主义时期的作家,但不同于大多数反对封建主义、讴歌资本主义的启蒙主义作家,他对资本主义本质进行了无情的鞭挞,并反映了普通人生活的艰辛与困苦。同时他放弃了长期统治英国文学界的古典主义文学标准,进行现实主义创作。

《格列佛游记》: 斯威夫特著,是一部长篇游记体讽刺小说。作品以里梅尔·格列佛(又译为莱缪尔·格列佛)船长的口气叙述周游四国的经历。通过格列佛在利立浦特、布罗卜丁奈格、飞岛国、慧骃国的奇遇,作者用了丰富的讽刺手法和虚构的幻想写出了荒诞而离奇的情节,深刻地反映了 18 世纪前半期英国统治阶级的腐败和罪恶。

P132【增订四】Raymond Polin, *Du laid, du mal, du faux*, 1948, p. 83.

雷蒙·波林,《丑,恶,假》,1948, P83。

雷蒙·波林和《丑,恶,假》: 参见第一册 P10 注释②。

P134 注释① Cf. Grillparzer, *Aphorismen*: "Zwischen nichts wissen und Nichts wissen-" *GesammelteWerke*, hrsg. E. Rollet und A. Sauer, II, 107.

参见弗朗茨·格里帕泽,《格言录》:"一无所知,一无所知——",《作品集》,E. 罗列特和 A. 索耶编,II, 107。

弗朗茨·格里帕泽(Franz Grillparzer, 1791—1872),奥地利作家。他抵制拿破仑的自由主义风潮,跟政府的保守思想背道而驰,因此大部分作品被禁,身后才名声大振。代表作有戏剧《可怜的玩家》等。

P134 注释② Francisco de Ossuna, *Tercer Abecedario Espiritual*, XXI. 4, Allison Peers, *Spanish Mysticism*, 74,191.

弗朗西斯科·德奥苏纳,《第三次启蒙精神》,XXI. 4,艾莉森·皮尔斯,《西班牙神秘主义》,74,191。

弗朗西斯科·德奥苏纳(Francisco de Ossuna, 1497—1540),是西班牙方济各会修士,也是 16 世纪创作最有影响力的精神著作的作者之一。代表作有《第三次启蒙精神》等。

《第三次启蒙精神》: 不详。

P138 注释① Baudelaire: "Tout Entière", *Oeuvres complètes*, "Bib. de la Pléiade", 116. Cf. R.-B. Chérix, *Commentaire des "Fleurs du Mal"*, 31-6; P. Mansell Jones, *The Background of Modern French Poetry*, 16,31,37.

波德莱尔,"她的一切",《全集》,"七星文库",116;参见 R.-B. 查里克斯,《"恶之花"评论》,31—6; P. 曼塞尔·琼斯,《法国现代诗歌的背景》,16,31,37。

夏尔·皮埃尔·波德莱尔(Charles Pierre Baudelaire, 1821—1867),法国现代派诗人,象征派诗歌先驱,在欧美诗坛具有重要地位,其作品《恶之花》是十九世纪最具影响力的诗集之一。其他作品有《巴黎的忧郁》、《美学珍玩》、《可怜的比利时!》等。

《法国现代诗歌的背景》：曼塞尔琼斯著。此作探讨了文学创作中文学影响的本质以及波德莱尔之后的诗歌。

P138 注释③ Cf. Coleridge, *Biographia Literaria*, ed. J. Shawcross, II, 103; J.-P. Sartre, *L'Imaginaire*, 139 - 141.

参见柯勒律治,《文学传记》,J. 肖克劳斯编,II, 103;J.-P. 萨特,《想象》,139—141。

柯勒律治和《文学传记》：参见第一册 P16 注释①、第一册 P489 注释①。

J.-P. 萨特,参见第一册 P226 注释①。

《想象》：萨特著,是一部有关想象的哲学史,也是影像的现象学的再现。萨特研究并创建了"影像存在的真正理论",他的分析穿越了传统的形而上学重要体系,使之与现象学和胡塞尔的思想相契合。萨特的想象理论,为他的现象学存在论打下了坚实的基础。

P138 注释④ Shakespeare, *The Tempest*, IV. i. 177 - 8.

莎士比亚,《暴风雨》,IV. i. 177—8。

莎士比亚：参见第一册 P70 注释①。

《暴风雨》：参见第一册 P448 注释【增订四】。

P139 注释①D'Annunzio: "Notturno", E. di Michelis, *Tutto D'Annunzio*, 530.

加布里埃尔·邓南遮:"夜曲",E. 迪·米奇利斯,《多面邓南遮》,530。

加布里埃尔·邓南遮,参见第一册 P244 注释③。

E. 迪·米奇利斯(E. di Michelis),意大利作家,文学评论家和诗人。

《多面邓南遮》：E. 迪·米奇利斯撰写的关于邓南遮的传记。其他不详。

P139【增订三】Stanley Burnshaw, ed., *The Poem Itself*, Pelican, 238.

斯坦利·伯恩肖编,《诗歌本身》,鹈鹕丛书,238。

斯坦利·伯恩肖(Stanley Burnshaw, 1906—2005),美国小说家、诗人和学者,主要以作品《无缝网》而闻名。他主要写政治诗、散文、社论等。

《诗歌本身》：斯坦利·伯恩肖著,1960 出版。此作剖析了晦涩难懂的诗歌的本质。

P140 注释①G. Pascoli: "Il Gelsomino notturno", *Opere*, Mondadori, 1058.

G. 帕斯科利:"夜茉莉",《作品》,蒙达多利,1058。

G. 帕斯科利(G. Pascoli, 1855—1912),意大利诗人、学者。

P146 注释① Freud, *Die Traumdeutung*, 6. Aufl., 123 (Verschiebung, Traumenstellung).

弗洛伊德,《梦的解析》,第 6 版,123(转移作用和梦的位置)。

弗洛伊德: 参见第一册 P34 注释①。

《梦的解析》: 奥地利著名心理学家西格蒙德·弗洛伊(Sigmund Freud)著。此书已成为当今最具影响力的心理学经典著作之一。作者在研究大量有关"梦"的文献时对前人的理论进行了大胆的分析和探讨,不仅推翻了前人一些妄自定论的错误观念,同时揭示了左右人类思想和行为的潜意识的奥秘。在对梦的观察研究中,弗洛伊德证实了一些典型梦是可以被科学解释的,梦确实能够展现出人们心底不能认知或没有认知到的心理活动。书中,弗洛伊德对"梦的产生的原因和素材"、"梦是如何运作"、"有关于梦与心理之间的联系"等进行了详细的探讨。

P146 注释②*Ib.*, 85 ff, 116,158; 15 ff..

同上,85 页及之后,116,158;15 页及之后。

P148 注释① Freud, *op. cit*, 95,191.

弗洛伊德,如前所引,95,191。

弗洛伊德: 参见第一册 P34 注释①。

P149 注释① Cf. Aristotle, *on Prophesying by Dreams*, ch. 1, *Basic Works*, Random House, 626-7; C. S. Lewis, *The Discarded Image*, 163 (Macrobius, *Onocresius*: "Veridical dreams").

参见亚里士多德,《论睡眠中的征兆》,第 1 章,《基本著作》,兰登书屋,626—7;C. S. 刘易斯,《被弃的意象》,163(马克罗比乌斯,奥诺克里斯:"真实的梦想")。

亚里士多德: 参见第一册 P37 注释③。

《论睡眠中的征兆》:《亚里士多德全集(第三卷)》中的一篇。第三卷收入亚里士多德关于自然哲学方面的文章共十篇,集中讨论了生命本原及其现象。除《论气息》为匿名者伪托外,其余均出自亚里士多德。根据问题分类可归为三组。《论灵魂》、《论感觉及其对象》、《论记忆》探讨灵魂的本质、功能以及灵与肉所分有的生命能力。《论睡眠》、《论梦》、《论睡眠中的征兆》三篇短文组成一个具有内在联系的整体。《论生命的长短》、《论青年和老年,论生和死》及《论呼吸》涉及的是生理学方面的内容,讨论了生命在有机体内是如何得以维持以及导致死亡的原因是什么等问题。

C.S. 刘易斯,参见第一册 P27 注释①。

《被弃的意象》: 刘易斯著,刻画了一副中世纪世界观的清晰画卷,提供了中世纪及文艺复兴时期文学的历史和文化背景。此书描绘了被后人抛弃的中世纪综合体这一意象,这一意象将神学、科学和历史看成是一个单一、复杂、和谐的万物心理模型。

P150 注释① Freud, *op. cit.*, 7.

弗洛伊德,如前所引,7。

弗洛伊德: 参见第一册 P34 注释①。

P151 注释① De Quincey, *Suspiria de Profundis*: "The Palimpsest of the Human Brain", *Collected Writings*, ed. D. Masson, XIII, 346,348; cf. James Sully, quoted in Freud, *op. cit.*, 95 (like some palimpsest etc.).

德·昆西,《从深处叹息》:"人脑的重写",《文集》,德·马森编,XIII, 346,348;参见詹姆斯·萨利,引自弗洛伊德,如前所引,95(如重写本等)。

德·昆西,参见第一册 P415 注释②。

P151 注释② Freud, *op. cit.*, 101.

弗洛伊德,如前所引,101。

P151 注释③ Plutarch, *Moralia*: "How a Man becomes aware of his Progress in Virtue", 12, "Loeb" I, 441-3; cf. P. Shorey, *Platonism Ancient and Modern*, 196(*Republic*, 571 C ff.).

普鲁塔克,《道德论丛》:"一个人如何认识到自己在德性上的进步",12,"洛布古典丛书"I, 441—3;参见 P. 肖里,《柏拉图主义今古异同》,196(《理想国》,571 C 页及之后)。

普鲁塔克和《道德论丛》: 参见第一册 P84 注释①。

P. 肖里,参见第一册 P513 注释②。

《理想国》: 参见第一册 P399 注释①。

《理想国》的作者柏拉图，参见第一册 P101 注释①。

P151 注释④ St Augustine, *Confessions*, X. 30, "Loeb", II, 152; cf. *Paradise Lost*, V, 108 ff.

圣奥古斯丁，《忏悔录》，X. 30，"洛布古典丛书"，II, 152；参见《失乐园》，V, 108 页及之后。

圣奥古斯丁和《忏悔录》：参见第一册 P14 注释③。

《失乐园》及其作者弥尔顿：参见第一册 P183 注释①。

P151【增订三】"On Dreams", *Complete Works*, ed. P. P. Howe, XII, 23.

《说梦》，《全集》，P. P. 贺维编，XII, 23。

《说梦》：威廉·哈兹里特著。其他不详。

威廉·哈兹里特，参见第一册 P608【增订三】。

《全集》：哈兹里特著于 1902—1906 年间，共 13 章，后由 P. P. 豪在 1930 年重新编辑出版，编辑后的书共有 21 章。

P152 注释① Boswell, *The Ominous Years*, 11 Jan. 1776, ed. C. Ryskamp and F. A. Pottle, 218.

鲍斯韦尔，《日记》，1776. 1. 11。

詹姆斯·鲍斯韦尔(James Boswell, 1740—1795)，英国家喻户晓的文学大师、传记作家、现代传记文学的开创者，出生于苏格兰贵族家庭。鲍斯韦尔的代表作是《约翰逊传》。这部传记有 70 余万字，按年记述约翰逊的生平，对重大事件则本末悉记，记约翰逊的谈话尤为详实生动。它是 18 世纪英国社会与文化的评论与实录。其中记载人物众多，文坛掌故和逸闻趣事俯拾即是，笔墨生动，该书至今畅销。

P152 注释② Hoffmann, *Die Elixiere des Teufels*, *Sämtliche Werke*, hrsg. C. G. v. Maassen, II, 263.

霍夫曼，《魔鬼的万灵药》，《全集》，C. G. v. 曼森编，II，263。

霍夫曼(Ernst Theodor Amadeus Hoffmann, 1776—1822)，德国作家及作曲家，是德国浪漫主义运动的重要人物，德国后期浪漫派的重要作家。其作品多神秘怪诞，以夸张的手法对现实进行讽刺和揭露，所描写的人际关系的异化以及采用的自由联想、内心独白、夸张荒诞、多层次结构等手法和后来的现代主义文学有着很深的渊源关系。他的小说强调幻想、恐怖和超自然现象。代表作有《胡桃夹子与鼠王》、《魔鬼的万灵药》等。

P154 注释①*Op. cit.*, 449.

如前所引,449。

P154 注释②*Histoire naturelle*, IV, *Pages choisies*, Larousse, 32.

《自然史》,IV,《选集》,拉洛斯,32。

《自然史》:布封著,于1749至1788年间发表,共36册。这是一部博物志,包括地球史、人类史、动物史、鸟类史和矿物史等几大部分,综合了无数的事实材料,对自然界作了精确、详细、科学的描述和解释,提出许多有价值的创见。破除各种宗教迷信和无知妄说,把上帝从宇宙的解释中驱逐出去,这是布封对现代科学的一大贡献。他坚持以唯物主义观点解释地球的形成和人类的起源,指出地球与太阳有许多相似之处,地球是冷却的小太阳;地球上的物质演变产生了植物和动物,最后有了人类。

《自然史》的作者布封(Georges Louis Leclere de Buffon, 1707—1788),十八世纪法国博物学家、作家。原名乔治·路易·勒克来克,因继承关系,改姓德·布封。布封从小受教会教育,爱好自然科学。1739年起担任皇家花园(植物园)主任。代表作有《自然史》等。

P154 注释③*Op. cit.*, 34.

如前所引,34。

P154 注释④ Ib. (352 Goethe, Keller).

同上(352 歌德,凯勒)。

歌德,参见第一册 P16 注释①。

凯勒(Gottfried Keller, 1819—1890),瑞士德语作家,1883年出版的《诗集》收了他最优秀的诗篇。他的第一部《诗歌集》是一部政治抒情诗集。他的诗把浪漫主义和现实主义的优秀传统融为一体,形成自己强有力的风格。另外还著有小说,代表作有《乡村的罗密欧与朱丽叶》、《三个正直的制梳匠》、《人靠衣裳》、《绿衣亨利》等。由于凯勒的作品中对19世纪中叶瑞士社会生活的深刻反映和杰出的艺术成就,他成为瑞士最重要的作家之一。

P156 注释① Apuleius, *Metamorphoseon*, IV. 27.

阿普列乌斯,《变形记》,IV. 27。

阿普列乌斯(Apuleius, Lucius,约公元 124—170),古罗马拉丁语语言散文作家,柏拉图学派的哲学家和修辞学家。代表作有《变形记》(也译作《金驴记》)等。

《变形记》(也译作《金驴记》):古罗马阿普列乌斯创作的长篇小说,是用拉丁语写成的世界最古老的小说之一。小说描写贵族青年鲁齐伊远游途中寄宿友人家中,误以魔药涂身变成一头驴子后的艰辛历程,饱受磨难中时有风流艳事相伴。驴子后来得食埃及女神的玫瑰花环,复现人形。

P156 注释② Sacchetti, *Il Trecentonovelle*, no. 164. *Opere*, Rizzoli, 551.

萨凯蒂,《故事三百篇》,第 164 篇,《作品》,里佐利,551。

萨凯蒂和《故事三百篇》:参见第一册 P633 注释①。

P156【增订四】*The Vicar of Wakefield*, I. x.

《威克菲尔德牧师传》,I. x。

《威克菲尔德牧师传》:英国新闻体散文家、诗人和剧作家奥利弗·哥德史密斯(Oliver Goldsmith, 1728—1774)创作的一部小说。1766 年出版。这部名作既是社会小说,又是家庭小说。小说主人公普里姆罗斯博士以第一人称叙述他一家悲欢离合的经过。

奥利弗·哥德史密斯,参见第一册 P30 注释①。

P157 注释①R. Hoggart, *The Uses of Literacy*, 29.

R. 霍加特,《识字的用途》,29。

R. 霍加特(Richard Hoggart, 1918—2014),英国学者,研究领域涉及社会学、英语文学与文化研究,主要关注英国大众文化。他是英国文化研究的奠基人和创建者。代表作有《识字的用途》等。

《识字的用途》:霍加特著。此作详细绘制了一幅英国工人阶级 20 世纪 50 年代生活文化图,捕捉到了二战后广告、大众媒介和美国化对该阶级生活、文化和价值观的腐蚀,被《卫报》誉为“稳居 20 世纪伟大书目之列”。

P157 注释② Freud, *op. cit.*, 243.

弗洛伊德,如前所引,243。

弗洛伊德：参见第一册 P34 注释①。

P157 注释③J. C. Flugel, *Man*, *Morals and Society*, 147.

J. C. 福禄杰,《人、道德、社会》,147。

J. C. 福禄杰,《人、道德、社会》：不详。

P158 注释① Nietzsche, *Vom Nutzen und Nachteil der Historie*, I, Werke, hrsg. K. Schlechta, I, 212。

尼采,《历史的用途与滥用》,I,《全集》,K. 施勒赫塔编,I, 212。

尼采,参见第一册 P23 注释②。

《历史的用途与滥用》：德国思想家尼采于 1874 年出版的一部重要作品,被认为与尼采早期的另一部杰出作品《悲剧的诞生》具有同等重要的意义。尼采在《历史的用途与滥用》中所要探究的是关于历史对于人生、社会的正反作用。尼采认为,历史对于个人或民族是必要的;但是,一旦"历史感"到了一定的程度,这种历史感就会伤害并最终毁掉一个人、民族甚至文化体系的生命。

P158【增订三】*Opere*, Riccardo Ricciardi, I, 106 - 7.

《作品》,理却地·里西亚蒂出版,I, 106—7。

C. L. Golino, *Contemporary Italian Poetry*.

C. L. 格里诺,《当代意大利诗歌》。

C. L. 格里诺(Golino, Carlo Luigi, 1913—1991),意大利裔美国人,曾在美国的许多大学教授意大利文学。其他不详。

《当代意大利诗歌》：不详。

P159 注释① Horace, *Epistolae*, II. ii. 128 - 41, "Loeb", 434. Cf. Montaigne, *Essais*, II. xii *op. cit.*, 474 - 5; La Rochefoucauld, *Réflexions morales*, 92, 528, *op. cit.*, 71,252 - 3.

贺拉斯,《书札》,II. ii. 128—41,"洛布古典丛书",434。参见蒙田,《随笔录》,II. xii,如前所引,474—5;拉罗什富科,《道德箴言录》,92,528,如前所引,71,252—3。

贺拉斯,参见第一册 P145 注释③。

《书札》：参见第一册 P452【增订一】。

蒙田和《随笔录》：参见第一册 P50 注释①【增订四】。

拉罗什富科：参见第二册 P97 注释①。

《道德箴言录》(全名是 *Réflexions ou Sentences et Maximes morales*)：拉罗什富科著。此书并不是一堆规范和训条的集合，告诉人们应当做什么，不能做什么，而是一系列对人们行为品质的分析和概述，揭露了人们实际上在做什么，想什么，它类似于一部道德心理学著作。

P160 注释①C. I. Frugoni："Poeta e Re", E. M. Fusco, *La Lirica*, I, 414.

C. I. 弗鲁戈尼："诗人与国王"，E. M. 弗斯科，《歌集》，I, 414。

C. I. 弗鲁戈尼：不详。

E. M. 弗斯科(Enrico M. Fusco，生卒不详)，意大利作家、诗人。代表作有《当代抒情诗集》、《诗歌的历史性》、《女性肖像》等。

《歌集》：全称《意大利文学史：歌集》，E. M. 弗斯科著于 1950 年。此作共两卷，主要探讨意大利抒情诗的起源及其在十九世纪和二十世纪的发展。

P160 注释② Thomas Hood："Tim Turpin", *Poetical Works*, ed. W. Jerrold, 88; Nietzsche, *Also sprach Zarathustra*: "Von den Erlösung", *op. cit.*, II, 392; G. Clemenceau, *Le Voile du Bonheur*; V. Mercier, *Irish Comic Tradition*, 35 (Synge, *The Well of the Saints*; Yeats, *The Cat and the Moon*).

托马斯·胡德："蒂姆·特平"，《诗歌作品》，威廉·杰罗德编，88；尼采，《查拉图斯特拉如是说》："救赎"，如前所引，II, 392；G. 克列孟梭，《邦荷尔省》；V. 梅西埃，《爱尔兰喜剧传统》，35(辛格，《圣徒之井》；叶芝，《猫和月》)。

托马斯·胡德(Thomas Hood, 1799—1845)，英国诗人、作家，最著名的诗歌有《叹息之桥》和《衬衫之歌》。

尼采，参见第一册 P45 注释②。

《查拉图斯特拉如是说》：参见第二册 P49 注释④。

G. 克里孟梭(Georges Clemenceau, 1841—1929)，法国激进党政府总理，政治家、新闻记者、法国近代史上少数几个最负盛名的政治家之一。代表作有《社会的混乱》、《美国的重建》等。

V. 梅西埃和《爱尔兰喜剧传统》：参见第二册 P49 注释④。

辛格(John Millington Synge, 1871—1909)，爱尔兰剧作家、诗人，散文作家和民间传说收集者。他是 19 世纪 90 年代爱尔兰文学复兴的关键人物。他以高超的现实主义和象征主义交错的手法描绘出栩栩如生的爱尔兰农民与小手艺人的形象。代表作有戏剧《西方世界的花花公子》、《骑马下海人》等。

《圣徒之井》：爱尔兰剧作家辛格所著的三幕剧。1905年首次上演。剧本写两个盲人的故事。两个盲人，马丁和玛丽多年以乞讨为生，在对对方虚幻的想象和周围人的哄骗中，一厢情愿地相信彼此是一对天作之合。圣井里的圣水使他们突然重见光明。黑暗退去，真相裸露：原来马丁不过是一个又矮又丑的老头，而玛丽金色的头发、细嫩的皮肤也完全是并不存在的幻影。世界撕破了伪装，人们露出了本相。最终他们发现，还是黑暗的世界更温暖、更安全。

W. B. 叶芝(William Butler Yeats, 1865－1983)，爱尔兰诗人、剧作家和散文家。叶芝的诗受浪漫主义、唯美主义、神秘主义、象征主义和玄学诗的影响，演变出其独特的风格。主要著作有《钟楼》、《盘旋的楼梯》、《驶向拜占庭》等。

《猫与月》:叶芝撰写的诗歌。

P160 注释③ Cf. *Orlando Furioso*, XLIII. vi, Hoepli, 457: "Ben sarebbe folle/ chi quel che non vorria trovar cercasse" etc.; *Anatomy of Melancholy*, Part. II, Sect. III, Mem. VIII, Bell, II, 238 (ignorance as panacea of evils); M. Prior: "To the Honourable Charles Montague", *Literary Works*, ed. H. B. Wright and M. K. Spears, 109: "If We see right, we see our woes" etc.; Swift, *A Tale of a Tub*, ix, Oxford, 497: "This is the sublime and refined point of felicity, called, the possession of being well-deceived."

参见《疯狂的罗兰》, XLIII. Vi, 欧伯利, 457:"他本就疯狂，不想见任何人"等等;《忧郁的解剖》, 第 II 卷, 第 III 节, 第 VIII 章, 贝尔, II, 238(无知是对付邪恶的良药);M. 普赖尔:"致尊敬的查尔斯·蒙塔古",《文学作品》, H. B. 莱特和 M. K. 斯皮尔斯编, 109:"如果我们好好看，就能看到我们的困境";斯威夫特,《一只桶的故事》, ix, 牛津, 497:"这是幸福的崇高和精致的点，被称为被骗"。

《疯狂的罗兰》及其作者阿里奥斯托：参见第一册P50注释①。

《忧郁的解剖》及其作者伯顿：参见第一册P37注释④。

M. 普赖尔和《文学作品》：不详。

斯威夫特：参见第二册P129注释②。

《一只桶的故事》：斯威夫特著的讽刺作品。此作中，斯威夫特把矛头指向教会，通过三兄弟的形象淋漓尽致的讽刺了天主教会、英国国教和加尔文教派(英国清教徒)，同时对当时贫乏的学术、浅薄的文学批评和社会恶习也予以了抨击。此作是英国启蒙主义者批评教会的重要作品之一。

P162 注释① Coleridge, *Biographia Literaria*, ch. 12; La Chaussée, *La Gouvernante*, I. iii.

柯勒律治,《文学传记》,第 12 章;拉肖塞,《风流女管家》,I. iii。

柯勒律治: 参见第一册 P16 注释①。

《文学传记》: 参见第二册 P72 注释③。

拉肖塞(La Chaussée, 1692—1754),法国剧作家。"流泪喜剧"的创始人。"流泪喜剧"是一种情节悲催但结局圆满的诗剧,为狄德罗"市民剧"的先驱。这种喜剧对心理的描写虽然肤浅,但语言夸张,旨在给观众以道德上的教育。拉肖塞一共写有 9 部这类喜剧,代表作有《母亲学校》、《梅拉尼德》和《时髦的偏见》等。

P163【增订四】*Die Nachtwachen des Bonaventura*, VII, Edinburgh Bilingual Library, 1972, p. 112.

《博纳文图拉的守夜》,VII,爱丁堡双语图书馆,1972, P112。

《博纳文图拉的守夜》: 奥古斯特·克林格曼(August Klingemann,其笔名为博纳文图拉)著,发表于 1804 年。小说分为十六章,主人公克罗兹冈是一位反英雄人物,他原来是一位诗人,后来成为守夜人。此作因强烈的反叛性和颠覆性而久遭冷遇,然而,在后世的研究场域中,它恰因强烈的破界、解构和反叛精神而受到重视。这部更像是成书于 20 世纪的小说,打破了时人的期待视域,也正因其超前性而受到当今的关注。

《博纳文图拉的守夜》的作者奥古斯特·克林格曼(Ernst August Klingemann,生卒不详),德国早期浪漫派作家,写剧本和小说,代表作为《博纳文图拉的守夜》等。

P168 注释① Cf. I. Disraeli, *Curiosities of Literature*, III, 238ff. (Political religionism).

参见迪斯雷利,《文苑搜奇》,III, 238 页及之后(政治宗教狂)。

迪斯雷利和《文苑搜奇》: 参见第二册 P73 注释①。

P168 注释②Cf. V. Pinot, *La Chine et la Formation de l'Esprit phlosophique en France*, 73-5.

参见 V. 毕诺,《中国对法国哲学思想形成的影响》,73—75。

V. 毕诺(V. Pinot),法国汉学家,其他不详。

《中国对法国哲学思想形成的影响》: 维吉尔·毕诺著。此书介绍了中国对法国哲学思想形成的影响、有关法国认识中国的未刊文献等内容。该书资料翔实，论述17、18世纪、中国儒家的重农主义、文官科举制度、修史传统、伦理道德、完整的治国之术、多种文化派别的并存与争鸣以及哲学思想界经常出现的大论战等，对基督教主导的法国思想界产生的冲击与影响。

P170 注释① Cf. Hegel, *Phänomenologie des Geistes*, Akademie Verlag, 20, "nichteine ursprüngliche Einheit als solche, oder unmittelbare als solche".

参见黑格尔，《精神现象学》，学院出版社，20，"不是原始实体，也不是直接实体。"

黑格尔和《精神现象学》：参见第一册 P4 注释①和第一册 P6 注释①。

P170 注释② Bergson, *La Penseé et le Mouvant*, 241.

柏格森，《思想和运动》，241。

亨利·柏格森和《思想和运动》：参见第一册 P23 注释③。

P173 注释① Marjorie Hope Nicolson, *Mountain Gloom and Mountain Glory*, 160 - 3.

马乔里·霍普·尼科尔森，《山的忧郁与山的荣耀》，160—3。

马乔里·霍普·尼科尔森（Marjorie Hope Nicolson, 1894—1981），美国学者。代表作有《山的忧郁与山的荣耀》、《科学与想象力》等。

《山的忧郁与山的荣耀》：尼科尔森著。此作探讨了十七世纪末从贬低山脉到歌颂山脉的学术复兴的原因。作者研究了十七、十八、十九世纪作家笔下山脉描写的变化，追根溯源，探寻了这一转变的原因与过程。对于十七世纪的作家及其先辈来说，山脉是丑陋的突出物，毁坏了自然的外观，破坏了地球的对称性，它们是上帝愤怒的象征。然而，不到两百年时间，浪漫主义诗人吟诵了山脉的壮丽与宏伟，认为山脉激起了他们灵魂深处神圣的狂喜。

P173 注释② Rivarol, *Écrits politiques et littéraires*, choisis par V.-H. Debidour, 132 - 3. Cf. Bacon, *The Advancement of Learning*, Bk II, ed. A. Wright, 76(the ancient fable); Kant, *Anthropologie*, §40, Werke, hrsg. E. Cassirer, VIII, 84 - 5 (die verstandlose Sinnlichkeit wie ein Volk ohne Oberhaupt usw.)

里瓦罗,《政治与文学创作》,V. -H. 德比多,132—3。参见培根,《学术的进展》,第 II 卷,A. 莱特编,76(古代寓言);康德,《实用人类学》,§ 40,《作品》,E. 卡西尔编,VIII,84—5(无条件的淫荡就像没有头脑的人一样)。

里瓦罗和《政治与文学作品》:参见第一册 P43 注释①。

《政治与文学作品》:里瓦罗著,其他不详。

培根:参见第一册 P286 注释①。

《论学术的进展》:参见第一册 P434 注释①。

康德:参见第一册 P6 注释②。

P175 注释① Cf. *Ennéades*, I. vi. 2, tr. É. Bréhier, 1,27: "Est laid aussi tout ce qui n'est pas dominé par une forme et par une raison, parce que la matière n'a pas admis complètement l'information par l'ideé"; *Paradiso*, 1. 129, *La Divina Commedia*, Ricciardi, 794: "perch'a risponder la materia è sorda" (cf. XIII. 76–8, p. 954).

参见《九章集》,I. vi. 2,É. 布莱尔译,1,27:"任何不受形式和理由支配的物都是丑陋的,因为物未能与心神契合";《天堂篇》,1. 129,《神曲》,里西亚蒂,794:"聋子答问"(参见 XIII. 76—8, P954)。

普罗提诺和《九章集》:参见第一册 P14 注释②。

《天堂篇》:但丁所著的《神曲》中的第三部分。

《神曲》及其作者但丁:参见第一册 P244 注释②。

P175 注释②L. Pareyson, *Estetica*; *Teoria della Formatività*, ed. 2ª, 33–5.

L. 帕雷森,《美学:形成论》,第 2 版,33—5。

L. 帕雷森,参见第一册 P328 注释①。

《美学:形成论》:L. 帕雷森著。其他不详。

P175 注释③*ib.*, 40.

同上,40。

P175 注释④ Cf. Lotze, *Logic*, tr. B. Bosanquet, 1,8: "A tool must fulfil two conditions: fit the thing and fit the hand"; H. Focillon, *Vie des Formes*, Leroux, 58: "Il existe entre la main et l'outil une familiarité humaine... Ce qui agit est agi à son tour."

参见洛采,《逻辑学》,B. 博赛奎译,1,8:"一种工具必须满足两种条件:适用于物品和易于操作";H. 福西永,《形式的生命》,勒鲁克斯,58:"存在于双手之间,且为人们所熟知的工具……"

赫尔曼·洛采(Hermann Lotze, 1817—1881),德国心理学家、哲学家,价值哲学创始人。洛采对20世纪的德国哲学乃至整个西方哲学的影响通过四条主要线索得以显现。首先,通过其弟子文德尔班,洛采的"价值哲学"被广为传播并由此形成了新康德主义的西南学派(代表人物为文德尔班、李凯尔特、拉斯克);其次,通过对胡塞尔和舍勒的影响,洛采影响了德国现象学的形成和发展;再次,洛采的"纯粹逻辑"思想也影响了弗雷格,又通过后者对英美分析哲学提供了隐秘的助力;最后,洛采的哲学对海德格尔思想的形成和发展产生了独立的持续的深刻影响。其代表作有《医学心理学》、《心理学大纲》、《逻辑学》等。

《逻辑学》:洛采著。此书深为海德格尔推荐。其他不详。

H. 福西永(Henri Focillon, 1881—1943),法国20世纪最伟大的美术史家,法国形式研究的里程碑式人物。他一生著述宏富,既显示出精深的专业知识,又随时跨越专业界限,将读者引向无限丰富的知识领域。

《形式的生命》:福西永著,是福西永方法论的代表作。作者运用文学修辞手法,论述自己对于形式与风格问题的思考,分别阐释了空间王国、物质王国、心灵王国和时间工国中的形式,全书贯穿着纵横驰骋的思绪和奔放的想象力。全书由六篇组成,是一个有机整体。第一篇"形式的世界"揭示了艺术形式的内在逻辑和变形的基本原理,接来各篇分别讨论形式与空间、物质、心灵、时间各王国之间错综复杂的关系。最后一篇"手的礼赞"是脍炙人口的名篇,将前几部分的内容有机贯穿起来。他以独特的视角和方法,为美术史贡献了一种别样的形式主义理论。

P177 注释①H. Focillon, *op. cit.*, 23, 51–2, 71; J. Pommier, *Questions de Critique et d'Histoire littéraire*, 84–5.

H. 福西永,《形式的生命》,如前所引,23,51–2,71;J. 波米耶,《文学批评和文学史里的问题》,84–85。

福西永和《形式的生命》:参见第二册P175注释④。

J. 波米耶(J. Pommier,1893–1973),法国的文学史家兼浪漫主义者。波米耶一生著作颇丰,除了专注于文学问题的研究之外,他还对研究法国著名的圣经学者和宗教历史学家约瑟夫·欧内斯特·勒南有着强烈的兴趣,并陆续发表了一系列探讨勒南宗教和诗意的作品。

《文学批评与文学史里的问题》：J. 波米耶著于 1945 年。此作是探讨文学和文学史问题的一部著作。

P178 注释① Lyly, *Campaspe*, III. iv (Appelles to Alexander).

李利,《坎巴斯帕》,III. iv(阿佩尔对亚历山大)。

李利(John Lyly, 1554—1606),英国伊丽莎白时代"大学才子派"的戏剧家,著名散文小说家、科学家。李利是"大学才子派"中最年长的,他的喜剧多半以古代神话和古代文学为题材,以田园大自然为背景,用典雅的散文写爱情故事。李利的传奇与中世纪幻想传奇有区别,他刻画当代生活。他还致力于语言革新,创造了被称为"尤菲绮斯体"的特殊文体,在用词上大量使用直喻、隐喻、拟人、对仗、双声等手段,追求绚烂绮丽的效果。在句法上,作者将从句或短语骈化,类似中国六朝的骈体文。传奇中大量引用来自神话、古希腊罗马名人轶事的典故、谚语,使用双关语、俏皮话,极力堆砌。

《坎巴斯帕》:李利早期著的戏剧。该作的风格非常华丽。李利没有在作品中涉及伦理道德的说教,因此异于之前注重道德说教的戏剧传统。与此同时,这一作品与李利之后的作品也不同,并没有涉及寓言。《坎巴斯帕》呈现了一个浪漫主义的历史传说,具有十分纯粹的娱乐效果。

P179 注释① Pliny, *Natural History*, XXXV. 36, "Loeb", IX, 310.

普林尼,《自然史》,XXXV. 36,"洛布古典丛书",IX, 310。

普林尼和《自然史》:参见第一册 P380 注释①。

P180 注释①F. A. Lange, *The History of Materialism*, tr. E. C. Thomas, II, 75, n. 72; cf. I, 243.

F. A. 朗格,《唯物史论》,E. C. 托马斯译,II,75, n. 72;参见 I, 243。

朗格(Frederick Albert Lange, 1828—1875),德国早期新康德主义代表人物,曾在波恩大学哲学系任教,1865 年出版其名著《唯物论史》,随后分别被聘往舒里克大学、马堡大学任哲学教授。

《唯物史论》:朗格著。该书是研究唯物主义历史的一部巨著,它试图对唯物主义和唯心主义这两种形态的哲学做出一种公允的评判。全书分为古代唯物论、过渡时期、十七世纪的唯物论、十八世纪的唯物论四编,其哲学思想在 19 世纪后半叶的德国深深影响了尼采、胡塞尔和海德格尔。

P181 注释① Berni, *Orlando lnnamorato*, II. xxiv, quoted in *Orlando Furioso*, tr. John Hoole, Vol. I, "Introduction", p. xxxix.

伯尼,《恋爱中的奥兰多》,II. xxiv,出自《疯狂的奥兰多》,约翰·霍尔译,第 I 卷,"引言",P xxxix。

伯尼:此处疑有误,应是"博亚尔多"(Atteo Maria Boiardo)。

《恋爱中的奥兰多》及其作者博亚尔多:参见第一册 P99 注释③【增订四】。

《疯狂的奥兰多》(即《疯狂的罗兰》)及其作者阿里奥斯托:参见第一册 P50 注释①。

P183 注释①*IL Principe*, Cap. 7e 25; *Discorsi*, II 29, 30eIII, 9; *La Vita di Catruccio Gastracani da Lucca* (*op. cit.*, 22, 80-2, 297-9, 302-3, 344, 552).

《君主论》,第 7 章,25;《演讲》,II 29 30eIII, 9;《来自卢卡的卡特鲁修西奥·卡斯特拉卡妮的生活》(如前所引,22,80—82,297—299,302—303,344,552)。

《君主论》及其作者马基雅维利:参见第一册 P37 注释④。

P185 注释① Bruno, *Cabala del Cavallo Pegaseo con I'aggiunta dell'Asino Cillnico*, Dialogo I, *op. cit.*, 553.

布鲁诺,《飞马和野驴的秘密》,对话 I,如前所引,553。

布鲁诺,参见第一册 P99 注释③。

《飞马和野驴的秘密》:布鲁诺著,用意大利文撰写。此作语言丰富生动,论述尖锐泼辣,结构严谨无隙。

P185 注释② Mme Guyon: "Conduite d'Abandon à Dieu", J. Rousset, *Anthologiede la Poésie baroque française*, 1, 137 et 139.

盖恩夫人:"与神联合",J. 鲁塞,《法国奇崛派诗歌文选》,1,137,139。

盖恩夫人:参见第二册 P79 注释②。

J. 鲁塞:参见第一册 P27 注释①。

《法国奇崛派诗歌选集》:参见第一册 P69 注释②。

P185 注释③ Pascal, *Pensée*, no. 233, éd, V. Giraud, 150.

帕斯卡,《思想录》,第 233 条,吉罗德编,150。

帕斯卡和《思想录》:参见第一册 P256 注释①。

P186 注释①É. Gilson, *Les Idées et les Lettres*, 268, 270, 274; cf. E. Baudin, *La Philosophie de Pascal*, 1, 64 - 5.

É. 吉尔松,《思想与文字》,268,270,274; E. 博丹,《帕斯卡哲学》,1,64—65。

É. 吉尔松(Etienne Gilson, 1884—1978),基督教哲学家,中世纪哲学研究权威,被认定为世界上最伟大的圣·多玛斯学者之一。代表作有《圣多玛斯·阿奎那的哲学》、《圣奥古斯丁的基督教哲学》、《中世纪哲学精神》、《神与哲学》、《哲学家与神学》等。其中,《中世纪哲学精神》影响最为广泛。

《思想与文字》:不详。

E. 博丹,《帕斯卡哲学》:不详。

P190 注释① Cf. Montaigne, *Essais*, III. xii *op. cit.*, 1012 - 3; V. Pareto, *A Treatise on General Sociology*, §2086, *op. cit.*, II, 1446 (contradictory derivations of a given residue).

参见蒙田,《随笔录》,III. xii 如前所引,1012—3;帕累托,《思想与社会》,§2086,如前所引,II, 1446(既定余数的矛盾推演)。

蒙田和《随笔录》:参见第一册 P50 注释①【增订四】。

帕累托和《思想与社会》:参见第一册 P360 注释①。

P191 注释① Gomperz, *Greek Thinkers*, *op. cit.*, II, 214.

贡佩茨,《希腊思想家》,如前所引,II, 214。

贡佩茨和《希腊思想家》:参见第一册 P399 注释③。

P191 注释② Fitzgerald, *Rubaiyàt*, XIII; cf. Shakespeare, *I Henry IV*, V. i. 131 ff.: "What is honour? A Word" etc.

菲茨杰拉德,《鲁拜集》;莎士比亚,《亨利四世》V. i. 131 页及之后:"荣誉是什么?一个词而已。"

菲茨杰拉德(Edward Fitzgerald, 1809—1883),英国翻译家、诗人,代表性译作有《鲁拜集》。

《鲁拜集》:相传为前波斯(现伊朗)的天文学家、数学家、哲学家和诗人奥玛·

海亚姆(Omar Khayyám)所著,但在奥玛名义之下的"四行诗"即谓之"鲁拜集"的原创诗稿,流传下来的数量无法确认。现在流传的《鲁拜集》,是英国翻译家、诗人菲茨杰拉德创造性译出的英文诗集。1859 年出版第一版英译版,菲茨杰拉德将此书译过五稿,他没有将奥玛的原诗逐字逐词、逐句逐首的忠实地翻译,他将几百上千首奥玛的零散诗稿排列、组合、整理、改编,"碾碎重抟",创作的成分甚多。正是菲氏的这种"创译"、"衍译",使他发挥了极为自由的想象力,淋漓尽致地抒发了极富文采的诗情画意。

莎士比亚:参见第一册 P70 注释①。

《亨利四世》:参见第一册 P322 注释①。

P192 注释① James, *Principles of Psychology*, 1, 291.

詹姆斯,《心理学原理》,1,291。

詹姆斯和《心理学原理》:参见第一册 P272 注释②。

P192 注释② Leopardi, *Zibaldone*, *op. cit.*, I, 1016; Schopenhauer, *Parerga und paralipomena*, "Aphorismen zur Lebensweisheit", Kap. 4. *Sämtl. Werke*, hrsg. P. Deussen, IV, 372.

莱奥帕尔迪,《杂记》,如前所引,I, 1016;叔本华,《附录与补遗》,"处世哲学",第 4 章,《全集》,P. 德森编,IV,327。

莱奥帕尔迪:参见第一册 P256 注释④。

《杂记》:参见第一册 P608【增订三】。

叔本华:参见第一册 P124 注释①。

《附录和补遗》:叔本华著,是叔本华的代表作《作为意志和表象的世界》的补充版,是最初让叔本华声名鹊起的一本著作。此作目前还没有完整中译本,在中国流传的叔本华著作译本《人生的智慧》或《人生智慧箴言》是《附录和补遗》中的一部分。

《处世哲学》:叔本华著。《人生的智慧》是该书中的一部分。在书中,作者以优雅的文体,格言式的笔触阐述了自己对人生的看法。《人生的智慧》使沉寂多年的叔本华在晚年一举成名。此作探讨世俗生活中诸如健康、财富、名声、荣誉、养生和待人接物所应遵守的原则等。正如叔本华所说的,在这本书里他尽量以世俗、实用的角度考虑问题。错综复杂并因此众说纷纭的世俗人情的话题,经过叔本华深刻而透彻的讨论之后,变得清晰简明。

P192 注释③A. O. Lovejoy, *Reflections on Human Nature*, 82,92.

A. O. 洛夫乔伊,《关于人性的思考》,82,92。

A. O. 洛夫乔伊(Arthur Oncken Lovejoy, 1873—1962),德国裔美国哲学家、批判实在论的重要代表、美国观念史研究的主要倡导者。代表作有《反叛二元论》、《古代的尚古主义及相关观念》、《存在巨链》、《观念史论文集》、《关于人性的思考》等。

《关于人性的思考》: A. O. 洛夫乔伊著,1960 年出版。

P194 注释① Cf. Goethe, *Faust*, II, 7003 - 4: "Am Ende hängen wir doch ab/ Von Kreaturen, die wir machten" (i. e. Homunculus); MaryShelley, *Frankenstein*, ch. 10, The Heritage Press, 104: "Remember, thou hast made me more powerful than thyself... I am thy creature" etc.

参见歌德,《浮士德》,II, 7003—4:"最后,我们依赖于/我们自己制造的生物";玛丽·雪莱,《弗兰肯斯坦》,第 10 章,遗产出版社,104:"记住,你让我更有力量……我是你的作品。"

歌德和《浮士德》: 参见第一册 P16 注释①。

玛丽·雪莱(Mary Shelley, 1797—1851): 英国作家,英国浪漫派著名诗人雪莱的妻子。被称为科幻小说之母。代表作有《弗兰肯斯坦》等。

《弗兰肯斯坦》(或译为《科学怪人》、《现代普罗米修斯》): 玛丽·雪莱著于 1818 年的科幻小说。

P194 注释②*Philosophie der Geschichte*, Reclam, 64.

《哲学史讲演录》,莱克拉姆,64。

《哲学史讲演录》及其作者黑格尔: 参见第一册 P87 注释①、第一册 P4 注释①。

P194 注释③W. Wundt, *Grundzüge der Physiologischen psychologie*, 6, Auf., III, 764ff.; *Vöelkerpsychologie*, VII, 387. Cf. C. von Ehrenfels, *System der Werttheorie*, 133 (Zielfolge nach abwärts).

威廉·冯特,《生理心理学原理》,第 6 版,III 764 **页及之后;《沃尔克心理学》**VIII, 387。**参见 C. 冯·艾赫凡,《竞争理论体系》,133 页(向下一目标追寻)。**

冯特,《生理心理学原理》: 参见第一册 P7 注释①。

C. 冯·艾赫凡(Christian von Ehrenfels),德国心理学家。代表作有《感觉与愿望》、《形式的品质》、《伦理价值理论》、《格式塔级别和纯度》、《格式塔质量》等。

《沃尔克心理学》:不详。

P195 注释① *The Decline and Fall of the Roman Empire*, ch. 52, "The World's Classics", VI, 29 - 30.

《罗马帝国衰亡史》,第 52 章,"世界经典",VI, 29—30。

《罗马帝国衰亡史》及其作者吉本:参见第一册 P35 注释①。

P196 注释① La Bruyère, *Les Caractères*, IV. 63 - 64, Hachette, 116.

拉布吕耶尔,《品格论》,IV. 63—64;阿歇特,116。

拉布吕耶尔和《品格论》:参见第一册 P620 注释①。

P196 注释②T. Gaudiosi: "Infelicità della Vita umana", *Marino ei Marinisti*, Ricclardi, 1077.

高迪欧斯:"人生的不幸",《马里诺和马里诺主义》,里西亚蒂出版,1077。

高迪欧斯(T. Gaudiosi),不详。

马里诺和马里诺主义:参见 P16 注释①【增订三】。

《马里诺和马里诺主义》及其作者 G. G. 法里罗:不详。

P196 注释③ Eckermann, *Gespräche mit Goethe*, 27Jan. 1824, Aufbau, 102.

爱克曼,《歌德谈话录》,1824 年 1 月 27 日,建设出版社,102。

爱克曼和《歌德谈话录》:参见第一册 P7 注释②。

P197 注释① Tomasi di Lampedusa, *II Gattopardo*, Feltrinelli, 168 - 9.

托马西·迪·兰佩杜萨,《豹》,费尔特里内利,168—169。

托马西·迪·兰佩杜萨(Giuseppe Tomasi di Lampedus, 1896—1957),意大利作家。代表作有长篇小说《豹》。

《豹》:托马西·迪·兰佩杜萨著的华丽散文体小说。该书讲述意大利复兴运动时期发生在西西里一个贵族家庭的故事,文字古雅,与意大利现代文学的风格背道而驰。

P199 注释① Blake, *Marriage of Heaven and Hell*: "Proverbs of Hell".

布莱克,《天堂与地狱的婚姻》:"地狱的箴言"。

布莱克和**《天堂与地狱的婚姻》**:参见第二册 P76 注释③。

P199 注释② Freud, *Vorlesungen zur Einführung in die Psychoanalyse*, Internationaler Psychoanalytischer Verlag, 425 - 6.

弗洛伊德,《精神分析引论》,国际精神分析出版社,425—426。

弗洛伊德,参见第一册 P34 注释①。

《精神分析引论》:弗洛伊德撰写的心理学著作,首次出版于 1917 年。全书共计 28 讲,对精神分析理论具有全面且系统的概括性论述。此书以"心理冲突"和"泛性沦"观点对日常生活中人们的过失行为、梦及神经症三项专题进行了全面的分析和系统的阐述,以潜意识与性欲理论为核心,构成了整个精神分析理论的根基。该书虽然主要讨论精神病的病因与治疗,但其中关于性冲动、梦及其象征与转移作用、压抑、自恋、移情等问题的论述,对用精神分析原理说明艺术和美学课题提供了一个全新的心理学思路。

P200 注释① Eckhart, quoted in C. G. Jung, *Psychologischen Typen*, 340. cf. J. B. Yeats, *Letters to His Son and Others*, 179(the word "invitation" should be substituted for "temptation" etc.).

艾克哈特,引自 C. G. 荣格,《心理类型》;参见 J. B. 叶芝,《给儿子和其他人的信》,179("邀请"这个词应该换成"诱惑")。

C. G. 荣格(Carl Gustav Jung, 1875—1961),瑞士心理学家。1907 年开始与西格蒙德·弗洛伊德合作,发展及推广精神分析学说长达 6 年之久,之后与弗洛伊德分道扬镳,创立了荣格人格分析心理学理论,主张把人格分为意识、个人无意识和集体无意识三层。他的理论和思想对心理学研究产生深远影响。代表作有《心理学与超自然》、《心理类型》、《无意识心理学研究》等。

《心理类型》:荣格撰写的心理学著作,1921 年出版。是荣格历经二十年探索而铸就的一部巅峰之作。此书中,作者把把人格分为内倾和外倾两种,论述了性格的一般态度类型和机能类型。

J. B. 叶芝(John Butler Yeats, 1839—1922),爱尔兰艺术家,是著名诗人威廉·巴特勒·叶芝之父。

P200 注释② Max Scheler, *Die Wissensformen and die Gesellschaft*, 19,63.

马克斯·舍勒,《知识和社会的形式》,19,63。

马克斯·舍勒:参见第一册 P317 注释①。

《知识和社会的形式》:舍勒著,1924 年出版。

P201 注释① James, *Varieties of Religious Experience*, 378; E. Westermarck, *Origin and Development of Moral Ideas*, II, 591; A. Huxley, *Texts and Pretexts*, 19–20.

詹姆斯,《宗教经验种种》,378; E. 韦斯特马克,《道德观念的起源与发展》,II, 591; A. 赫胥黎,《正题与借口》,19—20。

威廉·詹姆斯,参见第一册 P272 注释②。

《宗教经验种种》:詹姆斯著,是一部从个人经验角度观照宗教作用的著作。作者对皈依、悔改、神秘主义等宗教经验进行探讨,并以伏尔泰、惠特曼、爱默生、路德等思想家的宗教经验为例。虽然讨论的是严肃的宗教哲学命题,但书中和和分析了大量的个体传记资料,叙述生动,情节跌宕,充满了小说的趣味。本书在从心理学角度对种种宗教经验的分析之中,实用主义观念贯穿始终,且思路清晰,洞见迭出。

E. 韦斯特马克,参见第二册 P49 注释③。

A. 赫胥黎,参见第一册 P458 注释④。

《正题与借口》:A. 赫胥黎著。赫胥黎按各类主题挑选一些诗文,辅以评论,编了一部颇为有趣的文集,并且加上一个别致的标题叫《正题与借口》。在这部文集的序里,赫胥黎说在他那个时代,科学由于不断有新的发现而飞速进步,经济也以惊人的速度不断改变,就是一般受过教育的人也不得不拼命"赶上"时代,以至于没有时间静下心来读一本书,尤其不可能去读那种思想深邃、感情充沛、文笔优美的书。书中,赫胥黎把信息和真正的知识区分开来,他认为,信息灵通和有修养是互相排斥的两回事。

P201【增订三】Rabelais, *Le Cinquiesme Livre*, ch. 45, *Oeuv. comp.*, ed. J. Plattard, V, 169.

拉伯雷,《第五部》,第 45 章,《全集》,J. 普莱塔德编,V, 169。

《第五部》:见拉伯雷的《巨人传》。

拉伯雷和《巨人传》:参见第一册 P707 注释④。

P201【增订四】*Harrap's Slang Dictionary*, 1984, PtI, p. 372.

《哈拉普俚语词典》,1984,第 I 部分,P372。

《哈拉普俚语词典》:不详。

P202 注释①*Khāndogya*, VI. Viii. l-2, *The Sacred Books of the East*, I, 98-9.

《奥义书》,VI. viii. 1—2,《东方圣书》,I, 98—99。

《奥义书》(Upanishad):古印度经典的哲学著作,约产生于公元前 10 到前 5 世纪间,是婆罗门教的经典之一。"奥义书"这一名称蕴含"秘传"的含义,核心内容是探讨世界的终极原因和人的本质,一般作为梵书(四部吠陀)的附录。它是印度最经典的古老哲学著作,用散文或韵文阐发印度教最古老的吠陀文献的思辨著作。已知的奥义书约有 108 种之多,记载印度教历代导师和圣人的观点。较早的《奥义书》有《广林奥义书》、《歌者奥义书》、《他氏奥义书》、《由谁奥义书》等

《东方圣书》:此书集合了印度教、佛教、儒教、道教、琐罗亚斯德教(拜火教)、耆那教及回教的典藏。牛津大学出版社于 1879 至 1910 年印行的大型英文出版物,一套由五十册组成的巨制,是对亚洲宗教著作的转译,由马克思·穆勒(Friedrich Max Müller, 1823—1900)主编。穆勒是语言学家、东方学家,生于德国,大半生在英国度过。

P203 注释①*Brihadāranyaka*, IV, ⅲ, 21, *The Sacred Books of the East*, XV, 128.

《奥义书》,IV, iii, 21,《东方圣书》,XV, 128。

《奥义书》和《东方圣书》:参见第二册 P202 注释①。

P204 注释① Leone Ebreo, *Dialoghi d'Amore*, Dial. 1, ed, S. Caramella, 46.

莱昂·赫布里阿,《关于爱的对话》,对话 I, S. 卡拉梅拉编,46。

莱昂·赫布里阿(Judah León Ebreo, 1460—1521),又名莱昂·阿布拉瓦内尔(Leon Abravanel),文艺复兴时期欧洲犹太学者,葡萄牙哲学家。他是文艺复兴时期著名的《圣经》诠释家和哲学家伊萨克·阿布拉瓦内尔(Isaac ben Judah Abrabanel, 1437—1508)之子。莱昂·赫布里阿在逃往那不勒斯后受到新柏拉图主义影响,以其关于新柏拉图主义学说的著作《关于爱的对话》《1535 年出版》而闻

名于世。

P204 注释②J. Clark, *Meister Eckhart*, 203,242.

J. 克拉克,《大师埃克哈特》,203,242。

J. 克拉克(J. M. Clark),具体不详。他选编、翻译并注释了德国神秘主义者埃克哈特的布道文,于1957年出版了《大师埃克哈特:作品研究和布道文选编》(Meister Eckhart: An Introduction to the Study of His Works, with an Anthology of His Sermons)。

《大师埃克哈特》:J. 克拉克编、注、译,1957年出版。

埃克哈特(Johann Eckhart, 1260—1327),德国牧师,神秘主义者,创立德国神秘主义。作为神学家和传教士,他主张上帝与万物融合,人为万物之灵,人性是神性的闪光,人不仅能与万物合一,还能与上帝合一。其思想是德国新教、浪漫主义、唯心主义、存在主义的先驱。1326年被指控为异端,因为他否认了上帝的本质与生物的本质之间的区别。他留下了很多布道文,著名的有《德语讲道集》。

P204【增订四】M. Bradbury and J. McFarlane, ed. *Modernism*, Penguin, 1978, p. 139.

M. 布拉德伯里和 J. 麦克法兰合编,《现代主义》,企鹅丛书,P139。

M. 布拉德伯里(Malcolm Bradbury, 1932—2000),英国小说家、批评家和学者,曾获英国皇家学会文学奖。他先后创作了七部小说:《吃人是错误的》、《向西走》、《历史人》、《兑换率》、《伤痕》、《克里米纳博士》、《前往幽闭之所》。他还创作了多部非虚构、幽默讽刺作品,包括《你以为你是谁?》、《整装待发却无处可去》等。

J. 麦克法兰(James Walter McFarlane, 1920—1999),小说家、文学批评家、电视剧作家,是东安格里亚大学欧洲研究学院的创始院长,专攻欧洲文学,包括斯堪的纳维亚文学。

《现代主义》:原名《现代主义1890—1930》(Modernism 1890—1930),M. 布拉德伯里和 J. 麦克法兰合编,1976年出版。它介绍了现代主义运动,是一本欧洲文学指南。

P205 注释① Fr. Schlegel, *Literary Notebooks*, ed. H. Eichner, §§1316, 1357,1499, pp. 138,142,153,275 (note).

Fr. 施莱格尔,《文学札记》,H. 艾克纳编,§§1316,1357,1499,P138,142,

153,275(注释)。

Fr. 施莱格尔和《文学笔记》：参见第一册 P440 注释①。

P205 注释②D. H. Lawrence, *Collected Letters*, ed, H. T. Moore, II, 1249–1250; cf. A. Huxley, *The Olive Tree*: "D. H. Lawrence", 204,206.

D. H. 劳伦斯,《劳伦斯书信选》,H. T. 摩尔编,II, 1249—1250;参见 A. 赫胥黎,《橄榄树》:"D. H. 劳伦斯",204,206。

D. H. 劳伦斯,参见第一册 P146 注释②。

A. 赫胥黎,参见第一册 P458 注释④。

P208 注释① Cf. M. Praz, *The Romantic Agony*, tr. A. Davidson, 83,357(the nobiebandit).

参见 M. 普拉兹,《浪漫主义的剧痛》,A. 戴维森译,83,357(诺比强盗)。

普拉兹(Mario Praz, 1896—1982),意大利文艺批评家,英国文学研究学者。

《浪漫主义的剧痛》：普拉兹的代表作。此书出版于 1933 年,全面研究了 18 世纪晚期和 19 世纪的欧洲那些致力于色情和病态主题写作的作家。

P209 注释①*Timon of Athens*, IV. iii. 427ff.

《雅典的泰门》,IV, iii. 427 页及之后。

莎士比亚,参见第一册 P70 注释①。

《雅典的泰门》：参见第一册 P199 注释①。

P210【增订三】F. H. Bradley, *Principles of Logic*, I, 31.

F. H. 布拉德利,《逻辑原理》,I, 31。

F. H. 布拉德利(Francis Herbert Bradley, 1846—1924),英国唯心主义哲学家,代表作为《外观和现实》等。

《逻辑原理》：F. H. 布拉德利著,1883 出版。作者在逻辑学的许多领域中详细阐述了他的观点,从普遍性和推理的本质到法则和基础概率。

P211 注释① Maupassant: "Une Vendetta", *Contes du Jour et de la Nuit*, Conard, 137 ff..

莫泊桑:"族间仇杀",《白天与黑夜的故事》,137 页及之后。

莫泊桑(Henri René Albert Guy de Maupassant, 1850—1893),19世纪后半叶法国批判现实主义作家,与俄国契诃夫和美国欧·亨利并称为"世界三大短篇小说巨匠"。莫泊桑是法国文学史上短篇小说创作数量最大、成就最高的作家,创作了三百余篇短篇小说。他的作品所描绘的生活面极为广泛,实际上构成了十九世纪下半期法国社会一幅全面的风俗画。代表作有《项链》、《羊脂球》和《我的叔叔于勒》等。

P212 注释①G. H. S. Razran, *Conditioned Responses*, 5: "Association is not a special attribute of the mind, but a universal property of protoplasm."

G. H. S. 拉兹伦,《条件反射》,5:"联想不是大脑的一个特性,而是原生质的一种普遍属性。"

G. H. S. 拉兹伦(G. H. S. Razran,生卒年不详):苏联生理学家,他被认为是第一位界定了生物反馈概念的学者。他在《当前苏联心理生理学中可观察的无意识和可推断意识》一文中介绍了感受器条件反射、语义条件反射和定向反射等力面的大量研究。关于经典条件反射理论,他认为,以态度对象作为条件刺激,将其与人已经具有的肯定或否定性评价、情感等无条件刺激多次结合强化,则可对其形成特定的社会态度。代表作有《条件反射》等。

P225【增订三】*Le Tiers Livre*, ch. x.

《第三部》,第X章。

《第三部》:见拉伯雷的《巨人传》。

拉伯雷和《巨人传》:参见第一册P707注释④。

P226 注释①L. Pareyson, *Estetica*, 2ª ed., 39.

L. 帕雷森,《美学:形成论》,第2版,39。

L. 帕雷森和《美学:形成论》:参见第一册P328注释①。

P227 注释①D. G. Ruggiero, *La Filosofia Moderna*, III, 66 - 7 (Vico). Cf. E. Staiger, *Grundbegriffe der Poetik*, "Nachwort", 5. Aufl., 236 - 7: "Die Substantive Epos, Lyrik, Drama gebraucht man in der Regel als Namen für das Fach, in das eine Dichtung als Ganzes nach bestimmten äusserlich sichtbaren Merkmalen gehört. Die Adjektive lyrisch, episch dramatisch dagegen erhalten sich als Namen einfacher Qualitäten, an denen eine bestimmte Dichtung Anteil haben kann oder auch nicht".

D. G. 拉杰罗,《现代哲学》, III, 66—7(维科)参见 E. 施塔格尔,《诗学的基本概念》,"后记",第 5 版, 236—7:"人们通常把名词'叙事诗'、'抒情诗'和'戏剧'用作类别的名称,一部文学作品从整体上而言根据某些明显的外部特征可以归属于这些类别。而形容词'叙事诗的'、'抒情诗的'、'戏剧的'则是作为一些简单特征的名称,这些特征是某一部文学作品可能具有也可能不具有的"。

E. 施塔格尔,参见第一册 P430 注释①。

《诗学的基本概念》:施塔格尔著。此作探讨文学类型,详述了分类的方法、类的本质以及三分法的根据。全书分为抒情式风格、叙事式风格、戏剧式风格、韵文的类的概念之根据四个部分。主旨在于用抒情式、叙事式、戏剧式代替传统的抒情作品、叙事作品、戏剧作品的文学类型三分法,从而以文学类型学代替了文学分类学。

P228 注释①*Genesis*, II, 6 - 8.

《创世记》, II, 6—8。

《创世记》:基督教经典《圣经》第一卷书,开篇之作,属于旧约摩西五经。本书介绍了宇宙的起源(起初神创造天地),人类的起源(神创造了亚当和夏娃)和犹太民族的起源,以及犹太民族祖先生活足迹。

P230 注释①W. Jaeger, *Paideia*, tr. G. Haighet, III, 79. Cf. Gibbon *Decline and Fall of the Roman Empire*, ch. 5, note 104, "The World's Classics", V 552; E. J. Jacobs, ed., *Italian Renaissance Studies*, 63 (B. Varchi, *L'Ercolano*: "Questo nome barbaro è voce equivoca... quando si riferisce all'animo, ... alla diversità o lontananza delle regioni, ... al favellare" ecc.).

W. 耶格,《教化》, G. 黑格译, III, 79。**参见吉本,《罗马帝国的衰亡史》,第 5 章,注 104,"世界经典"。V 552; E. J. 雅各布斯编,《意大利文艺复兴研究》, 63(B. 瓦尔基,《埃尔科拉诺》"这个野蛮人的称谓是模棱两可的……有时指灵魂卑下……有时指地方的杂芜或偏远……有时又指贫民窟"等等)。**

沃纳·威廉·耶格(W. Jaeger, 1888—1961),德国学者,20 世纪的古典学者,他校注了不少古典著作,而且积极从事复兴德国 19 世纪人文主义传统的事业。他组织会议、创办杂志《古代》和《戈劳曼》,承办公众演讲。代表作是《教化:希腊文化的理想》等。

《教化》：W. 耶格著于1934—1947年间，是三卷本的宏伟著作，原名《教化：希腊文化的理想》。此作在很大程度上构筑了当代人理解希腊的基本概念，至今仍是研究古典文明的权威著作。

吉本和《罗马帝国衰亡史》：参见第一册见P35注释①。

P235 注释①F. Sacchetti, *Trecentonovelle*, no. 160, Rizzoli, 531.

萨凯蒂，《故事三百篇》，第160篇，里佐利，531。

萨凯蒂和《故事三百篇》：参见第一册P633注释①。

P236 注释①J. Huizinga, *Homo Ludens* tr. R. F. C. Hull, 139-40.

赫伊津哈，《游戏的人》，R. F. C. 赫尔译，139—140。

赫伊津哈和《游戏的人》：参见第一册P375注释①。

P236 注释② Nicholas Breton: "The Will of Wit", A. H. Bullen ed., *Poems Chiefly Lyrical from Romances and Prose-Tracts of the Elizabethan Age*, 57.

尼古拉斯·布雷顿，《智者的意志》，A. H. 布伦编，《浪漫主义抒情诗和伊丽莎白时期散文选集》，57。

尼古拉斯·布雷顿(Nicholas Breton, 1545—1626)，英国诗人、小说家。他的作品包括宗教诗、田园诗以及许多各种题材的散文。布雷顿的宗教诗展示了他虔诚的思想，抒情诗清新而又纯粹，其小说善于运用大量比喻。

P236 注释③ Hyginus, *Fabulae* (*Anatomy of Melancholy*, Part. I, Mem. III, Subs. X, Bell, I, 314); Goethe, *Faust*, II, AktV, 1385.

希吉努斯，《传奇》(《忧郁的解剖》，第I卷，第III章，第X节，贝尔，I, 314)；歌德，《浮士德》II，第V幕，1385。

希吉努斯和《传奇》：不详。

《忧郁的解剖》及其作者伯顿：参见第一册P37注释④。

歌德和《浮士德》：参见第一册P16注释①。

P237 注释① Pliny, *Natural History*, VIII, xi, "Loeb", III, 26; Shelley: "A Vision of the Sea", 138 ff.; *The Adventures of Baron Munchausen*, Pt 1, ch. 1.

普林尼，《自然史》，VIII, xi，"洛布古典丛书"，III, 26；雪莱，《海的幻景》，138

页及之后;《吹牛大王历险记》,第 1 部分,第 1 章。

普林尼和《自然史》: 参见第一册 P380 注释①。

雪莱: 参见第一册 P16 注释①。

《吹牛大王历险记》: 18 世纪德国男爵明希豪森讲的故事,后由德国作家埃·拉斯佩和戈·奥·毕尔格再创作而成。拉斯佩(1737—1794),生于德国汉诺威,出身贵族家庭。他学识渊博,业余喜欢文学创作。1785 年,他以流传的德国男爵明希豪森讲的故事为底本,用英语创作了《明希豪森男爵旅俄奇侠记》,并在伦敦出版,第二年被译成德文,增加了 13 个故事。拉斯佩也因《吹牛大王历险记》成为 18 世纪德国著名的文学家。

P239 注释① *II Henry IV*, III. ii. 333(Falstaff on Shallow); *As You Like It*, IV. i. 153: "more giddy in my desires than a monkey". Cf. Herrick: "Lacon and Thyrsis": "Evergamesome as an ape", *Poetical Works*, *ed*. L. C. Martin, 306 and 562 note.

《亨利四世》,III. ii. 333(福斯塔夫论浅薄);《皆大欢喜》,IV. i. 153:"我的欲望比猴子更轻浮";参见赫里克:《莱肯和色希斯》:"如猩猩一般嬉闹",《诗集》,L. C. 马丁编,306 和 562 页注释。

莎士比亚,参见第一册 P70 注释①。

《亨利四世》: 参见第一册 P322 注释①。

《皆大欢喜》: 参见第一册 P70 注释①。

福斯塔夫: 莎士比亚历史剧《亨利四世》中的一个喜剧人物。

赫里克(Herrick, 1591—1674),英国资产阶级革命时期和复辟时期的所谓"骑士派"诗人之一"。赫里克一生写了不少以淳朴的农村生活为题材的抒情诗,以田园抒情诗和爱情抒情诗著称,如《樱桃熟了》、《快摘玫瑰花苞》、《致水仙》、《疯姑娘之歌》等。他的许多诗被谱曲传唱。赫里克传世的约 1400 首诗分别收在《雅歌》和《西方乐土》中。

《莱肯和色希斯》: 赫里克著的诗歌,其他不详。

P241 注释① Maurice Cranston, *John Locke*, 190.

莫里斯·克兰斯顿,《约翰·洛克》,190。

莫里斯·克兰斯顿(Maurice Cranston, 1920—1993),英国政治哲学家、教授、作家。

《约翰·洛克》：克兰斯顿为英国哲学家约翰·洛克写的一本传记作品，也是克兰斯顿的最有名的作品之一。

P241 注释②E. et J. de Goncourt, *Journal*, 3 Janvier 1857, Édition définitive, I, 127.

龚古尔兄弟，《日记》，1857. 1. 3. 权威版，I, 127。

龚古尔兄弟和《日记》：参见第二册 P85 注释①。

P244 注释①*The Greek Anthology*, IX. 11, Philippus of Isidorus, "Loeb", III, 7. Cf. IX. 12, Leonidas of Alexandria; 13, Plato the Younger; 14, Antiphilus of Byzantium (pp. 7, 9).

《希腊诗选》，IX. 11，"伊西多尔的菲利普"，"洛布古典丛书"，III, 7。参见 IX. 12，亚历山大的圣莱昂尼德；13，青年柏拉图；14，拜占庭的反菲勒斯人(P7，P9)。

《希腊诗选》：参见第一册 P154 注释①。

P244 注释② Florian, *Fables*: "L'Aveugle et le paralytique", *Oeuvres*, "Collection des Grands Classiques Français et Étrangers", 33.

弗洛里安，《寓言》：《盲人和瘸子》，《全集》，"法国与外国的伟大经典作家作品集"，33。

弗洛里安(Florian, 1755—1794)，法国诗人、小说家。他以创作寓言闻名于后世，其寓言故事非常适合作儿童读物，但在弗洛里安的时代，他的诗化小说、田园小说同样受人称赞。代表作有《猴子秀神灯》、《盲人和瘸子》、《猴子和豹》等。

P244 注释③G. -C. Lichtenberg, *Aphorismen*, hrsg. A. Leitzmann, III, 102; cf. *Don Quijote*, I. 50, *op. cit.*, IV, 285, Sancho: "... Y à Dios y véamonos, como dijo un ciego à otro".

G. -C. 利什滕贝格，《警句》，A. 莱兹曼编，III, 102；参见《堂吉诃德》，I. 50，如前所引，IV, 285，桑丘："……用两个瞎子的话说，上帝保佑你，咱们再见吧"。

利什滕贝格(Georg Christoph Lichtenberg, 1742—1799)：18 世纪下半叶德国杰出的思想家、政论家、讽刺作家。他早年访学英国，受英国自由主义影响较深，并深得康德、歌德、尼采、列夫·托尔斯泰、赫尔岑等几代哲学家和文学大师的敬重和推崇。

《警句》：此作收录了利什腾贝格毕生创作的格言。他将自己的诸多想法、观感、即兴文字、简短评论、准备使用的讽刺作品的标题等都以格言的形式记录下来，内容涵盖政治、哲学、科学、心理学、伦理学、美学、文学等领域。

《堂吉诃德》及其作者塞万提斯：参见第一册 P99 注释④。

P244 注释④C. Collodi, *Le Awenture di Pinocchio*, cap. 12, Salani, 48; cf. cap. 36, p. 198.

C. 科洛迪，《皮诺奇历险记》，第十二章，萨拉尼，48；参见第 36 章，198。

C. 科洛迪(C. Collodi, 1826—1890)，是卡洛洛伦齐尼的笔名。他是意大利作家、记者，因其童话小说《皮诺奇历险记》而广为人知。

《皮诺奇历险记》(也译作《木偶奇遇记》)：意大利作家卡洛·科洛迪著的儿童故事。主人公是一个穷人木雕师雕刻出来的木偶——皮诺奇。他只要说谎，鼻子就会不断地长，直到他承认了自己的错误。故事开头，皮诺奇被一只狐狸、一只猫骗走，然后经历了一系列奇遇。

P245 注释① Vauvenargues, *Oeuvres choisies*, "La Renaissance des Livres", 161; Schopenhauer, *Die Welt als Wille und Vorstellung*, Ergänzungen zum zweiten Buch, Kap. 19, "Vom Primat des Willens im Selbstbewusstseyn".

沃夫纳格，《作品精选》，"书本的复兴"，161；叔本华，《作为意志和表象的世界》，(第二版增补)，第 19 章，"意志在自信中的首要地位"。

沃夫纳格和《作品精选》：不详。

《作为意志和表象的世界》及其作者叔本华：参见第一册 P124 注释①。

P246 注释① Diogenes Laertus, *Lives of Eminent Philosophers*, ll. 81, "Loeb", I, 209.

第欧根尼·拉尔修，《名哲言行录》，ll. 81，"洛布古典丛书"，I, 209。

第欧根尼·拉尔修和《名哲言行录》：参见第一册 P25 注释②。

P246【增订二】Dio Chrysostom, *Discourse* XV. 4-5, "Loeb", II, 147-9.

狄奥·克里索斯托，《论说集》，XV. 4—5，"洛布古典丛书"，II, 147—149。

狄奥·克里索斯托(Dio Chrysostom, 40—115)，古希腊演说家、作家、哲学家和历史学家。他的八十个论说录以及一些信件被保留了下来。后人称他为"雄辩的演说家”。

《论说集》：狄奥·克里索斯托的八十个论说的集合，该内容反映了政治或道德问题。

P246 注释② Ch. Sorel, *Histoire comique de Francion*, Liv. II, “Société des Textes Français Modernes”, II, 145; cf. “She doesn't know what briar scratched her.”

查尔斯·索雷尔，《弗朗西荣的滑稽故事》，第 II 篇，“法国现代文学”，II，145；参见“她不知道是哪种荆棘划伤了她”。

查尔斯·索雷尔和《弗朗西荣的滑稽故事》：参见第一册 P529 注释①。

P246 注释③ Cf. Sacchetti, *Trecentonovelle*, no. 126, *op. Cit.*, 394: “E tu come sai che tu sei figliuolo di cui tu ti tieni? non lo saprebbe né provare, né mostrare.”

参见萨凯蒂，《故事三百篇》，第 126 篇，如前所引，394：“你怎么知道，你就是你关心的那个人的儿子呢？你怎么知道，你关心的父亲，就真的是你的父亲吗？他（被提问者）也不知道如何试着去证实或表现。”

萨凯蒂和《故事三百篇》：参见第一册 P633 注释①。

P248 注释① Burton, *Anatomy of Melancholy*, Pt III, Sect. I, Mem. I, Subs. II and Sect. III, Mem. III, Subs. I; “Everyman's”, III, 16,155.

伯顿，《忧郁的解剖》，第 III 卷，第 I 部，第 I 章，第 II 节和第 III 部，第 III 章，第 I 节；“人人文库”，III，16，155。

罗伯特·伯顿和《忧郁的解剖》：参见第一册 P37 注释④

P248 注释②*DictionnairePhilosophique*, art. “Beau”, *Oeuvres Complètes*, éd. L Moland, XVII, 556.

《哲学辞典》，艺术，“美”，《全集》，L. 莫兰编，XVII，556。

《哲学辞典》：参见第二册 P121 注释①。

P254 注释① Cf. A. Koestler, *The Act of Creation*, 76 (The paradox of the centipede).

参见亚瑟·库斯勒,《创造的行为》,76(蜈蚣的悖论)。

亚瑟·库斯勒和《创造的行为》:参见第一册 P592 注释②。

P254 注释② W. H. Sheldon, *Process and Polarity*, 11: "To the polar opposites, right and left foot, are added the polar opposites, poise and fall-the second pair, joining with the first, give the process of advance".

W. H. 谢尔顿,《过程与极性》,11:"左脚和右脚,组成极性的两个对立面,平衡和失衡——第二组对立面,连同第一组,形成了前进的过程。"

W. H. 谢尔顿(Wilmon Henry Sheldon, 1875—1981),美国哲学家,代表作有《过程与极性》等。

《过程与极性》:W. H. 谢尔顿所著,1944 年由哥伦比亚大学出版社出版。其他不详。

P260 注释①V. Garshin: "Liagushka-Putieshestvytsa".

V. 迦尔洵:"青蛙旅行者"。

V. 迦尔洵(Vsevolod Mikhaĭlovich Garshin, 1855—1888),俄国作家。其主要成就在短篇故事和短篇小说方面,以心理分析著称,作品多反映革命民粹派的憧憬、追求、自我牺牲精神和效忠人民的思想,但大多流露出悲观彷徨的情绪。代表作《四天》和《胆小鬼》描写俄土战争,表示要分担人民的苦难;《艺术家》反对为艺术而艺术,要求直接为平民服务;《棕榈》和《红花》表现向往自由、为消灭社会的邪恶势力而献身的精神;《偶然事件》和《娜杰日达·尼古拉耶夫娜》写沦为娼妓的妇女的悲剧,表达了作者对被凌辱被损害者的同情。

P260【增订四】*The Frog and the Crow*, in G. Grigson, ed. *The Faber Book of Popular Verse*, 1974, pp. 67 - 8.

《青蛙和乌鸦》,G. 格里格森编,《费伯流行诗歌集》,1974, P67 - 68。

G. 格里格森:参见第一册 P128 注释①。

《费伯流行诗歌集》:参见第二册 P67【增订四】。

P263 注释①G. F. Lahey, *G. M. Hopkins*, 155.

G. F. 莱希,《霍普金斯传记》,155。

《霍普金斯传记》:G. F. 莱希著,1930 年出版。此作是霍普金斯早期研究最权威的一本书。

霍普金斯(G. M. Hopkins, 1844—1889),英国诗人。他的诗在意境、格律和词藻上都有创新。内容表现自然界万物的个性以及诗人对大自然的感怀,宗教色彩浓厚。代表诗作有《春秋》、《星夜》等。

P265 注释① *Faust*, II, 11391; *Die Wunderblume and andere Märchen*, Berlin: Verlag Kultur and Fortschritt, 229. Cf. George Herbert: "Confession", *Works*, ed. E. F. Hutchinson, 126: "O what a cunning guest/Is this same grief! /Within my heart I made closets; and in them many a chest; /And like a master in my trade/In those chests boxes; in each box a till: /Yet grief knows all, and enters when he will" etc.

歌德,《浮士德》II, 11391;奇异之花和其他童话故事,柏林: 文化发展出版社, 229。参见乔治·赫伯特,"忏悔",《作品》, E. F. 哈奇森编, 126:"哦,多狡猾的客人/这同一个愁苦! /我在心中做柜子;装上许多小箱子;/生意场中他做主/箱子里头装屉子;屉屉都是钱盒子: /愁苦哪样不知晓,想来我家他就来"等等。

歌德和《浮士德》: 参见第一册 P16 注释①。

乔治·赫伯特,参见第二册 P126 注释①。

P269 注释① *The Margites*, §5, in *Hesiod, the Homeric Hymns, and Homerica*, "Loeb", 539; Cf. *The Oxford Book of Greek Verse in Translation*, 187, Archilochus.

《边缘人》, §5,参见《赫西奥德、荷马诗歌与荷马》,"洛布古典丛书", 539;参见"牛津希腊译著", 187,阿尔齐洛克斯。

《边缘人》: 古希腊的一部喜剧模仿史诗,大部分已经失传。从幸存下来的作品中可以看出,它的中心人物是一个极其愚蠢的人,名叫"玛吉特"(意为"胡言乱语,疯狂,好色的")。

赫西奥德、荷马和《赫西奥德、荷马诗歌与荷马》: 参见第一册 P285 注释①。

P269 注释② *Die Wunderblume*: "Der Fuchs and das Eichhömchen", *op. cit*, 457 - 8.

《奇异之花》:"狐狸和松鼠",如前所引, 457—458。

《奇异之花》: 不详。

P269 注释③ La Fontaine, *Fables*, IX. 14, "*Le Chat et le Renard*".

拉·封丹,《寓言》,Ⅸ。14,"猫和狐狸"。

拉·封丹,参见第一册 P431 注释①。

《寓言》:参见第一册 P256 注释④。

P271 注释①R. Bayer, *Histoire de l'Esthétique*, 57.

R. 巴叶,《美学史》,57。

R. 巴叶和《美学史》:参见第一册 P333 注释①。

P271 注释② Pliny, *Natural History*, XI, ivii. 157, "Loeb", III, 530.

普林尼,《自然史》,XI, ivii. 157,"洛布古典丛书",III, 530。

普林尼和《自然史》:参见第一册 P380 注释①。

P271 注释② Nietzsche, *Also sprach Zarathustra*: "Von den Mitleidigen", *Werke*, hrsg. K. *Schlechta*, II, 346. Cf. Scheler: "Ueber Scham und Schamgefühl": "Dieses Gefühl gehört gleichsam dem Clair-obscur der menschlichen Natur an" (*Schriften aus dem Nachlass*, I, 55, cf. 70,78).

尼采,《查拉图斯特拉如是说》,"论同理心",《作品》,K. 施勒赫塔编,II, 346. 参见舍勒:"论羞耻和羞耻心":"这种感觉似乎属于人类本性中的明暗对照法。"(《未完成的手稿》,I, 55,参见 70,78)。

尼采,参见第一册 P23 注释②。

《查拉图斯特拉如是说》:参见第二册 P49 注释④。

舍勒,参见第一册 P317 注释①。

《未完成的手稿》:不详

P272 注释① Samuel Butler, *Characters and Passages from Notebooks*, ed. A. R. Waller, 9,14.

塞缪尔·巴特勒,《人物和段落摘记》,A. R. 沃勒编,9,14。

塞缪尔·巴特勒,参见第一册 P592 注释①

《人物和段落摘记》:参见第一册 P592 注释④

P277 注释①W. Granville, *A Dictionary of Theatrical Terms*, 91.

W. 格兰维尔,《戏剧术语词典》,91。

W. 格兰维尔和《戏剧术语词典》:不详。

P277 注释② Kafka, *Erzählungen*, S. Fischer, 85.

卡夫卡,《故事集》,S. 费舍尔出版社,85。

卡夫卡(Franz Kafka, 1883—1924),奥匈帝国德语小说家,犹太人,现代派文学的宗师和探险者,表现主义作家中创作上最有成就者。他深受尼采、柏格森哲学影响,对政治事件也一直抱旁观态度,故其作品大都用变形荒诞的形象和象征直觉的手法,表现被充满敌意的社会环境所包围的孤立、绝望的个人;作品的主题往往是对社会的陌生感、孤独感与恐惧感。卡夫卡与法国作家马塞尔·普鲁斯特、爱尔兰作家詹姆斯·乔伊斯并称为西方现代主义文学的先驱和大师。代表作有小说《审判》、《城堡》、《变形记》等。

P277 注释③F. Strich, *Kunst und Leben*, 144. Cf; H. Zulliger, *Horde*, *Bande*, *Gemeinschaft*, 18 (das miteinandersein im Gegensatz zum blossen Mitsein).

F. 斯特里奇,《艺术与生活》,144,参见 H. 苏里格,《部落、社会、族群》,18(一同对抗赤裸的存在)。

F. 斯特里奇和《艺术与生活》:不详。

H. 苏里格和《部落、社会、族群》:不详。

P278 注释① Claudian, *In Eutropium*, I, 303 - 6, "Loeb", I, 161.

克劳狄安,《优罗匹姆》,I, 303—6,"洛布古典丛书",I, 161。

克劳狄安(Claudian,约 370—404),也译作劳狄埃纳斯,古罗马诗人,西罗马帝国皇帝霍诺里厄斯的宫廷诗人。传世之作有长诗《普罗塞尔平娜被劫记》。其诗作语言简练生动,富有想象力,还保留了若干珍贵的史料。另写有许多政治性的颂辞和讽刺短诗,一般认为他是罗马帝国晚期最卓越的诗人。

《优罗匹姆》:克劳狄安所著诗歌。克劳狄安本人生活于由霍诺里厄斯(Honorius)统治的西罗马帝国,此诗是针对当时阿凯多斯(Arcadius)统治下东罗马帝国的一名太监、侍从同时也是东罗马王位背后的重要人物——"优罗匹姆"(Eutropium)而写。

P278 注释②G. Basile, *II Pentamerone*, tr. B. Croce, "Introduzione", 3 (cf.

539, "Note e Illustrazioni").

G. 巴西尔,《五日谈》,B. 克罗齐译,"引子",3(参见 539,"注释与插图")。

G. 巴西尔和《五日谈》,参见第一册 P231 注释①

P281 注释① Plutarch, *Moralia*, "Advice to Bride and Groom", 46, "Loeb", II, 335. Cf. Burton, *Anatomy of Melancholy*, Pt III, Sect. II, Mem. III, subs. IV "Everyman's", III, 105 (nocte latent mendae); Brantôme, *Vies des Dames Galantes*, Discours II, Garnier, 152.

普鲁塔克,《道德论丛》,"给新郎和新娘的建议",46,"洛布古典丛书",II, 335. 参见伯顿,《忧郁的解剖》;第 III 卷,第 II 部,第 III 章,第 IV 节,"人人文库",III, 105(夜即遮瑕疵);布兰托姆,《优雅贵妇们的生活》,对话 II,卡尼尔,152。

普鲁塔克和《道德论丛》:参见 P84 注释①。

伯顿和《忧郁的解剖》:参见第一册 P37 注释④。

布兰托姆和《优雅贵妇们的生活》:参见第一册 P186 注释①。

P281【增订三】Du Bois-Hus: "La Nuit des Nuits", J. Rousset, *Anthologie de la Poésie baroque française*, I, 172.

杜波依斯-于斯,"夜之夜",J. 鲁塞,《法国奇崛派诗歌文选》。

J. 鲁塞:参见第一册 P27 注释①。

《法国奇崛派诗歌文选》:参见第一册 P69 注释②。

P284 注释① Cf. *Greek Anthology*, X. 68, Agathias, "Loeb", IV, 39; Ovid, *Metamor-phoses*, Ⅸ, 726 ff. (Iphis); Ariosto, *Orlando Furioso*, XXV. 35 - 6 (Fiordispina), Hoepli, 264; *Arabian Nights*, "The First Captain's Tale", tr. Powys Mathers, IV, 478,486,488.

参见《希腊选集》,X. 68,阿加蒂亚什,"洛布古典丛书",IV, 39;奥维德,《变形记》,IX,726 页及之后。(伊菲斯);阿里奥斯托,《疯狂的罗兰》,XXV. 35—6(费奥德斯皮娜),欧伯利,264;《一千零一夜》,"第一位船长的故事",波伊斯·马瑟斯译,IV, 478,486,488。

《希腊诗选》:参见第一册 P154 注释①。

奥维德,参见第一册 P189 注释①。

《变形记》:参见第一册 P452【增订一】。

阿里奥斯托和《疯狂的罗兰》：参见第一册 P50 注释①。

《一千零一夜》：阿拉伯民间故事集，又名《天方夜谭》。

P285 注释①*Inferno*, XXII. 58.

《地狱篇》，XXII. 58。

《地狱篇》：见但丁《神曲》，参见第一册 P244 注释②。

P287【增订四】F. Kafka: "Ein Bericht für eine Akademie", in *Erzählungen*, Philip Reklam jun., 1981, pp. 196 – 7.

F. 卡夫卡，《致某科学院的报告》，《叙述》，雷克拉姆出版，1981，P196 – 197。

F. 卡夫卡：参见第二册 P277 注释②。

《致某科学院的报告》：卡夫卡著的小说。此作描写马戏团试图寻找"人类道路"而驯化猿猴成为会说话的人的故事。被关在狭窄笼子里的非洲猿猴，在人的逼迫下学人吐唾沫、学人喝烧酒、学人语喊"哈罗"。其凄厉的哀号与悲鸣，传递出失却自由、没有出路的苦闷与悲观绝望情绪 。渐失猿性获取人性的过程畸变，是人类异化的一种反向印证。此作于 1917 年首次在"犹太人"杂志出版，后于 1920 年作为《乡村医生》中的一篇出版。

P289 注释① St John Damascene, *Barlaam and loasaph*, xii, Apologue 4, "Loeb", 187 – 9; A. Dobson, *A Bookman's Budget*, 85 – 6 (Jacob Cats).

大马士革的圣约翰，《贝尔拉姆与约瑟伐特》，xii，寓言 4，"洛布古典丛书"，187—9；A. 多布森，《一个书商的预算》，85—6(雅各猫)。

大马士革的圣约翰和《贝尔拉姆与约瑟伐特》：参见第一册 P70 注释①。

A. 多布森和《一个书商的预算》：不详。

P289 注释②*The Adventures of Baron Munchausen*, ch. 1, Three Sirens Press, 21.

《吹牛大王历险记》，第 1 章，三海妖出版社，21。

《吹牛大王历险记》：参见第二册 P237 注释①。

P290 注释① Freud, *Vorlesungen zur Einführung in die Psychoanalyse*, internationaler Psychoanalytischer Verlag, 399 — 400.

弗洛伊德，《精神分析引论》，国际精神分析出版社，399—400。

弗洛伊德,参见第一册 P34 注释①。

《精神分析引论》:参见第二册 P199 注释②。

P296 注释①A. Arthaber, *Dizionario comparato di Proverbi*, 628; cf. Villon, *Le Testament*,"Ballade des Proverbes".

A. 阿尔萨贝尔,《七语谚语辞典》,628;参见维庸,《大遗言集》,"民谣中的箴言"。

A. 阿尔萨贝尔,参见第一册 P367 注释①。

《七语谚语辞典》:又译《字典模式比较与众所周知的谚语》,收录了意大利语、拉丁语、法语、西班牙语、德语、英语、古希腊语七种语言对照翻译的谚语。

弗朗索瓦·维庸(François Villon, 1431—1474),法国中世纪抒情诗人。他继承了 13 世纪市民文学的现实主义传统,一扫贵族骑士抒情诗的典雅趣味,是市民抒情诗的主要代表。

《大遗言集》:维庸的代表作,全诗由 186 节八行诗组成,其中还插入了一些谣曲和长短歌。该诗集抒情、讽刺和哲理为一体,真实而完整地坦露了作者的内在思想感情。

P300 注释① Lichtenberg, *op. cit*, III, 217.

利什滕贝格,如前所引,III, 217。

利什滕贝格,参见第二册 P244 注释③。

P309 注释①E. g. Goethe, *Faust*, 1. 418: "Flieh! Auf! Hinaus in's weite Land!" Mallarmé: "Brise marine: 'Fuir! là-bas fuir!'" Cf. Leopardi: "Dialogo di Cristoforo Colombo e di Pietro Gutierezz" (*Opere*, Riccardo Ricciardi, I, 602: "che per un tempo essa ci tiens liberi della noia" ecc); Baudelaire: "Le Voyage", "Any Where Out of the World" (*Oeuvres complètes*, "Bibliothèque de la Pléiade", 198,355).

歌德,《浮士德》,1. 418:"跑!对!跑到远方的国家去!"马拉美:"海风说:'逃吧!往那儿逃!'"参见莱奥帕尔迪:"克里斯托弗·哥伦布、彼得罗·古铁雷斯对话"(《作品》,理却地·里西亚蒂出版,I, 602:"一时间它会让我们摆脱烦闷"等等);波德莱尔:"旅行","世界之外的任何地方"(《全集》,"七星文库",198,355)。

歌德和《浮士德》：参见第一册 P16 注释①。

莱奥帕尔迪，参见第一册 P256 注释④。

波德莱尔，参见第二册 P138 注释①。

马拉美（Stéphane Mallarmé，1842—1898），法国诗人、散文家。他与阿蒂尔·兰波、保尔·魏尔伦同为早期象征主义诗歌代表人物。1876 年他以作品《牧神的午后》在法国诗坛引起轰动。此后，他在家中举办的诗歌沙龙成为当时法国文化界最著名的沙龙，一些著名的诗人、音乐家、画家都是这里的常客，如魏尔伦、兰波、德彪西、罗丹夫妇等等。因为沙龙在星期二举行，被称为"马拉美的星期二"。代表作有《诗与散文》、诗集《徜徉集》、长诗《希罗狄亚德》、《牧神的午后》等，晚年的诗作《骰子一掷，不会改变偶然》是他最著名的作品。

P310 注释 ① Horace，*Carminum*，III，i. 40；Hermann Hesse："An die Melancholie"（W. Rose，*A Book of Modern German Lyric Verse*，96).

贺拉斯，《抒情诗集》，III，i. 40；赫尔曼·黑塞：《忧郁的死亡》（W. 萝丝《现代德国抒情诗》，96）。

贺拉斯和《抒情诗集》：参见第一册 P145 注释③。

赫尔曼·黑塞（Hermann Hesse，1877—1962），德国诗人、小说家和画家，1946 年诺贝尔文学奖得主。代表作有《悉达多》等。

W. 萝丝和《现代德国抒情诗》：不详。

P316 注释①Cf. Hogarth，*The Analysis of Beauty*，Preface："It is also evident that the painter's eye may not be a bit better fitted to receive these new impressions who is inlike manner too much captivated with the works of art"（ed.，J. Burke，24).

参见霍加斯，《美的分析》，前言："同样明显的是，一个画家，如果以同样的方式为艺术品所迷，那么，他的眼睛就很难再去接受事物本身带来的新印象。"

霍加斯（Hogarth，1697—1764），英国画家、18 世纪英国风俗画奠基人、讽刺画和欧洲连环漫画的先驱、艺术理论家，可以说是英国第一位在欧洲赢得声誉并富于民族特色的美术家。他的创作题材都取自现实生活。他对现实社会中的人物和事件都有极敏锐的观察和理解，不仅具有画家的眼和手，也具备小说家的头脑。他的作品范围极广，从卓越的现实主义肖像画到连环画系列。他的许多作品经常讽刺和嘲笑当时的政治和风俗。后来这种风格被称为"霍加斯风格"，他也被称为被称为“英国绘画之父”。绘画代表作有《时髦婚姻》、《浪子回头》、《卖虾女》等，还有美学著作《美的分析》等。

《美的分析》：霍加斯著，于1753年发表，是欧洲美学史上第一篇关于形式分析的美学专著。作者主张用优美、雅致的曲线作为达到绘画美的钥匙。此作对后来的绘画发展有较大的影响，并引起了英国民族艺术风格的兴起。

P316 注释② Cf. De Sanctis, *Storia della Letteratura italiana*, cap. Xi: “Lo scrittore non dice quello che pensa o immagina o sente, perchè non è l'immagine che gli sta innanzi, ma la frase di Orazio e di Virgilio” (ed. riveduta da A. Parente, I, 342).

参见德·桑克蒂斯，《意大利文学史》，第 Xi 章：“作者没有说出他的想法、想象或感受，因为他面前没有事物形象本身，而是霍勒斯和维吉尔的句子”（B. 克罗齐编，A. 帕伦特修订，I, 342）。

德·桑克蒂斯和《意大利文学史》：参见第一册 P702 注释②。

P316 注释③R. G. Collingwood, *Principles of Art*, 216.

科林伍德，《艺术原理》，216。

罗宾·乔治·科林伍德，参见第一册 P317 注释①

《艺术原理》：科林伍德著的现代西方美学名著。在此书中，科林伍德通过先破后立的方法，对艺术概念进行了考证和辨析，系统地提出了艺术即情感表现这一观点，并向意大利著名美学家克罗齐的观点靠拢，同意想象与表现的同一性。此书第一编首先论证了技艺、巫术艺术和娱乐艺术不属于真正的艺术，然后提出真正的艺术是对情感的表现，是想象性活动，或曰总体想象性经验。第二编转入广阔的哲学心理学领域，从理论上探讨了感觉、意识、想象、情感、思维和语言等想象，从而基本上形成了作者的艺术理论。第三编则进一步考察了艺术与原理、艺术家与社会的有机联系。

P317 注释①A. Riemann, *Die Aesthetik A. G. Baumgartens*, 110: “Jemehr Einzelheiten... in einer verworren Vorstellung beisammen sind,... desto poetischer wird sie.”

A. 黎曼，《A. G. 鲍姆嘉通美学》，110：“更多细节……在一个含混的想象中，……变得越来越有诗意。”

A. 黎曼(A. Riemann),不详。

A. G. 鲍姆嘉通(Alexander Gottlieb Baumgarten, 1714—1762),又译鲍姆加登,德国哲学家、美学家、教育学家,被称为"美学之父",他是第一个把美学当作一门独立学科的学者。代表作有《关于诗的哲学默想录》、《美学》、《形而上学》等。

P318 注释 ①Cf. N. Frye, *Anatomy of Criticism*, 72 ff. (The principle of manifold meaning); S. Ullmann, *Semantics*, 188ff. (Ambiguity as a device of style); Winifred Nowottny, *The Language Poets Use*, 146 ff. (Ambiguity and "ambiguity").

参见 N. 弗莱,《批判的解剖》,72 页及之后(多重意义原则);S. 乌尔曼,《语义学》,188 页及之后.(作为风格策略的含混);温尼弗莱德·诺沃提尼,《诗人用言》,144 页及之后(含混和"含混")。

N. 弗莱和《批评的解剖》:参见第一册 P244 注释④

乌尔曼和《语义学》:参见第一册 P677 注释②。

温尼弗莱德·诺沃提尼和《诗人用言》:不详。

P320 注释 ①Cf. Heidegger, *Sein und Zeit*, 1. Hälfte, 3. Aufl., 42: "Das Was-sein (essentia) dieses Seienden muss... aus seinem Sein (existentia) begriffen Werden."

参见海德格尔,《存在与时间》,上卷,第 3 版,42:"必须从存在本身(存在)……来理解这种存在的性行(本质)"。

马丁·海德格尔和《存在与时间》:参见第一册 P283 注释②。

P322 注释 ①Spenser: "Prosopopoia: or Mother Hubberds Tale", 952-3, 629-630, 900, *Minor Works*, Variorum Edition by E. Greenlaw *et al*, II, 130, 122, 129.

斯宾塞:"老母亲哈伯德的故事",952—953,629—630,900,《小作》,E. 格林劳等编的集注本,II,130,122,129。

斯宾塞(Edmund Spenser, 1552—1599),英国文艺复兴时期的伟大诗人。其代表作有长篇史诗《仙后》、田园诗集《牧人月历》、组诗《情诗小唱十四行诗集》、《婚前曲》、《祝婚曲》等。

《老母亲哈伯德的故事》:埃德蒙·斯宾塞于 1578—1579 年间所创作的一首

英文诗,诗中包含老母亲哈伯德所讲述的“猿猴与狐狸”等一系列故事,暗含政治讽喻。伊丽莎白一世的权丞伯利勋爵(Lord Burghley)对该诗极为反感,并因此故意疏远了斯宾塞与宫廷的关系。

P323 注释①*Purgatorio*, XVII, 57; *Paradiso*, V. 133 - 4e VIII. 53 - 4.

L. Olschki, *L'Asia di Marco Polo*, 43.

《炼狱篇》,XVII, 57;《天堂篇》,V. 133—4e, VIII. 53—54。

L. 奥斯基,《马可·波罗之亚洲》。

《炼狱篇》、《天堂篇》及其作者但丁: 参见第一册 P244 注释②

L. 奥斯基(Leonardo Olschki, 1885—1961),意大利学者。奥氏学识渊博,掌握多种语言,能用意大利文、德文、法文和英文写作。他写过关于但丁、马基雅维利、达·芬奇和伽利略的著作,还用德文撰写了三卷本《现代语言科学文献史》(莱比锡,1919—1927 年出版)。他最为著名的著作是用英文写的《意大利的天才》(1949 年),曾被译为意大利文、德文等多种语言。

《马可·波罗之亚洲》: 奥斯基著。全书四百多页,分为十章:导论介绍马可·波罗游记的文本和旅行记录,以后依次谈马可·波罗的先行者、马可·波罗及其《马可·波罗行纪》(或译《寰宇记》),马可·波罗游记所见之亚洲文明,马可·波罗游记所见之亚洲自然状况——动物、植物、矿物,马可·波罗游记所见之亚洲政治与宗教,马可·波罗游记所见之亚洲历史及书中所记载的历史与传说图像,马可·波罗游记所见之亚洲医药等等。

P324 注释① Croce, *Estetica*, 10ed., 51: “Lo stesso principio di contradizione non è altro, in fondo, che il principio estetico della coerenza.”

克罗齐,《美学原理》,第 10 版, 51:“一般而言,矛盾原则毕竟也要符合美学的一致性原则”。

克罗齐和《美学原理》: 参见第一册 P415 注释①。

P324【增订三】“De la Poésie dramatique”, X “Du Plan”, *Oeuv*, *comp*, ed. J. Assézat, VII, 334 - 335。

“论戏剧诗”,X“计划”,《全集》,J. 阿塞扎特编,VII, 334—5.

“论戏剧诗”: 又译《论戏剧艺术》,德尼·狄德罗于 1758 年发表的长篇论文。在此作中,狄德罗系统阐释了自己的戏剧理论。

《全集》：指德尼·狄德罗全集。

德尼·狄德罗，参见第二册 P59 注释②。

P325【增订四】*Faust*，I，1409－12.

《浮士德》，I，1409—1412。

《浮士德》及其作者歌德：参见第一册 P16 注释①。

Sir Richard Burton，*Selected Papers*，ed. N. M. Penzer，p. 82.

理查德·伯顿，《精选集》，N. M. 彭泽编，P82。

理查德·伯顿：参见第一册 P411 注释①。

P326 注释① Brüeder Grimm，*kinder-und Hausemärchen*，"Der Gestiefelte Kater"，372－3.

格林兄弟，《儿童和家庭童话故事集》，"穿靴子的猫"，372－3。

格林兄弟和《儿童和家庭童话故事集》：参见第一册 P485 注释①。

P327【增订四】"The Two Magicians"，in *The Oxford Book of Light Verse*，ed. W. H. Auden，pp. 379－80；cf. "The Twa Magicians" in *The Faber Book of Popular Verse*，ed. G. Grigson，1974，pp. 278－80.

《两术师》，《牛津谐趣诗集》，W. H. 奥登编，P379—380；引自《两术师》，《费伯流行诗歌集》，G. 格里格森编，P278—280。

《两术师》：民谣。

《牛津谐趣诗集》：也译作《牛津轻体诗选》，由诗人 W. H. 奥登编，于 1938 年出版。该诗集收集了很多打油诗、谐趣诗，包含很多令人惊讶的发现。作者对谐趣诗作出了富有辩论性的诠释，对诗歌经典进行了重新思考。

W. H. 奥登：参见第一册 P128 注释①。

《费伯流行诗歌集》：参见第二册 P67【增订四】。

G. 格里格森：参见第一册 P128 注释①。

"The School of Salamanca"，in Italo Calvino，*Italian Folktales*，tr. G. Martin，1980，pp. 444－6.

《萨拉曼卡学校》，伊塔洛·卡尔维诺，《意大利童话》，G. 马丁译，1980，P444—446。

伊塔洛·卡尔维诺(Italo Calvino，1923—1985)，意大利当代作家、记者。他擅长以幻想和离奇的手法写作小说，或反映现实中人的异化，或讽刺现实的种种荒谬滑稽，代表作有小说《分成两半的子爵》、《树上的男爵》、《不存在的骑士》等，他还搜集整理了《意大利童话》。

《意大利童话》：也译为《意大利民间故事》。伊塔洛·卡尔维诺采录编著，1956年出版。此作包含200个意大利童话，是意大利当代著名作家伊塔洛·卡尔维诺根据意大利各地几个世纪以来用各种方言记录的民间故事资料，加以筛选整理后，用现代通用意大利语改写而成的一本适合意大利人民阅读、并且便于向全世界介绍的"全意大利的童话书"。书中既讲述了许多流传在意大利民间的优美动人的故事，也向读者展示了一些在欧洲各国广泛流传的故事的意大利风格版本。

《萨拉曼卡学校》：卡尔维诺采录编著的《意大利童话》中的一篇。

cf. Katharine Briggs, *A Dictionary of Fairies*, Penguin Books, 1979, p. 361, "The Wizard's Gillie".

参见凯瑟琳·布里格，《童话词典》，企鹅丛书，1979, P361，《巫师的侍从》。

凯瑟琳·布里格及《童话词典》：参见第一册 P68【增订四】。

"The Thief and his Master", *The Complete Grimm's Fairy Tales*, Routledge and Kegan Paul, 1975, p. 338.

《小偷和师傅》，《格林童话》，劳特利奇 & 凯根·宝罗出版社，1975, P338。

《小偷和师傅》：《格林童话》中的一篇。

《格林童话》及其编者格林兄弟：参见第一册 P485 注释①。

Lona and Peter Opie, *The Classic Fairy Tales*, Granada, 1980, pp. 150-1.

洛娜·奥佩和彼得·奥佩，《经典童话故事》，格拉纳达，1980, P150—151。

洛娜·奥佩(lona Opie, 1923-2017)和彼得·奥佩(PeterMason Opie, 1918—1982)：英国学者，文选编者。两人是一对学者夫妻，他们一起研究民俗学和儿童文学，整理汇编了儿童文学、儿童玩具和游戏方面的大部头书籍，代表作有《牛津童谣词典》和《学龄儿童的知识与语言》等。

《经典童话故事》：洛娜·奥佩和彼得·奥佩编著，1974年出版。此书收集了来自世界各地的经典童话故事，共包含二十四个童话故事的文本，而且从文本的角度剖析了每个故事的历史背景。

P334 注释①W. Muschg, *Tragische Literaturgeschichte*, 3, Aufl., 97.

W. 墨希格，《悲剧观之文学史》，第3版，97。

W. 墨希格和《悲剧观之文学史》：参见第一册 P583 注释①。

P335 注释① Amos, 3. 1: "Hear this word that the Lord hath spoken against you, O children of Israel, against the whole family which I brought up from the land of Egypt, saying…"

阿摩司书,3. 1:"以色列人哪,你们全家是我从埃及地领上来的,当听耶和华攻击你们的话……"

《阿摩司书》:《圣经》旧约的一卷书,本卷共9章。记载了警告列国、惩罚以色列、五个异象、复兴的应许等。以色列王耶罗波安第二原是无道之君,但在他以后的君王比他更坏,所以比较别的以色列王,还算不太坏。当时国民道德沦亡,宗教腐败,不堪言状。阿摩司便在耶罗波安第二第卅七年时奉召为先知。他先预言以色列的敌国要受罚,再论犹大国将受刑,然后再说以色列国将受的灾祸;表明"雅各家"虽是神所眷顾的百姓,但若不悔改,仍不免与列国一样受责罚。但最后说到神的怜悯,成为众人的盼望与安慰。

P335 注释② Micah, 2. 7: "Is the Spirit of Jehovah straitened? are these his doings? Do not my words do good to him that walketh uprightly?"

《弥迦书》,2. 7:"耶和华的心不忍耐吗? 这些事是他所行的吗? 我的言语,岂不是与行动正直的人有益吗?"

《弥迦书》:《圣经》旧约的一卷书,本卷书共7章。记载了弥迦针对南方犹大国的预言。他向犹大人发出警告信息。全书可分为三部分,每部分都以"你们要听"为开始。书中包含谴责、惩罚的警告及祝福的应许。

P335 注释③*II-Decamerone*, III. 5, Hoepli, 192–3.

《十日谈》,III. 5,欧伯利,192—3。

《十日谈》及其作者薄伽丘:参见第一册P301注释④

P338 注释① Burton, *Anatomy of Melancholy*, "Democritus to the Reader" (the world turned upside downward); E. R. Curtius, *Europäische Literatur und lateinisches Mittelalter*, 2 Aufl., 104–8; J. Rousset, *Circé et le paon*, Nouv, éd., 27,260.

伯顿,《忧郁的解剖》,"德谟克利特二世致读者"(世界上下颠倒);E. R. 库尔提乌斯,《欧洲文学与拉丁中世纪》,第2版,104—8;让·鲁塞,《喀耳刻与孔雀》,最新版,27,260。

伯顿和《忧郁的解剖》：参见第一册 P37 注释④。

让·鲁塞和《喀耳刻与孔雀》：参见第一册 P27 注释①

库尔提乌斯和《欧洲文学与拉丁中世纪》：参见第一册 P184 注释①

P338【增订四】Umberto Eco，*Il nome della rosa*，Primo giomo：dopo nona，Bompiani，1986，86－8.

安伯托·艾柯，《玫瑰之名》，第一天：祷告之后，邦皮亚尼，1986，86—8。

安伯托·艾柯和《玫瑰之名》：参见第一册 P515【增订四】。

P339 注释①"Verkehrte Welt"："Wir gehen auf den Köepfen！/Die Kälber braten jetzt den Koch，/Auf Menschen reiten die Gäule"usw.

《颠倒的世界》："我们头代足！/小牛烹庖丁，/马骑人身上"等等。

《颠倒的世界》：海涅的诗歌。

海涅，参见第一册 P286 注释③。

P340 注释①A. Preminger，ed.，*Encyclopedia of Poetry and Poetics*，5，"Adynaton".

A. 普雷明格编，《新编普林斯顿诗歌与诗学百科全书》，5，"怪诞诗"。

普雷明格和《新编普林斯顿诗歌与诗学百科全书》：参见第一册 P209 注释②。

P340 注释②*Don Juan*，II. 19－20："And oh！if e'er I should forget，I swear" etc.，Variorum Edition by T. G. Steffan and W. W. Pratt，II，166－7.

《唐璜》，第 II 卷，19—20："啊！如果我忘记的话，我发誓"等等，集注本，T. G. 斯蒂芬和 W. W. 普拉特编，II，166—167。

《唐璜》及其作者拜伦：参见第一册 P72 注释①。

P340 注释③ Andrew Marvell："The Definition of Love".

安德鲁·马维尔：《爱的定义》。

安德鲁·马维尔（Andrew Marvell，1621 — 1678），17 世纪英国著名的玄学派诗人，作有许多政治讽刺诗和小品文，抨击政府的腐败和宗教的迫害。但大部分诗作都是在他死后发表的，其中最著名的作品有《致羞涩的情人》、《花园》和《哀叹幼鹿之死的仙女》等。

《爱的定义》：马维尔著。在这首诗中，作者一开始采用源自宇宙的意象来表达只有通过失望才能认识到无法满足的爱具有怎样巨大的力量，结尾则采用了平行线的意象加深这种有缘无份、爱不可得的失望。

P341 注释① Marlowe, *Tamburlaine*, I. iii. 11－3.

马洛，《帖木儿大帝》，I. iii. 11—3。

马洛，参见第一册 P191 注释①。

《帖木儿大帝》：马洛的第一个剧本。此剧讲述了 14 世纪一个普通牧民帖木儿，如何登上国王宝座，成为一个野心勃勃、残暴无情的鞑靼统治者的故事，是一部"巨星陨落"式的悲剧。骄横跋扈的蒙古大帝帖木儿利用波斯国王的弟弟推翻了波斯王，在登上王位后又杀害了波斯王的弟弟。然后帖木尔马不停蹄地战败了土耳其君主并将他关入囚笼示众。最后这个嗜血成性、权迷心窍的牧羊人竟然向上天的权威发动攻击，致使他所向披靡的铁骑陷入绝境，这个建立了庞大蒙古帝国的征服者最后只能孤零零地死在皇后的坟墓上。作者通过刻画一个百战百胜的枭雄，表达了文艺复兴时期人们渴望获得无穷无尽的力量和权势的心情。

P342 注释① Brüder Grimm, *op. cit.*, 364, "Das Dietmarsische Lügenmärchen". Cf. G. Borrow, *The Bible in Spain*, ch. 32. "Everyman's Lib.", 305: "A handless man a letter did write, /A dumb dictated it word for word' etc.; R. L. Green, *A Century of Humorous Verse*, 275: "Two dead men got up to fight, /Two blind men to see fair play" etc.

格林兄弟，如前所引，364，《迪特马斯的奇谈怪论》；参见乔治·博罗，《圣经在西班牙》，第 32 章，"人人文库"，305："缺手者写信，/哑巴逐字口述此信"等等；R. L. 格林，《一个世纪的幽默诗》，275："两个已死之人起身搏斗，/两个盲人观看公平比赛"。

格林兄弟，参见第一册 P485 注释①。

《迪特马斯的奇谈怪论》：格林童话之一。故事内容如下："我来给你讲几桩怪事。我曾看见两只烧鸡在天空飞，它们飞得很快，却是肚朝天、背朝地；曾见过一块铁砧和一块石碑横渡莱茵河，它们游姿优美、动作轻柔。我在圣灵降临周还见过一只青蛙坐在冰雪上啃着犁铧吃。曾经有三个人拄着拐杖踩着高跷想抓野兔，他们一个是聋子，一个是瞎子，一个是哑巴。你知道他们是怎么抓到的吗？瞎子先看见了野兔在田间奔跑，哑巴冲着跛子大叫，最后跛子一把逮住了野兔的脖子……”

乔治·博罗(George Borrow，1803—1881)，英国作家、语言学家，通晓六十种语言。代表作有《圣经在西班牙》等。

《圣经在西班牙》：乔治·博罗最为著名的作品。此书记叙了他在西班牙传教期间的见闻，尤其是他与吉普赛人的故事。作者在西班牙见过王侯，下过监狱，所有这些经历构成了他笔下丰富多彩的西班牙。

P344 注释①J. Spence，*Anecdotes*，*Observations and Characters of Men and Books*，ed，S. W. Singer，“Centaur Classics”，116；cf. Anonymous：“A Messe of Nonsense”，*The Oxford Book of Seventeenth-Century English Verse*，893：“It was at noon near ten a clock at night” etc.

J. 司责思，《旧闻录》，S. W. 辛格编，“半人马座经典丛书”，116；参见佚名：“一派胡言”，《牛津十七世纪英语诗歌词典》，893：“那是中午近晚上十点”等等。

J. 司责思(J. Spence，1699—1768)，英国历史学家、文学学者、善谈轶事者。

《旧闻录》：司责思著。此书记载了一系列奇闻异事，为研究18世纪英国文学的历史学家提供了宝贵的资料。其中包括亚历山大·蒲柏的生平事迹以及其他一些文学界人物，如约翰·诺特，艾萨克·牛顿等。

P346 注释① Aristophanes，*The Peace*，207，“Loeb”，II，21.

阿里斯托芬，《和平》，207，“洛布古典丛书”，II，21。

阿里斯托芬，参见第一册 P146 注释②。

《和平》：阿里斯托芬所著戏剧，是一部雅典“旧喜剧”。该剧在伯罗奔尼撒战争第十年之际上演，大获观众好评。该剧既传达了对和平的期待和对乡村田园风光的向往，同时也表现了对过往错失的遗憾。

P346【增订二】*The Oxford Book of German Verse*，15－8.

《牛津德语诗集》，15—8。

P347【增订三】Mario Praz，*op. cit.* 102－3.

马里奥·普拉兹，如前所引，102—3。

马里奥·普拉兹：参见第二册 P208 注释①。

P347【增订四】 Northrop Frye, *Spiritus Mundi*, 1976, pp. 231,235.

诺思洛普·弗莱,《精神世界》,1976,P231,P235。

诺思洛普·弗莱: 参见第一册 P244 注释④。

《精神世界》: 弗莱著,此作包括十二篇文章,是弗莱对文学及其他文本思考的升华。《精神世界》的文章分为三组,每组四篇。第一部分是关于"文学背景",第二部分关于"神话世界",最后一部分研究四位伟大的诗人:弥尔顿、布莱克、叶芝和华莱士·史蒂文斯。

P355【增订四】 James M. Clark, *Meister Eckhart*, p. 42.

詹姆斯·M. 克拉克,《大师埃克哈特》,P42。

詹姆斯·M. 克拉克和《大师埃克哈特》: 参见第二册 P204 注释②。

P356 注释① *Confessions*, XII. iv, vi, viii, xvii, "Loeb", II,292,294,300,326; cf. xx, xxii, xxix, pp. 332 - 4,338,361.

《忏悔录》,XII. iv, vi, viii, xvii,"洛布古典丛书",II,292,294,300,326; cf. xx, xxii, xxix, PP. 332—334,338,361。

《忏悔录》及其作者圣奥古斯丁: 参见第一册 P14 注释③。

P356 注释② Cowlcy, *Davideis*, I,789, *The Oxford Book of Seventeenth-Century English Verse*, 708. Cf. C. M. Walsh, *The Doctrine of Creation*, p. 27.

考利,《大卫记》;I,789,《牛津十七世纪英语诗歌词典》708,参见 C. M. 沃尔什,《创世论》,P27。

考利(Abraham Cowley, 1618—1667),英国作家,诗人和散文家。他是当时形而上学派和十八世纪新古典主义之间的过渡性人物。他的诗作好用幻想和曲喻,诗风受约翰·多恩的影响,为玄学派的殿军。晚年息影田园,始作随笔,笔调清纯自然,与他的诗歌大异其趣。大文豪约翰逊为其立传。弥尔顿认为他是和莎士比亚、斯宾塞并称的三大诗人之一。代表作有《爱情之谜》、《品达颂》等。

P357 注释① *Metaphysics*, *Bk II*, ch. 4, *Basic Works of Aristotle*, Random House, 755 - 6.

《形而上学》,第 II 卷,第 4 章,《亚里士多德要籍选》,兰登书屋,755—756。

《形而上学》: 参见第二册 P23 注释②。

亚里士多德与《亚里士多德要籍选》：参见第一册 P37 注释③。

P357 注释② Schiller："Der Nachahmer"，*Werke*，hrsg. L. Bellermann，2. Aufl，I，182. Cf. Hegel，*Geschichte der Philosophie*，"Einleitung"，Felix Meiner，I，112："Goethe sagt daher mit Recht irgendwo：'Das Gebildete wird immer wieder zum Stoff. Die Materie，die Gebildete ist，Form hat，ist wieder Materie für eine neue Form."

席勒："模仿者"，《作品》，L. 贝乐曼编，第 2 版，I，182。参见黑格尔，《精神现象学》，"导论"，费列克斯·梅内，I，112："歌德曾经很准确地说过：'被制作出来的东西总是再成为材料'，被制作出来的成形的物品又是另一新形态的材料。"

席勒，参见第一册 P6 注释③

黑格尔和《精神现象学》：参见第一册 P4 注释①和第一册 P6 注释①。

P360 注释① *The Notebooks of Leonardo da Vinci*，tr. E. MacCurdy，II，281.

《达·芬奇笔记》，E. 麦科迪译，II，281。

《达·芬奇笔记》：此作收录了列奥纳多·达·芬奇的大量原创手稿，收集了达·芬奇近 400 幅真迹。E. 麦科迪译。

列奥纳多·达·芬奇，参见第一册 P444 注释①。

P360 注释② Cf. G. H. Luquet，*L'Art primitif*，79 (le réalisme intellectuel et le réalisme visuel).

参见 G. H. 吕凯，《原始艺术》，79(精神现实与视觉现实)。

G. H. 吕凯，不详。

《原始艺术》：G. H. 吕凯著。此书中探讨了艺术的起源问题，区分了两种代表性的艺术形式：成熟的古典艺术与"原始"艺术。

P360【增订二】 *A L' Ombre des Filles en Fleurs*；*Le Côte de Guermantes*，II. ii. (*A la Recherche du Temps perdu*，"la pléiade"，I，836；II，419).

《在少女们身边》；《盖尔芒家》，II. ii.（《追忆似水年华》，"七星文库"，I，836；II，419）。

《追忆似水年华》及其作者普鲁斯特：参见第二册 P34【增订三】。

P364【增订三】*Torquato Tasso*, V. ii.

《托尔夸托·塔索》,V. ii。

《托尔夸托·塔索》:戏剧,歌德著。创作于1780至1789年,并于1790年正式出版。

歌德:参见第一册P16注释①。

Cf. S. S. Prawer, *Karl Marx and World Literature*, 160.

参见S. S. 普洛厄,《卡尔·马克思与世界文学》,160。

S. S. 普洛厄(Siegbert Salomon Prawer, 1925—2012),牛津大学德语语言文学教授。

《卡尔·马克思与世界文学》:S. S. 普洛厄著,创作于1976,探索马克思对从埃斯库罗斯到巴尔扎克的文学文本的使用,以及艺术和文学在其批判性视野下的核心作用。

P365 注释① Dante, *Paradiso*, VII. 52 - 3.

但丁,《天堂篇》,VII. 52—53。

但丁和《天堂篇》:参见第一册P244注释②。

P365 注释② Petrarca, *Le Rime*, cxxxiv, *Rime*, *Trionfie Poesie latine*, Ricciardi, 196.

彼特拉克,《歌集》,cxxxiv,《胜利与拉丁诗歌》,里西亚蒂,196。

彼特拉克(Francesco Petrarca, 1304—1374),意大利学者、诗人,文艺复兴第一个人文主义者,被誉为"文艺复兴之父"。他以其十四行诗著称于世,为欧洲抒情诗的发展开辟了道路,后世人尊他为"诗圣"。他与但丁、薄伽丘齐名,文学史上称他们为"三颗巨星",代表作有《歌集》、《阿非利加》、《意大利颂》等。

《歌集》:彼特拉克著。诗集中大多都是即兴而作的诗体日记,共366首,其中14行诗317首,抒情诗29首,六行诗9首,叙事诗7首,短诗4首。全部诗集分上下两部分:《圣母劳拉之生》和《圣母劳拉之死》。《歌集》主要歌咏诗人对女友劳拉的爱情,也包括少量政治抒情诗,诗中赞颂祖国,号召和平与统一,揭露教会的腐化。《歌集》反映出诗人内心的矛盾:热爱生活和自然,渴望人间的幸福,追求爱情和荣誉,但不能和宗教传统及禁欲主义思想决裂;有爱国热情和民族意识,而又脱离人民,轻视群众。

P365 注释③ Shakespeare, *Macbeth*, II. ii. 38.

莎士比亚,《麦克白》,II. ii. 38。

莎士比亚,参见第一册 P70 注释②。

《麦克白》: 莎士比亚创作后期的一部悲剧,取材于贺林谢德的《编年史》。《麦克白》讲述了利欲熏心的麦克白和麦克白夫人对权力的贪婪,及其最后被推翻的过程。自 19 世纪起,同《哈姆雷特》、《奥赛罗》、《李尔王》被公认为是莎士比亚的"四大悲剧"。莎士比亚写《麦克白》有深刻的现实意义,他是借古喻今,针砭时弊,向人们展示个人欲望的无限膨胀和畸形发展必然导致罪恶和毁灭。

P365 注释④ Webster, *The White Devil*, IV. i (Monticelso), *Plays by Webster and Ford*, "Everyman's", 49.

韦伯斯特,《白魔》,IV. i(蒙蒂塞洛),《韦伯斯特和福特戏剧选集》,"人人文库",49。

韦伯斯特(John Webster, 1580—1625),英国剧作家,以充满恐怖、让人感到厄运临头的悲剧而闻名。代表作有《白魔》等。

《白魔》: 韦伯斯特著,是一部脱胎于史实与杂说佚话的复仇悲剧。该剧围绕一对出身平凡的兄妹展开。剧中的兄长为谋名利,多次利用并出卖妹妹,全然不顾全妹妹的名节,最终沦落到悲惨的境地。(蒙蒂塞洛为《白魔》中的一个人物。)

P366 注释① Cf. Spinoza. *Ethica*, V. prop. 3: "Affectus, qui passioest, desinitessepassio, simulatque ejus claram et distinctam formamus ideam", Garnier, II, 176.

参见斯宾诺莎,《伦理学》,V. 命题 3:"激情(或情绪,情感)是一种痛苦,停止这种痛苦之时就是我们形成一种清晰而精确的思想之时。"卡尼尔,II, 176。

斯宾诺莎,参见第一册 P10 注释②。

《伦理学》: 参见第一册 P84 注释②。

P366 注释② George Herbert: "Easter", *Works*, ed. E. F. Hutchinson, 42,489, note.

乔治·赫伯特:"复活节",《作品》,E. F. 哈钦森编,42,489,注释。

乔治·赫伯特,参见第一册 P98 注释①。

P367 注释①W. James, *Principles of Psychology*, I,239.

威廉·詹姆斯,《心理学原理》,I,239。

威廉·詹姆斯和《心理学原理》: 参见第一册 P272 注释②。

P367 注释②*Purgatorio*, XIII, 90.

《炼狱篇》,XIII, 90。

《炼狱篇》: 参见第一册 P244 注释②。

P367 注释③ La Boétie: "Vers à Marguerite de Carl", in Montaigne, *Essais*, IIIxiii, *Bib. de la Pléiade*, 1029.

拉博埃西:"致卡尔·玛格丽特",出自蒙田,《随笔录》,III xiii,"七星文库",1029。

拉博埃西(Etienne La Boétie, 1530—1563),法国文艺复兴后期、十六世纪人文主义思想家,蒙田的友人,近代法国政治哲学的奠基者。代表作有《反暴君论》、《论自愿的奴役》等。

蒙田和《随笔录》: 参见第一册 P50 注释①【增订四】。

P374 注释① Suetonius, *De Poetis*, II, "Loeb", II, 478.

苏埃托尼乌斯,《诗人》,II,"洛布古典丛书",II,478。

苏埃托尼乌斯,参见第一册 P8 注释①。

《诗人》: 不详。

P376 注释① Hugo, *L' Année Terrible*, Mai l, "Les Deux Trophées"; Musset, *Les Confessions d'Un enfant du Siècle*, PtieII, ch. 2; Arnold: "The Grande Chartreuse". Cf. Chateaubriand, *René*, Droz, 30 - 1: "Le passé et le présent sont deux statues incomplètes: l'une a été retirée toute mutilée du débris des âges; I'autre n'a pas encore reçu sa perfection de l'avenir. "

雨果,《凶年集》,五月一日,"两个战利品";缪塞,《一个世纪儿的忏悔》,第 II 部分,第 2 章;阿诺德,《雄伟的卡尔特寺院》,参见夏多布里昂,《勒内》,德罗,30—1:"彷徨在两个世界之间,一个已经死去,另一个无力诞生"。

维克多·雨果,参见第一册 P145 注释①。

《凶年集》: 雨果于 1872 年刊行的诗集日记,表达了对普法战争和巴黎公社的看法。

缪塞,参见第一册 P197 注释①。

《一个世纪儿的忏悔》:缪塞创作的一部自传体长篇小说。"世纪病"一词即由此小说而得名。这部小说富有戏剧性,结构巧妙、笔调轻盈、色彩鲜明、充满激情。此作心理描写也细致入微,尤其是对主人公在当时社会矛盾影响下形成的变态心理的刻画,忠实地反映了人物内心的矛盾、痛苦和激情。

马修·阿诺德,参见第二册 P119 注释①。

《雄伟的卡尔特寺院》:马修·阿诺德著的诗篇。19 世纪中叶,英国经济发展迅速,物质丰富,国力昌盛。但是资本主义制度所引起的各种社会矛盾十分尖锐,社会主义思潮开始流行,作为西方文明基石的基督教受到科学思想的挑战,日益衰微,在繁荣景象的背后潜伏着焦虑不安的暗流。阿诺德敏锐地捕捉到时代的脉搏,在《雄伟的卡尔特寺院》中揭示了人们的处境:"彷徨在两个世界之间,一个已经死去,另一个无力诞生。"

弗朗索瓦·勒内·德·夏多布里昂(François-René de Chateaubriand, 1768—1864),法国作家、政治家、外交家、法兰西学院院士,拿破仑时期曾任外交大臣。著有小说《阿达拉》、《勒内》、《基督教真谛》以及长篇自传《墓畔回忆录》等,是法国早期浪漫主义的代表作家。

《勒内》:夏多布里昂于 1802 年发表的一部短篇小说。这部小说经常用来与歌德的《少年维特的烦恼》作比较,它对早期的浪漫主义有深远的影响。故事的主人公是一个敏感而又充满激情的年轻人,他发现自己与这个社会格格不入。

P377【增订四】Kierkegaard, *The Concept of Irony*, tr. Lee M. Capel, 1966, p. 73.

克尔凯郭尔,《讽刺的概念》,李·M. 卡博尔译,1966, P73。

克尔凯郭尔:参见第二册 P59 注释②。

《讽刺的概念》:克尔凯郭尔的博士论文,作于 1841 年,这篇论文论述了讽刺,特别是苏格拉底式的讽刺,是从色诺芬、阿里斯托芬和柏拉图的角度对苏格拉底进行广泛研究的结果。

P384 注释① Cf. F. H. Amiel, *Journal intime*, 31 oct. 1852: "Un paysage quelconque est un état de l'âme".

参见 F. H. 阿米尔,《私人日记》,1852:10. 31:"任何的风景都是心境"。

阿米尔(F. H. Amiel, 1821—1881),瑞士作家、哲学家,以《私人日记》闻名于世。这本书包含了阿米尔的大多数哲学理论。

《私人日记》:阿米尔探讨了个人的变化能力、人与上帝的关系。他认为,研究的唯一真实话题在于,人类的思维如何变化,如何呈现不同的思维模式。他还倡导获取人内心的平和,而这一目标是通过与上帝的交流实现的。

P384 注释② Cf. H. Weber, *La Création poétique au 16ᵉ Siécle en France*, I, 331 - 2(l'automne: la saison de la tristesse et de la mort et la saison des vins et des fruitages).

参见 H. 韦博,《十六世纪法国的诗歌创作》,I, 331—2(秋天:悲伤的季节,死气沉沉的季节,也是葡萄酒和丰收的季节)。

H. 韦博,参见第一册 P301 注释④。

《十六世纪法国诗歌创作》:不详。

P385 注释①*Aesthetik*, Berlin: Aufbau Verlag, 146; cf. 82.

《美学》,柏林:建设出版社,146;参见 82。

《美学》及其作者黑格尔:参见第一册 P264 注释①和第一册 P4 注释①。

P386 注释①R. W. Stallman, *The Critics*, *Notebook*, 116. Cf. R. Wellek, *History of Modem Criticism*, I, 254; Christina Brooke-Rose, *A Grammar of Metaphor*, 29,35.

R. W. 斯图尔曼,《批评者笔记》,116。参见 R. 韦勒克,《近代文学批评史》,I, 254;克里斯蒂娜·布鲁斯-罗斯,《隐喻语法》,29,35。

R. W. 斯图尔曼和《批评者笔记》,不详。

雷内·韦勒克(René Wellek, 1903—1995),当代有影响的美国文学理论家、文学批评史家和比较文学家,原籍捷克。韦勒克通晓十种语言,以博学著称。早年受克罗齐影响,又吸收了英加登的学说,对俄苏形式主义及布拉格语言学派也多有借鉴,但总体上属于美国新批评派后期的代表性人物。代表作有《文学理论》、《近代文学批评史》、《英国文学史起源》、《批评的概念》、《四位批评家:克罗齐、瓦里莱、卢卡契、英加登》等。

《近代文学批评史》:韦勒克著,共八卷本。论述了从 1750 年到 1950 年跨度长达两百年的西方各国文学批评的历史。由于作者造诣深厚,资料丰富,表达清晰，因此把一部常人想来艰涩难懂的理论专著写得深入浅出，颇多幽默风趣之处，赢得了广泛的国际声誉。

克里斯汀·布鲁克-罗斯(Christine Brooke-Rose，1923—2012)，英国作家、文学评论家，著作颇丰，但主要以她后期的实验性小说闻名。

《隐喻语法》：克里斯汀·布鲁克-罗斯著。其他不详。

P386 注释②W. Kayser, *Das sprachliche Kunstwerk*, 4. Aufl., 121.

W. 凯塞尔，《语言的艺术作品》，第 4 章，121。

W. 凯塞尔和《语言的艺术作品》：参见第一册 P174 注释①。

P387 注释①*The Iliad*, BkI, tr. A. Pope, "The World's Classics", 3.

《伊利亚特》，第一卷，A. 蒲伯译，"世界经典"，3。

《伊利亚特》：参见第一册 P401 注释②。

荷马，参见第一册 P285 注释①。

P393 注释① Antoine Hamilton: "Le Bélier", *Oeuvres complètes*, A. Bélin, 231.

安东尼·汉密尔顿："白羊座"，《全集》，A. 贝林，231。

安东尼·汉密尔顿，参见第一册 P484 注释②。

"白羊座"：不详。

P394 注释①W. Wundt, *Völkerpsychologie*, IV (*Mythus und Religion*, I Teil), 3 Aufl., 78 ff., 125ff., 170ff. Cf. E. Rohde, *Psyche*, tr. W. B. Hillis, "International Library of Psychology, Philosophy and Scientifie Method", 7-8 (a second self active in dreaming).

W. 冯特，《民族心理学》，IV(《神话和宗教》，第 I 部分)，第 3 版，78 页及之后，125 页及之后，170 页及之后。参见 E. 罗德，《心智》，由 W. B. 西里斯译，"国际心理学、哲学和科学研究方法图书馆"，7—8：(第二自我活跃于梦境中)。

W. 冯特，参见第一册 P7 注释①。

《民族心理学》：冯特著于 1900—1920 年。该书共十卷，是冯特用历史法研究人类高级心理过程的社会心理学专著。这套专著是冯特在生前最后的 20 年中完成的。书名虽叫民族心理学，但实际上是一部关于语言、艺术、神话、宗教、风俗、法律、道德等内容的社会心理学，内涵及其丰富。此书把新心理学分成了实验的和社会的两部分。

《神话和宗教》：冯特著的《民族心理学》中的一卷。

E. 罗德和《心智》，参见第一册 P285 注释①。

P396【增订三】Stendhal, *Oeuvres intimes*, "Bib. de la Pléiade", 516.

司汤达，《私密作品》，"七星文库"，516。

司汤达(Stendhal, 1783—1842)，原名马里-亨利·贝尔(Marie-Henri Beyle)，"司汤达"(又译斯丹达尔)是他的笔名，19 世纪法国批判现实主义作家。代表著作为《阿尔芒斯》、《红与黑》、《帕尔马修道院》。

《私密作品》：司汤达著。此作包含其私人日记、私人信件这类作品。

P397 注释① Cf. Rivarol, *Écrits politiques et littéraires*, choisis par V.-H. Debidour, 48 (les synonymes les plus piquants); Coleridge, *Biographia Literaria*, ed. J. Shawcross, II, 255 (desynonymizative analysis).

参见里瓦罗，《政治与文学作品》，由 V.-H. 德比都精选，48(最有趣的近义词)；柯勒律治，《文学传记》，J. 肖克罗斯编，255(去同义化分析)。

里瓦罗和《政治与文学作品》：参见第一册 P43 注释①。

柯勒律治，参见第一册 P16 注释①。

《文学传记》：参见第一册 P489 注释①。

P400 注释①E. g. Theocritus, viii: "A maid with meeting eyebrows", *The Greek BucolicPoets*, "Loeb", 119.

例如忒奥克里托斯，viii："眉毛相连的少女"，《希腊田园诗人》，"洛布古典丛书"，119。

忒奥克里托斯(Theocritus，约前 325—约前 267)，古希腊诗人，是西方牧歌(田园诗)的创始人。作品多以农民、渔夫和牧童的生活为题材，描绘农村景色，赞美农村生活。有三十首田园诗和二十五首铭辞传世，对欧洲文学中田园诗的发展有一定影响。他的牧歌往往以两三个牧人为角色，彼此对歌，富有一定的戏剧性，反映的是他家乡西西里农村纯朴的生活和牧人们劳动、歌唱、谈情说爱的情形，感情真挚、朴素、乐观、幽默，但诗句比较讲究词藻，有点雕琢，丧失了荷马、赫西俄德和萨福等早期诗人的质朴感。

《希腊田园诗人》：不详。

P408 注释① Burton, *Anatomy of Melancholy*, Pt I, Sect. II, Mem. II, Subs. VI Bell I, 269 - 270.

伯顿,《忧郁的解剖》,第 I 卷,第 II 部,第 II 章,第 VI 节,贝尔 I, 269—270。

伯顿和《忧郁的解剖》: 参见第一册 P37 注释④。

P408 注释② Marino, *L'Adone*, VII. 235 - 248, *Marino e i Marinisti*, Ricciardi, 149 - 153.

马里诺,《阿多尼斯》,VII. 235—248,《马里诺和马里诺主义》,149—153。

马里诺和马里诺主义: 参见第一册 P16 注释①【增订三】。

《阿多尼斯》: 参见第一册 P16 注释①。

《马里诺和马里诺主义》及其作者 G. G. 法里罗: 不详。

P409 注释①E. R. Curtius, *Europäische Literatur und lateinisches Mittelalter*, 2. Aufl, 94; H. Küpper, *Wörterbuch der deutschen Umgangssprache*, I, 3. Aufl., 517 - 8.

E. R. 库尔提乌斯,《欧洲文学与拉丁中世纪》,第 2 版,94; H. 库伯,《德语日常用语辞典》,I,第 3 版,517—518。

库尔提乌斯和《欧洲文学与拉丁中世纪》: 参见第一册 P184 注释①。

库伯和《德语日常用语辞典》: 不详。

P410 注释① Pliny, *Natural History*, VIII. 61, "Loeb", III, 104 - 6.

普林尼,《自然史》,VIII. 61,"洛布古典丛书",III, 104—106。

普林尼和《自然史》: 参见第二册 P32 注释①。

P410 注释②E. g. Basile, *IL Pentamerone*, tr. B. Croce, I. iii, p. 39: "Ma questi ne fecero conto che il Cane di Alessandro dei conigli."

例如巴西尔,《五日谈》,B. 克罗齐译,I. iii, P39:"如亚历山大之犬对兔子不屑一顾一般"。

巴西尔和《五日谈》: 参见第一册 P231 注释①。

P414 注释① Max Milner, *Le Diable dans la Littérature française*, I, 386,389 (Vigny).

马克斯·米尔纳,《法国文学中的魔鬼》,I, 386,389(维尼)。

马克斯·米尔纳和《法国文学中的魔鬼》: 不详。

P415 注释① Emily Dickinson: "I Never Felt at Home Below".

艾米莉·狄金森:《在下界,我从不感到自在》。

艾米莉·狄金森,参见第一册 P45 注释②

《在下界,我从不感到自在》:狄金森的著名诗篇。

P415【增订四】*Die Heimkehr*, Ixvi, "Mir träumt", *op. cit.*, Vol. I, p. 137.

《还乡集》,Ixvi,"我梦见",如前所引,第 I 卷,P137。

《还乡集》: 海涅的第一部诗集《诗歌集》(1827 年)中的一组诗。

海涅,参见第一册 P8 注释①。

P415 注释②*Paradiso*, V, 100 - 2.

《天堂篇》,V, 100—102。

《神曲·天堂篇》及其作者但丁: 参见第一册 P244 注释②。

P415 注释③*Paradise Lost*, X, 26 - 7.

《失乐园》,X, 26—7。

《失乐园》及其作者弥尔顿: 参见第二册 P151 注释④。

P416 注释①A. Maurois, *Les Silences du Colonel Bramble*, ch. 7.

安德烈·莫洛亚,《布朗勃上校的沉默》,第 7 章。

安德烈·莫洛亚(A. Maurois, 1885—1967),法国传记作家、小说家。作品包括小说、散文、传记和历史著作。作品中最有特色的是传记。代表作有小说《贝尔纳·盖奈》、《布朗勃上校的沉默》、《气候》等,传记《雨果传》、《巴尔扎克传》、《雪莱传》、《拜伦传》等,历史著作有《美国史》、《法国史》、《英国史》等。

《布朗勃上校的沉默》: 莫洛亚著。第一次世界大战时,莫洛亚应征服役,奉派至苏格兰第九师,担任英军与法国炮队之间的翻译联络官。此书正是莫洛亚根据军旅生活的所见所闻写成,莫洛亚因此书一举成名。

P418 注释① Georgina S. Gates, *The Modern Cat*, 80.

乔治娜·S. 盖茨,《摩登的猫》,80。

乔治娜·S. 盖茨(Georgina S. Gates,生卒不详):美国教育心理学家盖茨(Arthur I. Gates)之妻。她最著名的作品是《摩登的猫》。

《摩登的猫》:乔治娜·S. 盖茨著的动物心理学著作,但也涉及大量关于猫的故事、诗歌等。

P418 注释② Emerson, *Journals*, in *Works*, "Centenary Ed.," V, 270.

爱默生,《日记》,见《作品集》,"世纪编辑",V, 270。

爱默生,参见第一册 P104 注释④。

《日记》:爱默生从 1820—1875 年,即从 17 岁至 72 岁保存有十分完好的日记。爱默生曾把他的日记称为"储蓄银行"。这一储蓄颇丰的"银行",为他日后写出一篇篇绝妙佳作提供了贵重的素材。其中除对天然、节令、旅行中的景观的生动形容,他和霍桑、梭罗等冤家的来往,对名人的印象等记录外,更重要的是他对诗歌散文创作的关注,对心田的检查和对灵魂的探究的经验。因此,可以把爱默生的日记视作其传记的一部分。

P420 注释①E. g. Quintilian, *Institutio oratoria*, VIII. vi. 59: "At requisita naturae", "Loeb", III, 334.

例如昆体良,《雄辩术原理》,VIII. vi. 59:"自然的要求","洛布古典丛书",III, 334。

昆体良和《雄辩术原理》:参见第一册 P60 注释①。

P420 注释② Plutarch, *Moralia*, "Sayings of Kings and Commanders", §182 and "Isis and Osiris", §360, "Loeb", III, 71 and V, 59; Rabelais, *Gargantua et Pantagruel*, Liv. IV, ch. 60, *Oeuv. comp.*, éd. J. Plattard, IV, 219, 320. Cf. Montaigne, *Essais*, I. xiii and III. xiii, "la Pléiade", 260, 1045.

普鲁塔克,《道德论丛》,"国王和指挥官的名言",§182 和"伊西斯和奥西里斯",§360,"洛布古典丛书",III, 71 和 V, 59;拉伯雷,《巨人传》第 IV 篇,第 60 章,《全集》,由 J. 普拉塔特编辑,IV, 219, 320。参见蒙田,《随笔录》I. xiii 和 III. Xiii,"七星文库",260, 1045。

普鲁塔克和《道德论丛》:参见第二册 P151 注释③

拉伯雷和《巨人传》:参见第一册 P707 注释④。

蒙田和《随笔录》：参见第一册 P88 注释①。

P421 注释① Disraeli, *Curiosities of Literature*, "Chandos Classics", I,64－5.

迪斯雷利,《文苑搜奇》,"钱多斯经典",I,64—65。

迪斯雷利和《文苑搜奇》：参见第二册 P168 注释①。

P421 注释② Quoted in F. Mauthner, *Kritik der Sprache*, 3. Aufl., I, 60.

引自 F. 毛特纳,《语言批判论稿》,第 3 版,I, 60。

毛特纳和《语言批判论稿》：参见第一册 P335 注释②。

P421 注释③ Voltaire, *Dictionnaire philosophique*, art. "Déjection", *Oeuv. comp.*, ed. L. Moland, XVIII, 326.

伏尔泰,《哲学辞典》,美学,"排泄物",《全集》,由 L. 莫兰德编辑,XVIII, 326。

伏尔泰和《哲学辞典》：参见第二册 P121 注释①。

P421 注释④ Gibbon, *Decline and Fall of the Roman Empire*, ch. 37, "The World's Classics", IV, 77－8 (trials of patience and endurance).

吉本,《罗马帝国衰亡史》,第 37 章,"世界经典",IV, 77—8(耐心与忍耐力的考验)。

吉本和《罗马帝国衰亡史》：参见第一册 P371 注释①。

P430 注释① Gibbon, *loc. cit.*, 78.

吉本,《罗马帝国衰亡史》,在上述引文中,78。

吉本和《罗马帝国衰亡史》：参见第一册 P371 注释①。

P431 注释① Cf. P. Moreau, *La Critique littéraire en France*, 37 (la critique romancée).

参见 P. 莫罗,《法国文学批评》,37(小说批评)。

莫罗和《法国文学批评》：不详。

P440 注释①W. M. Urban, *Language and Reality*, 163.

W. M. 厄本,《语言与现实》,163。

厄本和《语言与现实》：不详。

P442 注释① William James, *Letters*, ed. Henry James, I, 109 - 10.

威廉·詹姆斯,《通信集》,亨利·詹姆斯编,I,109—110。

威廉·詹姆斯,参见第一册 P272 注释②。

《通信集》：不详。

P442 注释② Hugo von Hofmannsthal, *Cesammelte Werke*, S. Fischer, III, 155 - 8.

雨果·冯·霍夫曼斯塔尔,《选集》,S. 费舍尔,III,155—158。

雨果·冯·霍夫曼斯塔尔(Hugo von Hofmannsthal, 1874—1929),奥地利作家,诗人。霍夫曼斯塔尔是19、20世纪之交德语文学唯美主义和象征主义的重要代表人物之一。他受尼采、马赫、弗洛伊德等人的影响,同时又受到资产阶级人道主义精神和欧洲基督教文化传统的熏陶,在思想和创作中都表现出复杂而深刻的矛盾性。代表作有诗歌《生命之歌》、戏剧《埃勒克特拉》、小说《第 672 夜的童话》等。

P446 注释① Cf. La Fontaine, *Fables*, VIII. 16, "L'Horoscope": "On rencontre sa destinée/Souvent par des chemins qu'on prend pour l' éviter"; L'eigh Hunt: "The Inevitable". (Cf. R. Otto, *The Idea of the Holy*, tr. J. W. Harvey, 93, the story told by Beidhavi).

参见拉·封丹,《寓言》,VIII. 16,《星宫图》:"再次遇见命运/经常在躲避命运的道路上,被命运之手抓住";利·亨特:《不可避免的事》(参见 R. 奥托,《神圣者的观念》,J. W. 哈维译,拜德哈维讲述的故事)。

拉·封丹,参见第一册 P431 注释①。

《寓言》：参见第一册 P256 注释④。

利·亨特(L'eigh Hunt, 1784—1859),英国新闻记者、散文作家、诗人、政论家。1808年创办《考察者》(Examiner)周刊,因主张废止奴隶买卖、改革议会等进步主张,涉及以言论攻击摄政王储(后来登基为乔治四世)而下狱,当时被公众视为争取言论自由的英雄。他与济慈、雪莱的交游亦是文坛佳话。他的雄健论述极具洞察力与可读性,他的诗作幽默、细腻。

R. 奥托和《神圣者的观念》：参见第一册 P63 注释①。

P452 注释① Feuerbach, *Das Wesen des Christenthums*, Kap. 14, *Sämmtliche Werke*, hrsg. W. Bolin und F. Jodl, VI, 156.

费尔巴哈,《基督教的本质》,14章,《全集》,W. 保林和F. 约戴编辑,VI, 156。

费尔巴哈和《基督教的本质》:参见第一册P44注释①。

P452 注释② Freud, quoted in W. Muschg, *Die Zerstörung der deutschen Literatur*, 3, Aufl., 342.

弗洛伊德,引自W. 墨希格,《德国文学的没落》,第3版,342。

弗洛伊德:参见第一册P34注释①。

W. 墨希格,参见第一册P583注释①。

《德国文学的没落》:W. 墨希格著。其他不详。

P462 注释①F. Th. Vischer, *Auch Einer*, Insel Verlag, 543.

F. Th. 费肖尔,《还有更好》,岛屿出版社,543。

F. Th. 费肖尔和《还有更好》:参见第二册P32注释②。

P463 注释①*The Greek Anthology*, X. 27, Lucian, "Loeb", IV, 19.

《希腊诗选》,X. 27,卢奇安,"洛布古典丛书",IV, 19。

《希腊诗选》:参见第一册P154注释①。

卢奇安(Lucian, 120—180),又译琉善,罗马帝国时代的希腊语讽刺散文作家,无神论者。代表作有《真实的故事》。在《真实的故事》中,卢奇安越过大西洋去旅游,经历了一连串令人难以置信的历险,如人被吹到月亮上,在大鲸鱼的肚子里生活了近两年等。这篇《真实的故事》在基督教一统欧洲大陆前是禁书。文艺复兴以后,很多人的创作都受到他的影响:托马斯·莫尔、埃拉斯穆斯、拉伯雷、伏尔泰、斯威夫特、菲尔丁,甚至西班牙的塞万提斯以及后来的魔幻现实主义作品中也能看到卢奇安的影子。其作品反映了二世纪奴隶制社会瓦解时期奴隶主思想意识的崩溃。

P463 注释② Publius Syrus, § 92, *Minor Latin Poets*, "Loeb", 26; cf. § 485, P. 76.

普布里乌斯·西鲁斯, § 92《次要拉丁诗人选集》,"洛布古典丛书",26;参见 § 485, P76。

普布里乌斯·西鲁斯，参见第一册 P101 注释①。

《次要拉丁诗人选集》：不祥。

P463 注释③ Lamartine："Le Lac."

拉玛丁：《湖》。

拉玛丁（Lamartine，1790—1869），法国作家、诗人、政治家，推动了法兰西第二共和国的建立。

《湖》：拉玛丁著，被誉为法国浪漫派诗歌中最具有代表性的范例。作为一首写爱情的哀歌，全诗被深沉的悲愁所主宰，通过对大自然的描写，抒发了爱情消逝、时光流逝之感。

P463【增订三】Herodotus，VII. 46，"Loeb"，III，361.

希罗多德，VII. 46，"洛布古典丛书"，III，361。

希罗多德，参见第一册 P413【增订四】。

Essais，III. xii "De la Phisionomie"，*op. cit.*，1007.

《随笔录》，III. xii"面貌篇"，如前所引，1007。

《随笔录》及其作者蒙田：参见第一册 P50 注释①【增订四】。

Vorlesungen über die Philosophie der Geschichte，Reclam，62.

《历史哲学》，莱克拉姆出版，62。

《历史哲学》：黑格尔的代表作，是黑格尔的学生根据黑格尔前后 5 次在柏林大学讲授"历史哲学"的讲稿和学生的记录整理出版的。全书分为绪论和正文两部分。在"绪论"中，黑格尔围绕"理性主宰世界"这一命题，对他唯心的辩证历史观进行全面而又系统的阐述。在正文部分，黑格尔运用他在"绪论"中所确立的唯心、辩证的历史观的原则和方法，对"历史是自由意识在必然性中的进步"这个命题进行充分的论证，对人类由蒙昧走向自由的历史过程进行详细的讨论。

Carlyle，*The French Revolution*，Bk II，ch. 1，Chapman and Hall，I，24.

卡莱尔，《法国革命》，第 II 卷，第 1 章，查普曼 & 霍尔出版，I，24。

卡莱尔（Thomas Carlyle，1795—1881），英国哲学家、历史学家和散文作家，主要著作有《法国革命》（3 卷）、《论英雄、英雄崇拜和历史上的英雄事迹》和《普鲁士腓特烈大帝史》（6 卷）。

《法国革命》：卡莱尔著，1837 出版。此作是浪漫主义史学家卡莱尔的代表作，论述了 1774—1795 年法国大革命发生前后二十余年的动荡历史。全书分三卷，从国王路易十五之死着笔，生动细致地论述了三级会议的过程、无套裤汉的崛起、攻克巴士底狱、长矛节、王室逃亡之路、吉伦特派的上台和覆灭、雅各宾派的恐怖政治和热月党人的胜利等。

查普曼 & 霍尔出版公司：英国的一家出版公司，最早由爱德华·查普曼和威廉·霍尔于 19 世纪联合创办。该出版公司现隶属于英国著名大型商业出版集团联合图书出版公司（Associated Book Publishers Ltd.）旗下。

Frederick the Great, Bk XVI, ch. 1, Chapman and Hall, IV, 128.

《普鲁士腓特烈大帝史》，第 XVI 卷，第 1 章，查普曼 & 霍尔出版，IV, 128。

《普鲁士腓特烈大帝史》：托马斯·卡莱尔著于 1858—1865 年间，此作是继其《法国革命》之后又一部史学著作。

腓特烈大帝，即腓特烈二世（Friedrich II, 1712—1786），又译弗里德里希二世，后世尊称其为腓特烈大帝（Frederick the Great），是普鲁士王国国王（1740 年 5 月 31 日—1786 年 8 月 17 日在位），也是欧洲历史上著名军事家、政治家，还是一名作家、作曲家。

Abraham Cowley, *Essays and Other Prose Writings*, ed. A. B. Gough, 5.

亚伯拉罕·考利，《论文与散文集》，A. B. 戈夫编，5。

亚伯拉罕·考利，参见第二册 P356 注释②。

《论文与散文集》：亚伯拉罕·考利著，1668 年出版。

Diderot: "De la poésie dramatique", XVIII, *op. cit.*, VII, 371-2.

狄德罗："戏剧性的诗歌"，XVIII，如前所引，VII, 371—2。

狄德罗，参见第二册 P59 注释②。

W. S. Landor: "Francesco Petrarca", *Complete Works*, ed. T. E. Welby and S. Wheeler, XII, 29.

W. S. 兰德："弗兰齐斯科·彼特拉克"，《全集》，T. E. 韦尔和 S. 惠勒编，XII, 29。

W. S. 兰德（Walter Savage Landor, 1775—1864），英国诗人和散文家。作品有抒情诗、剧本、英雄史诗，与当时的桂冠诗人华兹华斯同时代。最主要的著作为《假想对话录》（Imaginary Conversations, 1824—1853），书中假借古代人物两两对谈，泛论各种主题，以古喻今。其他代表作有《生与死》、《我和谁都不争》等。

弗兰齐斯科·彼特拉克，参见第二册 P365 注释②。

A. Manzoni, *I Promessi Sposi*, cap. 38, *Opere*, Riccardo Ricciardi, 958.

A. 孟佐尼，《约婚夫妇》，第 38 章，《作品》，理却地·里西亚蒂，958。

A. 孟佐尼（Alessandro Manzoni, 1785—1873），也译为曼佐尼，意大利小说家、

诗人、剧作家、理论家，意大利浪漫主义流派的领袖。早年创作诗《自由的胜利》歌颂了法国大革命，反对教会和君主。后受到天主教思想的影响，写作多首《圣歌》。代表作有历史小说《约婚夫妇》、悲剧《卡马诺拉伯爵》、组诗《圣歌》、理论著作《论意大利语》等。

《约婚夫妇》：A. 孟佐尼著，1827 年出版，共三卷。此作写了 17 世纪意大利在异族统治和国内专制势力压迫下的中下层人民困苦的生活，反映了 19 世纪 30 年代意大利要求民族统一和独立的愿望。

George Eliot, *The Mill on the Floss*, Bk IV, ch. 3, "The World's Classics", 445.

乔治·艾略特，《弗洛斯河上的磨坊》，第 IV 卷，第 3 章，《世界经典》，445。

乔治·艾略特，参见第一册 P647 注释①。

《弗洛斯河上的磨坊》：爱略特的第二部长篇巨著。这部经典小说于 1860 年首次出版，讲述了玛吉·图利弗的故事。玛吉是维多利亚时代文学的著名女主角之一。此作也是乔治·艾略特最富有自传色彩的小说，是她最受欢迎和最有影响力的作品之一。

Die Welt als Wille und Vorstellung, IV 58, *Samtl. Werk.*, hrsg. E. Grisebach, I, 415.

《作为意志和表象的世界》，IV 58，《全集》，E. 格里泽巴赫编，I, 415。

《作为意志和表象的世界》：参见第一册 P124 注释①。

Anna Karenina. Pt I, ch. 1.

《安娜·卡列尼娜》，第 I 部分，第 1 章.

《安娜·卡列尼娜》：俄国作家列夫·托尔斯泰的代表作，创作于 1873 年—1877 年间。小说直接取材于俄国 19 世纪六七十年代现实生活，被广泛认为是写实主义小说的经典代表。

列夫·托尔斯泰(Leo Tolstoy, 1828—1910)，19 世纪中期俄国批判现实主义作家、思想家，哲学家，代表作有《战争与和平》、《安娜·卡列尼娜》、《复活》等。

Nichomachean Ethics, Bk II, ch. 6, *op. cit.*, 959.

《尼各马可伦理学》，第 II 卷，第 6 章，如前所引，959.

《尼各马可伦理学》，参见第一册 P398 注释②。

cf. Montaigne, *Essais*, I. ix, *op. cit.*, 52.

参见蒙田，《随笔录》，I. ix，如前所引，52.

蒙田和《随笔录》：参见第一册 P50 注释①【增订四】。

Goethe, *Spruchweisheit*, *op. cit.*, 451 - 2.

歌德,《慧语集》,如前所引,451—452。

歌德,参见第一册 P16 注释①

《慧语集》:参见第一册 P24 注释①。

P468【增订四】Schiller:"Votivtafeln", xxix, *Werke*, ed. L. Bellermann, Vol. I, p. 180, cf. p. 360, note.

席勒:《许愿牌》,xxix,《作品》,L. 贝乐曼编,第 I 卷,P180,参见 P360,注释。

席勒,参见第一册 P6 注释③。

《许愿牌》:席勒著,见《讽刺诗和许愿牌》(*Xenien Und Votivtafeln*),其他不详。

P479 注释①*Don Quixote*, I xx, "Clásicos Castellanos", II, 145; *Gulliver's Travels*, Pt II, ch. 1, Oxford, 108.

《堂吉诃德》,I, xx,"西班牙古典文学丛书",II, 145;《格列佛游记》,第 II 部分第 1 章,牛津,108。

《堂吉诃德》及其作者塞万提斯:参见第一册 P99 注释④。

《格列佛游记》及其作者斯威夫特:参见第二册 P129 注释②。

P479【增订二】E. Partridge, *A Dictionary of Catch Phrase*, 44.

埃里克·帕特里奇,《英语口头语词典》,44。

埃里克·帕特里奇和《英语口头语词典》:参见第一册 P419 注释【增订三】。

P479 注释② Scarron, *Le Roman comique*, Pte I, ch. 4, "Librairie des Bibliophiles", I, 18; Charles Sorel, *Histoire comique de Francion*, Liv. IV, "Société des Textes Francais modernes", II, 92. Cf. Herbert, *Jacula Prudentum*, § 1034: "To go where the King goes afoot", *Works*, ed. E. F. Hutchinson, 356.

斯卡龙,《滑稽小说》,第 I 部分,第 4 章,"藏书图书馆",I, 18;查尔斯·索雷尔,《弗朗西荣的滑稽故事》,第 IV 篇,"法国现代文学",II, 92。参见赫伯特,《箴言集》,§ 1034:"前往国王去的地方"。《作品》,E. F. 哈钦森编辑,356。

保罗·斯卡龙,(Paul Scarron, 1610—1660),法国诗人、小说家、剧作家。传世的名作是一部体裁新颖的《滑稽小说》。

《滑稽小说》：保罗·斯卡龙著。此书第一部分发表于1651年，第二部分发表于1657年。全书未写完。这部小说体裁上属于西班牙流浪冒险传奇一类，写一个巡回剧团来到外省小城勒芒后，演员们与当地居民之间发生的许多滑稽的纠纷。全书描绘了一幅17世纪法国外省生活的风俗画。

索雷尔和《弗朗西荣的滑稽故事》：参见第一册P529注释①。

乔治·赫伯特和《箴言集》：参见第一册P98注释①。

P482 注释① *The Book of Ser Marco Polo*, tr. with notes by H. Yule, 3rd rev. ed. by H. Cordier, II, 361, 362-3.

《马可波罗游记译注》，H. 裕尔，译注，第3修改版，由H. 科迪尔修订，II, 361, 362—3。

H. 裕尔（H. Yule, 1820—1889），英国苏格兰人。在一大批英国汉学家或称东方学家中，亨利·裕尔的经历颇具个性，他没有接受过经院式的汉学教育，却最终成为经院式的汉学家。其代表作有《马可波罗游记译注》和《东域纪程录丛》，这两本书充分显示了裕尔广博的东方人文地理知识和深刻、犀利的考证、分析能力。

《马可波罗游记译注》：H. 裕尔译注，于1871年在伦敦出版。此书被西方汉学界认为是最好的注释版本，裕尔因此而被英国皇家地理学会授予"奠基者"奖章。1903年和1920年《马可波罗游记译注》经考迪埃两次修订重印，质量更趋完善，被公认为19世纪的不朽之作。

马可·波罗（Marco Polo, 1254—1324），威尼斯旅行家、商人，著有著名的《马可·波罗游记》。《马可·波罗游记》记述了他在东方所见的最富有的国家——中国的见闻。此书激起了欧洲人对东方的热烈向往，对以后新航路的开辟产生了巨大的影响，同时也是研究我国元朝历史和地理的重要史籍。

P482 注释② *The Thousand Nights and One Night*, tr. Powys Mathers, IV, 266-7; *Die Wunderblume und andere Mörchen*, Berlin: Verlag Kultur und Fortschritt, 192-6.

《一千零一夜》，由波伊斯·马瑟斯翻译，IV, 266—7；《奇迹花和其他童话故事》，柏林：文化发展出版社，192—196。

《一千零一夜》：参见第二册P284注释①。

《奇迹花和其他童话故事》：不详。

P488 注释① Andersen, *Fairy Tales*, Oxford, 158.

安徒生,《安徒生童话》,牛津,158。

安徒生(Hans Christian Andersen, 1805—1875),丹麦童话作家,被誉为"世界儿童文学的太阳"。代表作有《安徒生童话》,其中最著名的童话故事有《小锡兵》、《海的女儿》、《拇指姑娘》、《卖火柴的小女孩》、《丑小鸭》、《皇帝的新装》等。

《安徒生童话》:安徒生著。由163篇故事组成。该作品爱憎分明,热情歌颂劳动人民、赞美他们的善良和纯洁的优秀品德;无情地揭露和批判王公贵族们的愚蠢、无能、贪婪和残暴。《安徒生童话》已经被译为150多种语言出版发行。他的童话故事还激发了大量电影、芭蕾舞剧、舞台剧以及电影动画的制作。

P497【增订四】James Sutherland, *The Oxford Book of Literary Anecdotes*, Pocket Books, 1976, p. 154.

詹姆斯·萨瑟兰,《牛津文学轶事集》,袖珍本,1976, P154。

詹姆斯·萨瑟兰(James Sutherland,生卒不详),英国学者,伦敦大学现代英语文学荣休教授,专攻维多利亚时代文学,精通英美文学史,留心文学逸事,对闲谈、奇闻、八卦感兴趣,撰《牛津文学轶事集》。

《牛津文学轶事集》:詹姆斯·萨瑟兰著,于1975年出版。

Donald Hall, *The Oxford Book of American Literary Anecdotes*, OUP Paperback, 1983, p. 36.

唐纳德·霍尔,《牛津美国文学轶事集》,牛津大学出版社,平装本,1983, p. 36。

唐纳德·霍尔(Donald Hall, 1928—2018),美国诗人,作家,编辑和文学评论家2006年美国桂冠诗人。他的著作包括儿童文学、传记、回忆录、散文等。

《牛津美国文学轶事集》:不详。

P499 注释①J. Cairncross, *New Light on Molière*, etc., 2-3.

凯恩克罗斯,《重新审视莫里哀》,等等, 2—3。

凯恩克罗斯(J. Cairncross, 1913—1995),英国作家,其他不详。

《重新审视莫里哀》:不详。

P499 注释② Hesketh Pearson, *Bernard Shaw*, "The Reprint Society" ed., 65.

海斯凯茨·皮尔森,《萧伯纳的人生与人格》,"重印协会"编辑,65。

海斯凯茨·皮尔森(Hesketh Pearson, 1887—1964),英国著名演员、戏剧导演

和作家。以其受欢迎的传记闻名于世。在皮尔森的年代,他的传记使其成为英国传记作家中的领头人物,获得了经济上的极大成功。代表作有《萧伯纳的人生和人格》等。

萧伯纳,参见第一册 P416 注释①。

《萧伯纳的人生与人格》:不详。

P505 注释①E. Gosse, *Father and Son*, ch. 12.

E. 戈斯,《父与子》,第 12 章。

E. 戈斯(EdmundGosse, 1849—1928),英国诗人、作家、文学史家、文评家。代表作有自传《父与子》。这部自传一反隐晦的维多利亚时代传记风格,是传记文学中的精品。

《父与子》:E. 戈斯著的传记。作者从现代派的角度出发讲述了自己摆脱父权和宗教压迫走向自由与独立的经历,建构了一个与维多利亚时代父权观念背道而驰的挑战父权、严父而"叛逆成长"的青春期形象和过程。

P505 注释②D. N. B., VIII, 142.

D. N. B.:不详。

(正文中所提到的)哈丽叶特·比切·斯托夫人(Harriet Beecher Stowe, 1811—1896),美国杰出的废奴作家。代表作有《汤姆叔叔的小屋》、《德雷德,阴暗的大沼地的故事》等。《汤姆叔叔的小屋》激励了一代人的"废奴运动",也把内战搬上了历史舞台。

《黑奴吁天录》:又译作《汤姆叔叔的小屋》和《汤姆大伯的小屋》,斯托夫人著,此书于 1852 年首次在《民族时代》刊物上连载,立即引起了强烈的反响。书中既描写了不同表现和性格的黑奴,也描写了不同类型的奴隶主嘴脸。《黑奴吁天录》对文学、社会发展都产生了深远的影响。

P505【增订四】Diogenes Laertius, *Lives of Eminent Philosophers*, VIII. 21, Loeb, Vol. II, p. 339.

第欧根尼·拉尔修,《名哲言行录》,VIII. 21,"洛布古典丛书",第 II 卷,P339。

第欧根尼·拉尔修和《名哲言行录》:参见第一册 P25 注释②。

P506 注释① Pater, *The Renaissance*, Macmillan, 27.

佩特,《文艺复兴》,麦克米兰出版社,27。

佩特(Walter Pater, 1839—1894),英国著名文艺批评家、作家。他是上世纪末提倡"为艺术而艺术"的英国唯美主义运动的理论家和代表人物。其文风精练、准确且华丽,其散文和理论,在英国文学发展的历程中,有着很高的地位。代表作有《文艺复兴史研究》等。

《文艺复兴》:佩特著。1873年,他把自己历年发表的关于欧洲文艺复兴的代表人物的研究论文汇集出版,名为《文艺复兴史研究》,提出"为艺术而艺术"的美学主张。他的这部著作中的散文为他赢得了"拉斐尔前派"的称誉。此书再版时,改名为《文艺复兴》。这本书的出版为佩特带来了很高的声誉,受到了年轻唯美主义者的狂热欢迎,奥斯卡·王尔德称之为"金子般的书"。

P515 注释①Fouqué,*Undine*, kap. 13, Nelson, 65.

富凯,《水妖》,第13章,尼尔森,65。

富凯(Friedrich H. K. De La Motte-Fouque, 1777—1843),德国浪漫派作家。富凯还写过剧本、诗以及历史和文学著作,但只有他的《水妖》传世。

《水妖》:富凯著。它讲述了一个获得了灵魂的水妖的故事。这部作品使作者成为德国浪漫主义运动中的重要人物。

P524【增订三】Bacon: "Of Prophecies", *Essays*, "The World's Classics", 153.

培根:《论预言》,《随笔集》,"世界经典",153。

培根,参见第一册P286注释①。

《随笔集》:参见第一册P323注释②。

《论预言》:培根《随笔集》中的一篇小品文。

P527 注释①*Symposium*, 191*D*, 193*A*, *Plato's Dialogues*, "*Loeb*", *V*, 141,145.

《会饮篇》,191D, 193A,《柏拉图对话篇》,"洛布古典丛书",V, 141,145。

《会饮篇》:参见第一册P453注释①。

柏拉图,参见第一册P101注释①。

P527 注释② E. g. Schiller: "Das Geheimnis der Reminiszenz", "Die Geschlechter" (*Werke*, hrsg. L. Bellermann, 2. Aufl., I, 54, 169); D. G. Rossetti, *The House of Life*, *Sonnet xi* "*The Birth-Bond*".

例如席勒:《回忆的秘诀》,《掠夺者》(《作品》,L. 贝勒曼编辑,第 2 版,I,54,169); D. G. 罗塞蒂,《生命之屋》,第 xi 首十四行诗《生命纽带》。

席勒,参见第一册 P6 注释③。

但丁・加百利・罗塞蒂(Dante Gabriel Rossetti, 1828—1882),出生于英国维多利亚时期意大利裔的罗塞蒂家族,是 19 世纪英国拉斐尔前派重要代表画家。罗塞蒂的诗歌主要分为抒情诗与叙事诗两类。

《生命之屋》:罗塞蒂代表作。它共包含 102 首十四行诗。其中有的倾吐了诗人对妻子的爱恋,有的表达了他对亡妻的沉痛悼念。

P537【增订三】W. Hogarth, *The Analysis of Beauty*, ch. 15, ed. J. Burke, 137.

W. 霍加斯,《美的分析》,第 15 章,J. 伯克编,137。

W. 霍加斯和《美的分析》:参见第二册 P316 注释①。

P539 注释①Sheridaniana, J. Thornton, ed. *Table Talk*, "*Everyman's*", 128.

《雪莉丹妮安娜》,J. 桑顿编,《席间谈话》,"人人文库",128。

《雪莉丹妮安娜》:不详。

《席间谈话》:参见第一册 P608 注释①。

P545 注释①Montesquieu, *Oeuvres complètes*, "Bib. de la Pléiade", II, 1278.

孟德斯鸠,《全集》,"七星文库",II, 1278。

孟德斯鸠,参见第一册 P38 注释①。

P545 注释②David Garnett, *The Familiar Faces*, 87－8.

大卫・嘉奈特,《熟悉的脸庞》,87—88。

大卫・嘉奈特(David Garnett, 1892—1981),英国作家、出版商。他是布鲁姆斯伯里团体(这一团体包括作家、艺术家和知识分子)的杰出成员之一。他的小说《夫人在福克斯》在 1922 年获得了詹姆斯・泰特・布莱克纪念奖,从而确立其在文学界的地位。代表作有《爱情面面观》等。

《熟悉的脸庞》:不详。

P546 注释① Brüder Grimm, *Deutsche Sagen*, §253, "Fest Hängen",

Propyläen Verlag, I, 273 – 4.

格林兄弟,《德国传说集》,§253,《吊绳》,乌尔斯坦出版社,I, 273—274。

格林兄弟,参见第一册 P484 注释①。

《德国传说集》:《格林兄弟传说》的汇编,是格林兄弟的第二本大型儿童和童话故事集,于1816年和1818年出版。它包含来自整个德语世界的579个传说。

乌尔斯坦出版社:全名为 Ullstein-PropyläenVerlag,德国著名出版社。

P546 注释② Vivian Mercier, *The Irish Comic Tradition*, 24.

维维安·梅西埃,《爱尔兰喜剧传统》,24。

维维安·梅西埃(Vivian Mercier, 1919—1989),英国知名学者,爱尔兰文学评论家,贝克特研究专家。他概括总结了贝克特《等待戈多》的情节,因而出名。代表作有《爱尔兰喜剧传统》、《现代爱尔兰文学:来源和创立者》等。

《爱尔兰喜剧传统》:不详。

P547【增订四】R. Burton, *Anatomy of Melancholy*, Part II, Sect. iii, Mem. 7, George Bell, 1904, Vol. II, p. 226.

R. 伯顿,《忧郁的解剖》,第 II 卷,第 iii 部,第 7 章,乔治·贝尔,1904,第 II 卷,P226。

《忧郁的解剖》及其作者伯顿:参见第一册 P37 注释④。

Lona and Peter Opie, *The Classical Fairy Tales*, Granada, 1980, p. 51.

洛娜·奥佩和彼得·奥佩,《经典童话故事》,格拉纳达,1980, P51。

《经典童话故事》、洛娜·奥佩和彼得·奥佩:参见第二册 P327【增订四】。

P561 注释①*Lectures on Painting*, quoted in C. B. Tinker, *Painter and Poet*, 22.

《绘画讲座》,出自 C. B. 丁克尔,《画家与诗人》,22。

丁克尔和《画家与诗人》:不详。

P562 注释① Montaigne, *Essais*, I. xxiii "Bib. de la Pléiade", 123; Leopardi *Zibaldone*, ed. F. Flora I, 1374 – 5. Cf. *Il Pentamerone*, III. *2*, *op. cit.*, 255.

蒙田,《随笔录》,I. xxiii"七星文库",123;莱奥帕尔迪,《杂记》,F. 弗洛拉编,I, 1374—5。参见《五日谈》,III. 2,如前所引,255。

蒙田和《随笔录》：参见第一册 P50 注释①【增订四】。

莱奥帕尔迪，参见第一册 P256 注释④。

《杂记》：参见第一册 P608【增订三】。

《五日谈》及其作者巴西尔：参见第一册 P231 注释①。

P563 注释①G. B. Hill, ed., *Johnsonian Miscellanies*, I, 419; Katharine C Ralderston, ed., *Thraliana*, I, 49; Goldsmith, *The Citizen of the World*, no. 45, etc.

由 G. B. 希尔编,《约翰逊杂录》,I, 419;由凯瑟琳·C. 雷德斯顿编,《萨拉丽娜》,I, 49;哥德史密斯,《世界公民》,第 45 篇,等等。

G. B. 希尔和《约翰逊杂录》：不详。

《萨拉丽娜》及其作者赫斯特·林奇·斯拉勒：参见第一册 P152 注释①。

奥利弗·哥德史密斯，参见第二册 P156【增订四】。

《世界公民》：哥德史密斯著。启蒙哲学家经常用一个虚构的东方旅行者的角色批判西方社会与文化宗教制度。在《世界公民》一书中，哥德史密斯虚构的中国智者连奇(Lien Chi)来到西方，传播中国思想，批判英国社会弊端。

P564 注释①J. Dunlop, *The History of Fiction*, 4th ed., 289.

J. 邓洛普,《小说的历史》,第 4 版,289。

J. 邓洛普(J. Dunlop, 1785—1842)，英国历史学家、文学史家。代表作有《小说的历史》、《罗马文学史》等。

《小说的历史》：邓洛普著，出版于 1814 年。此作批判性地论述了历史上著名的虚构性作品，从希腊早期的罗曼司到当代的小说。

P565 注释① Wundt, *Völkerpsychologie*. IV, *Mythus und Religion*, I Teil, 489 (Zauber des Berufens); Cf. O. Rank, *Der Künstler*, 37: "Wenn man den Teufel an die Wand malt, so kommt er."

冯特,《民族心理学》,IV,《神话和宗教》,第 I 部分,489(召唤的魔力);参见 O. 兰克,《艺术家》,37:"如果你在墙上画魔鬼,魔鬼就会来。"

W. 冯特，参见第一册 P7 注释①。

《民族心理学》和《神话和宗教》：参见第二册 P394 注释①。

O. 兰克和《艺术家》：不详。

P566 注释① Robert J. Clements, *Michelangelo's Theory of Art*, 148; Jean H. Hagstrum, *The Sister Arts*, 97 ff. Cf. Dryden: "To Sir Godfrey Kneller," 7 - 20, *Poems*, ed. J. Sargeaunt, 167 - 8; Anonymous: "A Poem in Defence of the Decent Ornaments of Christ Church, Oxon," *The Oxford Book of Seventeenth-century English Verse*, 805 - 6.

罗伯特·J·克莱门茨,《米开朗基罗艺术理论》,148;让·H·哈格斯特鲁姆,《姐妹艺术》,97页及之后;参见德莱顿:"致戈弗雷·内勒爵士",7—20,《诗作》,J.萨金特编辑,167—8;佚名:"捍卫基督教堂体面装饰的一首诗,牛津郡",《牛津十七世纪英语诗歌词典》,805—806。

罗伯特·J.克莱门茨,参见第一册P88注释①。

《米开朗基罗艺术理论》:参见第一册P88注释①。

让·H.哈格斯特鲁姆和《姐妹艺术》:参见第二册P81【增订四】。

约翰·德莱顿,参见第一册P44注释②。

《牛津十七世纪英语诗歌词典》:不详。

P566 注释② Pliny, *Natural History*, XXXV. 7,36,38; "Loeb", Vol. IX, pp. 276,308 - 10,350.

普林尼,《自然史》,XXXV. 7,36,38;"洛布古典丛书",第IX卷,第276页,P308—310,P350。

普林尼和《自然史》:参见第一册P380注释①。

P566 注释③*Ibid*. XXXV. 36 (Protogenes),*op. cit.*, 336.

同上XXXV. 36(普罗托耶尼斯),如前所引,336。

P567 注释① Boccaccio, *II Decamerone*, VI. 5 (Giotto), Ulrico Hoepli, 388.

薄伽丘,《十日谈》,VI. 5(乔托),厄利齐·欧伯利出版,388。

薄伽丘和《十日谈》:参见第一册P301注释①。

P567 注释② Cellini: "Discorsi Sopra I'Arte", *La Vita scritta per Lui Medesimo seguita dai Trattati* ecc., a cura di A. J. Rusconi e A. Valeri, 800, Cf. 809 nota.

切利尼:《论超越艺术》,《传记及其他文章》,A. J. 卢斯科尼和A. 瓦列里校订,

800,参考 809 注释。

切利尼(Benvenuto Cellini, 1500—1571),意大利文艺复兴时期的珠宝工艺师、画家、雕塑家、美术理论家、音乐家、作家,文艺复兴时期艺术中的风格主义的代表人物。代表作是《切利尼的自传》、《论金银器工艺》、《论雕塑》等。

《传记及其他文章》: A. J. 卢斯科尼和 A. 瓦列里校订的切利尼的传记及其他文章。切利尼以《自传》闻名。《自传》成书于 1558 年至 1566 年间,记录了 1562 年以前切利尼的生活经历。《自传》语言形象生动,幽默诙谐,风格独树一帜、不落俗套,是意大利 16 世纪文学史上具有一定代表性的文学著作。

P567 注释③"Ueber Wahrheit und Wahrscheinlichkeit der Kunstwerke", in G. F. Senior and C. V. Bock, ed., *Goethe the Critic*, 21.

《论艺术作品的真实性和可能性》,见 G. F. 斯奈尔和 C. V. 博克编,《评论家歌德》,21。

《批评家歌德》: 不详。

P567 注释④ Hegel, *Aesthetik*, Aufbau, 85.

黑格尔,《美学》,建设出版社,85。

黑格尔,参见第一册 P4 注释①。

《美学》: 参见第一册 P264 注释①。

P568 注释① Xenophon, *Memorabilia*, III. 10. 6, "Loeb", 237; Cf. B. Bosanquet, *History of Aesthetic*, 2nd ed., 25, 117.

色诺芬,《回忆苏格拉底》,III. 10. 6,"洛布古典丛书",237;参见鲍桑葵,《美学史》,第 2 版,25,117。

色诺芬,参见第一册 P362 注释②。

《回忆苏格拉底》: 色诺芬为其师苏格拉底写的一部回忆录。他在书中对苏格拉底的学问、道德和石破天惊的口才做了相当逼真的描述。虽然他对苏格拉底的学说和思想的理解比较浮浅,远不及柏拉图的同类著作来得深刻,但是此书对研究古希腊哲学史和古希腊社会史仍有很高的学术价值。

鲍桑葵和《美学史》: 参见第一册 P101 注释②。

P568 注释② Rivarol, *Oeuvres Complètes*, 2e éd., 1808, V, 332.

里瓦罗,《全集》,第2次再版,1808, V, 332。

里瓦罗,参见第一册P43注释①。

P569注释①*Op. cit.*, 675.

如前所引,675。

P569注释②*Zibaldone*, I, 1032-3,1520-1; II, 912-3.

《杂记》,I, 1032—1033,1520—1521; II, 912—913。

《杂记》及其作者莱奥帕尔迪:参见第一册P256注释④;参见第一册P608【增订三】。

P569【增订四】E. H. Gombrich. *Art and Illusion*, 5th ed., 1977, p. 94.

E. H. 贡布里希,《艺术与错觉》,第5版,1977, P94。

E. H. 贡布里希(Ernst Hans Josef Gombrich, 1909—2001),奥地利裔英国美学家、艺术史家,艺术史、艺术心理学和艺术哲学领域的大师级人物。代表作有《艺术与人文科学》、《理想与偶像》、《艺术与错觉》等。

《艺术与错觉》:E. H. 贡布里希著,1960年出版,是20世纪西方思想史上的重要文献。此作品的主题旨在回答艺术为什么会有一部历史。作者从一个我们惯见熟闻而不屑一顾的问题——艺术家们在描绘现实时为什么会用如此众多的风格——开始,重新检验了许多在我们看来已经理所当然的观念,改变了我们对一些关键性问题的理解。

P569注释③ Wundt, *Völkerpsyrhologie*, 105 (die Vorstellung vom Sitz der Seele im Blick des Auges).

冯特,《民族心理学》,105(灵魂所在之地的念想在一眨眼间)。

冯特,参见第一册P7注释①。

《民族心理学》:参见第二册P394注释①。

P570【增订五】Lona Opie and Moira Tatem, *A Dictionary of Superstitions*, 1989, p. 305.

洛娜·奥佩和莫伊拉·塔特姆,《迷信词典》,1989, P305。

洛娜·奥佩,参见第二册P327【增订四】。

莫伊拉·塔特姆,语言学家,其他不详。

《迷信词典》:这本书包含了人们可以想象的任何迷信背后的有趣故事,迷信以字典格式呈现。

P570 注释① Shaftesbury: "Soliloquy, or Advice to Author", *Characteristics*, ed. J. M. Robertson, I, 136. Cf. E. R. Curtius, *Europäische Literatur und lateinisches Mittelalter*, 2 Auf., 442 (Macrobius).

沙夫茨伯里:"独语,或对作家的忠告",《人、风俗、意见与时代之特征:沙夫茨伯里选集》,J. M. 罗伯森编,I,136。参见 E. R. 库尔提乌斯,《欧洲文学与拉丁中世纪》,第 2 版,442。

沙夫茨伯里(Shaftesbury, 1671—1713),英国政治家、哲学家和作家。英国伦理学说中道德情感主义创始人,在伦理学史上占有一席之地。他认为道德起源于情感,并在对人类情感进行细致分析的基础上提出了道德感的观点,将人类社会情感的自然性与反思性的自我关注统一于此。沙夫茨伯里的道德情感伦理思想既走出了道德感觉论的局限,也反驳了道德理性主义。他的思想总体呈现一种渐进、调和、稳健的社会启蒙特征,并最终发展成为情感主义伦理学,是近代启蒙运动中不可忽视的重要理论资源。代表作有《道德主义者》等。

《人、风俗、意见与时代之特征:沙夫茨伯里选集》:沙夫茨伯里著。此作对17、18 世纪英国自然神论者的经典著作和资料汇编进行了系统性的探讨。自然神论是 17 世纪产生于英国的一种宗教思潮,它在 17、18 世纪具有理性精神和自由思想的英国科学家和哲学家中影响甚巨,并且从英国传播到整个欧洲大陆,成为启蒙运动的重要思想根源。

E. R. 库尔提乌斯和《欧洲文学与拉丁中世纪》:参见第一册 P184 注释①。

P573 注释① Hebbel: "Der Maler", *Werke*, hrsg. T. Poppe, I, 47.

黑贝尔:"画家",《作品》,T. 波普编,I, 47。

黑贝尔(Friedrich Hebbel, 1813—1863),德国剧作家。代表作有《玛丽亚·玛格达莱娜》、《阿格妮斯·贝尔瑙厄》、《吉格斯和他的戒指》,还有根据德国古代民间史诗编写的戏剧《尼伯龙根三部曲》等。

P573 注释②M. H. A. Jounod, *Life of a South African Tribe*, 340.

M. H. A. 约诺德,《一个非洲部落的生活》,340。

约诺德和《一个非洲部落的生活》：不详。

P573 注释③E. Cassirer, *Language and Myth*, tr. Susanne Langer, 94.

E. 卡西尔,《语言与神话》,苏珊·朗格译,94。

E. 卡西尔和《语言与神话》：参见第一册 P82 注释②。

P575【增订三】La Fontaine, *Fables*, I. v, "Le Loup et le Chien".

拉·封丹,《寓言》,I. v,"狼与狗"。

拉·封丹,参见第一册 P431 注释①。

《寓言》：参见第一册 P256 注释④。

Andreas Gryphius: "Melancholie des Herrschers", M. Wehrli, *op. cit.*, 25.

安德烈亚斯·格吕菲乌斯:"统治者的忧愁",M. 维尔利,如前所引,25。

安德烈亚斯·格吕菲乌斯(Andreas Gryphius, 1616—1664),德意志抒情诗人、剧作家。作品以忧郁和悲观情绪著称,写有五部悲剧:《列奥·阿美尼乌斯》、《卡特丽娜·冯·格奥吉恩》、《卡罗鲁斯·斯图阿尔杜斯》、《卡德尼奥和塞林德》、《帕皮尼阿努斯》,也写过《可爱的玫瑰》等三部喜剧。他被称为"德意志的莎士比亚"。

J. Webster, *The Duchess of Malfi*, IV. i, *Plays by Webster and Ford*, "Everyman's", 159.

J. 韦伯斯特,《马尔菲公爵夫人》,IV. i,《韦伯斯特和福特戏剧作品》,"人人文库",159。

J. 韦伯斯特和《马尔菲公爵夫人》：参见第一册 P560 注释①。

P576 注释①*Laokoon*, iii, *Gesammelte Werke*, Aufbau, V, 28.

《拉奥孔》,iii,《选集》,建设出版社,V, 28。

《拉奥孔》：莱辛撰写的美学论著,副标题是"论诗与画的界限"。莱辛从比较"拉奥孔"这个题材在古典雕刻和古典诗中的不同的处理,论证了诗和造形艺术的区别和界限,阐述了各类艺术的共同规律性和特殊性。莱辛认为,一切艺术皆是现实的再现和反映,都是"摹仿自然"的结果,这是艺术的共同规律。只是绘画、雕刻以色彩、线条为媒介,诉诸视觉,其擅长的题材是并列于空间中的全部或部分"物体及其属性",其特有的效果就在于描绘完成了的人物性格及其特征;诗以语言、声音为媒介,诉诸听觉,其擅长的题材是持续于时间中的全部或部分"事物的运动",其特有的效果则是展示性格的变化与矛盾以及动作的过程。作者还讨论了空间艺术的绘画、雕刻和时间艺术的诗是可以突破各自的界限而相互补充。

《拉奥孔》的作者莱辛(Gotthold Ephraim Lessing, 1729—1781),德国启蒙运动时期最重要的作家和文艺理论家之一,他的剧作和理论著作对后世德语文学的发展产生了极其重要的影响。代表作有《关于当代文学的通讯》、《拉奥孔》、《汉堡剧评》等。其中悲剧《爱米丽雅·迦洛蒂》、《智者纳旦》与《萨》构成莱辛的三大名剧。

P577【增订四】Karl Kraus, *Sprüche and Widersprüche*, suhrkamp, 1984, p. 114.

卡尔·克劳斯,《言说和矛盾》,苏尔坎普,1984。

卡尔·克劳斯(Karl Kraus, 1874—1936),记者、讽刺作家、诗人、剧作家、格言作家、语言与文化评论家,二十世纪早期最著名的奥地利作家之一,曾三次被提名获得诺贝尔文学奖。

《言说和矛盾》:卡尔·克劳斯著,1984 年出版。

P578 注释① Cf. Servius, *Ad Aen.*, I. 683: "Artis poeticae est non omnia dicere", quoted in T. R. Glover, *Greek Byways*, 195; Dante, *Purgatorio*, XXXIII, 139 - 142: "Ma perchè piene son tutte le carte/ordite a questa cantica seconda, /non-mi lascia più ir lo fren dell'arte."

参见塞维乌斯,《关于埃涅阿斯纪》,I. 683:"诗歌艺术从不说出全部",参见 T. R. 格洛弗,《希腊的小路》,195;但丁,《炼狱篇》,XXXIII, 139—142:"但是,因为在第二首颂歌中一切都已经说出/它就不会让我更多地掌握艺术了。"

塞维乌斯(Maurus Servius Honoratus,生卒不详),4 世纪晚期和 5 世纪初的意大利语法学家,被称为意大利同一代人中最有学问的人,他也是维吉尔研究专家。其他不详。

《关于埃涅阿斯纪》:不详。

T. R. 格洛弗和《希腊的小路》:参见第一册 P37 注释②。

《炼狱篇》:出自但丁的《神曲》。

但丁及其《神曲》:参见第一册 P244 注释②。

P579 注释① Pliny, *Natural History*, XXXV. 36, "Loeb", IX, 316. Cf. A.

Soreil, *Introduction à l'Histioire de l'Esthétique française*, nouv, ed. rev., 67 (Le Chevalier de Méré).

普林尼,《自然史》,XXXV. 36,"洛布古典丛书",IX, 316。参见 A. 索若尔,《法国美学史介绍》,新编版,67(梅里骑士)。

普林尼和《自然史》:参见第一册 P32 注释①。

A. 索若尔(Arsène Soreil, 1893—1989),法国作家、美学家、军事活动家。索若尔曾获得比利时皇家语言和法国文学学院奖,还获得过乔治·加尼尔奖。代表作有《顽强的阿登》和《写作的艺术》等。

《法国美学史介绍》:A. 索若尔著于 1930 年。这部作品对研究 18 世纪法国文学理论及雕塑艺术有着巨大的参考价值。

P579 注释②*Rape of Lucrece*, st 204.

《露易丝受辱记》,第 204 首。

《露易丝受辱记》:参见第二册 P51 注释②。

《露易丝受辱记》作者莎士比亚,参见第一册 P70 注释①。

P579 注释③ Lamb: "On the Genius of Hogarth", *Works of Charles and Mary Lamb*, ed. E. V. Lucas, I,74.

兰姆:《论天才霍加斯》,《查尔斯·兰姆和玛丽·兰姆作品集》,E. V. 卢卡斯编,I,74。

兰姆:参见第一册 P560 注释③。

霍加斯,参见第二册 P316 注释①。

玛丽·兰姆(Mary Lamb, 1764—1847),英国作家,是查尔斯·兰姆的姐姐。玛丽与查尔斯合著了《莎士比亚故事集》,并以此出名。

P581 注释① Ortega Y. Gasset: "On Point of View in the Arts", M. Philipson, ed., *Aesthetics Today*, "Meridian Books", 130 - 1.

奥特加·伊·加塞特:《论艺术视角》,M. 菲利普生编,《今日美学》,"子午线书库",130—1。

奥特加·伊·加塞特(José Ortega y Gasset, 1883—1955),西班牙思想家,于文学和哲学皆有深厚造诣。他的思想和政治理念影响了西班牙的知识分子,有人将他誉为西班牙的陀斯妥耶夫斯基,而法国存在主义作家加缪则称他为继尼采之后欧洲最伟大的作家。加塞特还是现象学传播史上至关重要的人物。主要作品有《无骨气的西班牙》、《大众的反叛》、《大学的使命》、《面对历史的哲学》等。

M. 菲利普生和《今日美学》：不详。

P581 注释②E. Auerbach, *Mimesis*, I. "Odysseus' Scar", tr. W. R. Trask, 12. Cf. Coleridge, *Biographia Literaria*, ch. 16, ed., J. Shawcross, II, 22-3.

E. 奥尔巴赫,《摹仿论》,I."奥德修斯的伤疤";W. R. 特拉斯特译,12。参见柯勒律治,《文学传记》,第 16 章,J. 肖克罗斯编,II, 22—23。

E. 奥尔巴赫(E. Auerbach, 1892—1957),德国语言学家、比较文学学者、文学批评家。《摹仿论》是奥尔巴赫的经典之作,在西方学术界有着广泛的影响,曾出版九次,并被译为多种文字在许多国家出版。作者从美学的角度出发,用文学史家的眼光,对西方三千年来最具影响的经典文学如荷马史诗、教会文学、骑士小说以及法国、西班牙、德国、英国文学中具有代表性作品中的各种不同写实风格及其发展脉络做了精辟的分析。

柯勒律治和《文学传记》:参见第一册 P72 注释③。

P581 注释③ Maupassant, *La Vieerrante*: "La Nuit", Conard, 24-5.

莫泊桑,《流浪生活》,"黑夜",康纳德,24—25。

莫泊桑,参见第一册 P211 注释①。

《流浪生活》:莫泊桑著。1890 年间,莫泊桑曾经游历西西里,他写的《流浪生活》讲述了这段旅行。

P581 注释④E. H. Combrich: "Meditations on a Hobby Horse", *Aesthetics Today*, 125.

E. H. 贡布里希:《木马沉思录》,《今日美学》,125。

E. H. 贡布里希,参见第二册 P569【增订四】。

《木马沉思录》:贡布里希著,出版于 1963 年。此作是贡布里希写的一系列散文的合集。在此书中,贡布里希解决了艺术成就的本质、艺术价值的评价标准、解读意象过程中语言的重要性等基本问题。这些文章探讨了艺术和艺术历史写作中的隐喻、类比、象征、神话、规约和传统等一系列特征,同时还探讨了表征、表达、抽象和幻觉的概念。

P582 注释 ① *West-östlicher Divan*：“Wink”，*Sämtliche Werke*，“Tempel-Klassiker”，II，368.

《西东合集》：“暗示”，《全集》，“寺庙经典”，II，368。

《西东合集》：歌德著的诗歌集，以抒情诗为主，于 1819 年集辑出版。

《西东合集》的作者歌德，参见第一册 P16 注释①。

P582【增订三】 *Menschliches*，*Allzumenschliches*，II. ii. §105，*op. cit.* I，920.

《人性的，太人性的》，II. ii. §105，如前所引，I，920。

《人性的，太人性的》：参见第一册 P45 注释②。

P584 注释 ①B. Cellini，*La Vita*，I. x. 6，*op. cit.*，121，126.

B. 切利尼，《传记》I. x. 6，如前所引，121，126。

B. 切利尼，参见第二册 P567 注释②。

P586 注释 ①Cf. Lyly，*Euphues*：“Venus had hir Mole in hir Cheeke which made him more amiable：Helen hir Scarre on hir chinne which Paris called *Cos amoris*，the Whetstone of loue”（*Complete Works*，ed. R. W. Bond，I，184）；F. Thompson：“The Way of Imperfection”：“Ovid's dictum：*decentiorem esse faciem in quaaliquis naevus esset*”（*Works*，III，97）.

参见李利，《尤菲绮斯》，“维纳斯脸颊上的痣让她看起来更加友善：海伦下巴上的疤痕帕里斯谓之为爱的磨刀石”（《全集》，R. W. 邦德编，I，184）；F. 汤普生：《不完美的方式》：“奥维德名言：面生痣而愈加俏丽”（《作品》，III，97）。

李利，参见第一册 P178 注释①。

《尤菲绮斯》：李利著，故事很简单，年青富有的雅典人尤菲绮斯来到那不勒斯，不听年老的智者的劝告，放纵享受，爱上了朋友菲劳斯特的爱人露西亚。喜新厌旧的露西亚不久便另结新欢。后来，尤菲绮斯重返雅典，埋首书本之中。作者借这个故事，谈论了爱情、教育、信仰、道德、习俗等问题。

F. 汤普生（Francis Thompson，1859—1907），英国诗人。在医生父亲的要求下，18 岁的汤普生去了医学院求学。但是，他对文学的天赋与兴趣驱使其在 26 岁时离家，去追寻自己的文学梦想。1893 年，与妻子一同发表了第一部作品《诗集》。1897 年，开始转向散文写作。他一生共出版了三部诗集。

《不完美的方式》：汤普生著，是《汤普生作品集》（1913 年）中的一篇文章。探讨了莎士比亚、弥尔顿、德莱顿等英国诗人作品中存在的缺陷。

奥维德，参见第一册 P189 注释。

“面生痣而愈加俏丽”：老塞内加的《辩言篇》(Controversiae, II 2,12)给奥维德总结的口头禅。《辩言篇》谈到奥维德诗中的瑕疵，认为这位大诗人“缺乏的不是裁断力，而是节制自家诗作之自由度(licentia)的意愿”。在修辞学家老塞内加看来，文学上的瑕疵好比脸上的痣，遮蔽了美人的姣好面容，就该是竭力去除的。而奥维德那句话的意思则是认为，微瑕反而确立了独特的个性，比油光水滑的“完美无缺”更多几分魅力。

P594 注释①B. Cerf, *Anything for a Laugh*, 80.

B. 瑟夫，《只为博一笑》，80。

B. 瑟夫(B. Cerf, 1898—1971)，美国出版商，是美国出版社“兰登书屋”的创始人之一。他整理汇编了大量笑话和双关语。

《只为博一笑》：出版于 1946 年，是 B. 瑟夫的代表作之一。

P594 注释②E. Denison Ross, *Both Ends of the Candle*, 325.

E. 罗斯，《蜡烛的两端》，325。

E. 罗斯(Edward Denison Ross, 1871—1940)，英国东方学专家、语言学家，主要研究远东地区的各种语言。他能够阅读 49 种语言，其中会说的有 30 种。他曾是英国近东信息局的负责人。他与艾琳·鲍尔一起编纂了长达 26 卷的《百老汇旅行者》，其中包括了 17 世纪海军牧师亨利的日记。

《蜡烛的两端》：E. 罗斯的自传。

P597 注释① Brüder Grimm, *Deutsche Sagen*, Nr. 85 “Das Vogelnest”, *Op. cit.*, I, 115: “um sie nun zu finden, muss man sie zufällig in einem Spiegel oder Wasser erblicken.”

格林兄弟，《德国传说集》，第 85 篇：《鸟巢》，如前所引，I, 115：“既然想要找到他们，人们就必须在镜中或是水中去发现。”

格林兄弟：参见第一册 P485 注释①。

《德国传说集》：参见第二册 P546 注释①。

P597 注释② Bram Stoker, *Dracula*, ch. 1, Doubleday, 25 - 6: “I had hung my shaving glass by the window, and was just beginning to shave. Suddenly I felt a hand on my shoulder and heard the Count's voice saying to me, 'Good morning!'... But there was no reflection of him in the mirror."

布莱姆·斯托克,《吸血鬼伯爵德古拉》,"道布尔迪锚图书",25—6:"我将剃须时用的镜子放在窗户旁边,然后开始剃胡须。突然,我感受到有只手放在我的肩膀上,然后听到伯爵的声音,'早上好!'……但是,镜子中并没有他的影像。"

布莱姆·斯托克(Bram Stoker, 1847—1912),爱尔兰小说家、剧作家。代表作有传记《艾尔文个人回忆片断》、以吸血鬼为题材的小说《吸血鬼伯爵德古拉》等。

《吸血鬼伯爵德古拉》:布莱姆·斯托克著。此作属最早的吸血鬼文学之一,其中涉及的概念、体例、角色设定等都为后世无数吸血鬼文学所引用,作品中的惊悚、悬疑、玄奇、爱情、退魔等要素受到惊悚文学爱好者的推崇。大致情节如下:律师乔纳森·哈克前往罗马尼亚的一所古堡办理房产买卖相关事宜,却不慎将德古拉伯爵招致伦敦。伯爵在伦敦掀起一场腥风血雨后,不敌吸血鬼猎人范海辛教授及其朋友,逃回罗马尼亚,最终被循迹追来的众人消灭。布莱姆·斯托克因《吸血鬼伯爵德古拉》而享有"吸血鬼之父"的称号。

P597 注释③ Cf. Dante, *Purgatorio*, V. 8 - 9 (il lume ch'era rotto), 25 - 7; XXVI. 7 - 12, 16 - 24 (fai di te parete al sol).

参见但丁,《炼狱篇》,V. 8—9(光被遮断),25—7; XXVI. 7—12,16—24(让自己在阳光下照)。

但丁和《炼狱篇》:参见第一册 P244 注释②。

P599 注释① Cf. C. S. Lewis, *The Divided Image*, 122 - 3(longaevi, faeiries).

参见 C. S. 刘易斯,《分割的意象》,122—3(精灵)。

C. S. 刘易斯,参见第一册 P27 注释①。

《分割的意象》:不详。

P599 注释②E. g. A. Chamisso, *Peter Schlemiehl*, Kap. 2, Nelson, 9: "…dera rme Mensch hat keinen Schatten!"

A. 沙米索,《彼得施勒米尔》,第 2 章,尼尔森,9:"……这个可怜的人没有影子!"

A. 沙米索(Adelbert von Chamisso, 1781—1838),德国作家、植物学家。代表

作有组诗《妇女的爱情和妇女的生活》、小说《彼得施勒米尔》等。

《彼得施勒米尔》：又译《出卖影子的人》，A. 沙米索著。此作基于民间故事改编，是沙米索的成名作，被认为是德国文学史中最迷人的作品之一。作品中主人公在魔鬼的唆使下用影子换来了金子，却造成了严重的后果。沙米索在作品中探讨了“欲望”、“另类”、“自我”、“自由意志”等主题，使得这部童话作品对成人和儿童都同样有趣。

P602 注释① Athenacus, *The Deipnosophists*, IV. 129; IX. 376, 383, “Loeb”, II, 95; IV, 205, 235.

阿忒纳乌斯，《诡辩论者》，IV. 129; IX. 376，383，“洛布古典丛书”，II, 95; IV, 205，235。

阿忒纳乌斯和《诡辩论者》：参见第一册 P57 注释①。

P602 注释② Petronius, *Satiricon*, XL, “Loeb”, 64.

佩特洛尼乌斯，《萨蒂利卡》，XL，“洛布古典丛书”，64。

佩特洛尼乌斯(Petronius，生卒不详)，罗马帝国讽刺作家。代表作有喜剧故事《萨蒂利卡》等。

《萨蒂利卡》：佩特洛尼乌斯著。该书以散文体写成，穿插有诗歌，记述了两个年轻人和一个男孩声名狼藉的冒险经历。

P602 注释③*Don Quixote*, Pte II, Cap. 20, op. cit., VI, 33.

《堂吉诃德》，第 II 部分，第 20 章，如前所引，VI, 33。

《堂吉诃德》及其作者塞万提斯：参见第一册 P99 注释④。

P602 注释④ Thomas Nashe, *The Unfortunate Traveller*, *Works*, ed. R. B. Mckerrow, II, 253.

托马斯·纳什，《不幸的旅行者》，《作品集》，R. B. 马克罗编，II. 253。

托马斯·纳什(Thomas Nashe, 1567—1601)，英国伊丽莎白时代的小册子作家、剧作家、诗人、讽刺作家。代表作有小说《不幸的旅行者》等。

《不幸的旅行者》：原名《不幸的旅行者：或，杰克·威尔顿的生活》，是托马斯·纳什于 1594 年首次出版的一部流浪汉小说。此作故事背景是英格兰亨利八世统治时期。在这部生动活泼、文体大胆的小说中，主人公杰克·威尔顿在欧洲大陆历险，发现自己被卷入16世纪的历史潮流中。

P602【增订四】Charles Reade, *The Cloister and the Hearth*, ch. 2, Everyman's Lib., p. 34.

查尔斯·里德，《患难与忠诚》，第2章，"人人文库"，P34。

查尔斯·里德和《患难与忠诚》：参见第一册P73注释①。

P603 注释① Franco Sacchetti, *II Trecentonovelle*, no. 186, *Opere*, Rizzoli, 620.

弗朗科·萨凯蒂，《故事三百篇》，第186篇，《作品》，里佐利，620。

弗朗科·萨凯蒂和《故事三百篇》：参见第一册P633注释①。

P609 注释① Henry de Montherlant, *Carnets*, 6e éd., Gallimard, 375.

亨利·德·蒙泰朗，《笔记》，第6次再版，伽利玛出版社，375。

亨利·德·蒙泰朗(Henry de Montherlant, 1895—1972)，法国作家。蒙泰朗作品风格谨严、自然、亲切，兼有法国古典作家的纯朴和浪漫派作家的激昂的特点。代表作有《无父无母的儿子》、《圣地亚哥的团长》、《波尔-洛亚尔》等。

P614 注释① Quintillan, *Institutio oratoria*, VIII. iii. 37, "Loeb", III. 230.

昆体良，《雄辩术原理》，VIII. iii. 37，"洛布古典丛书"，III. 230。

昆体良和《雄辩术原理》：参见第一册P60注释①。

P621 注释①*Nicholas Nickleby*, ch. 15.

《尼古拉斯·尼古贝》，第15章。

《尼古拉斯·尼克贝》：查理斯·狄更斯著，是一部幽默小说和教育小说。它原本以连载的形式出版，为狄更斯第三本小说，发表于1839年。这本长篇小说主要讲述尼古拉斯·尼克贝的生平和事迹。小说发表后，其逼真的描写和尖锐的控诉曾招致某些当权者和保守评论家的攻击。然而，同狄更斯的其他小说一样，这部饱含愤懑的作品当时就获得了读者的一片叫好，在多年后依然有着广泛的共鸣和夺目的光彩。

狄更斯，参见第一册P99注释①。

P621 注释②M[rs] Gaskell, *Cranford*: "Old Letters".

盖斯凯尔夫人,《克兰福德》,"旧信"。

盖斯凯尔夫人(Elizabeth Cleghorn Gaskell, 1810—1865),维多利亚时代的英国小说家。当时以哥特式的灵异小说闻名,之后的评论家则更推崇她的工业小说。其作品主要写中产阶级出身的年轻女性的感情,也精细地描绘了当时英国社会不同阶层的生活。她为同时代的女作家夏洛蒂·勃朗特所作的传记也非常有名。代表作《南方与北方》、《克兰福德》等。

《克兰福德》:盖斯凯尔夫人的一部重要小说,用幽默的笔调描写了克兰福德小镇上目光短浅、幼稚天真的小市民中间发生的小小的悲喜剧。在写作技巧、选材和语言运用方面都有较高成就,塑造的人物都是有个性的人。

P623 注释① Burckhardt, *Die Kultur der Renaissance in Italien*, "Grosse illustrierte Phaidon-Ausgabe", 198: "... die Haut hell leuchtende (candido), aber nicht von toter Weisse (bianchezza)".

布克哈特,《意大利文艺复兴时期的文化》,"费顿出版社大插图版",198:"皮肤明亮闪耀,但不是无生气的惨白"。

布克哈特(Jacob Christoph Burckhardt, 1818—1897),瑞士学者,19世纪最伟大的文化史家和艺术史家之一。他一生著述甚丰,代表作有《意大利文艺复兴时期的文化》、《君士坦丁大帝时代》、《希腊文化史》等。

《意大利文艺复兴时期的文化》:全书分为6篇,主要论述了从1350—1550年间意大利政治、文化思想和日常生活的发展变动。布克哈特运用当时已经出版、随手可得的编年史和故事集,从新的视点切入,构建了有关文艺复兴研究的新体系。

P623 注释② Melville, *Moby Dick*, ch. 42.

赫尔曼·梅尔维尔,《白鲸》,第42章。

赫尔曼·梅尔维尔(Herman Melville, 1819—1891),美国小说家、散文家和诗人。梅尔维尔生前没有引起应有的重视,在20世纪二十年代声名鹊起,被普遍认为是美国文学的巅峰人物之一,与纳撒尼尔·霍桑齐名,也被誉为美国的"莎士比亚"。代表作有小说《白鲸》等。

《白鲸》:赫尔曼·梅尔维尔于1851年发表的一篇海洋题材的小说。《白鲸》是一部融戏剧、冒险、哲理、研究于一体的鸿篇巨制,被誉为"时代的镜子"和"美国想象力最辉煌的表达"。小说描写了亚哈船长为了追逐并杀死白鲸莫比·迪克,最终与白鲸同归于尽的故事。故事营造了一种让人置身海上航行、随时遭遇各种危险甚至是死亡的氛围,是作者的代表作。

P628 注释①*Anatomy of Melancholy*, Part. I, Sect. II, Mem. IV, Subs. IV, Bell;I, 393.

《忧郁的解剖》,第Ⅰ卷,第Ⅱ部,第Ⅳ章,第Ⅳ节,贝尔;I, 393。

伯顿和《忧郁的解剖》: 参见第一册 P248 注释①。

P632【增订三】*Paradiso*, III. 14-5.

《天堂篇》,III. 14—5。

《天堂篇》及其作者但丁:参见第一册 P244 注释②。

P632【增订四】Shakespeare, *Venus and Adonis*, 360 ff.

莎士比亚,《维纳斯和阿多尼斯》,360 页及之后。

莎士比亚,参见第一册 P70 注释①。

《维纳斯和阿多尼斯》:威廉·莎士比亚著的叙事长诗,1593 年首次出版。此作由献词和长诗组成,献词 20 行,长诗 1194 行,全文共 1214 行。该作品在 1593 年首次出版。该长诗取材于奥维德"变形记"中描述维纳斯和阿多尼斯的章节,修编创作而成。

P632【增订五】Jules Renard, *Journal*, Bib. de la Pléiade, 455.

儒勒·列那尔,《日记》,"七星文库",P455。

儒勒·列那尔,参见第一册 P301 注释③。

《日记》:这是儒勒·列那尔创作于 1887 年至 1910 年间的日记,其中记述了他的交往、见闻、杂感、读书心得、写作草稿以及风景素描、家庭琐事,还有他与当时文学、艺术、政治等各方面人物的聚会、谈话等等,重现当时情景,写得极其生动。

P634 注释① Cf. Butler, *Characters and Passages from Note-books*, ed. A. R. Waller, 359: "The backs of all fishes are very near of the colour of the water that they are bred in, to avoyd the discovery of those that prey upon them."

参见巴特勒,《人物和段落摘记》,359:"为了不让捕食者发现自己,所有鱼脊背的颜色都与孕育自己的水的颜色相似。"

巴特勒,参见第一册 P592 注释①。

《人物和段落摘记》:巴特勒著,其他不详。

P635 注释① Lichtenberg, *Aphorismen*, hrsg. A. Leitzmann, III, 134. Cf. Novalis, *Fragmente*, Nr. 102, hrsg. E. Kamnitzer, 88: "Kontraste sind inverse Ähnlichkeit"; Valéry: "Lettre sur Mallarmé," *Oeuvres*, Bib. de la Pléiade, II, 634: "Toujours ce qui se fait répète ce qui fut fait ou le réfute: le répète en d'autres tons, l'épure l'amplifie, le simplifie; ou bien le rétorgue, l'extermine, le renverse, le nie: mais donc le suppose, et l'a invisiblement utilisé. Le contraire naît du contraire."

利什滕贝格,《警句》,A. 莱兹曼编,III, 134。参见诺瓦利斯,《断章》,第 102 篇,E. 凯密茨编,88:"对比是反对相似性";瓦雷里:"给马拉美的信",《全集》,"七星文库",II, 634:"经常会有正仿或反仿:正仿是用其他方式重复它、放大它、简化它;或者是反仿,那便是消灭它、逆转它、否认它;反仿就是从相反的方面去假设它、使用它、催生它。"

利什滕贝格和《警句》,参见第二册 P244 注释③。

诺瓦利斯和《断章》:参见第一册 P44 注释③。

瓦雷里(Paul Valery, 1871—1945),法国象征派诗人,法兰西学院院士。他的诗耽于哲理,倾向于内心真实,追求形式的完美,往往以象征的意境表达生与死、灵与肉、永恒与变幻等哲理性主题,被誉为"20 世纪法国最伟大的诗人"之一。代表作有《旧诗稿》、《年轻的命运女神》、《幻美集》等。

马拉美,参见第二册 P309 注释①。

P636 注释① Sir Charles Hanbury Williams, quoted in O. Elton, *A Survey of English Literature 1739 -1780*, II, 29.

查尔斯·汉伯里·威廉姆斯,引自 O. 埃尔顿,《英国文学概况(1730—1880)》, II, 29。

查尔斯·汉伯里·威廉姆斯(Charles Hanbury Williams, 1709—1759),威尔士外交家、作者、讽刺作家。

O. 埃尔顿(O. Elton, 1861—1945),英国学者。编写了长达六卷的《英国文学概况(1730—1880)》,写过评论文和传记,还翻译过几种语言的作品。

P636 注释② Goldoni, *La Famiglia dell'Antiquario*, II. xii, *Commedie Scelte*, Cremonese, I, 394; Cf, I. xvii, p. 367.

哥尔多尼,《古董家庭》, II. xii,《喜剧选集》, 克里莫尼斯, I, 394; 参见, I. xvii, P367。

哥尔多尼,参见第一册 P50 注释①。

《古董家庭》:哥尔多尼创作的喜剧,最早出版于 1749 年。

P637 注释①R. Wellek and A. Warren, *Theory of Literature*, "Peregrine Books", 198–9.

R. 韦勒克和 A. 沃伦,《文学理论》,"佩雷格林书籍",198—199。

R. 韦勒克,参见第二册 P386 注释①。

A. 沃伦(Austin Warren, 1899—1986),美国文学评论家,作家,生前任密歇根大学英语教授。出版过多种著作,代表著作有《新英格兰良知》、《文学理论》等。

《文学理论》:由韦勒克和沃伦合著,于 20 世纪 40 年代末出版。此作是 20 世纪西方文学研究的经典之作。书中对文学基本概念与问题的界定、梳理和探讨,对文学"内部研究"的强调,在文学研究领域产生了极大的影响,被誉为"打开经典的经典"、"文学批评的批评"。

P639 注释① Aristophanes, *Clouds*, 372–3, 391–2, "Loeb", I, 291, 301–3; H. Küpper, *Wörterbuch der deutscher Umgangssprache*, I, 183, 428, II, 212.

阿里斯托芬,《云》; 372—3, 391—2, "洛布古典丛书", I, 291, 301—3; H. 库普,《德语口语词典》, I, 183, 428, II, 212。

阿里斯托芬,参见第一册 P146 注释②。

《云》:阿里斯托芬所著喜剧。该喜剧以"讽刺苏格拉底"这一主题闻名于世。此剧语言诙谐,具有十足的喜剧效果。

P639 注释② *Die Naturphilosophie*, §268, *Sämtliche Werke*, hrsg. H. Glockner, IX, 118.

《自然哲学》, §268,《全集》,H. 格劳克内编,IX, 118。

《自然哲学》:黑格尔著。此作介于《小逻辑》和《精神哲学》之间,是黑格尔《哲学全书》的一个组成部分,也是他的客观唯心主义体系的一个重要方面。在这部著作里,黑格尔站在辩证唯心主义立场上,把整个自然界的发展看作是绝对精神自我异化和自身复归的过程。全书分为力学、物理学和有机物理学三篇，它们分别代表了绝对精神由于自身内部矛盾而从低级向高级发展的三个阶段。本书第一次以唯心主义的形式揭示了自然界内部的联系和转化。

黑格尔，参见第一册 P4 注释①。

P639【增订四】Heine, *Geständnisse*, in *Werke und Briefe*, Aufbau, 1962, Vol. VII, p. 126.

海涅，《忏悔录》，《作品书信集》，1962 年出版，第 VII 卷，P126。

海涅，参见第一册 P8 注释①。

《忏悔录》：1954 年出版，海涅的自传作品，是海涅的重要散文集，也是德语散文中的精品之作。

P645 注释①*II Pentamerone*, V. 9, *op. cit.*, 528 - 9.

《五日谈》，V. 9，如前所引，528—529。

《五日谈》及其作者巴西尔，参见第一册 P231 注释①。

P645 注释②*Paradiso*, III, 16 - 8.

《天堂篇》，III，16—18。

《天堂篇》：参见第一册 P365 注释①。

《天堂篇》的作者但丁，参见第一册 P244 注释②。

P645 注释③ Cf. Hebbel: "Das Kind am Brunnen": "Das kindlein Winkt, der Schatten geschwind/Winkt aus der Tiefe ihm wieder/Herauf! Herauf! so meint's das Kind;/Der Schatten: Hernieder! Hemnieder!" (*Werke*, hrsg. T. Poppe, I, 51).

参见自黑贝尔：《泉边的孩子》，"这个孩子招手，影子快速移动/从深处又再次向他招手/向上！向上！孩子这样说/影子：向下！向下！"（《作品》，T. 波普，I，51）。

黑贝尔，参见第二册 P573 注释①。

《泉边的孩子》：不详。

P646 注释① Cf. Marino, *L'Adone*, V. 26: "Egli amante, egli amato, or gella, or bolle, /fatto è strale e bersaglio, arco ed arciero"; A. Muscettola: "Narciso": "me con me stesso impiago, e'l desir mio/me di me stesso innamorato or rende. /.../ioche l'offeso son, so chi m'offende" (*Marino e i Marinisti*, Ricciardi, 76, 1001).

参见马里诺,《阿多尼斯》(他既爱,也被爱,如胶似沫,他既是男人也是自己爱恋的目标,既是弓也是弓箭手";A. 穆塞托拉:"水仙":"我与自己在一起受伤痛苦,我渴望我自己/我造就自己的恋爱/.../我受了伤,我知道我受了谁的伤)(《马里诺和马里诺主义》,里西亚蒂,76,1001。

马里诺和马里诺主义:参见第一册 P16 注释①【增订三】。

《马里诺和马里诺主义》及其作者 G. G. 法里罗:不详。

P647 注释 ① Ariane Thomalia, *Die "Femme Fragile": ein literarischer Frauentypus der Jahrhundertwende*, 1972.

阿里亚纳·托马里亚:《脆弱女郎:世纪之交的文学女性》,1972。

阿里亚纳·托马里亚和《脆弱女郎:世纪之交的文学女性》:不详。

P647【增订四】 Sainte-Beuve: "Madame Sophie Gay", *Causeries du lundi*, Gamier, Vol. VI, p. 79.

圣-伯夫:"苏菲·盖伊夫人",《周一漫谈》,甘比尔,第 VI 卷,P79。

圣-伯夫和《周一漫谈》:参见第一册 P319【增订四】。

Alfred de Vigny, *Le journal d'un poète*, in *Oeuvres complètes*, Bib. de la Pléiade, Vol. II, p. 1353.

阿尔弗雷·德·维尼,《诗人日记》,《全集》,"七星文库",第 II 卷,P1353。

阿尔弗雷·德·维尼和《诗人日记》:参见第一册 P44 注释④。

P651 注释①Jules Renard, *Journal*, NRF, 296.

儒勒·列那尔,《日记》,296。

儒勒·列那尔,参见第一册 P301 注释③。

《日记》:参见第二册 P632【增订五】。

P652 注释①Brüder Grimm, *Die Kinder*/-und Hausmärchen: "Brüderchen und Schwesterchen," Berlin: Der Kinderbuchverlag, 33.

格林兄弟,《儿童和家庭童话故事集》:《兄妹俩》,柏林:儿童出版社,33。

格林兄弟:参见第一册 P485 注释①。

P652 注释② Cf. P. Moreau: "De quelques Paysages introspectifs", in *Formen der Selbstdarstellung*, hrsg. G. Reichenkron und F. Haase, 279 ff..

参见 P. 莫罗:《一些不寻常的景色》,见《自我的表现形式》,G. 雷齐克隆和 F 汉斯,279 页及之后。

P. 莫罗和《自我的表现形式》:不详。

P653 注释① Sainte-Beuve, *Nouveaux Lundis*, III, 170.

圣-伯夫,《新周一漫谈》,III, 170。

圣-伯夫,参见第一册 P319【增订四】。

《新周一漫谈》:圣-伯夫著。他的《周一漫谈》和《新周一漫谈》这两部著作收集了他的一些文论。通过《周一漫谈》和《新周一漫谈》等传记批评名著,圣-伯夫开创了通过文学家传记而批评当代文学家成就的传记批评道路,并使得作为一种现代职业的文艺批评家为世人所认可。

P653 注释② Heine, *Reisebilder*: "Italien", Kap. 12; Verlaine, *Ariettes oubliées*, iii; Claudel, *Connaissance de l'Est*: "Tristesse de I'Eau."

海涅,《旅行心影录》:《意大利人》,第 12 章;魏尔伦,《被遗忘的咏叹小调》,iii;克洛岱尔,《认识东方》:《水的忧郁》。

海涅,参见第一册 P8 注释①。

《旅行心影录》:海涅著于 1826—1831 年间的游记。此作以见闻观感的形式,对复辟时期的德国现实给以抨击讽刺。当时不满 30 岁的海涅,以此书颠覆了歌德以《意大利游记》奠定的德国游记风格,首次将作者引入游记,揉游历、幻想、搞笑、风景、饮食、政治为一体。海涅也因此作被誉为"德国现代散文永恒之父"。

魏尔伦(Paul Verlaine, 1844—1896),法国诗人,法国象征派诗歌流派中的"诗人之王"。他与马拉美、兰波并称象征派诗人的"三驾马车"。与后两者晦涩的诗风相比,魏尔伦的诗更通俗易懂、朗朗上口,所以也受到普通读者的喜爱。他在法国诗歌史上占有重要地位。在诗歌艺术上,魏尔伦是一位既反叛又继承传统的诗人。代表作有诗歌集《感伤集》、《戏装游乐图》、《智慧集》、《平行集》、《爱心集》、《好歌集》等。

克洛岱尔，参见第一册 P135 注释①。

《认识东方》：克洛岱尔著。作者对东方文化十分向往，1895 年他以外交官的身份来到中国，并在中国度过了他生命中的十五个年头。其间他游历了中国的许多地方，而每个地方都有令他迷恋之处。他怀着好奇心凝视着无数园林、宝塔、树木、泉水、寺庙、陵墓、戏台、节日奇观，以及经历了鸦片战争之后残破的中国底层社会相。古老国度的自然与淳朴让他觉的亲切，亲切得就像"前往观看上演自己编写的剧本"。于是，在《认识东方》中，克洛代尔将自己的见闻及感慨，以散文诗的形式，运用纯净、富有音乐感的语言精心描绘下来，使我们看到了西方人眼中的中国往昔的一个凝定的面貌。

P653 注释③ Viola Meynell, *Alice Meynell*, 20.

薇奥拉·梅内尔，《爱丽丝·梅内尔》，20。

薇奥拉·梅内尔(Viola Meynell, 1885—1956)，英国作家、小说家、诗人。共创作 20 余本书籍，但以其短篇小说和长篇小说闻名于世。

《爱丽丝·梅内尔》：薇奥拉·梅内尔为爱丽丝·梅内尔撰写的回忆录，出版于 1929 年。

爱丽斯·梅内尔(Alice Meynell, 1847—1922)，英国诗人、作家、妇女参政主义者。她的第一部诗集名为《序曲》。梅内尔还是西赛莉·汉密顿(Cicely Hamilton)创立的"女作家参政权联盟"(Women Writers' Suffrage League)的主要成员(该组织在 1908 到 1919 年间非常活跃)。

P655 注释① Voltaire, *Zadig*: "Les Rendezvous", *Romans et Contes*, "Bib. de la Pléiade", 38 - 9.

伏尔泰，《查第格》，"约会"，《小说与故事》，"七星文库"，38—39。

伏尔泰，参见第一册 P121 注释①。

《查第格》，伏尔泰著中篇小说，写于 1747 年，由 18 个章节组成。它以古代的东方为背景，富有神话色彩和异国情调。作者通过主人公曲折非凡的境遇，将许多极为风趣的故事连缀起来，给读者展现出一个似真似假、虚实交融的奇异世界。

P664 注释① Voltaire, *Le Blanc et le Noir*, op. cit., 123 ff..

伏尔泰，《白与黑》，如前所引，123 页及之后。

伏尔泰，参见第一册 P121 注释①。

P668【增订三】F. Pfeiffer, *Deutsche Mystiker des 14. Jahrhunderts*, II, 474.

F. 法伊弗,《14 世纪的德国神秘主义者》,II, 474。

F. 法伊弗(Franz Pfeiffer, 1815—1868),瑞士文学学者,曾在德国和奥地利工作过。

《14 世纪的德国神秘主义者》:费朗兹·法伊弗编于 1845—1857 年。

P671 注释①*Paradise Lost*, I, 177ff..

《失乐园》,I, 177 页及之后。

《失乐园》及其作者弥尔顿:参见第一册 P151 注释④。

P672 注释① Moschus, v, *The Greek Bucolic Poets*, "Loeb", 459.

莫斯霍斯,《希腊田园诗人》,"洛布古典丛书",459。

莫斯霍斯(Moschus,生卒年不详),约活动于公元前 2 世纪前后。叙拉古人,诗人,萨摩斯拉斯的阿里斯塔尔库斯的门生。其作品现存五首六音步短诗,三首诗见于他的《田园诗》,其中一首以城里人的快乐和渔夫的苦难生活作对比。其名下还有一部名为《欧罗巴》的六音步短篇史诗。

《希腊田园诗人》:不详。

P672 注释② Heine, *Werke und Briefe*, Aufbau, I, 88, 218.

海涅,《诗文书信文集》,建设出版社,I, 88,218。

海涅,参见第一册 P8 注释①。

P672 注释③E. Grenier: "Plainte", G. Walch, *Anthologie des Poètes français contemporains*, 1,75.

E. 格勒尼耶:"叹息",G. 沃尔克,《法国当代诗选》,1,75。

格勒尼耶,G. 沃尔克和《法国当代诗选》:不详。

P673 注释① Ben Jonson, *Every Man out of his Humour*, III. i(Mitis).

本·琼森,《人人扫兴》,III. i(温和)。

本·琼森,参见第一册 P529 注释①。

《人人扫兴》:本·琼森著。1598 年的《人人高兴》和 1599 年的《人人扫兴》是琼森根据气质论创作的癖性喜剧。《人人扫兴》情节松散,讽刺了各种类型的人物。

在前言中，他提出"气质论"，用 4 种不同的气质、不同的组合产生不同的性格，如嫉妒、多虑、爱吹嘘、胆怯、贪婪等。

P673 注释②J. Rousset, *Circé et le Paon*, Nouv. éd., 40; Hardy, *The Hand of Ethelberta*: "a concatenated affection" (Julian); J. Dunlop, *The History of Fiction*, 329: "brouillerie d'amour"; Hallen Smith, *Elizabethan Poetry*, 18: "cross-eyed Cupid."

让·鲁塞，《喀耳刻与孔雀》，新编版，40；哈代，《埃塞贝妲的婚事》，"互相关联的爱"(朱利安)；J. 邓洛普，《小说的历史》，329："连锁争夺的爱情"；哈兰·史密斯，《伊丽莎白时期的诗歌》，18："斜视的丘比特"。

J. 鲁塞和《喀耳刻与孔雀》：参见第一册 P27 注释①。

哈代，参见第二册 P57 注释①。

《埃塞贝妲的婚事》：哈代著的小说。在此作中，哈代着意进行了小说结构技巧方面的实验。

邓洛普和《小说的历史》：参见第一册 P564 注释①。

哈兰·史密斯(Hallen Smith，生卒不详)，美国学者，专攻莎士比亚和伊丽莎白时期的文学。他最具权威性的作品是《伊丽莎白时期的诗歌》，此书研究了诗歌中的规范、意义和措辞。

P673 注释③E. g. Don Quijote, I. 16: "el gato al rato, el rato *á* la cuerda, la cuerda al palo", *op. cit.*, II, 45; lona and Peter Opie, *The Oxford Dictionary of Nursery Rhymes*, 229-31, "This is the house that Jack built."

例如《堂吉诃德》，I. 16："猫在老鼠身上，老鼠在绳子上，绳子在棍子上"，如前所引，II, 45。；洛娜·奥佩、彼得·奥佩，《牛津童谣词典》，"这是杰克建的房子"。

洛娜·奥佩和彼得·奥佩，参见第二册 P327【增订四】。

《堂吉诃德》及其作者塞万提斯：参见第一册 P99 注释①。

P674 注释① Aubrey, *Brief Lives*: "Sir Walter Raleigh", Ann Arbor Paperbacks, 256.

奥布里，《名人小传》：《沃尔特·雷利爵士》，安·阿伯平装版，256。

奥布里和《名人小传》：参见第一册 P286 注释①。

P681 注释①Samuel C. Chew, *The Virtues Reconciled*, 17.

塞缪尔·C. 丘,《和解的美德》,17。

塞缪尔·C. 丘(Samuel C. Chew,其他不详),英国学者,专攻诗歌和视觉艺术之间的关系研究,特别是英国文艺复兴时期的诗歌和视觉艺术。代表作有《和解的美德》、《英国文学史》等。

《和解的美德》:塞缪尔·C. 丘著。此作包括了塞缪尔·C·丘在英国文艺复兴领域内的研究结果,探讨了寓言表征、视觉和语言以及四种美德,即真理和正义、怜悯与和平。

P687 注释①Lucan, *Civil War*, I. 486, "Loeb", 38. Cf. Montaigne, *Essais*, II. 12, "Bib. de la Pléiade", 510 - 1: "Nous pipons de nos propres singeries et inventions" etc.

卢坎,《内战记》,I. 486,"洛布古典丛书",38;参见蒙田,《随笔录》,II. 12,"七星文库",510—1:"我们在自己的古怪姿态和想象上做文章"。

卢坎和《内战记》:参见第一册 P359 注释①。

蒙田其人和《随笔》:参见第一册 P88 注释①。

P687 注释②Cf. Goethe, *Faust*, II, Akt iii, 7003 - 4: "Am Ende hängen wir doch ab/Von Kreaturen, die wir machten"; Mary Shelley, *Frankenstein*, ch. 10, The Heritage Press, 104: "Remember, thou hast made me more powerful than thyself", etc.; Marx-Engels, *Die Deutsche Ideologie*, "Vorrede," Dietz, 11: "Vorihren Geschöpfen haben sie, die Schöpfer, sich gebeugt."

参见歌德,《浮士德》,II,第 iii 幕,7003—4:"最终我们都是自己造就的生物";玛丽·雪莱,《弗兰肯斯坦》,遗产出版社,第 10 章,104:"记住,你应该让我比你拥有更强大的力量",等等;马克思-恩格斯,《德意志意识形态》,"前言",11:"他们在创造作品之前,已鞠躬行礼。"

歌德和《浮士德》:参见第一册 P16 注释①。

玛丽·雪莱和《弗兰肯斯坦》:参见第二册 P194 注释①。

马克思,参见第一册 P44 注释②。

恩格斯(Friedrich Engels, 1820—1895),德国思想家、哲学家、作家,科学社会主义的创始人、国际共产主义运动的奠基者、社会主义理论家、马克思主义的创始人之一。他也是马克思的亲密战友,和马克思共同撰写了《共产党宣言》,共同创立了科学共产主义理论;参加了第一国际的领导工作。除同马克思合撰著作外,他还著有《自然辩证法》、《家庭、私有制和国家的起源》等。

《德意志意识形态》:马克思、恩格斯创立了历史唯物主义理论体系的一部巨著。在这部巨著中,马、恩对费尔巴哈、鲍威尔和施蒂纳为代表的各式各样唯心史观的思想进行了深刻的分析和批判,并在此基础上,阐述了唯物史观的基本内容。这部巨著标志着唯物史观的创立。

P688【增订三】Giorgio Vasari, *The Lives of the Painters, Sculptors, and Architects*, "Everyman's Library", I, 183.

乔尔乔·瓦萨里,《艺园名人传》,"人人文库",I, 183。

乔尔乔·瓦萨里(Giorgio Vasari, 1511—1574),文艺复兴时期意大利艺术理论家、画家、建筑史、美术史家,被公认为西方的第一位艺术史家,也是风格主义流派的主要代表人物。他是米开朗基罗的学生,是第一个使用"文艺复兴"一词的人,主要作品有《艺园名人传》等。

《艺园名人传》:乔尔乔·瓦萨里著,1550年首次出版,是著名的美术史著作。瓦萨里提出可按14、15、16世纪划分美术发展的阶段。这对后来的艺术理论研究影响巨大。

P689【增订五】Opie and Tatem, *A Dictionary of Superstitions*, 1989, pp. 48,287.

奥佩和塔特姆,《迷信词典》,1989, P48,P287。

洛娜·奥佩,参见第二册P327【增订四】。

塔特姆和《迷信词典》:参见第二册P570【增订五】。

P692 注释① Christina Rossetti: "The Poor Ghost", "The Ghost's Petition"; *Poetical Works*, ed. W. M. Rossetti, Macmillan, 360,364-5.

克里斯蒂娜·罗塞蒂:《可怜的幽灵》,《幽灵的请愿》;《诗集作品》,W. M. 罗塞蒂编,麦克米兰,360,364—365。

克里斯蒂娜·罗塞蒂,参见第一册P79注释①。

P693【增订四】"The Shroud", *The Complete Grimm's Fairy Tales*, Routledge and Kegan Raul, 1975, pp. 502-3.

《裹身布》,《格林童话》,劳特利奇 & 开根·宝罗出版社,1975, P502—503。

《格林童话》:参见第二册 P327【增订四】。

P694 注释① Dante, *Inferno*, I. 117; D'Aubigné, *Tragiques*: "Jugements," 1021-2; Milton, *Paradise Lost*, X. 798; Andreas Gryphius: "Die Hölle". Cf. Webster, *The Duchess of Malfi*, IV. i, Duchess: "In hell, that they must live, and cannot die"; Ford, *'Tis Pity She's a Whore*, III. vi, Friar: "…in thisplace/Dwell many thousand sundry sorts/Of never dying deaths."

但丁,《地狱篇》,I. 117;奥比涅,《悲剧性》:"审判",1021—2;弥尔顿,《失乐园》,X. 798;安德烈亚斯·格里菲斯:"地狱"。参见韦伯斯特,《马尔菲公爵夫人》,IV. i,公爵夫人:"在地狱里,他们必须活着,不能死去";福特,《可惜她是娼妇》,III. vi,修士:"……在这个地方/栖息着千千万万种/永生之物。"

但丁及其《神曲·地狱篇》:参见第一册 P76 注释②。

奥比涅和《悲剧性》:不详。

弥尔顿和《失乐园》:参见第一册 P183 注释①。

安德烈亚斯·格里菲斯,参见第二册 P575【增订三】。

韦伯斯特和《马尔菲公爵夫人》:参见第一册 P560 注释①。

约翰·福特(John Ford,生卒不详),文艺复兴时期的英国剧作家。他最有名的悲剧作品是《可惜她是娼妇》。

P695 注释① Ariosto, *Orlando furioso*, X. Iv-lvi (Alcina), Hoepli, 87; Keats, *Hyperion*, a Vision, Canto I (Moneta); Shelley, *Adonais*, st 26 (the Muse).

阿里奥斯托,《疯狂的罗兰》,X. Iv-lvi(艾尔西纳),欧伯利,87;济慈,《海伯利安》,第一篇(莫内塔);雪莱,《阿多尼》,第 26 首(缪斯)。

阿里奥斯托和《疯狂的罗兰》:参见第一册 P50 注释①。

济慈,参见第一册 P256 注释①。

《海伯利安》:济慈著。1818 年,济慈出版了以古希腊神话为题材的长诗《安迪密恩》,描写凡人安迪密恩和月亮女神塞勒涅的爱情故事,遭到了保守派评论家的恶毒攻击。紧接着他又创作了同样题材的《海伯利安》。但是,诗人并未完成这首诗就去世了。《海伯利安》已完成的前三卷讲述了以萨图恩为首的老一代泰坦神,被他们的儿辈,以朱庇特为首的奥林匹斯神推翻并驱逐的故事。泰坦神失去了力量,仅有太阳神海伯利安保持着统治和尊严,但是泰坦神不甘屈服,他们打算重新复辟。

雪莱,参见第一册 P237 注释①。

《阿多尼》:雪莱著。1817 年 2 月 5 日,雪莱与诗人济慈(John Keats)相识。1821 年 2 月济慈去世,雪莱作长诗《阿多尼》吊唁之。雪莱夫人谓此诗实雪莱自挽。《阿多尼》是雪莱最好的作品之一,与弥尔顿的《利西达斯》和丁尼生的《悼念》一起并称为英国三大吊亡诗。

P695 注释② Ovid, *Ibis*, 123 - 4, *The Art of Love and Other Poems*, "Loeb", 260.

奥维德,《朱鹭》,123—4,《爱与其他诗歌的艺术》,"洛布古典丛书",260。

奥维德,参见第一册 P189 注释①。

《朱鹭》:奥维德著,是一首谩骂仇敌的长诗,援引了各种神话典故。

P706 注释① Corneille, *Le Cid*, IV. iii; Milton, *Il Penseroso*, 80.

高乃依,《熙德》,IV. iii;弥尔顿,《沉思颂》,80。

高乃依(Corneille, 1606—1684),法国古典主义悲剧的代表作家,一向被称为法国古典主义戏剧的奠基人。1629 年,他的第一部喜剧《梅丽特》问世,1635 年,他完成了第一部悲剧《梅德》。1636 年,他推出了轰动整个巴黎的悲剧《熙德》。1640 年至 1643 年,他又先后完成了《贺拉斯》、《西拿》和《波里厄克特》三部比较重要的悲剧。1647 年被选为法兰西学院院士。他一生共写有各类剧作 32 部。

《熙德》:高乃依著,是法国第一部古典主义名剧,取材于西班牙史。熙德是历史上的英雄,此剧作于 1636 年公演时轰动了巴黎。

弥尔顿,参见第一册 P183 注释①。

《沉思颂》:弥尔顿著。《欢乐颂》和《沉思颂》是弥尔顿早年的两首杰作。在这两首诗里诗人表达了对生活积极的态度和深沉的爱恋、对人生诸世相透彻的思考,倾注了诗人对于自然满腔的挚爱,显示了人文主义的立场和观点,对英国后代诗人特别是浪漫派诗人产生了深远影响。

P707 注释①*Paradise Lost*, I. 62 - 3; II. 66 - 7. Cf. Fulke Greville, *Alaham*, II. ii: "By fires of Hell, which burn and have no light", quoted in Coleridge, *Notebooks*, ed. Kathleen Coburn, II, § 2925.

《失乐园》,I. 62—3; II. 66—7;参见福尔克·格雷维尔爵士,《阿拉姆》,II. ii:"地狱之火,燃烧着却没有火光";柯勒律治,《笔记》,凯瑟琳·科伯恩编,

II，§2925。

《失乐园》及其作者弥尔顿：参见第一册 P183 注释①。

福尔克·格雷维尔(Fulke Greville，1554—1628)，英国伊丽莎白时期诗人、剧作家、政治家。在 1581 至 1621 年间，他一直在英国下议院任职，获得贵族爵位，因此人称格雷维尔爵士。格雷维尔爵士以其为菲利普·锡德尼爵士所作的传记闻名于世。此外，他的诗风阴郁，表达了对艺术、文学、美以及其他哲学问题的思考，显示出了阴郁的、沉思的以及明显的加尔文主义的观点。

《阿拉姆》：格雷维尔爵士创作的书斋剧(只供阅读而不适合上演的剧本)。

柯勒律治，参见第一册 P16 注释①。

凯瑟琳·科·伯恩，参见第一册 P16 注释①【增订四】。

P707 注释② *William Shakespeare*，II. ii，*Oeuvres*，Ollendorff，130；*Les Contemplations*，VI. xxvi，p. 421. Cf. Gautier："Melancholia"，*Poésies complètes*，Charpentier，I，220；Nerval："El Desdichado"，"Voyage en Orient"，*Oeuv. comp.*，"Bib. de la Pleiade"，I，33，II，136.

《威廉·莎士比亚》，II. ii，《作品集》，奥伦德夫，130；《静观集》VI. xxvi，P421.；参见戈蒂耶：《抑郁症》，《诗歌全集》，卡朋特，I，220；奈瓦尔：《被废黜者》，《在东方的旅行》，《全集》，"七星文库"，I，33，II，136。

莎士比亚，参见第一册 P72 注释②。

《威廉·莎士比亚》：不详。

《静观集》：雨果诗歌合集中的一部。其合集包括《惩罚集》、《静观集》、《凶年集》三部。其中，《惩罚集》是一部政治讽刺诗集，是雨果在人生征途的重大转折点上创作出来的；《静观集》为抒情诗杰作；《凶年集》的内容多与当时的历史事件相关，表达了作者对人类进步的信念与强烈的爱国之情。

维克多·雨果，参见第一册 P145 注释①。

戈蒂耶(Théophile Gautier，1811—1872)，法国唯美主义诗人、散文家和小说家。早年习画，后转而为文，以创作实践自己"为艺术而艺术"的主张，他选取精美的景或物，以语言、韵律精雕细镂，创造出一种独特的情趣。代表作有诗歌《珐琅和雕玉》、《阿贝都斯》、《死亡的喜剧》、小说《莫班小姐》等。

奈瓦尔(Nerval，1808—1855)，法国象征主义和超现实主义诗人、作家。奈瓦尔曾将《浮士德》第一部译成法文，深得歌德赞赏。曾远游埃及、君士坦丁堡等地，写成《东方游记》。1851 年精神病复发。1855 年自缢身死。代表作有十四行诗集

《抒情节奏小颂诗》、《幻景》、剧本《莱奥·布卡》、抒情散文集《火焰姑娘们》等。

P707 注释③ Baudelaire："Le Désir de peindre"，*Oeuv. comp.*，"la Pléiade"，341；cf. "Les Ténèbres"，112. Cf. Marino："Schiava"："O luce nascir di tenebroso inchiostro"；"La bruna Pastorella"，335－6："O luci tenebrose，/ tenebre luminose"，*Marino e i Marinisti*，Ricciardi，374,520.

波德莱尔："绘画的欲望"，《全集》，"七星"，341；参见"黑暗"，112；参见马里诺："奴隶"："缺少阳光的水仙出生于阴沉的黑水"；"棕色的牧羊女"，335—6："阴沉的灯光，/明亮的黑暗"，《马里诺和马里诺主义》，里西亚蒂，374，520。

波德莱尔，参见第一册 P138 注释①。

马里诺和马里诺主义：参见 P16 注释①【增订三】。

《马里诺和马里诺主义》及其作者 G. G. 法里罗：不详。

P707 注释④ Walpole，*Correspondence*，Yale ed.，X，262（to Montagu，15 June 1768）.

沃波尔，《书信集》，耶鲁编，X，262（致蒙塔古，1768.6.15）。

沃波尔（Horace Walpole，1717—1797），英国作家。他的《奥特兰托城堡》首创了集神秘、恐怖和超自然元素于一体的哥特式小说风尚，影响了英国浪漫主义运动。

《书信集》：沃波尔一身写了大约 4000 封信，其中一些被认为是英语文学中的典范之作。

P708 注释① Lewis Carroll，*Sylvie and Bruno Concluded*，ch. 21，*Complete Works*，The Nonesuch Press，713.

刘易斯·卡罗尔，《西尔薇与布鲁诺之完结篇》，第 21 章，《全集》，无双出版社，713。

刘易斯·卡罗尔（Lewis Carroll，1832—1898），英国数学家、逻辑学家、童话作家、牧师、摄影师。他兴趣广泛，对小说、诗歌、逻辑、儿童摄影等都颇有造诣。代表作有童话《爱丽丝漫游奇境》、《爱丽丝镜中世界奇遇记》。此两部作品通过虚幻荒诞的情节，描绘了童趣横生的世界，亦揶揄 19 世纪后期英国社会的世道人情，含有大量逻辑与文字游戏及仿拟的诗歌，也富含哲理。

《西尔薇与布鲁诺》：刘易斯·卡罗尔著，是他在《爱丽丝漫游奇境记》之后的另一部重要长篇童话，首次出版于1889年，并在1893年出版了《西尔薇与布鲁诺之完结篇》（*Sylvie and Bruno Concluded*）。此作是卡罗尔生前出版的最后一部童话小说。这部童话作品有两个情节主线，一个发生在这本书出版时的当代现实世界（维多利亚时代），另外一条主线是在幻想世界仙境。幻想世界仙境的情节与卡罗尔的《爱丽丝漫游奇境》类似；而现实世界则是维多利亚时代的英现实社会，其中的人物主要讨论宗教、社会、哲学和道德的各种概念和方面，这一点又与班扬的名著《天路历程》有应合之处。卡罗尔在这部写给大人看的童话中，首次创造了现代文艺中所喜闻乐见的穿越形式。

P714 注释① Demetrius, *On Style*, V. 294, "Loeb", 479.

德米特里，《论文体风格》，V. 294，"洛布古典丛书"，479。

德米特里和《论文体风格》：参见第一册 P439 注释①。

P715 注释①*Greek Anthology*, XI. 237, Demodocus, "Loeb", IV, 123.

《希腊诗选》，XI. 237，得摩多科斯，"洛布古典丛书"，IV，123。

《希腊诗选》：参见第一册 P154 注释①。

得摩多科斯，古希腊神话传说中斯刻里厄岛淮阿喀亚人国王阿尔刻诺俄斯宫中的歌手。诗歌女神缪斯给了他欢乐，在他心中燃起诗歌的火焰，却又夺去他双眼的光明。得摩多科斯现在被当作盲歌手的共名。

P715 注释② Coleridge, *Notebooks*, II, 2779.

柯勒律治，《笔记》，II，2779。

柯勒律治，参见第一册 P16 注释①。

《笔记》及其编者凯瑟琳·科本，参见第一册 P16 注释①【增订四】。

P726 注释① Wundt, *op. cit.*, 108.

冯特，如前所引，108。

冯特：参见第一册 P7 注释①。

P734 注释①*Greek Anthology*, IX. 569, Empedocles, "Loeb", III, 317; Lucian: "The Dream, or the Cock", "Loeb", II, 179-213.

《希腊诗选》，IX. 569，恩培多克勒，"洛布古典丛书"，III，317；卢奇安："梦想，

还是公鸡”,“洛布古典丛书”,II, 179—213。

《希腊诗选》:参见第一册 P154 注释①。

恩培多克勒(Empedocles,前 493 或 495—前 432 或 435),古希腊哲学家、政治家、科学家。哲学方面他很受毕达哥拉斯教的影响,这体现在他教义中强烈的神秘主义。代表作有《论自然》与《洗心篇》两篇诗。

卢奇安,参见第二册 P463 注释①。

P735 注释①A. Gilchrist, *Life of William Blake*, “Everyman's Lib.”, 266.

A. 吉尔克里斯特,《威廉·布莱克传》,“人人文库”,266。

A. 吉尔克里斯特(A. Gilchrist, 1828—1861),研究威廉·布莱克的传记作家。他写的传记是研究布莱克的权威参考资料。

《威廉·布莱克传》:A. 吉尔克里斯特著。此作分上下两卷,出版于 1863 年。第一卷是传记,第二卷整理了布莱克的诗歌、散文、艺术作品和其杰出的手稿。A. 吉尔克里斯特花了许多年整理汇编材料,并采访了许多布莱克的朋友。此书是第一部有关布莱克的权威作品,是进一步研究布莱克生平和作品的文献。

P737 注释①T. Storm: “Die Regentrude”, *Sämtliche Werke*, Aufbau, I, 337,339.

T. 斯多,《雨女》,《全集》,建设出版社,I, 337,339。

T. 斯多(Theodor Storm, 1817—1888),德国诗人和作家。他创作了很多故事、诗歌和小说。最著名的两部作品是 1844 年的《蜜蜂湖》和《白马骑士》。

《雨女》:T. 斯多著的故事。故事情节如下:日耳曼异教徒的“雨女”睡去,造成了大范围的干旱和贫困,此时,一对年轻夫妇,安德烈亚斯和马伦必须欺骗一个古老的妖精带领他们到“雨女”的神奇花园,将她唤醒。

P739 注释①*Georgics*, II. 121, “Loeb”, 1,124.

《农事诗》,II. 121,“洛布古典丛书”,1,124。

《农事诗》:维吉尔著。共四卷(约成于前 37—30),每卷五百余行,分别写种谷物、种橄榄和葡萄、畜牧、养蜂等农事,属于赫希俄德的教谕诗的类型。诗人虽未描写大田庄制度下奴隶的劳动生活,但他同情并肯定劳动,认为“劳动战胜了一切”;他将战乱生活与和平宁静的农村生活进行对比,歌颂了意大利丰饶的自然资源,表达了奴隶主阶层的爱国情感;他描写的一年四季的自然景色和动植物的习性(如蜂群的劳动和战斗),以文字形式保存了当时的一些农业知识。诗中也有神话故事(如俄耳甫斯下冥土寻找妻子)。这部作品的风格特点在于诗人对种种自然现象非常敏感,赋予生产劳动以诗意的表达,描绘了独立小农的情趣。

维吉尔,参见第一册 P243 注释①。

P739 注释② Pliny, *Natural History*, VI. xxii, 54, "Loeb", II, 378; Seneca, *Hippolutus*, 398, *Hercules Oetaus*, 667, *Tragedies*, "Loeb", I, 348, II, 238; Ausonius, *Technopaegnion*, X. 21, *Poems*, "Loeb", I, 300; Claudian: "Eulogy of Probinus and Olybrius", 179 - 80, *Poems*, "Loeb", I, 14.

普林尼,《自然史》,VI. xxii, 54,"洛布古典丛书",II, 378;塞涅卡,《希波吕托斯》,398,《奥塔山上的赫拉克勒斯》,667,《悲剧集》,"洛布古典丛书",I, 348, II, 238;奥索尼乌斯,《游戏沃章仿》,X. 21,《诗歌》,"洛布古典丛书",I, 300;克劳狄安:《普罗比努斯和奥利布里乌斯乌斯颂词》,179—80,《诗歌》,"洛布古典丛书",I, 14。

普林尼和《自然史》:参见第一册 P380 注释①。

塞涅卡(Lucius Annaeus Seneca,或译塞内加,约前 4—65),也称小塞涅卡,古罗马政治家、斯多葛派哲学家、悲剧作家、雄辩家。他曾担任过著名暴君尼禄的老师。塞涅卡一生著作颇丰,现存哲学著作有 12 篇关于道德的谈话和论文,124 篇随笔散文收录于《道德书简》和《自然问题》中,此外他还写过 9 部悲剧和 1 部讽刺剧,多半取材自希腊悲剧。其作品风格崇高严肃,夹杂大量的道德说教,使得其笔下的对话和人物都缺乏真实感。代表作是悲剧《特洛伊妇女》。塞内卡晚年因参加元老院贵族反对尼禄暴政而被尼禄赐死。

《希波吕托斯》:塞涅卡著,讲述的是智慧的希波吕托斯的故事。这部作品被认为是希腊悲剧由英雄神话向凡世神话转变的代表作,带有浓重的人神矛盾色彩。

《奥塔山上的赫拉克勒斯》:塞涅卡著,是其著名的 9 部悲剧之一。作品取材于希腊神话传说,通过神话题材反映当时的现实生活和作者的思想感情。塞涅卡的悲剧对于欧洲文艺复兴时期的悲剧创作产生了极大的影响。

奥索尼乌斯(Decimius Magnus Ausonius, 310—395),古罗马诗人,出身于贵族家庭。曾任修辞学教授。奥索尼乌斯熟悉古代文学,有诗歌才能,但作品内容贫乏,反映了罗马帝国没落时期的时代特点。其作品多为咏叹诗、田园诗、讽刺诗,诗歌语言驳杂,代表作有《萨莫拉》、《诸帝贤能似凯撒》等。

《游戏沃章仿》:奥索尼乌斯著,是其创作的 20 首田园诗之一,其中最为著名的是纪游诗《莫萨拉》,它描写了莱茵河和莫萨拉河两岸的优美景色,对乡村风光的描写带有田园诗的情趣。

克劳狄安，参见第二册 P278 注释①。

《普罗比努斯和奥利布里乌斯乌斯颂词》：克劳狄安著。当时他到意大利后放弃了原来的希腊文创作，用精湛的拉丁文写了这首赞誉权臣普罗比努斯(Probinus)和奥利布里乌斯(Olybrius)的政绩的诗。

P743 注释① *Anatomy of Melancholy*, Part. III, Sect. II, Mem. III, Subs. I. "Everyman's Lib.", III, 43.

《忧郁的解剖》，第 III 卷，第 II 部，第 III 章，第 I 节，"人人文库"，III, 43。

《忧郁的解剖》及其作者伯顿：参见第一册 P37 注释④。

P743 注释② J. Dunlop, *The History of Fiction*, 87 – 8 (*Le Roman du Chevalier Tristan*, *Lord Percy and Fair Annet*, *etc*.).

邓洛普，《小说的历史》，87—8(崔斯坦骑士、珀西爵士、安妮特等的传奇故事，等等)。

邓洛普和《小说的历史》：参见第二册 P564 注释①。

P743 注释③ Copla quoted in S. de Madariage, *Shelley and Calderon and other Essays*, 119.

科普拉，出自萨尔瓦多·德·马达里业，《雪莱、卡尔德隆及其他论文》，119。

马达里亚(S. de Madariage，生卒不详)：西班牙作家，1916 年移居伦敦，从事文学创作，长期侨居英国，获欧美七所大学荣誉博士学位，并成为西班牙皇家院院士。精通英语和法语，著有散文、小说和戏剧作品。他主要成就在于文学评论，把西班牙文化和西方文化进行比较，主张在保存西班牙传统的前提下吸收欧洲现代文化。对于西班牙古典文学有深入的研究，著有《阅读堂吉诃德指导》、《英国西班牙散文集》、《当代文学肖像》、《莎士比亚的哈姆雷特》等。

《雪莱、卡尔德隆及其他论文》：不详。

P743 注释④ Marino: "Dipartita", *Marino e i Marinisti*, Ricciardi, 378.

马里诺：《败家子》，《马里诺和马里诺主义》，里西亚蒂，378。

马里诺和马里诺主义：参见 P16 注释①【增订三】。

《马里诺和马里诺主义》及其作者 G. G. 法里罗：不详。

P744 注释① Keats, *Lamia*, II, 128 - 30.

济慈,《拉弥亚》,II, 128—130。

济慈,参见第一册 P256 注释①。

《拉弥亚》:济慈著的叙事长诗。此作中,济慈以戏剧般的梦幻情节和人物之间的冲突对立展现出诗歌与哲学之间的矛盾关系。拉弥亚,是古希腊神话中一头半人半蛇的女性怪物,亦是在西方以猎杀小孩闻名的蛇妖。在古希腊、罗马的神话中,有很多像拉弥亚般有着杀害孩童举动的女妖,而拉弥亚的独特性在于其上半身为娇艳女性,下半身却是蛇类。

P744 注释② Hugo, *Les Contemplations*, I. xxix, "Halte en marchant".

雨果,《静观集》,I. xxix,"走走停停"。

雨果,参见第一册 P145 注释①。

《静观集》:参见第二册 P707 注释②。

P745 注释① Aristophanes, *The Clouds*, 398 ff., "Loeb", I, 303; Lucian: "Zeus catechized", "Loeb", II, 81 ff.; Lucretius, II. 1100 - 4, VI. 380 - 450, "Loeb", 162,470 - 6.

阿里斯托芬,《云》,398,"洛布古典丛书",I, 303;卢奇安:"诘问宙斯","洛布古典丛书",II, 81;卢克莱修,II. 1100—4, VI. 380—450,"洛布古典丛书",162,470—6。

阿里斯托芬,参见第一册 P146 注释②。

《云》:参见第二册 P639 注释①。

卢奇安,参见第二册 P463 注释①。

卢克莱修:参见第一册 P284 注释②。

P757 注释① Brüder Grimm, *Deutsche Sagen*, § 53. "Der Wassermann an der Fleischerbank", § 60. "Die Elbjungfer und das Saalweblein"; *op. cit.*, I, 56,62.

格林兄弟,《德国传说集》,§ 53,《屠夫长凳上的取水人》,§ 60,《少女和径庭鸣笛》,如前所引,I, 56,62。

格林兄弟:参见第一册 P485 注释①。

《德国传说集》:参见第二册 P546 注释①。

P761 注释① Nietzsche, *Menschliches, Allzumenschliches*, §51, *Werke*, hrsg. K. Schlechta, I, 487; F. H. Bradley, *Aphorisms*, §73. Cf. Max Beerbohm, *The Happy Hypocrite*; Luigi Chiarelli, *La Maschera ed il Volto*.

尼采,《人性的,太人性的》,§51,《全集》,K. 施勒赫塔编,I; F. H. 布拉德利,《格言》,参见马克思·比尔博姆,《快乐的伪君子》;路易吉·查雷利,《脸和面具》。

尼采:参见第一册 P23 注释②。

《人性的,太人性的》:参见第一册 P45 注释②。

F. H. 布拉德利,参见第二册 P210【增订三】。

《格言》:不详。

马克思·比尔博姆(Max Beerbohm, 1872—1956),英国散文家,剧评家,漫画家,曾侨居意大利二十年左右。有《马克斯·比尔博姆文集》传世。

《快乐的伪君子》:比尔博姆著。寓言集。

路易吉·查雷利和《脸和面具》:不详。

P761 注释② John Jones, *On Aristotle and Greek Tragedy*, 45: "They [the masks] stated, they did not hint or hide".

约翰·琼斯,《论亚里士多德与希腊悲剧》,45:"它们(面具)表明,他们既不暗示也不隐藏。"

约翰·琼斯和《论亚里士多德与希腊悲剧》:不详。

P765 注释① Johan Bojer: "Norwegian Fairy Tales", F. H. Pritchard ed., *Great Essays of All Nations*, 710.

约翰·博伊尔,《挪威童话》,普查德编辑,《各国文集》,710。

约翰·博伊尔(Johan Bojer, 1872—1959),挪威小说家、剧作家。曾五次获得诺贝尔文学奖提名。

《挪威童话》:约翰·博伊尔著。此作主要描写穷困的农民和渔民生活。

P766【增订四】"Seal Maidens", "Swan Maidens", Katharine Briggs, *A Dictionary of Fairies*, Penguin Books, 1977, pp. 349–50, 386–7.

《海豹少女》,《天鹅少女》,凯瑟琳·布里格,《童话词典》,企鹅丛书,1977,P349—350,P386—387。

凯瑟琳·布里格及《童话词典》:参见第一册 P68【增订四】。

"The Dove Girl", Italo Calvino, *Italian Folktales*, No. 164, tr. George Martin, 1980, pp. 593 - 4, Note, p. 749.

《鸽子女孩》,伊塔洛·卡尔维诺,《意大利童话》,第 164 篇,乔治·马丁译,1980, P593—594,注释,P749。

伊塔洛·卡尔维诺和《意大利童话》:参见第二册 P327【增订四】。

P771 注释① Guez de Balzac, quoted in J - E. Fidao-Justiniani, *L'Ésprit classique et la Préciosité au 17ᵉ Siècle*, 48 - 9.

古兹·德·巴尔扎克,引自菲达·贾斯蒂尼亚尼,《17 世纪古典及高雅艺术》,48—49。

古兹·德·巴尔扎克(Jean-Louis Guez de Balzac, 1597—1654),法国作家,以写散文闻名。其他不详。

菲达·贾斯蒂尼亚尼和《17 世纪古典及高雅艺术》:不详。

P772 注释① Lichtenberg, *Aphorismen*, F §376, *op. cit.*, III, 197; cf. 462.

利什滕贝格,《警句》,376,如前所引,III, 197;参见 462。

利什滕贝格和《警句》,参见第二册 P244 注释③。

P772 注释② Schiller: "Die berühmte Frau", *op. cit.*, III, 93,96; cf. 346.

席勒,《名女人》,如前所引,III, 93,96;参见 346。

席勒,参见第一册 P6 注释③

P772 注释③ Carducci, quoted in P. Pancrazi, *Scrittori d'Oggi*, VI, 295.

卡度契,引自 P. 潘尼克拉齐,《今夕文人》,VI, 295。

卡度契(Giosueé Carducci,也译为卡尔杜齐,1835—1907),意大利诗人、文艺批评家、语言学家。代表作有长诗《撒旦颂》、《新诗钞》、《蛮歌集》、《有韵的诗与有节奏的诗》等,还著有《早期意大利文学研究:行吟诗人和骑士诗歌》、《意大利民族文学的发展》等专著和一系列见解精辟的学术论文。1906 年,凭借作品《青春诗》获诺贝尔文学奖。

P. 潘尼克拉齐(Pietro Pancrazi, 1893—1952),意大利批评家,代表作有《今夕文人》、《走向诗坛》等。

《今夕文人》:P. 潘尼克拉齐著。其他不详。

P773 注释① Gaspara Stampa, *Sonetti*, viii, *Rime*, a cura di A. Salza, 9.

迦丝芭拉·斯坦姆帕,《十四行诗》,第 viii 首,A. 塞尔扎编,9。

迦丝芭拉·斯坦姆帕(Gaspara Stampa, 1520—1554),意大利文艺复兴时期的诗人、音乐家。其他不详。

P773 注释② Proust, *Le Côte de Guermantes*, *I*, *A la Recherche du Temps perdu*, "Bib. de la Pléiade", II, 183–6.

普鲁斯特,《盖尔芒特家那边》,《追忆似水年华》,"七星文库",II, 183—186。

普鲁斯特、《盖尔芒特家那边》和《追忆似水年华》:参见第二册 P34【增订三】。

P778 注释① Brüder Grimm, *Deutsche Sagen*, Nr. 80, "Der Alp", *op. cit.*, I, 107.

格林兄弟,《德国传说集》,第 80 篇,"阿尔卑斯山",如前所引,I, 107。

格林兄弟:参见第一册 P485 注释①。

《德国传说集》:参见第二册 P546 注释①。

P778 注释②E. g. "The Witches Frolic": "Now away! and away! without delay, /Hey Cockalo rum! my Broomstick gay! /…/Hey up the chimney! away! away!" (Ingoldsby Legends, Grant Richards, 42); Keller, *Der grüne Henrich*, I. vii: "…von einem Hexenmeister…die Salbe herbeizuschaffen, mit welcher die Besen bestrichen würden, um darauf aus dem schornsteine fahren zu können" (*Sämtliche Werke*, Aufbau, IV, 63).

"女巫嬉戏":"现在离开! 快离开! 赶紧离开! /嘿,小公鸡! /我鲜艳的长柄扫帚! /.../嘿,烟囱上面! 离开! 离开!"(《英戈尔兹比传说故事集》,格兰特·理查兹,42);戈特弗里德·凯勒,《绿亨利》,1.7:"……从巫师那里拿出药膏,把扫帚扫出烟囱"(《全集》,建设出版社,IV, 63)。

《英戈尔兹比传说故事集》及其作者理查德·哈里斯·巴勒姆:参见第一册 P560 注释②。

凯勒,参见第二册 P154 注释④。

《绿衣亨利》:凯勒著著于 1855 年的长篇小说,也是其代表作。此作首次出版于 1879—80 年。这是一部带有反思色彩的成长回忆录。通过主人公亨利·雷(他因家贫而长期穿母亲改制过的父亲遗留的绿色外衣,所以得了个"绿衣亨利"的绰号)的第一人称回忆,叙述了过早失去父亲的孤儿“我”的学习成长岁月、事业奋斗历程和几段曲折的爱情经历,最后成长为一个通过脚踏实地的劳作为社会服务的公民。此作着眼于个人与社会的关系,描写了亨利成长的社会环境以及他如何利用各种各样条件发展教育自己,具有典型的教育小说特点。除母亲外,亨利先后的三个恋人成为他品德、事业、世界观的重要引路人,全文娓娓谈来,字字句句紧扣读者心弦。此作在欧洲被誉为继歌德《维廉·麦斯特》之后最成功的“教育小说”、“成长小说”,凯勒本人也因此被人称为“瑞士的歌德”。此作也以其未完结的特质,构成了与传统成长小说之间的最大差异,同时也提示着将要来临的现代主义小说的大潮。

P781 注释① Baudelaire:“L'Horloge”, *Oeuv. comp.*, “la Pléiade”, 303, cf. 1443 note.

波德莱尔:《时钟》,《全集》,“七星文库”,303,参见注释1443。

波德莱尔,参见第一册P138注释①。

P782 注释① Pliny, *Nature History*, VIII. xiii. 103, “Loeb”, III, 74.

普林尼,《自然史》,VIII. xiii. 103,“洛布古典丛书”,III, 74。

普林尼和《自然史》:参见第一册P380注释①。

P783 注释① Bacon, *Essays*: “Of Wisdom for a Man's Selfe”; Shakespeare, *Tempest*, I. ii. 147-9 (Prospero).

培根,《随笔集》:《论自谋》;莎士比亚,《暴风雨》,I. ii. 147—9(普洛斯彼罗,戏剧《暴风雨》中的人物)。

培根和《随笔集》:参见第一册P286注释①和第一册P323注释②。

《论自谋》:培根《随笔集》的第二十三篇。

莎士比亚,参见第一册P70注释①。

《暴风雨》:参见第一册P448注释【增订四】。

P785 注释①*The Greek Anthology*, XI. 76, Lucilius, “Loeb”, IV. 109.

《希腊诗选》,XI. 76,卢基里乌斯,“洛布古典丛书”,IV. 109。

《希腊诗选》:参见第一册P154注释①。

卢基里乌斯(Gaius Lucilius, ?—前103年),古罗马讽刺作家,常年生活于罗马城。曾与古罗马著名作家伊利乌斯等人相交往。他的作品流传至今,取材广泛,对古罗马社会各方面均有辛辣的讽刺。

P785 注释② Tasso, *Aminta*, I. i (Dafne), *Poesie*, Ricciardi, 620 - 1.

塔索,《阿敏塔》,I. i(达芙妮),《诗集》,里西亚蒂,620—621。

塔索,参见第一册 P213 注释①。

《阿敏塔》:著于 1573 年,是塔索根据罗马神话改编的田园剧,讲述了牧羊人阿敏塔对仙女希尔维娅忠贞不渝的爱情。这部作品运用了古典羊人戏的所有因素,是欧洲文艺复兴时期田园诗剧代表作。

P786 注释①*Il Decamerone*, VI. 8, Hoepli, 395. Cf. Corneille, *La Place Royale*, II. i, Alidor: "Cassez; ceci vous dit encore plus pis que ma lettre", etc.

《十日谈》,VI. 8,欧伯利,395;参见高乃依,《皇家广场》,II. i,阿立岛:"请您打碎它(指镜子)吧,它(仍指镜子)要对您说的比我的信中所言更糟糕",等等。

薄伽丘和《十日谈》:参见第一册 P301 注释①。

高乃依,参见第二册 P706 注释①。

P786 注释② Wilde, *Dorian Gray*, Preface. Cf. Allan Wade, ed., *Letters of W. B. Yeats*, 334: "Moore's play is falsely supposed to be a satire on everybody and everything. Somebody is certain to find his face in the mirror and to try if he can break the glass."

王尔德,《道林格雷的画像》,序言;参见艾伦·韦德编,《W. B. 叶芝的信》,334:"摩尔的戏剧被误以为讽刺了万事万物。总有人在镜子里看到自己的脸,并尝试能否将镜子打碎。"

奥斯卡·王尔德,参见第一册 P278 注释①。

《道林·格雷的画像》:奥斯卡·王尔德于 1891 年发表的作品,是其唯一的一部长篇小说作品。它揭露了英国上流社会的精神空虚与道德沉沦,以独特的艺术构思形象化地阐述了"艺术至上"的理论,因而《道林·格雷的画像》也被称为是 19 世纪末唯美主义代表作。

P786 注释③*Aminta*, II. i (Satiro), *op. cit.*, 636. Cf. Theocritus, XI, *The Greek Bucolic Poets*, "Loeb", 143; Virgil, *Eclogues*, II,25 - 6, "Loeb", I,10;

Ovid, *Metamorphoses*, XIII, 839-41, "Loeb", II, 286.

《阿敏塔》,II. i(讽刺诗),如前所引,636;参见忒奥克里托斯,XI,《希腊田园诗人》,"洛布古典丛书",143;维吉尔,《牧歌》,II,25—6,"洛布古典丛书",I,10;奥维德,《变形记》,XIII, 839—41,"洛布古典丛书",II, 286。

《阿敏塔》:参见第二册 P785 注释②。

《阿敏塔》的作者塔索,参见第一册 P213 注释①。

忒奥克里托斯,参见第二册 P400 注释①。

维吉尔,参见第一册 P243 注释①。

《牧歌》:参见第一册 P558 注释④。

奥维德,参见第一册 P189 注释①。

《变形记》:参见第一册 P452【增订一】注释。

P787 注释① Leopardi: "Pensieri", *Opere*, Ricciardi, I, 723; *Zibaldone*, Mondadori, II, 1114, 1317.

莱奥帕尔迪:《沉思》,《作品》,里西亚蒂,I, 723;《杂记》,蒙达多利出版,II, 1114,1317。

莱奥帕尔迪,参见第一册 P256 注释④。

《杂记》:参见第一册 P608【增订三】注释。

《沉思》:莱奥帕尔迪的著名笔记,记录了作者十五年的想法、观察和分析,20世纪初曾在意大利出版,而直到现在,只有很小一部分有英文译本。

P787 注释② *Phänomenologie des Geistes*, Beilin: Akademie Verlag, 347; *Geschichte der Philosophie*, Leipzig: Felix Meiner, I, 110.

《精神现象学》,柏林:学院出版社,347;《哲学史讲演录》,莱比锡:费列克斯·迈纳,I, 110。

《精神现象学》及其作者黑格尔:参见第一册 P6 注释①和第一册 P4 注释①。

《哲学史讲演录》(作者黑格尔):参见第一册 P87 注释①。

P803 注释① Cf. Boileau, *L'Art poétique*, Chant III, 48: "Le vrai peut quelquefois n'être pas vraisemblable"; *Le Journal des Goncourt*, Sept. 1864: "Le défectueux de l'imagination, c'est que ses créations sont rigoureusement logiques. La vérité ne l'est pas" (Éd. définitive, II, 175); Maupassant: "Le Roman":

"Corriger les événements au profit de la vraisemblance et au détriment de la vérité" (*Pierre et Jean*, Conard, p. xiv).

参见布瓦洛,《诗的艺术》,第 III 章,48:"有时候,真相也会不可信";《龚古尔兄弟日记》,1864 年 9 月:"缺乏想象,是因为他的作品逻辑严密。真理的逻辑并不严密";(权威版,II, 175);莫泊桑:"小说集":"纠正事件有利于体现合理性却会损害真相"(《两兄弟》,康纳德,第 xiv 页)。

布瓦洛(Boileau, 1636—1711),法国诗人、文学批评家。1666 年发表一组讽刺诗,针砭教士、妇女及巴黎的生活,成为莫里哀、拉辛等文豪的朋友。1674 年发表诗学理论著作《诗的艺术》,阐明了文学的古典主义原则,是古典主义诗学理论大全和纲领性著作,对当时法国和英国的文坛影响很大。此外他还撰有叙事诗《读经台》,并且翻译了朗吉努斯的《论崇高》。

《诗的艺术》:布瓦洛的代表作,1674 年出版。这是部用匀整的亚历山大诗体(每句 12 音缀)写的文学理论,以诗歌的形式论述各种文学体裁的特性,以古希腊、罗马杰作为楷模,批评流行的低劣作品,因此奠定了古典主义文学的理论基础。此作在文学史上被认为古典主义文艺理论的经典和百科全书,被人奉为"法典",对当时和后世都产生了深远影响。

《龚古尔兄弟日记》:参见第二册 P85 注释①。

莫泊桑,参见第二册 P211 注释①。

《两兄弟》:莫泊桑的长篇小说作品之一。它是一部内容严肃的心理小说,讲述了由一笔遗产的赠与给一个平静家庭带来的风波。此作在心理分析的真实和深刻方面堪称一绝。

P803 注释② Lucian, *A True Story*, Bk. I, "Loeb", I, 279; cf. 271.

卢奇安,《一个真实的故事》,第 I 卷,"洛布古典丛书",I, 279;参见 271。

卢奇安,参见第二册 P463 注释①。

《一个真实的故事》:卢奇安著。作品讲述了主人公前往月球,在被一阵持续了七天的旋风吹到空中后,他们抵达目的地。虽然情节荒诞,但其想象可贵。卢奇安的这个故事被认为是世界上首部科幻作品。此作在基督教一统的欧洲大陆曾是禁书,但对后世影响较大,特别是文艺复兴后,很多人的创作都受到他的影响,在托马斯·莫尔、埃拉斯穆斯、拉伯雷、伏尔泰、斯威夫特、菲尔丁,甚至西班牙的塞万提斯的作品中,以及后来的魔幻现实主义中都能看到卢奇安的影响。

P803 注释③ *Inferno*, XVI. 124 – 7; XXVIII. 112 – 7; cf. *La Divina Commedia*, Ricciardi, 193, nota: "La veritade ha molte volte la faccia di menzogna" (Bono Giamboni).

《地狱篇》, XVI. 124—7; XXVIII. 112—7; 参见《神曲》, 里西亚蒂, 193, 注释: "事实讲述多次成谎言"(勃诺·吉埃姆邦尼)。

《地狱篇》: 参见第一册 P460 注释①。

《神曲》及其作者但丁: 参见第一册 P244 注释②。

P804 注释① *Il Decamerone*, "Introduzione", Hoepli, 7.

《十日谈》, "引子", 欧伯利, 7。

薄伽丘和《十日谈》: 参见第一册 P301 注释④。

P804 注释② Lewis Carroll, *Sylvie and Bruno*, ch. 23, *Complete Works*, The Nonesuch Press, 477.

刘易斯·卡罗尔, 《西尔薇与布鲁诺》, 第 23 章, 《全集》, 无双出版社, 477。

刘易斯·卡罗尔和《西尔薇与布鲁诺》: 参见第二册 P708 注释①。

P804【增订四】 "I Saw a Fishpond", G. Grigson, ed., *The Faber Book of Popular Verse*, 1974, p. 41.

"我看见一个鱼塘", G. 格里格森编, 《费伯流行诗歌集》, 1974, P67—68。

G. 格里格森: 参见第一册 P128 注释①。

《费伯流行诗歌集》: 参见第二册 P67【增订四】。

P804 注释③ *Twelfth Night*, III. iv. 141 (Fabian).

《第十二夜》, III. iv. 141 (费比安)。

莎士比亚, 参见第一册 P70 注释①。

《第十二夜》: 参见第一册 P146 注释②。

P808 注释① *The Thousand Nights and One Night*, tr. P. Mathers, IV, 251.

《一千零一夜》, P. 马特斯译, IV, 251。

《一千零一夜》: 参见第二册 P284 注释①。

P809 注释① Burton, *The Anatomy of Melancholy*, Part. III, Sect. II, Mem. III, "Everyman's Lib. ", III, 158; Remy de Gourmont: "Des Pas sur le Sable", *Promenades philosophiques*, IIIe Série, 266; N. W. F. Barbellion, *The Journal of a Disappointed Man*, Nov. 23, 1914, "St Martin's Library", 117.

伯顿,《忧郁的解剖》,第 III 卷,第 II 部,第 III 章,"人人文库",III, 158;雷·德·古尔蒙:"不在沙滩上",《哲学漫步》,第 III 系列,266; N. W. F. 巴别尔里昂,《失望者日记》,1914. 11. 23,"圣马丁图书馆",117。

伯顿和《忧郁的解剖》:参见第一册 P37 注释④。

雷·德·古尔蒙(Remy de Gourmont, 1858—1915),法国作家、评论家。他是法国象征派的权威批评家之一,学识渊博,文风清丽隽永。

N. W. F. 巴别尔里昂(N. W. F. Barbellion, 1889—1919),英国日记作者。

《失望者日记》:巴别尔里昂著,是作者从 13 岁开始的日记,此书一开始记载了巴别尔里昂在德文郡乡村的一些失误,后半部作品为一系列感人的叙述,讲述了他与贫穷、无法接受正规教育、求爱失败、慢性病硬化症等斗争的故事。这部作品被称为是"最动人的日记"。

P810 注释① Cf. Stendhal, *De l'Amour*, Liv. I, ch. 17, "Le Divan", I, 80 (la beauté détrônée par l'amour).

参见司汤达,《论爱情》,第 I 篇,第 17 章,"长沙发"(注:此为出版社名),I, 80 (情人眼里出西施)。

司汤达,参见第二册 P396【增订三】。

《论爱情》:司汤达著,出版于 1822 年。此作被视为作者本人情感经验与追求方面的"秘密忏悔",也被认为是充分展现作者"两面人"性格的最典型作品:深刻感受与冷峻分析、多愁善感与理智有加、自大与自虐、真情与把玩。这时的司汤达将近四十岁,他对美蒂尔德的单恋、苦恋,直接引发了《论爱情》一书的写作。这也是一部很有份量的心理学巨著,专门就爱情这种人类特定的感情作出系统的论述和分析。司汤达对爱情的深入研究也为司汤达创作中的心理分析奠定了基础。

P812 注释①A. Chamisso, *Peter Schlemihls Wundersame Geschichte*, Kap. 1, Nelson, 7.

A. 沙米索,《彼得·施莱米尔的神奇故事》,第 1 章,尼尔森,7。

沙米索和《彼得·施莱米尔的神奇故事》:参见第二册 P599 注释②。

P812 注释②*Deutsche Sagen*, § 86. “Der Brutpfenning”, *op. cit.* I, 117.

《德国传说集》, § 86.《布鲁特芬宁》,如前所引,I, 117。

《德国传说集》：参见第二册 P546 注释①。

《德国传说集》的编写者格林兄弟：参见第一册 P485 注释①。

P816 注释① Montaigne, *Essais*, I. 23, “Bibliothèque de la Pléiade”, 125.

蒙田,《随笔录》,I. 23,“七星文库”,125。

蒙田和《随笔录》：参见第一册 P50 注释①【增订四】。

P816 注释② Fazio degli Uberti, *Dittamondo*, Lib. IV, cap. 23 (D. G. Rossetti, *Poems and Translations*, “Everyman's Lib. ”, 244); P. Gsell, *Propos d'anatole France*, 79. Cf. S. Lee, *The French Renaissance in England*, 17; P. Rickard, *Britain in Medieval French Literature*, 165 - 6.

乌贝蒂,《狄达蒙多》,第 IV 部,第 23 章(D. G. 罗塞蒂,《诗集与译作》,“人人文库”,244); P. 格塞尔,《阿纳托尔·法朗士谈话录》,79;参见 S. 李,《英格兰的法国文艺复兴》,17; P. 里卡德,《中世纪法国文学中的英国》,165—166。

乌贝蒂(Fazio degli Uberti, 1309—1367),意大利诗人。

《狄达蒙多》：乌贝蒂著于 1360 年,书名意为“讲述世界”。此作模仿但丁的《神曲》,描写作者由一位年老的古罗马地理学家索利努斯陪伴,访问城市、山峰以及纪念性遗迹的经历,还提及许多传说故事,为读者提供许多自然风貌和地理、考古等方面知识。

D. G. 罗塞蒂,参见第二册 P527 注释②。

格塞尔和《阿纳托尔·法朗士谈话录》：不详。

里卡德和《中世纪法国文学中的英国》：不详。

P817 注释①*The Book of Ser Marco Polo*, tr. H. Yule, 3rd rev. ed. by H. Cordier, II, 85, 91 - 5.

《马可波罗游记译注》,亨利·裕尔翻译,第 3 修订版,H. 科迪埃编,II, 85, 91—95。

亨利·裕尔和《马可波罗游记译注》：参见第二册 P482 注释①。

P817 注释② Mary Eden and Richard Carrington, *The Philosophy of the Bed*,

46 – 8.

玛利·伊登和理查德·卡灵顿,《床的哲学》,46—48。

玛利·伊登,理查德·卡灵顿和《床的哲学》:不详。

P817 注释③ Paul Léautaud, *Journal littéraire*, II, 232 (Mariéton à Aurel).

保尔·勒奥多,《文学日记》,II, 232(马里耶东在欧雷勒)。

保尔·勒奥多(Paul Léautaud, 1872—1956),法国作家、戏剧评论家。

《文学日记》:保尔·勒奥多著。写作于1954至1966年,共19卷。

P822 注释① Cf. M. Scheler, *Wesen und Formen der Sympathie*, 3. Aufl., 90 – 1(der Buddhismus kein Ethos der Liebe ist usw.)

参见 M. 舍勒,《同情的本质与形式》,第3版,90—91(佛教不是爱的伦理)。

M. 舍勒和《同情的本质与形式》:参见第一册 P317 注释①。

P822 注释②J. Dunlop, *The History of Fiction*, 4th ed., 16 (Jamblichus, *Babylonica*), 35 (Xenophon, *Ephesiaca*), 255 (Massuccio di Salerno, *II Novellino*, xxxiii).

J. 邓洛普,《小说的历史》,第4版,16(杨布里科斯,《巴比伦尼亚》),35(色诺芬,《以弗所传奇》),P255(马斯苏迪·萨勒诺,《诺维利诺二世》,xxxxiii)。

邓洛普和《小说的历史》:参见第二册 P564 注释①。

杨布里科斯(Jamblichus,约250年—约330年),新柏拉图主义哲学的重要人物,该学派叙利亚分支的创始人。杨布里科斯致力把新柏拉图主义创始人普罗提诺的哲学和各种宗教的一切礼拜形式、神话、神祇结合起来,发展成一种神学体系。

《巴比伦尼亚》:不详。

色诺芬,参见第一册 P362 注释②。

《以弗所传奇》:色诺芬著。这部作品中最早出现了在西方古典文学中比较多见的情人服药假死而后又复生的情节。因此,从中可以找到《罗密欧与朱丽叶》的故事源头。

P822 注释③*Romeo and Juliet*, IV. i. 93 ff. (Friar Laurence); *Cymbeline*, v. v. 253 ff. (Cornelius).

《罗密欧与朱丽叶》,IV. i. 93页及之后(罗伦斯僧);《辛白林》,v. v. 253页及之

后(科尼利厄斯)。

《罗密欧与朱丽叶》:参见第一册 P222 注释①。

《辛白林》:参见第一册 P158 注释①。

P823 注释① Cf. Jonson, *Every Man in his Humour*, V. i, Justice Clement(on Master Kitely): "Horns in the mind are worse than on the head", *Plays*, "Everyman's", I,623.

参见本·琼森,《人人高兴》,V. I,贾斯蒂斯·克莱门特(评论马斯特·凯特利):"角长在脑子里比长在头上更糟糕",I, 623。

本·琼森,参见第一册 P529 注释①。

《人人高兴》:本·琼森著于 1598 年。《人人高兴》和《人人扫兴》是琼森根据气质论(中世纪所谓 4 种不同气质产生不同性格的生理学学说)创作的癖性喜剧。在这两部作品中本·琼森展现给了读者一批常见的典型人物形象。

P827 注释① San Francesco d'Assisi: "Il Cantico delle Creature", L. R. Lind ed. *Lyric Poetry of the Italian Renaissance*, 2.

圣弗朗切斯科·达卡西:《万物颂》,L. R. 林德编,《文艺复兴抒情诗》,2。

《文艺复兴抒情诗》:参见第一册 P697 注释②。

P827【增订四】*Paradiso*, XXXIII, 1-2.

《天堂篇》,XXXIII, 1—2。

《天堂篇》及其作者但丁:参见第一册 P244 注释②。

Edgar Morin, *Sociologie*, 1984, p. 131.

埃德加·莫兰,《社会学思考》,1984, P131。

埃德加·莫兰(Edgar Morin,原名 Edgar Nahoum, 1921—),法国哲学家和社会学家,被誉为当今最重要的社会思想家之一,因其对复杂性和"复杂思想"研究的卓越成就而获得国际认可。除此之外,莫兰对媒体研究、政治、社会学、视觉人类学、生态学、教育和系统生物学等多个领域也有突出贡献。代表作有《社会学思考》、《迷失的范式:人性研究》等等。

《社会学思考》:埃德加·莫兰著,发表于 1984 年。此作全面概述了成为社会学家的条件,面对种种社会表象,应如何培养自己的社会学意识、多维视角,掌握丰富的社会学研究方法等。作者写作的时间跨度很大,在这段时间里,西方社会的发达和弊病——福利国家的出现、大众文化的形成、流行歌曲的风行、汽车和电视的普及、小城镇的现代化、城市病和生态的恶化等也充分地表现出来，为此，作者对其作了诸多社会学诊断，并对以往的社会学对象和研究方法作了反思和批判，提出了自己独特的见解。

P830 注释①Pascal, *Pensées*, III. 233, ed. V. Giraud, 147.

帕斯卡，《思想录》，III. 233，V. 吉洛德编，147。

帕斯卡和《思想录》：参见第二册 P185 注释③。

P8 注释① Petronius, *Satyricon*, § 115, "Loeb", 244.

佩特洛尼乌斯,《萨蒂利卡》, § 115,"洛布古典丛书",244。

佩特洛尼乌斯和《萨蒂利卡》:参见第一册 P573 注释①。

P16 注释① Frontinus, *Stratagems*, IV. vii. 16 (Scipio Africanus), Cf. II. vi. 1 (Camillus), "Loeb", 314, 164 - 6.

弗龙蒂努斯,《谋略》,IV. vii. 16(非洲的征服者西庇阿),参见 II. vi. 1(卡米卢斯),"洛布古典丛书",314,164—6。

弗罗蒂努斯和《谋略》:参见第一册 P347 注释①。

P16 注释② Plutarch, *Lives*, "Themistocles", 16, "Loeb", II, 47. Cf. Frontinus, *op. cit.*, II. vi. 8, p. 169.

普鲁塔克,《传记集》,"地米斯托克利",16,"洛布古典丛书",II, 47;参见弗龙蒂努斯,如前所引,II. vi. 8, P169。

普鲁塔克,参见第一册 P84 注释①。

《传记集》:参见第一册 P347 注释①。

弗龙蒂努斯和《谋略》:参见第一册 P347 注释①。

P16 注释③*Don Quijote*, II, cap. 58, "Clásicos Castellanos", VIII, 74.

《堂吉诃德》,II,第 58 章,"经典卡斯蒂利亚",VIII, 74。

《堂吉诃德》及其作者塞万提斯:参见第一册 P99 注释④。

P17 注释① Cf. Frontinus, III. iii. 3 - 4, p. 212.

参见弗龙蒂努斯，III. iii. 3—4，P212。

弗龙蒂努斯和《谋略》：参见第一册 P347 注释①。

P17 注释② Cf. Frontinus，II. vii. 2，III. xiv. 4，pp. 170，256.

参见弗龙蒂努斯，II. vii. 2，III. xiv. 4，P170，P256。

弗龙蒂努斯和《谋略》：参见第一册 P347 注释①。

P17 注释③ Ennius，*Satires*，fr. 30 - 1，*Remains of Old Latin*. "Loeb"，I，392. Cf. La Bruyère，*Les Caractères*，V. 58，Hachette. 141："Vous le croyez votre dupe：s'il feint de l'être，qui est plus dupe de lui ou de vous?"；La Rochefoucauld，*Réflexions morales*，117，*Oeuvres*，"Les Grands Écrivains de la France"，Hachette，I，80 - 1，note.

恩尼乌斯，《讽刺诗集》，30—1，《古拉丁遗著》，"洛布古典丛书"，I，392；参见拉布吕耶尔，《品格论》，V. 58，阿歇特出版，141："你相信他比你愚蠢：如果他假装如此，你或是他谁更愚蠢?"拉罗什富科，《道德箴言录》，117，《全集》："法国的伟大作家"，阿歇特出版，I，80—1，注释。

恩尼乌斯，参见第一册 P696 注释②。

《讽刺诗集》：恩尼乌斯著诗集。此作展现大量的韵律以及格律，同时恩尼乌斯本人在作品的创作过程中也时常改变韵律。此作主要是关于恩尼乌斯本人及其罗马上流社会朋友们的社交活动以及他们之间智者式的言谈。

拉布吕耶尔和《品格论》：参见第一册 P620 注释①。

拉罗什富科：参见第二册 P97 注释①。

《道德箴言录》：参见第二册 P159 注释①

P19 注释① Cf. John O'Hara："Mrs Stratton of Oak Knoll"，*Assembly*，42 ("busybody").

参见约翰·奥哈拉："奥克诺尔的斯特拉顿夫人"，《汇编》，42（"爱管闲事的人"）。

约翰·奥哈拉（John O'Hara，1905 - 1970），美国小说家，早先主要以短篇小说闻名，后来又创作过许多大部头的长篇小说以及电影剧本和歌剧等。他凭借处女作《相约萨马拉》迅速成为美国最杰出的作家之一。此外他还以《北弗雷德里克街十号》一书获得了美国国家图书奖。他一生共写了 14 部长篇小说，作品有《向怒而生》、《酒绿花红》、《青楼艳妓》以及《露台青潮》等。

《汇编》：约翰·奥哈拉著，此书收录了12册约翰·奥哈拉写的短篇小说，于1961年出版。

P19 注释② Aristotle, *Polities*, Bk V, ch. 11, *Basic Works of Aristotle*, Random House, 1258.

亚里士多德，《政治学》，V卷，第11章，《亚里士多德要籍选》，兰登书屋，1258。

亚里士多德、《政治学》和《亚里士多德要籍选》：参见第一册P37注释③。

P21 注释① Klausewitz, *Vom Kriege*, kap. I, § 24, hrsg. Fr. von Cochenhausen, 79.

克劳塞维茨，《战争论》，第I章，§ 24，弗里德里希冯科豪森编，79。

克劳塞维茨(Karl Philip Gottfried von Clausewitz, 1780－1831)，德国军事理论家和军事历史学家。其代表作《战争论》，是所有军人必读的兵学圣经，被称作西方军事思想的代表。他也因此被称作西方兵圣。

《战争论》：克劳塞维茨著。尽管该书是一部尚未完成的著作，但由于克劳塞维茨注意运用德国古典哲学的辩证法考察战争问题，因而阐发了诸如："战争无非是政治通过另一种手段的继续"等一系列在战争理论中影响重大的思想。

P26 注释① Isocrates, *Panegyricus*, 8, "Loeb", I, 123－5; cf. p. 124, note (Gorgias, Tisias).

艾索克拉底，《全希腊盛会献词》，8，"洛布古典丛书"，I, 123—5；参见P124，注释(高尔吉亚篇，提西阿斯)。

艾索克拉底，参见第一册P418注释【增订三】。

《全希腊盛会献词》：又称《泛希腊集会演说辞》，艾索克拉底著，作于公元前390—前380年，它结合了展示性演说与建议性演说的双重功能。学者们根据主题内容的差异，将演说分为三部分，即绪论、正文和结语。

P26 注释② Diogenes Laertius, *Lives of Eminent Philosophers*, VI. 53, "Loeb", II, 163.

第欧根尼·拉尔修，《名哲言行录》，VI. 53，"洛布古典丛书"，II, 163。

第欧根尼·拉尔修和《名哲言行录》：参见第一册P25注释②。

P27 注释①C. Spearman, *Psychology down the Ages*, II, 218; *Nature of Intelligence and Principles of Cognition*, 329. Cf. J. E. Brown, ed., *Critical Opinions of Samuel Johnson*, 518.

C. 斯皮尔曼,《古今心理学》,II, 218;《智力的性质和认知的原理》,329;参见 J. E. 布朗编,《塞缪尔·约翰逊的批评意见》,518。

C. 斯皮尔曼和《古今心理学》:参见第一册 P117 注释①。

《智力的性质和认知原理》:斯皮尔曼于 1923 年所著,被认为是认知心理学的先驱之作。

J. E. 布朗(J. E. Brown, 1920—2000),美国学者,终其一生都在研究美国的本土文学。代表作有《灵魂的动物》、《教学精神:了解美国本土传统》、《美国印第安人的精神遗产》等。

《塞缪尔·约翰逊的批评意见》:J. E. 布朗整理汇编,并为此书编写前言,出版于 1926 年。原作者塞缪尔·约翰逊,此作是一本自传。

P27 注释② Sorel, *Histoire comique de Francion*, Liv. XI, "Textes Français Modernes", IV, 11-2 et note.

索雷尔,《弗朗西荣的滑稽故事》,第 XI 篇,"法国现代文学",IV, 11—2 与注释。

索雷尔和《弗朗西荣的滑稽故事》:参见第一册 P529 注释①。

P27 注释③ Voltaire, *Micromégas*, chs. 2 et 4, *Romans et Contes*, "la Pléiade", 105 f., 170 f.

伏尔泰,《微型巨人》,第 2 和 4 章,《小说与故事》,"七星文库",105 f., 170 f。

伏尔泰,参见第一册 P459 注释①。

《微型巨人》:又称《小巨人》或《小大由之》,伏尔泰著,于 1752 年出版。主要讲述了一个身高三万多米的天狼星"小人"和一个身高近两千米的土星人结伴来到地球上访问的故事。整部小说的寓意也就在此处:通过完全无视地球宗教,却又完满自足的外星人来摧毁基督教的世界观。《微型巨人》是科幻小说中一部极具影响力的作品,同时也被认为是文学史上的一个重要发展。

P29 注释①*Alfred Lord Tennyson: A Memoir*, by His Son, I, 278.

阿尔弗雷德·丁尼生:《悼念》,I, 278。

阿尔弗雷德·丁尼生，参见第一册 P290【增订三】。

《悼念》：又称《悼念集》或《缅怀》，丁尼生著，于 1850 年出版。这部作品包括 131 首短诗，外加一篇序言及后记，是英国文学中最伟大的挽歌之一，也是丁尼生最能经受时间考验的作品。他发表此诗的同一年，便继华兹华斯之遗缺而成为桂冠诗人。

P30 注释① Cf. Leopardi, *Zibaldone*, "I Classici Mondadori", I, 971: "... una piccolissima *idea confusa* è sempre maggiore di una grandissima, affatto *chiara*. L'incertezza se una cosa sia o non sia del tutto, è pur fonte di una grandezza" ecc.

参见莱奥帕尔迪，《杂记》，"蒙达多利之经典"，I，971："……明确提出一个最小的想法所受到的困惑往往比提出一个最大的更多。不确定性是否完全是一种伟大的源泉"等。

莱奥帕尔迪，参见第一册 P256 注释④

《杂记》：参见第一册 P608【增订三】。

P30 注释②T. Ribot, *Essai sur l'Imagination créatrice*, 7e èd., 173.

T. 李博特，《造物主的想象》，第 7 次再版，173。

T. 李博特（T. Ribot, 1839—1916），法国著名的心理学家。他因于 1881 年提出的"李博特定律"而为人们所知，"李博特定律"主要研究人类的逆行性遗忘。

《造物主的想象》：不详。

P30 注释③ Coleridge, *On the Divine Ideas*, quoted in J. H. Muirhead, *Coleridge as Philosopher*, 283-4.

柯勒律治，《论神圣的思想》，引自 J. H. 缪尔黑德，《哲学家柯勒律治》，283—284。

柯勒律治，参见第一册 P16 注释①。

J. H. 缪尔黑德（J. H. Muirhead, 1855—1940），英国哲学家，因其于 1890 年创立的缪尔黑德哲学图书馆而著名，其早年在格拉斯哥大学就读期间深受黑格尔哲学的影响。他所创立的图书馆在现代哲学史上具有里程碑意义，出版了许多关于 20 世纪杰出哲学家的著作，其中也包括了柯勒律治的。

《哲学家柯勒律治》：J. H. 缪尔黑德著，于 1930 年出版。作品中主要阐释了科勒律治的神学柏拉图主义。

P31 注释 ①Diogenes Laertius, *Lives of Eminent Philosophers*, VI. 51, Diogenes of Sinope; Ovid, *Remediorum amoris*, 139, 143. Cf. Byron, *Don Juan*, XIV. 76(idleness), Variorum Ed. by T. G. Steffan and W. W. Pratt, Vol. III, P. 443; Stendhal, *De l'Amour*, "Premier Essai de Préface" et ch. 13(le loisir), "le Divan", t. I, pp. 7,68.

第欧根尼·拉尔修,《名哲言行录》,VI. 51,第欧根尼;奥维德,《爱的医疗》,139,143;参见拜伦,《唐璜》,XIV. 76(赋闲无事),集注版,T. G. 斯蒂芬和 W. W. 普拉特合编,第 III 卷,P443;司汤达,《论爱情》,"前言第一篇随笔"和第 13 章(休闲),"长沙发",t. I, P7,P68。

第欧根尼·拉尔修和《名哲言行录》:参见第一册 P25 注释②。

奥维德,参见第一册 P189 注释①。

《爱的医疗》:奥维德创作早期主要用哀歌体格律写成的爱情诗。这类诗歌中除了《爱的医疗》外,还包括《恋歌》、《列女志》、《爱的艺术》、《论容饰》等。

乔治·戈登·拜伦和《唐璜》:参见第一册 P72 注释①。

司汤达,参见第二册 P396【增订三】。

《论爱情》:参见第二册 P810 注释①。

P33 注释 ①Hans Licht, *Sexual Life in Ancient Greece*, tr. J. H. Freese, p. 181.

汉斯·列希特,《古希腊人的性与情》,J. H. 弗里兹译,P181。

汉斯·列希特(Hans Licht, 1876—1935),德国莱比锡大学古典学教授。

《古希腊人的性与情》:又称《古希腊的性生活》,汉斯·列希特著,写于 20 世纪两次世界大战之间。这本书是关于古希腊社会性爱生活的专题研究,在妇女的社会地位、古希腊宗教中的情色因素、同性恋爱的实质和社会作用、色情业等方面都有深入的探讨和独到的见解。

P34 注释 ①Bruno, *Candalaio*, IV. ix (Marta), *Opere di G. Bruno e di T. Campanella*, Riccardo Ricciardi, P. 123.

布鲁诺,《举烛人》,IV. ix(马尔塔),《G. 布鲁诺和 T. 坎培奈拉文集》,理却地·里西亚蒂,P123。

布鲁诺,参见第一册 P99 注释③。

坎培奈拉,参见第一册 P99 注释③。

《G. 布鲁诺和 T. 坎培奈拉文集》：不详。

《举烛人》：参见第一册 P558 注释④。

P34 注释②D. H. Lawrence，*The Plumed Serpent*，ch. 20（Kate and Don Cipriano），Martin Secker，p. 352.

D. H. 劳伦斯，《羽蛇》，第 20 章（凯特和唐西普里亚诺），马丁·塞克出版，P352。

D. H. 劳伦斯，参见第一册 P146 注释②。

《羽蛇》：D. H. 劳伦斯著，于 1926 年出版。作品讲述了主人公凯特厌恶西方文明世界，想到墨西哥去寻找新生，却被卷入当地推翻天主教、恢复羽蛇神古教的漩涡中。之后凯特因为西波里亚诺身上那种不可预测的吸引人的男性力量，愿意留在墨西哥。凯特相信，一切真正生活的关键在于男女之间充满活力的性爱关系。

P34 注释③N. Kazantzakis，*Zorba the Greek*，tr. C. Wildman，p. 65；*The Last Temptation*，tr. P. A. Bien，p. 271.

N. 卡赞扎基斯，《希腊人左巴》，C. 维尔德曼译，P65；《最后的诱惑》，P. A. 比恩译，P271。

N. 卡赞扎基斯（N. Kazantzakis，1883—1957），20 世纪享有国际声誉的希腊作家、诗人、散文和游记作家、记者，亦为《神曲》和《浮士德》的希腊文译者，代表作包括《奥德修续记》、《希腊人左巴的生活和时代》、《最后的诱惑》、《自由与死亡》等。他的风格呈现出一种独特的"拟古性"，文风遥应古代英雄史诗的磅礴气势，因而广受褒奖，被誉为复活了荷马精神。更有甚者将他称为"希腊的鲁迅"。

《希腊人左巴》：又称《希腊人左巴的生活和时代》，卡赞扎基斯著于 1946 年。小说主要讲述了主人公"我"，一个年少、怀抱高远理想却受理性压抑的书呆子在左巴——一个年迈却始终放荡不羁、精力充沛的开矿工人在帮助下逃离萎靡烦闷的书斋生活，寻找真实的生命体验。

《最后的诱惑》：又称《基督的最后诱惑》，N. 卡赞扎基斯著于 1955 年，这本书可以说是每一个痛苦挣扎的人的自白。作品在一定程度上也反映了作者本人对于玄学的、超自然的以及存在主义的困惑，渴望从中寻求答案。

P34 注释④ Bernard Malamud，*The Mixer*（1966）（Yakov to Zina），pp. 51 - 2.

伯纳德·马拉默德，《修配工》（雅考夫与齐娜），P51—52。

伯纳德·马拉默德(Bernard Malamud, 1914—1986),美国小说家,其小说多描写美国犹太人的日常生活,人物多为受尽苦难和折磨的下层人民。其代表作有《店员》、《房客》、《魔桶》和《修配工》等。

《修配工》:伯纳德·马拉默德著,于1966年出版。小说描写无儿无女的犹太人雅考夫的生活。他先当装配工,后到一家砖厂干活,认真负责的他反而被人诬告杀死一男孩而入狱。罪名是要弄巫术喝基督教儿童的血。排犹主义者企图用这桩案件清洗基辅的犹太人,雅考夫坚决不陷害他人,坚持对自由的追求。在小说最后雅考夫被押去审判的路上,有的人向他哭泣,有的向他挥手,有的呼唤他的名字,他得到了众多犹太人的支持。这部作品描摹了孤独人物的逆境,可以说是二十世纪伟大犹太文学的代表。此作获得美国国家图书奖和普利策奖。

P36 注释① Demetrius, *On Style*, V. 270, "Loeb", 465; H. Lausberg, *Handbuch der Literarischen Rhetorik*, I, 315: "Die *gradatio* ist eine fortschreitende Anadiplose (reduplicatio)."

德米特里,《论文体风格》,V. 270,"洛布古典丛书",465; H. 劳斯伯格,《文学修辞手册》,I, 315:"阶进是一种往前进的顶真手法(反复)。"

德米特里和《论文体风格》:参见第一册 P439 注释①。

H. 劳斯伯格和《文学修辞手册》:参见第一册 P131 注释①。

P36 注释② Quintilian, *Institutio oratoria*, IX. iii. 54, "Loeb", III. 476.

昆体良,《雄辩术原理》,IX. iii. 54,"洛布古典丛书",III. 476。

昆体良和《雄辩术原理》:参见第一册 P60 注释①。

P37 注释① James Reeve, The Idiom of the People, 212, "The Tree in the Wood". Cf. Heine, "Fresko-Sonette an Christian S." iv, *Werke und Briefe*, Aufbau, I, 67.

詹姆斯·里夫,《人民的习语》,212,《树林里的树》;参见海涅,《献给克里斯蒂安·S的壁画式十四行诗(四首)》iv,《作品书信集》,布局,I, 67。

詹姆斯·里夫(James Reeve,生卒不详),原名约翰·莫里斯·里夫,英国作家,文学评论家和广播员。因其创作的诗歌、戏剧及对于儿童文学的贡献而闻名,此外他还参与了传统歌曲收集,他已出版的作品涵盖了诗歌、短篇小说以及成人和儿童文集。

《人民的习语》：詹姆斯·里夫著，于1958年出版。

海涅，参见第一册P8注释①。

P38 注释① Cf. C. S. Lewis, *Studies in Words*, 77 ("enough of" = "more than one wants").

参见C. S. 刘易斯，《文字研究》，77（"足够的"＝"比一个人所需的多"）。

C. S. 刘易斯，参见第一册P27注释①。

《文字研究》：参见第一册P372注释①。

P39 注释①*Greek Anthology*, V. 37, Rufinus, "Loeb", I, 147.

《希腊诗选》，V. 37，鲁非诺，"洛布古典丛书"，I，147。

《希腊诗选》：参见第一册P154注释①。

P39 注释② Byron: "She Walks in Beauty."

拜伦：《她走在美丽的光彩中。》

乔治·戈登·拜伦，参见第一册P72注释①。

《她走在美丽的光彩中》：乔治·戈登·拜伦著。拜伦写这首诗是在赞美一个女人。这个女人很可能是拜伦美丽年轻的表妹罗伯特·约翰·威尔莫特夫人。虽然整首诗作者并没有对这位女性的特征作一个整体详细的描述，只是描述了她的面部和头部，但诗人优美的文字却能让读者展开无尽的想象，清楚和强烈地感知到诗中女性的美。

P41 注释① Virgil, *Eclogues*, III. 64-5, "Loeb", I, 22.

维吉尔，《牧歌》，III. 64—5，"洛布古典丛书"，I，22。

维吉尔，参见第一册P243注释①。

《牧歌》：参见第一册P558注释④。

P41 注释② Aulus Gellius, *Attic Nights*, IX. ix, "Loeb", II, 176.

奥卢斯·格利乌斯，《阿提卡之夜》，IX. ix，"洛布古典丛书"，II，176。

奥卢斯·格利乌斯和《阿提卡之夜》：参见第一册P58注释①。

P41 注释③ Theocritus, V, *The Greek Bucolic Poets*, "Loeb", 73.

忒奥克里托斯，V，《希腊田园诗人》，“洛布古典丛书”，73。

忒奥克里托斯，参见第二册 P400 注释①。

《希腊田园诗人》：不详。

P45 注释① Cf. D. G. Rossetti："The Blessed Damozel"："Until her bosom must have made/ The bar she leaned on warm".

参见 D. G. 罗塞蒂："被祝福的少女"："直到她的胸脯已使/她倚靠的栏杆暖和起来。"

D. G. 罗塞蒂，参见第二册 P527 注释②。

《被祝福的少女》：D. G. 罗塞蒂所著的诗，也是他著名画作的标题。这首诗于 1850 年首次出版在拉斐尔前派期刊"胚芽"中。罗塞蒂后来两次修改了这首诗，并在 1856 年，1870 年和 1873 年重新发表。这首诗的部分灵感来自埃德加·爱伦·坡的诗"乌鸦"，描绘了丧失情人的悲痛欲绝之情。罗塞蒂选择从相反的角度来描述此事，写了主人公从天堂观察他的情人，以及他对在天堂团聚的未能满足的渴望。

P45 注释② Cf. A Vallone, *Aspetti della Poesia italiana contemporanea*, 178 ff..

参见阿瓦隆，《当代意大利诗歌的方方面面》，P178 页及之后。

阿瓦隆和《当代意大利诗歌的方方面面》：不详。

P46 注释① Fielding, *Tom Jones*, Bk. VIII, ch. 10, "Everyman's", I, 336 (Partridge).

菲尔丁，《汤姆·琼斯》，VIII 卷，第 10 章，"人人文库"，I，336(帕特里奇)。

菲尔丁和《汤姆·琼斯》：参见第一册 P146 注释②。

P46 注释② Leopardi, *Zibaldone*, Mondadori, I, 702,1145, II, 108; É. et J. de Goncourt, *Journal*, 23, août, 1862, éd. définitive, II, 44; Baudelaire: "L'Invitation au Voyage", *Oeuv. comp.*, "la Pléiade", 305; L. Abercrombie, *Romanticism*, 32 ff. (Campbell, Norris); F. Strich, *Deutsche Klassik und Romantik*, 74 ff. (Novalis, Loeben). Cf. Paul Ernst, *Der Weg zur Form*, 48: "... alles Ideale gewinnt, wenn es in eine grössere Ferne gerückt wird".

莱奥帕尔迪，《杂记》，蒙达多利出版，I，702，1145，II，108；龚古尔兄弟，《日

记》,23,八月,1862,权威版,II, 44;波德莱尔:《旅行的邀请》全集,"七星文库",305; L.艾伯克龙比,《浪漫主义》,32页及之后(坎贝尔,诺里斯);F.施特利希,《德国古典与浪漫》,74页及之后(诺瓦利斯,勒本),参见保尔·欧内斯特,《走上形式之路》,48:"…如果被推向一个更遥远的远方,不可企及的距离则产生了一切的完美。"

莱奥帕尔迪,参见第一册P256注释④。

《杂记》:参见第一册P608【增订三】。

龚古尔兄弟和《日记》:参见第二册P85注释①。

波德莱尔,参见第二册P138注释①。

F.施特利希,参见第一册P277注释③。

保尔·欧内斯特(Paul Ernset, 1866—1933),德国作家,多才多艺,创作小说、剧本、文论随笔等,代表作有小说《科西莫之死》、剧本《当树叶飘落》、随笔《走上形式之路》等等。

《走上形式之路》:保尔·欧内斯特著,1928年出版。其他不详。

P47 注释① Lewis Carroll, *Through the Looking-Glass*, ch. 5, *Complete Works*, Nonsuch, 205.

刘易斯·卡罗尔,《爱丽丝镜中世界奇遇记》,第5章,《全集》,楠萨奇,205。

刘易斯·卡罗尔,参见第二册P708注释①。

《爱丽丝镜中世界奇遇记》:刘易斯·卡罗尔著,于1871年出版。作品通过虚幻荒诞的情节,描绘了童趣横生的世界,亦揶揄19世纪后期英国社会的世道人情,含有大量逻辑与文字游戏及仿拟的诗歌,流传与影响甚广。

P57 注释① Cf. Shakespeare, *Antony and Cleopatra*, I. ii. 128 - 30: "The present pleasure,/By revolution low'ring, does become/The opposite of itself"; Sterne, *Letters*, ed. L. P. Curtis, 163, to Garrick: "I laugh till I cry, and in the same tender moments cry till I laugh."

参见莎士比亚,《安东尼和克里奥佩特拉》,I, ii. 128—30:"现在的乐趣,/在革命的低潮之下,确实变成了/它自己的反面";斯特恩,《劳伦斯·斯特恩书信》,L. P. 柯蒂斯编辑,163:"我一直笑到哭,然后在同样温柔的时刻哭,直到我笑。"

莎士比亚,参见第一册P70注释①。

《安东尼和克里奥佩特拉》:参见第一册P168注释①。

劳伦斯·斯特恩和《劳伦斯·斯特恩书信》：参见第一册 P62①。

P58 注释① Cf. Webster, *The White Devil*, III. iii, *Plays*, "Everyman's", p. 45: "We endure the strokes like anvils or hard steel,/ Till pain itself makes us no pain at all"; La Rochefoucauld, *Maximes Posthumes*, 532, *Oeuvres*, "Les Grands Écrivains de la France", I, 230: "L'extrême ennui sert à nous désennuyer"/; Coleridge, *Notebooks*, ed. Kathleen Coburn, II, §2046: "My Heart. . . . stagnates upon you, wishless from excess of wishing"; Silvio Pellico, *I miei Prigioni*, cap. 16, Hoepli, 31: "Nèsomma pace, nè somma inquietudine possono durare quaggiù... A lunga smania successe stanehezza ed apatia"; Leopardi, *Zibaldone*, Mondadori, I, 254: "L'uom si disannoia per lo stesso sentimento vivo della *noia* universale e necessaria"; Francis Thompson (*Life*, by E. Meynell, 78): "Pain, its own narcotic, throbs to painlessness".

参见韦伯斯特,《白魔鬼》,III. iii,《戏剧》,"大众出版社",P45:"我们忍受着像砧或硬钢那样的打击,/直到疼痛本身使我们变得坚强";弗朗索瓦·德·拉罗什富科,《箴言集》,532,《著作集》,"法国伟大的作家",I, 230:"极度的无聊会给我们解闷"/;柯勒律治,《笔记》,凯瑟琳·科伯恩编辑,II, §2046:"我的心....停滞在你身上,由于过多的希望而失去希望";西尔维奥·佩利科,《我的狱中生活》,第16章,欧伯利,31:"在这里,完全的平和与完全的不安均不能持久…唯有冷漠持久并雄踞一切";莱奥帕尔迪,《杂记》,蒙达多利出版,I, 254:"男人因同样的体感和无聊感而迷失方向";弗朗西斯·汤普森(《人生》,艾丽斯·梅内尔著,78):"疼痛,它自己的麻醉剂,痉挛到无痛。"

韦伯斯特,参见第一册 P560 注释①。

《白魔》:参见第二册 P365 注释④。

拉罗什富科:参见第二册 P97 注释①。

《道德箴言录》:参见第二册 P159 注释①

柯勒律治和《笔记》:参见第一册 P16 注释①。

凯瑟琳·科伯国.,参见第一册 P16 注释①【增订四】

西尔维奥·佩利科(Silvio Pellico, 1789—1854),意大利作家。他常借中世纪的素材,运用浪漫主义的手法写作诗歌和戏剧。代表作有戏剧《弗兰契斯卡·达·里米尼》、回忆录《我的狱中生活》等。

《我的狱中生活》:西尔维奥·佩利科著。1818 年,佩利科加入秘密革命团体烧炭党。1820年，他被奥地利侵略者逮捕，判处死刑，后改判15年徒刑。1830年获释出狱。1832年发表回忆录《我的狱中生活》，书中追述他的10年铁窗生活，揭露牢狱的黑暗与侵略者的凶残，但同时又忏悔自己参加革命斗争的罪过，宣传基督教的容忍思想，鼓吹放弃任何革命行动，充满悲观厌世的情绪。

莱奥帕尔迪，参见第一册P256注释④

《杂记》：参见第一册P608【增订三】。

弗朗西斯·汤普森，参见第二册P48注释④。

艾丽斯·梅内尔（E. Meynell，1847—1922），英国诗人、作家、妇女参政主义者。她的第一部诗集名为《序曲》，代表作有哲理诗《人生的节奏》等。

P58 注释② Cf. Vigny，*Journal d'un Poète*，*Oeuv. comp.*，"la Pléiade"，II，918："Un plaisir extrême fait mal；jamais un mal extrême ne fait plaisir"(cf. pp. 1025，1265 etc.)

参见维尼，《诗人日记》，全集，"七星文库"，II，918："极度的快乐带来痛苦；但极度的痛苦永远不会带来快乐"(参见P1025，1265等)。

维尼，参见第一册P44注释④。

《诗人日记》：参见第一册P44注释④。

P59 注释① Cf. Leopardi："La Sera del Dì di Festa"，*Opere*，Ricciardi，I，60："Eccò è fuggito/il dì festivo，ed al festivo il giorno/ Volgar succede，e se ne porta il tempo" ecc.

参见莱奥帕尔迪：《假日的夜晚》，《作品》，里西亚蒂，I，60："他逃到这里/在节日，就在节日当天/但怅惘接踵而至，费时伤神"等等。

莱奥帕尔迪，参见第一册P256注释④

P60 注释① Cf. Keats："Ode to Melancholy"："Ay，in the very temple of delight/Veil'd Melancholy has her sovran shrine"；A. Schnitzler，*Anatol*，Episode iii："Während ich den warmen Hauch ihres [Biancas] Mundes auf meiner Hand fühlte，erlebte ich das Ganze schon in der Erinnerung. Es war eigentlich vorüber"(*Österreichisches Theater des 20. Jahrhunderts*，hrsg. J. Schondorff，64).

参见济慈：《忧郁颂》："哦，在快乐居住的殿堂里面/隐匿的忧郁有一至尊的偶

像";A. 施尼茨勒,《阿纳托尔》,片段 iii:"我的手感觉到她的唇呼出的温暖的气息,我在记忆中经历了这整件事。而实际上它早已结束"(《20 世纪的奥地利剧院》,J. 肖恩多夫编,64)。

济慈,参见第一册 P256 注释①。

《忧郁颂》:济慈 1818 年的作品,此作表现了他所独有的对大自然的感爱、想象以及生动描写这一切的卓越才华。除此之外,济慈一生中的大量优秀作品,包括《圣艾格尼丝之夜》、《秋颂》、《夜莺颂》和《致秋天》等名作在内,都表现出诗人对大自然的强烈感受和热爱,他主张"美即是真,真即是美",擅长描绘自然景色和事物外貌,表现景物的色彩感和立体感,重视写作技巧,语言追求华美,对后世抒情诗的创作影响极大。

A. 施尼茨勒(Arthur Schnitzler, 1862—1931),奥地利剧作家,小说家。共写有 30 多部戏剧。1895 年完成和上演的《调情》获得成功,给作者带来了声誉。《轮舞》是他的代表作,它把性行为搬上舞台,揭露了社会的腐败和道德的堕落。独幕剧《绿鹦鹉》以法国大革命为背景描述了发生在巴黎一家酒吧里的情杀故事。其他剧作还有《阿纳托尔》、《孤独之路》、《年轻的梅达尔杜斯》、《伯恩哈迪教授》等。小说有《通向野外的道路》、《特雷塞》、《古斯特少尉》等。

《阿纳托尔》:A. 施尼茨勒著的剧本,其他不详。

《20 世纪的奥地利剧院》和 J. 肖恩多夫:不详。

P61 注释① Cf. Shakespeare, *Titus Andronicus*, III. i. 265 ff., Titus: "Ha, ha, ha!" Marcus: "Why dost thou laugh? It fits not with this hour." Titus: "Why, I have not another tear to shed." Petrarca, *Le Rime*, cxi, *Rime*, *Trionfi e Poesie latine*, Ricciardi, 141: "Peròs' alcuna volta io rido o canto, /facciol perch'i' non ò se quest'una/via di celare il mio angoscioso pianto". Descartes, *Les Passions de l'Âme*, II, § 125, *Oeuvres et Lettres*, "la Pléiade", 752: "On trouve par expérience, que lorsqu'on ést extraordinairement joyeux, jamais le sujet de cette joye ne fait qu'on ésclate de rire; et mesme on ne peut si aysément y être invité par quelque autre cause, que lorsqu'on est triste". Beaumarchais, *Le Barbier de Séville*, I. ii, *Théâtre*, "Classiques Garnier," 43-4: "Je me presse de rire, de peur d'être obligé d'en pleurer." Byron, *Don Juan*, IV. 4. Variorum ed., II, 346: "If I laugh at any mortal thing,/'Tis that I may not weep"(cf. IV, 105 quoting *Clarissa Harlowe*, Letter 85). Flaubert, à Louise Colet,

Correspondance, Conard, II, 472: "Voir les choses en farce est le seul moyen de ne pas les voir en noir. Rions pour ne pas pleurer".

参见莎士比亚,《泰特斯·安德洛尼克斯》,III. i. 265 页及之后,泰特斯:"哈,哈,哈!"马库斯:"你为什么笑? 这个时间不合适。"泰特斯:"为什么,我再没有眼泪流了。"彼特拉克,《歌集》,第 cxi 首,《胜利和拉丁诗歌》,里恰尔迪,141:"有时我会笑或唱,/因为如果我不是这样/我无法掩饰我痛苦的哭泣。"笛卡尔,《论灵魂的激情》,II, 125,《作品和信件》,"七星文库",752:"我们通过经验发现,当我们非常幸福时,这种幸福的表现绝不只是哈哈大笑,但我们悲伤的时候,我们不能被任何其他原因引发而变得愉快"。博马舍,《塞维利亚的理发师》,I. ii,《剧院》,"卡尼尔经典",43—4:"我赶紧笑,因为害怕被迫哭泣。"拜伦,《唐璜》,IV. 4. 集注本,II, 346:"如果我嘲笑任何凡人的事,/我可能不会哭"(参见 IV, 105 引自《克拉丽莎·哈洛》,信件 85)。福楼拜,《给柯蕾的信》,康纳德,II, 472:"把事物看成闹剧是不把它们视为黑暗的仅有的方式。让我们为了不哭泣而欢笑。"

莎士比亚,参见第一册 P70 注释①。

《泰特斯·安德洛尼克斯》:莎士比亚著,于 1593 年出版。《泰特斯·安德洛尼克斯》是一部罗马式的血腥的复仇剧,共有四幕。它是当时"血与泪"的复仇剧流行的产物。这出戏在制造恐怖场面上是成功的,受到了当时观众的喜爱,给年轻的莎士比亚带来了一定的名声。它也被认为是阅读莎士比亚悲剧的一出很好的入门戏,因为它的语言比较容易,而且内容方面包含了许多后来莎士比亚加以发展的因素的萌芽。

彼特拉克和《歌集》:参见第二册 P365 注释②。

笛卡尔,参见第二册 P48 注释⑤。

《论灵魂的激情》:勒内·笛卡尔著,成书于 1649 年。书中笛卡尔努力想要将"激情"理论化,他所述的"激情"即是我们现代人所说的"情感",对这一主题的探讨早在柏拉图时期的自然哲学家们中便盛行。

博马舍(Beaumarchais, 1732—1799),法国继莫里哀之后又一杰出的喜剧作家,1772 年他完成了以费加罗为主人公的第一部戏剧《塞维利亚的理发师》(又名《防不胜防》);1778 年完成了《费加罗的婚礼》(又名《狂欢的一日》)。1792 年博马舍完成《费加罗三部曲》的最后一部《有罪的母亲》。这三部剧都以同一主人公费加罗在不同时期的故事为内容,合称为"费加罗三部曲"。

《塞维利亚的理发师》:博马舍于 1772 年著,主要讲述了在 17 世纪西班牙的塞维利亚,年轻的伯爵阿尔马维瓦与富有而美丽的少女罗西娜相爱。罗西娜的监护人、贪婪的医生巴尔托洛也在打罗西娜的主意。伯爵在机智、正直的理发师费加罗的帮助下，冲破巴尔托洛的阻挠和防范，终于和罗西娜结成了良缘。

乔治·戈登·拜伦和《唐璜》：参见第一册 P72 注释①。

福楼拜，参见第一册 P436【增订四】。

《给柯蕾的信》：福楼拜著。其他不详。

P66 注释① Cf. M. Fubini, *Critica e Poesia*, 143 ff. ("Genesi e storia dei genere letterari"); R. Wellek and A. Warren, *Theory of Literature*, "Peregrine Books", 226 (the literary kind as an institution).

参见 M. 富比尼，《批评与诗歌》，143 页及之后（"文学体裁的起源和历史"）；R. 韦勒克，A. 沃伦，《文学理论》，"佩雷格林书籍"，226（作为一种机制的文学类型）。

M. 富比尼和《批评与诗歌》：不详。

R. 韦勒克，参见第二册 P386 注释①。

A. 沃伦和《文学理论》：参见第二册 P637 注释①。

P67 注释① Cf. Grillparzer, *Aphorismen*, *Gesammelte Werke*, hrsg. E. Rollett u. A. Sauer, II, 140: "Schlendrian und Pedantismus in der Kunst urteilen immer gern nach Gattung; diese billigen, diese verwerfen sie; der offene Kunstsinn aber kennt keine Gattungen, sondern nur Individuen"; Croce, *Estetica*, 10ª ed., 42–3: "Ogni vera opera d'arte ha violato un genere stabilito, venendo cosi a scompigliare le idee dei critici, i quali sono stati costretti ad allargare il genere" etc.

参见格里帕泽，《格言录》，《全集》，E. 罗莱图和 A. 索尔编，II，140："情感派和学究派在艺术中总喜欢按类型来判断；有时赞成，有时否定；但心胸开阔的话，就只认个体不认类型"；克罗齐，《美学原理》，第 10 次再版，42—3："每一件真正的艺术作品都违反了既定的流派，从而违背了批评家的观念，并迫使他们扩大这一类型"等等。

格里帕泽，参见第二册 P134 注释①。

克罗齐和《美学原理》：参见第一册 P415 注释①。

P69 注释① Cf. Quintilian, VIII. iii. 53, *op. cit.*, III. 241.

参见昆体良，VIII. iii. 53，如前所引，III. 241。

昆体良和《雄辩术原理》：参见第一册 P60 注释①。

P70 注释①E. g. Lockhart, *Life of Scott*, ch. 6, "Everyman's", 213: "There is no comparison whatever—we [Burns and Scott himself] ought not to be named in the same day"; Borrow, *Lavengro*, ch. 6, "Everyman's", 44: "Not that I would mention figures in the same day with Lilly's Grammar."

例如洛克哈特,《司各特传》,第6章,"人人文库",213:"无论如何没有什么可比的——我们[彭斯和司各特本人]不应该在同一天命名";博罗,《拉文格罗》,第6章,"人人文库",44:"我不会在同一天用莉莉的语法提到这些数字。"

洛克哈特和《斯科特的一生》:不详。

博罗,参见第二册P342注释①。

《拉文格罗》:(或称《吉卜赛男人》),乔治·博罗于1851年著,故事讲述了一个喜欢语言的英国男孩的成长史。他生长于伦敦,然后离开伦敦四处漫游,碰到了形形色色的人与事。书中对十九世纪的英国的描写与同时代作品不尽相同,全书富于哲理思考。

P72 注释① Rousseau, *Discours sur les Sciences et les Arts*, in *Oeuvres Complètes*, Armand-Aubrée, I, 7. Cf. T. Moore: "The Wreath and the Chain", *Poetical Works*, Oxford, 81: "The Chain would make the Wreath so strong,/ The Wreath would make the Chain so soft!"

卢梭,《论科学与艺术》,参见《全集》,阿尔芒-艾比利,I, 7;参见T. 摩尔:"花圈和铁链",《诗歌作品》,牛津出版,81:"铁链会使花圈变得坚固,/花圈会使铁链变得柔软!"

让-雅克·卢梭,参见第一册P194注释①。

《论科学与艺术》:卢梭早期所著的一篇重要作品。1750年,38岁的卢梭以《论科学与艺术》一文赢得第戎学区论文比赛首奖而一举成名。18世纪后半叶的"返于自然"的思潮,最初就是在这篇论文里得到了明确的阐发。

P76 注释① Coleridge, *The Table-Talk and Omniana*, ed. T. Ashe, May 9, 1830, George Bell, 72: "Poetry is something more than good sense, but it must be good sense, at all events; just as a palace is more than a house, but it must be a house, at least". Cf. Fr. Schlegel, *Literary Notebooks*, ed. H. Eichner, no. 994, p. 108: "Im Poëmen soll nur das Poetische construirt sein, nicht das Logische. Giebts denn wohl in diesem Sinne rein poetische Werke, Poesie ohne alle Logik?”

柯勒律治，《柯勒律治语录及其他》，T. 阿什编，1830 年 3 月 9 日，乔治·贝尔，72：“诗歌不仅仅是一种好的感觉，但无论如何，它必须是良好的感觉；正如宫殿不只是一座房子，但它必须至少是一座房子”；参见 Fr. 施莱格尔，《文学札记》，H. 艾克纳编，第 994 篇，P108：“如果读诗只解释诗意，而不是逻辑，那么在这个意义上，是否有纯粹的诗意而无任何逻辑性的诗歌？”

柯勒律治，参见第一册 P16 注释①。

Fr. 施莱格尔和《文学札记》：参见第一册 P440 注释①。

P76 注释② Erckmann-Chatrian, *Histoire d'un Conscrit de* 1813: “... et les pauvres vieux espéraient toujours, pensant: ‘Peut-être que notre garçon est prisonnier... Quand la paix sera faite, il reviendra ... Combien sont revenus qu'on croyait morts!’” etc. (*Contes et Romans nationaux et populaires*, éd. J.-J. Pauvert, IV, 4).

阿猛-查登，《1813 利俾瑟战血余腥记》：“这个可怜的老人总是希望着，他心里想：‘也许我们的孩子是一个囚犯……到和平时代，他会回来……有多少回来的人我们以为死了？’”等(《民俗故事和小说》，J.-J. 波韦尔编，IV，4)。

阿猛-查登(Erckmann-Chatrian)，是 1847 年至 1887 年两位法国作家合用的笔名，一位是艾米丽·阿猛(Emile Erckmann, 1822—1899)，另一位是亚历山大·查登(Alexandre Chatrian, 1826—1890)，他们把各自的姓氏合在一起作笔名。他们写了大量战争小说。代表作有《1813 利俾瑟战血余腥记》等。

《1813 利俾瑟战血余腥记》：阿猛-查登于 1864 年著。阿猛-查登根据一步兵的口述加工而成。

P76 注释③ Pindar, “Loeb”, 577, “Fragments”: “To the inexperienced war is pleasant, but he that hath had experience of it, in his heart sorely feareth its approach.”

品达，“洛布古典丛书”，577，“断章”：“对于没有经历过战争的人来说，战争是令人愉快的，但是对于有过战争经历的，他内心只会恐惧战争的来临。”

品达，参见第二册 P97 注释②。

P77 注释① Thomas Moore, *Journal*, ed. P. Quennell, 123 (Oct. 30, 1825), 188

(June 6,1829), 230 (April 7,1837).

托马斯·莫尔,《日记》,P. 昆内尔编,123(1825 年 10 月 30 日),188(1829 年 6 月 6 日),230(1837 年 4 月 7 日)。

托马斯·莫尔(Thomas Moore, 1478—1535),英国文艺复兴时期的思想家、政治家、作家。1516 年他用拉丁文写成《乌托邦》一书,此书对以后空想社会主义思想的发展有很大影响。

P79 注释①K. O. Erdmann, *Die Bedeutung des Wortes*, 3. Aufl., 103ff.; cf. Voltaire, *Dictionnaire Philosophique*, art. "Langues", *Oeuvres complètes*, éd. L. Moland, XIX, 557 (Des divers termes qui donnent des idées toutes différentes de la même chose).

K. O. 艾尔德曼,《文字的意义》,第 3 版,103 页及之后;参见伏尔泰,《哲学辞典》,艺术;"语言",《全集》,L. 莫兰编,XIX, 557(各种不同的称呼给予同一件事物完全不同的涵义)。

K. O. 艾尔德曼和《文字的意义》:不详。

伏尔泰和《哲学辞典》:参见第一册 P495 注释①。

P80 注释① Diderot, *Le Neveu de Rameau*, éd. critique par J. Fabre, 38; cf. 49: "[Leurs] bassesses ne peuvent s'excuser par le borborigme d'un estomac qui souffre."

狄德罗,《拉摩的侄儿》,J. 法布尔校编,38;参见 49:"痛苦胃疾之借口亦不能免除[他们的]卑鄙。"

狄德罗,参见第二册 P59 注释②。

《拉摩的侄儿》:狄德罗著于 1762 年却于 1799 年才定稿的一部对话体哲理小说。作者对当时法国社会众生的刻画和辛辣的评论不仅反映了封建制度下人与人的真实关系,而且揭示了正在成长中的资产阶级社会的心理特征。马克思称这部小说为"无与伦比的作品",恩格斯称之为"辩证法的杰作"。它在戏剧理论上的重要贡献是提出了"严肃戏剧"的概念。这种戏剧突破了传统悲剧、喜剧的严格界限,是一种新的戏剧体裁,即后世的正剧。

P80 注释②G. Büchner, *Sämtliche Werke und Briefe*, hrsg. F. Bergemann, 607; cf. B. Brecht: "Denn wovon lebt der Mensch": "Erst kommt das Fressen, dann Kommt die Moral", *Gedichte*, Aufbau, II. 231.

G. 毕希纳,《作品与书信全集》,F. 贝尔格曼编,607;参见 B. 布莱希特:《何为人类生活》:"首先是饮食,然后才是道德",《诗》,建设出版社,II. 231。

G. 毕希纳(Georg Buchner, 1813—1837),德国剧作家。他年轻时接触圣西门空想社会主义学说,1834 年建立秘密革命组织"人权协会",秘密发行政治小册子《黑森信使》。此文被称为《共产党宣言》之前 19 世纪最革命的文献。该文采用阶级分析和统计学方法,指出黑森不存在工业无产阶级,农民是革命主力,提出"给茅屋以和平,给王宫以战争"的口号。G. 毕希纳其他的代表作有描写法国大革命的剧作《丹东之死》、讽刺喜剧《莱翁采和莱娜》、悲剧《沃伊采克》和中篇小说《棱茨》等。

《作品与书信全集》:G. 毕希纳著。其他不详。

B. 布莱希特(Bertolt Brecht, 1898—1956),德国戏剧家、诗人、戏剧理论家。布莱希特创立"辩证戏剧"的观念。代表剧作有《马哈哥尼城的兴衰》、《三分钱歌剧》、《屠宰场里的圣约翰娜》和《巴登的教育剧》等。他还以演说、论文、剧本的注释形式,阐述史诗戏剧的理论原则和演剧方法,特别是针对中国戏剧表演艺术的思考,其中较重要的有《中国戏剧表演艺术的间离方法》、《论实验戏剧》等。

P80 注释③ Thackeray, *Vanity Fair*, ch. 41. Cf. Kingsley, *Yeast*, ch. 16: "On two thousand a year, a man can afford to be honest"; Fitzgerald, *Letters to Fanny Kemble*, ed. W. A. Wright, 124: "For she [Portia] had more than £500 a year, which Becky thinks enough to be virtuous on, and had not been tried."

萨克雷,《名利场》,第 41 章;参见金斯利,《酵母》,第 16 章:"只要一年有两千镑收入,一个人就能做到诚实";菲茨杰拉德,《给芬妮·肯布尔的信》,W. A. 赖特编,124:"因为她(鲍西亚)每年有超过 500 镑的收入,贝基认为,这足以让她富于美德,并且不用去试。"

萨克雷和《名利场》:参见第一册 P136 注释②。

金斯利(Charles Kingsley, 1819—1875),英国作家、诗人。其代表作是长篇小说《酵母》、《阿尔顿·洛克》、历史小说《向西方》和儿童读物《水孩子》等。

《酵母》:金斯利著,于 1848 年出版。此作描述了贫穷并揭露了社会弊病,表达了社会改良思想,也奠定了金斯利文学家的地位。

菲茨杰拉德,参见第二册 P191 注释②。

《给芬妮·肯布尔的信》:爱德华·菲茨杰拉德写给他的终生好友芬妮·肯布

尔的信，包括从 1871 年开始一直到他临终前三周(1883 年)的信件，由 W. A. 赖特编辑。

W. A. 赖特，不详。

P81 注释① *Republic*，407 a；Cf. Horace，*Epist.*，I. i，53："virtus post nummos".

《理想国》，407a；参见贺拉斯，《书札》，I. i，53："美德在金钱之后"。

《理想国》：参见第一册 P399 注释①。

《理想国》的作者柏拉图，参见第一册 P101 注释①。

贺拉斯，参见第一册 P145 注释③。

《书札》：参见第一册 P452【增订一】。

P84 注释①M. Bandello，*Le Novelle*，I. ii，Laterza，I，39－40.

M. 班戴洛，《短篇小说》，I. ii，拉泰尔扎出版，I，39—40。

M. 班戴洛(M. Bandello，1480 或 1485—1561)，意大利文艺复兴时期杰出的小说家。班戴洛的小说对欧洲文学很有影响。莎士比亚的《罗密欧与朱丽叶》、《无事生非》、《第十二夜》和《皆大欢喜》都取材于他的故事。班戴洛笔耕一生，奋意纵笔，描绘出了一个时代的风貌和情态。他是薄伽丘之后意大利最出色的人文主义小说家。他的创作也标志着意大利文艺复兴时期短篇小说的终结。

《短篇小说》：M. 班戴洛著，他的的小说开辟了 16 世纪叙事文学的新方向，并在英、法及西班牙有广泛影响。作为班戴洛最重要的作品，《短篇小说》凝聚了他毕生的心血。

P86 注释① Cf. Hegel，*Phänomenologie des Geistes*，Berlin：Akademie Verlag，15 (ein qualitativer Sprung)；*Wissenschaft der Logik*，Reclams "Universal Bibliothek"，I，490(der Sprung aus quantitativer Veränderung in qualitative).

参见黑格尔，《精神现象学》，柏林：学院出版社，15(一次质的飞跃)；《逻辑学》，莱克拉姆"通用图书出版社"，I，490(从定量向定性的飞跃)。

黑格尔和《精神现象学》：参见第一册 P4 注释①和第一册 P6 注释①。

《逻辑学》：参见第一册 P4 注释①。

P86 注释②W. Wundt，*Grundzügen der physiologische Psychologie*，6. Aufl.，

III, 755(das Prinzip der schöpferischen Resultanten).

W. 冯特,《生理心理学原理》,第 6 版,III, 755(创作生成原则)。

冯特和《生理心理学原理》:参见第一册 P7 注释①。

P87 注释①J. E. Brown, ed., *The Critical Opinions of Samuel Johnson*, 55 (*Rambler*, no. 176), Cf. 476. Cf. Pope, *The Dunciad*, IV. 233 ff., *Poems*, Twickenham Ed., V, 365 (the critic eye).

J. E. 布朗编,《塞缪尔·约翰逊的批评意见》,55(《漫步者》,第 176 号),参见 476;参见蒲柏,《愚人志》,IV. 233 页及之后,《诗集》,特威克纳姆编,V, 365(评论家的眼睛)。

J. E. 布朗和《塞缪尔·约翰逊的批评意见》:参见第三册 P27 注释①。

塞缪尔·约翰逊和《漫步者》:参见第一册 P411 注释①。

蒲柏和《愚人志》:参见第一册 P100 注释①。

P87 注释② Novalis, *Fragmente*, hrsg. E. Kamnitzer, § 2021, S. 650 – 1.

诺瓦利斯,《断章》,E. 凯密茨编, § 2021, S. 650—651。

诺瓦利斯和《断章》:参见第一册 P44 注释③。

P87 注释③E. R. Curtius, *Europäische Literatur und lateinisches Mittelalter*, 2. Aufl., 8(Hugo Schuchhardt).

E. R. 库尔提乌斯,《欧洲文学与拉丁中世纪》,第 2 版,8(雨果·舒赫哈特)。

E. R. 库尔提乌斯和《欧洲文学与拉丁中世纪》:参见第一册 P184 注释①。

P87 注释④G. Tillotson, *Criticism and the Ninteenth Century*, 15 – 6.

G. 蒂洛森,《批评与十九世纪》,15—16。

G. 蒂洛森和《批评与十九世纪》:不详。

P92 注释①*La Peau de Chagrin*, *Oeuv. comp.*, Conard, XXII, 36,38.

《驴皮记》,《全集》,康纳德,XXII, 36,38。

《驴皮记》:奥诺雷·德·巴尔扎克著,于 1831 年出版。《驴皮记》是巴尔扎克发表的第一部长篇哲理小说。小说别出心裁地用一张驴皮来象征人的欲望和生命的矛盾,并借此表达他的生活经验和哲理思考。

《驴皮记》的作者巴尔扎克，参见第一册 P146 注释①。

P93 注释①J. -F. Regnard, *Le Légataire universel*, II. xi, Larousse, 48.

让-弗朗索瓦雷纳尔，《概括遗赠财产承受人》，II. xi，拉鲁斯出版，48。

让-弗朗索瓦雷纳尔（J. -F. Regnard，1655—1709），法国作家、戏剧家。他被视为 18、19 世纪继莫里哀、伏尔泰之后最为优秀的法国喜剧作家，他写于 1681 年的旅行日记同样十分出名。

《概括遗赠财产承受人》：让-弗朗索瓦雷纳尔于 1708 年创作的一部戏剧。它被视为让-弗朗索瓦雷纳尔的代表作。

P93 注释② Voltaire, *Dictionnaire philosophique*, art. "Empoisonnements", *Oeuv. compl.*, ed. L. Moland, XVIII, 533.

伏尔泰，《哲学辞典》，艺术，"中毒"，《全集》，L. 莫兰编，XVIII, 533。

伏尔泰和《哲学辞典》：参见第一册 P495 注释①。

P95 注释① Aulus Gellius, *Noctes Atticae*, V. xvi, "Loeb", I, 428, 430. Cf. Vico, *Scienza nuova*, §706, *Opere*, Ricciardi, 692: "Dissero '*cernere oculis*'... Cosi dagli occhi, per le pupille, escano bastoni di luce, che vanno a toccare le cose...; dissero '*usurpare occulis*'... puasi che, con la vista, S'impossessassero delle cose vedute"; E. Cassirer, *Philosophie der symbo lischen Formen*, I, 127: "So scheint genetisch und sachlich in der Tat ein stetiger Uebergang vom 'Greifen' zum 'Begreifen' zu führen"; Proust, *Du Côté de chez Swann*, I. ii, *A la Recherche du Temps perdu*, "la Pléiade", I, 141: "... ce regard... à la fenêtre duquel se penchent tous les sens, anxieux et pétrifiés, le regard qui voudrait toucher capturer, emmener le corps qu'il regarde et l'âme avec lui."

奥留斯·格利乌斯，《阿提卡之夜》，V. xvi，"洛布古典丛书"，I, 428，430. 参见维柯，《新科学》，§706，《作品》，里西亚蒂，692："他们说'cernere oculis'（拉丁语）指看（视）清楚…光线通过瞳孔发出，落到看清楚的事物上去…他们说'usurpare oculis'（拉丁语）指视…可以凭借视线占有所看到的东西"；E. 卡西尔，《符号形式的哲学》，I, 127："因此，无论从遗传方面讲还是从事实角度看，似乎正在发生从'抓住'到'理解'的稳定过渡"；马塞尔·普鲁斯特，《斯万家那边》，I. ii，《追忆似水年

华》,“七星文库”,I, 141:“我的目的只是为我的惊呆而惶惑的感官提供一个扶栏观望的窗口,那目光简直想扑上去抚摸、捕捉所看到的躯体,并把它和灵魂一起掠走。”

奥留斯·格利乌斯和《阿提卡之夜》:参见第一册 P58 注释①。

普鲁斯特和《追忆似水年华》:参见第二册 P88 注释①。

E. 卡西尔,参见第一册 P82 注释②。

《符号形式的哲学》:参见第一册 P297 注释①。

P96 注释① E. g. Ariosto, *Orlando Furioso*, XLI. ix: “Surgono altiere e minacciose I'onde,/mugliando sopra il mar val il gregge bianco”; Arnold: “The Forsaken Merman”: “Now the wild white horses play,/Champ and chafe and toss in the spray.”

例如阿里奥斯托,《疯狂的罗兰》,XLI. ix:“波涛汹涌澎湃,白色的羊群在海面上呻吟着”;阿诺德:“被遗弃的人鱼”:“现在,野白马嬉戏、咀嚼、奔跑,奔进浪花里。”

阿里奥斯托和《疯狂的罗兰》:参见第一册 P50 注释①。

阿诺德,参见第二册 P119 注释①。

“被遗弃的人鱼”:阿诺德著的一首诗。

P102 注释① M. Scheler, *Der Formalismus der Ethik und die materiale Wertethik*, 4. Aufl., hrsg. Maria Scheler, 246.

M. 舍勒,《伦理学中的形式主义与质料的价值伦理学》,第 4 版,玛丽·舍勒编,246。

M. 舍勒,参见第一册 P317 注释①。

《伦理学中的形式主义与质料的价值伦理学》:参见第一册 P450 注释①。

P102 注释② Montaigne, *Essais*, III. 2, “Bib. de la Pléiade”, 785.

蒙田,《随笔录》,III. 2,“七星文库”,785。

蒙田和《随笔录》:参见第一册 P50 注释①【增订四】。

P103【增订四】 W. J. Bate, *Samuel Johnson*, 1978, p. 518.

W. J. 贝特,《塞缪尔·约翰逊》,1978, P518。

W. J. 贝特(Walter Jackson Bate, 1918—1999),美国文学评论家和传记记者。因书写塞缪尔·约翰逊和约翰·济慈的传记赢得普利策的传记奖。

《塞缪尔·约翰逊》: W. J. 贝特著,发表于1978年。

塞缪尔·约翰逊,参见第一册P411注释①。

P103 注释① Crébillon le fils, *Le Sopha*, Flammarion, 138 - 9.

小克雷比永,《索菲》,弗拉马利翁出版,138—139。

小克雷比永(Crébillon le fils, 1707—1777),法国小说家。其父克雷比永是著名的悲剧作家。小克雷比永创作初期曾为巴黎的意大利剧院写过戏剧。

《索菲》: 小克雷比永于1742年创作的一部讲述道德的小说,内容涉嫌色情,他本人也因此作于1742年被流放出巴黎数月。

P103 注释②M[me] de Staël, *Mémoires* (*Dix Années d'Exil*), Charpentier. 324.

斯达尔夫人,《回忆录》(《流放的十年》),夏庞蒂埃,324。

斯达尔夫人(Madame de Stael, 1766—1817),法国作家、文学批评家,19世纪初法国浪漫主义文学运动的先驱,她与司汤达、雨果同为浪漫主义代表人物。其代表作有《从文学与社会制度的关系论文学》、《论德国》等。

P104 注释① Cf. Diderot, *Le Neven de Rameau*, ed. J. Fabre, 44: "On loue la vertu; mais on la hait... c'est qu'ils se sont imposés une tâche qui ne leur est pas naturelle."

参见狄德罗,《拉摩的侄儿》,J. 法布尔编,44:"我们赞美美德,但我们也讨厌...因为它给自己强加了一项不自然的任务。"

狄德罗,参见第二册P59注释②。

《拉摩的侄儿》: 参见第三册P80注释①。

P104 注释②*Nicomachean Ethics*, Bk. II, ch. 9, *Basic Works of Aristotle*, Random House, 963; cf. Cicero, *De Senectute*, XIII. 44: "Divine Plato escam malorum appeliat voluptatem, quod ea videlicet homines capiantur, ut pisces hamo".

《尼各马科伦理学》,II卷,第9章,《亚里士多德要籍选》,兰登书屋,963;参见西塞罗,《论老年》,XIII. 44:"圣洁的柏拉图呼吁道,快感是邪恶的诱饵,因为人们

确实像鱼上钩一样，很容易上它的当。”

《尼各马可伦理学》：参见第一册 P398 注释②。

亚里士多德和《亚里士多德要籍选》：参见第一册 P37 注释③。

西塞罗（Marcus Tullius Cicero，前 106—前 43 年），古罗马著名政治家、演说家、雄辩家、法学家和哲学家。代表作有哲学著作《论至善和至恶》、《论神性》和教育学著作《论雄辩家》等。

《论老年》：西塞罗著的《三论》中一论，著于公元前 44 年。另外两论是《论友谊》、《论责任》。

P105 注释① Tasso, *Aminta*, I. ii, "Coro," *Poesie*, Riccardo Ricciardi, 633 (cf. *Gerusalemme Liberata*, XV. 62 - 3, p. 382). Cf. *Inferno*, V. 56: "Che [Semiramis] libito fe'licito in sua legge."

塔索，《阿敏塔》，I. ii，“合唱”，《诗歌》，理却地 · 里西亚蒂，633（参见《被解放的耶路撒冷》，XV. 62—3，P382）. 参见《地狱篇》，V. 56：“她（塞密拉密斯）自由地使用法律。”

塔索和《被解放的耶路撒冷》：参见第一册 P213 注释①。

《阿敏塔》：参见第二册 P785 注释②。

《神曲 · 地狱篇》及其作者但丁：参见第一册 P244 注释②。

塞密拉密斯：但丁《地狱篇》中一人物，她因穷奢极欲而在地狱受到惩罚。

P105 注释② Schiller: "Die Philosophen,"*Werke*, hrsg. L. Bellermann, I, 198.

席勒：“哲学家”，《作品》，L. 贝尔曼编，I, 198。

席勒，参见第一册 P6 注释③。

P105 注释③ John Selden, *Table-Talk*, ed. S. W. Singer and rev. W. S, W. Anson, 120; cf. Spinoza, *Ethica*, IV, Appendix, § 31.

约翰 · 塞尔登，《闲谈录》，S. W. 辛格编，W. S, W. 安森审，120；参见斯宾诺莎，《伦理学》，IV，附录，§ 31。

约翰 · 塞尔登（John Selden，1584—1654），英国人文主义学者、法学家、历史家。他也是圣经学者、东方学者、哲学家。被称为英国“以博学传世的第一人”。其代表作有《闲谈录》等。

斯宾诺莎，参见第一册 P10 注释②。

《伦理学》：参见第一册 P84 注释②。

P106 注释① Heine, *Zur Geschichte der Religion und Philosophie in Deutschland*, I, *Sämtliche Werke*, A. Weichert, VIII, 15－6.

海涅,《论德国宗教与哲学的历史》,I,《全集》,A. 维希特,VIII, 15—16。

海涅,参见第一册 P8 注释①。

《论德国宗教与哲学的历史》：第二册 P61 注释①。

P111 注释① Cf. Herman Meyer, *Der Sonderling in der deutschen Dichtung*, Carl Hanser, 131: "Das Symbol des Kreises, im klassischen Weltbilde das Bild höchster Harmonie, bedeutet dem Romantiker nur Negatives, nämlich die Gefangenschaft im Irdischen."

参见赫尔曼·迈耶,《德国诗歌中的怪人》,卡尔·汉森,131:"圆圈的象征,在古典世界里,即最高度和谐的图画,表示浪漫的唯一负面形象,即囚禁在尘世间。"

赫尔曼·迈耶(Herman Meyer, 1911—1993),德籍荷兰人,文学史家。代表作有《幽默小说的精华》、《德国诗歌中的怪人》等。

《德国诗歌中的怪人》：赫尔曼·迈耶于 1937 年获得博士学位的博士论文。其他不详。

P116 注释① Auvray: "La Promenade de l'Âme dévote." J. Rousset, *Authologie de la Poésie baroque française*, I, 44; cf. Levasseur (160), Mme Guyon (161, 269).

奥夫雷:《虔诚灵魂之旅》。J. 鲁塞,《法国奇崛派诗歌选集》,I, 44;参见勒瓦瑟(160),盖恩夫人(161,269)。

奥夫雷,不详。

让·鲁塞,参见第一册 P27 注释①。

《法国奇崛派诗歌选集》：让·鲁塞编,其他不详。

盖恩夫人,参见第二册 P79 注释②。

P116 注释② Fr. von Logau: "Heutige Weltkunst", *Sinngedichte: eine Auswahl*, hrsg. U. Berger, 80.

洛高:《今天的世界艺术》,《讽刺短诗:一个选择》,U. 贝格尔编,80。

洛高和《讽刺短诗：一个选择》：参见第一册 P69 注释③。

P117 注释① Chesterfield，*Letters*，ed. B. Dobrée，IV. 1056，1059.

切斯特菲尔德，《信件》，B. 多布雷编，IV. 1056，1059。

切斯特菲尔德爵士、B. 多布雷和《信件》：参见第一册 P98 注释①。

P118 注释① Herrick，*Poetical Works*，ed. L. C. Martin，37，"A Country Life"（A Wise man ev'ry way lies square），505，note（Aristotle，Puttenham）.

赫里克，《诗集》，L. C. 马丁编，37，"乡村生活"（聪明的人都有自知之明），505，注释（亚里士多德，普顿汉镇）。

赫里克，参见第二册 P239 注释①。

P119 注释① Sir Henry Wotton，*Table Talk*，§119，L. P. Smith，*The Life and Letters of Sir Henry Wotton*，II，498.

亨利·沃顿爵士，《席间闲谈》，§119. L. P. 史密斯，《亨利·沃顿爵士的生平与信件》，I，498。

亨利·沃顿爵士（Sir Henry Wotton，1568—1639），英国诗人、作家、外交家以及政治家。亨利·沃顿爵士一生中只出版了两部作品，第一部作品是《建筑学要素》，这部作品是对先人的一部建筑学作品的意译。此外还出版了一部拉丁散文以献给当时的国王。

P119 注释② *De Melissa*，quoted in V. Pareto，*A Treatise on General Sociology*，tr. A. Bongiorno and A. Livingstone，§474，Dover ed.，I，288.

德·梅利莎，引自 V. 帕累托，《思想与社会》，A. 邦焦尔诺和 A. 利文斯通译，§474，多佛编，I，288。

德·梅利莎，不详。

帕累托和《思想与社会》：参见第一册 P360 注释①。

P119 注释③ Horace，*Sat.*，II. vii. 83－6；Seneca，*Apocolocyntosis*，8，"Loeb"，384.

贺拉斯，《讽刺诗集》，ll. vii. 83—6；塞涅卡，《神化》，8，"洛布古典丛书"，384。

贺拉斯，参见第一册 P145 注释③。

《讽刺诗集》：贺拉斯著。此作有2卷。贺拉斯继承了罗马讽刺诗传统，他的讽刺诗缺少政治色彩，主要进行道德说教，以闲谈形式嘲笑吝啬、贪婪、欺诈、淫靡等各种恶习，宣扬中庸之道和合理享乐。

塞涅卡，参见第二册P739注释②。

《神化》：塞涅卡著于公元54年末的讽刺性短篇小说，作者采用散文体和抒情诗的混合形式写作。内容主要写先前已故的罗马皇帝克劳迪斯（Kaiser Claudius）。此作的标题模仿了"神化症"一词（源于希腊语，也常用于拉丁语，用于神化者的神化）。

P120 注释①*The Rape of Lucrece*, 952.

《露易丝受辱记》，952。

《露易丝受辱记》：参见第二册P51注释②。

《露易丝受辱记》的作者莎士比亚，参见第一册P70注释①。

P121 注释①E. g. "La Ruota della Fortuna", in Sacchetti, *Opere*, Rizzoli, 1121. Cf. Samuel C. Chew, *The Virtues Reconciled*, 9.

例如"命运之轮"，参见萨凯蒂，《作品》，里佐利，1121；参见塞缪尔·C. 丘，《和解的美德》，9。

萨凯蒂，参见第一册P633注释①。

塞缪尔·C. 丘和《和解的美德》：参见第二册P681注释①。

P121 注释② Plutarch: "A Letter of Condolence to Apollonius," §5, *Moralia*, "Loeb", II, 117-9.

普鲁塔克："致阿波罗尼奥斯的哀悼信"，§5，《道德论丛》，"洛布古典丛书"，II，117—119。

普鲁塔克和《道德论丛》：参见第一册P84注释①。

P121 注释③ Sacchetti, II *Trecentonovelle*, no. 193, *Opere*, Rizzoli, 656. Cf. *Don Quijote*, II. 19, "Clásicos Castellanos", VI, 17: "tiene echado un clavo à la rodaja de la fortuna."

萨凯蒂，《故事三百篇》，第193篇，《作品》，里佐利出版社，656。参见《堂吉诃德》，II. 19，"卡斯蒂利亚经典"，VI，17："命运的轮盘上扎了一颗钉子。"

萨凯蒂和《故事三百篇》：参见第一册 P633 注释①。

《堂吉诃德》及其作者塞万提斯：参见第一册 P99 注释④。

P122 注释① Marlowe, *Tamburlaine*, Pt I. I. ii; Cf. V. i, Anippe: "Your love hath Fortune so at his command,/That she shall stay, and turn her wheel no more."

马洛，《帖木儿大帝》，第 I 部分. I. ii；参见 V. i，艾尼皮："你的爱情如此幸运，它可以听从你的命令，永远停留，不再转动方向盘。"

马洛，参见第一册 P191 注释①。

《帖木儿大帝》：参见第二册 P341 注释①。

P122 注释② Macchiavelli: "Dell'Occasione," *Opere*, Ricciardi, 1073; Marino, *L'Adone*, I. 69, *Marino e i Marinisti*, Ricciardi, 47. Cf. Dio Chrysostom, *Discourses*, IXIII. 6, "Loeb", V, 41 (Fortune on a razor's edge, on a sphere).

马基雅维利：《机会》，《作品》，里西亚蒂，1073；马里诺，《阿多尼斯》，I. 69，《马里诺和马里诺主义》，理却地，47；参见克里索斯托，《罗马史论》，IXIII. 6，"洛布古典丛书"，V，41（命运在刀刃上，在球体上）。

马基雅维利，参见第一册 P37 注释④。

《机会》，马基雅维利著，选自《佛罗伦萨史》的一个章节。

马里诺和马里诺主义：参见 P16 注释①【增订三】。

《马里诺和马里诺主义》及其作者 G. G. 法里罗：不详。

《阿多尼斯》：参见第二册 P85 注释②。

克里索斯托（Dio Chrysostom，约 347—407），又称"金口约翰"，有非凡的讲道才能，希腊教父，生于叙利亚安条克，他善于传教和解释经文。

《罗马史论》：不详。

P122 注释③ Goethe: "Preface to J. Ch. Mämpel's *Das jungen's Feldjägers Kriegscamerad*," G. F. Senior and C. V. Bock, ed., *Goethe the Critic*, 59-60. Cf. Heine, *Romancero*, II, "Das Glück ist eine leichte Dirne."

歌德："J. Ch. 孟贝尔的《年轻的场猎人战友》序言"，G. F. 斯奈尔和 C. V. 博克编，《评论家歌德》，59—60；参见海涅，《论浪漫派》，II，"幸福就是一个轻浮的妓女。"

歌德，参见第一册 P16 注释①。

"J. Ch. 孟贝尔的《年轻的场猎人战友》序言"：歌德著，其他不详。

《评论家歌德》：不详。

海涅，参见第一册 P8 注释①。

《论浪漫派》：海涅的文论和理论批评著作，此作集中表达了海涅的浪漫主义文艺观点。

P123【增订四】Joseph de Maistre, in Sainte-Beuve, *Causeries du lundi*, Vol, IV, p. 209.

约瑟夫・德・迈斯特尔，见圣-伯夫，《周一漫谈》，第 IV 卷，P209。

约瑟夫・德・迈斯特尔，参见第二册 P57 注释①。

见圣-伯夫和《周一漫谈》：参见第一册 P123【增订四】。

P124 注释① Vulgate: Mat., 18:6.

《〈圣经〉武加大译本》：马太福音，18:6。

《〈圣经〉武加大译本》：又译《拉丁通俗译本》，是 5 世纪的《圣经》拉丁文译本，由耶柔米自希腊文版本翻译过来。8 世纪以后，该译本得到普遍承认。1546 年，特伦特宗教会议将该译本批准为权威译本。现代主要的圣经版本，都源自于这个拉丁文版本。

P124 注释② *Oxford Dictionary of English Proverbs*, 265 (Middleton, Shadwell).

《牛津英语谚语词典》，265（米德尔顿，沙德韦尔）。

《牛津英语谚语词典》：作为一本工具书，它收录了为世人熟知的英语谚语 1000 余条，极具参考价值，且解释说明材料丰富。此外，此书还收录二十世纪人们常用的每一条谚语，引文展现了谚语在历史上的趣闻逸事。该词典中包含涉及了语言学、文学、文化、艺术、社会学、数学、物理学、化学、生物学、医学、食品与营养、计算机等社会科学和自然科学门类近百种。

P124 注释③ Sir Henry Wotton, *Table Talk*, §12, *op. cit.*, II, 491.

亨利・沃顿爵士，《席间闲谈》，§12，如前所引，II，491。

亨利・沃顿爵士，参见第三册 P119 注释①。

P125 注释① Thomas Gray, *Correspondence*, ed. P. Toynbee and L. Whibley, I, 34 (to R. West).

托马斯·格雷,《信件》,P. 汤因比和 L. 惠布利编,I, 34(致 R. 韦斯特)。

托马斯·格雷(Thomas Gray, 1716—1771),英国 18 世纪重要抒情诗人,也是英国新古典主义后期的重要诗人。格雷一生只写过十几首诗,除了著名的诗《墓园挽歌》外,其他还有《爱猫之死》、《诗的发展》、《游吟诗人》、《欧丁的衰败》等。

P125 注释②E. Rivalta, *Mal del Paese*, D. Provenzal, *Dizionario delle Immagini*, 528.

E. 理瓦塔,《国之恶》,D. 普罗旺斯,《图像字典》,528。

E. 理瓦塔和《国之恶》:不详。

D. 普罗旺斯和《图像字典》:不详。

P125 注释③*Oxford Dictionary of Quotations*, 237(M. E. Hare).

《牛津引语词典》,237(M. E. 黑尔)。

《牛津引语词典》:不详。

P128 注释① Cf. A. Lalande, *Vocabulaire technique et critique de la Philosophie*, 9e/éd., pp. 1200-1, art. "Vertu".

参见 A. 拉兰德,《哲学批评术语词汇》,第 9 次再版,P1200—1201,艺术,"美德"。

A. 拉兰德和《哲学批评术语词汇》:参见第一册 P18 注释①。

P130 注释① Heraclitus, *Fragments*, 41, 84, *Hippocrates and Heraclitus*, "Loeb", IV, 483, 495.

赫拉克利特,《赫拉克利特残篇》,41,84,希波克拉底和赫拉克利特,"洛布古典丛书",IV, 483,495。

赫拉克利特、希波克拉底和《赫拉克利特残篇》:参见第一册 P14 注释①。

P131【增订三】J. Rousset, *op. cit.* 142.

J. 鲁塞,如前所言,142。

让·鲁塞,参见第一册 P27 注释①。

Shelly："Love's Philosophy".

雪莱："爱的哲学"。

雪莱，参见第一册 P16 注释①。

《爱的哲学》：雪莱于 1819 年发表的一首著名抒情诗。全诗分为两个诗节，每节有八个小句，排列成十六行。

W. Muschg, *Tragische Literaturges-chichte*, 3. Aufl., 146.

W. 墨希格，《悲剧观之文学史》，第 3 版，146。

W. 墨希格和《悲剧观之文学史》：参见第一册 P583 注释①。

P132 注释① Cf. J. A. Gunn, *The Problem of Time*, 133 f. (H. Lotze, F. H. Bradley).

参见 J. A. 冈恩，《时间的问题》，133 f.（H. 洛策，F. H. 布拉德利）。

约翰·亚历山大·冈恩，参见第一册 P107 注释②。

《时间的问题》：不详。

P133 注释① Ronsard, *Continuation des "Amours"*, XXXV; G. Keller: "Die Zeit geht nicht" (*Sämtl. Werk.*, Aufbau, I, 264; II, 163–4).

龙萨，《情歌续集》，XXXV；G. 凯勒："时间静止了"（《全集》，建设出版社，I，264；II，163—164）。

龙萨（Ronsard，1524—1585），法国诗人。1550 年发表《颂歌集》4 卷，声誉大著。龙萨的作品有很大一部分是宫廷诗，包括向国王祝寿、庆贺王后得子之类的应酬之作；另一部分是爱情之歌。他的传世之作都是爱情诗。龙萨是法国最早用本民族的语言、而不是用拉丁文写诗的桂冠诗人。他曾经和友人以及门生组织"七星文库"，提倡以法国民族语言写诗。

《情歌续集》：龙萨著，于 1555 年出版，它是 1552 年《情歌集》的续篇，《情歌集》是他为了表达对意大利姑娘加桑德爱慕之情写的 183 首十四行诗。1556 年他又发表一部《情歌续集》，它歌唱的是诗人对另一个名叫玛丽·杜班的农村姑娘的爱恋之情。这些都属于龙萨传世之作中的著名爱情诗。

G. 凯勒，参见第二册 P154 注释④。

P141【增订四】 Burton, *Anatomy of Melancholy*, Pt I, Sect. III, Mem. III, Subs., xv, *op. cit.*, Vol. I, P. 350.

伯顿，《忧郁的解剖》，第 I 卷，第 III 部，第 III 章，第 xv 节，如前所引，第 I 卷，P350。

伯顿和《忧郁的解剖》： 参见第一册 P37 注释④。

P142 注释① J. Burckhardt, *Die Kultur der Renaissance in Italien*, "Grosse illustrierte Phaidon-Ausgabe", 156 – 7; W. Muschg, *Tragische Literaturgeschichte*, 3. Auf., 13. Cf. I. Disraeli, *Curiosities of Literature*, I, 27 ff. ("The Persecuted Learned," "Poverty of the Learned," "Imprisonment of the Learned").

J. 布克哈特，《意大利文艺复兴时期的文化》，"费顿出版社插图版"，156—7；W. 墨希格，《悲剧观之文学史》，第 3 版，13，参见 I. 迪斯雷利，《文苑搜奇》，I，27 页及之后（"遭厄遇的文人"、"文人贫苦"、"文人受困"）。

布克哈特和《意大利文艺复兴时期的文化》： 参见第二册 P623 注释①。

W. 墨希格和《悲剧观之文学史》： 参见第一册 P583 注释①。

迪斯雷利和《文苑搜奇》： 参见第二册 P73 注释①。

P142 注释② Freud: "Art as Wish-fulfilment", Melvin Rader, ed. *A Modern Book of Esthetics*, 3rd ed., 131.

弗洛伊德：《作为愿望之实现的艺术》，梅尔文·雷德编，《现代美学》，第三版，131。

弗洛伊德， 参见第一册 P34 注释①。

《现代美学》： R. 雷德编，其他不详。

P144 注释① G.-C. Lichtenberg, *Aphorismen*, hrsg. A. Leitzmann, IV, 111.

G.-C. 利什滕贝格，《警句》，A. 莱茨曼编，IV，111。

利什滕贝格和《警句》： 参见第二册 P244 注释③。

P144 注释② E. g. J.-G. Hamann: "Meine grobe Einbildungskraft ist niemals instande gewesen, sich einen schöpferischen Geist ohne *genitalia* vorzustellen" (*Neue Hamanniana*, hrsg. H. Weber, 126); Schiller: "Mannerwürde": "Aus eben diesem Schöpferfluss/Woraus wir Menschen werden, /Quilt Götterkraft und Genius, /Was mächtig ist auf Erden" (*Werke*, hrsg. L. Bellermann, I. 48); Eric Gill: "We know what Renoir said, naming the tool with which he painted his pictures. Let his confession suffice for me. Lettering, masonry-these are not trades for eunuchs" (*Autobiography*, 122).

例如 J. -G. 哈曼:"我的想象力从未能想象出缺乏生殖器的创造性天才"(《新哈曼主义》,H. 韦博编);席勒:"男人的尊严":"正是从这条上帝之河,/这条我们人类发源的河流/流淌出神祉的力量和天才人物。/在地球上浩浩荡荡。"(《作品》,L. 贝尔曼编,I. 48);埃里克·吉尔:"我们知道雷诺阿说的是什么,给他画画的工具命名。他的坦白对我来说足够了。刻字、砖工——这些可不是太监会做的活"(《自传》,122)。

J. -G. 哈曼(J. -G. Hamann),德国哲学家,其他不详。

《新哈曼主义》:H. 韦博(Heinrich Weber)编,1905 年出版。德国哲学家约翰·哈曼的书信集。

席勒,参见第一册 P6 注释③。

埃里克·吉尔(Eric Gill, 1882—1940),英国雕刻家、字体设计师、版画家,工艺美术运动的参与者。吉尔获得过英国皇家艺术协会设立的英国设计师的最高奖项,他也是英国皇家设计师工业学院的创立者之一,也被誉为是西方的书法家。代表作有《雕版藏书票 1950—1970 年》等等。

P144 注释③ Nietzsche, *Vom Nutzen und Nachteil des Historie*, V, *Werke*, hrsg. K. Schlechta, I, 239.

尼采,《历史的利弊》,V,《作品》,K. 施勒赫塔编,I, 239。

尼采,参见第一册 P23 注释②。

《历史的利弊》:也译作《历史的用途和滥用》,尼采著,1874 年出版。此作是尼采早期的重要作品,论述的是历史对人生和社会的正反作用。

P144 注释④ Croce, *Estetica*, 10ª ed., 148.

克罗齐,《美学原理》,第 10 次再版,148。

克罗齐和《美学原理》:参见第一册 P415 注释①。

P146 注释① Sainte-Beuve: "François Ier Poète", *Portraits Littéraires*, III, 71.

圣-伯夫:"诗人弗朗索瓦一世",《文学肖像》,III, 71。

圣-伯夫,参见第一册 P319【增订四】。

《文学肖像》:圣伯夫于 1844 年著,他认为了解一位作者的性格以及成长环境对理解其作品有重要意义。因而他将这一理论应用于他的文论之中，其中包括《文学肖像》。

P149 注释① Fr. 24, quoted in Hans Licht, *Sexual Life in Ancient Greece*, tr. J. H. Freese, 35.

Fr. 24，引自汉斯·列希特，《古希腊人的性与情》，J. H. 弗里兹英译，35。

汉斯·列希特和《古希腊人的性与情》：参见第三册 P33 注释①。

P150【增订四】Kant, *Anthropolgie*, § 103, *Werke*, ed. E. Cassirer, Vol. VIII, p. 202.

康德，《实用人类学》，§ 103，《作品》，E. 卡西尔编，VIII，P202。

康德，参见第一册 P6 注释②。

《实用人类学》：参见第一册 P435 注释①。

P150 注释①*Politics*, VII. 16, *op. cit.*, 1302.

《政治学》，VII. 16，如前所引，1302。

亚里士多德和《政治学》：参见第一册 P37 注释③。

P150 注释②*Satira*, V, 187－192, *Opere minori*, Ricciardi, 555.

《讽刺诗》，V，187—192，《小作》，里西亚蒂，555。

《讽刺诗》：阿里奥斯托早年用拉丁语、俗语写过一些爱情诗和哀歌，《讽刺诗》七首在这其中比较著名，作于 1517 至 1525 年间，是用三韵句写成的致亲友的书信，抒写不得志的境遇，对时政进行针砭。《讽刺诗》是模仿罗马诗人贺拉斯笔法写成的。

《讽刺诗》的作者路德維柯·阿里奥斯托：参见第一册 P50 注释①。

P150 注释③*Physiologie du Mariage*, Aphorismes 14, *op. cit.*, XXXII, 44.

《婚姻生理学》，警句 14，如前所引，XXXII，44。

《婚姻生理学》及其作者巴尔扎克：参见第一册 P146 注释①。

P151 注释① Frederick Locker, *Patchwork*, 88.

弗雷德里克·洛克，《杂谈》，88。

弗雷德里克·洛克和《杂谈》：不详。

P151 注释② Bruno, *Candalaio*, IV. viii (Bonifaccio), *op. cit*, 120.

布鲁诺,《举烛人》,IV. viii(博尼法乔),如前所引,120。

布鲁诺,参见第一册 P99 注释③。

《举烛人》：参见第一册 P558 注释④。

Cf. A. H. Bullen, ed., *Speculum Amantis*, 102, *Melpomene*: "At twenty-five in women's eyes/Beauty does fade, at thirty dies."

参见 A. H. 布伦编,《玻璃情人》,102,《墨尔波墨》:"女人眼中,二十五岁/美色褪去,三十岁,美色殆尽。"

A. H. 布伦,不详。

《玻璃情人》：原名《玻璃情人;17 世纪罕有歌本和杂记中的情诗》(Speculum Amantis; Love-Poems from Rare Song-Books and Miscellanies of the Seventeenth Century),A. H. 布伦编,发表于 1857 年。其他不详。

P152 注释① Stendhal, *De I'Amour*, I, i, "Le Divan", I, 29.

司汤达,《论爱情》,I, i,"长沙发",I, 29。

司汤达,参见第二册 P396【增订三】。

《论爱情》：参见第二册 P810 注释①。

Cf. Baudelaire: "Spleen", *Oeuv. comp.*, "Bib. de la. Pléiade", 146: "Je suis comme le roi d'un pays pluvieux, /.../Et les dames d'atour, pour qui tout prince est beau."

参见波德莱尔:"脾",《全集》,"七星文库",146:"我就像一个多雨的国度的国王,/.../对身边的宫女们而言,所有的王子都是英俊的。"

波德莱尔,参见第二册 P138 注释①。

P152 注释② Lorenzo Megalotti, *Relazioni d'Ihghilterra 1668 e 1688*, a cura di Anna Maria Crinò, 39,40,41,173,174.

洛伦佐·玛格罗提,《1668 年—1688 年英格兰报道》,安娜·马里亚·柯丽诺校编,39,40,41,173,174。

洛伦佐·玛格罗提和《1668 年—1688 年英格兰报道》：不详。

P153 注释①G. Saintsbury, *A Scrap Book*, 202-3.

G. 圣茨伯里,《废书》,202—203。

G. 圣茨伯里(George Saintsbury, 1845—1933),英国学者、文论史家。他的《欧洲批评和文学趣味的历史》(3卷本)在1900至1904年之间出版。在这本书中,他对文学批评史这一门学科的基本研究范式进行了初步的勾勒。他在另一部代表作《文学批评史》中,把文学批评分为:主观的、客观的、归纳的、演绎的、科学的、判断的、历史的、考证的、比较的、道德的、印象的、鉴赏的、审美的十三种。

P156 注释①*The Merchant of Venice*, V. i. 68 (Jessica); *Sonnets*, viii.

《威尼斯商人》,V. i. 68(杰西卡);《莎士比亚十四行诗》,viii。

《威尼斯商人》及其作者莎士比亚:参见第一册P70注释①。

杰西卡:《威尼斯商人》中的人物,是主角犹太商人夏洛克的女儿。

P156 注释②*Defense of Poetry*, ed. A. S. Cook, 35.

《为诗辩护》,A. S. 库克编,35。

《为诗辩护》:珀西·比希·雪莱于1821年著。《为诗辩护》是雪莱的未完成之作,其对诗学作品和理论的探讨见解精辟,独树一帜。

雪莱,参见第一册P16注释①。

P157 注释① Leopardi, *Zibaldone*, Mondadori, II, 380.

莱奥帕尔迪,《杂记》,蒙达多利出版,II, 380。

莱奥帕尔迪,参见第一册P256注释④。

《杂记》:参见第一册P608【增订三】。

P157 注释②W. James, *Principles of Psychology*, II, 469-470.

W. 詹姆斯,《心理学原理》,II, 469—470。

W. 詹姆斯和《心理学原理》:参见第一册P272注释②。

P158 注释① Chateaubriand, quoted in I. Babbitt, *Masters of Modern French Criticism*, 66.

夏多布里昂,引自 I. 巴比特,《现代法国批评大师》,66。

夏多布里昂,参见第二册P376注释①。

P158 注释② Poe："The Philosophy of Composition"，*Poems and Miscellanies*，Oxford，195；cf. 177，"The Poetic Principle"（this certain taint of sadness connected with true beauty).

坡:《创作的哲学》,《诗与杂记》,牛津出版,195;参见 177,"《诗歌原理》"(这种悲伤感与真正的美相关)。

爱伦·坡,参见第二册 P32 注释②。

《诗歌原理》：爱伦·坡著,发表于 1848 年 12 月。

P158 注释③J. R. Lowell，*Letters*，ed. C. E. Norton，I，18.

J. R. 洛厄尔,《书信》,C. E. 诺顿编,I. 18。

J. R. 洛厄尔和《书信》：不详。

P158 注释④E. Charteris，*Life and Letters of Sir Edmund Gosse*，130，503.

E. 查特里斯,《埃德蒙·戈斯爵士的生平和书信》,130,503。

E. 查特里斯和《埃德蒙·戈斯爵士的生平和书信》：不详。

埃德蒙·戈斯(Edmund William Gosse，1849—1928),英国诗人、文学批评家、文学史家,翻译家,也是斯堪的纳维亚语言专家。代表作有《18 世纪文学》、《现代英国文学》等,他还为当时很多知名作家写过传记。

P158 注释⑤A. E. Housman："Name and Nature of Poetry"，*Selected Prose*，ed. J. Carter，193. Cf. Robert Graves，*The White Goddess*，Creative Age Press，7："A. E. Housman's test of a true poem was simple and practical"；cf. 10 - 1.

A. E. 豪斯曼:《诗歌的名与实》,《豪斯曼文选》,J. 卡特编,193。参见罗伯特·格雷夫斯,《白色女神》,创意时代出版社,7:"A. E. 豪斯曼认为,真正的诗歌应该是简单而实用的";参见 10—11。

A. E. 豪斯曼(A. E. Housman，1859—1936),英国最富盛名的古典主义学者之一,同时也是著名的悲观主义诗人,作为田园式、爱国主义、怀旧等主题的创作高手至今受到英国人的欢迎。代表作有诗集《西罗普郡少年》、《诗后集》及《诗外集》等。

罗伯特·格雷夫斯,参见第一册 P524 注释①。

《白色女神》：格雷夫斯著,于 1947 年发表。格雷夫斯在《白色女神》一书中认为文艺起源于对原始女神的崇拜。

P159 注释① Heine: "Gedanken und Einfälle", *Gesammelte Werke*, hrsg. G. Karpeles, VIII, 289.

海涅:《思想的产生》,《总集》,G. 卡普勒斯编,VIII, 289。

海涅,参见第一册 P8 注释①。

P161【增订四】Plutarch: "Advice about Keeping Well", §6, *Moralia*, Loeb, Vol, II, p. 231.

普鲁塔克:《关于保持健康的建议》, §6,《道德论丛》,"洛布古典丛书",第 II 卷,P231。

普鲁塔克和《道德论丛》: 参见第一册 P84 注释①。

P161 注释① Ben Jonson, *The Alchemist*, II. i (Sir Epicure Mammon). Cf. Gray, *Correspondence*. ed. P. Toynbee and L. Whibley, I, 159: "We had the dugs of a pregnant sow..."

本·琼森,《炼金士》,II. i(伊壁鸠爵士);参见格雷,《信件》,P. 汤因比和 L. 惠布利编,I, 159:"我们有怀孕肥母猪的乳房……"

本·琼森,参见第一册 P529 注释①。

《炼金士》: 本·琼森于 1610 年创作的一部喜剧,它被认为是本·琼森最优秀的同时也是最具有特色的一出喜剧。《炼金士》被认为是古典"三一律"(地点、时间与情节的一致)剧与讽刺剧的完美结合。

格雷,参见第三册 P125 注释①。

P162 注释① Croce, *La Poesia*, 5ª ed., 80.

克罗齐,《诗学》,第 5 次再版,80。

克罗齐,参见第一册 P415 注释①。

《诗学》: 参见第二册 P14【增订四】。

P173 注释① Pascal, *Pensées*, I. 27, ed. V. Giraud, 58. Cf. R. Whately: "The false handles and keyholes with which furniture is decorated, that serve no other purpose than to correspond to the real ones," quoted in De Quincey: "Rhetoric", *Collected Writings*, ed. D. Masson, X, 128.

帕斯卡,《思想录》,I. 27, V. 吉罗编,58;参见 R. 怀特利:"用于装饰家具的假

手柄和钥匙孔，除了与真实装饰相对应之外没有任何其他用途”引自德·昆西：“修辞学”，《德·昆西选集》，D. 马森编，X, 128。

帕斯卡和《思想录》：参见第一册 P256 注释①。

R. 怀特利，参见第一册 P500 注释①。

德·昆西，参见第一册 P415 注释②。

P178 注释①*Pickwick Papers*, ch. 28 (Sam Weller).

《匹克威克外传》，第 28 章（山姆·韦勒）。

《匹克威克外传》：参见第一册 P401 注释①。

《匹克威克外传》的作者狄更斯，参见第一册 P99 注释①。

P179 注释① Brüder Grimm, *Die Kinder-und Hausmärchen*, Berlin: Die Kinderbuchverlag, pp. 114 – 5.

格林兄弟，《儿童和家庭童话故事集》，柏林：儿童作品出版社，P114—115。

格林兄弟和《儿童和家庭童话故事集》：参见第一册 P485 注释①。

P192 注释① Publius Syrus, §379, *Minor Latin Poets*, "Loeb", 64. Cf. Demetrius, *On Style*, V. 294, "Loeb", 479.

普布里乌斯·西鲁斯，§379，《次要拉丁诗人选集》，“洛布古典丛书”，64。参见德米特里，《论文体风格》，V. 294，“洛布古典丛书”，479。

普布里乌斯·西鲁斯，参见第一册 P101 注释①。

《次要拉丁诗人选集》：不祥。

德米特里和《论文体风格》：参见第一册 P439 注释①。

P193 注释① E. R. Curtius, *Europäische Literatur und Lateinisches Mittelalter*, 2. Auf., 308.

E. R. 库尔提乌斯，《欧洲文学与拉丁中世纪》，第 2 版，308。

E. R. 库尔提乌斯和《欧洲文学与拉丁中世纪》：参见第一册 P184 注释①。

P194 注释① Catullus, Ixx; Petrarca, *Rime*, ccxii, *Rime*, *Trionfie Poesie latine*, Ricciardi, 283; Bacon: "The World", Aubrey, *Brief Lives*, Ann Arbor Paperbacks, 10; Logau: "Vergebene Arbeit", *Sinngedichte*, *eine Auswahl*,

Rütten & Loening, 63.

卡图卢斯, lxx; 彼特拉克,《歌集》, ccxii,《歌集》,《胜利的拉丁诗歌》, 里恰尔迪, 283; 培根:《世界》, 约翰 · 奥布里,《短暂人生》, 安阿伯平装书, 10; 洛格:《谅解我的工作》,《警句: 一种选择》, 汝顿和洛宁, 63。

卡图卢斯(Catullus, 约前87—约54), 古罗马诗人。他传下一百一十六首诗, 包括神话诗、爱情诗、时评短诗和各种幽默小诗。卡图卢斯的抒情诗不仅影响到其后的罗马抒情诗的发展, 而且对后代欧洲抒情诗的发展也产生相当大的影响。

彼特拉克和《歌集》: 参见第二册 P365 注释②。

约翰 · 奥布里和《短暂人生》: 参见第一册 P286 注释①。

洛格和《警句:一种选择》: 不详。

P194 注释② Croce, *Frammenti di Etica*, 77. Cf. Boswell, *The Ominous Years*, ed. C. Ryskamp and F. A. Pottle, 276 (March 19, 1776, Johnson); Coleridge, *Notebooks*, ed. Kathleen Coburn, I, 34, note (Young, Wordsworth, Mme de Staël).

克罗齐,《伦理片段》, 77; 参见鲍斯韦尔,《不祥的岁月》, C. 赖斯坎普和 F. A. 波特尔编, 276(1776. 3. 19, 约翰逊); 柯勒律治,《笔记》, 凯瑟琳 · 科伯恩编, I, § 34, 注释(杨格, 华兹华斯, 斯达尔夫人)。

克罗齐, 参见第一册 P415 注释①。

鲍斯韦尔, 参见第二册 P152 注释①。

柯勒律治和《笔记》, 参见第一册 P16 注释①。

凯瑟琳 · 科伯恩, 参见第一册 P16 注释①【增订四】。

杨格, 华兹华斯, 斯达尔夫人: 柯勒律治在《笔记》中论到的一些文人名。

杨格(Edward Young, 1683—1765), 英国诗人, 剧作家兼文艺评论家。代表作有《夜思录》(全名《哀怨, 或关于生、死、永生的夜思》)等。

华兹华斯, 参见第一册 P16 注释①。

斯达尔夫人, 参见第三册 P103 注释②。

P194 注释③ Gautier: "L'Art"; "Sculpte, lime, ciselle/Que ton rêve flottant/Se scelle/Dans le bloc résistant," *Emaux et Camées*, Charpentier, 226.

戈蒂耶:《艺术》;"雕刻, 石灰, 凿子/你的梦想漂浮/在坚固的街区,"《珐琅和雕玉》, 木匠, 226。

戈蒂耶, 参见第二册 P707 注释②。

《珐琅和雕玉》：戈蒂耶于1852著，此作是他美学观点的具体实践。《珐琅与玉雕》被认为是戈蒂耶在诗歌方面的最高成就，被帕尔纳斯派诗人奉为艺术典范。书中的37首诗歌集中体现了作者"为艺术而艺术"美学观念，作者选取精美的景或物，严格遵守格律、对词句精雕细琢，力求增强诗歌的音乐性和造型美感，创造出一种独特的情趣。

P195 注释① William Barnes, *Select Poems*, ed. Thomas Hardy, p. viii.

威廉·巴恩斯，《诗选集》，托马斯·哈代编，p. viii。

威廉·巴恩斯和《诗选集》：不详。

托马斯·哈代，参见第二册P57注释①。

P195 注释② David Scott, *Men of Letters*, 71.

戴维·斯科特，《文人》，71。

戴维·斯科特和《文人》：不详。

P196 注释①D. Provenzal, *Dizionario delle Immagini*, 318 (E. Praga), 640 (D'Annunzio); N. Kazantzakis, *The Odyssey: A Modern Sequel*, XXIII. 1305-8, tr. K. Friar, p. 743.

D. 普罗旺斯，《图像字典》，318(E. 布拉格)，640(邓南遮)；N. 卡赞扎基，《奥德修记：现代续篇》，XXIII. 1305—8，K. 弗赖尔译，P743。

D. 普罗旺斯和《图像字典》：不详。

邓南遮，参见第二册P139注释①。

N. 卡赞扎基，参见第三册P34注释③。

《奥德修续记》：卡赞扎基著，于1938年发表，作品探讨了佛陀、基督、尼采、列宁和其他先哲的世界观。

P205 注释① John Cleveland: "The Hecatomb to his Mistress": "As the philosophers to every sense/Marry its object, yet with some dispense, /And grant them a polygamy with all, /And these their common sensibles they call: /.../The same beam heats and lights; to see her well/Is both to hear and feel, to taste and smell"etc.. (G. Saintsbury, *Caroline Poets*, II, 23).

约翰·克利夫兰：《祭其情人》："哲学家看待五官感觉/如同一个物相娶的五个

妻子/一夫多妻,通行无碍,乃成通感:/…/就像光束能发热也放光;看到她/亦即听到她、摸到她、尝到她并闻到她”等等(G. 圣茨伯里,《卡洛琳时期的诗人》,II, 23)。

约翰·克利夫兰(John Cleveland, 1613—1658),英国诗人,以政治讽刺诗著称。其他不详。

《祭其情人》:约翰·克利夫兰著的一首诗。

G. 圣茨伯里,参见第三册 P153 注释①。

《卡洛琳时期的诗人》:G. 圣茨伯里著,其他不详。

P206【增订四】Harry Levin, *The Myth of the Golden Age in the Renaissance*, 1969, p. 186.

哈利·列文,《文艺复兴时期的黄金时代神话》,1969, P186。

哈利·列文(Harry Tuchman Levin, 1912—1994),美国文学评论家、现代主义和比较文学学者,哈佛大学比较文学教授,新人文主义美学创始人之一。代表作有《新拉奥孔》、《卢梭与浪漫主义》、《批评家与美国生活》、《文艺复兴黄金时代的神话》等。

《文艺复兴时期的黄金时代神话》:哈利·列文著,发表于 1969 年。其他不详。

P206 注释① Mme de Staël, *De I'Allemagne*, nouvelle éd. par Jean de Ponge et Simone Balayé, IV, 222.

斯达尔夫人,《论德国》,新版,让·德·庞奇,西蒙娜·巴拉耶合编,IV, 222。

斯达尔夫人,参见第三册 P103 注释②。

《论德国》:斯达尔夫人著。书中斯达尔夫人比较了法国和德国的文学。其中前者是“所有文学中最古典的”,从而也是最精英的,而德国文学是“浪漫主义的”,面向大众的。

P207 注释①W. Jaeger, *Paideia*, tr. G. Highet, I, 125 - 6.

W. 耶格,《教化》,G. 黑格译,I, 125—6。

W. 耶格和《教化》:参见第二册 P230 注释①。

P212 注释① Hesiod, *The Marriage of Ceyx*, V, “Loeb”, 255.

赫西奥德,《塞克斯的婚姻》,V,“洛布古典丛书”,255。

赫西奥德,参见第一册见 P285 注释①。

《塞克斯的婚姻》:出自《神谱》,赫西奥德著。《神谱》描写的是宇宙和神的诞生,被视作研究希腊神话、农业技术、天文学和记时的重要文献。

P212 注释② Aeschylus, quoted in Athenaeus, *The Deipnosophists*, XI. 494, “Loeb”, IV, 199; Cf. Aristophanes, *The Birds*, 807–8, “Loeb”, II, 211. Cf. *Moby Dick*, ch. 55: “But Stubb, he eats the whale by its own light, does he? and that is adding insult to injury, is it? Look at your knife-handle, there” etc.

埃斯库罗斯,引自阿忒纳乌斯,《诡辩论者》,XI. 494,“洛布古典丛书”,IV,199;参见阿里斯托芬,《鸟》,807—8,“洛布古典丛书”,II, 211;参见《白鲸》,第 55 章:“但斯塔布,借着大鲸鱼自己的光吃掉鲸鱼,不是吗? 这是叫它又受伤又受辱,不是吗? 看看你的刀柄”等等。

埃斯库罗斯(Aeschylus,前 525—前 456),古希腊悲剧诗人,被称为“悲剧之父”,他与索福克勒斯和欧里庇得斯一起被称为是古希腊最伟大的悲剧作家。代表作有《被缚的普罗米修斯》、《阿伽门农》等。

阿忒纳乌斯和《诡辩论者》,参见第一册 P57 注释①。

阿里斯托芬,参见第一册 P146 注释②。

《鸟》:阿里斯托芬著,是其现存的唯一一部以神话幻想为题材的喜剧。剧中两个雅典人和一群鸟一起在天和地之间建立了一个“云中鹁鸪国”。这个国家是一个理想的社会,其中没有贫富之分,没有剥削,劳动是生存的唯一条件。这部喜剧讽刺雅典城市中的寄生生活,是欧洲文学史上最早描写理想社会的作品。

赫尔曼·梅尔维尔和《白鲸》:参见第二册 P623 注释②。

P213 注释① Leonardo da Vinci, *Notebooks*, tr. E. MacCurdy, II, 512.

列奥纳多·达·芬奇,《达·芬奇笔记》,E. 麦考迪译,II, 512。

列奥纳多·达·芬奇,参见第一册 P444 注释①。

《达·芬奇笔记》:参见第二册 P360 注释①。

P214【增订四】Montaigne, *Essais*, III. v, *op. cit.*, p. 825.

蒙田,《随笔录》,III. v,如前所引,P825。

蒙田和《随笔录》:参见第一册 P50 注释①【增订四】。

Fragmente, §195, Novalis, *Schriften*, ed. J. Minor, 1923, Vol. II, p. 225.

《断章》, §195,诺瓦利斯,斯夸里顿, 丁.迈内编,1923,第II卷,P225。

诺瓦利斯,参见第一册P44注释③。

《断章》及其作者诺瓦利斯:参见第一册P44注释③。

P214 注释① Publius Syrus, §511, *Minor Latin Poets*, "Loeb", 80; *Dicta Catonis*, IV. 40, ib., 620.

普布里乌斯·西鲁斯, §511,《次要拉丁诗人选集》,"洛布古典丛书",80;《加图格言》,IV. 40,同上,620。

普布里乌斯·西鲁斯,参见第一册P101注释①。

《次要拉丁诗人选集》:不祥。

《加图格言》:参见第一册 P99注释②。

P214 注释② Bacon, *Advancement of Learning*, Bk II, ed. A. Wright, 209; Spinoza, *Ethica*, IV, Prop. 7, Garnier, II, 20. Cf. La Rochefoucauld, *Réflexions et Maximes morales*, 10, *Oeuvres*, "Les Grands Écrivains de la France", I, 34, note (vaincre une passion par une autre).

培根,《论学术的进展》,第II卷,A. 赖特编,209;斯宾诺莎,《伦理学》,IV,命题7,卡尼尔经典,II, 20。参见拉罗什富科,《道德箴言录》,10,《作品集》,《伟大的法国作家》,I, 34,注释(以另一个激情克服原有的激情)。

培根,参见第一册P286注释①。

《论学术的进展》:参见第一册P434注释①。

斯宾诺莎和《伦理学》:参见第一册P84注释②。

拉罗什富科:参见第二册P97注释①。

《道德箴言录》:参见第二册P159注释①。

P214 注释③ Burton, *Anatomy of Melancholy*, Part. II, Sect. II, Mem. VI, Subs. II, George Bell, II, 131.

伯顿,《忧郁的解剖》,第II卷,第II部,第VI章,第II节,乔治·贝尔,II, 131。

伯顿和《忧郁的解剖》:参见第一册P37注释④。

P227 注释① Henry Adams, *The Education of Henry Adams*, ch. 7 and 16.

亨利·亚当斯,《亨利·亚当斯的教育》,第 7 章,16。

亨利·亚当斯(Henry Adams, 1838—1918),美国历史学家、小说家。代表作有《亨利·亚当斯的教育》等。

《亨利·亚当斯的教育》:亨利·亚当斯著于 1907 年。该书是亨利·亚当斯以第三人称写成的自传体作品,是享誉世界的经典传记,也是世界一流的教育经典与历史文化名著。亚当斯死后,该书于 1919 年获普利策奖,并被译成多国文字,广为流传。

P227 注释② Cf. La Bruyère, *Les Caractères*, V. "De la société" vs VI. "Du coeur".

参见拉布吕耶尔,《品格论》,V."来自社会"vs VI."来自内心"。

拉布吕耶尔和《品格论》:参见第一册 P620 注释①。

P235 注释①R. D. Blackmore, *Lorna Doone*, ch. 7, "Everyman's Lib.", 40; Fanny and R. L. Stevenson, *Our Samoan Adventure*, ed. C. Neider, 55.

R. D. 布莱克默尔,《洛娜·杜恩》,第 7 章,"人人文库",40;芬妮与 R. L. 史蒂文森,《我们的萨摩亚历险》,C. 奈德编,55。

R. D. 布莱克默尔(R. D. Blackmore, 1825—1900),英国小说家,也是当时小说运动的先驱。代表作有《克拉拉·沃恩》、《洛娜·杜恩》等。其作因对乡村生动且拟人化的描写而大受赞扬。

《洛娜·杜恩》:R. D. 布莱克默尔著于 1869 年的畅销小说。该书以 17 世纪末英国历史上一个动荡时代为背景,描述了詹姆斯二世与蒙茅斯公爵之间为争夺王位而发生的一场内战,歌颂了男女主人公约翰·里德与洛娜·杜恩历经患难终成眷属的爱情故事。

芬妮(FannyVandegrift Osbourne, 1840—1914),19 世纪英国小说家 R. L. 史蒂文森的妻子。她协助史蒂文森完成了多部世界著名作品,其中小说有《金银岛》,诗集有《儿童乐园》等。

R. L. 史蒂文森(R. L. Stevenson, 1850—1894),英国小说家。代表作有长篇小说《金银岛》、《化身博士》、《绑架》、《卡特丽娜》等。

《我们的萨摩亚历险》:R. L. 史蒂文森与其妻子芬妮合著,于 1955 年出版。该日记写了两人在南海岛的生活、妻子芬妮非凡的心灵和思想及他们不同于常人的婚姻。

P236 注释①Héliodore, *Les Éthiopiques*, X. 9 (Persina et Chariclée), *Romans Grecs*, "Classiques Garnier", 280.

埃里奥多尔,《泰亚根尼和莎莉克蕾》,X. 9(波斯和查理尔),《希腊小说汇刊》,"卡尼尔经典",280。

赫利奥多斯(Héliodore d'Émèse,生卒不详),公元4世纪时期的希腊作家,代表作有《泰亚根尼和莎莉克蕾》等。

《泰亚根尼和莎莉克蕾》:原名为《埃塞俄比亚人,或者泰亚根尼和莎莉克蕾的爱情故事》(les Éthiopiques ou les Amours de Théagène et Chariclée),这是古希腊一部著名的爱情故事,创作于4世纪末,在当时极为流行。

P237 注释①*Decamerone*, II. 8 (quasi da occulta virtù mossi, avesser sentito costui loro àvolo essere), V. 5 (da occulta virtù mossa, cominciò a piagnere), Hoepli, 139, 343; Ippolito Nievo, *Le Confessioni d'un Italiano*, cap. 16 (Lo sentiva, lo sentiva, e non osava pensarlo), *Opere*, Riccardo Ricciardi, 576 - 7; Fouqué, *Undine*, kap. 11 (Ach Gott, sie ist ein böses Weibsbild geworden; und dennoch fühl'ich's im Herzen, dass sie von mir geboren ist). Nelson, 54.

《十日谈》,II. 8(好象有一种神秘的力量,使他们本能感觉到),V. 5(有一种神秘的力量,让他哭起来),欧伯利,139,343;伊波利托·涅埃沃,《意大利人自述》,16章(他感觉到了,他感觉到了,他不敢再往下想),《作品》,理却地·里西亚蒂出版社,576—7;穆特·福开,《涡堤孩》,11章(天呐,她已经成为了一个邪恶的女人,但是在我心里面,我视她仍如亲生),尼尔森出版社,54。

《十日谈》及其作者薄伽丘:参见第一册P301注释④。

伊波利托·涅埃沃(Ippolito Nievo, 1831—1861),意大利作家、记者。他的《意大利人自述》被广泛认为是意大利复兴时期最重要的小说之一。

《意大利人自述》:伊波利托·涅沃著于1857年至1858年间。涅埃沃没有找到出版商,直到1867年,也就是他去世六年后这本小说才以《一位八旬老人的自白》之名出版,而最初的书名则是《一个意大利人的忏悔》,现在该书已经广为人知。此作成功地勾画了意大利整整一个时代的历史画卷,对拿破仑统治意大利时期的社会生活作了详细描绘。

穆特·福开(Friedrich de la Motte Fouqué, 1777—1843),德国浪漫主义作

家。代表作有《剧作家施皮尔·冯·佩尔格林》、《涡堤孩》。

《涡堤孩》：也译为《温蒂妮》，穆特·福开著于1811年。在此作中，福开以涡堤孩（温蒂妮）作为主人公。生来没有灵魂的涡堤孩（温蒂妮），通过与凡人结成婚姻、生儿育女，从而获得了自己的灵魂。

P239 注释①I. Kings, 3.16-18.

《列王纪》，3.16—18。

《列王纪》：由波斯诗人菲尔多西作于11世纪初，又称"王书"。此作与哈菲兹的抒情诗集、萨迪全集、毛拉维叙事哲理诗集合为波斯文学的四大支柱。菲尔多西用波斯语，搜集民间故事，对波斯语的发展也做出了巨大的贡献。

P240 注释①H. T. Finck, *Romantic Love and Personal Beauty*, I, 92.

H. T. 芬克，《浪漫爱情与个人美》，I, 92。

H. T. 芬克（Henry Theophilus Finck, 1854—1926），美国音乐评论家，是理查德·瓦格纳及其音乐理论在美国的主要推动者。代表作有《浪漫爱情与个人美》等。

《浪漫爱情与个人美》：H. T. 芬克著于1887年。本书中提到三种不同的爱：自然之爱、理智之爱和理性之爱。

P241 注释① Irma A. Richter, *Selections from the Notebooks of Leonard da Vinci*, "The World's Classics", 182.

艾玛·A. 里希特，《达·芬奇笔记选集》，"世界经典丛书"，182。

艾玛·A. 里希特，不详。

《达·芬奇笔记选集》：艾玛·A. 里希特编，于1977年出版。此作搜集了400多幅精美手稿及画作真迹，完美呈现了《达·芬奇笔记》的原貌。编者将达·芬奇手稿分类编排，涉及绘画、人体、解剖、植物、地理、建筑、雕塑、占星学、哲学等众多学科。

列奥纳多·达·芬奇，参见第一册P444注释①。

《达·芬奇笔记》：参见第二册P360注释①。

P242 注释①R. Petrucci, *La Philosophie de la Nature dans l'Art d'Extrême-Orient*, 117; J. Baltrusâitis, *Le Moyen Âge fantastique*, 220.

R. 贝特鲁奇，《远东艺术中的自然哲学》，117；尤吉斯·巴楚萨蒂斯，《奇妙的中世纪》，220。

R. 贝特鲁奇(R. Petrucci, 1872—1917)，法国著名的汉学家。代表作有《远东艺术中的自然哲学》等。

《远东艺术中的自然哲学》：R. 贝特鲁奇著，1911 年出版。此作从哲学的角度解读了大量中国绘画。此作虽名为“远东艺术”，实际上大部分篇章是在阐释中国绘画。作者将中国绘画还原到中国的哲学语境中，详细地阐述了以儒、释、道为来源的中国自然哲学对中国绘画主题和技法的影响，他尤其突出了道家思想对中国绘画的影响，认为道家思想是中国绘画美学的基础。他的研究推动了法国汉学领域的道家研究，从而在艺术史研究和汉学研究之间搭建了一座桥梁。此后，中国绘画成为法国汉学研究的重要对象。

尤吉斯·巴楚萨蒂斯(Jurgis Baltrusâitis, 1903—1988)，立陶宛艺术史学家、艺术评论家及比较艺术研究的创始人之一。巴楚萨蒂斯的大部分作品都是用法语著成的，尽管他强调自己的立陶宛血统。代表作有《奇妙的中世纪》等。

《奇妙的中世纪》：全称《奇妙的中世纪：哥特式艺术中的文物和异国情调》或《奇幻中世纪：哥特式艺术中的文物和异国情调》，尤吉斯·巴楚萨蒂斯著于 1955 年。

P242【增订三】Giorgio Vasari, *op. cit.*, II, 177.

乔尔乔·瓦萨里，如前所引，II，177。

乔尔乔·瓦萨里，参见第二册 P688【增订三】。

P244【增订四】*Confessions of an English Opium Eater*, Everyman's Lib., p. 95; Philostratus, *The Life of Apollonius of Tyana*, II. xxii, Loeb, Vol. I, pp. 175 ff.; cf. E. H. Gombrich, *Art and Illusion*, 5th ed., 1977, pp. 89-91, 154-5.

《一个英国鸦片吸食者的自白》，人人文库，95 页；斐罗斯屈拉图斯，《提亚那的阿波罗尼奥斯的生活》，II. xxii，洛布古典丛书，第 I 卷，175 页及之后；参见 E. H. 贡布里希，《艺术与错觉》，第 5 版，1977，第 89—91 页，154—155 页。

《一个英国鸦片吸食者的自白》：德·昆西于 1821 年出版的自传体小说，主要描述了他的鸦片瘾及其对他生活的影响。

《一个英国鸦片吸食者的自白》的作者德·昆西，参见第一册 P415 注释②。

斐罗斯屈拉图斯，参见第一册 P617 注释①。

《提亚那的阿波罗尼奥斯的生活》：斐罗斯屈拉图斯著。此作讲述了提亚那的阿波罗尼奥斯(约公元 15—100 年，毕达哥拉斯的老师)的故事。

E. H. 贡布里希和《艺术与错觉》：参见第二册 P569【增订四】。

P245 注释①H. Focillon, *Vie des Formes*, Ernest Leroux, 75.

H. 福西永，《形式的生命》，欧内斯特·拉鲁斯，75。

H. 福西永和《形式的生命》：参见第二册 P175 注释④。

P246 注释①A. Lalande, *Vocabulaire technique et critique de la Philosophie*, 9e éd., Préface, pp. xviii-xix.

A. 拉兰德，《哲学批评术语词汇》，第 9 次再版，前言，P18—19。

A. 拉兰德和《哲学批评术语词汇》：参见第一册 P18 注释①。

P250 注释① Cf. Odon de Cluny: "stercoris saccum amplecti desideramus!", quoted in R. de Gourmon, *Le Latin mystique*, 30 - 2; Burton, *Anatomy of Melancholy*, Pt. III, Sect. III, Mem. V, Subs. III, "Everyman's Lib.", III, 208,212 (Lucian, Buchanan, Chrysostom et al).

参见克鲁尼·奥登："我们需要用粪袋"，见 R. 德·古尔蒙，《神秘的拉丁语》，30—2；伯顿，《忧郁的解剖》，第 III 卷，第 III 部分，第 V 章，第 III 节，"人人文库"，III, 208,212(卢奇安，布坎南，克里索斯托等人)。

克鲁尼·奥登，不详。

R. 德·古尔蒙(R. de Gourmout, 1858—1915)，法国作家，评论家。代表作有《拙劣的诗词》、《一颗童贞的心》、《神秘的拉丁语》等。

《神秘的拉丁语》：R. 德·古尔蒙著于 1892 年。其他不详。

罗伯特·伯顿和《忧郁的解剖》：参见第一册 P37 注释④。

P251 注释① Cf. Thomas Shadwell, *The Miser*, Mrs Cheatly: "I bring people together and make work for the parsons and the midwives. If I had liv'd in that time I would have been hang'd if I had not married the Pope to Queen Elizabeth" (*Complete Works*, ed. Montaque Summers, II, 39).

参见托马斯·沙德韦尔，《守财奴》，切特利夫人："我把男女撮合到一块，让牧师和助产士们有活干。如果我活在那时，没说动教皇娶伊丽莎白女王的话，我一定

被绞死。"(《全集》,蒙塔克·萨默斯编,II, 39)。

托马斯·沙德韦尔(Thomas Shadwell, 1642—1692),英国剧作家、桂冠诗人。主要作品有《愁眉不展的情人》、《守财奴》、《埃普索姆的堕落》、《弗托沙》、《真正的寡妇》、《擅权的女主人》和《阿尔萨蒂阿的乡绅》等。1689年沙德韦尔荣获"桂冠诗人"称号。

《守财奴》:托马斯·沙德韦尔著的剧本,此作是根据法国戏剧家莫里哀作品改写的韵诗剧。

P253 注释① Machiavelli, *II Principe*, cap. 3, *Opere*, Riccardo Ricciardi, 6; cf. Guicciardini: "Questo male, che è difficile a sanare, arebbe bisogno di medicine forti, e, per parlare in volgare, di crudeltà."

马基雅维利,《君主论》,第3章,《作品》,理却地·里西亚蒂出版,6;参见圭恰尔迪尼:"用粗鲁、残忍的话来说,这种难以纠正的恶行,需要用猛药来治。"

马基雅维利和《君主论》:参见第一册P37注释④。

圭恰尔迪尼:参见第一册P323注释①。

P254 注释①H. Ellis, *The Criminal*, 5th ed., 299.

享利·哈维洛克·艾利斯,《犯罪人》,第五版,299。

享利·哈维洛克·艾利斯(H. Ellis, 1859—1939),英国心理学家、作家,是指出性别与染色体相关的第一人。代表作有《犯罪人》等。

《犯罪人》:艾利斯著,出版于1890年。此作从犯罪人类学的角度对犯罪心理进行了研究。

P256 注释① Gibbon, *Decline and Fall of the Roman Empirem*, ch. 29; cf. L. Brunschvicg, *Le Progrès de la Conscience dans la Philosophie occidentale*, II, 747 (l'écart entre l'institution, telle qu'elle est enregistrée par la lettre du droit, et la vie véritable de la société).

爱德华·吉本,《罗马帝国衰亡史》,第29章;参见L.布伦士维格,《西方哲学意识的进步》,II, 747(法律条文所记载的制度与社会的真实生活之间的差距)。

爱德华·吉本和《罗马帝国衰亡史》:参见第一册P35注释①。

L.布伦士维格(L. Brunschvicg, 1869—1944),法国唯心主义哲学家。代表作有《形而上学与士气》等。

《西方哲学意识的进步》：L. 布伦士维格著于 1927 年。其余不详。

P265 注释① Pareto，*op. cit.*，§§661－2，Vol. I，pp. 400－2（Palaephatus，*De incredibilibus historis*；Heraclitus，*De incredibilibus*）.

帕累托，如前所引，§§661—2，第 I 卷，P400—402（帕拉帕图斯《难以置信的历史》；赫拉克利特，《难以置信》）。

V. 帕累托，参见第一册 P360 注释①。

赫拉克利特和《难以置信》：不详。

帕拉帕图斯和《难以置信的历史》：不详。

P265 注释② Cf. Renan：“Des Services rendus aux Sciences historiques par la Philologie,” *Oeuv. comp.*，ed. H. Psichari，VIII，1229：“La mythologie n'est pas autre chose que le langage；elle en sort，ells n'est que le langage pris d'une façon matérielle.”

参见勒南：“文字学为历史科学提供服务”，《全集》，H. 普西卡里编，VIII，1229：“神话不过是语言；它滋生于语言，只是一种物质方式的语言。”

约瑟夫·欧纳斯特·勒南（Joseph Ernest Renan，1823—1892），法国宗教学家、作家、历史学家，孔德实证主义继承人之一。历史学方面的代表作有《基督教起源史》。他试图以科学方法研究宗教历史，排除一切神秘色彩。在历史研究中他强调周详的考证和可靠的事实，其著作《闪米特族语言比较史》和《以色列人民史》在学术界都享有盛誉。在文学方面代表作有《童年和青年时期的回忆》和《哲理剧本》，前者是优美的散文，后者包含 4 个对话体的故事。

P267 注释①M. Summers，*History of Witchcraft and Demonology*，117－8.

蒙塔古·萨默斯，《巫术史与鬼神学》，117—118。

蒙塔古·萨默斯，参见第一册 P559 注释②。

《巫术史与鬼神学》：蒙塔古·萨默斯著于 1926 年。

P267 注释②*Hamlet*，I. ii（Horatio）；G. A. Bürger：“Lenore”.

《哈姆雷特》，I. ii（霍雷肖）；G. A. 比尔格：《雷娜拉》。

《哈姆雷特》：参见第一册 P391 注释⑤。

G. A. 比尔格（Gottfried August Bürger，1747—1794），德国诗人。他的民谣

在德国很受欢迎。代表作有民谣《雷娜拉》等。

《雷娜拉》：G. A. 比尔格于 1773 年所作的民谣。这部民谣不仅有德语读者，还有英语和俄语的改编版本和法语译本。通常被视为 18 世纪哥特式民谣的一部分，虽然此作中所描写的人物并非吸血鬼，但此作对吸血鬼文学有着较大的影响。

P269 注释① Boileau, *Réflexions critiques sur quelques passages du Rhéteur Longin*, ix, *Oeuvres complètes*, ed., A. C. Gidel, III, 378–9, note.

布瓦洛,《诗的艺术》,ix,《全集》,A. C. 吉德尔编,III, 378—9,注释。

布瓦洛和《诗的艺术》：参见第二册 P803 注释①。

P269 注释② J. Gonda, *Remarks on Similes in Sanskrit Literature*, 40.

K. 贡达,《论梵语文学中的明喻》,40。

J. 贡达(Jan Gonda, 1905—1991)，荷兰印度学家，乌得勒支的第一位梵语教授。他也是公认的 20 世纪亚洲语言、文学和宗教，尤其是研究印度教和佛教相关的文本和主题方面的主要学者之一。在其长达 60 年的研究生涯中，贡达发表了大量关于印度梵语和印尼爪哇语的学术文章，为文献学和吠陀文学做出了巨大的贡献。

《论梵语文学中的明喻》：J. 贡达著于 1949 年。这部作品是贡达基于梵语所做的研究。他从语言学的角度出发，阐述了梵语作者自由使用明喻的原因。

P270 注释① I. Thessalonians, 5. 2; II Peter, 3. 10; *Revelations*, 3. 3. Cf. Matthew, 24. 43; Luke, 12. 39.

帖撒罗尼迦前书,5. 2;彼得后书,3. 10;启示录,3. 3. 参见马太福音,24. 43;路加福音,12. 39。

启示录(Revelations)：出自《圣经》新约，作者是使徒约翰，共 22 章。

马太福音，参见第一册 P290 注释②。

其他也均出自《圣经》。

P274 注释① Bacon, *Essays*, "Of Empire", "The World's Classics", 78 (Apollonius).

培根,《随笔集》,《论王权》,"世界经典丛书",78(阿波罗尼奥斯)。

培根，参见第一册 P286 注释①。

《随笔集》：参见第一册 P323 注释②。

《论王权》：1597 年首版的《培根随笔》的第 19 章，培根在此章详述了帝王的气质与官场的运作机制。

P288 注释① Palladas, *Greek Anthology*, X. 44, "Loeb", IV, 25.

巴拉达思，《希腊诗选》，X. 44，"洛布古典丛书"，IV, 25。

巴拉达思，参见第一册 P458 注释②。

P289 注释①*Paradise Lost*, X. 760 - 2.

《失乐园》，X. 760—2。

《失乐园》：参见第一册 P183 注释①。

P289 注释② Thomas Shadwell, *The Libertine*, *Complete Works*, ed. M. Summers, III, 27 (Jacomo and Don John).

托马斯·沙德韦尔，《浪子》，《全集》，M. 萨默斯编，III, 27（雅各布和堂·约翰）。

托马斯·沙德韦尔，参见第三册 P251 注释①。

《浪子》：英国剧作家、桂冠诗人托马斯·沙德韦尔于 1675 年创作的一部无韵诗悲剧。

P289 注释③*Gulliver's Travels*, Pt I, ch. 6, Oxford, 67.

《格列佛游记》，第 I 部分，第 6 章，牛津出版，67。

《格列佛游记》及其作者斯威夫特：参见第二册 P129 注释②。

P289【增订三】*Letters*. "Everyman's Library", 400.

《情书》，"人人文库"，400。

《情书》及其作者劳伦斯·斯特恩：参见第一册 P62 注释①。

P290 注释① Marek Hlasco, *The Eighth Day of the Week*, tr. N. Guteman, 13 (Agnieszka).

马雷克·赫拉斯科，《一周的第八日》，N. 古特曼译，13（阿格涅斯卡）。

马雷克·赫拉斯科（Marek Hłasko, 1934—1969），波兰作家和编剧。他的传记是高度神话化的，并且许多关于他生活的传说都是他自己传播的。代表作品有《一周的八日》、《杀死第二只狗》等。

《一周的第八日》：马雷克·赫拉斯科于1957年创作的一部小说。小说表现出了波兰战后社会中的年轻人对前途的焦虑和对浮华的追逐，然而所谓的真爱和诺言却在残酷的现实中消磨殆尽，只能像“一周的第八日”那般的虚幻和无法企及。

P290 注释②A. Moravia, *Nuovi racconti romani*: “Lasciami perdere”, *Opere complete*, Bompiani, XI, 251-2 (Marcella).

A. 莫拉维亚，《罗马故事新编》：“别管我”，《全集》，邦皮亚尼，XI，251—2(马塞拉)。

A. 莫拉维亚(Alberto Moravia, 1907—1990)，意大利小说家。他在长达六十年的创作生涯中，发表了数十部长篇小说和中短篇小说集。他以写实的笔法，书写发生在人们身边的平常故事，代表作有长篇小说《冷漠的人们》、《期待成空》等，短篇小说集《瘟疫集》、《罗马故事》、《罗马故事新编》等。他的作品重视心理分析，关注人物的两重性格和病态心理。

《罗马故事新编》：A. 莫拉维亚著，发表于1959，是继其短篇小说集《罗马故事》(1954)之后的又一短篇小说集。这两部短篇小说集受到当时国内的抵抗运动和新现实主义文学的影响，描写店员、工人、仆役、清道夫、失业者、小偷等下层人物在第二次世界大战后的求生挣扎。作者以敏锐的观察力，细致的心理分析，真实地表现了这些普通人的希望和痛苦。

P292 注释① Robert J. Clements, *Michelangelo's Theory of Art*, 175-8.

罗伯特.J.克莱门茨，《米开朗基罗的艺术理论》，175—178。

罗伯特.J.克莱门茨和《米开朗基罗的艺术理论》：参见第一册P88注释①。

P292 注释② Hogarth, *The Analysis of Beauty*, ch. 5, ed. J. Burke, 42-3; cf. “Preface”, 5-6.

霍加斯，《美的分析》，第5章，J. 伯克编，42—3；参见“序言”，5—6。

霍加斯和《美的分析》：参见第二册P316注释①。

P292【增订三】Lucian: “The Dance”, “Loeb”, V, 233.

卢奇安：“舞蹈”，“洛布古典丛书”，V，233。

卢奇安，参见第二册 P463 注释①。

P293 注释 ① Schiller: "Ueber Anmut und Würde," *Werke*, hrsg. L. Bellermann, 2. Aufl., VII, 109.

席勒："关于恩典与尊严"，《全集》，L. 贝尔曼出版，第 2 版，VII, 109。

席勒，参见第一册 P6 注释③。

P294 注释① Paul Léon, *Mérimée et son Temps*, 374. Cf. Hugo, *Toute la Lyre*, III. 3: "N'est-ce pas le serpent qui vaguement ondule/Dans la souple beauté des vierges aux seins nus?"; Herman Bahr, *Das Konzert*: "Eva, neunzehn Jahre; sehr schlank, fantastisch, auf Schlange stilisiert."

保罗·莱昂，《梅里美及其时代》，374；参见雨果，《诗艺集》，III. 3："这难道不是一条蛇如波浪般起舞/在赤裸着乳房的神圣处女的柔美之中？"赫尔曼·巴尔，《音乐会》："伊娃，十九岁；苗条，曼妙，蛇一般的体态。"

P. 莱昂和《梅里美及其时代》：参见第一册 P359 注释②。

梅里美，参见第一册 P176 注释②。

雨果，参见第一册 P145 注释①。

《诗艺集》：雨果著，于 1888 年其逝世后出版的一本诗歌合集。这本选集实际上是基于雨果生前的笔记和手稿编著而成的，因而其中包含了众多雨果未出版过的诗歌。

赫尔曼·巴尔(Hermann Anastas Bahr, 1863—1934)，奥地利剧作家、戏剧和文学评论家。在创作方面，赫尔曼·巴尔历经自然主义、新浪漫派，到印象主义和表现主义。其作品主要分为批判性著作、散文、戏剧和书信等几类。代表作是戏剧《音乐会》等。

《音乐会》：赫尔曼·巴尔所著的最成功的喜剧。1909 年 12 月 23 日在柏林的莱辛剧院进行首演。主要情节如下：音乐教师古斯塔夫借口去参加秘密的音乐会，其实是去山上的小屋与情人约会。其妻玛丽得知真相后与古斯塔夫的女学生汝拉跟随古斯塔夫到山上，最后威胁古斯塔夫与情人结婚。

P294 注释 ② Baudelaire: "Le Serpent qui Danse", *Oeuvres complètes*, "la Pléiade", 104. Cf. Moravia: "Scherzi di Ferragosto": "La donna ... era flessuosa come un serpente; camminando dimenava le anche e dondolava di testa"

(*Racconti romani*, in *Opere complete*, Bompiani, VII, 5).

波德莱尔:《舞动的蛇》,《全集》,"七星文库",104;参见莫拉维亚:《弗拉高斯图的笑话》:"那个女人……像蛇一样柔软;他笑着,摇了摇头"(《罗马故事》,见《全集》,邦皮尼亚,VII, 5)。

夏尔·皮埃尔·波德莱尔,参见第三册 P46 注释②。

莫拉维亚,参见第三册 P290 注释②。

《罗马故事》:莫拉维亚著,发表于 1954 的一部短篇小说集。此作与短篇小说集《罗马故事新编》(1959)一样,受到当时国内的抵抗运动和新现实主义文学的影响,描写店员、工人、仆役、清道夫、失业者、小偷等下层人物在第二次世界大战后的求生挣扎。

P300 注释① Ronsard: "Throis Sonnets" ii, *Oeuvres complètes*, éd. P. Laumonier, Vl, 488. Cf. Bentham: "unprolific appetite" (C. K. Ogden, *Jeremy Bentham 1832 - 2032*, p. 103, cf. 98); C. Hassall, *Edward Marsh*, 222(Margot Asquith); M. Gibbon, *The Masterpiece and the Man*, 153 (Yeats).

龙萨:《抒情十四行诗》ii,《全集》,P. 洛莫尼耶编,VI, 488;参见杰里米·边沁:"很少的食欲"(C. K. 奥格登,《杰里米·边沁 1832—2032》,P103,参见 98);C. 哈索尔,《爱德华·马什》,222(玛戈特·阿斯奎斯);M. 吉本,《杰作与人》,153(叶芝)。

龙萨,参见第三册 P133 注释①。

边沁,参见第一册 P540【增订三】。

C. K. 奥格登,参见第一册 P195 注释⑤。

C. 哈索尔和《爱德华·马什》:不详。

M. 吉本(M. Gibbon, 1896—1987),爱尔兰诗人、多产作家,被誉为"爱尔兰文坛上的元老"。他现存的二十多卷诗集、自传、游记和评论集均保存于贝尔法斯特女王大学。除了与叶芝、乔治·威廉·拉塞尔、乔治·莫尔的来往信件为人熟知外,吉本还写过许多小说,但却常常被人们描述为过于"自我关注和尖刻"。

《杰作与人》:全称《杰作与人:我所认识的叶芝》,M. 吉本著于 1959 年。在这部作品中吉本对其表亲爱尔兰著名诗人威廉·巴特勒·叶芝做了尖刻的描绘。

P300 注释② Ed. Grisebach, *Die treulose Witwe. Eine chinesische Novelle und ihre Wanderung durch die Weltliteratur*, *1877*.

例如格里泽巴赫,《不忠的寡妇——部中国小说及其在世界文学中的演

变》,1877。

格里泽巴赫(Grisebach,生卒不详),德国作家,其他不详。

《不忠的寡妇》:格里泽巴赫写于1877年故事。有人认为这一故事最早起源于印度。其蓝本可能是《妻子怎么爱丈夫》的民间故事。故事中,丈夫和朋友商量去试探妻子是否忠贞。丈夫在朋友的劝解下装死,发现妻子为了救情人准备割丈夫的鼻子。

P300 注释③ Petronius, *Satyricon*, cxi-cxii, "Loeb", 228-34.

佩特洛尼乌斯,《萨蒂利卡》,cxi-cxii,"洛布古典丛书",228—234。

佩特洛尼乌斯和《萨蒂利卡》:参见第一册P573注释①。

P301 注释①"Die Hochzeit der Frau Füchsin", erstes Märchen, Brüder Grimm, *Die Kinder-und Hausmärchen*, Berlin: Der Kinderbuchverlag, 138-40.

《狐狸夫人的婚礼》,第一个童话故事,格林兄弟,《德国儿童与家庭童话集》,柏林:儿童书籍出版社,138—140。

《狐狸夫人的婚礼》:出自《格林童话》。情节如下:九尾狐狸老爷受到挑拨怀疑妻子对自己不忠,他躺在家中装死来试探狐狸夫人的反应。狐狸老爷看到狐狸夫人打发走众多求婚者暗自高兴。然而不久,又来了一位同样拥有九条尾巴的年轻狐狸,狐狸太太非常欢喜。正当他们准备举行婚礼之时,老狐狸动弹起来,把所有人都赶出了家门,只剩他自己孤零零一人。

格林兄弟和《儿童和家庭童话故事集》:参见第一册P485注释①。

P301 注释②*Hamlet*, III. ii. 224-5 (Player King).

《哈姆雷特》,III. ii. 22a—5(玩家王)。

《哈姆雷特》:参见第一册P391注释⑤。

《哈姆雷特》的作者莎士比亚,参见第一册P70注释①。

P301【增订四】Nathan Ausubel, *A Treasury of Jewish Folklore*, Bantam Abridged Ed., 1980, p. 466.

内森·奥苏贝尔,《犹太民间传说的宝库》,班塔姆·安卜里基德编,1980,P466。

内森·奥苏贝尔(Nathan Ausubel, 1898—1986),美国历史学家、民俗学家和幽默家,专攻犹太文化。代表作有《犹太民间传说的宝库》、《犹太人民画报》、《美国的犹太文化》等。

《犹太民间传说的宝库》：奥苏贝尔于1948年创作，是其最著名的两本书之一，已出二十多个版本。

P302 注释① Cf. Johnson, *Rambler*, No. 18: "As the faculty of writing has been chiefly a masculine endowment, the reproach of making the world miserable has been always thrown upon the women."

参见约翰逊，《漫步者》，第十八期："因为男性占据了大部分的话语权，所以女性总是被斥责为祸国殃民的元凶。"

塞缪尔·约翰逊和《漫步者》：参见第一册P411注释①。

P303 注释① Montesquieu, *De L'Esprit des Lois*, Liv. IV, ch. 2 et 10, *Oeuv. comp.*, "Bib. de la Pléiade", II, 474, 482.

孟德斯鸠，《论法的精神》，第IV篇，第2章和第10章，《全集》，"七星文库"，II, 474, 482。

孟德斯鸠和《论法的精神》：参见第一册P38注释①。

P304 注释① Hume: "Of National Characters", *Essays Moral, Political, and Literary*, ed. T. H. Green and T. H. Grose, I, 256.

休谟：《民族性格》，见《道德和政治论文集》，T. H. 格林和T. H. 格罗斯编，I, 256。

休谟，参见第一册P391注释③。

《道德和政治论文集》：休谟著，1744年出版，此作收集了休谟多年累积的一系列论文，并在休谟去世前不久被汇编为一册出版。

P304 注释② Leopardi, *Zibaldone*, Mondadori, II, 893.

莱奥帕尔迪，《杂记》，蒙达多利出版，II, 893。

莱奥帕尔迪，参见第一册P256注释④。

《杂记》：参见第一册P608【增订三】。

P311 注释①*Antony and Cleopatra*, I. i. 48-51.

《安东尼与克莉奥帕特拉》，I. i. 48—51。

《安东尼与克莉奥佩特拉》：参见第一册 P168 注释①。

莎士比亚，参见第一册 P70 注释①。

P317 注释① E. g. Petrarca, *Rime*, L, CLXIV, CCXXIII (il sonno è' n bando, e del riposo è nulla), *Rime*, *Trionfie Poesie Latine*, Riccardo Ricciardi, 70 ff., 230, 295. Cf. H. Weber, *La Création poétique au* 16e *Siècle en France*, I, 366 ff.: "Chez les pétrarquistes, l'amour entraîne généralement l'absence de sommeil d'où un appel toujours vain à celui-ci", etc.

彼特拉克，《歌集》，L, CLXIV, CCXXIII(无法入眠，无意休息)，《歌集》，《胜利的拉丁诗歌》，理却地·里西亚蒂出版，70 页及之后，230，295；参见 H. 韦博，《十六世纪法国的诗歌创作》，I, 366 页："对彼得拉克式的诗人而言，坠入爱河或许就意味着衷情难诉的无眠之夜"等。

彼特拉克和《歌集》：参见第三册 P61 注释①。

H. 韦博和《16 世纪法国的诗歌创作》：参见第一册 P301 注释④。

P317 注释② Weber, *op. cit.*, 356 ff.: "Le thème du songe qui réalisé un moment le désir amoureux, puis laisse une amère désillusion, était cher aux pétrarquistes italiens", etc.

韦伯，如前所引，356 页："在梦里瞬间实现了爱的欲望，然而梦醒后经受痛苦的失望，这对于彼得拉克式的意大利人来说，弥足珍贵"，等。

H. 韦博，参见第一册 P301 注释④。

P321 注释① Cf. R. M. Jodi: "Poesia bernesca e Marinismo", in *La Critica stilistica e il Barocco letterario: Atti del Secondo Congresso Internazionale di Studi italiani, 1958, pp. 261 ff..*

参见 R. M. 朱迪：《讽刺诗和马里诺体》，见《文体批评与巴洛克文学：第二届意大利国际研究大会论文集》，1958，261 页及之后。

R. M. 朱迪和《讽刺诗和马里诺体》：不详。

马里诺，参见第一册 P16 注释①。

马里诺体(或马里尼体)，指意大利诗人马里诺的浮华精致、刻意雕琢的风格。

P321 注释② F. Bemi: "Ritratto", L. R. Lind, *Lyric Poetry of the Italian*

Renaissance, p. 292.

F. 贝米:"肖像",L. R. 利德,《意大利文艺复兴时期的抒情诗》,P292。

F. 贝米,不详。

L. R. 林德(Levi Robert Lind, 1906—2008),美国作家、翻译家、古典文学研究专家。他曾出版一系列专著以及众多著作的译本,其中包括维吉尔的名篇《埃涅阿斯纪》(又译《伊尼特》)。代表作有《韵译拉丁诗歌》、《当代翻译中的十部希腊戏剧》等。

《意大利文艺复兴抒情诗》: 全称为《意大利文艺复兴抒情诗: 诗歌翻译集》, L. R. 利德著于1954年。此作中,作者将数百首意大利古典抒情诗翻译成了英语。

P321 注释③ Tasso: "Sopra la Bellezza", *Poesie*, Ricciardi, 831.

塔索:《在美丽之上》,《诗歌》,里西亚蒂出版,831。

塔索,参见第一册 P213 注释①。

P321 注释④ Sidney, *Arcadia*, Bk I, *Complete Works*, ed. A. Feuillerat, IV, 27.

西德尼,《阿卡迪亚》,第 I 卷,《全集》,A. 弗耶拉编,IV, 27。

西德尼,参见第一册 P195 注释②。

《阿卡迪亚》: 西德尼的一部用散文和诗歌创作的田园浪漫传奇故事。1584年,菲利普·西德尼对《阿卡迪亚》进行彻底的修改,将单线情节模式改为复杂的多线模式,此书在他去世前仅完成一半。这首描写田园生活的叙述体诗歌,是英国文学作品中最具代表性的早期田园诗。

P322 注释①*Don Quijote*, II. xliv, "Clásicos Castellanos", VII, 144.

《堂吉诃德》,II. xliv,"西班牙古典文学丛书",VII. 144。

《堂吉诃德》: 参见第一册 P99 注释④。

P322 注释② G. Greflinger: "An eine Jungfrau", M. Wehrli, *Deutsche Barocklyrik*, 3. Aufl, 50.

G. 格雷夫林格:《一位年轻的女士》,M. 威利,《德国巴洛克抒情诗》,第 3 版,50。

G. 格雷夫林格和《一位年轻的女士》: 不详。

M. 威利，参见第一册 P68【增订四】。

《德国巴洛克抒情诗》：不详。

P322 注释③ Shakespeare, *Sonnets*, CXXX; Sir John Suckling: "The Deformed Mistress", *Poems*, *The Haworth Press*, 81 - 2; G. A. Stevens: "A Pastoral", V. de Sola Pinto and A. E. Rodway, ed., *The Common Muse*, 233 - 4; Baudelaire: "Cette Bohémelà...", "A une Mendiante rousse", "Le Monstre", "Un Cheval de Race", *Oeuvres complètes*, "Bib. de la Pléiade", 58 - 9, 155 - 6, 223 - 4, 343 - 4.

莎士比亚，《莎士比亚十四行诗》，CXXX；约翰·萨克林：《畸形的情妇》，《诗歌》，霍沃斯出版社，81—2；G. A. 史蒂文斯：《田园牧歌》，V. 德·索拉·平托和 A. E. 罗德温合编，《共同的缪斯女神》，233—4；波德莱尔：《这波西米亚……》，《一个红头发的乞丐》《怪物》，《一匹赛马》，见《全集》，"七星书库"，58—59，155—156，223—224，343—344。

莎士比亚，参见第一册 P70 注释①。

《莎士比亚十四行诗》：十四行诗是欧洲一种格律严谨的抒情诗体。最初流行于意大利，彼特拉克的创作使其臻于完美，又称"彼特拉克体"，后传到欧洲各国。莎士比亚创作 154 首十四行诗，于 1604 年著成《莎士比亚十四行诗》。他的十四行诗改变了彼得拉克的格式，由三段四行和一副对句组成，每行诗句有 10 个抑扬格音节。以形象生动、结构巧妙、音乐性强、起承转合自如为特色，常常在最后一副对句中概括内容，点明主题，表达情怀。

约翰·萨克林（Sir John Suckling, 1609—1642），英国查理一世时代的保皇党骑士诗人、剧作家和廷臣，以写抒情诗著称。其作品以机智自然著名，有《诗人的集会》和《阿格劳拉》等。

G. A. 史蒂文斯，不详。

波德莱尔，参见第三册 P46 注释②。

P322【增订四】Don Quijote, "*Clásicos Castellanos*", 1951, Vol. V, pp. 201 - 2.

堂吉诃德，"西班牙古典文学丛书"，1951，第 V 卷，P201—202。

《堂吉诃德》及其作者塞万提斯，参见第一册 P99 注释④。

P323 注释① Shakespeare, *Venus and Adonis*, 242 - 4.

莎士比亚,《维纳斯和阿多尼斯》,242—244。

莎士比亚,参见第一册 P70 注释①。

《维纳斯和阿多尼斯》:参见第二册 P632【增订四】。

P323 注释②L. Casaburi:"Amoroso avvenimento," *Marino e i Marinisti*, Ricciardi, 1054; cf. 743, M. Giovanetti: "Bella donna ridento fa due pozzettenelle guance."

L. 卡萨布里:《情事》,《马里诺和马里诺主义》,里西亚蒂出版,1054;参见 743, M. 基奥凡尼提:"美丽的女子笑起来脸上现两小酒窝。"

L. 卡萨布里和《情事》,不详。

马里诺和马里诺主义:参见 P16 注释①【增订三】。

《马里诺和马里诺主义》及其作者 G. G. 法里罗:不详。

P323 注释③ Le Cardinal de Bernis:"Les petits Trous", *Les Petits Poètes du 18ᵉ Siècle*, "La Renaissance du Livre", II. Cf. "Sigilla in mento impressa Amoris digitulo/Vestigio demonstrant mollitudinem," quoted in Gray, *Correspondence*, ed. P. Toynbee and L. Whibley, I, 202-3.

红衣主教伯尼斯:《小酒窝》,《18 世纪的小诗人》,"书本的复兴",II;参见"爱神手指留在脸颊上的封印/瞬间温软",引自格雷,《信件》,P. 汤因比和 L. 惠布利编, I, 202—203。

红衣主教伯尼斯(Le Cardinal de Bernis, 1715—1794),法国路易十五时期的作家、外交官和大使。他是 1744 年当选的第六位占据法兰西学院三席的成员,是法国思想家伏尔泰的朋友,也是极富传奇色彩的意大利冒险家贾科莫·卡萨诺瓦自传体作品《我的一生》中最著名的人物之一。

《18 世纪的小诗人》:不详。

格雷,参见第三册 P125 注释①。

P323 注释④ Heine, *Romanzen*, XV, *Werke und Briefe*, Aufbau, I, 57.

海涅,《论浪漫派》,XV,《作品书信集》,第 I 版,57。

海涅,参见第一册 P8 注释①。

《浪漫派》:参见第二册 P86 注释①。

P324 注释①*Don Quijote*, II. xlvii, op. cit., VII, 199.

《堂吉诃德》,II. xlvii,如前所引,VII, 199。

《堂吉诃德》及其作者塞万提斯:参见第一册 P99 注释④。

P330 注释①J. C. Dunlop, *The History of Fiction*, 4th ed., 1845,205 (*Cento Novelle antiche*, no. 68; *esta Romanorum*, cap. 95; *Les Contes dévots*, "D'un Roi qui voulut faire brûler le fils de son Sénéschal"); cf. *I Decamerone*, VII. 9, Hoepli, 457 (Livia e i due fanciulli di Nicostrato).

J. C. 邓洛普,《小说的历史》,第 4 版,1845,205(《百篇古代小说》,第 68 篇;《罗曼诺姆事迹》,第 95 章;《虔诚的故事》,"一个国王想要烧死他塞内加尔人的儿子");参见《十日谈》,VII. 9,欧伯利,457(利迪娅和尼柯特拉多的两个小童)。

J. C. 邓洛普和《小说的历史》:参见第二册 P564 注释①。

《十日谈》及其作者薄伽丘:参见第一册 P301 注释④。

P333 注释① Eckermann, *Gespräche mit Goethe*, 2 April 1829, Aufbau, 467.

爱克曼,《歌德谈话录》,1829 年 4 月 2 日出版,467。

爱克曼和《歌德谈话录》:参见第一册 P7 注释②。

P333【增订四】U. Nasser, ed., *Klassiker der Hermeneutik*, 1982, p. 85. Cf. Humboldt on "active linguistic competence"; K. Mueller-Vollmer, ed., *The Hermeneutics Reader*, 1986, p. 14.

U. 纳赛尔编,《诠释学经典》,1982,P85;参见洪堡"积极语言能力";K. 米勒-孚尔默编,《阐释学读者》,1986, P14。

U. 纳赛尔和《诠释学经典》:不详。

洪堡,参见第一册 P328【增订四】。

K. 米勒-孚尔默和《阐释学读者》:参见第一册 P328【增订四】。

P334 注释① Pope, *Essay on Criticism*, 15 - 6.

蒲柏,《批评论》,15—16。

蒲柏,参见第一册 P100 注释①。

《批评论》:英国十八世纪最负盛名的古典主义作家亚历山大·蒲柏的第一部重要作品,也是蒲伯 23 岁时的成名作。发表于 1711 年。

P334 注释②W. Shenstone, *Egotisms*, §79, *Works*, ed. J. Dodsley, II, 172. Cf. Croce, *La Poesia*, 14－15 (dentro la poesia lavora la critica; la critica ostetrica); T. S. Eliot: "The Function of Criticism", *Selected Essays*, 1932, 30 (the criticism employed by a writer on his own work).

威廉·申斯通,《自负》, §79, J. 多兹利编, II, 172;参见克罗齐,《诗歌》, 14—15(批评在诗歌创作中起作用;批评助产说);T. S. 艾略特:"批评的功能",《文选》, 1932, 30(作家对自己作品的批评)。

威廉·申斯通(W. Shenstone, 1714—1763),英国诗人、造园爱好者、评论人及政论家。代表作有《造园偶想》等。

克罗齐,参见第一册 P415 注释①。

《诗学》:参见第二册 P14【增订四】。

T. S. 艾略特,参见第二册 P53 注释③。

P335 注释①J. Pommier, *Questions de Critique et d'Histoire littéraire*, 51.

J. 波米耶,《文学批评与文学史里的问题》, 51。

J. 波米耶和《文学批评与文学史里的问题》:参见第二册 P177 注释①。

P336 注释① Fr. Schlegel, *Literary Notebooks*, ed. H. Eichner, §677, p. 81; cf. p. 251. note.

Fr. 施莱格尔,《文学笔记》, H. 艾克纳编, §677, P81;参见 P251 注释。

Fr. 施莱格尔和《文学笔记》:参见第一册 P440 注释①。

P336 注释②M^{me} de Staël, *De l'Allemagne*, Ptie II, ch. 7, Asher, 136.

斯达尔夫人,《论德国》,第 II 部,第 7 章,亚瑟, 136。

斯达尔夫人,参见第三册 P103 注释②。

《论德国》:参见第三册 P206 注释①。

P336 注释③ Grillparzer, *Aphorismen*, in *Gesammelte Werke*, hrsg. E. Rollett und A. Sauer, II, 140.

格里帕泽,《格言录》,《全集》, E. 罗莱图和 A. 索尔编, II, 140。

格里帕泽,参见第二册 P134 注释①。

P336【增订四】Eric A. Blackall, *The Novel of the German Romantics*, 1983, p. 170.

埃里克·A. 布莱克尔,《德国浪漫主义者的小说》,1983, P170。

埃里克·A. 布莱克尔(Eric Albert Blackall, 1914—1989),美国、德国和奥地利文学研究学者和评论家。代表作有《德语作为文学语言的出现》、《歌德和小说》、《阿德尔伯特·斯蒂夫特:批判性研究》等。

《德国浪漫主义者的小说》:或称《德国浪漫派长篇小说》,埃里克·A. 布莱克尔著于1983年。此作研究了以弗里德里希·冯·施莱格尔、荷尔德林、让·保罗、诺瓦利斯、布伦坦诺和霍夫曼等为代表的德国浪漫主义、古典浪漫主义诗人及他们的作品,并探讨了他们各自诗歌的主要特点,诸如小说诗歌结构和主题等。

P337 注释① *The Correspondence of H. C. Robinson with the Wordsworth Circle*, ed. Edith J. Morley, I, 326 (to W. S. Landor).

《H. C. 罗宾逊和华兹华斯团体的通信》,伊迪丝·J. 莫利编,I, 326(致 W. S. 兰德)。

《H. C. 罗宾逊和华兹华斯团体的通信》:不详。

伊迪丝·J. 莫利(Edith J. Morley, 1875—1964),英国文学学者及妇女参政论者,第一位被任命为英国大学教授的女性。

W. S. 兰德,参见第二册 P463【增订三】。

P337 注释② Sainte-Beuve, *Portraits littéraires*, Garnier, I, 376 ("Du Génie critique et de Bayle").

圣-伯夫,《文学肖像》,加尼叶,I, 376("批判天才和贝勒")。

圣-伯夫,参见第一册 P319【增订四】。

《文学肖像》:参见第三册 P146 注释①。

P337 注释③ *Nouveaux Lundis*, Garnier, VI, 297. Cf. A. Thibaudet, *Réflexions sur la Critique*, 131: "La critique d'artiste est presque toujours partiale et partielle."

《新周一漫谈》,卡尼尔,VI, 297;参见 A. 蒂博代,《关于批评的思考》,131:"艺术家的批评几乎总是微不足道的。"

A. 蒂博代（A. Thibaudet，1874—1913），法国文学批评家。代表作有《马拉梅的诗》、《阿克鲁波的日子》、《法国生活三十年》、《福楼拜》、《法国文学史》、《文学论丛》、《六说文学批评》等。

《关于批评的思考》：A. 蒂博代著。其他不详。

P338 注释① ① Horace，*Ars poetica*，304 - 6. Cf. C. O. Brink，*Horace on Poetry*，215.

贺拉斯，《诗艺》，304—306；参见 C. O. 布林克，《贺拉斯论诗》，215。

贺拉斯，参见第一册 P145 注释③。

《诗艺》：古罗马帝国的诗人、批评家贺拉斯著，这是一封写给罗马贵族皮索父子的诗体信简，共四百七十六行。《诗艺》对诗的措辞、结构和内容、诗人的训练等进行了全面而详尽的评论，体现了一种在继承传统中求创新的现实主义精神，它上承亚里士多德，下开文艺复兴和后来的古典主义理论之端，对十六世纪到十八世纪的文学创作，尤其是戏剧与诗歌影响深远。

C. O. 布林克，不详。

《贺拉斯论诗》：C. O. 布林克著，最初发表于 1971 年。此作是研究贺拉斯文学书信三卷评论《书札》中的第二卷《诗艺》的重要文本。

P341 注释① Burke："Thoughts on the Causes of the Present Discontents，" *Select Works*，ed. E. J. Payne，I，39. Cf. Ovid，*Heroides*，XIV. 21 - 2："modofacta crepuscula terris；/ultima pars lucis primaque noctis erat"（"Loeb"，172）.

伯克：《对当前不满情绪成因的思考》，《选集》，E. J. 佩恩编，I，39；参见奥维德，《女杰书简》，XIV. 21—2："暮光之国；/日的结尾，夜的开始"（"洛布古典丛书"，172）。

伯克，参见第一册 P215 注释②。

奥维德和《女杰书简》：参见第一册 P189 注释①。

P342 注释① Leibniz，*The Monadology and other Philosophical Writings*，tr. R. Latta，38.

莱布尼茨，《单子论》，R. 拉塔译，38。

莱布尼茨，参见第一册 P84 注释③。

《单子论》：莱布尼茨著于1714年。此作中，莱布尼兹把自己在许多哲学著作中所阐述的主要观点高度浓缩重新陈述。《单子论》建构了一个客观唯心主义的体系，有向宗教神学妥协的倾向，但也包含一些合理的辩证法因素。

P342 注释② Diderot："Le Rêve de d'Alembert", *Oeuvres complètes*, éd. J. Assézat, II, 138－9.

狄德罗：《达朗贝尔的梦》，《全集》，J. 阿塞扎特编，II，138—139。

狄德罗，参见第二册P59注释②。

P342【增订四】Barbey d'Aurevilly, Lettre à Trébutien, mars, 1852, in M. Bradbury and J. McFarlane, ed., *Modernism*, 1976, p. 350.

巴尔贝·德·奥列维利，致特雷比廷的信，1852年3月，M. 布拉德伯里和J. 麦克法兰合编，《现代主义》，1976，P350。

巴尔贝·德·奥列维利(Jules-Amédée Barbey d'Aurevilly, 1808—1889)，法国小说家。专门研究探索隐藏动机而又不明确涉及任何超自然现象的神秘故事。在创作上对亨利·詹姆斯、莱昂·布洛伊和马塞尔·普鲁斯特等作家影响较大。其代表作有《玛瑙纪念章》、《不可能的爱情》、《老情妇》等。

M. 布拉德伯里、J. 麦克法兰和《现代主义》：参见第二册P204【增订四】。

P343 注释① Francis Galton, quoted in H. Ellis, *The Criminal*, 5th ed., 21; M. R. Cohen, *A Preface to Logic*, 74. Cf. K. O. Erdmann, *Die Bedeutung des wortes*, 3. Aufl., 31－2, 35－7 (die Wirklichkeit zeigt stetige Uebergänge, während die Sprache in den Worten nur diskrete Werte besitzt); S. Ullmann, *Semantics*, 125 (lack of clear-cut boundaries in the non-linguistic world).

弗朗西斯·高尔顿，引自H. 艾利斯，《犯罪人》，第5版，21；M. R. 科恩，《逻辑序言》，74；参见K. O. 艾尔德曼，《文字的意义》，第3版，31—2，35—7（现实呈现的是持续不断的过渡，而话语词汇则具有界限分明的意思）；S. 乌尔曼，《语义学》，125（在非语言世界中缺乏明确的界限）。

弗朗西斯·高尔顿(Francis Galton, 1822—1911)，英国探险家、心理学家，差异心理学之父，也是心理测量学上生理计量法的创始人。代表作有《遗传的天才》、《人类的才能及其发展研究》等。

H. 艾利斯和《犯罪人》：参见第三册P254注释①。

M. R. 科恩和《逻辑序言》：参见第一册 P46 注释②。

K. O. 艾尔德曼和《文字的意义》：参见第一册 P214 注释①。

S. 乌尔曼和《语义学》：参见第一册 P677 注释②。

P343 注释② Goethe, *Spruchweisheit in Vers und Prosa*, in *Sämtliche Werke*, "Tempel-Klassik", III, 338, 344; Cf. 477. Cf. Eckermann, *Gespräche mit Goethe*, 18. Okt. 1827, Aufbau, 382.

歌德,《诗歌和散文中的慧语集》,《歌德集》,"神寺经典", III, 338,344;参见477;参见爱克曼,《歌德谈话录》,1827 年 10 月 18 日出版,382。

歌德，参见第一册 P16 注释①。

《诗歌和散文中的慧语集》(也称《慧语集》)：参见第一册 P24 注释①。

爱克曼，参见第一册 P7 注释②。

P343 注释③E. Cassirer, *Idee und Gestalt*, 152.

E. 卡西尔,《观念与形态》,152。

E. 卡西尔，参见第一册 P82 注释②。

《观念与形态》：1921 年出版，德国哲学家卡西尔的重要作品。此作中，卡西尔用歌德的形变论来阐释歌德的文学作品，探讨了自然研究专家歌德与现代自然科学之间的关系，这对发现与重估歌德的价值和贡献具有重要意义。

P343 注释④ Freud, *Traumdeutung*, 6. Aufl., 218 - 9 (der Gegensinn der Urworte).

弗洛伊德,《梦的解析》,第 6 版,218—9(与原话相反的意思)。

弗洛伊德，参见第一册 P34 注释①。

《梦的解析》：参见第二册 P146 注释①。

P344 注释① Chaucer, *Troilus and Criseyde*, V. 228; Petrarca, *Le Rime*, xxi, cccxv, *Rime*, *Trionfi e Poesie* latine, Ricciardi, 23, 401; Ronsard, *Amours diverses*, i, *Oeuvres complètes*, "la Pléiade" I, 289.

乔叟,《特洛伊罗斯与克丽西达》,V. 228;弗朗西斯克·彼特拉克,《歌集》, xxi, cccxv,《歌集》,《胜利的拉丁诗歌》,里西亚蒂出版,23,401;龙萨,《多样的爱情》,i,《全集》,"七星文库"I, 289。

乔叟(Chaucer, 1343—1400),诗人、哲学家、炼金术士、天文学家,被称为英国文学之父和中世纪最伟大的英国诗人,也是首位葬在维斯特敏斯特教堂诗人之角的诗人。他创作了《公爵之书》、《声誉之屋》、《贤妇传奇》、《特洛伊罗斯与克丽西达》等作品,其中最为著名的是《坎伯雷故事集》。

《特洛伊罗斯与克丽西达》: 又称《特罗勒斯和克莱西德》,乔叟在受到意大利和法国文学的影响后于1385年著成。这首叙事诗是根据薄伽丘的一部长诗改写的,摈弃了梦幻和寓言文学的传统,代之以对现实社会中的人物和生活细节的描写,这是乔叟的第一部现实主义作品。此作中人物性格塑造生动细腻,语言机智幽默。

彼特拉克和《歌集》: 参见第三册 P61 注释①。

龙萨, 参见第三册 P133 注释①。

《多样的爱情》: 龙萨著。其他不详。

P347 注释① La Fontaine, *Fables*, II. 5: "La Chauve-souris et les Belettes".

拉·封丹,《拉·封丹寓言》,II. 5:《蝙蝠和鼬》。

拉·封丹, 参见第一册 P431 注释①。

《拉·封丹寓言》: 参见第一册 P256 注释④。

P347 注释②W. Kayser, *Das Groteske*, 197.

W. 凯塞尔,《怪异》,197。

W. 凯塞尔, 参见第一册 P174 注释①。

《怪异》: 不详。

P347 注释③*Inferno*, XXXIV. 46 - 50.

《地狱篇》,XXXIV. 46—50。

《神曲·地狱篇》及其作者但丁: 参见第一册 P244 注释②。

P347【增订四】*Orlando Innamorato*, Lib. II, Canto xi, § 29, *op. cit*. Vol. II, p. 736.

《恋爱中的奥兰多》,第 II 部,第 xi 篇,§ 29,如前所引,第 II 卷,P736。

《恋爱中的奥兰多》及其作者博亚尔多: 参见第一册 P99 注释③【增订四】。

P348 注释①J. Baltrusâitis, *Le Moyen Âge fantastique*, 151－8.

J. 巴楚萨蒂斯,《奇妙的中世纪》,151—158。

J. 巴楚萨蒂斯和《奇妙的中世纪》：参见第三册 P242 注释①。

P350 注释①W. B. Stanford, *Ambiguity in Literature*, 38. Cf. Burton, *Anatomy of Melancholy*, Part. I, Sect. II, Mem.. II, Subs. I, Bell, I, 250: "Hare... will make one fair" etc.

W. B. 斯坦福,《希腊文学中的歧义性》,38;参见伯顿,《忧郁的解剖》,第 I 卷,第 II 部分,第 II 章,第 I 节,贝尔,I, 250:"吃野兔肉……会使人貌美"等。

W. B. 斯坦福和《希腊文学中的歧义性》：参见第一册 P399 注释②。

伯顿和《忧郁的解剖》：参见第一册 P37 注释④。

P353 注释① Sainte-Beuve, *Chateaubriand et son Groupe littéraire*, I, 237.

圣-伯夫,《夏多布里昂和他的文学团体》,I, 237。

圣-伯夫,参见第一册 P319【增订四】。

《夏多布里昂和他的文学团体》：不详。

P356 注释①M. Heidegger, *Sein and Zeit*, I[te] Hälfte, 3. Aufl., 120－1.

M. 海德格尔,《存在与时间》,I. 黑利特,第 3 版,120—121。

M. 海德格尔和《存在与时间》：参见第一册 P283 注释②。

P356【增订三】*Iliad*, XIX, tr. A. Pope, "The World's Classics", 389.

《伊利亚特》,XIX, A. 蒲柏译,"世界经典",389。

《伊利亚特》及其作者荷马：参见第一册 P285 注释①。

P357【增订四】*L' Éducation sentimentale*, III. V, Conard, 1923, p. 585.

《情感教育》,III. V,康纳德,1923,P585。

《情感教育》：福楼拜于 1869 年发表的长篇小说,主要讲述了 1848 年法国大革命时期一个年轻人的浪漫生活。此作成功地塑造了一个走向精神幻灭的人物形象弗雷德里克·莫罗。它被认为是 19 世纪最有影响力的小说之一,受到同时代作家如乔治·桑德和埃米尔·左拉所称赞。

《情感教育》的作者福楼拜：参见第一册 P436【增订四】。

P365 注释①Cf. L. Caretti, *Filologia e Critica*, 8 (L'opera di decantazione).

参见 L. 凯拉蒂,《语言学与批评》,8(澄清原作的工作)。

L. 凯拉蒂(Lanfranco Caretti, 1915—1995),意大利语言学家和文学评论家。凯拉蒂致力于研究现当代意大利文学史,专攻文艺复兴时期的人文环境,著有诸多论文,对古典作家的作品——从但丁到曼佐尼,从朱塞佩·帕里尼到维托里奥·阿尔菲耶里——作了大量语言学和批判性考察,此外,他也研究当代诗人,如埃乌杰尼奥·蒙塔莱、塞尔吉奥·索尔米和维托里奥·塞雷尼等。代表有《语言学与批评》等。

《语言学与批评》: L. 凯拉蒂著于 1955 年。

P367 注释①Montaigne, *Essais*, I. 23, "la Pléiade", 127.

蒙田,《随笔录》,I. 23,"七星书库",127。

蒙田和《随笔录》: 参见第一册 P50 注释①【增订四】。

P372 注释① Valéry: "Discours au Pen Club, 1926", *Oeuvres*, "Bib. de la Pléiade", I, 1360. Cf. T. S. Eliot, *To Criticise the Critic*, 36 (reading something in a language imperfectly understood); S. Spender, *The Making of a Poem*, 115 (fruitful misunderstanding).

瓦雷里:《在钢笔俱乐部演讲,1926》,《全集》,"七星书库",I, 1360;参见 T. S. 艾略特,《批评批评家》,36(阅读一些以不懂的语言写成的东西);斯蒂芬·斯彭德,《诗歌的创作》,115(卓有成效的误解)。

瓦雷里,参见第二册 P635 注释①。

T. S. 艾略特和《批评批评家》: 参见第二册 P53 注释③。

斯蒂芬·斯彭德(Stephen Spender, 1909—1995),英国作家、评论家。二十世纪三十年代,他与戴·刘易斯、威斯坦·休·奥登和路易斯·麦克尼斯同属马克思主义诗人。他这一时期的作品关注社会问题,运用能够反映现代文明机械化性质的意象。与同一派别的其他成员相比,这些作品更注重表达个人的情感。后期的诗作则带有更为浓重的主观色彩。1933 年发表《诗集》,引起评论界的关注。代表作品有:《中国日记》和《神殿》。

《诗歌的创作》: 斯蒂芬·斯彭德著于 1955 年。这部作品是评论性质的著作,主要研究诗歌本身,即如何写、写什么等问题。

P379 注释①Burton, *Anatomy of Melancholy*, Part. III, Sect. II, Mem, III, "Everyman's Lib.", III, 158 (Nichomachus).

伯顿,《忧郁的解剖》,第 III 卷,第 II 部分,第 III 章,"人人文库",III, 158(尼科马克斯)。

伯顿和《忧郁的解剖》: 参见第一册 P37 注释④。

P388 注释①Leibniz, *Essais de Théodicée*, Préface, *Die philo ophi chen Schriften*, hrsg. C. J. Gerhardt, VI, 30–1; cf., §55, S. 132.

莱布尼茨,《神义论》,序言,《哲学著作》,C. J. 格布哈特编,VI, 30—1;参见§55, S. 132。

莱布尼茨和《神义论》: 参见第一册 P84 注释③。

《哲学著作》: 不详。

P388【增订四】*Menschliches, Allzumenschliches*, II. ii. §61 "Türkenfatalismus", *Werke*, ed. K. Schlechta, 1954, Vol. II, p. 905.

《人性的,太人性的》,II. ii. §61"土耳其式之定名论",《全集》,K. 施勒赫塔编,1954,第 II 卷,P905。

《人性的,太人性的》: 参见第一册 P45 注释②。

《人性的,太人性的》的作者尼采,参见第一册 P23 注释②。

P389 注释①La Fontaine, *Fables*, I. 22, "Le Chêne et 1e Roseau".

拉·封丹,《拉·封丹寓言》,I. 22,《橡树和芦苇》。

拉·封丹,参见第一册 P431 注释①。

《拉·封丹寓言》: 参见第一册 P256 注释④。

P390 注释①Cf. Logau, op. cit., 70: "Willstu sein bei Hofe da? /Ei, so lerne sprechen Ja!"

参见洛高,如前所引,70:"如果你想到宫廷里来,就要学会说话!"

洛高,参见第一册 P69 注释③。

P390【增订四】*Logau*, *Sinngedichte*: *Ein Auswahl*, ed. U. Berger, 1967, p. 70.

洛高,《讽刺短诗:一个选择》,U. 贝格尔编,1967, P70。

洛高和《讽刺短诗:一个选择》: 参见第一册 P69 注释③。

P394 注释① Campanella: "Del Mondo e sue Parti", *Opere di G. Bruno e di T. Campanella*, Riccardo Ricciardi, 789.

坎培奈拉:"世界及其部分",《G. 布鲁诺和 T. 坎培奈拉文集》,理却地·里西亚蒂出版,789。

布鲁诺,参见第一册 P99 注释③。

坎培奈拉,参见第一册 P99 注释③。

《G. 布鲁诺和 T. 坎培奈拉文集》: 不详。

P394 注释② Sorel, *Histoire comique de Francion*, Liv. XI, "Société des Textes français modernes", IV, 11.

索雷尔,《弗朗西荣的滑稽故事》,第 XI 篇,"法国现代文学",IV,11。

索雷尔和《弗朗西荣的滑稽故事》: 参见第一册 P529 注释①。

P394 注释③ Guillaume Appollinaire: " Endurcis-toi vieux coeur ", *Oeuvrespoétiques*, "Bib. de la Pléiade", 744.

阿波里奈尔:"使你苍老的心麻木",《诗歌集》,"七星文库",744。

阿波里奈尔(Guillaume Appollinaire, 1880—1918),法国人。他的作品相当庞杂,最重要的是诗歌。1913 年他发表《未来主义的反传统》,在绘画诗歌方面树起了立体未来主义的旗帜,在当时的法国开展新美术运动。他认为,"诗人的任务就是不断创新,新的一切都在于惊奇……惊奇是强大的新生力量。"当今法国流行的各式图像诗最早就是他的创造。代表作有诗集《醇酒集》、图像诗集《美文集》等。

P397 注释①E. Hanslick, *Vom Musikalisch-Schönen*, 9. Aufl., 155.

E. 汉斯立克,《论音乐的美》,第 9 版,155。

E. 汉斯立克(E. Hanslick,生卒不详),奥地利人,十九世纪后半叶以来较有代表性和颇有影响的资产阶级唯新主义音乐美学家,对近代西方音乐美学影响较大。代表作有《论音乐的美》等。

《论音乐的美》: E. 汉斯立克著,其他不详。

P397 注释② Vernon Lee, *Music and its Lovers*, 32,35.

浮龙·李,《音乐及其爱好者》,32,35。

浮龙·李,参见第一册 P440 注释③。

《音乐及其爱好者》:全称《音乐及其爱好者——对音乐的情感和想象反应的实证研究》。浮龙·李著于 1932 年。此作主要体现了浮龙·李对音乐反应的研究。它由 26 个问题组成,主题从感知意义到联想和记忆。此作不仅吸引了那些对音乐和音乐理论有着浓厚兴趣的人,同样也吸引了与音乐相关的古物、文学收藏者。

P398 注释① Hanslick, *Op. cit*. 21. Cf. W. Köhler, *Gestalt Psychology*, 248-9 (musical dynamics of inner life: *crescendo*, *diminuendo*, *accelerando*, *ritardando*, *riforzando*).

汉斯立克,如前所引,21;参见 W. 科勒,《格式塔心理学》,248—9(内在生命的音乐动力学:渐强、渐弱、加速、重奏、突然增强)。

汉斯立克,参见第三册 P397 注释①。

W. 科勒(W. Köhler,**1887—1967**),德裔美国心理学家,格式塔心理学的代表人物之一,也是认知心理学、实验心理学、灵长类行为研究的先驱。他主要研究知觉规律,提出了知觉的格式塔原则;还进行了猿猴行为的研究,提出动物学习的顿悟理论。代表作有《人猿的智慧》、《格式塔心理学》等。

《格式塔心理学》:W. 科勒著,发表于 1929 年。

P399 注释① Hegel, *Philosophie der Geschichte*, "Einleitung", Reclam, 39: "Jede Zeit hat so eigentümliche Umstände, ist ein so individueller Zustand, dass in ihm aus selbst entschieden werden muss und allein entschieden kann. Im Gedränge der Weltbegebenheiten hilft nicht ein allgemeiner Grundsatz, nicht das Erinnern an ähnliche Verhaltniss" usw.

黑格尔,《历史哲学》,"导论",莱克拉姆,39:"每个时代都有自己独特的状况,这是一种如此个体的状态,在这种状态下,一切必须由其自身决定,而且能够自行决定。在纷杂的世界事件中,一个普遍的基本原则是没有什么助益的,对相似情形的回忆等也是没什么帮助的。"

黑格尔,参见第一册 P4 注释①。

《历史哲学》:参见第二册 P463【增订三】。

P399 注释②V. Pareto, *A Treatise on General Sociology*, § 2419, op. cit., II, 1736: "That 'history never repeats itself' identically is just as certain as it is that history is 'always repeating itself' in certain respects" etc.

V. 帕累托,《思想与社会》, § 2419, 如上所引, II, 1736:"'历史永远不会重演',就像历史在某些方面'总是重复自己'一样"等。

V. 帕累托和《思想与社会》: 参见第一册 P360 注释①。

P399 注释①【增订四】Cellini, *La Vita scritta per lui medesimo*, II. iii. 6, ed. A. J. Rusconi and A. Valeri, 1901, p. 341; G. C. Lichtenburg, *Aphorismen*, *Essays*, *Briefe*, ed. K. Batt, 1965, p. 207.

切利尼,《传记》, II. iii. 6, A. J. 卢斯科尼和 A. 瓦列里校订, 1901, P341; 利什滕贝格,《警句、散文、书信》, K. 贝特编, 1965, P207。

切利尼和《传记》: 参见第二册 P567 注释②。

利什滕贝格和《警句》: 参见第二册 P244 注释③。

P400 注释① Cf. M. Praz, *The Flaming Heart*, "Doubleday Anchor Books", 125 ("politic" madness; "è cosa sapientissima simulare in tempo la pazzia").

参见 M. 普拉茨,《燃烧的心》,"道布尔迪锚图书", 125("政治"疯狂;"及时装疯卖傻是明智之举")。

M. 普拉茨, 参见第二册 P208 注释①。

《燃烧的心》: M. 普拉茨著。此作介绍了从乔叟时代到现代,意大利文化对欧洲作家的创作的影响。论及乔叟、斯宾萨、琼森、多恩、克拉肖、布朗宁等无数作家所受到的意大利文化文学的影响。

P400 注释①【增订三】Bandello, *Le Novelle*, II. xxi, Laterza, III, 63; *Op. cit.*, 855; Katharine M. Briggs, *British Folk Tales and Legends: A Sampler*, 1977, 13-4.

班戴洛,《小说集》, II. xxi, 献词, III, 63; 如前所引, 855; 凯瑟琳 · M. 布里格,《英国民间故事与传说: 研究样本》, 1977, 13—14。

班戴洛, 参见第一册 P51 注释①。

凯瑟琳 · M. 布里格, 参见第一册 P68【增订四】。

P402 注释① Hugo, *Les Châtiments*, Liv. IV, vi: "A des Journalistes de Robe courte": "Vierges comme l'eunuque, anges comme Satan" (*Oeuvres poétiques complètes*, Valiquette, 278); L. Veuillot, *Les Odeurs de Paris*, P. Lethielleux, 85: "Entre eux, ils se donnent le glorieux nom de *réfractaires*, à peu près comme l'eunuque brûlé de convoitises, qui ferait étalage de vertu contre les agaceries des sultanes"; O. Wilde, *Letters*, ed. R. Hart-Davis, 658: "I see in the self-restraint of the supposed high standard merely the self-restraint of the impotent, and the chastity of the eunuch"; A. Billy, *Vie des Frères Goncourt*, II, 36: "On taquine Girardin sur ce qu'il appelait son 'indépendance' vis-à-vis des femmes, c.-à-d. sur son impuissance."

雨果,《惩罚集》,第IV篇,vi:《穿短礼服的记者》:"处女像太监,天使如撒旦"(《现代诗歌集》,威力凯特,278);L.沃伊洛特,《巴黎的气味》,P.勒蒂耶勒,85:"在他们之间,他们彼此给反叛者荣耀的名字,这几乎就像欲火焚身的宦官反对苏丹后妃的谄媚,炫耀自己的美德。";O.王尔德,《书信》,R.哈特-戴维斯编,658:"在我看来,所谓高标准的自我约束,不过是无能之辈的自我约束,以及太监的贞操";A.比利,《龚古尔兄弟的生活》,II,36:"我们嘲笑了吉拉尔丹所谓的能'独立'于妇女的态度,那其实是他的无能为力。"

雨果,参见第一册P145注释①。

《惩罚集》:雨果于1853年路易·波拿巴政变后期所写的讽刺时弊的长诗集。

L.沃伊洛特(Louis Veuillot,1813—1883),法国记者、作家。著作颇丰,著有小说、诗歌,内容涉及宗教、历史、政治和文学等。代表作有《巴黎的气味》等。

《巴黎的气味》:L.沃伊洛特著于1866年。此作反映了时代特有的思想潮流,作者在书中探讨了罗马和巴黎这两个典型,认为他们是世界的两个头脑,前者是精神的,后者是肉质的。

O.王尔德,参见第一册P278注释①。

A.比利(André Billy,1882—1971),法国作家。比利一生著作颇丰,最为著名的是传记,代表作有《狄德罗传》、《圣伯夫传》和《巴尔扎克传》等。

《龚古尔兄弟传》:A.比利著于1956年。

龚古尔兄弟,参见第二册P85注释①。

P403【增订四】*Dieu*, II. vii, "*Le Rationalisme*".

《上帝》,II. vii,"唯理论"。

《上帝》：雨果的诗歌，其他不详。

雨果，参见第一册 P145 注释①。

P408 注释① Aristotle，*Rhetoric*，I. 29－36，"Loeb"，97－101.

亚里士多德，《修辞学》，I. 29—36，"洛布古典丛书"，97—101。

亚里士多德，参见第一册 P37 注释③。

《修辞学》：亚里士多德著。此作是欧洲文艺理论史上第一部系统的修辞学理论著作，提出了诸如演说者当尊重事实与真理，论证要言之成理、合乎逻辑等一系列有深远影响的原则。

P408 注释② Burke，*Inquiry into the Origin of our Ideas of the Sublime and Beautiful*，ed. J. T. Boulton，14.

伯克，《论崇高与美丽概念起源的哲学探究》，J. T. 博尔顿编，14。

伯克和《论崇高与美丽概念起源的哲学探究》：参见第一册 P215 注释②。

P409 注释① Coleridge，*Biographia Literaria*，ed. J. Shawcross，II，308.

柯勒律治，《文学传记》，J. 肖克罗斯编，II，308。

柯勒律治，参见第一册 P16 注释①。

《文学传记》：参见第一册 P489 注释①。

P409 注释② Lippi，*Malmantile raquistato*，G. Fumagalli，*Chi l'ha detto*，9ª ed.，258.

里皮，《重获马尔曼提尔》，G. 富玛嘎利，《是谁在说》，第 9 版，258。

里皮（Lorenzo Lippi，1606—1665），意大利画家、诗人。擅长肖像画和自然主义风格绘画，追求逼真感。其他不详。

《重获马尔曼提尔》（Malmantile raquistato 或 Malmantile Rae quistato）：里皮所著的幽默讽刺叙事诗，1688 年出版。此作由当时流行的几个故事组成，主要情节是从篡夺者手中夺回女王遗失的堡垒以及远征。此作运用了大量佛罗伦萨方言。

G. 富玛嘎利和《是谁在说》：不详。

P411【增订三】S. Baring-Gould，*Curious Myths of the Middle Ages*，134；W.

J. Gruffydd, *Rhiannon*, 59.

S. 巴林-古尔德,《中世纪的奇妙神话》,134; W. J. 格鲁菲德,《里安农》,59。

S. 巴林-古尔德(Sabine Baring-Gould, 1834—1924),英国圣公会牧师、圣徒传记作家、古物学家、小说家、民歌收集者和学者。其书目包括超过1240种出版物。代表作有《一本西方的书》、《康沃尔人的性格和奇怪的事件》、《中世纪奇怪的神话》等。

《中世纪的奇妙神话》: S. 伯尔瑞-古尔德最经久不衰的作品之一,于1866年和1868年分两部分首次出版,此后又多次再版。评论家史蒂文·J. 马里科达写道:"这本书的24章每一章都讲述了一个特定的中世纪迷信及其变体和前因后果。"也有评论家认为,此作是"有效地汇集起来的中世纪知识的奇妙实体"。

格鲁菲德(William John Gruffydd, 1881—1954),英国威尔士学者、诗人、作家、政治家。其他不详。

《里安农》: W. J. 格鲁菲德著,其他不详。

P418 注释① *Geschichte der Philosophie*, "Heidelberger Einleitung", Felix Meiner, I, 9.

《哲学史讲演录》,《海德堡导论》,费列克斯·梅内出版,I, 9。

《哲学史讲演录》: 参见第一册P87注释①。

《哲学史讲演录》的作者黑格尔,参见第一册P4注释①。

P420 注释① Rebecca West, *The New Meaning of Treason*, 305: "A 'double agent' is not, as might be supposed, a spy working for two powers... It is a spy who is working for his own country, but pretends to go over to the side of the enemy by offering them secret service information which is either false and deliberately misleading or true but unimportant."

丽贝卡·韦斯特,《叛逆的新意义》,305:"'双重间谍'并不是为两国效力的间谍……这是一个为自己国家工作的间谍,他假装站在敌人一边,向他们提供情报,这些情报要么是虚假的,故意误导,要么是真实的,但并不重要。"

丽贝卡·韦斯特(Rebecca West, 1892—1983),英国作家、记者、文学评论家及游记作家。她七十年文艺生涯中写出的作品包括新闻报道、政治评论、小品杂文、历史和小说等。代表作有小说《溢流之泉》、《黑羊灰鹰》、《太阳花》等,非小说类作品《亨利·詹姆斯》、《叛逆的意义》、《叛逆的新意义》等。

《叛逆的新意义》：丽贝卡·韦斯特著于1964年，是继1947年《叛逆的意义》后写的批评性著作。

P425 注释① Cf. Montesquieu, *Cahiers 1716–1755*, Grasset, 69: "Difficulté de traduire: il faut d'abord bien savoir le latin; ensuite, il faut l'oublier"; P. Cauer, *Die Kunst des Uebersetzens, 5. Aufl., 13: "so true wie möglich, so frei als nötig."*

参见孟德斯鸠，《笔记1716—1755》，格拉塞出版，69："翻译的困难：首先，我们必须熟悉拉丁文；然后，我们必须忘记它"；P. 考尔，《翻译艺术》，第5版，13："尽可能忠实，尽可能自由。"

孟德斯鸠，参见第一册P38注释①

考尔（Paul Edward Ludwig Cauer，1854—1921），德国教育家和古典语言学家。代表作有《翻译艺术》等。

《翻译艺术》：不详。

P426 注释①D. Provenzal, *Dizionario umoristico*, 4ª ed., 87 (R. de la Serna).

D. 普罗旺萨，《幽默字典》，第4版，87(R. 德·拉·瑟纳)。

D. 普罗旺萨，参见第一册P47注释②。

《幽默字典》：不详。

P436 注释① Epictetus, *Discourses*, I. 18; *Manual*, 16 (*The Discourses and Manual*, tr. P. E. Matheson, I, 100; 11, 219); Cf. *Discourses*, III. 18, VI. 1 (II, 51, 125); *Manual*, 5 (II, 215); Marcus Aurelius, *Meditations*, VIII. 41: "The mind remains untouched by fire or sword, tyranny or malediction" (tr. J. Jackson, 152).

爱比克泰德，《论话集》，I. 18；《手册》，16(《论话集与手册》，P. E. 马西森译，I, 100; 11, 219)；参见《论话集》，III. 18, VI. 1(II, 51, 125)；《手册》5(II, 215)；马克·奥勒留，《沉思录》，VIII. 41："头脑仍然没有被火或剑、暴政或诅咒所触动"(J. 杰克逊译，152)。

爱比克泰德，参见第一册P74注释①。

《论话集》及其《手册》：参见第一册P74注释①。

马克·奥勒留和《沉思录》：参见第二册P48注释①。

P436 注释② Aulus Gellius, *The Attic Nights*, XIX, 11, "loeb", III, 395 - 7; cf. XII. 4, Vol. II, pp. 375, 381.

奥留斯·格利乌斯,《阿提卡之夜》,XIX, 11,"洛布古典丛书",III, 395—7;参见 XII. 4,第 II 卷,P375,P381。

奥留斯·格利乌斯和《阿提卡之夜》:参见第一册 P58 注释①。

P454 注释①*Man and Superman*, appendix, "Maxims for Revolutionists".

《人与超人》,附录,"致革命者的箴言"。

萧伯纳,参见第一册 P416 注释①。

《人与超人》:萧伯纳于 1903 年发表的阐述自然哲学思想的第一部作品。这是一部哲理喜剧。它是萧伯纳大部分"思想剧"中的顶尖之作,这部剧表现了萧伯纳自己特有的哲学——生命力哲学。

P455 注释① Cf. Aristotle, *Poetics*, VI. 20: "It is much the same also in painting; if a man smeared a canvas with the loveliest colours at random, it would not give as much pleasure as an outline in black and white" ("Loeb", 27); Domenico Neroni: "Colour is the enemy of all noble art. It is the enemy of all precise and perfect form, since where colour exists, form can be seen only as juxtaposition of colour" (quoted in Vernon Lee, *Renaissance Fancies and Studies*, 120); Clive Bell, *Art*, 236: "Colour becomes significant only when it has been made subservient to form."

参见亚里士多德,《诗学》,VI. 20:"绘画也是一样的,如果一个人随意地用最美的颜色涂抹画布,就不会像用黑白勾勒出轮廓那样有趣。"("洛布古典丛书",27);多梅尼科·内罗尼:"色彩是一切高贵艺术的敌人。它是一切精确而完美的形式的敌人,因为有颜色存在的地方,形式只能被看作是颜色的并列物。"(引自浮龙·李,《文艺复兴时期的幻想与研究》,120);克莱夫·贝尔,《艺术》,236:"色彩只有在屈从于形式时才有意义。"

亚里士多德,参见第一册 P37 注释③。

《诗学》:参见第一册 P588 注释②。

浮龙·李,参见第一册 P440 注释③。

《文艺复兴时期的幻想与研究》:全称《文艺复兴时期的幻想与研究——〈欧福里翁〉续篇》,浮龙·李著于 1895 年。浮龙·李被认为是研究意大利文艺复兴的权威人物，其《欧福里翁》和后来的《文艺复兴时期的幻想与研究》均探讨意大利文艺复兴。《文艺复兴时期的幻想与研究》中汇集了大量的批评论文，可以看到浮龙·李对文艺复兴时期从宗教诗歌到雕塑等一系列艺术形式的回应。

克莱夫·贝尔（Clive Bell，1881—1964），英国形式主义美学家，当代西方形式主义艺术的理论代言人。代表作有《艺术》、《自塞尚以来的绘画》、《法国绘画简介》、《19世纪绘画的里程碑》、《欣赏绘画》等。

《艺术》：克莱夫·贝尔创作于1914年，它紧密联系后期印象派以及立体主义等现代实践，围绕艺术的本质属性乃是意味的形式这一著名美学观点，阐述了艺术与宗教、艺术与社会、艺术创造与自由等问题。

P457 注释① Fontenelle，*Éloges*，Garnier，79.

丰特奈尔，《伊萨克·牛顿爵士颂词》，加尼叶，79。

丰特奈尔（Fontenelle，1657—1757），法国哲学家。代表作有《死者的对话》、《关于宇宙多样性的对话》、《皇家科学院纪事》、《论寓言之起源》、《神谕的历史》、《关于宇宙多样性的对话》等。

《伊萨克·牛顿爵士颂词》：又称《牛顿先生颂词》，是1727年牛顿去世，丰特奈尔为他所写的传记，这也是关于牛顿的第一篇传记。牛顿曾于1699年当选为巴黎皇家科学院的外籍院士。

P460 注释① Cf. Eric Gill，*Autobiography*，120："It [lettering] depends for its beauty upon nothing but man's musical sense. The shapes of letters do not derive their beauty from any sensual or sentimental reminiscence."

参见埃里克·吉尔，《自传》，120："它[书写]的美丽取决于人的音乐感。而字体之美却无法从任何感官或感情的回忆中获得。"

埃里克·吉尔，参见第三册P144②

《自传》：埃里克·吉尔著。其在自传中详尽地阐述了对色情、性和宗教的看法，又简要的记载了游学伦敦的经历，建立艺术社区及其自身在各项艺术方面的卓越成就。

P475 注释① Cf. Evelyn Underhill，*Mysticism*，12th ed.，205，207；S. de Sanctis，*Religious Conversion*，176－177。

参见伊夫林·昂德希尔，《密契主义》，第12版，205，207；S.德·桑克蒂斯，

《宗教皈依》,176—177。

伊夫林·昂德希尔和《密契主义》：参见第二册P19注释①。

S.德·桑克蒂斯,参见第一册P702注释②。

《宗教皈依》：全称《宗教皈依：一项生物心理学研究》,S.德·桑克蒂斯著,发表于1925年。此作是宗教心理学的一项重要研究,主要描述一个人皈依的过程。作者在简要论述当代宗教心理学及其范围和方法的基础上,探讨了皈依的原因和起源,并分析了不同类型的皈依,进而考察了皈依的升华,以及其后的转化行为。

P477注释① Cf. Pascal, *Pensées*, XIV. 895, ed. V. Giraud, 415: "Jamais on ne fait le mal si pleinement et si gaiement que quand on le fait par conscience"; Rousseau, *Confessions*, Liv. VI, "Bib. de la Pléiade", 227: "Mais toute cette morale était subordonnée aux principes de M. de Tavel··· Elle eût couché tous les jours avec vingt hommes en repos de conscience", etc.; Rivarol, *Écrits politiques et littéraires*, choisis par V-H. Debidour, p. 120: "les passions armées de principes."

参见帕斯卡,《思想录》,XIV. 895, V.吉洛德编,475:"若依本心,人不会作恶做得如此彻底与快乐";卢梭,《忏悔录》,第VI篇,"七星文库",227:"但是所有这些道德原则都是从属于德·达维尔先生的原则的……她可以坦然地每天和二十个男子同床共枕。"等;里瓦罗,《政治与文学作品》,由V-H.德比杜尔精选,P120:"以原则武装的激情"。

帕斯卡和《思想录》：参见第一册P256注释①。

卢梭和《忏悔录》：参见第一册P194注释①。

里瓦罗和《政治与文学作品》：参见第一册P43注释①。

P477注释② Cf. Croce, *La Poesia*, 5ª ed., 29 (la circolarità spirituale).

克罗齐,《诗歌》,第5版,29(精神循环)。

克罗齐,参见第一册P415注释①。

《诗歌》：参见第三册P162注释①。

P477注释③ Grillparzer: "Moderne Logik," *Gesammelte Werke*, hrsg. E. Rollett und A. Sauer, II, 62-3. Cf. F. H. Bradley, *Appearance and Reality*, Preface, p. xiv: "Metaphysics is the finding of bad reasons for what we believe upon instinct; but to find these reasons is itself an instinct"; Pareto, *A Treatise on General Sociology*, §§850, 868, *op. cit.*, I, 501, 508 (residue and derivation).

格里帕泽:《现代逻辑》,《全集》,E. 罗莱图和 A. 索尔编,II, 62—63;参见 F. H. 布拉德利,《表象与现实》,序言,p. xiv:"大道是吾人为己之大欲所寻之藉口;而寻此藉口亦是人性本欲之表现";帕累托,《思想与社会》,§§850,868,如前所引,I, 501,508(残留与衍生)。

格里帕泽,参见第二册 P134 注释①。

F. H. 布拉德利(Francis Herbert Bradley, 1846—1924),英国唯心主义哲学家,新黑格尔主义者。代表作有《表象和现实》等。

《表象与现实》: F. H. 布拉德利著于 1893 年。布拉德利深受黑格尔的影响,他的关注点锁定在表象上,并且尝试从表象的迷雾中寻找出真实,他称之为"绝对"。该书收集了布拉德利形而上学观点的主要内容,是布拉德利最重要的作品。

帕累托和《思想与社会》: 参见第一册 P360 注释①。

P481 注释① Cf. Raymond Bayer, *Traité d'Esthétique*, 50 (la logique de l'analogue vs la logique de l'identique).

参见莱蒙·巴叶,《美学史》,50(类似的逻辑 vs 相同的逻辑)。

莱蒙·巴叶及其《美学史》: 参见第一册 P333 注释①。

P487 注释① W. G. Sumner, *Folkways*, 6.

W. G. 萨姆纳,《民俗》,6。

W. G. 萨姆纳及其《民俗》: 参见第一册 P50 注释③。

P487 注释② *Don Quijote*, Pte II, cap. 12, op. cit., V, 217.

《堂吉诃德》,第 II 部分,第 12 章,如前所引,V, 217。

《堂吉诃德》: 参见第一册 P99 注释④。

P487 注释③ Fitzgerald, *Rubaiyāt*, 1st ed., XLIX (2nd ed., LXXIV): "'Tis all a Chequer-board of Nights and Days/Where Destiny with Men for Pieces plays" etc.; Fielding, *Amelia*, Bk. I, ch. 1: "Men blame Fortune with no less Absurdity in Life, than a bad Player complains of ill Luck at the Game of

Chess."

菲茨杰拉德,《鲁拜集》,第一版,XLIX(第二版,ixxrv):"这是一个日夜均在的棋盘,在那里,命运与人争夺棋子"等;菲尔丁,《阿米莉亚》,第I卷,第1章:"人们把生活中的荒诞归咎于命运,正如技劣之棋手抱怨下棋时的厄运。"

菲茨杰拉德和《鲁拜集》,参见第二册 P191 注释②。

菲尔丁:参见第一册 P146 注释②。

《阿米莉亚》:或译《阿米利亚》,是菲尔丁最后一部小说,于1751年出版。这是一本现实主义社会批判型小说。这部作品为19世纪英国批判现实主义小说奠定基础。

P489 注释①*Das Wesen des Christenthums*, Kap. 1, *Sämmtliche Werke*, hrsg. W. Bolin und Fr. Jodl, VI, 3-4.

《基督教的本质》,第1章,《全集》,W. 保林和 F. 约戴编,VI, 3—4。

《基督教的本质》及其作者费尔巴哈:参见第一册 P44 注释①。

P496 注释① Cf. Freud, *Der Witz und seine Beziehung zum Unbewussten*, 3. Aufl., 81 (die "Zote"). Cf. Fr. Schlegel, *Literary Notebooks*, ed. H. Eichner, 115, § 1079: "Es giebt einen Witz der den Exkrementen des *Geistes* gleicht"; Fr. Th. Vischer, *Ueber das Erhabene und Komiche*, 203: "Guter Witz vergoldet selbst den Nickel des Obszönen."

参见弗洛伊德,《笑话与无意识的关系》,第3版,81("俏皮话");参见 Fr. 施莱格尔,《文学笔记》,H. 艾克纳编,15, § 1079:"笑话就像心灵的排泄";Fr. Th. 费肖尔,《论崇高与滑稽》,203:"好笑话是金子,若沾上淫秽二字,则会退化成镍。"

弗洛伊德:参见第一册 P34 注释①。

《笑话与无意识的关系》:参见第一册 P286 注释④。

Fr. 施莱格尔及其《文学笔记》:参见第一册 P440 注释①。

Fr. Th. 费肖尔,参见第二册 P32 注释②。

《论崇高与滑稽》:全称《论崇高与滑稽—及其他关于美的哲学文本》,Fr. Th. 费肖尔著,发表于1837年。

P496 注释② Martial, I. 35, "Loeb", I, 50.

玛西尔,I. 35,"洛布古典丛书",I, 50。

玛西尔(Martial,约38—约102),古罗马诗人。其他不详。

P496 注释③J. Y. T. Greig, *Psychology of Laughter and Comedy*, 24.

J. Y. T. 基利,《笑与喜剧心理学》,24。

J. Y. T. 基利:参见第一册P529注释②。

《笑与喜剧心理学》:J. Y. T. 基利著于1923年。此作幽默有趣,使读者进入微妙的笑声和智慧世界。基利受弗洛伊德影响,他认为,笑是在爱的本能行为中所产生的一种反应,而其中的"爱"又与弗洛伊德的"性"相接近。基利的这一观点在一系列章节中被应用于各种类型的笑和喜剧分析之中。

P514 注释① Donne: "An Anatomie of the World", *Complete Poetry and Selected Prose*, ed. J. Hayward, 204.

多恩:《世界的解剖》,《多恩诗歌全集和文章选集》,J. 海沃德编,204。

多恩和《多恩诗歌全集和文章选集》:参见第一册P168注释②。

P520 注释① Longinus, *On the Sublime*, XXX, "Loeb", p. 209.

朗吉努斯,《论崇高》,XXX,"洛布古典丛书",P209。

朗吉努斯和《论崇高》:参见第一册P677注释①。

P520 注释② Boswell, *Life of Johnson*, 27 April, 1773 (Goldsmith).

詹姆斯·鲍斯韦尔,《约翰逊传》,1773年4月27日出版(戈德史密斯)。

詹姆斯·鲍斯韦尔:参见第三册P194注释②。

《约翰逊传》:创作于1791年,是鲍斯韦尔为18世纪英国文坛巨擘塞缪尔·约翰逊所作的传记。由于这部作品,约翰逊成为英国人民家喻户晓的人物,鲍斯韦尔也因此成为世界文坛上最著名的传记作家之一。

约翰逊,参见第一册P411注释①。

P520 注释③W. Bagehot, *Literary Studies*, ed. R. H. Hutton, I, 227.

白芝浩,《文学研究》,R. H. 赫顿编,I, 227。

白芝浩(W. Bagehot, 1826—1877),英国经济学家、政治社会学家和公法学家。白芝浩是《经济学人》的主编。其一生的著述,都采取了评论的形式,文风简洁明晰而又机智风趣,时有警句。这些文章后来被编为五本文集,即《英国宪制》、《物理与政治》、《隆巴特街》、《文学研究》与《经济研究》。

《文学研究》：白芝浩于1879年编撰的五本文集之一。

P523 注释① Montaigne, *Essais*, I. 44 "Du Dormir", op. cit. 268 - 9 (Alexandre, Othon, Caton, Augustus, Marius).

蒙田,《随笔录》,I. 44《睡眠》,如前所引 268—9(亚历山大、奥顿、卡顿、奥古斯都、马吕斯)。

蒙田和《随笔录》：参见第一册 P50 注释①【增订四】。

P524 注释① Jacques Chevalier: "De la Signification des Faits" (*Proceedings ofthe Seventh International Congress of Philosophy*, 14).

雅克·谢瓦利埃:《事实的意义》(《第七届国际哲学大会论文集》,14)。

雅克·谢瓦利埃(Jacques Chevalier, 1882—1962),法国历史学家、哲学家、作家,专攻柏拉图思想,撰有许多历史学和哲学方面的著作。其他不详。

P524【增订四】 Bussy-Rabutin, quoted in Sainte-Beuve, Causeries du lundi, Vol. III. pp. 368 - 9.

布西-拉比丁,引自圣-伯夫,《周一漫谈》,第 III 卷,P368—369。

布西-拉比丁(Bussy-Rabutin or Roger de Rabutin, 1618—1693),又名罗杰·德·拉比丁,布西伯爵,法国传记作家。

圣-伯夫和《周一漫谈》：参见第一册 P319【增订四】。

P532 注释① Diogenes Laertius, *Lives of Eminent Philosophers*, VI. 40, "Loeb", II, 43.

第欧根尼·拉尔修,《名哲言行录》,VI. 40,"洛布古典丛书",II, 43。

第欧根尼·拉尔修和《名哲言行录》：参见第一册 P25 注释②。

P533 注释① *Republic*, 588 b ff,; Cf. W. Jaeger, *Paideia*, tr. G. Highet, II, 353.

《理想国》,588 b 页及之后;参见 W. 耶格,《教化》,G. 海伊特译,II, 353。

《理想国》：参见第一册 P399 注释①。

《理想国》的作者柏拉图,参见第一册 P101 注释①。

W. 耶格和《教化》：参见第二册 P230 注释①。

P533【增订四】Heine, *Atta Troll*, Caput V. *op cit.*, Vol. I, p. 361.

海涅,《阿塔·特罗尔》,第 V 章,如前所引,第 I 卷,P361。

海涅,参见第一册 P8 注释①。

《阿塔·特罗尔》：海涅著,1847 年出版,但早在 1844 年,此作已经作为《新诗集》的一部分出现。这本诗集收集了海涅自 1831 年以来的所有诗作。

P534 注释① La Bruyère, *Les Caractères*, VII. 119, Hachette, 388 ff..

拉布吕耶尔,《品格论》,VII. 119,阿歇特书局,388 页及之后。

拉布吕耶尔和《品格论》：参见第一册 P620 注释①。

P534 注释② Schiller, "Das Lied von der Glocke", *Werke*, hrsg. L. Bellermann, I, 275.

席勒,"钟之歌",《全集》,L. 贝尔曼出版,I, 275。

席勒：参见第一册 P6 注释③。

P534 注释③ Aulus Gellius, *The Attic Nights*, XlX. ii, "Loeb", III, 358; Tennyson, *In Memoriam*, cxviii. Cf. Thoreau, *Walden*: "Higher Laws", "Modern Library", 197 – 8 (an animal in us).

格利乌斯,《阿提卡之夜》,XlX. Ii,"洛布古典丛书",III, 358;丁尼生,《悼念》,cxviii. 参见梭罗,《瓦尔登湖》:"更高的法律","现代丛书",197—198。

格利乌斯和《阿提卡之夜》：参见第一册 P58 注释①。

丁尼生和《悼念》：参见第一册 P290【增订三】。

梭罗(Henry David Thoreau, 1817—1862),美国作家、哲学家、超验主义代表人物,也是一位废奴主义者及自然主义者。梭罗最著名的作品有散文集《瓦尔登湖》和《论公民不服从》等。

《瓦尔登湖》：梭罗所著的一本著名散文集。该书出版于 1854 年,梭罗在书中详尽地描述了他在瓦尔登湖湖畔一片再生林中度过两年又两月的生活以及期间他的许多思考。

P534 注释④ La Rochefoucauld, *Réflexions diverses*(Réflexions ou Sentences et

Maximes morales), xi "Du Rapportdes Hommes avec les Animaux", *Oeuvres*, "Les Grands Écrivains de la France", I, 307－10.

拉罗什富科,《道德箴言录》,xi"人类与动物的关系",《全集》,"法国伟大的作家",I, 307—310。

拉罗什富科：参见第二册 P97 注释①。

《道德箴言录》：参见第二册 P159 注释①。

P536【增订三】Baudelaire："Éloge du Maquillage", *Oeuv. comp.*, "la Pléiade", 912.

波德莱尔,"赞化妆",《全集》,"七星文库",912。

波德莱尔,参见第二册 P138 注释①。

"赞化妆"：波德莱尔著。此作最早收录在他的《现代生活的画家》里。

P537 注释① Cf. A. Q. Lovejoy, *Reflections on Human Nature*, 2－9 (the theological doctrine of man's essential badness), 15－8 (man's inner corruption and perversity).

参见 A. Q. 洛夫乔伊,《关于人性的思考》,2—9(人性本恶的神学主义),15—8(人类内心的腐败与邪恶)。

A. Q. 洛夫乔伊和《关于人性的思考》：参见第二册 P192 注释③。

P539 注释①*Nicomachean Ethics*, Bk II, ch. I, *The Basic Works of Aristotle*, The Random House. 952.

《尼各马可伦理学》,第 II 卷,第 I 章,《亚里士多德要籍选》,兰登书屋出版,952。

《尼各马可伦理学》：参见第一册 P398 注释②。

亚里士多德和《亚里士多德要籍选》：参见第一册 P37 注释③。

P540 注释① Cf. H. Focillon, *Vie des Formes*, 48 (les matières comportent une certaine destinée ou une vocation formelle); B. Bosanquet, *Three Lectures on Aesthetic*, 14ff., 58 ff.; L. Pareyson, *Estetica*: *Teoria della Formatività*, 2ª ed., 32ff..

参见亨利·福西永,《形式的生命》,48(材料有自己特定的命运或正式的用

途);伯纳德·鲍桑葵,《美学三讲》,14 页及之后,58 页及之后;L. 帕雷森,《美学:形成论》,第 2 版,32 页及之后。

亨利·福西永和《形式的生命》:参见第三册 P245 注释①。

伯纳德·鲍桑葵:参见第一册 P101 注释②。

《美学三讲》:该书是鲍桑葵 1914 年在伦敦大学做的一次讲演,随后印刷出版。如同书名一样,该书分为三讲:第一讲谈审美态度的一般性质——静观与创作,第二讲谈审美态度的体现——自然与各种艺术,第三讲谈审美满足的形式及其反面——美与丑。该书可视作鲍桑葵对美的定义的一次详细解释,并且在美的定义中思考丑的问题。

L. 帕雷森和《美学:形成论》:参见第一册 P328 注释①。

P548 注释① La Rochefoucauld, *Réflexions diverses*, xi, op. cit., 309.

拉罗什富科,《道德箴言录》,xi,如前所引,309。

拉罗什富科:参见第三册 P17 注释③。

《道德箴言录》:参见第三册 P534 注释④

P548 注释② Logau: "Eine Lockfinke", *op. cit.*, 62.

洛高:《诱饵》,如前所引,62。

洛高:参见第一册 P69 注释③。

P549 注释①*Paradiso*, XXVI. 97-9, *La Commedia divina*, Ricciardi, 1103.

《天堂篇》,XXVI. 97—9,《神曲》,里西亚蒂出版,1103。

但丁和《神曲·天堂篇》:参见第一册 P244 注释②。

P549 注释②*Madame Bovary*, I. x, Conard, 238.

《包法利夫人》,I. x,康纳德,238。

《包法利夫人》及其作者福楼拜:参见第一册 P436【增订四】。

P551 注释① Leopardi: "Alla Primavera o delle Favole antiche", *Opere*, Ricciardi, I, 41.

莱奥帕尔迪:《古代民间故事》,《全集》,里西亚蒂出版,I, 41。

莱奥帕尔迪:参见第一册 P256 注释④。

P553 注释① Cf. J. Pommier, *Questions de Critique et d'Histoire littéraire*, 18–9: "C'est une loi générale qui oppose une génération à la précédente. Elle joue au sein des familles, et dans tous les domaines", etc.

参见 J. 波米耶,《文学批评与文学史里的问题》,18—9:"这下一代反对上一代的一般规律,在家庭和其他所有领域都扮演着重要的角色"等。

J. 波米耶和《文学批评与文学史里的问题》: 参见第二册 P177 注释①。

P556 注释①e. g. R. P. Blackmur, *The Lion and the Honeycomb*, 237 (to give Dante a little backing).

例如 R. P. 布拉克默,《狮子和蜂窝》,237(给但丁些许支持)。

R. P. 布拉克默(Richard Palmer Blackmur, 1904—1965),美国批评家、诗人,作品有《狮子和蜂窝》等。

《狮子和蜂窝》: R. P. 布拉克默著,出版于 1955 年,是一部文学评论。

P557 注释①C. S. Peirce, *Collected Papers*, ed. C. Hartshorne and P. Weiss, V, § 484; C. K. Ogden and I. A. Richards, *The Meaning of Meaning*, 11.

C. S. 皮尔士,《皮尔士文集》,C. 哈茨霍恩与 P. 韦斯编,V, § 484; C. K. 奥格登与 I. A. 瑞恰慈,《意义的意义》,11。

C. S. 皮尔士,参见第一册 P24 注释①。

C. K. 奥格登与 I. A. 瑞恰慈和《意义的意义》: 参见第一册 P195 注释⑤。

P557 注释② Browning, *The Ring and the Book*, XII, 858 ff., Cf. De Sanctis: "lo stile è la cosa nel suo riflesso e nel suo effetto sulla mente" (L. Russo, *Gli Scrittori d'Italia*, II, 140).

勃朗宁,《指环与书》,XII, 858 页,参见德·桑克蒂斯:"文能通物达意"(L. 拉索,《意大利作家》,II, 140)。

勃朗宁(Browning, 1812—1889),英国诗人、剧作家。他与丁尼生齐名,均为维多利亚时代大诗人。主要作品有《戏剧抒情诗》、《指环与书》以及诗剧《巴拉塞尔士》等。

《指环与书》: 勃朗宁晚年的代表作,创作于 1868 年到 1869 年年间,该诗叙述一个老夫杀死少妻的故事。

德·桑克蒂斯：参见第一册 P702 注释②。

L. 拉索(Luigi Russo，1892—1961)，意大利学者、文学批评家。拉索借助于背景、社会和文化确立了诗歌和非诗歌之间的区别，并重新定义诗学的概念，继而将其应用于他对诸如曼佐尼、维托里奥·阿尔菲耶里和贾科莫·莱奥帕尔迪等意大利作家的研究中。此外，他还非常重视历史，明确提出了对弗朗切斯科·德·桑克蒂斯的批评，并开创了历史主义批评。

《意大利作家》：L. 拉索著，发表于 1951 年。这部作品共分为两卷，研究了包括路曼佐尼和伊吉·皮兰德娄在内的众多意大利作家。

P559 注释① Maxime du Camp，*Souvenirs littéraires*，II，211.

马克西姆·杜·坎普，《文学的记忆》，II，211。

马克西姆·杜·坎普(Maxime Du Camp，1822—1894)，法国作家、摄影家。

《文学的记忆》：马克西姆·杜·坎普著，发表于 1882 年。此作分上下两卷，介绍了包括作者坎普的好友福楼拜(Gustave Flaubert)在内的许多当代作家。

P559 注释② Lessing，*Emilia Galotti*，I. iv (Conti)，Werke，Weimar：Volksverlag，I，233 - 4.

莱辛，《爱米丽雅·迦洛蒂》，I. iv(孔蒂)，《全集》，魏玛：沃尔克出版社，I，233—234。

莱辛，参见第二册 P576 注释①。

《爱米丽雅·迦洛蒂》：莱辛于 1771 年出版的戏剧作品，被认为是最早的市民悲剧。

孔蒂，《爱米丽雅·迦洛蒂》中一画家的名字。

P559 注释③ Grillparzer，*Aphorismen*："Tieck"，*op. cit*，II，25.

格里帕泽，《格言录》："蒂克"，如前所引，II，25。

格里帕泽，参见第二册 P134 注释①。

P559 注释④ Henry James，*The Madonna of the Future* (Theobald)，*Novels and Tales*，Scribner，XIII，486 - 7.

亨利·詹姆斯，《未来的麦冬娜》(西奥博尔德)，《小说与故事》，斯克里布纳出版社，XIII，486—487。

亨利·詹姆斯：参见第一册 P400 注释①。

P560 注释① Blake, *Notes on Reynolds*: "Invention depends altogether upon execution or organization" etc. (A. Gilchrist, *Life of William Blake*, "Everyman's", 272). Cf. Croce, *Estetica*, 10ª ed., 11-3; H. Focillon, *Vie des Formes*, 65-8.

布莱克,《关于雷诺兹的笔记》:"发明创造完全取决于执行能力或组织能力"等。(A. 吉尔克里斯特,《威廉·布莱克的一生》,"人人文库",272);参见克罗齐,《美学原理》,第 10 版,11—3; H. 福西永,《形式的生命》,65—68。

布莱克：参见第二册 P76 注释③。

A. 吉尔克里斯特和《威廉·布莱克的一生》：不详。

克罗齐和《美学原理》：参见第一册 P415 注释①。

亨利·福西永和《形式的生命》：参见第三册 P245 注释①。

P563 注释① W. Knight, *The Philosophy of the Beautiful*, I, 209 (Mc Vicar); H. J. Bate, *From Classic to Romantic*, 131 ff., 153 ff.; G. Morpurgo-Tagliabue, *L'Esthétique contemporaine*, 20ff., 42 ff..

W. 奈特,《美的哲学》,I,209(维卡夫人);H. J. 贝特,《从古典到浪漫》,131 页及之后,153 页及之后;G. 莫尔普戈-塔利亚布埃,《当代美学》,20 页及之后,42 页及之后。

W. 奈特(W. Knight, 1836—1916),英国作家。代表作有《华兹华斯的作品和生活》、《休姆》、《哲学论文:新与旧》等。

《美的哲学》：W. 奈特著,出版于 1895 年。此书的内容是作者 1889 年任教于爱丁堡哲学研究院时的演讲文稿,探讨了美的哲学。

H. J. 贝特(疑为 W. J. 贝特,Walter Jackson Bate, 1918—1999),美国文学批评家,传记作家。因替塞缪尔·约翰逊及约翰·济慈作传而获普利策传记奖。代表作有《负面能力:济慈的直觉方法》、《塞缪尔·约翰逊的成就》、《约翰·济慈》等。

《从古典到浪漫》：W. J. 贝特著,1946 年出版。此作聚焦于 18 世纪欧洲人艺术观、文学主题方面的演变。

G. 莫尔普戈-塔利亚布埃(G. Morpurgo-Tagliabue,生卒不详),意大利美学家,代表作有《当代美学》等。

《当代美学》：意大利美学家莫尔普戈·塔利亚布埃著。此作认为，在古代，艺术是一种模仿；在浪漫主义时代，艺术被看作是一种表现；而今天，艺术则被视为一种创造。

P567 注释①P. Sauriau，*Théorie de l'lnvention*，7.

P. 索里奥，《发明理论》，7。

P. 索里奥和《发明理论》：不详。

P568【增订四】Quintilian，*Institutio oratoria*，I. vi. 41，Loeb，Vol. I，p. 131.

昆体良，《雄辩术原理》，I. vi. 41，洛布古典丛书，第 I 卷，P131。

昆体良和《雄辩术原理》：参见第一册 P60 注释①。

P569 注释①*The Notebooks of leonardo da Vinci*，tr. E. MacCurdy，I，71.

《达·芬奇笔记》，E. 麦考迪译，I，71。

列奥纳多·达·芬奇，参见第一册 P444 注释①。

《达·芬奇笔记》：参见第二册 P360 注释①。

P570 注释①*Henry V*，Prologue；*Sonnets*，No. 44.

《亨利五世》，序言；《十四行诗》，44 首。

《亨利五世》：莎士比亚基于英格兰国王亨利五世的生平事迹，于 1599 年创作了这部著名历史剧。此剧着重描写百年战争期间的阿金库尔战役。

《亨利五世》的作者莎士比亚，参见第一册 P70 注释①。

P570 注释②K. Storck，*Mozarts Briefe in Auswahl*，269，Nr. 179："Aus eincm fingierten Brief".

K. 斯特霍克，《莫扎特书信选编》，269，第 179 封："疑为伪造的信件"。

K. 斯特霍克和《莫扎特书信选编》：不详。

P572 注释① Horace，*Ars poetica*，101－3；Cf. Quintillian，*Institutio oratoria*，VI. ii. 25－36（visiones），"Loeb"，II，430.

贺拉斯，《诗艺》，101—3；参见昆体良，《雄辩术原理》，VI. ii. 25—36（愿景），"洛布古典丛书"，II，430 页。

贺拉斯：参见第一册 P145 注释③。

《诗艺》：参见第三册 P338 注释①。

昆体良和《雄辩术原理》：参见第一册 P60 注释①。

P572 注释②M. Scheler, *Wesen und Formen der Sympathie*, 3. Auf., 4－5："Es ist ganz sinnvoll zu sagen: 'Ich kann ihn das sehr gut nachfühlen, aber ich habe kein Mitleid mit Ihnen!'" Cf. Coleridge, *Miscellaneous Criticism*, ed. Thomas M. Raysor, p. 415: "They [Wordsworth and Goethe] are always, both of them, spectators *ab extra*, -feeling *for*, but never with, their characters."

M. 舍勒,《符号方法论》,第 3 版,4—5:这样说很有意义:"我能理解你,但我不会同情你。"参见柯勒律治,《杂论》,托马斯 · M. 雷索编,P415:"他们[华兹华斯和歌德],他们两个都是外部的旁观者,对于他们笔下的人物,他们两个均能通其情,却从未同其情。"

M. 舍勒及其《符号方法论》：参见第一册 P317 注释①。

柯勒律治：参见第一册 P16 注释①。

《杂论》：不详。

P573 注释①*Poetics*, 55 a 29－32; cf. G. F. Else, *Aristotle's "Poetics": the Argument*, 489.

《诗学》,55 a 29—32;参见 G. F. 埃尔斯,《亚里士多德的诗学:论证》,489。

亚里士多德：参见第一册 P37 注释③。

《诗学》：参见第一册 P588 注释①。

G. F. 埃尔斯和《亚里士多德的诗学：论证》：不详。

P573 注释② Metastasio, *Sonetti*, I, *Tutte le Opere*, Mondadori, II, 939. Cf. Trollope, *An Autobiography*, ch. 10, "The Oxford Trollope", 178: "At such times I have been able to imbue myself thoroughly with the characters I have had in hand, … crying at their grief, laughing at their absurdities, and thoroughly enjoying their joy."

梅太斯太休,《十四行诗》,I,《全集》,蒙达多利出版,II, 939;参见特罗洛普,《自传》,第 10 章,"牛津特罗洛普",178:"在这样的时刻,我能够完全沉浸在我所写的人物之中,为他们的悲痛而哭泣,为他们的荒谬而欢笑,为他们的欢乐而

开怀。”

梅太斯太休(Pietro Metastasio，1698—1782)，也译为彼埃德罗·梅塔斯塔齐奥，意大利18世纪阿卡狄亚诗派诗人和歌剧剧本作家。他对16世纪的音乐剧进行了重大改革，对音乐剧的繁荣和发展作出了较大的贡献，对18世纪欧洲正歌剧的诞生具有一定的影响。他力图把古典主义悲剧、田园剧的特点同歌剧、音乐、诗歌结合起来，反映现代人的思想感情。他的音乐剧大多取材于神话和历史传说，富有明显的阿卡狄亚诗派和启蒙主义文化特征，剧本全部用诗体写成，文辞优美，结构严谨，情节紧凑，具有很高的文学价值。代表作有歌剧剧本《被抛弃的狄多》、《卡图在乌提卡》、《忒米斯托克勒斯》等。他的以中国元杂剧《赵氏孤儿》为蓝本而作的《中国英雄》，在欧洲也广泛流传。

《十四行诗》：梅太斯太休著。其他不详。

特罗洛普(Anthony Trollope，1815—1882)，英国作家。其早期小说中，《巴塞特郡纪事》最为脍炙人口。后期小说中，《首相》、《我们现在的生活方式》、《斯卡包鲁一家》最有代表性。

P573 注释③ Flaubert，*Correspondance*，Conard，V[e] série，350.

福楼拜，《书信集》，康纳德，第V系列，350。

福楼拜，参见第一册P436【增订四】。

P574 注释① Sainte-Beuve，*Tableau de la Poésie française au 16e Siècle*，397 (Du Bartas). Cf. P. Pancrazi，*Scrittori d'Oggi*，Serie VI，230 (D'Annunzio)，281－2 (Croce).

圣-伯夫，《十六世纪法国诗歌和法国戏剧批评史略》，397(杜·巴塔斯)。参见P.潘尼克拉齐，《今夕文人》，第VI系列，230(邓南遮)，281—2(克罗齐)。

圣-伯夫，参见第一册P319【增订四】。

P.潘尼克拉齐和《今夕文人》：参见第二册P772注释③。

《十六世纪法国诗歌和法国戏剧批评史略》(原名 Tableau historique et critique de la Poésie française et du Théâtre français au XVIe siècle)：圣-伯夫著，1828年出版。此作被誉为探索浪漫主义渊源的力作，从而使作者(圣-伯夫当时在《地球报》上发表了该作，提出了浪漫主义诗歌发源于16世纪的观点)立足文坛。

邓南遮，参见第二册P139注释①。

克罗齐，参见第一册P415注释①。

P574 注释②*Il Convivio*, Trat. IV, Canzone iii, 53－4, *Opere*, ed. E. Moore and P. Toynbee, 294.

《飨宴》,第 IV 段,第 iii 歌,53—4,《作品》,E. 摩尔和 P. 托里比编,294。

《飨宴》：参见第二册 P13 注释④。

《飨宴》的作者但丁,参见第一册 P244 注释②。

P574 注释 Croce, *La Poesia*, 5ª ed., 3ff., 200.

克罗齐,《诗歌》,第 5 版,3 页及之后,200。

克罗齐：参见第一册 P415 注释①。

《诗歌》：参见第三册 P162 注释①。

P575 注释① Longinus, *On the Sublime*, X. 1－3(Sappho), XVI. 2－4 (Demosthenes); cf. J. Brody, *Boileau and Longinus*, 40－2,75.

朗吉努斯,《论崇高》,X. 1—3(莎孚),XVI. 2—4(德摩斯梯尼);参见 J. 布罗德,《布瓦洛和郎吉努斯》,40—42,75。

朗吉努斯和《论崇高》：参见第三册 P520 注释①。

J. 布罗德和《布瓦洛和郎吉努斯》：参见第一册 P290 注释②。

布瓦洛,参见第二册 P803 注释①。

莎孚(Sappho,前约 150 年—不详),古希腊女诗人,被希腊人誉为"第十诗神"。但其所著诗歌大多遗失,仅存断片。

德摩斯梯尼(Demosthenes,前 384—前 322 年),古希腊雅典雄辩家、民主派政治家。

P575【增订四】Valéry: "Note et Digression", *Oeuvres*, Bib. De la Pléaide, Vol. I, p. 1205; cf. R. Wellek, *A History of Modern Criticism*, Vol. IV, p. 8.

瓦雷里,《笔记和旁批》,《全集》,七星文库,第 I 卷,P1205;参见 R. 韦勒克,《近代文学批评史》,第 IV 卷,P8。

瓦雷里,参见第二册 P635 注释①。

R. 韦勒克和《近代文学批评史》：参见第二册 P386 注释①。

P576 注释① Schiller, *Briefe über die ästhetische Erziehung*, XXII, *Werke*, hrsg. L. Bellermann, 2. Aufl., VII, 355.

席勒,《美育书简》,XXII;《全集》,L. 贝尔曼编,第 2 版,VII, 355。

席勒,参见第一册 P6 注释③。

《美育书简》:席勒著,也译为《审美教育书简》。此作中,席勒论述了他对美的独特理解,第一次提出了美育的概念,并对美育的性质、特征及其社会作用作了系统的阐述。席勒吸取康德美学观中的部分内容,以人的本性角度为出发点,提出了"游戏冲动"、"精神自由"、"审美教养"等观点,全方位对"美"进行了重新定义,并提出了"完整的人"这一理想化的审美目标。

P576 注释② Verlaine, *Poèmes saturniens*, "Epilogue", III. Cf. *The Correspondence of H. C. Robinson and the Wordsworth Circle*, ed. Edith J. Morley, I, 47: "The poet... must be himself cold, though through his art he makes his readers warm" (to Thomas Robinson).

魏尔伦,《忧郁诗篇》,"后记",III;参见《H. C. 罗宾逊和华兹华斯的通信》,莫利编,I, 47:"诗人必须是冷酷的,虽然他的艺术能温暖读者"(致托马斯·罗宾逊)。

魏尔伦,参见第二册 P653 注释②。

《忧郁诗章》:魏尔伦著。魏尔伦自认为是一个忧郁的诗人,1866 年出版第一部诗集时就将他的诗集定名为《忧郁诗章》,而在之后,忧郁的主题也贯穿了他一生其他的众多作品。

莫利和《H. C. 罗宾逊和华兹华斯的通信》:参见第三册 P337 注释①。

P576【增订三】A. Gérard, *L'ldée romantique de la Poésie en Angleterre*, 34; R. Wellek, *History of Modern Criticism*, I, 56, 240; W. Müller-Seidel, *Probleme der literarischen Wertung*, 2. Aufl., 75 - 9.

A. 杰拉德,《英国诗中的浪漫情诗》,34: R. 韦勒克,《近代文学批评史》,I, 56, 240; W. 穆勒-塞德尔,《文学评价问题》,第 2 版,75—79。

A. 杰拉德(Albert S. Gérard, 1920—1996),比利时的比较文学学者,专攻非洲文学。代表作《英国诗中的浪漫情诗》、《黑非洲》、《非洲文学的语境》等。

《英国诗中的浪漫情诗》:杰拉德著,出版于 1955 年。本书探讨了英国诗人柯勒律治、华兹华斯、叶芝和雪莱等诗人的诗歌理论。

沃尔特·穆勒-塞德尔(Walter Müller-Seidel, 1918—2010),德国作家、学者。

《文学评价问题》:沃尔特·穆勒-塞德尔著的文艺理论著作,发表于 1965 年。

P577 注释① Diderot："Paradoxe sur le Comédien"，*Oeuvres complètes*，ed. J. Assézat，VIII，370，423. Cf. Joshua Reynolds："Two Dialogues"，*Johnsonian Miscellanies*，ed. G. B. Hill，II，248；Kant，*Anthropologie*，§79，*Werke*，hrsg. E. Cassirer，VIII，155（ein Akteur，der selbst kalt ist）；Goethe，*Sämtliche Werke*，"Tempel-Klassik"，III，*Spruchweisheit*，264："Der Schauspieler gewinnt das Herz，/Aber er gibt nicht seines hin".

狄德罗:《关于喜剧演员的悖论》,《全集》,J. 阿塞扎特编,VIII，370,423;参见雷诺兹:《两个对话》,《约翰逊杂记》,G. B. 希尔编,II，248;康德,《人性学》,§79,《全集》,E. 卡西尔编,VIII，155(一个冷酷的演员);歌德,《歌德集》,"神寺经典",III,《慧语集》,264:"演员赢得了(观众的)心,却不交出他自己的心。"

狄德罗：参见第二册 P59 注释②。

雷诺兹(Sir Joshua Reynolds，1723—1792),英国 18 世纪后期最富盛名且颇具影响力的历史肖像画家和艺术评论家,英国皇家美术学院的创办人。代表作有《阿尔贝玛伯爵夫人安娜像》、《内莉·奥勃伦像》、《约翰逊博士像》、《托马斯·梅里克夫人像》等。他强调绘画创作中的理性一面,他的 15 次演讲被认为是宏伟风格的理论基础,其中许多观点也是英国 18 世纪美学原理最典型的体现。

《约翰逊杂记》：不详。

康德,参见第一册 P6 注释②。

《人性学》：参见第一册 P435 注释①。

歌德：参见第一册 P16 注释①

《慧语集》：参见第一册 P24 注释①。

P579 注释① Boileau，*Art Poétique*，Chant IV. 78－80. Cf. H. Peyre，*Le Classicisme français*，94（La Fontaine，Molière）.

布瓦洛,《诗的艺术》,第 IV 颂,78—80;参见 H. 佩尔,《法国古典主义》,94(拉·封丹,莫里哀)。

布瓦洛和《诗的艺术》：参见第二册 P803 注释①。

H. 佩尔(Henri Peyre，1901—1988),法裔美国语言学家、文学学者。佩尔是法国研究中的一位巨人,他始终致力于向美国人介绍法国的现代文学以及文化。除了著有约 30 本关于古典主义、现代文学和高等教育的书外,佩尔还留下了大量与战后的文学界主要人物,诸如罗伯特·佩恩·沃伦、安德烈·纪德和安德烈·马尔罗来往的信件。这些书信也生动地记载和反映了他生活的时代。

《法国古典主义》：H. 佩尔著。其他不详。

P579 注释② Pope, *Essay on Criticism*, 146ff..

蒲柏,《批评论》,146 页及之后。

蒲柏,参见第一册 P100 注释①。

《批评论》：参见第三册 P334 注释①。

P579 注释③ Manzoni: "Lettera a Cesare d'Azeglio", *Opere*, Ricciardi, 198.

孟佐尼:《致凯撒·德·阿泽格利奥的信》,《作品集》,里西亚蒂,198。

孟佐尼,参见第二册 P463【增订三】。

凯撒·德·阿泽格利奥(Cesare d'Azeglio,生卒不详),意大利一高级军官,也是宫廷要人。其他不详。

P586 注释① Cf. Piron, *La Métromanie*, III. vi: "Leurs écrits sont des vols qu'ils nous ont faits d'avance"; Mérimée à Viollet-le-Duc: "Homère m'a volé ungrand nombre de belles choses que j'aurais peut-être inventées s'il ne les avait dites avant moi" (P. Léon, *Mérimée et son Temps*, 386).

参见皮隆,《作诗癖》,III. Vi:"他们的作品是预先从我们这儿盗走的赃物";梅里美对公爵说:"荷马窃走了太多我本可能想到的灵感,他只是在我之前说了这些罢了"(保罗·莱昂,《梅里美及其时代》,386)。

皮隆(Piron, 1689—1773),法国诗人,代表作有《作诗癖》、《皮隆文集》、《讽刺诗》等。

《作诗癖》：全称《作诗癖：五幕喜剧》,皮隆著于 1738 年。这部作品是皮隆在尝试创作了几部悲剧作品失败告终后创作的一部喜剧作品。在这部喜剧中,主人公达米斯是一名诗歌迷。

梅里美,参见第一册 P176 注释②。

保罗·莱昂和《梅里美及其时代》：参见第一册 P359 注释②。

P587【增订四】J. E. Brown, *The Critical Opinions of Samuel Johnson*, 1926, p. 456.

J. E. 布朗,《塞缪尔·约翰逊的批评意见》,1926,456 页。

J. E. 布朗和《塞缪尔·约翰逊的批评意见》：参见第三册 P27 注释①。

塞缪尔·约翰逊,参见第一册 P411 注释①。

P590 注释① Abraham Cowley: "Of Wit"; Johnson, *Lives of the English Poets*, "Dryden" ("On the Death of Mrs Killigrew"); Voltaire, *Dic. philos. art.* "Style" (Racine); Fielding, *Tom Jones*, Bk V, ch. I.

亚伯拉罕·考利:《论机智》;约翰逊,《诗人传》,"德莱顿"(《论基利格鲁夫人之死》);伏尔泰,《哲学辞典》,艺术,"风格"(拉辛);菲尔丁,《汤姆·琼斯》,第V卷,第I章。

亚伯拉罕·考利: 参见第二册 P356 注释②。

约翰逊,参见第一册 P411 注释①。

《诗人传》: 约翰逊著,又称《诗人列传》(4 卷本,1779 年;6 卷本,1781 年),1777 年起,在伦敦书商的要求下约翰逊陆续撰写 50 多个诗人的传记,后集成《诗人传》。

伏尔泰,参见第一册 P459 注释①。

《哲学辞典》: 参见第一册 P495 注释①。

拉辛,参见第一册 P638 注释①。

菲尔丁和《汤姆·琼斯》: 参见第一册 P146 注释②。

P590 注释② Colletet, quoted in A. Soreil, *Introduction à l'Histoire de l'Esthétique française*, nouv. éd. rév., 97.

科莱特,引自 A. 索若尔,《法国美学史介绍》,新编修订版,97。

A. 索若尔和《法国美学史介绍》: 参见第二册 P579 注释①。

P590 注释③ Coleridge, *Biographia Literaria*, ch. 14.

柯勒律治,《文学传记》,第 14 章。

柯勒律治,参见第一册 P16 注释①。

《文学传记》: 参见第一册 P489 注释①。

P590【增订三】 Wayne C. Booth, *The Rhetoric of Fiction*, 1961, 60; Menschliches, Allzumenschliches, Bd II, Abt. ii, § 98. *op. cit.*, I, 919.

韦恩·C. 布斯,《小说修辞学》,1961,60;《人性的,太人性的》,第 II 卷,第 ii 部,§ 98,如前所引,I, 919。

韦恩·C. 布斯(Wayne Clayson Booth, 1921—2005),美国小说理论家。代表作有《讽刺修辞》、《批判性理解》、《小说修辞学》等。

《小说修辞学》:韦恩·C. 布斯著,发表于1961年,以后再版多次,被列为西方现代小说理论的经典之作。此作主要讨论了西方小说的历史发展,梳理了小说技巧及其理论的演变,批判地考察了现代有关小说的流行观点,建立了现代小说理论,为现代小说创作、批评和研究奠定了坚实基础。书中提出的一些观念和术语,如"隐含作者"、"不可靠叙述者"等,已成为当今叙述学领域的经典术语。

《人性的,太人性的》:参见第一册P45注释②。

《人性的,太人性的》的作者尼采,参见第一册P23注释②。

P591【增订四】J. E. Brown, *op. cit.*, pp. 251,254; Quintilian, *Inst. orat.*, VIII., v. 34, Loeb., Vol. III, pp. 298-310; *Causeries du lundi*, Vol. I, p. 168; Hardy to Arthur Symons, in Michael Milgate, *Thomas Hardy*, 1982, p. 448; Croce, *Conversazioni critiche*, serie I, P. 67; Pope: "To Walsh", *Correspondence*, ed. G. Sherburn, I, p. 18; T. S. Eliot, *On Poetry and Poets*, 1957, p. 32.

J. E. 布朗,如前所引,P251,254;昆体良,《雄辩术原理》,VIII, v. 34,洛布古典丛书,第III卷,P298—310;《周一漫谈》,Vol. I, P168;哈代致亚瑟·西蒙斯,引自马歇尔·密尔盖特,《托马斯·哈代》,1982,P448;克罗齐,《批判性对话》,系列I, P67;蒲柏:"致沃尔什",《信件》,G. 舍伯恩编,I, P18;T. S. 艾略特,《关于诗歌与诗人》,1957,P32。

J. E. 布朗,参见第三册P27注释①。

昆体良和《雄辩术原理》:参见第一册P60注释①。

《周一漫谈》及其作者圣-伯夫:参见第一册P319【增订四】。

托马斯·哈代,参见第二册P57注释①。

亚瑟·西蒙斯(Arthur Symons, 1865—1945),美国诗人、文艺评论家,象征主义诗人的代表。代表作有《夜以继日》、《剪影》、《伦敦的夜晚》、《文学中的象征主义运动》等。

马歇尔·密尔盖特和《托马斯·哈代》:不详。

克罗齐,参见第一册P415注释①。

《批判性对话》:克罗齐著。其他不详。

蒲柏,参见第一册P100注释①。

艾略特，参见第二册 P53 注释③。

《关于诗歌与诗人》：T. S. 艾略特著，出版于 1957 年。

P593 注释① Croce, *La Poesia*, 93 - 6. Cf. T. S. Eliot, *To Criticise the Critic*, 34 (some parts deliberately planned to be less "poetic" than others).

克罗齐，《诗歌》，93—96；参见 T. S. 艾略特，《批评批评家》，34（有些部分故意设计得不那么"诗意"）。

克罗齐，参见第一册 P415 注释①。

《诗歌》：参见第三册 P162 注释①。

T. S. 艾略特和《批评批评家》：参见第二册 P53 注释③。

P593【增订五】*An Essay in Criticism*, 301 - 2.

《批评论》，301—302。

《批评论》：参见第三册 P334 注释①。

《批评论》的作者蒲柏，参见第一册 P100 注释①。

P594 注释① Cf. Poe: "The Poetic Principle" and "The Philosophy of Composition", *Poems and Miscellanies*, Oxford, 167, 193 (a psychal or physical necessity); G. Boullough, *Mirror of Minds*, 214 (the poetic as well as the psychological importance of phases of lowered tension); A. Soreil, op. cit., 44 (Pierre Nicol).

参见爱伦·坡：《诗歌原理》和《创作的哲学》，见《诗与杂记》，牛津出版，167，193（一种心理或生理上的需要）；G. 布尔卢，《思想之镜》，214（低张力阶段的诗意与心理重要性）；A. 索雷伊，如前所引，44（皮埃尔·尼科尔）。

爱伦·坡和《诗歌原理》：参见第三册 P158 注释②。

《诗与杂记》：不详。

G. 布尔卢（Geoffrey Bullough，1901—1982），英国文艺理论家。代表作有《福尔克·格雷维尔的诗歌与戏剧》、《莎士比亚的叙事与戏剧来源》（第 8 卷）以及《现代诗歌的趋势》。

《思想之镜》：全称《思想之镜——英语诗歌中心理信仰的变化》，G. 布尔卢著，发表于 1962 年。此作探索了英国诗歌在不同时期反映人类思想现况的一些方式。第一章论述了从中世纪继承下来的人的微观概念，并在一些寓言和说教诗、抒情诗和史诗中追寻其影响。第二章论述了莎士比亚对思想和人性的态度的发展。第三章探讨了十七世纪哲学和科学革命的一些影响，包括对明晰和秩序的探索，奥古斯都对理性和激情的兴趣，以及心理学协会的兴起。第四章阐述了浪漫主义诗人如何运用联想和直觉，并探讨了维多利亚时代诗人对不朽的期望及恐惧与科学进步的关系。最后一章追溯了"时刻"哲学对美学家艾略特的影响，并区分了20世纪某些心理学对现代诗歌的影响。

A. 索若尔，参见第二册P579注释①。

P596 注释① Cf. Valéry, *Variétés* I, 67; *Littérature*, 36 (les vers sonnés et les vers calculés).

参见瓦雷里，《杂录》，I, 67；《文学》，36(按字母顺序排列的诗句)。

瓦雷里，参见第二册P635注释①。

《杂录》：不详。

P598 注释① Amiel, quoted in M.-J. Guyau, *L'Art au Point de Vue sociologique*, 77; Faust, I, 1338: "Ich bin der Geist, der stets verneint!" Cf. Rivarol: "L'art doit se donner un but qui recule sans cesse, et mettre l'infini entre lui et son modèle" (Sainte-Beuve, *Les Grands Écrivains Français*, ed. Maurice Allem, X, 278).

埃米尔，引自M.-J. 冈恩，《社会学角度的艺术》，77；浮士德，I, 1388："我是永恒的否定的精神！"参见里瓦罗："艺术必须给自己一个不断退缩的目标，并在他和他的模型之间放置无限"(圣-伯夫，《伟大的法国作家》，莫里斯·阿莱姆编，X, 278)。

M.-J. 冈恩，参见第一册P107注释②

《社会学角度的艺术》：冈恩著，出版于1889年。此作提出，艺术是一种普遍感观，而美学经验则是一种私人体验。

《浮士德》及其作者歌德：参见第一册P16注释①。

里瓦罗，参见第一册P43注释①。

圣-伯夫：参见第一册P319【增订四】。

《伟大的法国作家》：圣-伯夫著，其他不详。

P598 注释②W. Muschg, *Tragische Literaturgeschichte*, 3. Aufl., 530–8;

Cf. Novalis, *Fragmente*, §87, hrsg. E. Kamnitzer, S. 81: "Ein absoluter Trieb nach Vollendung und Vollständigkeit ist Krankheit, sobald er sich zerstörend und abgeneigt gegen das Unvollendete, Unvollständige zeigt."

W. 墨希格,《悲剧观之文学史》,第3版,530—8;参见诺瓦利斯,《断章》,§87,卡姆尼策出版社,S. 81:"完美与完整的绝对驱动力就是疾病,疾病会表现出破坏性并厌恶未完成的、不完整的事物。"

W. 墨希格和《悲剧观之文学史》:参见第一册P583注释①。

诺瓦利斯,参见第一册P44注释③。

P601注释① Lichtenberg, quoted in R. Müller-Freienfels, *Psychologie der Kunst*, I, 321. Cf. Heine, *Religion und Philosophie in Deutschland*, III, Sämtl. Werke., Weichert, VIII, 94: "So wie man sagt: 'Es regnet, es blitzt' usw., so sollte Fichte nicht sagen: 'Ich denke', sondern 'Es denkt'."

利什滕贝格,引自R. 穆勒·法瀚菲儿,《艺术心理学》,I, 321. 参见海涅,《论德国宗教和哲学的历史》,III,《全集》,维希特,VIII, 94:"就像人们说的那样:'天打雷天闪电'等等,所以费希特不应该说:'我思',而应该说"天(假我以)思'。"

利什滕贝格:参见第二册P244注释③。

R. 穆勒·法瀚菲儿和《艺术心理学》:参见第一册P434注释①。

海涅,参见第一册P8注释①。

《论德国宗教和哲学的历史》:海涅所著。该书分为三个部分,即论述德国的宗教史(从基督教的产生到路德宗教改革的德国宗教);论述德国古典哲学的来源,介绍笛卡儿、斯宾诺莎、莱布尼茨等人的哲学思想及其影响;论述从康德到黑格尔的德国古典哲学的发展等。

P601注释② Rimbaud: "Lettre à Georges Izambard", *Poèmes*, Hachette, 245; Cf. 246, "Lettre à Paul Demeny": "Car Je est un autre", etc.

兰波:《致乔治·伊藏巴尔》,《诗歌》,阿歇特出版,245;参见246,《致保罗·德曼》:"因为我是另一个人"等。

兰波(Rimbaud, 1854—1891),法国诗人,早期象征主义诗歌的代表人物,超现实主义诗歌的鼻祖。代表作有《醉舟》、《地狱一季》、《彩画集》等。

P601【增订三】 quoted in Amy Lowell, *John Keats*, I, 151.

引自艾米·洛威尔,《约翰·济慈》,I, 151。

艾米·洛威尔和《约翰·济慈》:不详。

艾米·洛威尔(Amy Lowell, 1874—1925),美国诗人。代表作有《多彩玻璃顶》、《男人、女人和鬼魂》、《浮世绘》、《东风》、《艾米·洛威尔诗选》等。评论集有《法国六诗人》等。

《约翰·济慈传》:艾米·洛威尔著,1925 年出版。此作是一本著名的传记作品。

济慈,参见第一册 P256 注释①。

P613 注释① Juvenal, *Satires*, X, 168, 172 - 3, "Loeb", 206. Cf. Henry Vaughan, *Olor Iscanus*, "The Charnel-house": "Thus Cyrus tam'd the *Macedon*, a tombe/Checkt him, who thought the World too straight a Room" (*Works*, ed. L. C. Martin, 42).

朱文诺,《讽刺诗》,X, 168, 172—3,"洛布古典丛书",206;参见亨利·沃恩,《奥洛尔·伊斯卡努斯》,"藏尸房":"这样,居鲁士征服了马其顿,而坟墓/则将了他一军,这个视世界为斗室的人"(《作品集》,L. C. 马丁编,42)。

朱文诺和《讽刺诗》:参见第一册 P573 注释①。

亨利·沃恩(Henry Vaughan, 1621—1695),英国玄学派诗人。他在创作上受英国另一玄学派诗人乔治·赫伯特影响较大,但其诗有自己的风格:一是对天真无邪的童年之向往,二是对自然环境有敏感的反应。沃恩诗歌的这两大特点对后来的浪漫主义诗人华兹华斯产生很大影响。代表作有诗集《矽土的火花》或称《圣诗集》等。

《奥洛尔·伊斯卡努斯》:亨利·沃恩著。其他不详。

P613【增订三】 M. Wehrli, op. cit., 56.

M. 威利,如前所引,56。

M. 威利,参见第一册 P68【增订四】。

P8 注释① C. K. Ogden, *Bentham's Theory of Fictions*, pp. cxviii-ix, 16, 137, 152.

C. K. 奥格登,《边沁的虚构理论》,pp. cxviii-ix, 16,137,152。

C. K. 奥格登,参见第一册 P195 注释⑤。

边沁和《边沁的虚构理论》: 参见第一册 P540【增订三】。

P9 注释① E. Cassirer, *An Essay on Man*, 210; Cf. 132 (Hunger for names).

E. 卡西尔,《人论》,210;参见 132(对名称的渴求)。

E. 卡西尔,参见第一册 P82 注释②。

《人论》: 参见第一册 P358 注释①。

P9 注释② R. Mandrou, *Introduction à la France moderne*, 86 – 7 (LucienFebvre).

R. 芒德鲁,《现代法国导论》,86—7(吕西安·费夫尔)。

R. 芒德鲁(Robert Mandrou 1921—1984): 法国史学家,代表作有《路易十四及其时代》、《从人文主义到科学》、《现代法国导论》等。

《现代法国导论》: R. 芒德鲁著。此作介绍了十六世纪法国民众饮食习惯的变化、不同宗教信仰之间的碰撞以及十六世纪法国经历的社会历史变迁。

吕西安·费夫尔(Lucien Febvre, 1878—1956),法国史学家,公认的二十世纪史学大师。1929 年他与布洛赫(Marc Bloch)共同创办了年鉴学派的核心刊物《经济与社会史年鉴》和年鉴学派。1946 年该刊易名为《年鉴: 经济、社会与文明》。其法文代表作有《菲立浦二世和弗朗什孔泰》、《土地与人类演进》、《命运: 马丁·路德传》、《全观历史》、《拉伯雷与十六世纪的不信神问题》,《为历史而战》等。其英文著作有《地理观的历史导论》、《历史新种类：费夫尔选集》等。

P9【增订四】*Die fröhliche Wissenschaft*, III, §261, *op. cit.*, Vol, II, p. 158.

《快乐的科学》,III, §261,如前所引,第II卷,P158。

《快乐的科学》：尼采著于1882年，此作是尼采中期作品里最庞大而又最完整的一部书，在尼采的一生中处于中心的位置，它也是尼采采用哲学的叙述方式最成功的尝试。此作浓缩了尼采思想的精髓，对诸如生命、个体与群体、爱情、文艺、哲学、科学、道德、法律、宗教、社会发展等问题都进行了简明而深刻的论述，特别关注科学和艺术问题的解决办法。尼采使用格言的风格写作，此作中所包含的诗词，也多过他其他所有的作品。

《快乐的科学》的作者尼采，参见第一册P23注释②。

P12注释① De Sanctis, *Storia della Letteratura Italiana*, ed. Croce e A. Parente, I, 162: "si ha a distinguere il mondo intenzionale e il mondo effettivo" (cf. *Saggi critici*, a cura di L. Russo, II, 159, 183); Henri Focillon, *Vie des Formes*, 3: "L'intention de l' oeuvre d'art n'est pas l'oeuvre d'art"; D. H. Lawrence, *Studies in Classic American Literature*, 3: "Two blankly opposing morals, the artist's and the tale's. Never trust the artist. Trust the tale" (Cf. *Reflections on the Death of a Porcupine and other Essays*, p. 123).

德·桑克蒂斯,《意大利文学史》,克罗齐和A. 帕伦特编,I, 162:"人们必须区分臆想世界和真实世界"(参见《批评论文集》,L. 鲁索编,II, 159,183);亨利·福西永,《形式的生命》,3:"艺术作品的创作意图并非艺术作品本身";D. H. 劳伦斯,《美国经典文学研究》,3:"当艺术家和作品给出的主旨截然相反时,不要相信艺术家,要相信作品本身。"(参见《关于豪猪之死的断想》,P123)。

德·桑克蒂斯，参见第一册P702注释②。

福西永和《形式的生命》：参见第二册P175注释④。

D. H. 劳伦斯，参见第一册P146注释②。

《关于豪猪之死的断想》：D. H. 劳伦斯著的散文集，发表于1925年。

P14【增订三】*Complete Poetry and Selected Prose*, ed. J. Hayward, 38.

《多恩诗歌全集和文章选集》,J. 海沃德编,38。

《多恩诗歌全集和文章选集》及其作者多恩：参见第一册P168注释②。

P15 注释① Marino："La bruna Pastorella，""La Ninfa avara，" *Marino e i Marinisti*，Ricciardi，522，528. Cf. Petrarca，*Rime*，ccxv："e un atto che parla con silenzio"，*op. cit.*；287；Tasso，*Aminta*，II. iii，"Coro"："e'l silenzio ancor suole/aver prieghi e parole"，*op. cit.*；649.

马里诺：《棕色的牧羊女》，《贪婪的女神》见《马里诺和马里诺主义》，里西亚蒂，522，528；参见彼特拉克，《歌集》，ccxv：《默默无声之言语行为》，如前所引，287；塔索，《阿敏塔》，II. iii，《合唱》："沉默之足底/仍有期盼与絮语"，如前所引；649。

马里诺和马里诺主义：参见P16注释①【增订三】。

《马里诺和马里诺主义》及其作者G. G. 法里罗：不详。

彼特拉克和《歌集》：参见第二册P365注释②。

塔索，参见第一册P213注释①。

《阿敏塔》：参见第二册P785注释②。

P15 注释② Jonson，*Everyman out of his Humour*，III，i（Fastidious），*Plays*，"Everyman's"，I，97－8.

琼森，《人人扫兴》，III，i（难取悦的），《戏剧》，"人人文库"，I，97—98。

琼森，参见第一册P529注释①。

《人人扫兴》：参见第二册P673注释①。

P15 注释③*Troilus and Cressida*. IV. v. 54－6（Ulysses）.

《特洛伊罗斯与克丽西达》. IV. v. 54—6（尤利西斯）。

《特洛伊罗斯与克丽西达》及其作者乔叟，参见第三册P344注释①。

P15 注释④ Henry Vaughan："In Amicum faeneratorem"，*Works*，ed. L. C. Martin，44.

亨利·沃恩：《友人》，《作品》，L. C. 马丁编，44。

亨利·沃恩，参见第二册P107注释②。

P16 注释① Ovid，*Amores*，I. iv. 19（Cf. II. v. 15）；Propertius，III. vii.

奥维德，《恋歌》，I. iv. 19（参见II. v. 15）；普罗佩提乌斯，III. vii。

奥维德，参见第一册P189注释①。

《恋歌》：参见第一册P212注释①。

普罗佩提乌斯(Sextus Propertius,前约 50—15),古罗马诗人,维吉尔的朋友。主要创作抒情诗。其他不详。

P17 注释 ① *Anatomy of Melancholy*, Part. III, Sect. II, Mem. III, "Everyman's Lib.", III, 169 (Anacreon, Ovid, Catullus); Longus, *Daphnis and Chloe*, I. 14, "Loeb", 31; Rojas, *La Celestina*, VI, "Collection Bilingue", Aubier, 262.

《忧郁的解剖》,第 III 卷,第 II 部,第 III 章,"人人文库",III, 169(阿那克里翁,奥维德,卡图卢斯);朗格斯,《达佛尼斯和克洛伊》I. 14,"洛布古典丛书",31;洛加斯,《塞莱斯蒂娜》,VI,"双语版",奥比埃出版社,262。

《忧郁的解剖》及其作者伯顿:参见第一册 P37 注释④。

阿那克里翁,参见第一册 P176 注释③。

奥维德,参见第一册 P189 注释①。

卡图卢斯参见第三册 P194 注释①。

朗格斯(Longus,生卒不详),古希腊小说家,大约生活在公元 3 世纪的莱斯博斯岛,其他不详。代表作有《达佛尼斯和克洛伊》等。

《达佛尼斯和克洛伊》:朗格斯著的爱情故事。此作讲述了两位天真青年——达佛尼斯和克洛伊的故事。爱神厄洛斯、酒神狄俄尼索斯、潘神和仙女们共同引导他们进入爱的神秘世界,给予他们感官上的和宗教上的启蒙。此作是最著名的早期希腊爱情小说,是现代小说的前身。

达佛尼斯和克洛伊:古希腊田园传奇中被后人视为楷模的一对天真无邪的情侣。

洛加斯和《塞莱斯蒂娜》:参见第一册 P560 注释①。

P18 注释 ① Cf. V. Imbriani: "La Pulce: Saggio di Zoologia letteraria", *Studi letterari e bizarri e satiriche*, a cura di B. Croce, 382ff.; E. Fuchs, *Illustrierte Sittengeschichte*, II, 260, Ergänzungsband II, 17 - 8.

参见 V. 因布里亚尼:《拉普尔斯:文学动物学论文》,《文学研究、怪诞、讽刺》,B. 克罗齐编,382 页及之后;E. 福克斯,《道德历史故事插画》,II, 260,补充卷 II, 17—18。

《文学研究、怪诞、讽刺》:不详。

B. 克罗齐:参见第一册 P415 注释①。

E. 福克斯(Eduard Fuchs,生卒不详),德国马克思主义文化和历史学者、作家、艺术收藏家和政治活动家。他写了各种社会历史,并利用图像——漫画和插画来讲述历史。代表作有《欧洲人民的漫画》、《道德历史故事插画》等。

《道德历史故事插画》:E. 福克斯著。此作运用插画煞有介事地描绘了从爱琴海文明到现代资产社会的人情风貌。

P18【增订四】*L' Education sentimentale*, II. ii, *op. cit.* p. 240.

《情感教育》,II. ii,如前所引,P240。

《情感教育》:参见第三册 P357【增订四】。

P23 注释① Cf. Jean Paul, *Vorschule der Aesthetik*, § 75, *Werke*, Carl Hanser, V, s. 272: "... stellt die Lyra die Empfindung dar, welche sich in die Gegenwart einschliesst"; E. Staiger, *Grundbegriffe der Poetik*, 5. Aufl., 55; Lowry Nelson, Jr., *Baroque Lyric Poetry*, 27.

参见让·保尔,《美学入门》, § 75,《作品》,卡尔·汉瑟,V, s. 272:"…抒情诗写感觉,尤其是现在时态的感觉";E. 施塔格尔,《诗学的基本概念》,第 5 版,55;小洛瑞·尼尔森,《巴洛克抒情诗》,27。

让·保尔和《美学入门》:参见第一册 P290 注释①。

E. 施塔格尔和《诗学的基本概念》:参见第二册 P227 注释①。

小洛瑞·尼尔森(Lowry Nelson, Jr., 1906—1985),美国比较文学学者。代表作有《巴洛克抒情诗》、《吉多·卡瓦尔康蒂诗集》及《诗学形态:文学史与批评论集》等。

《巴洛克抒情诗》:小洛瑞·尼尔森著于 1961 年。此作对诗歌语言性质进行了广泛的研究。虽然它的重点放在了整个西方文学传统中的巴洛克抒情诗上,但对各种形式的文学表达也都具有启示意义。

P27【增订三】*Journal des Goncourt*, 8 février 1865, éd. définitive, II, 197.

《龚古尔兄弟日记》,1865 年 2 月 8 日编,权威版,II, 197。

《龚古尔兄弟日记》:参见第二册 P85 注释①。

P31 注释①A. Taylor, *Problems in German Literary History of the 15th and 16th Centuries*, 115.

A. 泰勒,《十五和十六世纪德国文学存在的问题》,115。

A. 泰勒(A. Taylor, 1906—1990),英国历史学家、文学批评家。代表作有《第二次世界大战的起源》、《争夺欧洲霸权的斗争:1848 年—1918 年》、《麻烦制造者》等。作为历史学家,其观点常引起争议。《第二次世界大战的起源》一书,为他赢得"修正主义者"的称号。作为一位社会主义者,泰勒认为,资本主义在道德原则上是错误的,而且西方的现况难以带来一套公平和道德的国际体系。

《十五和十六世纪德国文学存在的问题》:A. 泰勒著。其他不详。

P31 注释②E. M. Fusco, *LaLirica*, I, 44.

E. M. 弗斯科,《歌集》,I, 44。

E. M. 弗斯科和《歌集》:参见第二册 P160 注释①。

P32 注释① Lord Chesterfield, *Letters*, ed. B. Dobrée, IV, 1383.

切斯特菲尔德,《信件》,B. 多布雷编辑,IV, 1383。

切斯特菲尔德爵士、B. 多布雷和《信件》:参见第一册 P98 注释①。

P44 注释①L. Guichard, *L'Oeuvre et I' Äme de Jules Renard*, 202.

L. 基查德,《儒勒·列那尔作品集》,202。

L. 基查德和《儒勒·列那尔作品集》:不详。

P45 注释① Schopenhauer, *Parerga und Paralipomena*, Kap. XXI, §396. *Sämtliche Werke*, hrsg. P. Deussen, V, 717.

叔本华,《附录与补遗》,等 21 章, §396.《全集》,P. 德森编,V, 717。

叔本华和《附录与补遗》:参见第一册 P124 注释①和第二册 P192 注释②。

P45 注释② Catullus, LXXI, LXXI; Horace, *Sermonum*, I. ii; Ovid, *Ars amat.*, I. 522, III. 193; Martial, III. xciii, IV. iv.

卡图卢斯,LXXI, LXXI;贺拉斯,《讽刺诗集》,I. ii;奥维德,《爱经》,I. 522, III. 193;玛西尔,III. xciii, IV. iv。

卡图卢斯,参见第三册 P194 注释①。

贺拉斯,参见第一册 P145 注释③。

《讽刺诗集》:参见第三册 P119 注释③。

奥维德,参见第一册 P189 注释①。

《爱经》：也译为《爱的艺术》（Ars armatoria），奥维德著。全书三卷，第一卷《如何获得爱情》，第二卷《如何保持爱情》，第三卷《女人的良友》。第一、二卷从社会学、心理学基础上对青年男女指导如何处理爱情问题，第三卷专为妇女说法，提高妇女的社会地位、家庭地位，赞扬妇女的才智并不低于男子，鼓励妇女要主动地对待爱情。

马提雅尔（Marcus Valerius Martial，约 38—约 102），古罗马诗人兼讽刺作家，代表作有《铭辞集》等。

P50 注释①_Don Quijote_, II. xx: "... eres villano y de aquellos que dicen: 'i Viva quien vence!'", "Clásicos Castellanos", VI, 42.

《堂吉诃德》，II. xx："……你若是个坏人，那些人也会说：'胜利者万岁！'"，"西班牙古典文学丛书"，VI, 42。

《堂吉诃德》及其作者塞万提斯：参见第一册 P99 注释④。

P51 注释① Cf. Lucan, _Civil War_, I. 128: "Victrix causa diis placuit, sed victa Catoni", "Loeb", 12.

参见卢坎，《内战》，I. 128："获胜的原因是取悦了神灵"，"洛布古典丛书"，12。

卢坎和《内战》，参见第一册 P359 注释①。

P57【增订三】Gibbon, _The Decline and Fall of the Roman Empire_, ch. 3, "World's classics", I, 80.

吉本，《罗马帝国衰亡史》，第 3 章，"世界经典丛书"，I, 80。

吉本和《罗马帝国衰亡史》：参见第一册 P35 注释①。

P58 注释① Bentham, _Theory of Fictions_, ed. C. K. Ogden, pp. cxix and 18. Cf. Shakespeare, I _Henry IV_, V. i, Falstaff ("What is honour? A word" etc.); Ben Jonson, _Volpone_, III. v, Corvino ("Honour!... There's no such thing in nature: a mere term invented to awe fools"); Beaumont and Fletcher, _A King and No King_, IV. iv. Arbaces and Panthea ("Is there no stop/To our full happiness, but these mere sounds...?) But these, alas! will separate us more/Than twenty worlds betwixt us" etc.); Ford, _'Tis Pity She's a Whore_, I, i, Giovanni ("Shall a peevish sound,/A customary form, from man to man, /...

be a bar/Twixt my perpetual happiness and me?").

边沁,《虚构理论》,C. K. 奥格登编,pp. cxix 和 18;参见莎士比亚,《亨利四世》,V. i,福斯塔夫("何为荣誉? 一个字"等);本·琼生,《福尔蓬奈》,III. v,科维诺("荣誉!... 实际上没有这种东西: 这不过是个用来让傻瓜畏怯的词罢了");博蒙特和弗莱彻,《是国王,又不是国王》,IV. iv. 阿巴斯和潘提亚("没有停止么/致我们完美的幸福,但这些听起来……?)但这些,唉! 会让我们离得更远/比得上二十个世界横亘在我们之间"等);福特,《可惜她是一个娼妓》,I, i,乔瓦尼("一个抱怨的声音,/一种人与人之间的惯常方式,/... 成了一种障碍/挡在我与永恒的幸福之间?")

C. K. 奥格登,参见第一册 P195 注释⑤。

边沁和《虚构理论》:参见第一册 P540【增订三】。

莎士比亚,参见第一册 P70 注释①。

本·琼生:参见第一册 P529 注释①。

《福尔蓬奈》:也译为《狐狸》,是本·琼生所著的讽刺剧。此作讲述威尼斯的绅士福尔蓬奈假装重病卧床去欺骗贪求他财产的几个人的故事,刻画了各类资产者在追求金钱时的贪婪无耻而又愚蠢可笑的嘴脸。

《亨利四世》和福斯塔夫:参见第一册 P322 注释①。

博蒙特(Francis Beaumont, 1584—1616),欧洲文艺复兴时期英国剧作家。他曾与约翰·弗莱彻保持密切合作,两人一起创作了几十部传奇戏剧和喜剧,并联合署名"博蒙特与弗莱彻"。代表作有《少女的悲剧》、《是国王,又不是国王》、《厌恶妇女者》、《燃杵骑士》等。博蒙特和弗莱彻是戏剧改革家,他们不满足于旧的戏剧类型,不写英国历史编年剧和复仇悲剧。他们写的多数戏剧接近于莎士比亚晚年创作的传奇式的悲喜剧,即同一剧中既有悲剧场面,也有喜剧场面,当情节发展到悲剧高峰时,往往以欢乐的喜剧结尾。

弗莱彻,参见第一册 P176 注释③。

《是国王,又不是国王》:博蒙特和弗莱彻合写的剧本,1611 年初次上演。在弗莱彻及其合作者的经典著作中,它历来是最受好评和欢迎的作品之一。到 17 世纪中叶,该剧的名字几乎家喻户晓,在关于政治危机的论战文学中它常被用来指代查理一世的问题和困境。

阿巴斯和潘提亚:《是国王,又不是国王》中的人物。

福特和《可惜她是一个娼妓》:参见第二册 P694 注释①。

乔瓦尼:《可惜她是一个娼妓》中的人物。

P60 注释①F. Mauthner, *Kritik der Sprache*, 3. Aufl., I, 154 - 5.

F. 毛特纳,《语言批判论稿》,第 3 版,I, 154—155。

毛特纳和《语言批判论稿》:参见第一册 P335 注释②。

P61 注释①Mérimée, *Chronique du Règne de Charles IX*, ch. 23, *Romans et Nouvelles*, "Bib. de la Pléiade", 197; Cf. *Chronique du Règne de Charles IX*, ed. G. Dulong, "Les Textes Français", 277, note (Pierre de I' Estoile, *Journal de Henri III*).

梅里美,《查理九世纪事》,第 23 章,《小说集》,"七星文库",参见 197;参见《查理九世纪事》,G. 杜龙编,"法语文本",277,注释(星之石,《亨利三世日记》)。

梅里美和《小说集》:参见第一册 P176 注释②。

《查理九世纪事》:参见 P558 注释④。

P61 注释② Emerson, Journals, IX,399.

爱默生,《日记》,IX, 399。

爱默生,参见第一册 P104 注释④。

《日记》:参见第二册 P418 注释②。

P63 注释① Fielding, *Love in Several Masques*, I. v, quoted in F. Homes Dudden, *Henry Fielding*, I, p. 24.

菲尔丁,《歌舞会中的恋爱》,I. v,引自 F. 荷姆斯·杜登,《亨利·菲尔丁》,I, P24。

菲尔丁,参见第一册 P146 注释②。

《歌舞会中的恋爱》:亨利·菲尔丁著于 1728 年的戏剧,也是他的第一部戏剧。此作了模仿威廉·康格里夫的风俗喜剧。

P64 注释① Isocrates: "To Demonicus", § 52, "Loeb", I, 35.

艾索克拉底:《致德莫尼克斯》, § 52,"洛布古典丛书",I, 35。

艾索克拉底,参见第一册 P418 注释【增订三】。

《致德莫尼克斯》:艾索克拉底所撰的演讲辞之一。

P64 注释② Lucretius, III, 10 - 13, "Loeb", 170.

卢克莱修,III, 10—13,“洛布古典丛书”,170。

卢克莱修,参见第一册 P284 注释②。

P64 注释③ Horace, *Carminum*, IV. ii, 27 - 32, “Loeb”, 288.

贺拉斯,《抒情诗集》,IV. ii, 27—32,“洛布古典丛书”,288。

贺拉斯和《抒情诗集》,参见第一册 P145 注释③。

P64 注释④ Seneca, *Epistulae morales*, 84. 5, “Loeb”, II, 278.

塞涅卡,《道德书简》,84. 5,“洛布古典丛书”,II, 278。

塞涅卡,参见第二册 P739 注释②。

《道德书简》:塞涅卡晚年著述、意在指引青年人通达“至善”的教化著作。此作中表达的伦理学思想对于基督教思想的形成起到了极大的推动作用,其中的言论被圣经作者大量吸收。

P65 注释① Quintilian, *Institutio oratoria*, I. x. 7, “Loeb”, I, 162.

昆体良,《雄辩术原理》,I. x. 7,“洛布古典丛书”,I, 162。

昆体良和《雄辩术原理》:参见第一册 P60 注释①。

P65 注释② Montaigne, *Essais*, I, 26, “La Pléiade”, 162.

蒙田《随笔录》,I, 26,“七星文库”,162。

蒙田和《随笔录》:参见第一册 P50 注释①【增订四】。

P65【增订四】St Basil: “To Young Men on How They Might Derive Profit from Pagan Literature”, *Letters*, Loeb, Vol. IV, pp. 391 - 3.

圣贝索:《致年轻人,论他们如何从异教文学中获取利益》,《书信》,洛布古典丛书,第 IV 卷,P391—393。

圣贝索,不详。

P66 注释①D. Bartoli, *Dell'Huomo di Lettere*, quoted in *La Critica stilistica e il Barocco letterario. Atti del Secondo Congresso Internazionale di Studi Italiani*, 1958, p. 142. Cf. B. Hathaway, *The Age of Criticism*, 451 (the classicist bees vs the rationalist silkworms).

D. 巴托丽，《戴尔的字母修改和修订》，引自《风格批评与巴洛克风格：第二届意大利国际研究大会论文集》，1958 年，P142；参见 B. 海瑟薇，《批评时代》，451（古典主义的蜜蜂与理性主义的蚕）。

D. 巴托丽（Daniello Bartoli，1608—1685），意大利耶稣会作家和历史学家。其他不详。

《戴尔的字母修改和修订》：巴托丽著于 1645 年的论文，由两部分组成，此作汇集了作者自 1623 年加入耶稣会后二十多年来收集的材料。

B. 海瑟薇和《批评时代》：不详。

P66 注释② Eckermann，*Gespräche mit Goethe*，16. Dezember 1828，Aufbau，437.

爱克曼，《歌德谈话录》，1828 年 12 月 16 日，建设出版社，437。

爱克曼和《歌德谈话录》：参见第一册 P7 注释②。

P72 注释① Cicero，*De Finibus*，IV. xii，"Loeb"，332.

西塞罗，《论至善和至恶》，IV. xii，"洛布古典丛书"，332。

西塞罗，参见第三册 P104 注释②。

《论至善和至恶》（全名为 De Finibus Bonorum et Malorum），西塞罗著的哲学著作，发表于公元前 45 年。

P73 注释① Shelley to Horace Smith，May 1822，*Complete Works*，ed. R. Ingpen and W. E. Peck，X，392.

雪莱致贺拉斯·史密斯，1822 年 5 月，《全集》，R. 英潘和 W. E. 佩克编，X，392。

雪莱，参见第一册 P16 注释①。

贺拉斯·史密斯，不详。

P73 注释② Trilussa："Presunzione"，quoted in P. Pancrazi，*Scrittori d' Oggi*，VI，28.

蒂卢萨："假定"，引自 P. 潘尼克拉齐，《今夕文人》，VI，28。

P. 潘尼克拉齐和《今夕文人》：参见第二册 P772 注释③。

P74 注释①E. Partridge，*A Dictionary of Slang and Unconventional English*，4th ed.，635.

E. 帕特里奇,《俚语与非习语英语词典》,第 4 版,635。

E. 帕特里奇,参见第一册 P419 注释【增订三】。

P77 注释① John Selden, *Table-Talk*, ed. S. W. Singer, rev. W. S. W. Anson, Routledge, 104. Cf. Alfred de Vigny, *Journal d' un Poète*, *Oeuv. comp.*, "la Pléiade", II, 896; Heine: "Ali Bei": "Vorgeschmack des Paradieses/Gönnt ihm Allah schon auf Erden" usw.

约翰·塞尔登,《席间闲谈》,S. W. 辛格编,W. S. W. 安森修订,劳特利奇出版社,104;参见阿尔弗雷·德·维尼,《诗人日记》,《全集》,"七星文库",II, 896;海涅:"阿里·贝":"天堂的味道/已经在地球上款待过安拉了"等等。

约翰·塞尔登,参见第三册 P105 注释③。

《席间闲谈》:约翰·塞尔登著,其他不详。

阿尔弗雷·德·维尼和《诗人日记》:参见第一册 P44 注释④。

海涅,参见第一册 P8 注释①。

P80 注释①*The Acts*, 16. 17 (the way of salvation); 19. 9 and 23 (speaking evil of the Way; no small stir concerning the Way).

《新约全书·使徒行传》,16. 17(救人的道);19. 9 和 23(毁谤这道;因为这道起的扰乱不小)。

P88【增订四】Plautus, *Mostellaria*, 379 – 80, Loeb, Vol. III, p. 328.

普劳图斯,《凶宅》,379—80,洛布古典丛书,第 III 卷,P328。

普劳图斯(前 254 左右—前 184),古罗马戏剧家,第一个有完整作品传世的喜剧作家。代表作有《孪生兄弟》、《一坛黄金》和《撒谎者》等。

《凶宅》:普劳图斯著的戏剧,创作时间不详。剧中青年乘父亲外出的机会,狎妓宴乐,父亲归来后机智的奴隶巧设计谋,愚弄了老人,帮助少主人摆脱困境。

P89 注释① Samuel Butler, *Characters*, "A Translator", *Prose Writings*, ed. A. W. Waller, 170.

塞缪尔·巴特勒,《人物》,"一名译者",《散文作品》,A. W. 沃勒编,170。

塞缪尔·巴特勒,参见第一册 P592 注释①。

《人物》:原名《人物与段落摘记》(Characters And Passages From Notebooks)

塞缪尔·巴特勒著,发表于1908年。

P89 注释② Ch. Morgenstern:“Der mittelmässiger Uebersetzer rechtfertigt sich,” *Epigramme und Sprüche*, R. Piper, 45.

Ch. 莫尔根斯泰恩:“平庸的译者为自己辩解,”《警句和谚语》,R. 派珀,45。

Ch. 莫尔根斯泰恩(Chritian Morgenstern, 1871—1914),德国诗人、作家,主要创作抒情诗和箴言诗。他的诗颇为独特,视觉感强,想象力丰富,他常将幽默、怪诞、象征融合一起,富于幻想,因而常被认为是表现主义的前驱。

R. 派珀,不详。

P89 注释③ *Don Quijote*, II. 62, “Clásicos Castellanos”, VIII, 156.

《堂吉诃德》,II. 62,“西班牙古典文学丛书”,VIII, 156。

《堂吉诃德》及其作者塞万提斯:参见第一册P99注释④。

P90 注释① *Littérature et Philosophie mêlées*, “Reliquat”, Albin Michel, 253.

《文学与哲学之融合》,“其余”,阿尔宾·米歇尔,253。

《文学与哲学之融合》:不详。

P90 注释② *Parerga und Paralipomena*, Kap. 25, § 299, *Sämtl*. Werk., hrsg. P. Deussen, V, 627. Cf. E. M. Fusco, *Scrittori e ldee*, 578:“trasposizione o sostituzione di strumenti: ad esempio l'adattamento al pianoforte di un'opera concepita e scritta per orchestra, e viceversa.”

《附录与补遗》,第25章,§ 299,《全集》,P. 多伊森编,V, 627;参见E. M. 弗斯科,《作家和想法》,578:“乐器的换位或替换:例如,用钢琴去演奏为管弦乐队设计和编写的作品,或相反。”

《附录与补遗》及其作者叔本华:参见第二册P192注释②和第一册P124注释①。

E. M. 弗斯科:参见第二册P160注释①。

《作家和想法》:不详。

P91【增订四】 Madame de Staël, *De l'Allemagne*, Ptie II, ch. I, Berlin: A. Asher, n. d., p. 110.

斯达尔夫人,《论德国》,第 II 部,第 I 章,柏林: A. 阿谢尔,n. d. , P110。

斯达尔夫人,参见第三册 P103 注释②。

《论德国》:参见第三册 P206 注释①。

P92 注释①*Essai sur la Poésie épique*, in *Oeuv. compl.*, éd. L. Moland, VII, 319. Cf. Herder: "der verzogenste Kupferstich von einem schönen Gemählde", *Sämtl. Werk.*, hrsg. B. Suphan, V, 166.

《论史诗》,见《全集》,L. 莫兰德编 VII, 319;参见赫尔德:"用翘曲铜版复制一幅美丽的画",《全集》,B. 苏攀编,V, 166。

赫尔德,参见第一册 P23 注释①。

P92 注释②E. Stuart Bates, *Modern Translation*, 141.

E. 斯图尔特・贝茨,《现代翻译》,141。

E. 斯图尔特・贝茨(E. Stuart Bates,生卒不详),英国翻译理论家。关于翻译,贝茨强调,翻译是一种创作性工作,"翻译不应该着眼于表面,而应看精神实质。既然译者可能像原作者一样娴熟的驾驭自己的语言,甚至比原来的作者更善于驾驭自己的语言,译者完全可以像原作一样经久不衰,甚至超过原文。"

P94 注释① Cf. Croce, *Filosofia*, *Poesia*, *Storia*, 444 (Ogni vera storia è storia contemporanea); Bergson, *La Pensée et le Mouvant*, pp. 23 - 4 (la préfiguration rétroactive).

参见克罗齐,《哲学、诗学、历史》,444(一切真实的历史都是当代史);柏格森,《思想和运动》,P23—24(追溯的预示)。

克罗齐,参见第一册 P415 注释①。

《哲学、诗学、历史》:克罗齐著,其他不详。

柏格森和《思想和运动》:参见第一册 P23 注释③。

P95【增订三】Diderot: "Plan d'une Université pour le Gouvernement de Russie", *op. cit.*, III, 492 - 3.

狄德罗:"俄罗斯政府大学计划",如前所引,III, 492—493。

狄德罗,参见第二册 P59 注释②。

M. Friedberg, *A Decade of Euphoria*, 122 n., 241 n.

M. 弗莱堡，《欣快的十年》，122 n.，241 n。

M. 弗莱堡，不详。

《欣快的十年》：M. 弗莱堡著，1977 年出版。

P110 注释① Cf. A. M. Clark, *Studies in Literary Modes*, 171 ff. (the difficulty of rhyming); J. Pommier, *Questions de Critique d' Histoire littéraire*, 104 ff. (les bouts rimés).

参见 A. M. 克拉克，《文学模式研究》，171 页及之后（押韵的难度）；J. 波来耶，《文学批评和文学史里的问题》，104 页及之后（押韵提示）。

克拉克和《文学模式研究》：参见第一册 P672【增订一】。

J. 波来耶和《文学批评和文学史里的问题》：参见第二册 P177 注释①。

P112 注释① Cicero, *Orator*, XVIII. 57; cf. G. Saintsbury, *A History of English Prose Rhythm*, 6.

西塞罗，《论演说家》，XVIII. 57；参见 G. 圣茨伯里，《英国散文韵律史》，6。

西塞罗，参见第三册 P104 注释②。

《论演说家》：又称《论雄辩家》，是西塞罗论述教育的主要著作，发表于公元前 55 年。此作是一部空前绝后的关于演说术之奥秘的杰出作品，探讨了一个演说家所必需的学问和应具备的品格。此作共三卷。第一卷从哲学的广度谈真正的演说术；第二卷和第三卷谈演说术的具体方面。

G. 圣茨伯里，参见第三册 P153 注释①。

《英国散文韵律史》：G. 圣茨伯里著，具体不详。

P114 注释① Degas, quoted in A. Gide, *Journal*, 4 juillet, 1909, "Bib. de la Pléiade", 274; Cf. A. Russi, *L' Arte e le Arti*, 13 ff.: "Esiste I'Arte o esistono le arti?" ect.

德加，引自 A. 纪德，《日记》，1909 年 4 月 1 日，"七星文库"，274；参见 A. 罗西，《总体艺术和分门艺术》，13 页及之后："艺术存在还是存在艺术？"等等。

德加（Edgar Degas, 1834—1917），法国印象派画家、雕塑家。德加在绘画方面喜欢纤细、连贯而清晰的线条，认为这种线条是高雅风格的保证和达到他所倾慕的那种美的唯一方法。德加最著名的绘画题材包括芭蕾舞演员和其他女性及赛马。他通常被认为是属于印象派，但他的有些作品更具古典、现实主义或者浪漫主义画派风格。代表作有《调整舞鞋的舞者》、《舞蹈课》、《盆浴》等。

A. 纪德(Andre Gide, 1869—1951),法国作家,1947年的诺贝尔文学奖得主。代表作有小说《田园交响曲》、《人间食量》、《伪币制造者》。纪德的几卷文学评论集《借题发挥集》、《新借题集》、《偶感集》、《陀思妥耶夫斯基》等,对当代文学、道德、美学、文化等问题发表了独特的见解。

《日记》:纪德著于1889-1948年。此《日记》对于认识20世纪法国和西方文学、艺术,以及纪德的思想及其创作道路,都是极为重要的资料。

A. 罗西和《总体艺术和分门艺术》:不详。

P121 注释① Cf. Thornbury, *Life of J. M. W. Turner*, 104: "Turner had a horror of what he said Wilson called being too mappy" (quoted in Joan Evans, *Taste and Temperament*, 84).

参见索恩伯里,《威廉·透纳的一生》,104:"透纳对威尔逊所声称的过于拘泥于图形窠臼有种恐惧"(引自琼·埃文斯,《品味与气质》,84)。

索恩伯里和《威廉·透纳的一生》:不详。

威廉·透纳(JosephMallord William Turner, 1775—1851),英国画家、图形艺术家,是英国当时最为著名,技艺最为精湛的艺术家之一,19世纪上半叶英国学院派画家的代表。透纳以善于描绘光与空气的微妙关系以及光亮、富有想象力的风景及海景闻名于世,尤其对水气弥漫画面的掌握有独到之处。在色彩上,他对后来英、法两国的印象主义运动有很大的影响。透纳的代表作有《被拖去解体的战舰无畏号》、《海上渔夫》、《迦太基帝国的衰落》等。

琼·埃文斯(Dame Joan Evans, 1893—1977),英国历史学家,主要研究法国和英国中世纪艺术。代表作有《装饰风格》、《品味与气质》、《无私的利己主义者:约瑟夫·朱伯特的一生》等。

《品味与气质》:琼·埃文斯发表于1939年。此作分析了心理类型与视觉艺术的关系。

P126 注释① Aelian, *Varia Historia*, X. 10; Don Quijote, II. 3 and 71; Dorothy Osborne, *Letters*, no. 31.

艾利安,《瓦里亚的历史》,X. 10;《堂吉诃德》,II. 3和71;多萝西·奥斯本,《书信》,第31篇。

艾利安(Aelian, 175—235),罗马作家,修辞学家,代表作有《论动物的特性》,

《瓦里亚历史》等。

《瓦里亚历史》：艾利安著。此作包括对轶事和传记、列表、格言，对自然奇观和奇怪地方习俗的描述，以及各种各样的关于英雄和统治者、运动员和智者的道德故事。

《堂吉诃德》及其作者塞万提斯：参见第一册 P99 注释④。

多萝西·奥斯本(Dorothy Osborne, 1627—1995)，英国女作家，其他不详。

P140 注释①*Spruchweisheit in Vers und Prosa*, in *Sämtliche Werke*, "Tempel-Klassiker", III, 308.

《诗歌和散文中的谚语智慧》，见《歌德集》，"寺庙经典"III, 308。

《诗歌和散文中的谚语智慧》和《歌德集》：参见第一册 P24 注释①。

P143 注释① Macrobius, *Saturnalia*, I. i. 5, in T. Whittaker, *Macrobius*, 15.

马克罗比乌斯，《农神节》，I. i. 5，见 T. 惠特克，《马克罗比乌斯》，15。

马克罗比乌斯(Macrobius Ambrosius Theodosius)，也叫马克拉比，古罗马作家、拉丁语法学家和哲学家，约活动于公元 4 世纪前后，生平不详。著有《农神节》，曾对西塞罗《论国家》一书中的《斯齐皮奥之梦》进行注释。其作品大多已失传。

《农神节》：马克罗比乌斯著，原书共有七卷。此作采用了一系列对话的形式，描述一群学者在一场虚构的宴会上针对古物、历史、文学、神话等话题展开的讨论，是一部名符其实的古罗马妙语集。

P143 注释②G. Kaiser: "Das Drama Platons", in N. Soergel, *Dichtung und Dichter der Zeit*, Neus Folge, *Im Banne des Expressionismus*, 684.

G. 凯撒:《柏拉图的戏剧》，见 N. 索格尔，《诗歌与当代诗人》，新的一篇，《表现主义的咒语》，684。

G. 凯撒(G. Kaiser)，不详。

N. 索格尔(应该是 Wilhelm Albert Soergel, 1880—1958)，德国文学史家，代表作有《诗歌与当代诗人》等。

《诗歌与当代诗人》：索格尔著于 1907 年，此书确立了作者作为文学史家的声誉。

P144【增订三】Athenaeus, *The Deipnosophists*, XI. 505 - 7, "Loeb", V,

269 - 79.

阿忒纳乌斯,《诡辩论者》,XI. 505—7,“洛布古典丛书”,V, 269—279。

阿忒纳乌斯和《诡辩论者》,参见第一册 P57 注释①。

P147 注释① Montesquieu, *Oeuv. comp.*, “Bib. de la Pléiade”, II, 1304.

孟德斯鸠,《全集》,“七星文库”,II, 1304。

孟德斯鸠,参见第一册 P38 注释①。

P147 注释② Giacomo Lubrano, Bernardo Morando, Paolo Zazzaroni, Giuseppe Artale; *Marino e i Marinisti*, Ricciardi, 910,982,1027,1034.

贾科莫·卢布拉诺,贝尔纳多·莫兰多,保罗·扎扎罗尼,朱塞佩·阿塔莱;《马里诺和马里诺主义》,里恰尔迪,910,982,1027,1034。

马里诺和马里诺主义:参见 P16 注释①【增订三】。

《马里诺和马里诺主义》及其作者 G. G. 法里罗:不详。

P147 注释③ Eckermann, Gespr*ächemit Goethe*, 5 April 1830, Aufbau, 550 - 1.

爱克曼,《歌德谈话录》,1830 年 4 月 5 号,建设出版社,550—551。

爱克曼和《歌德谈话录》:参见第一册 P7 注释②。

P148 注释① Ariosto, *Orlando Furioso*, IX. 28 - 9,89 - 91, Hoepli, 74 - 5,81.

阿里奥斯托,《疯狂的罗兰》,IX. 28—9,89—91,欧伯利,74—5,81。

阿里奥斯托和《疯狂的罗兰》:参见第一册 P50 注释①。

P148 注释②*Julius Caesar*, II. i. 192.

《尤利乌斯·恺撒》,II. i. 192。

《尤利乌斯·恺撒》:莎士比亚著于 1599 年的戏剧。此作主要叙述公元前 44 年恺撒遇刺前后古罗马的重要历史事件。

《尤利乌斯·恺撒》的作者莎士比亚,参见第一册 P70 注释①。

尤利乌斯·恺撒(Gaius Julius Caesar,前 102—前 44),史称恺撒大帝,是罗马共和国末期杰出的军事统帅、政治家,并且以其卓越的才能成为了罗马帝国的奠基者。凯撒善于治军,足智多谋,政治上不囿陈规,一生大部分羁身军伍,但在文学方面亦多有著述,传世有《高卢战记》、《内战记》等。文笔简洁流畅,有拉丁文典范之称，颇有文学史料价值。“凯撒”后来成为罗马和西方一些帝王习用的头衔。

P150 注释① Dickens, *Pickwick Papers*, ch. 2, note.

狄更斯，《匹克威克外传》，第 2 章，注释。

狄更斯，参见第一册 P99 注释①。

《匹克威克外传》：参见第一册 P401 注释①。

P151 注释① Voltaire, *La Pucelle*, XII, 123 ff. , note.

伏尔泰，《奥尔良少女》，XII，123 页及之后，注释。

伏尔泰，参见第一册 P459 注释①。

《奥尔良少女》：伏尔泰的讽刺长诗(又名《拉比塞尔》)。

P160 注释①E. g. “Kind of an Ode to Duty”.

例如《责任颂》。

《责任颂》：美国诗人奥格登·纳什著的打油诗。

奥格登·纳什(Ogden Nash, 1902—1971)，美国诗人。他以其韵律怪异、结构奇特、含有淡淡讽刺意味的诗歌(打油诗)而成名。代表作有《自由旋转》、《享乐之路》、《面熟》、《总有另一个风车》等。

P165 注释① Diogenes Laertius, *Lives of Eminent Philosophers*, II. 11, “Loeb”, I, 141; Cicero, *Tusculan Disputations*, I. xIiii. 104, “Loeb”, 124. Cf. *Greek Anthology*, X. 3, Anonymous, “Loeb”, IV, 5: “The way down to Hades is straight” etc.

第欧根尼·拉尔修，《名哲言行录》，II. 11，“洛布古典丛书”，I，141；西塞罗，《图斯库兰讨论集》，I. xIiii. 104，“洛布古典丛书”，124；参见《希腊诗选》，X. 3，佚名，“洛布古典丛书”，IV，5：“通往幽冥之道路笔直”等。

第欧根尼·拉尔修和《名哲言行录》：参见第一册 P25 注释②。

西塞罗，参见第三册 P104 注释②。

《图斯库兰讨论集》：西塞罗著于公元前 45 年的伦理学、哲学著作。

《希腊诗选》：参见第一册 P154 注释①。

P166 注释① Schiller, *Briefe über die ästhetische Erziehung*, XV, *Werke*, hrsg. L. Bellermann, VII, 355.

席勒,《美育书简》,XV,《作品》,L. 贝尔曼编,VII, 355。

席勒,参见第一册 P6 注释③。

《美育书简》:参见第三册 P576 注释①。

P166 注释② Flaubert, *Correspondance*, Louis Conard, II, 345.

福楼拜,《书信集》,路易斯·康纳德,II, 345。

福楼拜,参见第一册 P436【增订四】。

P166 注释③W. B. Yeats: "Among Schoolchildren", st. 8. Cf. H. Hatzfeld, *Trends and Styles in 20th Century French Literature*, 199 - 120 (dance as "la pure fonction").

W. B. 叶芝:《学童之中》,第 8 部分;参见 H. 哈茨菲尔德,《二十世纪法国文学的趋势和风格》,199—200(作为纯粹功能的舞蹈)。

W. B. 叶芝(William Butler Yeats, 1865—1939),爱尔兰诗人、剧作家和散文家。叶芝的诗受浪漫主义、唯美主义、神秘主义、象征主义和玄学诗的影响,演变出其独特的风格。主要著作有《钟楼》、《盘旋的楼梯》、《驶向拜占庭》等。

P169 注释① Wundt, *Grundzüge der Physiologischen Psychologie*, 6. Aufl, I, 416 - 7.

冯特,《生理心理学原理》,第 6 版,I, 416—417。

冯特和《生理心理学原理》:参见第一册 P7 注释①。

P171 注释①*The Greek Anthology*, V. 70,95,146; IX. 66,506 ("Loeb", I, 163, 173,199; III, 35,281).

《希腊诗选》,V. 70,95,146; IX. 66,506("洛布古典丛书",I, 163,173,199; III, 35,281)。

《希腊待选》:参见第一册 P154 注释①。

P171 注释② Cf. A. Minturno: "Ma per favor de le migliore Stelle, /Perchè dieci le Muse alme e dilette, /l e Gratie quattro e l'alte Dee sien sette, /Una in terra s' aggiunge a tutte quelle" (quoted in Janet G. Soott, *Les Sonnets élisabéthains*,

147).

参见 A. 明托诺："但是，受到最佳星座的眷顾，/亲爱的，你是缪斯女神第十，/才貌女神第四和情爱女神第七，/所有这些女神都要添加上一个"(引自珍妮特·G. 苏特《伊丽莎白十四行诗》，147)。

A. 明托诺、珍妮特·G. 苏特《伊丽莎白十四行诗》：不详。

P174 注释① *Paradiso*, XXII. 133－5, 151, *La Commedia divina*, Ricciardi, 1056, 1058.

《天堂》，XXII. 133—5，151，《神曲》，里西亚蒂，1056，1058。

但丁和《神曲·天堂篇》：参见第一册 P244 注释②。

P175 注释① T. Middleton, *The Witch*, I. ii (Hecate), Lamb, *Dramatic Specimens*, *in Works*, ed. E. V. Lucas, IV, 136－7.

T. 米德尔顿，《女巫》，I. ii(赫卡特)，兰姆，《英国戏剧诗人之范作》，见《作品集》，E. V. 卢卡斯编，IV，136—137。

T. 米德尔敦和《女巫》：参见第一册 P560 注释③。

兰姆和《英国戏剧诗人之范作》：参见第一册 P560 注释③。

P175 注释② *Paradise Lost*, VIII. 17－8, cf. Marjoric Nicolson, *Science and Imagination*, 93 ff. (Milton's cosmic perspective).

《失乐园》，VIII. 17—8，参见马乔里·尼科尔森，《科学与想象力》，99 页及之后(弥尔顿的宇宙观点)。

《失乐园》及其作者弥尔顿：参见第一册 P183 注释①。

马乔里·尼科尔森，参见第二册 P173 注释①。

《科学与想象力》：马乔里·尼科尔森著。其他不详。

P175 注释③ D. G. Rossetti: "The Blessed Damosel", *Poems and Translations*, Oxford, 2.

D. G. 罗塞蒂：《被祝福的少女》，《诗集与译作》，牛津，2。

D. G. 罗塞蒂，参见第二册 P527 注释②。

《被祝福的少女》：参见第三册 P45 注释①。

P177 注释① Cf. E. Fuchs, *Illustrierte Sittengeschichte*, II, 398; Beaumont and Fletcher, *The Maid's Tragedy*, II. i, Evadne to Amintor: "To cover shame, I took thee."

参考 E. 富克斯,《道德说明史》,II, 398;博蒙特与弗莱彻,《少女的悲剧》,II. i, 埃瓦德妮致安明特:"我用你来掩盖丑事。"

弗莱彻,参见第一册 P176 注释③。

博蒙特,参见第四册 P58 注释①。

《少女的悲剧》:博蒙特与弗莱彻合写的一部复仇悲剧,涉及的主题包括背叛、复仇、荣誉、暴政、君权神授、弑君、叛乱等,该剧完成于 1610 年与 1611 年之间。于 1619 年首次出版。

P184 注释① Schiller, *Briefe üb. d. ästh. Erziehung*, XIV, Op. cit, VII, 320.

席勒,《美育书简》,XIV,如前所引,VII, 320。

席勒,参见第一册 P6 注释③。

《美育书简》:参见第三册 P576 注释①。

P185 注释① Ortega Y Gasset, ¿*Qué es filosofía*? *Obras completas*, VII, 330, 347; J. Huizinga, *Homo Ludens*, tr. R. F. C. Hull, 5.

奥特加·Y. 加塞特,《哲学的起源》,《全集》,VII, 330,347;赫伊津哈,《游戏的人》,R. F. C. 赫尔译,5。

奥特加·Y. 加塞特,参见第二册 P581 注释①。

《哲学的起源》:奥特加·Y. 加塞特著,其他不详。

约翰·赫伊津哈和《游戏的人》:参见第一册 P375 注释①。

P186 注释①E. g. *Tom Jones*, II. 3: "As she kept one maid-servant, she always took care to chuse her out of that order of females whose faces are taken as a kind of security for their virtue" ("Everyman's", I, 42); *Don Juan*, I. 48: "Her maids were old, and if she took a new one/You might be sure she was a perfect fright, /She did this during even her husband's life-/I recommend as much to every wife" (Variorum Edition by T. G. Steffan and W. W. Pratt, II, 48).

例如《汤姆·琼斯》,II. 3:"为要蓄一女仆,她总是小心翼翼地从那类妇人中去

选，注意其面容须为其德性之保障。"（"人人文库"，I，42）；《唐璜》，I. 48："她的女仆们都年老了，如果要蓄一年轻的/你可以确定，她一定十分吓人，/丈夫在世时她就这么做-/我建议每个妻子都这么做"（T. G. 斯蒂芬和 W. W. 普拉特编辑，II，48）。

《汤姆·琼斯》及其作者菲尔丁：参见第一册 P146 注释②。

《唐璜》及其作者拜伦：参见第一册 P72 注释①。

P199 注释①E. R. Curtius, *Europäische Literatur und lateinisches Mittelalter*, 2. Aufl., 105.

E. R. 库尔提乌斯，《欧洲文学与拉丁中世纪》，第 2 版，105。

库尔提乌斯和《欧洲文学与拉丁中世纪》：参见第一册 P184 注释①。

P199 注释② Menander, *Fragments*, 334 and 527, "Loeb", 361, 461.

米南德，《残篇》，334 和 27，"洛布古典丛书"，361，461。

米南德（Menander，约前 341 年—前 290 年），希腊新喜剧诗人。米南德是亚里士多德的吕刻昂学院的继承人泰奥弗拉斯托斯的弟子，他知道亚里士多德的戏剧理论，读过泰奥弗拉斯托斯的《性格种种》。米南德同哲学家伊壁鸠鲁有交往，在哲学思想方面受过他的影响。米南德生平共写了 105 部剧本，得过 8 次奖。古希腊新喜剧只传下米南德的两部完整的剧本《恨世者》、《萨摩斯女子》和残篇剧本《公断》、《割发》、《赫罗斯》、《农夫》等。

P199 注释③ Dio Chrysostom, *Discourse*, XXXII, 101, "Loeb", III, 271.

狄奥·克里索斯托，《论说集》，XXXII，101，"洛布古典丛书"，III，271。

狄奥·克里索斯托和《论说集》：参见第二册 P246【增订二】。

P199 注释④ Lucian: "The Ignorant Book-Collector", "Loeb", III, 179.

卢奇安：《无知的藏书者》，"洛布古典丛书"，III，179。

卢奇安，参见第二册 P463 注释①。

P200 注释① Ariosto, *Orlando Furioso*, XXXIV. 19, Ulrico Hoepli, 368.

阿里斯奥斯托，《疯狂的罗兰》，XXXIV. 19，厄利齐·欧伯利出版，368。

阿里奥斯托和《疯狂的罗兰》：参见第一册 P50 注释①。

P200 注释② Ariosto, *Il Negromante*, II. I, *Opere minori*, Riccardo Ricciardi, 438.

阿里斯奥斯托,《妖术》,II. I,《作品》,理却地·里西亚蒂,438。

阿里斯奥斯托,参见第一册 P50 注释①。

《妖术》:阿里斯奥斯托著的风俗喜剧,发表于 1521 年。

理却地·里西亚蒂,参见第一册 P22 注释①。

P200 注释③ Voltaire: "Epigramme à M. Grétry sur son Opéra du *Jugement de Midas*". Cf. A. Arthaber, *Dizionario comparato di Proverbi*, 58: "Chantez à l'âne et il vous fera un pet."

伏尔泰:"针对格里特里的戏剧《米达斯的审判》所作的讽刺";参见 A. 阿尔萨贝尔,《比较谚语词典》,58:"你对驴唱歌,他回敬你一个屁(对牛弹琴)。"

伏尔泰,参见第二册 P121 注释①。

A. 阿尔萨贝尔和《比较谚语词典》:参见第一册 P367 注释①。

P200 注释④ Nietzsche: "Schopenhauer als Erzieher", viii, *Werke*, hrsg. K. Schlechta, I, 362.

尼采:《作为教育家的叔本华》,viii,《作品集》,K. 施勒赫塔编,I, 362。

尼采,参见第一册 P23 注释②。

《作为教育家的叔本华》:参见第一册 P418 注释②。

P200 注释⑤J. B. Morton, *Hilaire Belloc*, 125: "It was, in a phrase of John Phillimore, which Belloc loved to quotè" etc.

J. B. 莫顿,《希莱尔·贝洛克》,125:"这就是,用了贝洛克喜欢引用的约翰·菲利莫尔的话"等。

希莱尔·贝洛克(1873—1953),英国作家。其散文辛辣犀利,视角独特,其广博的知识和丰富的经历使其作品厚重耐读,而无处不在的英式冷幽默也很有特色。贝洛克因写儿童读物而声名大噪。《警世寓言》和《一个坏孩子的书》被认为是所谓"黑色幽默"的最初尝试。

J. B. 莫顿和《希莱尔·贝洛克》:不详。

P201 注释①F. Nicolini, *Croce*, 224 - 5.

F. 尼科利尼,《克罗齐》,224—225。

克罗齐,参见第一册 P415 注释①。

F. 尼科利尼和《克罗齐》: 不详。

P201 注释② Balzac, *Physiologie du Mariage*, Méditation V, *Oeuvres complètes*, Conard, XXXII, 65 - 6.

巴尔扎克,《婚姻生理学》,沉思 V,《巴尔扎克全集》,康纳德,XXXII, 65—66。

巴尔扎克和《婚姻生理学》:参见第一册 P146 注释①。

P209 注释① Horace, *Epist.*, II. i. 156 - 7: "Graecia capta ferum victorem cepit et artes/intulit agresti Latio". Cf. Russell, *History of Western Philosophy*, Allen and Unwin, 299, 301: "The relation of the Romans to the Greeks was something like that of the Prussians to the French in 1814 and 1815."

贺拉斯,《书札》,II. i. 156—7:"希腊俘获了其野蛮的征服者并将诸艺/引入了未开化的拉丁地区";参见罗素,《西方哲学史》,艾伦和昂温,299,301:"罗马人与希腊人的关系类似于 1814 年和 1815 年普鲁士人与法国人的关系。"

贺拉斯,参见第一册 P145 注释③。

《书札》: 参见第一册 P452【增订一】。

罗素和《西方哲学史》: 参见第一册 P26 注释①。

P210 注释① Gibbon, *The Decline and Fall of the Roman Empire*, ch. 10, "The World's Classics", I, 307. Cf. Burton, *Anatomy of Melancholy*, Part I, sect. ii, Mem. 3, Subsect. 15, Bell, I, 349.

吉本,《罗马帝国衰亡史》,第 10 章,"世界经典",I, 307;参见伯顿,《忧郁的解剖》,第 I 卷,第 ii 部,第 3 章,第 15 节,贝尔,I, 349。

吉本和《罗马帝国衰亡史》: 参见第一册 P35 注释①。

伯顿和《忧郁的解剖》: 参见第一册 P37 注释④。

P211 注释① Machiavelli, *Istorie fiorentine*, 5. 1, *Opere*, acuradi A. Panella, I, 280.

马基雅维利,《佛罗伦萨史》,5. 1,《作品》,A. 帕内利亚校,I, 280。

马基雅维利，参见第一册 P37 注释④。

《佛罗伦萨史》：马基雅维利著。此作是文艺复兴时期的历史学巨著。写成于1525 年，1532 年出版，全书共分为 8 卷。每卷又分若干章。第一、二卷为导言，概述了意大利从西罗马帝国末至 15 世纪的历史。第三卷起进入本书的主体，写到1492 年洛伦佐之死为止，作者摈弃了过去排列史实的编年史写法，用生动具体的文笔记叙了意大利佛罗伦萨从建立城邦直至 1492 年止的历史；他一反过去教士修史充满宗教迷信的做法，而运用人文主义的观点，写了人的历史，揭露了教皇及其他统治者的贪婪、狡诈、穷兵黩武等，试图从人类的种种活动的现象中探求其共同动机，从而找出一条历史变迁的普遍规律来。

P211 注释② Montaigne, *Essais*, I. xxv, "Bib. de la Pléiade", 155 - 6.

蒙田，《随笔录》，I. xxv，"七星文库"，155—156。

蒙田和《随笔录》：参见第一册 P50 注释①【增订四】。

P213 注释① Lucilius, *Satires*, 995 - 6, *Remains of Old Latin*, "Loeb", III, 322.

卢基里乌斯，《讽刺诗集》，995—6，《古拉丁语遗存》，"洛布古典丛书"，III，322。

卢基里乌斯，参见第二册 P785 注释①。

P213 注释②*Don Quijote*, II, cap. 7, *op. cit.*, V, 141 - 2.

《堂吉诃德》，II，第 7 章，如前所引，V，141—142。

《堂吉诃德》及其作者塞万提斯：参见第一册 P99 注释④。

P214 注释①H. Morier, *Dictionnaire de Poétique et de Rhétorique*, 198, art. "Image Abstraite".

H. 莫里尔，《诗学和修辞学词典》，198，艺术，"抽象图像"。

H. 莫里尔和《诗学和修辞学词典》：参见第一册 P27 注释①。

P215 注释① Jules Renard, *Journal*, ed. NRF, 291.

儒勒·列那尔，《日记》，NRF 编，291。

儒勒·列那尔，参见第一册 P301 注释③。

《日记》：参见第二册 P632【增订五】。

P215【增订四】Joesph von Eichendorff："Zwielicht"，*Gesam*，*Werke*，Aufbau Verlag，1962，Vol. I，p. 5.

约瑟夫·冯·艾兴多夫：《黄昏》，《作品》，建设出版社，1962，第 I 卷，P5。

约瑟夫·冯·艾兴多夫(Joseph von Eichendorff，1788—1857)，德国诗人，小说家，德国最重要的浪漫主义作家之一。代表作有《在一个清凉的地方》、《啊，山谷遥远，山峰高高》、《预感和现实》等。

《黄昏》：约瑟夫·冯·艾兴多夫著的诗歌。

P216 注释①G. Bertacchi，*Poemetti lirici*，in D. Provenzal，*Dizionario delle Immagini*，537.

G. 贝尔塔基，《普梅蒂歌剧》，见 D. 普罗旺萨，《图像字典》，537。

G. 贝尔塔基(G. Bertacchi，1899—1988)，诗人，意大利文学评论家。

《普梅蒂歌剧》：G. 贝尔塔基著于 1898 年。

D. 普罗旺斯和《图像字典》：参见第一册 P47 注释②。

P216 注释②E. g. Dante，*Purgatorio*，XXI. 114："un lampeggiar di riso"；*Paradiso*，IX. 70－1："Per letiziar lassù folgor s' acquista/sì come riso qui"；Giuseppe Salomoni："Il riso"："e ne gli aerei campi/ridon le nubi，e son lor riso i lampi"（*Marino e i Marinisti*，Ricciardi，896）；Hugo，*La Legende des Siècles*，I. *La Terre*，"Hymne"，10－2："Et l' éclair，front vivant qui，lorsqu' il brille et fuit，/Tout ensemble épouvante et rassure la nuit/A force d' effrayants sourires"；Nietzsche，*Also sprach Zarathustra*，II. "Das Kind mit dem Spiegel"："Zu gross war die Spannung meiner Wolke：zwischen Gelächtern der Blitze will ich Hagelschauer in die Tiefe werfen"（*Werke*：hrsg. K. Schlechta，II，343）；Renard，*op. cit.*，92："Des sourires qui sont comme de vilains éclairs de ciels très chargés."

例如但丁，《炼狱篇》，XXI. 114："闪电之笑"；《天堂篇》，IX. 70—1："在天上快乐表现为闪光，在人间/表现为微笑"；朱塞佩·萨洛蒙：《笑》："在可以飞翔的天空/云回来了，闪电笑了"（《马里诺和马里诺主义》，里西亚蒂出版，896）；雨果，《世纪传说》，I.《大地》，《赞美诗》，10—2："闪电，充满生命力的联盟，当它闪耀并逃离，/一

切恐怖的聚集使夜晚安宁，全因那些狰狞的笑容”；尼采，《查拉图斯特拉如是说》，II《持镜儿童》：“我的云张的太大：在闪电的笑声中，我想把冰雹扔到深处”（《作品集》，K. 施勒赫塔编，II, 343）；列那尔，如前所引，92：“那些微笑，如同来自极其繁忙的天空的可恶的闪电。”

但丁、《炼狱篇》和《天堂篇》：参见第一册 P244 注释②。

马里诺和马里诺主义：参见 P16 注释①【增订三】。

《马里诺和马里诺主义》及其作者 G. G. 法里罗：不详。

雨果，参见第一册 P145 注释①。

《世纪传说》：雨果著于 1859—1883 年。此作共 3 卷，以圣经故事、民间传说和古代神话为题材。

尼采，参见第一册 P23 注释②。

《查拉图斯特拉如是说》：参见第二册 P49 注释④。

列那尔，参见第一册 P301 注释③。

P217 注释① J. J. Winckelmann, *Gedanken über die Nachahmung der Griechischen Werke in der Malerei und Bildhauer Kunst*, in *Kleine Schriften und Briefe*, Auswahl von W. Senff, 44.

J. J. 温克尔曼，《论希腊绘画和雕塑作品的摹仿》，参见《小书信作品集》，冯·威·赞夫编，44。

J. J. 温克尔曼，参见第一册 P109 注释①。

《论希腊绘画和雕塑作品的摹仿》：J. J. 温克尔曼著的论艺术摹仿的小册子，发表于 1755 年。

《小书信作品集》：不详。

P218 注释①A. de Vigny, *Le Journal d' un Poète*, in *Oeuvres complètes*, “Bib. de la Pléiade”, II, 1311.

A. 德·维尼，《诗人日记》，《全集》，“七星文库”，II, 1311。

A. 德·维尼和《诗人日记》：参见第一册 P44 注释④。

P225 注释①*Paradise Lost*, V, 41 ff.

《失乐园》，V, 41 页及之后。

《失乐园》及其作者弥尔顿：参见第一册 P183 注释①。

P225 注释② Hebbel: "Der Baum in der Wüste", *Werke*, hrsg, Th. Poppe, I, 92.

黑贝尔:《沙漠中的树》,《作品》,蒲坡编,I, 92。

黑贝尔,参见第二册P573注释①。

《沙漠中的树》: 黑贝尔著,其他不详。

P225 注释③ Baudelaire: "Le Guignon", *Oeuvres complètes*, "Bib. de la Pléiade", 92. Cf. E. Waller: "To a lovely Rose": "That hadst thou sprung/ln deserts where no men abide, /Thou must have uncommended died"; Pope, *The Rape of the Lock*, IV. 158: "Like roses that in desarts bloom and die"; Gray: "Elegy": "Full many a flower is born to blush unseen, /And waste its sweetness on the desert air" (A. Gide, *Journal*, 30 Oct. 1934, "Bib. de la Pléiade", 1420: "Ces vers trahissent un anthropocentrisme sournois d' une charmante naïveté", etc.)

波德莱尔:《厄运》,《全集》,"七星文库",92;参见E.沃勒:"致可爱的玫瑰":"如果你是玫瑰花/在人迹不到的荒漠里生长,/你必定到枯死也没人来赞赏";蒲柏,《夺发记》,IV. 158:"就像在沙漠中绽放和死亡的玫瑰";格雷:《挽歌》:"有许多花的绽放无人看见,/它们散发的香气也就浪费在荒芜的空气中"(A.纪德,《日记》,1934年10月30日,"七星文库",1420:"这些诗文透露出一种隐晦的、天真迷人的人类中心主义",等。)

波德莱尔,参见第二册P138注释①。

《厄运》: 波德莱尔著的诗歌,收录于其《恶之花》。

蒲柏,参见第一册P100注释①。

《夺发记》: 也译作《秀发劫》,是蒲柏著的讽刺诗,发表于1712年。蒲柏以滑稽模仿英雄史诗的手法处理了一桩十分可笑的琐事——女王宫中一位公子哥偷偷剪去一位宫女的一撮美发,从而引起两家激烈地争吵。作者故意小题大做,使用洛可可式的华丽文笔写一对贵族男女因追逐游戏而交恶的社会新闻,但又意含讽刺,展示了时髦社会中人们生活的空虚无聊。

格雷,参见第三册P125注释①。

《挽歌》: 即《墓园挽歌》,格雷著于1742年的长诗。此作堪称18世纪英国"感伤主义"诗歌的典范之作。全诗共128行,表达了作者对下层人民贫苦不公命运的深切同情和淳朴本质的赞扬。

A. 纪德和《日记》：参见第四册 P114 注释①。

P225 注释④ Renard，*Journal*，NRF，169.

列那尔，《日记》，NRF，169。

列那尔，参见第一册 P301 注释③。

P226 注释①C. C. Abbott.，ed.，*The Correspondence of G. M. Hopkins and R. W. Dixon*，7 (Dixon："Sympathy：an Ode").

C. C. 艾博特编，《G. M. 霍普金斯与 R. W. 狄克逊的通信》，7（迪克森：《同情颂》）。

C. C. 艾博特(C. C. Abbott，1843—1919)，英国考古学家，代表作有《新泽西的石器时代》，《自然王国》等。

《G. M. 霍普金斯与 R. W. 狄克逊的通信》：此作收录了 G. M. 霍普金斯——前以色列诗人的诗歌、论文和信件。R. W. 狄克逊是 G. M. 霍普金斯的好友。霍普金斯于 1886 年 9 月在威尔士北部徒步旅行时写了大量书信给狄克逊。

P226 注释② Christina Rossetti："To What Purpose is this Waste?" *Poetical Works*，ed. W. M. Rossetti，305.

克里斯蒂娜·罗塞蒂：《如此浪掷枉费有何用?》《诗集作品》，W. M. 罗塞蒂编，305。

克里斯蒂娜·罗塞蒂和《诗集作品》：参见第一册 P79 注释①。

P228 注释① Daniel von Czepko："Ohne Warum"，M. Wehrli，*Deutsche Barocklyrik*，. 3. Aufl，175.

丹尼尔·冯·齐普科：《没有为什么》，M. 威利，《德国巴洛克抒情诗》，第 3 版，175。

丹尼尔·冯·齐普科和《德国巴洛克抒情诗》，参见第一册 P100 注释①。

P228 注释② Leopardi："La Ginestra o il Fiore del Deserto"，*Opere*，Ricciardi，I，153. Cf. Mallarmé，*Herodiade*，II："Nourrice：'Triste fleur qui croît seule et n' a pas d' autre émoi/Que son ombre dans I' eau vue avec atonie...' Herodiade：'Oui，c' est pour moi，pour moi que je fleuris déserte'". *Oeuv. comp*，"la

Pléiade”, 46 - 7.

莱奥帕尔迪:《扫帚或沙漠之花》,《作品》,里西亚蒂,I, 153;参见马拉梅,《希罗狄亚德》,II:“保姆:‘悲伤的花朵独自生长,没有其他情感/只有它在水中的影子惊讶地看着它……’洛蒂雅德:‘是的,这对我来说,对我来说,我绽放了凄凉’”,《全集》,“七星文库”,46—47。

莱奥帕尔迪,参见第一册 P256 注释④。

《扫帚或沙漠之花》:莱奥帕尔迪所著诗歌。

马拉梅,参见第二册 P309 注释①。

《希罗狄亚德》:也译为《希罗底》,是马拉梅所著的长诗,发表于 1875 年。此作也是马拉美的代表作之一,常被后人改编为舞剧。

P228【增订三】E. Staiger, *Die Kunst der Interpretation*, 3. Aufl., 35 - 7 “Ein Briefwechsel mit Martin Heidegger”.

E. 施塔格尔,《阐释的艺术》,第 3 版,35—7“与马丁·海德格尔的通信”。

E. 施塔格尔,参见第二册 P227 注释①。

《阐释的艺术》:E. 施塔格尔著,其他不详。

马丁·海德格尔,参见第一册 P283 注释②。

P229 注释① Schopenhauer, *Parerga*, Kap. XXXI, § 388, *Sämtl. Werk*, hrsg. P. Deussen, V, 714.

叔本华,《附录与补遗》,第 31 章, § 388,《全集》,P. 多依森编,V, 714。

叔本华,参见第一册 P124 注释①

叔本华和《附录与补遗》:参见第一册 P124 注释①和第二册 P192 注释②。

P235 注释① Jean H. Hagstrum, *The Sister Arts*, 11 - 2.

让·H. 哈格斯特鲁姆,《姊妹艺术》,11—12。

让·H. 哈格斯特鲁姆和《姐妹艺术》:参见第二册 P566 注释①。

P235 注释②L. Giles, *Introduction to the History of Chinese Pictorial Art*, 24; R. Petrucci, *La Philosophie de la Nature dans l' Art d' Extrême-Orient*, 89; A. K. Coomaraswamy, *The Transformation of Nature in Art*, 20; O. Sirén, *The Chinese on the Art of Painting*, 19.

L. 翟理斯,《中国绘画史导论》,24; R. 贝特鲁奇,《远东艺术中的自然哲学》,89; A. K. 库马拉斯瓦米,《艺术中的自然转变》,20; O. 喜仁龙,《中国绘画艺术》,19。

L. 翟理斯(Herbert Allen Giles, 1845—1935),英国作家,牛津大学耶稣文集学院资深成员,他是研究中国语言文化、文学及翻译的著名汉学家,曾生活于中国。他于1910年以《孙子十家会注》为原本,将其译成英文。其他代表作有《中国概要》、《华英字典》、《中国文学史》等。

《中国绘画史导论》: L. 翟理斯著,出版于1905年。此作译介了自远古时期直至明末(1644年)的中国艺术评论家、画家的著作和作品,如阎立本、赵大年、王世贞、王羲之等等。

R. 贝特鲁奇和《远东艺术中的自然哲学》: 参见第三册P242注释①。

A. K. 库马拉斯瓦米(Ananda Kentish Coomaraswamy, 1877—1947),斯里兰卡的宗教学者、哲学家,是20世纪早期一位重要的研究东西方宗教的艺术史家和学者,也是研究印度艺术史的开拓者,翻译并研究印度传统文化中艺术品的含义,并考察宗教与哲学信仰如何决定某一特定艺术风格的起源和发展。代表作有《艺术中自然的转变》等。

《艺术中的自然转变》: A. K. 库马拉斯瓦米著。首次出版于1934年。此作介绍了亚洲的艺术理论、德意志哲学家、神秘主义神学家埃克哈特大师的艺术观、印第安人对艺术的反映等等。

O. 喜仁龙(Osvald Sirén, 1879—1966),瑞典美术史家、汉学家。他曾多次访问中国,代表作有《北京的城墙和城门》、《中国雕刻》、《北京故宫》、《中国绘画史》、《中国花园》等。

《中国绘画艺术》: O. 喜仁龙著,此作首次出版于1936年,是最早系统翻译介绍中国绘画理论的著作之一,该书主要讲由汉到清的画论。

P236 注释 ① Cf. Kant, *Anthropologie*, §32, *Werke*, hrsg. E. Cassirer, VIII. 65.

参见康德,《人性学》,§32,《全集》,E. 卡西尔编,VIII. 65。

康德,参见第一册P6注释②。

《人性学》: 参见第一册P435注释①。

P240 注释 ① *Die Verwandtschaften*, I. Iv, *Sämtliche Werke*, "Tempel-

Klassiker", X, 36.

《亲和力》, I. Iv,《全集》,"寺庙经典", X, 36。

《亲和力》及其作者歌德:参见第一册 P419 注释①和第一册 P16 注释①。

P241【增订四】Heidegger: "The Origin of the Work of Art", in *Poetry, Language, Thought*, tr. by A. Hofstadter, 1971, pp. 54 – 5.

海德格尔:"艺术作品的起源",见《诗歌、语言、思想》, A. 霍夫斯塔特译, 1971, P54—55。

海德格尔,参见第一册 P283 注释②。

《诗歌、语言、思想》:海德格尔著, A. 霍夫斯塔特译。此作包含了马丁·海德格尔关于艺术的重要观点,探讨了艺术在人类生活和文化中的作用,以及它与思想和真理的关系等问题。

Roland Barthes, *Le Plaisir du texte*, 1973, p. 19.

罗兰·巴特,《文本的快乐》, 1973, P19。

罗兰·巴特和《文本的快乐》:参见第一册 P711【增订四】。

P243 注释①J. Brody, *Boileau and Longinus*, 54 – 6; Giulio Natali, *Fronde sparte*, 39 – 55. Cf. Le P. Bouhours, *Entretiens d' Ariste et d'Eugène*, V, Armand Colin, 145 (le je ne sçay quoy comme ces beautéz couvertes d'un voile).

J. 布罗德,《布瓦洛和郎吉努斯》, 54—6; 贾利奥·纳塔利,《弗朗德得救了》, 39—55; 参见李·P. 博乌尔斯,《阿里斯特与欧也尼的谈话》, V, 阿尔芒·科林出版社, 145(我不知道这些美女为什么要戴上面纱)。

J. 布罗德和《布瓦洛和郎吉努斯》:参见第一册 P290 注释②。

贾利奥·纳塔利(Giulio Natali, 1875—1965),意大利作家、文学历史研究学者。代表作有《艺术史》、《简短的抒情诗》、《新的警句》等。

《弗朗德得救了》:纳塔利著,出版于 1960 年。其他不详。

李·P. 博乌尔斯(Le. R. P. Dominique Bouhours, 1628—1702),法国耶稣会牧师、散文家、语法学家和新古典主义批评家。代表作有《对精神的思考》、《批评的艺术》等。

《阿里斯特与欧也尼的谈话》:李·P. 博乌尔斯著,出版于 1671 年。其他不详。

P243 注释②S. K. De, *Studies in the History of Sanskrit Poetics*, Lucas, II, 191,199; Cf. De, *Sanskrit Poetics as a Study of Aesthetics*, 8.

S. K. 迪,《梵语诗学史研究》,卢卡斯,II, 191,199;参见迪,《梵语诗学美学研究》,8。

S. K. 迪(S. K. De, 1890—1968),20世纪早期的孟加拉学者。他拥有英语和梵语诗学学位,除了从手稿中编辑大量梵语和孟加拉语文本的批评版本之外,他还广泛撰写梵语文学、哲学、诗学、孟加拉文学史。

《梵语诗学史研究》: S. K. 迪著。此作分为两部分。第一部分简要介绍了该书的主要内容。第二部分对梵语进行分析研究。作者试图展示诗学和文学批评理论是如何得到进化,扩展诗歌理论的不同方面,并追溯印度文学理论的历史。

《梵语诗学美学研究》: S. K. 迪著,其他不详。

P243 注释③ Demetrius, *On Style*, V. 254, "Loeb", 457.

德米特里,《论文体风格》,V. 254,"洛布古典丛书",457。

德米特里和《论文体风格》: 参见第一册 P439 注释①。

P243 注释④ Diderot: "Salon de 1767",*Oeuv. comp.*, éd. Assézat et Tourneux, XI, 147. Cf. Burke, *Inquiry into the Sublime and the Beautiful*, ed. J. T. Boulton, 60 - 2.

狄德罗,"1767沙龙",《全集》,阿塞扎特等编,XI, 147;参见伯克,《论崇高与美丽概念起源的哲学探究》,J. T. 博尔顿,60—62。

狄德罗,参见第二册 P59 注释②。

伯克和《论崇高与美丽概念起源的哲学探究》: 参见第一册 P215 注释②。

P244 注释① Joubert, *Pensées*, XXI. 32. Cf. Montaigne, *Essais*, III. 5, "la Pléiade", 846.

儒贝尔,《冥想录》,XXI. 32,参见蒙田,《随笔录》,III. 5,"七星文库",846。

儒贝尔和《冥想录》: 参见第一册 P25 注释①。

蒙田和《随笔录》: 参见第一册 P50 注释①【增订四】。

P244 注释② Leopardi, *Zibaldone*, Mondadori, I, 105,382,971; I, 86,126, 1145, II, 1128.

莱奥帕尔迪,《杂记》,蒙达多利,I, 105,382,971; I, 86,126,1145, II, 1128。

莱奥帕尔迪,参见第一册 P256 注释④。

《杂记》:参见第一册 P608【增订三】。

P245 注释① Schopenhauer, *Parerga und Paralipomena*, Kap. 13, § 283, *Sämtliche Werke*, hrsg. P. Deussen, V, 570. Cf. *Die Welt als Wille und Vorstellung*, *Ergänzungen*, Kap. 34: "Ganz befriedigt durch den Eindruck eines Kunstwerks sind wir nur dann, wann er etwas hinterlässt, das wir, bei allem Nachdenken darüber, nicht bis zur Deutlichkeit eines Begriffs horabziehen Können."

叔本华,《附录与补遗》,第 13 章, § 283,《全集》,P. 多依森编,V, 570;参见《作为意志和表象的世界》,第 34 章:"只有当一件艺术品留下了让我们百思不得其解的印象时,我们才会对其完全满意。"

叔本华和《附录与补遗》:参见第一册 P124 注释①和第二册 P192 注释②。

《作为意志和表象的世界》:参见第一册 P124 注释①。

P245【增订四】Schiller, *Votivtafeln*, No. 49, *Werke*, ed. L. Bellermann Vol. I, p. 184.

席勒,《许愿牌》,第 49 首,《作品》,L. 贝乐曼编,第 I 卷,P184。

席勒,参见第一册 P6 注释③。

《许愿牌》:参见第二册 P468【增订四】。

P246 注释① G. Morpurgo-Tagliabue, *L'Esthétique contemporaine*: Une Enquête, tr. Marcelle Bourrette Serre, 499.

G. 莫尔普戈・塔利亚布埃,《当代美学》,马塞勒・布勒特・塞尔译,499。

G. 莫尔普戈・塔利亚布埃和《当代美学》:参见第三册 P563 注释①。

P250 注释① Joubert, *Pensées*, Tit. XXI. 38.

儒贝尔,《冥想录》,XXI. 38。

儒贝尔和《冥想录》:参见第一册 P25 注释①。

P250 注释② Jean Paul, *Vorschule der Aesthetik*, V. 22, *Werke*, Carl Hanser, V, 88. Cf. Gottfried Keller, *Der grüne Heinrich*, II. xii(der sehnsüchtige Reiz der Glockentöne), *Sämtliche Werke*, AufbauVerlag, IV, 307－8.

让·保尔,《美学入门》,V. 22,《作品》,卡尔汉瑟,V, 88;参见戈特弗里德·凯勒,《绿衣亨利》,II. xii(钟声之令人神往的魅力),《全集》,建设出版社,IV, 307—308。

让·保尔和《美学入门》:参见第一册 P290 注释①。

戈特弗里德·凯勒,参见第二册 P154 注释④。

《绿衣亨利》:参见第二册 P778 注释②。

P251 注释① Stendhal, *Histoire de la Peinture en ltalie*, Liv. II, ch. 28, texte établi et annoté par P. Arbelet, I, 152－3. Cf. *Hugo von Hoffmannsthal*: "Der Tod des Tizian", *Gesammelte Werke*, Fischer Taschenbuch Verlag, I, 254 (die grosse Kunst des Hintergrundes und das Geheimnis zweifelhafter Lichter; ahnen mehr als schauen).

司汤达,《意大利绘画史》,第 II 篇,第 28 章,由 P. 阿布拉特校注,I, 152—3. 参见《霍夫曼斯塔尔》:《提香的死亡》,《全集》,菲舍尔平装本,I, 254(伟大的背景艺术和光线的秘密;让人遐想胜于让人凝视)。

司汤达,参见第二册 P396【增订三】。

《意大利绘画史》:司汤达著,于 1817 年出版。

《霍夫曼斯塔尔》:不详。

霍夫曼斯塔尔(Hugo von Hofmannsthal, 1874—1929),奥地利作家,诗人。其诗抒情性强,语言迷人、情调梦幻,是德语文学在 19、20 世纪之交唯美主义和象征主义的重要代表。他受尼采、马赫、弗洛伊德等人的影响,同时又受到资产阶级人道主义精神和欧洲基督教文化传统的熏陶,在思想和创作中都表现出复杂而深刻的矛盾。

P255 注释①H. E. Parker, *John Chinaman*, 62: "Tung Sün was a renowned poet whose sacred fire was easily kindled by Sir Thomas Wade; and I believe he has inflicted upon the Peking world a translation of *Childe Harold*".

H. E. 帕克,《中国佬约翰》,62:"董恂是名诗人,他的神圣之火极易被威妥玛爵士点燃;我相信他已给北京公众带去《恰尔德·哈罗尔德游记》的译文"。

H. E. 帕克(H. E. Parker, ?—1906),不详。

《中国佬约翰》:H. E. 帕克著的关于中国人形象的讽刺之作。

P272 注释① Athenaeus, *The Deipnosophists*, l. 7, "Loeb", I, 31.

阿忒纳乌斯,《诡辩论者》,1. 7,"洛布古典丛书",I, 31。

阿忒纳乌斯和《诡辩论者》:参见第一册 P57 注释①。

P272 注释② Poggio, *Liber Facetiarum*, in C. Speroni, *Wit and Wisdom of the Italian Renaissance*, 51.

波焦,《妙语录》,参见 C. 斯佩罗尼,《意大利文艺复兴时期妙语录》,51。

波焦(Gian Francesco Poggio Bracciolini, 1380—1459),意大利学者、文学家、哲学家,文艺复兴时期的人文主义者,政治家。

《妙语录》:不详。

C. 斯佩罗尼(Charles Speroni, 1911—1984),意大利裔美国学者。1929 年进入美国加州大学伯克利分校学习,1938 年获罗曼语博士学位,后任加州大学洛杉矶分校艺术学院院长一职。所编纂的《意大利文艺复兴时期妙语录》与《基础意大利语》最为闻名,此外他还编有多部意大利文学作品。

《意大利文艺复兴时期妙语录》:C. 斯佩罗尼摘录并编译。此作是一部记录意大利文艺复兴时期的妙语、俏皮话和笑话的专著。妙语涉及宗教仪式、节日、婚姻、誓言、咒语、传统以及历史事件,从中亦可看到其时各色人等的诙谐轶事与人间喜剧。C. 斯佩罗尼在书中摘录与编译了波焦·布拉乔利尼、卢多维科·卡蓬等十余位对后世影响深远的作家的作品,描绘出一幅文艺复兴时期意大利风土人情的绝佳画卷。

P273 注释①J. -B. Labat, *Voyages en Espagne et en ltalie*, 1730, VI, 113.

J. -B. 拉巴特,《西班牙与意大利之旅》,1730, VI, 113。

J. -B. 拉巴特(J-B. Labat, 1663—1738),法国牧师、植物学家、作家、探险家、人种志学家。

《西班牙与意大利之旅》:拉巴特著于 1730 年。

P286 注释① Shakespeare, *The Midsummer Night's Dream*, IV. i. 191; Racine, *Promenades de Port-Royal des Champs*, iv, *Oeuvres*, "la Pléiade", I, 1033.

莎士比亚,《仲夏夜之梦》,IV. i. 191;拉辛,《徒步香榭丽舍》,iv,《全集》,"七星文库"I, 1033。

莎士比亚,参见第一册 P70 注释①。

《仲夏夜之梦》：参见第一册 P286 注释①。

拉辛，参见第一册 P638 注释①。

《徒步香榭丽舍》：拉辛著。其他不详。

P288 注释① Croce: "Shakespeare: Persona pratica e Persona poetica", *Filosofia*, *Poesia*, *Storia*, 788 ff.; *Estetica*, 10ª ed., 59 – 60 (l'erronea identificazione). Cf. Marcel Proust: "La Méthode de Sainte-Beuve", *Contre Sainte-Beuve*, 136 ff.

克罗齐："莎士比亚：营生处事之为人和修词成章之为人"，《哲学、诗学、历史》，788 页及之后；《美学原理》，第 10 版，59—60(识别错误)；参见马塞尔·普鲁斯特："圣-伯夫的方法"，《驳圣-伯夫》，136 页及之后。

克罗齐和《美学原理》：参见第一册 P415 注释①。

《哲学、诗学、历史》：参见第四册 P94 注释①。

普鲁斯特，参见第二册 P773 注释②。

《驳圣-伯夫》：马塞尔·普鲁斯特著，出版于 1954。作者强烈抨击权威批评家圣-伯夫批评方法的机械和错误及因此造成的对当年法国文坛文学天才的轻视与误读。全书既有抒情的叙述，又有理性的思辨，两者相辅相成，相互映照。书中有近半篇幅笔调与《追忆逝水年华》相似或呼应，是作者思想精华的浓缩，为后来的文本主义和结构主义批评奠定了一块基石。

P288 注释② Madame de Boufflers, quoted in *Letters of David Hume*, ed. J. Y. T. Greig, Vol. I, p. 24.

德布弗勒夫人，引自《大卫·休谟书信集》，J. Y. T. 格雷格编，第 1 卷，P24。

《大卫·休谟书信集》：参见第一册 P529 注释②。

P291 注释① Cf. G. Fontanella: "Amor finto," G. Battista: "Che l' amor suo è finto," *Marino e i Marinisti*, Ricciardi, 855 – 856, 1009; A. Brome: "Plain Dealing": " 'T was all but Poetrie. /I could have said as much by any She" etc. (*Oxford Book of 17th-Century English Verse*, 727.)

参见 G. 丰塔内利亚：《虚假的爱》，G. 巴蒂斯塔："他的爱是假的，"《马里诺和马里诺主义》，里西亚蒂，855—856，1009；A. 布罗姆：《直爽》："这啥都是，唯独不是诗，/任她是何人，能说的与我能说的一个样。"(《牛津十七世纪英语诗歌词典》，

727)。

G. 丰塔内利亚，不详。

G. 巴蒂斯塔：不详。

马里诺和马里诺主义：参见 P16 注释①【增订三】。

《马里诺和马里诺主义》及其作者 G. G. 法里罗：不详。

A. 布罗姆，不详。

P292 注释① Cf. Giles Fletcher, *Licia*, "Epistle Dedicatory": "A man may write of love and not be in love; as well of husbandry and not go to the plough; or of witches and be none; or of holiness and be flat profane".

参见贾尔斯·弗莱彻，《丽西娅》，"献辞"："一个人可能不谈恋爱却会写爱情；不会耕田却会写农事；或不作巫婆却写巫术；或极其平庸却善写超凡脱俗。"

贾尔斯·弗莱彻(Giles Fletcher，生卒不详)，英国外交使节，曾长时间居住在俄国。代表作有《丽西娅》、《俄罗斯联邦》、《基督的胜利》等。

《丽西娅》：贾尔斯·弗莱彻著于 1593 年。此作抨击了沙皇专制对俄国文化和教育的贫乏所造成的恶劣影响。

P292 注释② *Krit. der rein. Vernunft*, hrsg. B. Erdmann, 6. rev. Aufl., 41.

《纯粹理性批判》，B. 埃德曼编，第 6 修订版，41。

《纯粹理性批判》和 B. 埃德曼：参见第二册 P58【增订二】。

《纯粹理性批判》的作者康德，参见第一册 P6 注释②。

P293 注释① Catullus, XVI. 5 - 6; Ovid, *Tristia*, II. 353 - 354; Martial, I. iv.

卡图卢斯，XVI. 5—6；奥维德，《哀歌》，II. 353—354；马提雅尔，I. iv。

卡图卢斯，参见第三册 P194 注释①。

奥维德：参见第一册 P189 注释①。

《哀歌》：奥维德著。此作共 5 卷，收诗 50 首。公元 8 年奥维德被流放后，心情忧郁，生活凄苦，写下《哀歌》，反映流放的生活感受，表达孤寂、怨悔的心情。

马提雅尔，参见第四册 P45 注释②。

P293 注释② E. g. Pliny, *Epist.*, IV. xiv, V. iii; Ausonius, *Idyl.*, xiii; Hadrian, ii (*Minor Latin Poets*, "Loeb", 444).

例如普林尼，《书信》，IV. xiv, V. iii；奥索尼厄斯，《田园诗》，xiii；哈德里安，ii（《次要拉丁诗人选集》，"洛布古典丛书"，444）。

普林尼，参见第一册 P380 注释①。

《书信》：是小普林尼的代表作。此作一共有 10 卷，369 封信。其中前 9 卷包括 248 封信，这 248 封信是写给 105 个不同的收信人的，其中包括朋友、熟人和当时的知名人士。小普林尼在发表他的书信时特别注意保持书信的格式（包括收信人、发信人、称呼等等格式）。在每封信中他都会讨论一个问题。他的书信涉及到罗马上层社会几乎所有的生活问题。虽然这些书信是经过加工后发表的，但是为后人提供了当时罗马社会、生活和政治的详细的描述。

奥索尼厄斯（Decimus Magnu Ausonius，310—395），拉丁诗人，罗马帝国最后一位异教徒诗人。代表作有《摩泽尔》等。

哈德里安（Hadrian，76—138），古罗马皇帝，也是位诗人。

《次要拉丁诗人选集》：不详。

P293 注释③E. g. Marino，*L'Adone*，VII. 6，*Marino e i Marinisti*，155 - 156；Nashe，*The Unfortunate Traveller*，*Works*，ed. R. B. Mckerrow，II，266；Herrick："Poets"，"To this Book's end..."，*Poetical Works*，ed. L. C. Martin，220，335.

例如马里诺，《阿多尼斯》，VII. 6，《马里诺和马里诺主义》，155—156；纳什，《不幸的旅行者》，《作品集》，R. B. 马克罗编，II，266；赫里克：《诗人》，"到本书结束..."，《诗集》，L. C. 马丁编，220，335。

马里诺和马里诺主义，参见第一册 P16 注释①【增订三】。

《马里诺和马里诺主义》及其作者 G. G. 法里罗：不详。

《阿多尼斯》：参见第二册 P85 注释②。

纳什和《不幸的旅行者》：参见第二册 P602 注释④。

赫里克，参见第二册 P239 注释①。

P293 注释④ Joubert，*Pensées*，Tit. XIII. 132.

儒贝尔，《冥想录》，XIII. 132。

儒贝尔和《冥想录》：参见第一册 P25 注释①。

P294 注释①C. C. F. Greville，*Memoirs*，Dec. 16，1835，ed. H. Reeve，III，331.

Cf. J. W. L. Gleim, *Versuch in scherzhaften Liedern*: "Schliesst niemals aus den Schriten der Dichter, auf die Sitten derselben. Ihr werdet euch betriegen; denn sie. schreiben nur, ihr Witz zu zeigen" (quoted in A. Anger, *Deutsche Rokoko-Dichtung*, 8).

C. C. F. 格雷维尔,《回忆录》,1835 年 12 月 16 日,H. 里夫编,III, 331;参见 J. W. L. 葛莱姆,《尝试诙谐歌曲》:"你们永远不要从诗人的作品推断他们的品行,你们会受骗的。因为他们只是为了展示他们的才智而写作。"(引自 A. 安格,《德国洛可可诗集》,8)。

C. C. F. 格雷维尔和《回忆录》:不详。

J. W. L. 葛莱姆和《尝试诙谐歌曲》:不详。

A. 安格和《德国洛可可诗集》:不详。

P294【增订三】*The Deipnosophists*, XIII. 557, "Loeb", VI, 15.

《诡辩论者》,XIII. 557,"洛布古典丛书",VI, 15。

《诡辩论者》及其作者阿忒纳乌斯:参见第一册 P57 注释①。

Marcel Proust, *La Prisonnière*: "Mais est-ce qu'i1 a jamais assassiné quelqu'un, Dostoievsky?" etc., *op. cit.*, III, 379 – 381.

马塞尔·普鲁斯特,《追忆似水年华·女囚》:"但是,陀思妥耶夫斯基,他从未谋杀过任何人?"等,如前所引,III, 379—381。

马塞尔·普鲁斯特和《追忆似水年华·女囚》:参见第二册 P34【增订三】。

Le Temps retrouvé, ib., 907 – 909.

《过去韶光的重现》,ib., 907—909。

《过去韶光的重现》及其作者普鲁斯特,参见第二册 P34【增订三】。

P307 注释① Tasso, *Gerusalemme Liberata*, XVIII. 20, *Poesie*, Ricciardi, 437; Marino: "A Carlo Emanuele I", *Marino ei Marinisti*, Ricciardi, 24; Sidney, *Arcadia*, quoted from the 1674ed. in J. Dunlop, *History of Fiction*, 4th ed., 341; Webster, *The Duchess of Malfi*, III. ii, *Plays by Webster and Ford*, "Everyman's", 138; Keats: "I stood tiptoe upon a little Hill", *Poems*, "Everyman's", 3.

塔索,《被解放的耶路撒冷》,XVIII. 20,《诗歌》,里西亚蒂出版,437;马里诺,《致卡洛·伊曼纽尔一世》《马里诺和马里诺主义》,里西亚蒂,24;西德尼,《阿卡迪

亚》,引自1674版,见J. 邓洛普,《小说的历史》,第4版,341;韦伯斯特,《马尔菲公爵夫人》,III. ii,《韦伯斯特和福特戏剧作品》,138;济慈:"我站在一个小山丘上",《诗歌集》,"人人文库",3。

塔索和《被解放的耶路撒冷》:参见第一册P213注释①。

马里诺和马里诺主义,参见第一册P16注释①【增订三】。

《马里诺和马里诺主义》及其作者G. G. 法里罗:不详。

西德尼,参见第一册P195注释②。

《阿卡迪亚》:参见第三册P321注释④。

J. 邓洛普和《小说的历史》:参见第二册P564注释①。

J. 韦伯斯特和《马尔菲公爵夫人》:参见第一册P560注释①。

济慈,参见第一册P256注释①。

P312 注释① Goethe, *Spruchweisheit in Vers und Prosa*, *op. cit.*, III, 213.

歌德,《诗歌和散文中的谚语智慧》,如前所引,III, 213。

歌德,参见第一册P16注释①。

《诗歌和散文中的谚语智慧》:参见第一册P24注释①。

P322 注释①B. L. Taylor: "The Lazy Writer", L. Kronenberger, ed., An Anthology of Light Verse, "Modern Library", 177.

B. L. 泰勒:《懒惰的作家》,L. 克罗内伯格编,《谐趣诗选》,"现代图书馆",177。

B. L. 泰勒,不详。

L. 克罗内伯格,参见第一册P420【增订三】。

P335 注释① Cf. Saintsbury: "B is not bad because it is not A, however good A may be" (quoted in O. Elton, *Essays and Addresses*, 243).

参见圣茨伯里:"B不坏,因为它不是A,不论A有多好。"(引于O. 埃尔顿,《散文和演讲》,243)。

圣茨伯里,参见第三册P153注释①。

O. 埃尔顿,参见第二册P636注释①。

《散文和演讲》:O. 埃尔顿著。其他不详。

P340 注释① Pater, *Appreciations*, "Style"; Claudel, *Positions et Propositions*, I.

"Réflexions sur le Vers français."

佩特,《鉴赏集》,"风格";克洛岱尔,《立场和命题》,I.《关于法语诗歌的思考》。

佩特,参见第二册 P506 注释①。

《鉴赏集》:瓦尔特·佩特著于 1889 年。《鉴赏集》一书回到了佩特《文艺复兴》式的评论,不过此作的研究对象不再是米兰多拉、波提切利、米开朗琪罗、达·芬奇等意大利文艺复兴时期的艺术巨匠,而是莎士比亚、华兹华斯、柯勒律治、兰姆、罗赛蒂等英国诗人、作家。

克洛岱尔,参见第一册 P135 注释①。

《立场和命题》:克洛岱尔著。其他不详。

P342 注释① LeSage, *Gil Blas*, Liv. IV, ch. 7, Gamier, 239. Cf. Leopardi, *Pensieri*, §39, *Opere*, Ricciardi, I, 716-9.

勒萨日,《吉尔·布拉斯》,第 IV 篇,第 7 章,甘比尔,239;参见莱奥帕尔迪,《沉思》,§39,《作品》,理却地出版,I, 716—719。

勒萨日(Alain Rene Lesage, 1668—1747),法国作家。他既是喜剧作家,也是小说家。1712 至 1732 年,勒萨日为集市剧场写过一百多出小型喜剧,其中有的是和别人合作的。无论是他的戏剧作品还是小说作品,讽刺性、现实性均较强,揭露封建社会的黑暗面。勒萨日的代表作品有《杜卡雷》、《吉尔·布拉斯》、《瘸腿魔鬼》、《主仆争风》等。

《吉尔·布拉斯》:勒萨日的代表作,法国著名的流浪汉小说。小说分三期发表(1715,1724,1735 年)。此作叙述吉尔·布拉斯一生坎坷的经历。他原来是个天真无知的孩子,为了冲破封建社会的种种障碍,他不择手段地向上爬,终于爬到首相秘书的地位。作者通过吉尔·布拉斯的形象,说明在封建社会里,一个出身微贱的人即使有很好的德行和很大的才能,也不会受人重视。他要有所作为,必须和坏人同流合污。此作描绘了一个具体的历史环境,提出一些颇有现实意义的社会问题,丰富了西欧现实主义小说的创作方法,并且在揭露封建社会方面具有启蒙文学的一些特征。

莱奥帕尔迪和《沉思》:参见第一册 P256 注释④。

P345 注释① Cf. R. Wellek and A. Warren, *Theory of Literature*, "Peregrine Books", 235 (V. Shklovsky: "the canonization of inferior sub-literary genres").

参见 R. 韦勒克和 A. 沃伦,《文学理论》,"百富勤书籍",235(V. 什克洛夫斯基:

“次级子文学体裁的经典化”）。

R. 韦勒克，参见第二册 P386 注释①。

A. 沃伦和《文学理论》：参见第二册 P637 注释①。

V. 什克洛夫斯基（Viktor Shklovsky，1893—1984），俄苏文学评论家和小说家，俄国形式主义学派的创始人和领袖之一。俄国形式主义是20世纪第一个重要的文学理论流派，对整个20世纪的文学理论和文学批评的发展和走向具有奠基性的作用。他的主要思想集中在“陌生化”理论中。他的“务求新奇”（ostranenie）的概念是对俄国形式主义理论的主要贡献。他认为文学绝对不是对生活的模仿，而是生活的变形；他认为文学应以不寻常的新方法反映旧思想或世俗的经验，迫使读者重新观看世界。他的代表作有《艺术及手法》、《散文理论》、《作家的精妙技巧》、《列夫·托尔斯泰》等。

P346 注释① Norman Mailer, *An American Dream*, ch. 1, André Deutsch, 37 - 8: “I [Rojack] struck her [Deborah] open-handed across the face. ... She reached with both hands, tried to find my root and mangle me”.

诺曼·梅勒，《美国梦》，第 1 章，安德烈·多伊奇出版社，37—8：“我[罗杰克]一拳打在她[黛博拉]脸上……她伸出双手，试图找到我的阴部，捏碎我。”

诺曼·梅勒（Norman Mailer，1923—2007），美国作家、记者。美国“全国文学艺术院”院士，“美国文学艺术研究院”院士。他在美国文坛活跃了足足60年，被视为“美国最伟大的当代作家”之一。代表作有《裸者与死者》、《夜幕下的大军》、《刽子手之歌》等。作为记者，梅勒还成功地将小说的写作技巧融入到纪实作品中。

《美国梦》：又称《一场美国梦》，诺曼·梅勒著于1965年。此作主要表现了美国社会上横行的暴力、谋杀、复仇和强奸这类梦魇。此外，梅勒还把历史人物与虚构人物紧密联系在一起，通过大胆设想，把史实同故事融为一体，让读者无法用传统的认识方式去感知历史，这一大胆尝试已经得到评论界的广泛认可。

P346【增订三】M. Bandello, *Le Novelle*, I. 40, Laterza, II, 89.

M. 班戴洛，《小说集》，I，40，拉泰尔扎，II，89。

M. 班戴洛和《小说集》：参见第一册 P51 注释①。

P349 注释① Aristotle, *On the Soul*, Bk I, ch. 3 - 4, *Basic Works of Aristotle*,

Random House, 559 - 61.

亚里士多德,《论天》,第 I 卷,第 3—4 章,《亚里士多德要籍选》,兰登书屋,559—561。

亚里士多德与《亚里士多德要籍选》:参见第一册 P37 注释③。

《论天》:又称《天论》或《论灵魂》,亚里士多德著。此作是亚里士多德关于自然哲学方面的著作,讨论物质和可毁灭的东西,并进而讨论了发生和毁灭。在这个发生和毁灭的过程中,相互对立的原则冷和热、湿和燥两两相互作用,而产生了火气土水四种元素。除这些地上的元素外,亚里士多德又添上了以太。他认为,以太作圆运动,组成了完美而不朽的天体。

P350 注释①E. Rohde, *Psyche*, ch. 1, §§2 - 3, *op. cit.*, (*Homer's daylight World*).

E. 罗德,《心智》,第 1 章,§§2—3,如前所引,(《荷马的日光世界》)。

E. 罗德和《心智》:参见第一册 P285 注释①。

《荷马的日光世界》:不详。

P352【增订三】*Letters and Journals*, ed. Leslie A. Marchand, VII, 192.

《信件和期刊》,莱斯利 · A. 马钱德编,VII, 192。

莱斯利 A. 马钱德(Leslie A. Marchand, 1900—1999),美国的英语文学学者,他对英国浪漫主义诗人拜伦勋爵的研究作出了贡献,他也是文学期刊的多产贡献者。代表作有《拜伦》等。

《信件和期刊》:不详。

P353【增订四】Ambrose Bierce, *The Devil's Dictionary*, Dover Publications, 1958, p. 48.

安布罗斯 · 比尔斯,《魔鬼辞典》,多佛出版社,1958, P48。

安布罗斯 · 比尔斯(Ambrose Bierce, 1842—1913),美国作家,以短篇小说闻名。其小说以恐怖和死亡为题材,讽刺辛辣,语言精炼。代表作有短篇小说集《在人生中间》、《这种事情可能吗?》和《魔鬼词典》等。

《魔鬼辞典》:安布罗斯 · 比尔斯著,出版年月未知。此作让人们从经验出发,反向思考,抛弃该词汇被赋予的传统价值,以带有寓意、讽刺、诙谐的方式挖掘该词汇背后的含义,从而开启了一个经验词汇学的新视界。它通过对词条定义或解释的方式来解剖世界，其风格类似于杂文。作者无情地揭示了人类文明的缺陷和人性的弱点，直面人类羞于暴露、难以正视的阴影。全书幽默、诙谐、辛辣、调侃，富含深刻的哲理和尖利的讽刺。

P354 注释① Heidegger, *op. cit.* 284.

海德格尔，如前所引，284。

海德格尔，参见第一册 P283 注释②。

P356 注释① Wundt, *völkerpsychologie.*, IV, *Mythus und Religion*, 1ter Teil, 170.

冯特，《民族心理学》，IV，《神话和宗教》，第 1 部分，170。

冯特，参见第一册 P7 注释①。

《民族心理学》和《神话和宗教》：参见第二册 P394 注释①。

P356 注释② *Ib.*, 146; cf. 161, 169. Cf. Brüder Grimm, *Deutsche Sagen*, proplyläen Verlag, l, 269 ("Das Mäuselein"), 270 – 1 ("Die Katze aus dem Weidenbaum").

出自，146；参见 161，169. 参见格林兄弟，《德国传说集》，乌尔斯坦出版社，I，269（《老鼠》），270—1（《柳树上的猫》）。

格林兄弟，参见第一册 P485 注释①。

《德国传说集》：参见第二册 P546 注释①。

P357 注释①J. Dunlop, *History of Fiction*, 4th ed., p. 54.

J. 邓洛普，《小说的历史》，第 4 版，P54。

J. 邓洛普和《小说的历史》：参见第二册 P564 注释①。

P357 注释② Coleridge: "TheButterfly", *Poems*, ed. R. Garnett, 220.

柯勒律治，《蝴蝶》，《诗歌集》，R. 加内特编，220。

《蝴蝶》：柯勒律治著的诗歌。

P357 注释③I. Disraeli, *Curiosities of Literature*, III, 207 ("History of the Skeleton of Death"), Cf. S. Reinach, *Orpheus*, tr. F. Simmonds, 85.

I. 迪斯雷利，《文苑搜奇》，III，207（死亡骷髅的历史），参见 S. 赖那克，《俄耳甫斯》，F. 西蒙兹译，85。

I. 迪斯雷利和《文苑搜奇》：参见第二册 P73 注释①。

S. 赖那克和《俄耳甫斯》：参见第一册 P42 注释①。

P357 注释④*Purgatorio*，X. 124－5，*La Divina Commedia*，Ricciardi，518；cf. D. C. Allen，*Image and Meaning*，30－1.

《炼狱篇》，X. 124—125，《神曲》，里卡尔迪，518；参见 D. C. 艾伦，《意象与意义》，30—31。

《炼狱篇》、《神曲》及其作者但丁：参见第一册 P244 注释②。

莱奥帕尔迪，参见第一册 P256 注释④。

D. C. 艾伦（Don Cameron Allen，1903—1972），美国学者，约翰斯·霍普金斯大学英语文学教授。代表作有《意象与意义》等。

《意象与意义》：书的全名是《意象与意义—文艺复兴诗歌的隐喻传统》（*Image and Meaning—Metaphoric Traditions in Renaissance Poetry*），D. C. 艾伦著。此作首次出版于 1960 年。书中选取了埃德蒙·斯宾塞、莎士比亚、乔治·赫伯特、约翰·米尔顿等文艺复兴时期诗人的诗歌进行分析。

P357 注释⑤ Santa Teresa de Jesus，*Moradas*，V. 2，E. Allison Peers，*Spanish Mysticism*，104，215.

圣特雷莎，《住宅》，第 2 卷，E. 埃里森·皮尔斯，《西班牙神秘主义》，104，215。

圣特雷莎（Santa Teresa de Jesus，1515—1582），也被称阿维拉的圣特雷莎，她出生于西班牙，是基督教赤足卡门教派的创始人，基督教神学家之一，16 世纪神秘宗的代表人物。她因改革加尔默罗会，主张持守祷告、苦行、缄默不语与世隔绝等严峻规戒，使一度衰落的加尔默罗会复兴，从而在宗教史上享有盛誉。

《住宅》：圣特雷莎著。其他不详。

E. 埃里森·皮尔斯（Edgar Allison Peers，1891—1952），英国西班牙语言研究者和教育家，是利物浦大学西班牙语研究教授，并以创立现代人文研究协会（1918 年）和西班牙研究公报（1934 年）而闻名。代表作有《西班牙神秘主义》等。

《西班牙神秘主义》：E. 埃里森·皮尔斯著。其他不详。

P357【增订四】Katharine M. Briggs，*British Folk Tales and Legends*，1977， pp. 261 - 2.

凯瑟琳·M. 布里格,《英国民间故事与传说》,1977, P261—262。

凯瑟琳·M. 布里格和《英国民间故事与传说》:参见第一册 P68【增订四】。

P367 注释①*Don Quijote*, II. 43, *op. cit.* VII, 110.

《堂吉诃德》,II. 43,如前所引,VII, 110。

《堂吉诃德》及其作者塞万提斯:参见第一册 P99 注释④。

P376【增订四】*Orlando innamorato*, I, xxiv, § 45, *op. cit.*, Vol, I, p. 536.

《恋爱中的奥兰多》,I, xxiv, § 45,如前所引,Vol, I, P536。

《恋爱中的奥兰多》及其作者博亚尔多:参见第一册 P99 注释③【增订四】。

P379 注释① Seneca, *Epistulae Morales*, XXIV. 20, "Loeb", I, 176.

塞涅卡,《道德书简》,XXIV. 20,"洛布古典丛书",I, 176。

塞涅卡,参见第二册 P739 注释②。

《道德书简》:参见第四册 P64 注释④。

P379 注释②*Purgatorio*, XXXIII, 53 - 4.

《炼狱篇》,XXXIII, 53—54。

《神曲·炼狱篇》及其作者但丁:参见第一册 P244 注释②。

P379 注释③ Jorge Manrique: "Coplas por la muerte de su padre" (Eleanor L. Turnbull, *Ten Centuries of Spanish Poetry*, 50). Cf. Novalis, *Fragmente*, § 515, hrsg. von E. Kamnitzer, 206: "Leben ist der Anfang des Todes. Das Leben ist um des Todes willen"; Gautier: "L'Horloge", *Poésies complètes*, Charpentier, II, 95: "Naître c'est seulement commencer à mourir."

豪尔赫·曼里克:《为亡父而作的挽歌》(埃莉诺·L. 特恩布尔,《十世纪的西班牙诗歌》,50);参见诺瓦利斯,《断章》, § 515, E. 开姆尼茨编,206:"生命是死亡的开始,生命是为了死亡";戈蒂耶:《时钟》,《全集》,卡朋特,II, 95:"出生只会开始死亡。"

豪尔赫·曼里克(Jorge Manrique, 1440—1479),西班牙诗人、战士,以写抒情诗闻名于世。他在诗歌内容和形式上创造出奇迹般的美学平衡,被认为是西班牙中世纪最后一位也是现代诗坛第一位大诗人。代表作有《为亡父而作的挽歌》等。

《为亡父而作的挽歌》：豪尔赫·曼里克为哀悼突然亡故的父亲——一位高贵的骑士——而作的长诗。这首诗情感深沉真挚，在哀悼亡父的同时，表达了对人生短暂、世事浮华的思考，字里行间闪现着新时代的人性光辉。此作被后人认为是西班牙文学有史以来最好的挽歌。

埃莉诺·L. 特恩布尔，不详。

《十世纪的西班牙诗歌》：参见第二册 P128 注释②。

诺瓦利斯和《断章》：参见第一册 P44 注释③。

戈蒂耶，参见第二册 P707 注释②。

《时钟》：戈蒂耶著的诗歌。

P379 注释④ Henry King: "The Exequy" (Saintsbury, *Minor Poets of the Caroline Period*, III, 197).

亨利·金:《葬礼》(圣茨伯里,《卡洛琳时期的小诗人》,III, 197)。

亨利·金，不详。

《葬礼》：亨利·金著的诗歌。

圣茨伯里，参见第三册 P153 注释①。

《卡洛琳时期的小诗人》：圣茨伯里著，其他不详。

P380 注释① Musset: "Lettre à M. de Lamartine", *Poésies nouvelles*, Flammarion, 86. Cf. François Malaval: "L'Usage du Temps": "Le temps pousse le temps d'un insensible effort, /Et vivre, C'est toujours s'approcher de la mort" (A. J. Steele, *Three Centuries of French Verse*, 208).

缪塞:"致拉马丁先生",《新诗》,弗莱马利翁出版社,86;参见弗朗索瓦·马拉瓦尔:《使用时间》:"时间以一种麻木的力量推动着时间,/活着,总是迫近死亡"(A. J. 斯蒂尔,《三个世纪的法国诗歌》,208)。

缪塞和《新诗》：参见第一册 P197 注释①。

朗索瓦·马拉瓦尔和《使用时间》：不详。

A. J. 斯蒂尔，不详。

《三个世纪的法国诗歌》：不详。

P380 注释② F. H. Bradley, *Aphorisms*, No. 70.

F. H. 布拉德利，《格言》，70 号。

F. H. 布拉德利，参见第二册 P210【增订三】。

《格言》：不详。

P390 注释①C. F. D' Arcy, *A Short Study of Ethics*, 218.

C. F. D' 达西，《伦理学简论》，218。

C. F. D' 达西和《伦理学简论》：参见第一册 P399 注释④。

P394 注释①J. W. H. Atkins, *English Literay Criticism*: *the Renaissance*, 200.

J. W. H. 阿特肯斯，《英国文学批评：中世纪阶段》，200。

J. W. H. 阿特肯斯(J. W. H. Atkins，生卒不详)，英国文学批评家，代表作有《英国文学批评：中世纪阶段》、《猫头鹰与夜莺》等。

《英国文学批评：中世纪阶段》：J. W. H. 阿特肯斯著，发表于 1952 年。此作是一部关于中世纪文学批评的经典论著。

P396 注释①Lettre à Berger, Oct. 24, 1736; *Hamburgische Dramaturgie*, XIV, Philipp Reclam jun., 107. Cf. *Greek Anthology*, Bk XI, 120, Collicter: "Socles, promising to set Diodorus' crooked back straight, piled three stones on the hunchback's spine. He was crushed and died, but he has become straighter than a ruler" ("Loeb", IV, 129).

致伯杰的信，1736 年 10 月 24 日；《汉堡剧评》，XIV，菲利普·雷克拉姆出版，107；参见《希腊诗选》，第 XI 卷，120，克里克特："斯科莱斯答应把狄奥多罗斯弯曲的后背弄直。他在驼背的脊椎上放了三块大石头，结果把他压死了，虽然让他变得比尺子还直"("洛布古典丛书"，IV，129)。

《汉堡剧评》：本书系德国剧作家、文艺理论家莱辛为汉堡民主剧院历次演出而撰写的评论，发表于 18 世纪六七十年代，是作者对汉堡民族剧院的实践进行批评和理论探讨的成果，是对德国资产阶级民族戏剧发展的科学原则最早、最成功的描述，在欧洲美学发展史上占有重要地位。此作共 104 篇，是现实主义戏剧理论的重要文献。莱辛针对德国当时的社会现实和戏剧界的状况，广泛而深刻地探索了现实主义戏剧的一系列问题。

《汉堡剧评》的作者莱辛，参见第二册 P576 注释①。

《希腊诗选》：参见第一册 P154 注释①。

P397 注释① Cf. Quintilian, II. iv. 9, "Loeb", I, 228: "... et dum satis putant vitio carere, ih id ipsum incidunt vitium, quod virtutibus carent."

参见昆体良，II. iv. 9，"洛布古典丛书"，I，228："……虽然毫无过错，却也毫无美德可言。"

昆体良：参见第一册 P60 注释①。

P421 注释① Palladas, *Greek Anthology*, IX, 401, "Loeb", III, 233.

巴拉达思，《希腊诗选》，IX，401，"洛布古典丛书"，III，233。

巴拉达思和《希腊诗选》：参见第一册 P458 注释②。

P421 注释②E. g., Donne: "To Sir Henry Wotton": "Sir, more than kisses, letters mingle Soules; /For thus friends absent speak" (*Complete Poetry and Selected Prose*, ed. J. Hayward, 152).

例如邓恩："致亨利爵士"："先生，远甚于亲吻，书信文字与灵魂交融；/因为，这使得分首远隔的朋友能够促膝密谈"（《诗歌全集和散文精选》，J. 海沃德编，152）。

邓恩，参见第一册 P168 注释②。

《诗歌全集和散文精选》：参见第二册 P107 注释③。

P431 注释① Cf. Du Maurier, *Trilby*, Pt VI: "And in the formal gardens were the same pioupious and zouzous still walking with the same nounous... and just the same old couples petting the same toutous and loulous" ("Everyman's", 240-1); H. Bauche, *Le Langage populaire*, éd. 1951, p. 71: "Une phrase humoristique, ... mais typique, marque bien le genre des textes qu'on offre aux petits enfants: *Les nénés de la nounou de Lili ont du lolo*."

参见杜·莫里耶，《软帽子》，Pt VI："在整整齐齐的花园中，仍然是同样的兵哥哥、靓妹妹带着同样的保姆嬷嬷在散步……也仍然是同样的老夫老妻宠着同样的小狗狗小乖乖"（"人人文库"，240—1）；H. 鲍彻，《常用俗语》，1951 年编，第 71 页："一个幽默的句子，……但是很典型，标出了提供给幼儿的一种文本体裁：莉莉的乳娘的乳房里有乳。"

杜·莫里耶(George Du Maurier, 1834—1896),英国小说家、插图画家。1894年的《软帽子》是他最受欢迎的小说,被改编成戏剧后也很成功。

《软帽子》:杜·莫里耶所著的小说,此作常被改编成戏剧。在这部小说中,有一位名叫斯文加利的阴险音乐家,他用催眠术把巴黎一位画家的模特变成了著名的歌手。斯文加利后来成为可将他人引向成功的具有神秘邪恶力量的人的代名词。

H. 鲍彻和《常用俗语》:不详。

P434 注释① Leonardo da Vinci, *The Notebooks*, tr. E. McCurdy, I, 98.

列奥纳多·达·芬奇,《达·芬奇笔记》,E. 麦柯迪译,I, 98。

列奥纳多·达·芬奇,参见第一册 P444 注释①。

《达·芬奇笔记》:参见第二册 P360 注释①。

P434 注释② Hegel, *Aesthetik*, Aufbau Verlag, 189; cf. 74 (eine Dauer zu geben). Cf. Michelangelo, *Sonnets*, ed. J. A. Symonds, 19 (dall' arte è uinta la natura); Martin Opitz: "Poeta", *Deutsche Barocklyrik*, hrsg. M. Wehrli, 3. Aufl., 9; Gautier: "L'Art", *Émaux et Camées*, Charpentier, 225–6.

黑格尔,《美学》,建设出版社,189;参见 74(使其长存);参见米开朗基罗,《十四行诗》,J. A. 西蒙兹编,19(自然源于艺术);马丁·奥普茨:《诗人》,见《中世纪的德国抒情诗》,M. 韦利编,第 3 版,9;戈蒂耶:《艺术》,见《珐琅和雕玉》,卡朋特,225—226。

黑格尔,参见第一册 P4 注释①。

《美学》:参见第一册 P264 注释①。

米开朗基罗(Michelangelo Buonarroti, 1475—1564),意大利文艺复兴时期伟大的绘画家、雕塑家、建筑师和诗人,文艺复兴时期雕塑艺术最高峰的代表,与拉斐尔和达芬奇并称为文艺复兴后三杰。代表作有《大卫》,《摩西》,《奴隶》,《创世纪》等。

戈蒂耶,参见第二册 P707 注释②。

《艺术》:戈蒂耶著的诗歌。

《珐琅和雕玉》:参见第三册 P194 注释③。

《中世纪的德国抒情诗》及其作者马克斯·威利:参见第一册 P68【增订四】。

P434 注释③ Shelley, *Defence of Poetry*, ed. A. S. Cook, 40. Cf. Musset: "Impromptu en réponse à cette question qu'est-ce que la poésie," *Poésies nouvelles*, Flammarion, 164 (éterniser un rêve d'un instant, faire une perle d'une larme); "Revues fantastiques," *Oeuv. comp. en Prose*, "la Pléiade", 823.

雪莱,《为诗辩护》,A. S. 库克编,40;参见缪塞:"即兴回答什么是诗歌这个问题",《新诗》,弗莱马利翁出版,164(使瞬间的梦境化为永恒,把一滴眼泪变成一颗珍珠);《绝妙评论》,《散文全集》,"七星文库",823。

雪莱,参见第一册 P16 注释①。

《为诗辩护》:参见第三册 P156 注释②。

缪塞和《新诗》:参见第一册 P197 注释①。

P441 注释① Mallarmé, in J. Huret, *Enquête sur L'Évolution littéraire*, 60; Cf. *Divagations*, p. 246 (parler vs. faire une allusion).

马拉梅,引自 J. 尤雷特,《文学进化论》,60;参见《随笔》,第 246 页(谈话 vs. 提出一个典故)。

马拉梅,参见第二册 P309 注释①。

J. 尤雷特(Jules Huret, 1863—1915),法国记者,以采访作家而闻名。尤雷特曾创办过小型的文学评论机构,后从业于《巴黎回声报》和《费加罗报》。他专攻采访,以机智和高效的方式报道了与他同时代的名人的精神。

《文学进化论》:J. 尤雷特著于 1891 年。在这部作品的创作过程中,尤雷特先后采访了 64 位作家(包括爱弥尔·左拉及《梅塘夜谭》的五位合作者在内),让他们谈论法国文学的现状以及对"反对自然主义者的心理学家"和"反对诗文学的象征主义者"之争的看法。在这些采访中受访者必须接受的基本提议是,达尔文的进化论原则可以应用于文学,在某种程度上文学也是适者生存的战场。

《随笔》:不详。

P443 注释① George Williamson, *Seventeenth-Century Contexts*, 251 - 2.

乔治·威廉姆森,《十七世纪语境》,251—252。

乔治·威廉姆森(George Williamson, 1898—1968),美国学者、文艺批评家,专攻英国玄学派诗人。代表作有《T. S. 艾略特的天赋》、《多恩的传统》、《T. S. 艾略特的读者指南:诗歌分析》、《十七世纪语境》等作品。

《十七世纪语境》:乔治·威廉姆森著,1960 年出版。其他不详。

P443 注释②E. Engel, *Deutsche Stilkunst*, 22. bis24. Aufl., 258, 337, 340 (Lessing, Victor Hugo, Nietzsche).

E. 恩格尔,《德国风格的艺术》,22—24 版,258,337,340(莱辛,维克多·雨果,尼采)。

E. 恩格尔(Eduard Engel, 1851—1938),德国语言学家和文学史家。代表作有《意大利情歌》、《法国文学心理学》、《海涅的回忆录》、《德国文学简史》、《德国风格的艺术》等。

《德国风格的艺术》:E. 恩格尔著,1911 年出版。其他不详。

莱辛,参见第二册 P576 注释①。

维克多·雨果,参见第一册 P145 注释①。

尼采,参见第一册 P23 注释②。

P443 注释③ Frank Binder, *Dialectic or the Tactics of Thinking*, 81. Cf. Voltaire: "Trouvez-moi, je vous en défie, dans quelque poète et dans quelque livre qui vous plaira, une belle chose qui ne soit pas une image ou une antithèse" (G. Guillaume, *J.-L. Guez de Balzac et la Prose française*, 444, note 20).

弗兰克·宾德,《辩证法或思维策略》,81;参见伏尔泰:"我深表怀疑您能在某位诗人那里或者某本你喜爱的书中给我找到这样一种美丽的东西,它既不是一种形象,也不是一种对立面。"(G. 纪尧姆,《巴尔扎克和法国散文》,444,注释 20)。

弗兰克·宾德(Frank Binder,生卒不详),英国作家。代表作有《英格兰之旅》、《辩证法或思维策略》等。

《辩证法或思维策略》:弗兰克·宾德著于 1932 年。其他不详。

伏尔泰,参见第一册 P459 注释①。

G. 纪尧姆和《巴尔扎克和法国散文》:不详。

P454 注释① Lona and Peter Opie, *The Oxford Dictionary of Nursery Rhymes*, 436-8.

洛娜·奥佩和彼得·奥佩,《牛津童谣词典》,436—438。

洛娜·奥佩和彼得·奥佩,参见第二册 P547【增订四】。

P454 注释② Leonardo Giustinian, quoted in E. M. Fusco, *La Lirica*, I, 159.

列奥纳多·吉斯蒂尼阶,引自 E. M. 弗斯科,《歌集》,I, 159。

E. M. 弗斯科和《歌集》：参见第二册 P160 注释①。

P454 注释③ Claudian, *De Bello Gildonico*, 1. 474 - 8, "Loeb", I, 132.

克劳狄安,《吉尔多战争》,1. 474—478,"洛布古典丛书",I, 132。

克劳狄安,参见第二册 P278 注释①。

《吉尔多战争》：克劳狄安著。此作写了吉尔多战争。吉尔多(Gildo, ? —398)是摩尔人的君主,原任罗马的非洲大法官和军队长官,后发动反对罗马的叛乱(397—398)。他阻止船舶自非洲驶往意大利,以切断罗马极为重要的粮食供应来源。398 年春,罗马元老院宣布吉尔多为"公敌",派出部队前往非洲,一举粉碎了叛乱。吉尔多全军覆没,本人遭处决。

P455 注释①E. K. Curtius, *Europäischen Literatur und lateinisches Mittelalt*er, 2. Aufl., 349.

E. K. 库尔提乌斯,《欧洲文学与拉丁中世纪》,第 2 版,349。

库尔提乌斯和《欧洲文学与拉丁中世纪》：参见第一册 P184 注释①。

Soledades, I, 609 ff..

《孤独》,I, 609 页及之后。

《孤独》：西班牙诗人贡戈拉(Luis de Gongoray Argote)著于 1612 年的一首长诗。作者将这首诗分成四部分,分别称为田野的孤独、河岸的孤独、森林的孤独、荒地的孤独。

《孤独》的作者贡戈拉(Luis de Gongoray Argote, 1561—1627),西班牙诗人,曾任皇室牧师。他是西班牙巴洛克时期最伟大的诗人之一,其诗作代表着巴洛克诗歌的最高成就。贡戈拉以善用比喻夸张,喜用冷僻的典故、艰涩的词汇,塑造奇崛怪异的形象,向人类想象力的极限挑战等特征,被时人称之为"夸饰主义",又称"贡戈拉主义"。其文学创作对后世具有深远影响。代表作有长诗《波吕斐摩斯和加拉特亚的寓言》以及《孤独》。

P455 注释②V. Brancati, *Il Vecchio con gli Stivali* (D. Provenzal, *Dizionario di Immagini*, 758).

V. 布莱凯蒂,《穿靴子的老人》,(D. 普罗旺斯,《图像字典》,758)。

V. 布莱凯蒂,参见第一册 P76 注释①。

《穿靴子的老人》：V. 布莱凯蒂著的小说。其他不详。

D. 普罗旺斯和《图像字典》：参见第一册 P47 注释②。

P455 注释③ Robinson Jeffers："The Cycle".

罗宾逊·杰弗斯:《循环》。

罗宾逊·杰弗斯(Robinson Jeffers，1887—1962)，美国抒情诗人。其诗歌创作刚劲有力，富有感情。1924 年因发表《泰马及其他诗篇》而一举成名。代表作有《罗恩·斯托林》、《双斧》等。

P458 注释① Antoine de Baïf，*Amours diverses*，I，quoted in H. Weber，*La Création poétique au 16e Siècle en France*，I，354.

安托万·德·巴伊夫，《多样的爱》，I，引自 H. 韦博，《16 世纪法国的诗歌创作》，I，354。

安托万·德·巴伊夫(Antoine de Baïf，1532—1589)，文艺复兴时期意大利诗人，同时也是诗歌和音乐学院的创始人。代表作有《洛伊克》、《勇敢的人》等。

《多样的爱》：安托万·德·巴伊夫著，其他不详。

H. 韦博和《16 世纪法国的诗歌创作》：参见第一册 P301 注释④。

P459 注释① Marino，*L'Adone*，XIX. 325，*Marino e i Marinisti*，265.

马里诺，《阿多尼斯》，XIX. 325，《马里诺和马里诺主义》，265。

马里诺和马里诺主义：参见 P16 注释①【增订三】。

《马里诺和马里诺主义》及其作者 G. G. 法里罗：不详。

《阿多尼斯》：参见第二册 P85 注释②。

P459 注释②G. Ungaretti："Vita d'un uomo"，*Poesie*，I，100.

G. 翁加雷蒂，《一个人的生活》，《诗》，I，100。

G. 翁加雷蒂(G. Ungaretti，1888—1970)，意大利隐逸派诗歌重要代表，他偏爱富于节奏和刺激的短诗，把意大利古典抒情诗同现代象征主义诗歌的手法融为一体，刻画人物丰富的内心世界，表达了人和文明面临巨大灾难而产生的忧患。代表作有《覆舟的愉快》、《时代的感情》、《悲哀》、《呼喊和风景》等。

P470 注释① Publius Syrus，§ 62，*Minor Latin Poets*，"Loeb"，22.

普布利乌斯·西鲁斯，§ 62，《次要拉丁诗人选集》，"洛布古典丛书"，22。

普布利乌斯·西鲁斯，参见第一册 P101 注释①。

《次要拉丁诗人选集》：不祥。

P484【增订四】Lord Chesterfield, *Letters*, ed. B. Dobrée, Vol. IV, p. 1307.

切斯特菲尔德爵士，《信件》，B. 多布雷编，第 IV 卷，P1307。

切斯特菲尔德爵士、B. 多布雷和《信件》：参见第一册 P98 注释①。

P488 注释① Cf. Thackeray, *Letters and Private Papers*, ed. Gorden N. Ray, II, 668: "You don't know yet to make good bad verses——to make bad ones is dull work".

参见萨克雷，《私信和私人手稿》，戈登·N. 雷编，II，668："你还不明白怎样把差诗作好——作差诗对我而言是件乏味的工作。"

萨克雷，参见第一册 P136 注释②。

《私信和私人手稿》：萨克雷著。其他不详。

P492 注释①E. R. Curtius, *Europaïsche Literatur und lateinisches Mittelalter*, 2. Aufl., 349－52 (Blutschrit: Corneille, Guillén de Castro, Gottfried Keller).

E. R. 库尔提乌斯，《欧洲文学与拉丁中世纪》，第 2 版，349—352(布鲁希特：高乃依，吉伦·德·卡斯特罗，哥特弗莱德·凯勒)。

E. R. 库尔提乌斯和《欧洲文学与拉丁中世纪》：参见第一册 P184 注释①。

布鲁希特，不详。

高乃依，参见第二册 P706 注释①。

吉伦·德·卡斯特罗(Guillén de Castro, 1569—1631)，西班牙戏剧家。代表作有《熙德的青年时代》等。

哥特弗莱德·凯勒，参见第二册 P154 注释④。

P493 注释① François Tristan l'Hermite, *Poésies*, choisies par P. A. Wadsworth, 41.

隐士特里斯坦，《诗》，由 P. A. 沃兹沃思撰写，41。

隐士特里斯坦(François Tristan or François Tristan l'Hermite, 1601—1655)，中世纪晚期的法国政治家和军事家。

《诗》：隐士特里斯坦著。其他不详。

P493 注释② *The Comedy of Errors*, III. i. 13－4 (Dromio of Ephesus).

《错误的喜剧》,III. i. 13—14(以弗所的特洛米奥)。

《错误的喜剧》:莎士比亚于 1592 年创作的模仿罗马戏剧家普劳图斯的喜剧《孪生兄弟》的一出滑稽喜剧。剧中两对主与仆是两对面貌和形体都十分相象的孪生兄弟,在海上遇难失散后,同在某异乡城市——以弗所——出现,造成许多误认的可笑情节。剧中还就夫妻关系、亲子之爱、手足之谊,进行了一些严肃的讨论。结局是皆大欢喜的团圆。

莎士比亚,参见第一册 P70 注释①。

以弗所的德罗米奥:《错误的喜剧》中的人物。

P493 注释③ Fr. von Logau, *Sinngedichte*.

冯·洛高,《讽刺短诗》。

冯·洛高和《讽刺短诗》:参见第一册 P69 注释③。

P503 注释① *Geschichte der Philosophie*, "Heidelberger Einleitung", Felix Meiner, I, 5－6; "Anrede an seine Zuhörer bei Eröffnung seiner Vorlesungen in Berlin", *Ausgewählte Texte*, hrsg. R. O. Gropp, I, 48.

《哲学史讲演录》,"海德堡简介",费利克斯·迈纳,I, 5—6;"柏林讲座开幕式向听众致辞",《选定文本》,R. O. 葛厚普出版,I, 48。

《哲学史讲演录》:参见第一册 P87 注释①。

《哲学史讲演录》的作者黑格尔:参见第一册 P4 注释①。

P503 注释② John Norris, quoted in J. H. Muirhead, *Platonic Tradition in Anglo-Saxon Philosophy*, 87. Cf. C. S. Peirce, *Collected Papers*, ed. C. Hartshome and P. Weiss, VI, 5: "There is an ethics indissolubly bound with it [logic],-an ethics of fairness and impartiality-and a writer who teaches, by example, to find arguments for a conclusion he wishes to believe, saps the very foundations of science by trifling with its morals".

约翰·诺里斯,引自 J. H. 米尔黑德,《盎格鲁-撒克逊哲学中的柏拉图传统》,87;参见 C. S. 皮尔士,《论文集》,C. 哈茨霍恩与 P. 韦斯编,VI, 5:"有一种道德——求公平、公正之道德——与它[名辩之学]密不可分,例如,一位作者若要为自己所愿相信的结论去寻找论据时,无视德行,则会削弱科学的基础。"

约翰·诺里斯(John Norris, 1657—1711),英国哲学家。

J. H. 米尔黑德(John Henry Muirhead, 1855—1940),英国哲学家。代表作有《伦理学概论》、《盎格鲁-撒克逊哲学中的柏拉图传统》等。

《盎格鲁-撒克逊哲学中的柏拉图传统》:米尔黑德著。其他不详。

C. S. 皮尔士和《皮尔士文集》:参见第一册 P24 注释①。

P517 注释① Gibbon, *Decline and Fall of the Roman Empire*, ch. 7, "The World's Classics", IV, 83. Cf. Montesquieu, *Cahiers 1716 -1755*, Grasset, 132: "Il est très surprenant que les richesses des gens d'Église ayant commencé par le principe de la pauvreté".

吉本,《罗马帝国衰亡史》,第 7 章,"世界经典",IV, 83;参见孟德斯鸠,《1716—1755 笔记》,格莱斯,132:"令人惊讶的是,教会的财富积聚始于贫困原则。"

吉本和《罗马帝国衰亡史》:参见第一册 P35 注释①。

孟德斯鸠,参见第一册 P38 注释①。

《1716—1755 笔记》:孟德斯鸠著,其他不详。

P527 注释①O. Jespersen, *Linguistica*, 409 ff. ("Cornwall", "Borneo", "Niort", etc.).

O. 叶斯柏森,《语言》,409 页及以后("Cornwall", "Borneo", "Niort",等地名)。

O. 叶斯柏森,参见第一册 P107 注释①。

《语言》:全名为《语言:它的性质、发展和起源》,O. 叶斯柏森著。此作是一部语言理论作品,兼顾共时历时,贯通多种语言,与索绪尔的《普通语言学教程》、布龙菲尔德的《语言论》、萨丕尔的《语言》齐名,同属西方语言学的经典名著。作者在书中指出:语言学家应忠实记录语言的使用情况,而不是人为地去规范语言的使用;应结合语言的发展史去研究语言,才能赋予语言理论最大的解释力。

P527 注释②E. g. Bandello, *Le Novelle*, I. 5 , Laterza, I, 77 - 8: "lo voglio che tu senza partirti da Napoli navighi in Inghilterra a Cornovaglia, e la tua nave passi per Corneto"; Meredith, *Diana of the Crossways*, ch. I: "Men may have rounded Seraglio Point: they have not yet doubled Cape Turk."

例如班戴洛,《小说集》,I. 5, 拉泰尔扎,I, 77 - 8:"我希望你在不离开那不勒

斯的情况下，去英格兰航行，船经科尔内托，直到康沃尔郡”（即不踏出家乡半步，却能淌水游历欧洲。这句话的上下文大意是，夫妻之间猜忌，夜里妻子起身，丈夫随行，夜里数次如此，妻子取笑丈夫：足不出户，却涉水万里。备注：康沃尔郡是英国人眼中的天涯海角）；梅瑞狄斯，《克劳斯威的黛安娜》，第 1 章：“男人也许会绕过后宫殿，却不会倍增突厥岬。”

班戴洛和《小说集》：参见第一册 P51 注释①。

梅瑞狄斯（George Meredith，1828 – 1909），英国作家。他一生写了 20 多部小说和许多诗歌。与同时代作家的作品不同，他不注重结构和技巧，而以精彩的对话、充满机智和诗意的宏伟场面以及对人物心理的刻画著称。在女性观方面，他远远超越其时代，他把妇女看成和男子平等的完全独立的个人。

《克劳斯威的黛安娜》，梅瑞狄斯著的小说，描写夫妻不协调的痛苦。

P528【增订三】Leslie A. Marchand, *Byron*, I 99.

莱斯利 A. 马钱德，《拜伦》，I 99。

莱斯利 A. 马钱德和《拜伦》，参见第四册 P351【增订三】。

P533 注释① *The Shield of Heracles*, 311 – 2, *Hesiod and the Homeric Poems*, “Loeb”, p. 241.

《赫拉克勒斯之盾》，311—2，《赫西奥德、荷马诗歌与荷马》，“洛布古典丛书”，P241。

《赫拉克勒斯之盾》：赫西俄德著的叙事诗。

赫西奥德、荷马和《赫西奥德、荷马诗歌与荷马》：参见第一册 P285 注释①。

P533 注释② Bruno, *Spaccio de la Bestia trionfante*, Dialogo I (Giove a Venere), *Opere di Bruno e di Campanella*, Ricciardi, 480.

布鲁诺，《驱逐趾高气扬的野兽》，对话 I（木星到金星），《布鲁诺和坎培奈拉文集》，里西亚蒂出版，480。

布鲁诺和《驱逐趾高气扬的野兽》，参见第一册 P99 注释③。

《布鲁诺和坎培奈拉文集》：不详。

坎培奈拉，参见第一册 P99 注释③。

P533 注释③ Giuseppe Battista: “Per famosa Ricamatrice”, *Marino e l Marinisti*

Ricciardi, 1010.

朱塞佩·巴蒂斯塔:《对于名利着迷的刺绣师》,《马里诺和马里诺主义》,里西亚蒂出版,1010。

朱塞佩·巴蒂斯塔(Giuseppe Battista,生卒不详),意大利诗人。

马里诺和马里诺主义:参见 P16 注释①【增订三】。

《马里诺和马里诺主义》及其作者 G. G. 法里罗:不详。

P534 注释① Keats:"Ode on a Grecian Urn":"Bold lover, never never canst thou kiss, /Though winning near the goal.../.../More happy love! more happy, happy love! /Forever warm and still to be enjoy'd, /For ever panting, and for ever young." Cf. Anon., "Against Fruition", A. H. Bullen, *Speculum Amantis*, 71; Henry King: "Paradox that Fruition destroys Love", Saintsbury, *Minor Poets of the Caroline Period*, III, 207－8; Sir John Suckling: "Against Fruition", *Poems*, The Haworth Press, 25,44,

济慈:《希腊古瓮颂》:"卤莽的恋人,你永远、永远吻不上,/虽然够接近了…/…/更幸福的爱!更快乐,更幸福的爱!/永远的温暖和享受/永远气喘,永远年轻。"参见佚名,"反对如愿",A. H. 布伦,《玻璃情人》,71;亨利·金:"如愿摧毁爱情的悖论",圣茨伯里,《卡洛琳时期的小诗人》,III, 207—8;约翰·萨克林爵士:《反对如愿》,《诗歌》,霍沃斯出版社,25,44。

济慈,参见第一册 P256 注释①。

《希腊古瓮颂》:约翰·济慈所作的一首诗歌。诗歌通过诗人对古瓮观感以及与古瓮的对话,得出了"美即是真,真即是美"的结论。

A. H. 布伦,不详。

《玻璃情人》:参见第三册 P151 注释②。

亨利·金,不详。

圣茨伯里,参见第三册 P153 注释①。

《卡洛琳时期的小诗人》:圣茨伯里著,其他不详。

约翰·萨克林爵士(Sir John Suckling, 1609—1642),英国诗人、剧作家和朝臣,以写抒情诗著称于世,其作品机智自然。代表作有悲剧《阿格劳拉》、喜剧《妖精》、讽刺剧《诗人盛会》等。

P534【增订四】Sainte-Beuve, Causeries du lundi, Vol. VI, P. 198.

圣-伯夫，《周一漫谈》，第 VI 卷，P198。

圣-伯夫和《周一漫谈》：参见第一册 P319【增订四】。

Proust, *La Prisonnière*, in *A La recherche du temps perdu*, Bib. de la Pléiade, Vol. III, p. 106.

普鲁斯特，《女囚》，见《追忆似水年华》，七星文库，第 III 卷，P106。

普鲁斯特和《追忆似水年华》：参见第二册 P34【增订三】。

P535【增订四】 Pater: "The Poetry of Michelangelo", *The Renaissance*, Macmillan, P91.

佩特：《米开朗基罗诗歌》，《文艺复兴》，麦克米兰出版社，P91。

佩特和《文艺复兴》：参见第二册 P506 注释①。

Flaubert, *Correspondance*, ed. J. Bruneau, Bib. de la Pléiade, 1973, Vol. I. p. 605, à Louis Bouilhet; cf. p. 1086, Note: Ce passage exprime admirablement lathéorie flaubertienne du désir: que la satisfaction le détruit, ce qui est le fondement même, à ses yeux, de la tragédie humaine.

福楼拜，《书信集》，J. 布诺编，"七星文库"，1973，第 I 卷 P605，致路易斯・布利赫；参见 P1086，注释：这段文字令人钦佩地传达了福楼拜的欲望理论：如愿偿欲毁万事，在他看来，这是人类悲剧的基础。

福楼拜，参见第一册 P436【增订四】。

Complete Poems of Emily Dickinson, ed. T. H. Johnson, 1960, No. 1382, p. 594.

《艾米莉・狄金森诗歌全集》，T. H. 约翰逊，1960，第 1382 首，P594。

艾米莉・狄金森，参见第一册 P45 注释②。

P539 注释① Cf. Keats: "For axioms in philosophy are not axioms until they are proved upon our impulses"; "Even a proverb is no proverb to you till your life has illustrated it" (*Letters*, ed. H. E. Rollins, I, 279; II, 81); Newman, *A Grammar of Assent*, Burns, Oates, &Co., 74 - 5 (Notional assent vs Real assent).

参见济慈："因为哲学中的理不是理，除非我们以情证之"；"即使谚语也不成为谚语，除非你去体悟它"(《书信集》，H. E. 罗林斯，I，279；II，81)；纽曼，《赞成语法论》，彭斯、奥茨联合出版，74—5(名义上的赞成与真实的赞成)。

济慈，参见第一册 P256 注释①。

《书信集》：参见第二册 P128 注释①。

纽曼(John Henry Newman，1801—1890)，英国维多利亚时代的著名神学家、教育家、文学家和语言学家。代表作有《大学的理想》、《论基督教教义的发展》、《赞成语法论》等。

《赞成语法论》：原名 An Essay in aid of a Grammar of Assent，纽曼著的宗教学兼话语分析著作。

P539 注释② Cf. Ch. -J. -L. Chênedollé："L'indifférence de la Nature"（A. J. Steele，*Three Centuries of French Verse*，279）；Stephen Crane："The Open Boat"：But she [Nature] was indifferent，flatly indifferent（*Works*，ed. F. Bowes，V，88).

参见 Ch. -J. -L. 谢纳多莱：《大自然的无情》(A. J. 斯蒂尔，《法国诗歌三百年》，279)；史蒂芬·克莱恩：《海上扁舟》：但她(大自然)无动于衷，漠不关心(《作品集》F. 鲍尔斯，V，88)。

Ch. -J. -L. 谢纳多莱，不详。

A. J. 斯蒂尔，不详。

《三个世纪的法国诗歌》：不详。

斯蒂芬·克莱恩(Stephen Crane，1871—1900)，美国作家，美国自然主义文学的先驱，他的作品为当时整个美学运动提供了"一个突然的方向和新鲜的动力"。代表作有长篇小说《红色英勇勋章》等。他也是现代诗歌的先驱。他的诗写法自由，不顾传统的音节和韵律，风格朴质简洁，常常通过寓言式的意象揭示生活的某个真理，曾发表过《黑骑者》和《战争是仁慈的》两部诗集。

《海上扁舟》：斯蒂芬·克莱恩著的故事。

P547 注释① Cf. Emily Dickinson："It Sifts from Leaden Sieves"："It [Snow] makes an Even Face/Of Mountain，and of Plain-/Unbroken Forehead from the East/Unto the East again-"；Robert Bridges："London Snow"："Hiding difference，making unevenness even."

参见艾米莉·狄金森：《它从铅筛子里筛下来》："它(雪)使那绵延的山/那广阔的平原/仿如一张平滑的脸/往东/再往东连成一片-"；罗伯特·布里奇斯：《伦敦的雪》："隐藏差异，使崎岖平坦。"

艾米莉·狄金森,参见第一册P45注释②。

《它从铅筛子里筛下来》:艾米丽·迪金森的诗歌。

罗伯特·布里奇斯(Robert Bridges, 1844—1930),英国诗人、剧作家。英国1913年的桂冠诗人。布里吉斯出版的长诗和剧作有《赐火者普罗米修斯》、《埃罗斯与普叙赫》、《尤利西斯之归来》等,但他主要以抒情短诗闻名。布里吉斯的诗精雕细琢,力求完美,反映了他与世无争的宁静隐居生活。他的《短诗集》(1890,1893)曾被诗人豪斯曼大加推崇,认为他的"诗艺登峰造极,英国诗集中无出其右者"。他的诗集《人的精神》也流传甚广。他还有两部散文作品——《弥尔顿的音韵》和《约翰·济慈》,在评论两个诗人的创作同时探讨英诗词藻及作诗的技巧。

《伦敦的雪》:罗伯特·布里奇斯的诗歌。

P560 注释① *The Swinburne Letters*, ed. C. Y. Lang, IV, 147; Mark Twain *Notebook*, quoted in Philip S. Foner, *Mark Twain Social Critic*, International Publishers, 200. Cf. John Wilkes: "The fellow is a Wilkite which Your Majesty knows I never was"; Henry James: "Tennyson was not Tennysonian"; Engels: "Ganz wie Marx von den französisch 'Marxisten' der letzten 70er Jahre sagte: 'Tout ce que je sais, c'est que je ne suis pas marxiste'" (Marx-Engels, *Ausgewählte Schriften*, Dietz, II, 457).

《斯温伯恩书信》,C. Y. 朗编,IV, 147;马克·吐温《笔记本》,引自菲利普·S. 方纳,《社会评论家马克吐温》,国际出版社,200;参见约翰·威尔克斯:"这家伙称的上是威尔克斯之流,而陛下知道,我不属于威尔克斯之流。";亨利·詹姆斯:"丁尼生不是丁尼生之徒";恩格斯:"就像马克思所说的70年代的法国'马克思主义者':'就我所知,我不是一个马克思主义者'"(马克斯-恩格斯,《精选著作》,迪茨,II, 457)。

斯温伯恩,参见第二册P32注释②。

约翰·威尔克斯(John Wilkes, 1727—1797),英国新闻工作者、政治家。作为新闻工作者,他以直言不讳闻名。

亨利·詹姆斯,参见第一册P400注释①。

恩格斯,参见第二册P687注释②。

马克思,参见第一册P44注释②。

P560【增订四】*Der Antichrist*，§39，*Werke*，ed. K. Schlechta，1955，Vol. II，P. 1200.

《敌基督者》，§39，《作品集》，K. 施勒赫塔编，1955，第 II 卷，P1200。

《敌基督者》：尼采著，发表于 1888 年。此作是尼采晚年之作，探讨了当时耶稣学的主要问题并规划了他的耶稣学策略。

《敌基督者》的作者尼采，参见第一册 P23 注释②。

P562 注释① Pareto，*A Treatise on General Sociology*，§1926，*op. cit.*，II，1339；R. Samat，*Per la Storia dello Stile rinascimentale*，73（Ariosto）.

帕累托，《思想与社会》，§1926，如前所引，II，1339；R. 萨马特，《文艺复兴时期的历史风貌》，73（阿里奥斯托）。

帕累托和《思想与社会》：参见第一册 P360 注释①。

R. 萨马特和《文艺复兴时期的历史风貌》：不详。

阿里奥斯托：参见第一册 P50 注释①。

P563 注释① Luther，*Table Talk*，DCCLIV，tr. W. Hazlitt，"Bohn's Lib."，307；Burton，*Anatomy of Melancholy*，Part. III，Sect. II，Mem. V，Subs. V，"Everyman's Lib"，III，244（Ulricus）.

路德，《桌边谈话录》，DCCLIV，W. 哈兹利特译；伯顿，《忧郁的解剖》，第 III 卷，第 II 部，第 V 章，第 V 节，"人人书库"，III，244（乌尔里希）。

路德和《桌边谈话录》：参见第一册 P283 注释①。

伯顿和《忧郁的解剖》：参见第一册 P37 注释④。

P564 注释① Cf. Goethe，*Dichtung und Wahrheit*，III. xiv："Beim Glauben，sagte ich，komme alles dauf an，dass man glaube；was man glaube，sei völlig gleichgültg... Mit dem Wissen sei es gerade das Gegenteil；es komme gar nicht darauf an，das man wisse，sondern was man wisse，wie gut und wie viel man wisse"（*Sämtliche Werke*，"Tempel-Klassiker"，XII，202）；Kierkegaard，*Unscientific Postscript*："The one prays in truth to God though he worships an idol；the other prays falsely to the true God，and hence worships in fact an idol... The objective accent falls on what is said，the subjective accent on how it is said"（R. Bretall，ed.，*A Kierkegaard Anthology*，212）；Jaspers，*The*

Perennial Scope of Philosophy, tr. R. Manheim, 4: "Giordano Bruno believed and Galileo knew"etc.

参见歌德,《诗与真》,III. xiv:"在信仰这个问题上,重要的是信仰;信仰的是什么则无关紧要。而在知识这个问题上则完全相反,重要的不是你知道,而是知道什么,知道得有多清楚、有多少。"(《全集》,"寺庙经典",XII, 202);克尔凯郭尔,《非科学的最后附言》:"人或有崇拜偶像,却仍能真诚向神祈祷;或有假意向真神祈祷,因而实际上就在崇拜偶像……客观的重心落在说什么上,而主观的重心落在如何说上"(R. 布雷塔尔编,《克尔凯郭尔选集》,212);雅斯贝尔斯,《哲学无间的范围》,R. 曼海姆,4:"佐丹奴·布鲁诺是为信,而伽利略出于知"等。

歌德,参见第一册 P16 注释①。

《诗与真》:也译为《歌德自传:诗与真》,歌德著。此作是歌德晚年所写的自传,此作中他平静而细腻地回忆了他从童年到青年时期的成长岁月。回忆内容止于作者 26 岁去魏玛前夜。

克尔凯郭尔,参见第二册 P59 注释②。

《非科学的最后附言》:克尔凯郭尔著,发表于 1846 年。其他不详。

雅斯贝尔斯(Karl Jaspers, 1883—1969),德国哲学家,现代存在主义哲学的主要奠基人之一。代表作有《世界观的心理学》、《哲学》、《论真理》等。

《哲学无间的范围》:雅斯贝尔斯著的哲学著作,发表于 1950 年。其他不详。

P574 注释① Samuel Butler, *Erewhon*, ch. 13.

塞缪尔·巴特勒,《埃瑞璜》,第 13 章。

塞缪尔·巴特勒,参见第一册 P592 注释①。

《埃瑞璜》:巴特勒的第一部作品。创作于 1872 年,是一部"反乌托邦"讽刺小说。此作描写了一个假想的乡村,此地与我们居住的地方既有相似之处,又有不同之点。塞缪尔·巴特勒借此辛辣地讽刺了英国维多利亚时期的社会秩序和风俗习惯。

P577【增订四】Leo Rosten, *The Joys of Yiddish*, Penguin, 1971, p. 67.

利奥·罗斯腾,《意第绪语的乐趣》,企鹅丛书,1971, P67。

利奥·罗斯腾(Leo Rosten, 1908—1997),波兰籍美国幽默作家。他曾撰写剧本、故事、新闻等,编纂意第绪语词典。他也是对政治和媒体关系特别感兴趣的政治学家。罗斯滕因其关于"神童"海曼卡普兰的故事而闻名。

《意第绪语的乐趣》：利奥·罗斯腾编纂，最初于1968年出版。这是一本解释意第绪语词汇和短语的著作。由于犹太意第绪语对美语的影响，这些意第绪语词汇已经为美国英语使用者所熟知。此作还以如何解释意第绪语单词和短语的含义而与众不同，因为词典的几乎每一个词条都是用一个笑话来说明的。可以说，此书不仅是词典类工具书，也是犹太人幽默的集合。

P583 注释①*Lettre à J.*-J de Cambacérès, le21 nov. 1806.

《致让-雅克·里吉斯·德·康巴塞雷斯的信》，1806年11月21日。

《致让-雅克·里吉斯·德·康巴塞雷斯的信》：不详。

让-雅克·里吉斯·德·康巴塞雷斯（Jean Jacques Régis de Cambacérès, Duque de Parma, 1753—1824），法国律师、政治家。历任蒙彼利埃间接税法院推事和刑事法庭庭长、国民公会委员、救国委员会委员、五百人院议员、司法部长、第二执政、大法官等职。为拿破仑部署政变和确立拿破仑为终身执政官作出过重要贡献，并协助拿破仑实现了雾月政变。1800—1804年间协助制订《拿破仑法典》，编纂和整理《民法典》。1808年受封帕尔马公爵。

P589 注释① Heinrich Stieglitz, *Blider des Orients*, quoted in Elizabeth Selden, *China in German Poetry from 1773 to 1833*, 212-3.

海因里希·施蒂格利茨，《东方图画》，引自伊丽莎白·塞尔登，《1773—1833德国诗歌中的中国》，212—213。

海因里希·施蒂格利茨（Heinrich Wilhelm August Stieglitz，生卒不详），德国诗人。

《东方图画》：不详。

伊丽莎白·塞尔登（Elizabeth Selden, 1791—1874），美国政治家，于1839年—1850年任美国财务主管。

《1773—1833德国诗歌中的中国》：伊丽莎白·塞尔登著，发表于1942年。

P592 注释① Cf. Morris R. Cohen, *The Meaning of Human History*, 148-150 (Aristotle, Vitruvius, Ibn Khaldum).

参见莫里斯·R.科恩，《人类历史的意义》，148—150（亚里士多德，维特鲁威，伊本·卡尔敦）。

莫里斯·R.科恩：参见第一册P46注释②。

《人类历史的意义》：参见第二册 P71 注释①。

亚里士多德，参见第一册 P37 注释③。

维特鲁威(Vitruvius，生卒不详)，前 1 世纪古罗马御用工程师、建筑师。他学识渊博，通晓建筑、市政、机械和军工等项技术，也钻研过几何学、物理学、天文学、哲学、历史、美学、音乐等方面的知识。他先后为两代统治者恺撒和奥古斯都服务过，任建筑师和工程师。代表作有总结当时建筑经验的关于建筑和工程的论著《建筑十书》等，介绍希腊、伊特鲁里亚、罗马早期的建筑创作经验，从一般理论、建筑教育，到城市选址、选择建地段、各种建筑物设计原理、建筑风格、柱式以及建筑施工和机械等，无所不谈。

伊本·卡尔敦(Ibn Khaldun，1332—1406 年)，中世纪阿拉伯历史学家，被誉为"近代社会科学与文化史学的始祖"、"世界上第一位研讨历史哲学的作家"。代表作有《历史学导论》等。其《历史学导论》曾被英国现代著名史学家汤因比誉为"在任何时间与空间内，由任何富于才智的人所曾写出的同类著作中最为伟大的一部。"

《管锥编》第五册西文注释译解

P1 注释①*Nicom. Eth.*, Bk VII, ch. 14, *Basic Works of Aristotle*, Random House, 1058.

《尼各马可伦理学》,第 VII 卷,14 章,《亚里士多德要集选》,兰登书屋出版,1058。

亚里士多德,参见第一册 P37 注释③。

《尼各马可伦理学》:参见第一册 P398 注释②。

《亚里士多德要集选》:参见第三册 P19 注释②。

P1 注释② Es regt sich alles zwar, doch er bleibt unbewegt—Daniel von Czepko, *Sexcenta monodistiche Sapientum*, in M. Wehrli, *Deutsche Barocklyrik*, 3. Aufl., 170.

尽管到处都洋溢着激动的氛围,但是他仍一动不动——丹尼尔·冯·齐普科,《关于智慧的 600 首两行诗》,M. 威利,《德国巴洛克抒情诗》,第 3 版,170。

丹尼尔·冯·齐普科和《关于智慧的 600 首两行诗》:参见第一册 P100 注释①。

M. 威利,参见第一册 P68【增订四】。

《德国巴洛克抒情诗》:参见第一册 P100 注释①。

P1 注释③G. Keller. *Der grüne Heinrich*, III, 1, *Sämtl. Werke*, Aufbau, IV, 374.

G. 凯勒,《绿衣亨利》,III, 1,《全集》,第 IV 幕,374。

G. 凯勒,参见第二册 P154 注释④。

《绿衣亨利》:参见第二册 P778 注释②。

P3 注释①N. Barberini: "La Fontana", quoted in J. Rousset, *Circé et le Paon*, nouv. éd., 154.

N. 巴贝里尼:《喷泉》,摘自 J. 鲁塞特,《喀耳刻和孔雀》,新版,154。

N. 巴贝里尼和《喷泉》:意大利诗人及其诗歌。其他不详。

J. 鲁塞和《喀耳刻和孔雀》:参见第一册 P27 注释①。

P3 注释② G. M. Materdona: "La Fontanadi Ponte Sisto Roma", in G. G. Ferrero, *Marino e i Marinisti*, 776.

G. M. 马特多纳:《罗马的西斯托桥喷泉》,见 G. G. 法里罗,《马里诺和马里诺主义论者》,776。

G. M. 马特多纳,参见第一册 P16 注释①【增订三】。

《马里诺和马里诺主义论者》及其作者 G. G. 法里罗:不详。

马里诺和马里诺主义:参见第一册 P16 注释①【增订三】。

P3 注释③ Cf. Peter Gay, *Style in History*, McGraw-Hill Paper Back, 43-4.

参见彼得·盖伊,《历史风格》,麦格劳-希尔公司出版社出版,43-44。

彼得·盖伊(Peter Gay,1923-2015),德裔美国历史学家。代表作有《启蒙时代》、《布尔乔亚经验》系列等。彼得·盖伊主要研究现代社会秩序与商业文化源头的19世纪布尔乔亚阶层的观念转变,主题广泛涉及性爱、暴力、自我认知、教育理念、文学艺术等诸多精神与文化领域,展现出一幅构建于人类基本经验下的全景式时代画卷。

《历史风格》:彼得·盖伊著,1974年出版。

P3—4 注释① E. Bevan, *Later Greek Religion*, 52 ff. Sextus Empiricus; Montaigne, *Essais*, I. xxiii, "Bib. de la pléiade", 131; Descartes, *Discours de la Méthode*, III, ed. G. Gadoffre, 23.

E. 贝文,《后来的希腊宗教》,52 页及之后;塞克斯都·恩披里柯;蒙田,《随笔集》,I. xxiii,"七星文库",131;笛卡尔,《方法论》,III, G. 伽多费编,23。

E. 贝文和《后来的希腊宗教》:不详。

蒙田和《随笔集》:参见第一册 P50 注释①【增订四】。

塞克斯都·恩披里柯,参见第一册 P25 注释②。

笛卡儿,参见第二册 P48 注释⑤。

《方法论》:笛卡儿著的哲学论著,1637年出版。此作对西方人的思维方式,思想观念和科学研究方法有极大的影响。

P4 注释② *Opere di G. Bruno e di T. Campanella*, Riccardo Ricciardi, 799.

《G. 布鲁诺和 T. 坎培奈拉文集》,理却地·里西亚蒂出版,799。

布鲁诺,参见第一册 P99 注释③。

坎培奈拉,参见第一册 P99 注释③。

《G. 布鲁诺和 T. 坎培奈拉文集》:不详。

P4 注释③ Hegel, *Phänomenologie des Geistes*, hrsg. J. Hoffmeister, 22.

黑格尔,《精神现象学》,J. 霍夫苇茨编,22。

黑格尔,参见第一册 P4 注释①。

《精神现象学》:参见第一册 P6 注释①。

P6 注释① *Ludwig Börne: eine Denkschrift*, IV; *Lutetia*, XVI - *Werke und Briefe*, Aufbau, VI, 194,327.

《路德维希·白尔尼:追忆录》,IV;《鲁特西亚》,XVI—《作品书信集》,建设出版社,VI, 194,327。

路德维希·白尔尼,参见第一册 P8 注释①。

《路德维希·白尔尼:追忆录》:路德维希·白尔尼著的长篇散文作品。其他不详。

《鲁特西亚》:不详。

P7 注释① W. H. Wackenroder, *Herzensergiessungen eines kunstliebenden Klosterbruders*, ed. AGillies, 148.

W. H. 瓦肯罗德,《一个热爱艺术的修士的内心倾诉》,吉利斯出版社,148。

W. H. 瓦肯罗德(Wilhelm Heinrich Wackenroder, 1773—1798),德国法学家和作家。虽然一生只活了 25 岁,却在德国文学史上占据重要地位。他为德国浪漫主义制定了第一份完整的艺术纲领。代表作有《一个热爱艺术的修士的内心倾诉》等。

《一个热爱艺术的修士的内心倾诉》:W. H. 瓦肯罗德著。其他不详。

P8 注释① Albrecht von Haller, *Historia stirpium indigenarum Helvetiae* *inchoata*, quoted in R. Arnheim, *Visual Thinking*, 234; cf. 246 - 7.

阿尔布雷希特·冯·哈勒,《瑞士本土植物史的开端》,摘自 R. 阿恩海姆,《视觉思维》,234;参见 246—247。

阿尔布雷希特·冯·哈勒(Albrecht von Haller, 1708—1777),瑞士杰出的生理学家,被公认为是十八世纪第一流生物学家和实验生理学之父,被称为"近代生理学之父"。代表作品《生理学纲要》,这一著作被认为具有医学史上的里程碑的重要意义。

《瑞士本土植物史的开端》: 阿尔布雷希特·冯·哈勒著于 1768 年。其他不详。

R. 阿恩海姆,参见第一册 P141 注释①。

《视觉思维》: R. 阿恩海姆著,1969 年首次出版,是鲁道夫·阿恩海姆的代表作品。书中展示了 100 多位国际插花家、教育家和学生的作品,体现了不同的视觉语言、意境、理念、工艺和技巧。

P8 注释② cf. J. Frank: "Spatial Form in Modern Literature", in R. W. Stallman, ed., *Critiques and Essays in Criticism* 1920—1948, 322.

参见 J. 弗兰克:《现代小说的空间形式》,摘自 R. W. 斯托曼编,《批评与论批评》1920—1948,322。

J. 弗兰克(J. Frank,生卒不详),美国比较文学学者。代表作《现代小说的空间形式》等。

《现代小说的空间形式》: J. 弗兰克著的论文,发表于 1945 年。此作论述了文学研究中向来被忽视的"空间形式",它提出,小说的"空间形式"其实是一种特殊的结构形式。在弗兰克的论述框架中,现代小说与传统小说对时间/空间这两个展开小说的基本要素具有不同的偏重。在传统小说中,情节(讲故事)被放置于突出的地位。这样一来,沿着时间线发展的叙述就被放置于第一位,而空间则被放在次要的位置。但随着现代小说的兴起,空间形式(结构)却被越来越突出,相应地时间被削弱了。

R. W. 斯托曼,不详。

《批评与论批评》: R. W. 斯托曼著,1949 年出版。

P8 注释③ Virginia Woolf, *Letters*, ed. N. Nicolson and J. Trautman, 1976, III, 135 - 6.

弗吉尼亚·伍尔芙，《书信》，由 N. 尼科尔森和 J. 特劳特曼编，1976，III，135—136。

弗吉尼亚·伍尔芙(Adeline Virginia Woolf，1882—1941)，英国女作家、文学批评家和文学理论家，意识流文学代表人物，被誉为二十世纪现代主义与女性主义的先锋。两次世界大战期间，她是伦敦文学界的核心人物，同时也是布卢姆茨伯里派(Bloomsbury Group)的成员之一。代表作有《墙上的斑点》、《达洛维夫人》、《到灯塔去》、《雅各的房间》等。

N. 尼科尔森(Nigel Nicolson，1917—2004)，英国作家、出版商和政治家。代表作有《婚姻的画像》、《弗吉尼亚·伍尔芙的书信》、《弗吉尼亚·伍尔芙》等。

P9 注释① Robert Musil，*Der Mann ohne Eigenschaften*，Kap. 122，Berlin：Verlag Volk und *Welt*，1975，I，830－1.

罗伯特·穆齐尔，《没有个性的人》，122 章，柏林：世界人文出版社，1975，第 I 卷，830—831。

罗伯特·穆齐尔(Robert Musil，1880－1942)，奥地利作家，二十世纪最重要的德语文学大师之一，与卡夫卡、普鲁斯特、乔伊斯齐名。代表有长篇小说《没有个性的人》、《学生托乐思的迷惘》，短篇小说集《三个女人》，散文集《在世遗作》等。

《没有个性的人》：穆齐尔未完成的遗作，一部"精神长篇小说"，在二十世纪现代派文学中具有重要地位。该书第一卷于 1930 年出版，1933 年出版第二卷。

P9 注释② owing to the narrative form，many events simultaneously transacted can be presented——*Poetics*，XXIV，S. H. Butcher，*Aristotle's Theory of Poetry and Fine Art*，91－3.

由于叙述形式(不同)，许多同时进行的情节可以呈现出来—《诗学》，XXIV，S. H. 布彻，《亚里士多德的诗学与艺术的理论》，91—93。

S. H. 布彻，参见第一册 P123 注释①。

《诗学》：参见第一册 P588 注释①。

《亚里士多德的诗学与艺术的理论》：参见第一册 P123 注释①。

P9 注释③ aus dem Nacheinander-erzählen auch noch ein Nacheinan-der-geschehen wird-T. Zielinski："Die Behandlung gleichzeitiger Ereignisse im antiken Epos"，quoted in E. Lämmert，*Bauformen des Erzählens*，6. Aufl.，1975，85.

从一个接一个地讲，一个接一个地发生——T. 齐林斯基："古代史诗中同时发生事件的处理"，摘自 E. 拉默特，《叙事结构》，第 6 版，1975，85。

T. 齐林斯基，不详。

E. 拉默特（Eberhard Lämmert，1924—2015）：德国学者。其他不详。

《叙事结构》：E. 拉默特著。其他不详。

P10 注释① Emerson：A Modern Anthology，ed. K. Kazin and D. Aaron，239.

《爱默生：现代选集》，K. 卡辛和 D. 亚伦编，239。

《爱默生：现代选集》：爱默生著，1958 年出版。

爱默生，参见第一册 P104 注释④。

P10 注释② Herodotus，III，119，"Loeb"，I，147.

希罗多德，III，119，"洛布古典丛书"，I，147。

希罗多德：参见第一册 P413【增订四】。

P11—12 注释① Cf. D. Lodge，*The Modes of Modern Writing*，9 ff.，22 ff.，33 f.，"realism in the neutral sense" vs "realism in the qualitative sense".

参见戴维·洛奇，《现代写作方式》，9 页及之后，22 页及之后，33 页，"中性意义上的现实主义"vs"定性意义上的现实主义"。

戴维·洛奇(David Lodge，1935—)，英国小说家和文学评论家。戴维·洛奇著述颇丰，其长篇小说主要有《电影迷》、《避难所之外》、《换位》、《小世界》、《美好的工作》、《天堂消息》和《治疗》等。他的文学批评著作主要包括《小说的语言》、《格雷厄姆·格林》、《十字路口的小说家》、《伊夫林·沃》、《现代写作方式》、《运用结构主义》、《巴赫金之后：小说与批评论文集》和《小说的艺术》等。

《现代写作方式》：戴维·洛奇著，发表于 1977 年。此作试图解决学者在学习和阅读文学时遇到的一些基本问题，例如：什么是文学，什么是现实主义，形式与内容之间的关系是什么等等。

P12 注释①A. Furetière，*Le Roman bourgeois*，Éditions Porteret，8.

A. 富尔蒂埃尔，《市民小说》，保德尔出版，8。

A. 富尔蒂埃尔(AntoineFuretière，1619—1688)，法国教士、诗人、法学家、小说家和词典编纂者，代表作有《市民小说》、《通用词典》等。

《市民小说》：A. 富尔蒂埃尔著，发表于1666年。此作描写了市民生活。

P12 注释②B. Croce, *La Poesia*, 5 ed., 88-9.

B. 克罗齐，《诗学》，第5版，88—89。

克罗齐，参见第一册P415注释①。

《诗学》：参见第二册P17注释②。

P13 注释①A. Preminger, ed. *Encyclopedia of Poetry and Poetics*, 8.

A. 普雷明格编，《新编普林斯顿诗歌与诗学百科全书》，8。

《新编普林斯顿诗歌与诗学百科全书》：参见第一册P209注释②。

P13 注释② Cf. V. Propp, *Morphology of the Folktale*, tr. L. Scott, 2nd ed., 21.

参照V. 普洛普，《民间故事形态学》，L. 斯科特译，第二版，21。

V. 普洛普(Vladimir Propp, 1895—1970)，俄苏语言学家、民俗学家、民间文艺学家、艺术理论家，是民间创作研究方面的杰出代表。在民间创作研究领域开辟了独具特色的研究方向和方法，享有世界性的声誉。代表作有《民间故事形态学》等。

《民间故事形态学》：V. 普洛普著，1928年出版。此作是形式主义在叙事学研究中的一个典型代表。普洛普的叙事研究，就是试图抽出民间故事中的共性。

P13—14 注释①"Song of Songs", 1: 5: "I am black, but comely"; Cf. M. Praz, *The Romantic Agony*, 44.

"雅歌"，1：5："我虽然黑，却是秀美"；参见M. 普拉兹，《浪漫主义的剧痛》，44。

"雅歌"：《圣经》旧约中的一卷，共8章，记载了良人与书拉密女的爱情，预表基督与教会的关系。

M. 普拉兹：参见第二册P208注释①。

《浪漫主义的剧痛》：参见第二册P208注释①。

P16 注释①N. Hawthorne, *The American Notebooks*, ed. Randall Stewart, 1932, pp. 13, 159-60.

纳撒尼尔·霍桑，《美国随笔》，兰德尔·斯图尔特编，1932，P13，P159—160。

纳撒尼尔·霍桑(Nathaniel Hawthorne, 1804—1864)，美国心理分析小说的

开创者,美国19世纪最伟大的浪漫主义小说家。代表作有长篇小说《红字》、《七角楼房》,短篇小说集《重讲一遍的故事》、《古宅青苔》、《雪影》等。

《美国随笔》:纳撒尼尔·霍桑著,出版于1932年,此作由著名的批评家兰德尔·斯图尔特整理出版。

P17 注释①*Thraliana*, ed. Katharine C. Balderston, 2nd ed., II, 699.

《萨拉丽娜》,凯瑟琳·C. 巴尔德斯顿编,第二版,II, 699。

《萨拉丽娜》及其作者赫斯特·林奇·斯拉勒:参见第一册P152注释①。

P17 注释②*Menschliches, Allzumenschliches*. II. ii. §140, *Werke*, hrsg. K. Schlechta, I, 932.

《人性的、太人性的》. II. ii., 140小节,《全集》,K. 施莱赫塔编,I, 932。

《人性的,太人性的》:参见第一册P45页注释②。

《人性的、太人性的》的作者尼采,参见第一册P23注释②。

P17 注释③*Alfred Tennyson: A Memoir*, by His Son. I, 268.

《阿尔弗雷德·丁尼生:悼念》,丁尼生之子著,I, 268。

丁尼生,参见第一册P290【增订三】。

P18 注释① Cf. L. Spitzer: "Linguistics and Literary History", note 6, in D. C. Freeman, ed., *Linguistics and Literary Style*, 36-8.

参见L. 施皮泽:"语言学与文学史",注释6,引自D. C. 弗里曼编,《语言学与文学风格》,36—38。

L. 施皮泽(Leo Spitzer, 1887—1960),奥籍美国罗曼语语文学家。

《语言学与文学史》:L. 施皮泽著,1948年出版。此书是施皮泽用英文写成,书中探讨了如何将语言学与文学结合的方法。

D. C. 弗里曼和《语言学与文学风格》:不详。

P18 注释②M. Merleau-Ponty, *Le Visible et l'Invisible*, 243.

M. 梅洛-庞蒂,《可见与不可见》,243。

M. 梅洛-庞蒂(Maurice Merleau-Ponty, 1908—1961),法国哲学家、思想家。他在存在主义盛行年代与萨特齐名,是法国存在主义的杰出代表。他最重要的哲学著作为《知觉现象学》，此作与萨特的《存在与虚无》一起被视作法国现象学运动的奠基之作。

《可见与不可见》：M. 梅洛-庞蒂著。此作是在梅洛-庞蒂去世后，由他的学生于 1964 年整理出版。内容包括可见的与自然、哲学探究、反思与探究、探究与辩证法、探究与直觉、交错与交织等几个部分。

P19 注释① Diogenes Laertius, *Lives of Eminent Philosophers*, I. 103, "Loeb", I, 109.

第欧根尼·拉尔修，《名哲言行录》. I. 103，"洛布古典丛书"，I, 109。

第欧根尼·拉尔修和《名哲言行录》：参见第一册 P25 注释②。

P21 注释① Hugo, *L'Année terrible*, "Janvier" ix, "Dans le Cirque".

雨果，《凶年集》，"一月"ix，"在马戏团"。

雨果，参见第一册 P145 注释①。

《凶年集》：雨果著的诗歌集，发表于 1872 年。在此作中，雨果以诗词形式叙述与批判法兰西第二帝国的衰落与第三共和国的兴立。

P22 注释① Chaucer, *The Canterbury Tales*, "The Wife of Bath's Prologue", 697 ff..

乔叟，《坎特伯雷故事集》，"巴斯夫人的开场白"，697 页及之后。

乔叟，参见第三册 P344 注释①。

《坎特伯雷故事集》：乔叟创作于 1387—1400 年间的诗体短篇故事集，此作是乔叟最杰出的作品。内容如下：朝圣者一行 30 人在前往坎特伯雷拜圣途中，每个人来回讲两个故事。

P22—23 注释① Isocrates, *Areopagitica*, v, "Loeb", II, 107.

伊索克拉底，《论出版自由》，v，"洛布古典丛书"，II, 107。

伊索克拉底，参见第一册 P418 注释【增订三】。

《论出版自由》：参见第一册 P418 注释【增订三】。

P23 注释②E. Partridge, *A Dictionary of Catch Phrases*, 127.

埃里克·帕特里奇，《英语口头语词典》，127。

埃里克·帕特里奇和《英语口头语词典》：参见第一册 P419 注释【增订三】。

P23 注释③Montesquieu，*Considérations sur les Causes de la Grandeur des Romains et de leur Décadence*，ch. 9.

孟德斯鸠，《罗马盛衰原因论》，第 9 章。

孟德斯鸠，参见第一册 P38 注释①。

《罗马盛衰原因论》：参见第一册 P453【增订三】。

P24 注释①ed. Marin，VIII，11.

马林编，VIII，11。

P26 注释①Partridge，*op. cit.*，178.

帕特里奇，如前所引，178。

帕特里奇，参见第一册 P419 注释【增订三】。

P27 注释①*De Anima*，III. 3，*op. cit.*，589.

《论灵魂》，III. 3，如前所引，589。

《论灵魂》：参见第一册 P540【增订三】。

《论灵魂》的作者亚里士多德，参见第一册 P37 注释③。

P27 注释②Leonardo da Vinci，*Eine Auswahl aus seinem Schriften*，hrsg. V. Macchi，61 e 62；Goethe，*Spruchweisheit* in *Sämtl. Werk.*，"Tempel-Klassiker，III，476. Cf. C. K. Ogden，*Bentham's Theory of Fictions*，66；J. S. Mill，*A System of Logic*，Bk V，ch. I，§2，Longmans and Green，420 - 1.

列奥纳多·达·芬奇，《作品精选》，V. 麦克奇编，61—62；歌德，《慧语集》，见《全集》，"寺院经典"，III，476；参见 C. K. 奥格登，《边沁的虚构理论》，66；J. S. 穆勒，《逻辑学体系》，第 V 卷，第 I 章，第 2 节，朗曼和格林出版社，420—421。

列奥纳多·达·芬奇：参见第一册 P444 注释①。

《作品精选》：不详。

歌德，参见第一册 P16 注释①。

《慧语集》：参见第一册 P419 注释①。

C. K. 奥格登，参见第一册 P195 注释⑤。

边沁和《边沁的虚构理论》：参见第一册 P540【增订三】。

J. S. 穆勒，参见第一册 P539 注释①。

《逻辑学体系》：参见第一册 P540【增订三】。

P30 注释① Leopardi, *Zibaldone*, ed. F. Flora, I, 386.

莱奥帕尔迪，《杂记》，F. 弗洛拉编，I, 386。

莱奥帕尔迪，参见第一册 P256 注释④。

《杂记》：参见第一册 P608【增订三】。

P30 注释②W. Hazlitt, *Conversations of James Northcote*, in J. Thornton, ed., *Table Talk*, "Everyman's Lib.", 268.

威廉·哈兹里特，《詹姆斯·诺斯科的谈话》，J. 桑顿编，《席间闲谈》，"人人文库"268。

威廉·哈兹里特和《詹姆斯·诺斯科特的谈话》：参见第一册 P608【增订三】。

《席间闲谈》：参见第一册 P608【增订三】。

P32 注释①*Essais*, II. xi, *op. cit.*, 406.

《随笔录》，II. xi，如前所引，406。

蒙田和《随笔录》：参见第一册 P50 注释①【增订四】。

P35 注释① Proust, *Le Tempts retrouvé in A la Recherche du Temps perdu*," "Bib. de la pléiade", III, 896.

普鲁斯特，《追忆似水年华》，"七星文库"，III, 896。

马塞尔·普鲁斯特和《追忆似水年华》：参见第二册 P88 注释①。

P36 注释① Du Halde, *Lettres édifiantes et curieuses de Chine*, ed. I et J.-L. Vissière, 1979, 469.

杜赫德，《中华帝国全志》，I et J.-L. 维赛编，1979，469。

杜赫德和《中华帝国全志》：参见第二册 P74【增订三】。

P39 注释① Federico Garcia Lorca.

费德里科·加西亚·洛尔卡。

费德里科·加西亚·洛尔卡(Federico Garcia Lorca, 1898—1936),西班牙诗人。他把他的诗同西班牙民间歌谣创造性地结合起来,创造出了一种全新的诗体。节奏优美哀婉,形式多样,词句形象,想象丰富,民间色彩浓郁,易于吟唱,同时又显示出超凡的诗艺。

P39 注释② Stanley Burnshaw, ed., *The Poem Itself*, Pelican, 238.

斯坦利·伯恩肖编,《诗歌自身》,鹈鹕丛书,238。

斯坦利·伯恩肖,参见第二册 P139【增订三】。

《诗歌自身》:参见第二册 P139【增订三】。

P40 注释①"On Dreams", *Complete Works*, ed. P. P. Howe, XII, 23.

《说梦》,《全集》,P. P. 贺维编,XII, 23。

《说梦》:参见第二册 P151【增订三】。

《全集》:参见第二册 P151【增订三】。

《说梦》的作者威廉·哈兹里特,参见第一册 P608【增订三】。

P40 注释② Leopardi: "Canto notturno di un Pastore errante dell' Asia": "O greggia mia che posi, oh te beata, / che la miseria tua, credo, non sai!" — *Opere*, *Riccardo Ricciardi*, I, I, 106 - 7.

莱奥帕尔迪:《一个亚洲牧羊人夜晚的歌声》:"我的羊群,你躺着,哦,祝福你,/你的痛苦,我相信,你不懂!"——《作品集》,理却地·里西亚蒂出版,I,106—107。

莱奥帕尔迪,参见第一册 P256 注释④。

P40 注释③ Guido Gozzano: "La Differenza": "Penso e ripenso: -che mai pensa l'oca/ gracidante alla riva del canale? / Pare felice! . . . / . . . / Ma tu non pensi. La tua sorte è bella!"- C. L. Golino, *Contemporary Italian Poetry*, 2.

圭多·戈扎诺:《差异》:"我一遍又一遍地想:——河岸边嘎嘎叫的鹅/在想什么?/看上去很开心!……/……/但你不认为,你的命好!"——C. L. 格里诺,《当代意大利诗歌》,2。

圭多·戈扎诺(Guido Gozzano, 1883—1916),意大利诗人,20 世纪初意大利文学流派"黄昏派"的代表诗人。其诗歌表现了内心的忧郁和对诗歌在社会中边缘化的无奈,反对艺术的商业化,表达了对一种崇高生活的追求。

《差异》：圭多·戈扎诺的诗歌。

C. L. 格里诺，参见第二册 P158【增订三】。

《当代意大利诗歌》：不详。

P41—42 注释① Rabelais, *Le Cinquiesme Livre*, ch. 45, *Oeuv. comp.*, ed. J. Plattard, V, 169.

拉伯雷，《第五部》，45 章，《全集》，J. 普拉特编，V，169。

拉伯雷，参见第一册 P707 注释④。

《第五部》：见拉伯雷的《巨人传》(又译《巨人世家》)。

P42 注释②F. H. Bradley, *Principles of Logic*, I, 31.

F. H. 布拉德利，《逻辑学原理》，I，31。

F. H. 布拉德利和《逻辑学原理》：参见第二册 P210【增订三】。

P42 注释③P. G. Wodehouse, *Carry on, Jeevesl*: "Fixing it for Freddie".

P. G. 伍德豪斯爵士，《继续，杰维斯》："替弗雷迪处理它"。

P. G. 伍德豪斯爵士(Sir Pelham Grenville Wodehouse, 1881—1975)，英国幽默作家。除了最负盛名的《杰维斯》系列和《布兰丁斯城堡》系列小说及短篇小说外，伍德豪斯当过编剧，参与创作了 15 部剧本，还给三十几个歌舞喜剧片写过 250 首歌词。

《继续，杰维斯》：P. G. 伍德豪斯爵士著的短篇小说集，于 1925 年出版。书中许多故事都在《周六晚间邮报》中出现过。

P43—44 注释①*Le, Tiers Livre*, ch. x: "Comment Pantagruel remonstre a Panurge pifficilc chose estre le conseil de mariage, et des sors homeriques et virgilianes".

《第四部》，第 X 章："庞大固埃与巴汝奇探讨对婚姻的看法"。

《第四部》：见拉伯雷的《巨人传》(又译《巨人世家》)。

拉伯雷和《巨人传》：参见第一册 P707 注释④。

庞大固埃和巴汝奇：《巨人传》中的两个重要人物。

P44—45 注释① Du Bois-Hus: "La Nuit des Nuits", J. Rousset, *Anthologie de* *la Poésie baroque françaige*, I, 172.

博伊斯-胡斯:《夜之夜》,J. 鲁塞,《法国奇崛派诗选》,I, 172。

博伊斯-胡斯和《夜之夜》:法国诗人及其诗歌。

J. 鲁塞和《法国奇崛派诗选》:参见第一册 P27 注释①。

P46 注释①“De la Poésie dramatique”, X “Du Plan”, *Oeuv*, *comp.*, ed. J. Assézat, VII, 334 - 5.

《论戏剧诗》,X“计划”,《狄德罗全集》,J. 阿赛扎,VII, 334—335。

《论戏剧诗》:参见第二册 P324【增订三】。

《论戏剧诗》的作者狄德罗,参见第二册 P59 注释②。

P48 注释① Stendhal, *Oeuvres intimes*, “Bib, de la Pléiade”, 516.

司汤达,《私密作品》,“七星文库”,516。

司汤达和《私密作品》:参见第二册 P396【增订三】。

P51 注释① Herodotus, VII. 46, “Loeb”, III, 361.

希罗多德,VII. 46,“洛布古典丛书”,III, 361。

希罗多德,参见第一册 P413【增订四】。

P52 注释①*Essais*, III. xii “De la Phisionomie”, *op. cit.*, 1007.

《随笔录》,III. xii《面貌篇》,如前所引,1007。

蒙田和《随笔录》:参见第一册 P50 注释①【增订四】。

《面貌篇》:《随笔录》中的一篇。

P52 注释②*Vorlesungen über die Philosophie der Geschichte*, Reclam, 62.

《哲学史讲演录》,莱克拉姆出版,62。

《哲学史讲演录》:参见第一册 P87 注释①。

《哲学史讲演录》的作者黑格尔,参见第一册 P4 注释①。

P52 注释③ Carlyle, *The French Revolution*, Bk II, ch. 1, Chapman and Hall, I, 24.

卡莱尔,《法国革命》,第 II 卷,第 1 章,查普曼 & 霍尔出版社,I, 24。

托马斯·卡莱尔，参见第二册 P463【增订三】。

《法国革命》：参见第二册 P463【增订三】。

查普曼 & 霍尔，参见第二册 P463【增订三】。

P52 注释⑤ Montesquieu's aphorism，Happy the people whose annals are blank in history books——*Frederick the Great*，Bk X VI，ch. 1，Chapman and Hall，IV，128.

孟德斯鸠格言，幸福之人，史所不闻——《普鲁士腓特烈大帝史》，第 X VI 卷，第 1 章，查普曼 & 霍尔出版社，IV，128。

孟德斯鸠男爵，参见第一册 P38 注释①。

腓特烈二世，参见第二册 P463【增订三】。

《普鲁士腓特烈大帝史》：参见第二册 P463【增订三】。

P53 注释① Abraham Cowley，*Essays and Other Prose Writings*，ed. A. B. Gough，5.

亚伯拉罕·考利，《论文与散文集》，A. B. 戈夫编，5。

亚伯拉罕·考利，参见第二册 P356 注释②。

《论文与散文集》：参见第二册 P463【增订三】。

P53 注释② Diderot："De la Poésic dramatique"，XVIII，*op. cit.*，VII，371－2.

狄德罗：《论戏剧诗》，XVIII，如前所引，VII，371—372。

狄德罗，参见第二册 P59 注释②。

《论戏剧诗》：参见第二册 P324【增订三】。

P53 注释③W. S. Landor："Francesco Petrarca"，*Complete Works*，ed. T. E. Welby and S. Wheeler，XII，29.

W. S. 兰德：《弗兰齐斯科·彼特拉克》，《全集》，T. E. 韦比和 S. 惠勒编，XII，29。

W. S. 兰德，参见第二册 P463【增订三】。

弗兰齐斯科·彼特拉克，参见第二册 P365 注释②。

P54 注释①A. Manzoni，*I Promessi Sposi*，cap. 38，*Opere*，Ricardo Ricciardi，

958.

A. 孟佐尼,《约婚夫妇》,第 38 章,《作品》,理却地 · 里西亚蒂,958。

孟佐尼,参见第二册 P463【增订三】。

《约婚夫妇》:参见第二册 P463【增订三】。

P54 注释② George Eliot, *The Mill on the Floss*, Bk IV, ch. 3, "The World's Classics", 445.

乔治 · 艾略特,《弗洛斯河上的磨坊》,第 IV 卷,第 3 章,"世界经典",445。

乔治 · 艾略特,参见第一册 P647 注释①。

《弗洛斯河上的磨坊》:参见第二册 P463【增订三】。

P54 注释③*Die Welt als Wille und Vorstellung*, IV 58, *Samtl. Werk.*, hrsg. E. Grisebach, I, 415.

《作为意志和表象的世界》,IV 58,《全集》,E. 格里泽巴赫编,I, 415。

《作为意志和表象的世界》:参见第一册 P124 注释①。

《作为意志和表象的世界》的作者叔本华,参见第一册 P124 注释①。

P54 注释④*Anna Karenina*. Pt I, ch. 1.

《安娜 · 卡列尼娜》,第 I 部分,第 1 章。

《安娜 · 卡列尼娜》及其作者托尔斯泰:参见第二册 P463【增订三】。

P55 注释①*Nichomachean Ethics*, Bk II, ch. 6, *op. cit.*, 959; cf. Montaigne, *Essais*, I. ix, *op. cit.*, 52: "Si, comme la vérité, le mensonge n'avoit qu'un visage" etc.; Goethe, *Spruchweisheit*, *op. cit.*, 45 1 - 2: "Das Wahre, Gute und Vortreffliche ist einfach… Das Irren aber ist höchst mannigfaltig" etc.

《尼各马可伦理学》,第 II 卷,第 6 章,如前所引,959;参见蒙田《随笔集》,I. ix,如前所引,52:"如果像真理那样,谎言就只有一张脸了"等;歌德,《慧语集》,如前所引,45 1—2:"真实、善良和优秀都很简单……但疯狂是极其多样的"等等。

《尼各马可伦理学》:参见第一册 P398 注释②。

《尼各马可伦理学》的作者亚里士多德,参见第一册 P37 注释③。

蒙田和《随笔集》:参见第一册 P50 注释①【增订四】。

歌德,参见第一册 P16 注释①。

《慧语集》：参见第一册 P419 注释①。

P58 注释① Bacon："Of Prophecies"，*Essays*，"The World's Classics"，153.

培根：《论预言》，《随笔集》，"世界经典"，153。

培根，参见第一册 P286 注释①。

《随笔集》：参见第一册 P323 注释②。

P58 注释②W. Hogarth，*The Analysis of Beauty*，ch. 15，ed. J. Burke，137.

W. 霍加斯，《美的分析》，第 15 章，J. 伯克编，137。

W. 霍加斯，参见第二册 P316 注释①。

《美的分析》：参见第二册 P316 注释①。

P60 注释① La Fontaine，*Fables*，I. v，"Le Loup et le Chien".

拉·封丹，《寓言》，I. v，《狼与狗》。

拉·封丹，参见第一册 P431 注释①。

《寓言》：参见第一册 P256 注释④。

P60 注释② Andreas Gryphius："Melancholie des Herrschers"，M. Wehrli，*op. cit.*，25.

安德烈亚·斯格里菲斯：《统治者的忧郁》，转引自 M. 韦利，如前所引，25。

安德烈亚·斯格里菲斯，参见第二册 P575【增订三】。

《统治者的忧郁》：安德烈亚·斯格里菲斯的诗歌。

P60 注释③J. Webster，*The Duchess of Malfi*，IV. ii，*Plays by Webster and Ford*，"Everyman's"，159.

J. 韦伯斯特，《马尔公爵夫人》，IV. ii，《韦伯斯特和福特戏剧选》，"人人文库"，159。

J. 韦伯斯特和《马尔公爵夫人》：参见第一册 P560 注释①。

P60 注释④*Menschliches*，*Allzumenschliches*，*II. ii.* §105，*op. cit.* I，920.

《人性的，太人性的》，II. ii. §**105，如前所引，I，920。**

《人性的，太人性的》：参见第一册 P45 注释②。

《人性的,太人性的》的作者尼采,参见第一册 P23 注释②。

P63 注释①*Paradiso*, III. 14－5.

《神曲 · 天堂篇》,III. 14—15。

《神曲 · 天堂篇》及其作者但丁: 参见第一册 P244 注释②。

P63 注释②*op. cit.*, 361.

如前所引,361。

P64 注释①Meister Eckhart.

埃克哈特大师。

埃克哈特大师, 参见第二册 P78 注释③。

P64 注释②F. Pfeiffer, *Deutsche Mystiker des* 14. *Jahrhunderts*, II, 474.

F. 法伊弗,《14 世纪的德国神秘主义者》,II, 474。

F. 法伊弗和《14 世纪的德国神秘主义者》: 参见第二册 P668【增订三】。

P70 注释① Mario Praz, *op. cit.*, 102－3.

马里奥 · 普拉兹,如前所引,102—103。

马里奥 · 普拉兹, 参见第一册 P208 注释①。

P71 注释①*Essais*, III. xiii, *op. cit.*, 1028.

《随笔录》,III. xiii,如前所引,1028。

《随笔录》及其作者蒙田: 参见第一册 P50 注释①【增订四】。

P71 注释② Torquato Tasso, V. ii.

托尔夸多 · 塔索,V. ii。

托尔夸多 · 塔索, 参见第一册 P213 注释①。

P71 注释③ Cf. S. S. Prawer, *Karl Marx and World Literarure*, 160

参见 S. S. 普罗厄,《卡尔 · 马克思与世界文学》,160。

S. S. 普罗厄和《卡尔 · 马克思与世界文学》: 参见第二册 P364【增订三】。

P71 注释④ Giorgio Vasari, *The Lives of the Painters, Sculptors, and Architects*, "Everyman's Library", I, 183.

乔尔乔·瓦萨里,《艺苑名人传》,"人人书库",I, 183。

乔尔乔·瓦萨里和《艺苑名人传》,参见第二册 P688【增订三】。

P75 注释①J. Rousset, *op. cit.* 142.

J. 鲁塞,如前所引,142。

J. 鲁塞,参见第一册 P27 注释①。

P76 注释① Shelley: "Love's Philosophy".

雪莱:《爱的哲学》。

雪莱,参见第一册 P16 注释①。

《爱的哲学》:参见第三册 P131【增订三】。

P76 注释② Gotthelf.

戈特赫尔夫。

戈特赫尔夫:(Jeremias Gotthelf, 1797—1854),瑞士德语小说家。他以第一部长篇小说《农民之镜,或名耶雷米阿斯·戈特赫尔夫的生活史》的主人公的姓名为笔名。他从 1837 年起开始写作,发表了 38 部以农村生活为内容的长篇和中短篇小说。代表作有《长工乌利》和《佃户乌利》等。

P76 注释③quoted in W. Muschg, *Tragische Literaturgeschichte*, 3. Aufl., 146.

引自墨希格,《悲剧观之文学史》,第 3 版,146。

W. 墨希格和《悲剧观之文学史》:参见第一册 P583 注释①。

P78 注释① Piero di Cosimo.

比埃罗·狄·谷西莫。

比埃罗·狄·谷西莫(Piero di Cosimo, 1462—1521),也译作"皮耶罗·迪·科西莫",意大利文艺复兴时期画家。他早期代表作有《圣尼古拉斯和圣安东尼阿伯特的探望》(亦称《两个修女的探望》)等;后期他转向神话题材。

P78 注释② Giorgio Vasari, *op. cit.*, II, 177.

乔尔乔·瓦萨里,如前所引,II, 177。

乔尔乔·瓦萨里,参见第二册 P688【增订三】。

P80 注释①*Letters*. "Everyman's Library", 400.

《蒙塔古夫人书信》."人人书库",400。

《蒙塔古夫人书信》:蒙塔古夫人写于 1724 年。此《书信》由杰克·林奇编辑。

玛丽·沃特利·蒙塔古夫人,参见第一册 P85 注释①。

P80 注释② Lucian: "The Dance", "Loeb", V, 233.

卢奇安:《舞》,"洛布古典丛书",V, 233。

卢奇安,参见第二册 P463 注释①。

《舞》:卢奇安著的作品。

P83 注释①*Iliad*, XIX, tr. A. Pope, "The World's Classics", 389.

《伊利亚特》,XIX, A. 蒲柏译,"世界经典",389。

《伊利亚特》:参见第二册 P387 注释①。

《伊利亚特》的作者荷马,参见第一册 P285 注释①。

P85 注释① Bandello, *Le Novelle*, II. xxi, Laterza, III, 63.

班戴洛,《小说集》,II. xxi,拉泰尔扎,III, 63。

班戴洛,参见第一册 P51 注释①。

《小说集》:班戴洛著。其他不详。

P85 注释② Camparnella.

康帕内拉。

康帕内拉,参见第一册 P99 注释③。

P85 注释③*Op. cit.*, 855.

如前所引,855。

P86 注释① Thomas More.

托马斯·莫尔。

托马斯·莫尔,参见第三册 P77 注释①。

P86 注释② Katharine M. Briggs, *British Folk Tales and Legends: A Sampler*, 1977, 13 - 4.

凯瑟琳·M. 布里格,《英国民间故事与传说:研究样本》,1977,13—4。

凯瑟琳·M. 布里格,参见第一册 P68【增订四】。

《英国民间故事与传说:研究样本》:不详。

P86 注释③S. Baring-Gould, *Curious Myths of the Middle Ages*, 134; W. J. Gruffydd, *Rhiannon*, 59.

S. 巴林-古尔德,《中世纪的奇妙神话》,134; W. J. 格鲁菲德,《里安农》,59。

S. 巴林-古尔德和《中世纪的奇妙神话》:参见第三册 P411【增订三】。

W. J. 格鲁菲德,参见第三册 P411【增订三】。

《里安农》:W. J. 格鲁菲德著,其他不详。

P89 注释① Baudelaire: "Éloge du Maquillage", *Oeuv. comp.*, "la Pléiade", 912.

波德莱尔:《赞化妆》,《全集》,"七星文库",912。

波德莱尔,参见第二册 P138 注释①。

《赞化妆》:波德莱尔著。此作最早收录在他的《现代生活的画家》里。

P90 注释①A. Gérard, *L'Idée romantique de la Poésie en Angleterre*, 34; R. Wellek, *History of Modern Criticism*, I, 56, 240; W. Müller-Seidel, *Probleme der literarischen Wertung*, 2. Aufl., 75—9.

A. 杰拉德,《英国诗中的浪漫情诗》,34; R. 韦勒克,《近代文学批评史》,I, 56, 240; W. 穆勒-塞德尔,《文学评价问题》,第 2 版,75—79。

A. 杰拉德和《英国诗中的浪漫情诗》:参见第三册 P576【增订三】。

R. 韦勒克和《近代文学批评史》:参见第二册 P386 注释①。

沃尔特·穆勒-塞德尔和《文学评价问题》:参见第三册 P576【增订三】。

P90 注释② Pope: "The last and greatest art—the art to blot".

蒲柏:"最后也是最伟大的艺术——涂抹的艺术"。

蒲柏,参见第一册 P100 注释①。

P90 注释③A. Quiller-Couch: "Murder your darlings".

A. 奎勒-库奇:"心忍手狠,断爱灭亲"。

A. 奎勒-库奇(Arthur Quiller-Couch, 1863—1944),英国学者,长年执教于剑桥,著作时惯用笔名"Q"。代表作有《牛津英语诗选》、《牛津歌谣集》、《牛津英语散文选》等。

P91 注释① Stefan Zweig: "Schreiben heisst wegschneiden können".

斯蒂芬·茨威格:"写作者,能削除之谓也"。

斯蒂芬·茨威格(Stefan Zweig, 1881—1942),奥地利小说家、诗人、剧作家、传记作家。代表作有中短篇小说《象棋的故事》、《一个陌生女人的来信》,长篇小说《心灵的焦灼》,回忆录《昨日的世界》,传记《三大师》和《一个政治性人物的肖像》等。

P91 注释② Henry James.

亨利·詹姆斯。

亨利·詹姆斯,参见第一册 P400 注释①。

P91 注释③ Wayne C. Booth, *The Rhetoric of Fiction*, 1961, 60.

韦恩·布斯,《小说修辞学》,1961,60。

韦恩·布斯和《小说修辞学》:参见第三册 P590【增订三】。

P91 注释③*Menschliches, Allzumenschliches*, Bd II, Abt. ii, §98, *op. cit.*, I, 919.

《人性的,太人性的》,Bd II, Abt. ii, §98,如前所引,I, 919。

《人性的,太人性的》:参见第一册 P45 注释②。

《人性的,太人性的》的作者尼采,参见第一册 P23 注释②。

P92 注释①quoted in Amy Lowell, *John Keats*, I, 151.

引用艾米·洛威尔,《约翰·济慈传》,I, 151。

艾米·洛威尔和《约翰·济慈传》：参见第三册 P601【增订三】。

P92 注释②A. Lalande *op. cit.*, 278-9.

A. 拉兰德，如前所引，278—279。

A. 拉兰德，参见第一册 P18 注释①。

P93 注释①M. Wehrli, *op. cit.*, 56.

马克斯·威利，如前所引，56。

马克斯·威利，参见第一册 P68【增订四】。

P93 注释②*Complete poetry and Selected Prose*, ed, J. Hayward, 38.

《诗歌全集和散文精选》，J. 黑华德编，38。

《诗歌全集和散文精选》及其作者约翰·邓恩：参见第一册 P168 注释②。

P94 注释①*Journal des Goncourt*. 8 février 1865, éd. définitive, II, 197.

《龚古尔兄弟日记》，1865 年 2 月 8 号，权威版，II, 197。

《龚古尔兄弟日记》及其作者龚古尔兄弟：参见第二册 P85 注释①。

P95 注释① Gibbon, *The Decline and Fall of the Roman Empire*, ch. 3, "World's Classics", I, 80.

爱德华·吉本，《罗马帝国衰亡史》，第 3 章，"世界经典丛书"，I, 80.

爱德华·吉本和《罗马帝国衰亡史》：参见第一册 P35 注释①。

P98 注释①Hugo Grotius.

胡果·格劳秀斯。

胡果·格劳秀斯(Hugo Grotius, 1583—1645)，世界近代国际法学的奠基人。同时也是近代折衷法学派的创始人之一。格劳秀斯多才多艺，同时，他还是哲学家、神学家、基督教护教论者、剧作家以及诗人。

P98 注释② Diderot: "Plan d'une Université pour le Gouvernment de Russie", *op. cit.*, III, 492-3.

狄德罗："俄罗斯政府大学计划"，如前所引，III, 492—493。

狄德罗,参见第二册 P59 注释②。

P98 注释③M. Fricdberg, *A Decade of Euphoria*, 122 n., 241n.

M. 弗莱堡,《欣快的十年》,122 n, 241 n。

M. 弗莱堡,不详。

M. 弗莱堡和《欣快的十年》:参见第四册 P95【增订三】。

P99 注释① Athenaeus, *The Deipnosophists*, XI. 505—7, "Loeb", V, 269—79.

阿忒纳乌斯,《诡辩论者》,XI. 505—7,"洛布古典丛书",V, 269—279。

阿忒纳乌斯和《诡辩论者》:参见第一册 P57 注释①。

P103 注释①E. Staiger, *Die Kunst der Interpretation*, 3. Aufl., 35－7 "Ein Briefwechsel mit Martin Heidegger".

E. 施塔格尔,《阐释的艺术》,第 3 版,35—7"一封给海德格尔的信"。

E. 施塔格尔,参见第一册 P430 注释①。

《阐释的艺术》: E. 施塔格尔著。其他不详。

P106 注释① Euripides, Sophocles.

欧里庇得斯,索福克勒斯。

欧里庇得斯(Euripides,前 480—406),古希腊剧作家,与埃斯库罗斯和索福克勒斯并称为希腊三大悲剧大师,他一生共创作了九十多部作品,保留至今的有十八部,代表作有《美狄亚》、《阿尔克提斯》等等。

索福克勒斯,参见第一册 P286【增订四】。

P106 注释②*The Deipnosophists*, XIIl. 557, "Loeb", VI, 15.

《诡辩论者》,XIIl. 557,"洛布古典丛书",VI, 15。

《诡辩论者》及其作者阿忒纳乌斯:参见第一册 P57 注释①。

P107 注释① Marcel Proust, *La Prisonnière*: "Mais est-ce qu'il a jamais assassiné quelqu'un, Dostoievsky?" etc., *op. cit.*, III, 379—81.

普鲁斯特,《女囚》:"但他有没有谋杀过任何人,陀思妥耶夫斯基?"等,如前所引,III, 379—381。

普鲁斯特,参见第二册 P88 注释①。

《女囚》:著于 1923 年,是《追忆似水年华》的第五部。

《追忆似水年华》:参见第二册 P88 注释①。

P107 注释②la vanité des études où on essaye de deviner de qui parle un auteur-*Le Temps retrouvé*, *ib.*, 907—9.

"在虚妄的研究中,我们试图猜测作者在说谁"—《追忆似水年华》,同上,907—909。

《追忆似水年华》及其作者普鲁斯特:参见第一册 P88 注释①。

P109 注释① Machiavelli.

马基雅维利。

马基雅维利,参见第一册 P37 注释④。

P109 注释①M. Bandello, *Le Novelle*, I. 40, Laterza, II, 89.

M. 班戴洛,《小说集》,I. 40,拉泰尔扎,II, 89。

M. 班戴洛,参见第一册 P51 注释①。

《小说集》:M. 班戴洛著。其他不详。

P111 注释①*Letters and Journals*, ed. Leslie A. Marchand, VII, 192.

《信件和期刊》,莱斯利 · A. 马钱德编,VII, 192。

《信件和期刊》:不详。

莱斯利 · A. 马钱德,参见第四册 P352【增订三】。

P119 注释① Leslie A. Marchand, *Byron*, I, 99.

莱斯利 · A. 马钱德,《拜伦》,I, 99。

莱斯利 · A. 马钱德,参见第四册 P352【增订三】。

《拜伦》:拜伦研究专家莱斯利 · A. 马钱德的代表作。

拜伦,参见第一册 P72 注释①。

P125 注释① Cf. Gilbert Ryle, *The Concept of Mind*, 1949, pp. 149 - 52, "Achievement word" vs "Task word".

参见吉尔伯特·赖尔,《心的概念》,1949,P149－152“成辨词”vs“力役词”。

吉尔伯特·赖尔和《心的概念》:参见第二册 P67【增订四】。

P125 注释② Cf. Aristotle, *Metaphysics*, 1048B, 30－4, *The Basic Works of Aristotle*, Random House, p. 827, “to see”, ”to understand” vs “to walk”, ”to build”.

参见亚里士多德,《形而上学》,1048B, 30—4,《亚里士多德要籍选》,兰登书屋,P827,“见”,“知”与“走”,“建”。

亚里士多德,参见第一册 P37 注释③。

《形而上学》:参见第二册 P23 注释②。

《亚里士多德要籍选》:参见第一册 P37 注释③。

P126 注释① Hugo, *Odes et Ballades*, III. ii, “A M. de Chateaubriand”.

雨果,《诗和歌谣》,III. ii,“夏多勃里昂先生”。

雨果,参见第一册 P145 注释①。

《诗和歌谣》:雨果著于 1928 年的诗集。

P126 注释② Heine: “Ludwig Börne”, in *Werke und Briefe*, Aufbau, 1962, Vol. VI, p. 91.

海涅:“路德维希·白尔尼”,《作品书信集》,建设出版社,1962,第 VI 卷,P91。

海涅和路德维希·白尔尼,参见第一册 P8 注释①。

《作品书信集》:参见第二册 P672 注释②。

P127 注释①*The Notebooks of S. T. Coleridge*, ed. Kathleen Coburn, Vol. II. § 2832.

《柯勒律治笔记》,凯斯琳·科伯恩编,第 II 卷,§ 2832。

《柯勒律治笔记》及其作者凯斯琳·科伯恩:参见第一册 P16 注释①【增订四】。

P128 注释①*The Question of Lay Analysis*, in Freud, *Complete Psychological Works*, standard Edition by James Strachey and Anna Freud, Vol. XX, p. 195.

《躺卧分析》,引自《西格蒙德·弗洛伊德全集标准版》,詹姆斯·斯特拉奇与安娜·弗洛伊德编,第 XX 卷,P195。

《躺卧分析》：精神分析学家西格蒙德·弗洛伊德撰于1926年。

《西格蒙德·弗洛伊德全集标准版》：西格蒙德·弗洛伊德作品的一个完整版本。此作由詹姆斯·斯特拉奇、阿利克斯·斯特拉奇、艾伦·泰森、安娜·弗洛伊德等一起合作编译的。标准版(通常缩写为SE)由24卷组成，最初由伦敦的霍格斯出版社于1953—1974年出版。

詹姆斯·斯特拉奇，英国精神分析学家，他的妻子阿利克斯是把西格蒙德·弗洛伊德著作译成英语的译者。他也是最著名的《西格蒙德·弗洛伊德全集》标准版的总编辑，

安娜·弗洛伊德(Anna Freud, 1895—1982)，儿童精神分析学家，国际精神分析协会名誉会长，是西格蒙德·弗洛伊德的女儿，代表作有《儿童的心理分析治疗》和《儿童期的常态和病态》等。

P129 注释① Suetonius, VI, xxxvi, Loeb, Vol. II, p. 150.

苏埃托尼乌斯,VI, xxxvi,"洛布古典丛书",第II卷,P150。

苏埃托尼乌斯,参见第一册P8注释①。

P129 注释②*Il Principe*, vii, Machiavelli, *Opere*, Riccardo Ricciardi, p. 25.

《君主论》,vii,马基雅维利,《作品》,理却地·里西亚蒂出版,P25。

《君主论》及其作者马基雅维利：参见第一册P37注释④。

P130 注释① Montaigne: "Sur des vers de Virgile", *Essais*, III. v, Bibliothèque de la Pléiade, p. 821.

蒙田:《维吉尔的诗歌》,《随笔集》,III. V,"七星文库",P821。

蒙田和《随笔集》：参见第一册P50注释①【增订四】。

P131 注释① Rumi.

鲁米。

鲁米(Molana Jalaluddin Rumi, 1207—1273)，原名穆罕默德·贾拉鲁丁，还有一个名字叫巴尔希(Balkhi)，也被尊称为莫拉维，意思是大师、长老、宗教圣人，但鲁米这个名字更为常用。他的出生地是在巴尔赫(Balkh,位于今阿富汗境内)，波斯人。

P131 注释②R. A. Vaughan, *Hours with the Mystics*, Bk VII, ch. 2, Vol. II, p. 13.

R. A. 沃恩,《与神秘主义者共处的时日》,VII 卷,第 2 章,Vol. II, P13。

R. A. 沃恩和《与神秘主义者共处的时日》:参见第一册 P63 注释①【增订四】。

P132 注释① Max Wehrli, *Deutsche Lyrik des Mittelalters*, 6th rev. ed., 1984, pp. 253,588.

马克斯·威利,《中世纪的德国抒情诗》,第 6 修订版,1984,P253,P588。

马克斯·威利和《中世纪的德国抒情诗》:参见第一册 P68【增订四】。

P132 注释② Katharine Briggs, *A Dictionary of Fairies*, Penguin, 1979, pp. 92,122.

凯瑟琳·布里格,《童话词典》,企鹅丛书,1979,P92,P122。

凯瑟琳·布里格,参见第一册 P68【增订四】。

P132 注释③ Cf. Christine Brooke-Rose, *A Grammar of Metaphor*, 1958, pp. 12,209.

参见克里斯汀·布鲁克-罗斯,《隐喻语法》,1958,P12,P209。

克里斯汀·布鲁克-罗斯和《隐喻语法》,参见第二册 P386 注释①。

P132 注释④ Donald Davidson.

唐纳德·戴维森。

唐纳德·戴维森(Donald Davidson, 1917—2003),20 世纪下半叶最重要的分析哲学家之一,实在论的代表。戴维森的思想,体现在自 20 世纪 60 年代以来发表的一系列论文中,主要集中于心灵哲学、语言哲学、形而上学和认识论,同时对伦理学以及美国实用主义的复兴也产生了重要影响。代表作有《行动与事件论文集》、《对真理与解释的探究》、《主观的、主观际的、客观的》、《合理性的难题》和《真理、语言与历史》等。

P133 注释① Boiardo, *Orlando Innamorato*, Lib. II, Canto viii, §23, Garzanti, 1978, Vol. II, II, p. 694.

博亚尔多,《恋爱中的奥兰多》,第 II 部,第 viii 篇,§23,伽赞替出版,1978,第

II 卷，II，P694。

博亚尔多和《恋爱中的奥兰多》：参见第一册 P99 注释③【增订四】。

P133 注释②W. B. Stanford, *Enemies of Poetry*, 1980, p. 112.

W. B. 斯坦福，《诗歌的敌人》，1980，P112。

W. B. 斯坦福，参见第一册 P399 注释②。

《诗歌的敌人》：W. B. 斯坦福著的文论作品，出版于 1980 年。在此作中，作者提出了这样一个观点：从某种意义上说，诗人荷马对当代文学所产生的影响比以往任何时代都要更加深刻。

P134 注释①G. Lakoff and M. Johnson, *Metaphors We Live By*, 1980, p. 43; Cf. p. 41: "In the weeks ahead of us (future); That's all behind us now (past). In the following weeks (future); In the preceding weeks (past)."

G. 莱考夫和 M. 约翰逊，《我们赖以生存的隐喻》，1980，P43；参见 P41："后来几周（未来）；那都过去了（过去）；接下来几周（未来）；前几周（过去）。"

G. 莱考夫（George Lakoff，1941—2018），美国语言学家，认知语言学的创始人。其研究领域广泛，包括认知语言学、语言的神经理论、概念系统，认知语言学在政治、文学、哲学、数学中的应用等。著述颇丰，代表作有《女人、火和危险的事情》、《道德政治》、《别想那只大象》、《我们赖以生存的隐喻》等。

M. 约翰逊（Mark Johnson），美国语言学家，认知语言学和体验哲学的创始人之一。研究领域广泛，涉及哲学、语言学、人工智能、认知科学、美学等。代表作有《身体的意义》、《思想中的身体》、《道德想象》等。

《我们赖以生存的隐喻》：G. 莱考夫和 M. 约翰逊合著。此书作为当代语言学经典著作，是公认的认知语言学隐喻系统研究的开始，在国外隐喻研究中具有很大影响。G. 莱考夫和 M. 约翰逊在书中指出，隐喻不仅是语言中词汇的问题，还是人类思维的重要手段，它直接参与人类的认知过程，是人类生存的基本方式。他们从认知的角度首次提出了概念隐喻理论。

P134 注释②*Du côté de chez Swann*, ii. *A la recherche du temps perdu*, Bib, de la Pleiade, Vol. II, p. 209.

《去斯万家那边》，ii.《追忆似水年华》，"七星文库"，第 II 卷，P209。

《去斯万家那边》：普鲁斯特长篇小说《追忆似水年华》中的一卷。

《追忆似水年华》及其作者普鲁斯特：参见第二册 P88 注释①。

P134 注释③ Goethe, *Maximen und Reflexionmen*, §776, *Werke*, Hamburger Ausgabe, Vol, XII, P. 474; Cf. pp. 757 - 8 "Anmerkungen".

歌德，《格言与反思集》，§776，《全集》，汉堡出版社，第 VII 卷，P474；参见 P757—758"注释"。

歌德，参见第一册 P16 注释①。

《格言与反思集》：歌德著。此作是其英译本，初版于 1893 年，英译者是汤姆斯·贝利·桑德斯(Thomas Bailey Saunders)。歌德的格言文字上准确简洁，但更重要的是，他具有极其敏锐的观察力，能够捕捉到日常生活中往往为人们所忽视的某些带规律性的东西并巧妙地把它们表述出来。

P136 注释① Virginia Woolf, *Letters*, ed. N. Nicolson and J. Trautman, Vol. I, 1975, p. 300.

弗吉尼亚·伍尔芙，《书信集》，N. 尼科尔森和乔特曼编，第 I 卷，1975，P300。

弗吉尼亚·伍尔芙，参见第五册 P8 注释③。

《书信集》：弗吉尼亚·伍尔芙著。

P137 注释①Jean Giono, *Lettre aux paysans sur lapauvreté et la paix*, 1938.

让·乔奥诺，《致农民书、论贫穷与和平》，1938。

让·乔奥诺(Jean Giono, 1895—1970)，法国作家。其小说大部分以法国普罗旺斯地区为背景。

《致农民书、论贫穷与和平》：让·乔奥诺著，发表于 1938 年。

P137 注释②Gilliat.

吉利亚特。

吉利亚特(Gilliat)，法国作家维克多·雨果的《海上劳工》中的主要人物。吉利亚特是一位年轻、善良的水手，具有良好的品质。

P137 注释③*Les Travailleurs de la mer*, III. v.

《海上劳工》，III. v。

《海上劳工》：法国作家维克多·雨果的作品。《海上劳工》是雨果流亡海岛期间创作的一部重要小说，主要描写了主人公吉利亚特对船主勒蒂埃利的侄女戴吕施特深沉纯洁的爱。他为了成全戴吕施特与埃伯纳兹尔·柯德莱神父的婚姻作出了自我牺牲。

《海上劳工》的作者雨果，参见第一册 P145 注释①。

P138 注释① W. H. Auden and L. Kronenberger, ed., *The Faber Book of Aphorisms*, 1978, p. 359.

W. H. 奥登和 L. 克罗内伯格合编，《费伯的格言书》，1978，P359。

W. H. 奥登，参见第一册 P128 注释①。

L. 克罗内伯格和《费伯的格言书》：参见第一册 P420【增订三】。

P139 注释① Roman Ingarden: "Konkretisation und Rekonstruktion", in R. Warning, ed., *Rezeptionsästhetik*, 1979, pp. 42-3.

罗曼·英伽登:《具体化与重构》，引自 R. 沃宁编，《读者反应批评》，1979，P42—43。

罗曼·英伽登(Roman Ingarden, 1893—1970)，波兰现象学哲学家和美学家，现象学美学的主要代表人物。主要著作有《文学的艺术作品》、《论对文学的艺术作品的认识》、《艺术本体论研究》、《经验、艺术作品与价值》等。其中《文学的艺术作品》最著名，是现象学美学的代表作。

《具体化与重构》：罗曼·英伽登的论文。

R. 沃宁和《读者反应批评》：不详。

P139 注释② Richard Ohmann: "Speech Acts and the Definition of Literature", quoted in M. L. Pratt, *Towards a Speech Act Theory of Literature*, 1977, pp. 89-90.

理查德·奥曼:《言语行为与文学的定义》，引自 M. L. 普拉特，《论文学的言语行为理论》，1977，P89—90。

理查德·奥曼，不详。

《言语行为与文学的定义》：理查德·奥曼著的论文。此文试图对文学作品这一术语进行界定。

M. L. 普拉特(M. L. Pratt, 1948—)，美国学者，研究文学和语言学及西班牙和葡萄牙语言文学。代表作有《论文学的言语行为理论》、《交流圈的艺术》、《经验之眼：旅行写作与跨文化》等。

《论文学的言语行为理论》：M. L. 普拉特著，出版于 1977 年。此作揭示了文学叙事的语言学基础，对文学批评理论具有极大地建设意义。

P140 注释① Wolfram von Eschenbach in Max Wehrli, *Deutsche Lyrik des Mittelalters*, 6th ed. revised, 1984, pp. 198 - 9.

沃尔夫拉姆斯-埃森巴赫，引自马克斯·威利，《中世纪的德国抒情诗》，第 6 版，重订于 1984 年，P198—199。

沃尔夫拉姆斯-埃森巴赫（Wolfram von Eschenbach, 1160/80—1220），德国诗人，被认为是中世纪德国文学史上最伟大的史诗诗人之一。

马克斯·威利和《中世纪的德国抒情诗》：参见第一册 P68【增订四】。

P141 注释① Peter Gay, *Education of the Senses*, 1984, p. 363.

彼得·盖伊，《感官的教育》，1984，P363。

彼得·盖伊，参见第五册 P3 注释③。

《感官的教育》：彼得·盖伊著的历史学著作。此作是彼得·盖伊著的《布尔乔亚经验》第一卷。此书主要探讨维多利亚时期的性文化，作者认为，维多利亚时期的人对性不是无知的、隐晦的、拘束的、虚伪的。作者以最原始的感官经验书写一个时代的潜在动力——一部布尔乔亚少妇的感官日记，引领读者返回现代社会精神困境的起点。

P143 注释①*Oedipus Coloneus*, 1275.

《俄狄浦斯在科罗诺斯》，1275。

《俄狄浦斯在科罗诺斯》：参见第一册 P286【增订四】。

P143 注释②"Never to have lived is best, ancient writers say;/ Never to have drawn the breath of life, never to have looked into the eye of the day;/ The second best's a gay goodnight and quickly turn away. —W. B. Yeats: "A Man Young and Old".

如古代作家们所说，最好的事情莫过于从未活过；/莫过于从未汲取过生命的气息，从未凝视过白昼的眼眸；/其次，才是一声愉快的晚安和迅速的转身离去。一威廉·巴特勒·叶芝：《一个男人的青春与暮年》。

W. B. 叶芝，参见第四册 P166 注释③。

《一个男人的青春与暮年》：W. B. 叶芝著的诗歌。

P144 注释①"Ruhelechzend", Heine, *Werke und Briefe*, Aufbau, 1961. Bd II, S. 195.

《渴望休息》，海涅，《作品书信集》，建设出版社，1961，第 II 卷，S. 195。

《渴望休息》：海涅著的诗歌。

海涅，参见第一册 P8 注释①。

P144 注释② Philip Sidney, *An Apology for Poetry*, in E. D. Jones, ed., *English Critical Essays*, "World's Classics", pp. 3-4.

菲利普·西德尼，《诗辩》，E. D. 琼斯编，《英语批评文章》，"世界经典"，P3—4。

菲利普·西德尼和《诗辩》：参见第一册 P195 注释②。

P144 注释③ Thucydides, I. xxii. 13, Loeb, Vol. I, p. 39.

修昔底德，I. xxii. 13，"洛布古典丛书"，第 I 卷，P39。

修昔底德，参见第一册 P318【增订四】。

P145 注释① Philip Sidney, *An Apology for Poetry*, in E. D. Jones, ed., *English Critical Essays*, "World's Classics", pp. 3-4.

菲利普·西德尼，《诗辩》，E. D. 琼斯编，《英语批评文章》，"世界经典"，P3—4。

菲利普·西德尼和《诗辩》：参见第一册 P195 注释②。

P145 注释② P.-L. Courier, in Sainte-Beuve, *Causeries du lundi*, Vol. VI, p. 333.

P.-L. 信使，圣-伯夫，《周一漫谈》，Vol. VI, P333。

圣-伯夫和《周一漫谈》：参见第一册 P319【增订四】。

P146 注释① Friedrich Ast, *Grundlinien der Grammatik*, *Hermeneutik und Kritik* § 75, in U. Nasser, ed., *Klassiker der Hermeneutik*, 1982, p. 95. Cf. K. Mueller-Vollmer, ed., *The Hermeneutics Reader*, 1986, p. 16, Humboldt; p. 19, Droysen; pp. 84-5, Schleiermacher; p. 144, Boeckh; pp. 225-6,

Heidegger.

弗勒贝尔·阿士德,《语法学、阐释学、订勘学本刊》, § 75, U. 纳赛尔编,《阐释学家》,1982, P95. 参见 K. 米勒-孚尔默编,《阐释学读者》,1986, P16,洪堡;P19,德罗伊森;P84—85,施莱尔马赫;P144,伯克;P225—226,海德格尔。

弗勒贝尔·阿士德,参见第一册 P328【增订四】。

K. 米勒-孚尔默,参见第一册 P328【增订四】。

约翰·古斯塔夫·德罗伊森,参见第一册 P328【增订四】。

弗里德里希·施莱尔马赫,参见第一册 P328【增订四】。

奥古斯特·伯克,参见第一册 P328【增订四】。

马丁·海德格尔,参见第一册 P328【增订四】。

《语法学、阐释学、订勘学本刊》: 参见第一册 P328【增订四】。

《阐释学读者》: 参见第一册 P328【增订四】。

P146 注释②H. -G. Gadamer, *Wahrheit und Methode*, 2nd ed. , 1965, p. 297.

H. -G. 伽达默尔,《真理与方法》,第 2 版,1965, P297。

H. -G. 伽达默尔和《真理与方法》: 参见第一册 P328【增订四】。

P147 注释① Castiglione, *Il* Cortegiano, IV, § 56, Biblioteca Classica Hoepliana, 1928, p. 418.

巴尔德萨·卡斯蒂利奥内,《廷臣论》, IV, § 56,"欧伯利古典丛书", 1928, P418。

巴尔德萨·卡斯蒂利奥内和《廷臣论》:参见第一册 P413【增订四】。

P147 注释② Herodotus, I. 4, Loeb, Vol. I, p. 7.

希罗多德,I. 4,"洛布古典丛书",第 1 卷,P7。

希罗多德,参见第一册 P413【增订四】。

P147 注释③W. Hildesheimer, *Das Opfer Helens*, 1955.

W. 希尔特海姆,《受害者海伦》,1995。

W. 希尔特海姆和《受害者海伦》,参见第一册 P413【增订四】。

P148 注释①E. Frenzel, Stoff der Weltliteratur, 6th ed. , 1983, p. 305.

E. 弗伦泽尔，《世界文学素材》，第 6 版，1983，P305。

伊丽莎白·弗伦泽尔《世界文学素材》，参见第一册 P413【增订四】。

P149 注释①D'ailleurs, Charles l'attendait; et déjà elle se sentait au coeur cette lâche docilité qui est, pour bien des femmes, comme le châtiment tout à la fois et la rançon de l'adultère. — *Madame Bovary*, III. ii, Conard, p. 339; Elle était pour son mari plus charmante que jamais, lui faisait des crêmes à la pistache et jouait des valses après dîner. Il se trouvait donc le plus fortuné des mortels. —— ib. III. v, p. 373.

"另外，查尔斯在等她，她已经在心中感受到这种懦弱的顺从了，对于许多女人来说这如同惩罚，这就是通奸的代价。"《包法利夫人》，III，ii，康纳德出版，P339；对于她丈夫来讲，她比任何时候都更有魅力，她为他做了开心果奶油（备注：这是一种看起来像酸奶的奶油甜点），并在晚餐后演奏了钢琴曲华尔兹，他感到自己是这世上最幸运的人。——如前所引。III. v，P373。

《包法利夫人》及其作者居斯塔夫·福楼拜：参见第一册 P436【增订四】。

P149 注释②*The Tempest*, III. ii.

《暴风雨》，III. ii。

《暴风雨》：参见第一册 P448【增订四】。

《暴风雨》的作者莎士比亚，参见第一册 P70 注释①。

P150 注释① Pliny, *Natural History*, VIII, § 134, Loeb, Vol. III, p. 94

普林尼，《自然史》，VIII，§ 134，"洛布古典丛书"，III，P94。

普林尼和《自然史》：参见第一册 P380 注释①。

P150 注释② Leopardi, *Zibaldone*, ed. F. Flora, Vol. II, P. 130.

莱奥帕尔迪，《杂记》，F. 弗洛拉编，第 II 卷，P130。

莱奥帕尔迪：参见第一册 P256 注释④。

《杂记》：参见第一册 P608【增订三】。

P152 注释① Erving Goffman, *The Presentation of Self in Everyday Life*, Penguin Books, 1980, pp. 74－6, 122.

欧文·戈夫曼,《日常生活中的自我呈现》,企鹅丛书,1980, P74—76,P122。

欧文·戈夫曼(Erving Goffman, 1922—1982),美国社会学家,符号互动论的代表人物,拟剧论的倡导人。主要著作有《日常生活中的自我表现》、《避难所》、《邂逅》、《公共场所行为》、《污记》、《互动仪式》、《框架分析》、《交谈方式》等。

《日常生活中的自我呈现》:欧文·戈夫曼著。此作是作者根据一项在设得兰群岛佃农社区所作的实地研究所写的,是现代社会学比较研究丛书。戈夫曼借用戏剧的观点,提出"拟剧论"。分析了自我在日常生活中的镜像展现——个体通过"表演"来展现一种符号,投射出特定的"情境定义",管理自我在他人心目中的印象(因此"拟剧论"又被称为印象管理)。

P153 注释① Simmias, in *Phaedo*, 85 CD, Loeb, p. 295.

西米亚斯,《斐多篇》,85 CD,"洛布古典丛书",P295。

《斐多篇》:参见第一册 P513 注释②。

西米亚斯:毕达哥拉斯的弟子。柏拉图的《斐多篇》中曾记载他的观点。

P154 注释① L. Wittgenstein, *Tractatus Logico-philosophicus*, 6. 54, Suhrkamp, 1978, p. 115.

L. 维特根斯坦,《逻辑哲学论》,6. 54,苏尔坎普,1978, P115。

L. 维特根斯坦和《逻辑哲学论》:参见第一册 P514【增订四】。

P154 注释②U. Eco, *Il nome della rosa*, Settimo giorno: notte, Bompiani, 1986, p. 495.

U. 艾柯,《玫瑰之名》,第七天:晚上,邦皮亚尼,P495。

安伯托·艾柯和《玫瑰之名》:参见第一册 P515【增订四】。

P158 注释①*Il. Principe*, xviii, *Opere*, Riccardo Ricciardi, pp. 57 - 9.

《君主论》,xviii,《作品》,理却地·里西亚蒂出版,P57—59。

《君主论》及其作者马基雅维利:参见第一册 P37 注释④。

P158 注释②*Paradise Lost*, IV, 393 - 4.

《失乐园》,IV, 393—394。

《失乐园》及其作者弥尔顿:参见第一册 P183 注释①。

P158 注释③*Essais*, III. viii, Bib. de la Pléiade, p. 904.

《随笔录》,第Ⅲ卷,第 viii 章,七星文库,P904。

《随笔录》及其作者蒙田:参见第一册 P50 注释①【增订四】。

P161 注释① Jean de la Varende, *M. le duc de Saint-Simon et sa comédie humaine*, 1983, p. 113.

让·德拉瓦伦德,《圣西门公爵和他的人类喜剧》,1983,113。

让·德拉瓦伦德,参见第一册 P680**【增订四】的注释。**

《圣西门公爵和他的人类喜剧》:让·德拉瓦伦德著,其他不详。

圣西门公爵(ducde Saint-Simon, 1675—1755),法国回忆录作家。路易-菲力普摄政时他政治上失意后,便专心写作。被认为是法国最佳散文作家之一。代表作有《路易十四宫廷和摄政期回忆录》等。

P161 注释② Evelyn Waugh, *Diaries*, ed. M. Davie, 1976, p. 783.

伊夫林·沃,《日记》,M. 大卫编,1976, P783。

伊夫林·沃,参见第一册 P711【增订四】。

《日记》:全名为《伊夫林·沃的日记》(The Diaries of Evelyn Waugh),出版于1976 年,由迈克尔·戴维编。此作收录了伊夫林·沃的日记。

P162 注释① Roland Barthes, *Le plaisir du texte*, Éditions du Seuil, 1973, p. 52.

罗兰·巴特,《文本的快乐》,瑟依出版社,1973, P52。

罗兰·巴特和《文本的快乐》:参见第一册 P711【增订四】。

P163 注释①*Madame, Bovary*, II, xii, *op. cit.*, p. 265.

《包法利夫人》,II, xii,如前所引,P265。

《包法利夫人》及其作者福楼拜:参见第一册 P436【增订四】。

P163 注释② Molinos, *Guía espiritual*, lib. I, cap. 17, in B. Croce, *La Poesia*, 5^a ed., 1953, p. 263.

莫林诺,《灵程指引》,第 I 部,第 17 章,B. 克罗齐,《诗学》,第 5 次再版,1953, P263。

莫林诺和《灵程指引》：参见第二册 P14【增订四】。

B. 克罗齐：参见第一册 P415 注释①。

《诗学》：参见第二册 P14【增订四】。

P164 注释①T. K. Seung, *Structuralism and Hermeneutics*, 1982, pp. 29 - 30.

T. K. 承炫，《结构主义与解释学》，1982，P29—30。

T. K. 承炫，参见第二册 P27【增订四】。

《结构主义与解释学》：T. K. 承炫著，发表于 1982 年。其他不详。

P164 注释② Suetonius, *op. cit.*, Vol, I, p. 451.

苏埃托尼乌斯，如前所引，卷 I，p. 451。

苏埃托尼乌斯，参见第一册 P8 注释①。

P165 注释① All my offences that abroad you see/Are errors of the blood, none of the mind. —*A Lover's Complaint*, 183 - 4.

你见我那些外在的罪孽，无一动心，血性成祸。——《情人怨》，183—184。

《情人怨》：参见第二册 P51【增订四】。

《情人怨》的作者莎士比亚，参见第一册 P70 注释①。

P166 注释①"Yankee Doodle", G. Grigson, ed., *The Faber Book of Popular Verse*, 1974, p. 166.

"扬基·杜多"，G. 格里戈森编，《费伯流行诗歌集》，1974，P166。

"扬基·杜多"：美国民歌。

G. 格里格森：参见第一册 P128 注释①。

《费伯流行诗歌集》：参见第二册 P67【增订四】。

P166 注释②G. Ryle, *The Concept of Mind*, 1949, pp. 16 - 7: "But where is the University?" etc.

吉尔伯特·赖尔，《心的概念》，1949，P16—17："但是大学在哪里呢？"等。

吉尔伯特·赖尔和《心的概念》：参见第二册 P67【增订四】。

P166 注释③*System und Geschichte der Philosophie*, ed. J. Hoffmeister, 1944,

Vol. I, pp. 109,110.

《哲学史讲演录》,J. 霍夫麦斯特编,1944,第 I 卷,P109,P110。

《哲学史讲演录》及其作者黑格尔：参见第一册 P87 注释①和第一册 P4 注释①。

P167 注释②*Orlando innamorato*, VI. §50, *op. cit.*, Vol I, p. 131; Cf. Jean H. Hagstrum, *The Sister Arts*, 1958, p. 73, Aretino.

《恋爱中的奥兰多》,VI. §50,如上所引,第 I 卷,131 页;参见让 · H. 哈格斯特鲁姆,《姐妹艺术》,1958, P73,阿雷蒂诺。

《恋爱中的奥兰多》及其作者博亚尔多：参见第一册 P99 注释③【增订四】。

让 · H. 哈格斯特鲁姆,参见第二册 P81【增订四】。

《姐妹艺术》：参见第二册 P81【增订四】。

彼得罗 · 阿雷蒂诺,参见第一册 P558 注释④。

P167 注释③ La Bruyère, *Les Caractères*, I, §17, Classiques Hachette, p. 33.

拉布吕耶尔,《品格论》,I, §17,阿歇特图书公司,P33。

拉布吕耶尔和《品格论》,参见第一册 P620 注释①。

P168 注释①J.-A. Brillat-Savarin, *Physiologie du goût*, "Aphorismes", iv, Lib. Gustave Adam, 1948, p. 13.

让 · 安泰尔姆 · 布里亚-萨瓦兰,《厨房里的哲学家》,"名言",iv,居斯塔夫 · 亚当博物馆,1948, P13。

让 · 安泰尔姆 · 布里亚-萨瓦兰和《厨房里的哲学家》：参见第二册 100【增订四】。

P169 注释①*Confessions*, I, iv, Loeb, Vol. I, p. 8.

《忏悔录》,I . iv,"洛布古典丛书",I, 8。

《忏悔录》及其作者圣奥古斯丁：参见第一册 P14 页注释①。

P169 注释②*ib*. I. vi, p. 12.

同上,I. vi, P12。

P170 注释① Pour demeurer fidèle au nihilisme passif qu'il a pris pour principe, le bouddhisme doit tendre à l'indifférence absolue, par la négation de toutes les valeurs, y compris, par conséquent, la valeur du néant. — Raymond Polin, *Du laid, du mal, du faux*, 1948, p. 83.

"为了保持对他所认为的虚无主义的忠诚，佛教必须通过否定所有的价值观，包括对虚无的价值，来寻求绝对的虚无。"——雷蒙·波林，《丑，恶，假》，1948，P83。

雷蒙·波林和《丑，恶，假》：参见第一册 P10 注释②。

P171 注释①*The Vicar of Wakefield*, I. x.

《威克菲尔德的牧师》，I. x。

《威克菲尔德的牧师》：参见第二册 P156【增订四】。

《威克菲尔德的牧师》的作者奥利弗·哥德史密斯，参见第一册 P30 注释①。

P171 注释②*Die Nachiwachen des Bonaventura*, VII, Edinburgh Bilingual Library, 1972, p. 112.

《波那文图拉值夜》，VII，爱丁堡双语图书馆，1972，P112。

《波那文图拉值夜》及其作者奥古斯特·克林格曼：参见第二册 P163【增订四】。

P172 注释①*Harrap's Slang Dictionary*, 1984, Pt I, p. 372.

《哈拉普俚语词典》，1984，第 I 部分，P372。

《哈拉普俚语词典》：不详。

P173 注释①M. Bradbury and J. McFarlane, ed. *Modernism*, Penguin, 1978, p. 139.

M. 布雷德伯里和 J. 麦克法兰编，《现代主义》，企鹅丛书，1978，P139。

M. 布拉德伯里、J. 麦克法兰和《现代主义》：参见第二册 P204【增订四】。

P175 注释①*The Frog and the Crow*, in G. Grigson, ed. *The Faber Book of Popular Verse*, 1974, pp. 67 - 8.

《青蛙与乌鸦》，出自 G. 格里戈森编，《费伯流行诗歌集》，1974，P67—68。

《青蛙与乌鸦》：英国民歌。

G. 格里戈森，参见第一册 P128 注释①。

《费伯流行诗歌集》：参见第二册 P67【增订四】。

P176 注释① F. Kafka："*Ein Bericht für eine Akademie*", in *Erzählungen*, *Philip Reklam* jun., 1981, pp. 196 - 7.

卡夫卡：《致科学院的报告》，菲利普，赖克莱姆，1981，六月，P196—197。

卡夫卡，参见第二册 P277 注释②。

《致某科学院的报告》：参见第二册 P287【增订四】。

P177 注释① *Faust*, I, 1409 - 12.

《浮士德》，I, 1409—12。

《浮士德》及其作者歌德：参见第一册 P16 注释①。

P177 注释② Sir Richard Burton, *Selected Papers*, ed. N. M. Penzer, p. 82.

理查德·伯顿爵士，《选集》，N. M. 彭泽编，P82。

理查德·弗朗西斯·伯顿爵士（Sir Richard Francis Burton, 1821—1890），英国军官，著名探险家、语言学家、人类学家，通晓25种语言和15种方言。

《选集》：不详。

P178 注释① "The Two Magicians", in *The Oxford Book of Light Verse*, ed. W. H. Auden, pp. 379 - 80; Cf. "The Two Magicians" in *The Faber Book of Popular Verse*, ed. G. Grigson, 1974, pp. 278 - 80.

《两术师》，《牛津谐趣诗集》，W. H. 奥登编，P379—380。引自"两术师"，《费伯流行诗歌集》，G. 格里格森编，P278—280。

《两术师》：民谣。

《牛津谐趣诗集》：参见第二册 P327【增订四】。

W. H. 奥登：参见第一册 P128 注释①。

《费伯流行诗歌集》：参见第二册 P67【增订四】。

G. 格里格森：参见第一册 P128 注释①。

P178 注释② "The School of Salamanca", in Italo Calvino, *Italian Folktales*, tr. G. Martin, 1980, pp. 444 - 6. cf. Katharine Briggs, *A Dictionary of*

Fairies, Penguin Books, 1979, p. 361, "The Wizard's Gillie".

《萨拉曼卡学校》，出自伊塔洛·卡尔维诺，《意大利童话》，G. 马丁译，1980，P444—446；参见凯瑟琳·布里格，《童话词典》，企鹅丛书，1979，P361，《仙女词书》。

《萨拉曼卡学院》：出自卡尔维诺的《意大利童话》。

伊塔洛·卡尔维诺和《意大利童话》：参见第二册 P327【增订四】。

凯瑟琳·布里格，参见第一册 P68【增订四】。

《仙女词书》：凯瑟琳·布里格著，2002 年出版。其他不详。

P178—179 注释③"The Thief and his Master", *The Complete Grimm's Fairy Tales*, Routledge and Kegan Paul, 1975, p. 338.

《小偷和他的师傅》，《格林童话》，劳特利奇和凯根·保罗出版社，1975，P338。

《小偷和他的师傅》：《格林童话》中的一篇。

《格林童话》及其编者格林兄弟：参见第一册 P485 注释①。

P179 注释② Iona and Peter Opie, *The Classic Fairy Tales*, Granada, 1980, pp. 150 - 1.

洛娜·奥佩和彼得·奥佩，《经典童话故事》，格拉纳达，1980，P150—151。

洛娜·奥佩、彼得·奥佩和《经典童话故事》：参见第二册 P327【增订四】。

P179 注释③ Umberto Eco, *Il nome della rosa*, Primo giorno: dopo nona, Bompiani, 1986, 86 - 8.

安伯托·艾柯，《玫瑰之名》，第一天：祷告之后，邦皮亚尼，1986，86—88。

安伯托·艾柯和《玫瑰之名》：参见第一册 P515【增订四】。

P180 注释① James M. Clark, *Meister Eckhart*, p. 42.

詹姆斯·M. 克拉克，《大师埃克哈特》，P42。

詹姆斯·M. 克拉克、埃克哈特和《大师埃克哈特》：参见第二册 P204 注释②。

P181 注释① Kierkegaard, *The Concept of Irony*, tr. Lee M. Capel, 1966, p. 73.

克尔凯郭尔，《讽刺的概念》，由李·M. 卡佩尔翻译，1966，P73。

克尔凯郭尔，参见第二册 P59 注释②。

《讽刺的概念》：参见第二册 P377【增订四】。

P183 注释①*Die Heimkehr*, Ixvi,"Mir träumt"*op. cit.*, Vol. I, p. 137.

《乡愁》,Ixvi,"我梦到",如前所引,第 I 卷,P137。

《乡愁》：德国诗人海涅的诗歌。

海涅，参见第一册 P8 注释①。

P184 注释① Schiller: "Votivtafeln", xxix, *Werke*, ed. L. Bellermann, Vol. I, p. 180, cf. p. 360, note.

席勒:《许愿牌》,xxix,《作品》,L. 贝乐曼编,第 I 卷,P180,参见 P360,注释。

席勒，参见第一册 P6 注释③。

《许愿牌》：席勒著，见《讽刺诗和许愿牌》(*Xenien Und Votivtafeln*)，其他不详。

P186 注释① Joseph Ritson.

约瑟夫·利特生。

约瑟夫·利特生(Joseph Ritson, 1752—1803)，英国古文物研究者。他曾撰文抨击托马斯·沃顿的《英语诗歌的历史》，在文坛引起轰动。他最大的成就是编辑《罗宾汉民谣》系列。

P186 注释② James Sutherland, *The Oxford Book of Literary Anecdotes*, Pocket Books, 1976, p. 154.

詹姆斯·萨瑟兰,《牛津文学逸事选》,袖珍图书出版社,1976, P154。

詹姆斯·萨瑟兰和《牛津文学逸事选》：参见第二册 P497【增订四】。

P186 注释③ Bronson Alcott.

布朗生·阿尔科特。

布朗生·阿尔科特(Bronson Alcott，生卒不详)，《小妇人》的作者美国女作家露易莎·梅·阿尔科特的父亲，是一位不得志的哲学家和教育家。

P186 注释④ Pythagoras.

毕达哥拉斯。

毕达哥拉斯(Pythagoras,约前580年—约前500(490)年),古希腊数学家、哲学家。毕达哥拉斯的哲学思想受到俄耳甫斯的影响,具有一些神秘主义因素。毕达哥拉斯还在西方长期被认为是毕达哥拉斯定理(中国称勾股定理)的发现者。毕达哥拉斯对数学的研究还产生了后来的理念论和共相论。即有了可理喻的东西与可感知的东西的区别,可理喻的东西是完美的、永恒的,而可感知的东西则是有缺陷的。这个思想被柏拉图发扬光大,并从此一直支配着哲学及神学思想。

P186 注释⑤ Donald Hall, *The Oxford Book of American Literary Anecdotes*, OUP Paperback, 1983, p. 36.

唐纳德·霍尔,《牛津美国文学逸事集》,牛津大学出版社,1983,P36。

唐纳德·霍尔和《牛津美国文学逸事集》:参见第二册P497【增订四】。

P187 注释① Diogenes Laertius, *Lives of Eminent Philosophers*, VIII. 21, Loeb, Vol. II, p. 339

第欧根尼·拉尔修,《名哲言行录》,VIII. 21,洛布古典丛书,第II卷,P339。

第欧根尼·拉尔修和《名哲言行录》:参见第一册P25注释②。

P188 注释①"Oftentimes a base contemptible fellow is the instrument of God's justice to punish, to torture, to vex them, as an *ichneumon* doth a *crocodile*."-R. Burton, *Anatomy of Melancholy*, Part II, Sect, iii, Mem 7, George Bell, 1904, Vol. II, p. 226, Note: The ancients thought the ichneumon ... even entered the mouth of the crocodile, and gnawed its entrails.

通常一个卑鄙的家伙是上帝用来惩罚、折磨他们的工具,就像埃及獴对待鳄鱼一样。——罗伯特·伯顿,《忧郁的解剖》,第II卷,第iii部分,第7章,乔治·贝尔,1904,第II卷,226,注释:古人认为埃及之獴能入巨鳄之口而食其肝脏。

罗伯特·伯顿和《忧郁的解剖》:参见第一册P37注释④。

P189 注释① Lona and Peter Opie, *The Classical Fairy Tales*, Granada, 1980, p. 51.

洛娜·奥佩和彼得·奥佩,《经典童话故事》,格拉纳达,1980, P51。

洛娜·奥佩、彼得·奥佩和《经典童话故事》:参见第二册P327【增订四】。

P189 注释② Pygmalion's power.

皮格马利翁的力量。

皮格马利翁：是希腊神话中的塞浦路斯国王，善雕刻。他不喜欢塞浦路斯的凡间女子，决定永不结婚。他用神奇的技艺雕刻了一座美丽的象牙少女像，在夜以继日的工作中，皮格马利翁把全部的精力、全部的热情、全部的爱恋都赋予了这座雕像。他像对待自己的妻子那样抚爱她，装扮她，为她起名加拉泰亚，并向神乞求让她成为自己的妻子。爱神阿芙洛狄忒被他打动，赐予雕像生命，并让他们结为夫妻。

P189 注释③E. H. Gombrich, *Art and Illusion*, 5th ed., 1977, p. 94.

E. H. 贡布里希，《艺术与错觉》，第 5 版，1977，P94。

E. H. 贡布里希和《艺术与错觉》：参见第二册 P569【增订四】。

P190 注释① Karl Kraus, *Sprüche und Widersprüche*, Suhrkamp, 1984, p. 114.

卡尔·克劳斯：《言说和矛盾》，苏尔坎普，1984，P114。

卡尔·克劳斯和《言说和矛盾》：参见第二册 P577【增订四】。

P192 注释① Charles Reade, *The Cloister and the Hearth*, ch. 2, Everyman's Lib., p. 34.

查尔斯·里德，《患难与忠诚》，第 2 章，人人文库，P34。

查尔斯·里德和《患难与忠诚》：参见第一册 P73 注释①。

P193 注释① Shakespeare, *Venus and Adonis*, 360 ff..

莎士比亚，《维纳斯和阿多尼斯》，360 页及之后。

莎士比亚，参见第一册 P70 注释①。

《维纳斯和阿多尼斯》：参见第二册 P632【增订四】。

P193 注释② Heine, *Geständnisse*, *in Werke und Briefe*, Aufbau, 1962, Vol. VII, P. 126.

海涅，《忏悔录》，《作品书信集》，1962 年出版，第 VII 卷，P126。

海涅，参见第一册 P8 注释①。

《忏悔录》: 参见第二册 P639【增订四】。

P194 注释① Sainte-Beuve: "Madame Sophie Gay", *Causeries du lundi*, Garnier, Vol. VI, p. 79.

圣-伯夫:"索菲・盖伊夫人",《周一漫谈》,卡尼尔出版,第 VI 卷,P79。

圣-伯夫和《周一漫谈》: 参见第一册 P319【增订四】。

P194 注释② Alfred de Vigny, *Le Journal d'un poète*, in *Oeuvres complètes*, Bib. de la Pléiade, Vol. II, p. 1353.

阿尔弗雷・德・维尼,《诗人日记》,全集,"七星文库",第 II 卷,P1353。

阿尔弗雷・德・维尼和《诗人日记》: 参见第一册 P44 注释④。

P196 注释① "The Shroud", *The Complete Grimm's Fairy Tales*, Routledge and Kegan Paul, 1975, pp. 502 - 3.

《裹身布》,《格林童话》,劳特利奇 & 开根・宝罗出版社,1975, P502—503。

《格林童话》: 参见第二册 P327【增订四】。

P197 注释① "Seal Maidens", "Swan Maidens", Katharine Briggs, *A Dictionary of Fairies*, Penguin Books, 1977, pp. 349 - 50, 386 - 7; "The Dove Girl", Italo Calvino, *Italian Folktales*, No. 164, tr. George Martin, 1980, pp. 593 - 4, Note, p. 749.

《獭妻》,《天鹅妻》,凯瑟琳・布里格,《童话词典》,企鹅丛书,1977, P349—350,P386—387;《鸽女》,伊塔洛・卡尔维诺,《意大利童话》,第 164 篇,乔治・马丁译,1980, P593—594,注释,P749。

凯瑟琳・布里格和《童话词典》,参见第一册 P68【增订四】。

伊塔洛・卡尔维诺和《意大利童话》: 参见第二册 P327【增订四】。

P199 注释① "I Saw a Fishpond", G. Grigson, ed., *The Faber Book of Popular Verse*, 1974, p. 91.

《吾尝观一座鱼池》,G. 格里戈森编,《费伯流行诗歌集》,1974, P91。

G. 格里戈森,参见第一册 P128 注释①。

《费伯流行诗歌集》: 参见第二册 P67《增订四》。

P199 注释② *Paradiso*, XXXIII. 1－2.

《天堂篇》,XXXIII. 1—2。

《天堂篇》及其作者但丁：参见第一册 P244 注释②。

P200 注释① La nation est, en effet, bisexuée. …La fusion du maternel et du paternel se manifeste … dans l'étrange association de la formule sacramentelle: "mère-patrie". —Edgar Morin, *Sociologie*, 1984, p. 131.

国家俨若雌雄两性体……是父系与母系结合的体现……在这个奇特的组合方式中宗教扮演着母性角色。一埃德加・莫兰,《社会学思考》,1984, P131。

埃德加・莫兰和《社会学思考》：参见第二册 P827【增订四】

P200 注释② Northrop Frye, *Spiritus Mundi*, 1976, pp. 231,235.

诺思洛普・弗莱,《精神世界》,1976, P231,235。

诺思洛普・弗莱：参见第一册 P244 注释④。

《精神世界》,参见第二册 P347【增订四】。

P203 注释①the English Austin nuns at Notre Dame de Sion.

在锡昂圣母院的英国奥斯汀修女。

P203 注释②W. J. Bate, *Samuel Johnson*, 1978, p. 518.

W. J. 贝特,《塞缪尔・约翰逊》,1978, P518。

W. J. 贝特和《塞缪尔・约翰逊》：参见第三册 P103【增订四】。

塞缪尔・约翰逊,参见第一册 P411 注释①。

P204 注释① Joseph de Maistre, in Sainte-Beuve, *Causeries du lundi*, Vol. IV, p. 209.

约瑟夫・德・迈斯特,引自圣-伯夫,《周一漫谈》,第 IV 卷,P209。

约瑟夫・德・迈斯特,参见第二册 P57 注释①。

圣-伯夫和《周一漫谈》：参见第一册 P319【增订四】。

P206 注释① Burton, *Anatomy of Melancholy*, Pt I, Sect. III, Mem. III, Subs. xv, *op. cit.*, Vol. I, p. 350.

伯顿，《忧郁的解剖》，第 I 卷，第 III 部分，第 III 章，第 xv 节，如前所引，第 I 卷，P350。

伯顿和《忧郁的解剖》：参见第一册 P37 注释④。

P206 注释② Kant, *Anthropolgie*, § 103, *Werke*, ed. E. Cassirer, Vol. VIII, P. 202.

康德，《人性学》，§ 103，《全集》，E. 卡西尔编，第 VIII 卷，P202。

康德，参见第一册 P6 注释②。

《人性学》：参见第一册 P435 注释①。

P207 注释①some rare and expensive thing, as, e. g. , sow's udder, Italian mushrooms, samian cake, or snow in Egypt. ——Plutarch: "Advice about Keeping Well", § 6, *Moralia*, Loeb, Vol, II, p. 231.

一些罕见且昂贵的东西，例如，母猪的乳房、意大利蘑菇、萨摩斯岛的蛋糕或埃及的雪。——普鲁塔克："保持健康的建议"，§ 6，《道德论丛》，洛布古典丛书，第 II 卷，231。

普鲁塔克和《道德论丛》：参见第一册 P84 注释①。

P208 注释① Harry Levin, *The Myth of the Golden Age in the Renaissance*, 1969, p. 186.

哈利・列文，《文艺复兴时期的黄金时代神话》，1969，P186。

哈利・列文和《文艺复兴时期的黄金时代神话》：参见第三册 P206【增订四】。

P209 注释① Montaigne, *Essais*, III, v, *op. cit.*, p. 825.

蒙田，《随笔录》，III，v，如前所引，P825。

蒙田和《随笔录》：参见第一册 P50 注释①【增订四】。

P209 注释②*Fragmente*, § 195, Novalis, *Schriften*, ed. J. Minor, 1923, Vol. II, p. 225.

《断章》，§ 195，诺瓦利斯，《作品集》，J. 麦勒编，1923，第 II 卷，P225。

诺瓦利斯和《断章》：参见第一册 P44 注释③。

P210 注释①*Confessions of an English Opium Eater*, Everyman's Lib, p. 95.

《一个英国鸦片吸食者的自白》,人人文库,P95。

《一个英国鸦片吸食者的自白》:参见第三册 P244【增订四】。

《一个英国鸦片吸食者的自白》的作者德·昆西,参见第一册 P415 注释②。

P210 注释② Philostratus, *The Life of Apollonius of Tyana*, II. xxii, Loeb, Vol. I, pp. 175 ff.; Cf. E. H. Gombrich, *Art and Illusion*, 5th ed., 1977, pp. 89-91,154-5.

斐罗斯屈拉图斯,《提亚那的阿波罗尼奥斯的生活》,II. xxii,洛布古典丛书,第I卷,175页及之后;参见E. H.贡布里希,《艺术与错觉》,第5版,1977,第89—91页,154—155页。

斐罗斯屈拉图斯,参见第一册 P617 注释①。

《提亚那的阿波罗尼奥斯的生活》:参见第三册 P244【增订四】。

E. H.贡布里希和《艺术与错觉》:参见第二册 P569【增订四】。

P214 注释① Nathan Ausubel, *A Treasury of Jewish Folklore*, Bantam Abridged Ed., 1980, p. 466.

内森·奥苏贝尔,《犹太民间传说的宝库》,班塔姆·安卜里基德编,1980, P466。

内森·奥苏贝尔和《犹太民间传说的宝库》:参见第三册 P301【增订四】。

P216 注释①*Don Quijote*, "Clásicos Castellanos", 1951, Vol. V, pp. 201-2.

《堂吉诃德》,"西班牙古典文学丛书",1951,第V卷,P201—202。

《堂吉诃德》及其作者塞万提斯:参见第一册 P99 注释④。

P216 注释② Friedrich August Wolf.

弗雷德里希·奥古斯特·沃尔夫。

弗雷德里希·奥古斯特·沃尔夫,(Friedrich August Wolf, 1759—1824),德国古典主义者,语言学家,被认为是现代语言学的奠基人。

P216 注释③die "Fertigkeit des Stils", d. h. die Fertigkeit, selbst in den alien Sprachen zu schreiben. —U. Nassen, ed., *Klassiker der Hermeneutik*, 1982, p. 85. Cf. Humboldt on "active linguistic competence": "One can understand a word which one hears only because one could have spoken it oneself." —K. Mueller-Vollmer, ed., *The Hermeneutics Reader*, 1986, p. 14.

"风格技巧",即用语言作文之技能。——U. 纳赛尔编,《诠释学经典》,1982, P85;参见洪堡"积极语言能力";K. 米勒-孚尔默编,《阐释学读者》,1986, P14。

U. 纳赛尔和《诠释学经典》:不详。

洪堡,参见第一册 P328【增订四】。

K. 米勒-孚尔默和《阐释学读者》:参见第一册 P328【增订四】。

P217 注释①Jean Paul, *Vorschule der Aesthetik*.

让·保尔,《美学入门》。

让·保尔和《美学入门》,参见第一册 P290 注释①。

P217 注释 Eric. B. Blackall, *The Novels of the German Romantics*, 1983, p. 170.

埃里克·B. 布莱克尔,《德国浪漫主义者的小说》,1983, P170。

埃里克·B. 布莱克尔和《德国浪漫主义者的小说》:参见第三册 P336【增订四】。

P217 注释② Barbey d'Aurevilly, Lettre à Trébutien mars, 1852, in M. Bradbury and J. McFarlane, ed., *Modernism*, 1976, p. 350.

巴尔贝·德·奥列维利,致特雷比廷的信,1852 年 3 月,M. 布拉德伯里和 J. 麦克法兰合编,《现代主义》,1976, P350。

巴尔贝·德·奥列维利,参见第三册 P342【增订四】。

M. 布拉德伯里、J. 麦克法兰和《现代主义》:参见第二册 P204【增订四】。

P218 注释①*Orlando Innamorato*, Lib. II, Canto xi, §29, *op. cit.* Vol. II, p. 736.

《恋爱中的奥兰多》,第 II 部,第 xi 篇,§29,如前所引,第 II 卷,P736。

《恋爱中的奥兰多》及其作者博亚尔多:参见第一册 P99 注释③。

P219 注释①*L'Éducationsentimentale*, III. v, Conard, 1923, p. 585.

《情感教育》,III. V,康纳德,1923, P585。

《情感教育》：参见第三册 P357【增订四】。

《情感教育》的作者福楼拜：参见第一册 P436【增订四】。

P222 注释① *Menschliches, Allzumenschliches*, II. ii. §61 "Türkenfatalismus", *Werke*, ed. K. Schlechta, 1954, Vol. II, p. 905.

《人性的，太人性的》，II. ii. §61"土耳其式之定名论"，《全集》，K. 施勒赫塔编，1954，第 II 卷，P905。

《人性的，太人性的》：参见第一册 P45 注释②。

《人性的，太人性的》的作者尼采，参见第一册 P23 注释②。

P223 注释① Logau, *Sinngedichte: ein Auswahl*, ed. U. Berger, 1967, p. 70

洛高，《讽刺短诗：一个选择》，U. 贝格尔编，1967，P70。

洛高和《讽刺短诗：一个选择》：参见第一册 P69 注释③。

P223 注释② Cellini, *La Vita scritta per lui medesimo*, II. iii. 6, ed. A. J. Rusconi and A. Valeri, 1901, p. 341.

切利尼，《传记》，II. iii. 6，A. J. 卢斯科尼和 A. 瓦列里校订，1901，P341。

切利尼和《传记》：参见第二册 P567 注释②。

P223 注释③G. C. Lichtenburg. *Aphorismen*, *Essays*, *Briefe*, ed. K. Batt, 1965, p. 207.

G. C. 利什滕贝格，《警句，散文，书信》，K. 巴德编，1965，P207。

利什滕贝格和《警句、散文、书信》：参见第二册 P635 注释①。

P224 注释①*Dieu*, II, vii, "Le Rationalisme".

《上帝》，II，vii，"唯理论"。

《上帝》：雨果的诗歌，其他不详。

雨果，参见第一册 P145 注释①。

P228 注释①quoted in Sainte-Beuve, *Causeries du lundi*, Vol. III. pp. 368–9.

圣-伯夫，《周一漫谈》，第 III 卷，P368—369。

圣-伯夫和《周一漫谈》：参见第一册 P319【增订四】。

P229—230 注释① Heine, *Atta Troll*, Caput V, *op. cit.*, Vol, I, p. 361.

海涅,《阿塔·特罗尔》,第 V 章,如前所引,第 I 卷,P361。

海涅,参见第一册 P8 注释①。

《阿塔·特罗尔》:参见第三册 P533【增订四】。

P230 注释② novorarum optima ... maxima vetera ... vetcrum maxima nova. —Quintilian, *Institutio oratoria*, I. vi. 41, Loeb, Vol. I, p. 131.

"最好的创新就是最大限度地把古老的东西更新"——昆体良,《雄辩术原理》,I. vi. 41,洛布古典丛书,第 I 卷,P131。

昆体良和《雄辩术原理》:参见第一册 P60 注释①。

P231 注释① Valéry: "Note et Digression", *Oeuvres*, Bib. de la Pléaide, Vol, I, p. 1205.

瓦雷里,《笔记和旁批》,《全集》,七星文库,第 I 卷,P1205。

瓦雷里,参见第二册 P635 注释①。

"笔记和旁批":瓦雷里著,其他不详。

P231 注释② the impersonality of the work; cf. R. Wellek, *A History of Modern Criticism*, Vol. IV, p. 8.

作品的非人性化。—参见 R. 韦勒克,《近代文学批评史》,第 IV 卷,P8。

R. 韦勒克和《近代文学批评史》:参见第二册 P386 注释①。

P232 注释③*Causeries du lundi*. Vol. V, p. 112.

《周一漫谈》,第 V 卷,P112。

《周一漫谈》及其作者圣-伯夫:参见第一册 P319【增订四】。

P232 注释①J. E. Brown, *The Critical Opinions of Samuel Johnson*, 1926, p. 456.

J. E. 布朗,《塞缪尔·约翰逊的批评意见》,1926, P456。

J. E. 布朗和《塞缪尔·约翰逊的批评意见》:参见第三册 P27 注释①。

塞缪尔·约翰逊,参见第一册 P411 注释①。

P233 注释①J. E. Brown, *op. cit.*, pp. 251,254.

J. E. 布朗,如前所引,P251,P254。

J. E. 布朗和《塞缪尔·约翰逊的批评意见》:参见第三册 P27 注释①。

P233 注释② Quintilian, *Inst. orat.*, VIII. v. 34, Loeb., Vol. III, pp. 298 - 10.

昆体良,《雄辩术原理》,VIII. v. 34,洛布古典丛书,第 III 卷,P298—310。

昆体良和《雄辩术原理》:参见第一册 P60 注释①。

P233 注释③*Causeries du lundi*, Vol. I, p. 168.

《周一漫谈》,第 I 卷,P168。

《周一漫谈》及其作者圣-伯夫:参见第一册 P319【增订四】。

P233 注释④ Hardy to Arthur Symons, in Michacl Milgate, *Thomas Hardy*, 1982, p. 448.

哈代致亚瑟·西蒙斯,引自马歇尔·密尔盖特,《托马斯·哈代》,1982, P448。

托马斯·哈代,参见第二册 P57 注释①

亚瑟·西蒙斯,参见第三册 P591【增订四】。

马歇尔·密尔盖特和《托马斯·哈代》:不详。

P233—234 注释⑤ Croce, *Conversazioni critiche*, serie I, p. 67.

克罗齐,《批判性对话》,系列 I, P67。

克罗齐,参见第一册 P415 注释①。

《批判性对话》:克罗齐著。其他不详。

P234 注释① Pope: "To Walsh", *Correspondence*, ed. G. Sherburn, I, p. 18.

蒲柏:"致沃尔什",《信件》,G. 舍伯恩编,I, P18。

蒲柏,参见第一册 P100 注释①。

P234 注释② There must be transitioms between passages of greater and lesser intensity. ... The passages of less intensity will be in relation to the level on which the total poem operates, prosaic. —T. S. Eliot, *On Poetry and Poets*,

1957, p. 32

在警策句段与平短句段之间一定要有过渡句段…(诗歌中的)平短句段与诗歌的总体运作水平有关。——T. S. 艾略特,《关于诗歌与诗人》,1957, P32。

艾略特,参见第二册 P53 注释③。

《关于诗歌与诗人》: T. S. 艾略特著,出版于 1957 年。

P235 注释①*Die fröhliche Wissenschaft*, III, § 261, *op. cit.*, Vol. II, p. 158.

《快乐的科学》,III, § 261,如前所引,第 II 卷,P158。

《快乐的科学》: 参见第四册 P9【增订四】。

P235—236 注释②*L'Education sentimentale*, II, ii, *op. cit.* p. 240.

《情感教育》,II, ii,如前所引,P240。

《情感教育》: 参见第三册 P357【增订四】。

《情感教育》的作者福楼拜: 参见第一册 P436【增订四】。

P237 注释① St Basil: "To Young Men on How They Might Derive Profit from Pagan Literature", *Letters*, Loeb, Vol. IV, pp. 391 - 3.

圣贝索:"致年轻人,论他们如何从异教文学中获取利益",《书信》,洛布古典丛书,第 IV 卷,P391—393。

圣贝索,不详。

P239 注释① Plautus, *Mostellaria*, 379 - 80, Loeb, Vol. III, p. 328.

《凶宅》,379—80,洛布古典丛书,第 III 卷,P328。

《凶宅》及其作者普劳图斯: 参见第四册 P88【增订四】。

P239 注释② Madame de Staël, *De l'Allemagne*, Ptie II, ch. 1, Berlin: A. Asher, n. d., p. 110.

斯达尔夫人,《论德国》,第 II 部,第 1 章,柏林: A. 阿谢尔,新版,P110。

斯达尔夫人,参见第三册 P103 注释②。

《论德国》: 参见第三册 P206 注释①。

P242 注释①O, if thou hast breathed then, /Now the Muses had been ten. /

.../At least for ever, evermore/Will I call the Graces four. —Keats: “To Georgina Augusta Wylie”

哦,如果你曾经呼吸过,/那么,如今缪斯女神就有十个/……/至少是永远,甚至更久/我也称你是才貌女神第四。——济慈:《致乔治娜·奥古斯塔·怀利》。

约翰·济慈,参见第一册 P256 注释①。

《致乔治娜·奥古斯塔·怀利》:济慈著的诗歌。

P244 注释① Joesph von Eichendorff: “Zwielicht”, Gesam *Werke*, Aufbau Verlag, 1962, Vol. I, p. 5.

约瑟夫·冯·艾兴多夫:“黄昏”,《作品》,建设出版社,1962,第 I 卷,P5。

约瑟夫·弗赖赫尔·冯·艾兴多夫和“黄昏”:参见第四册 P215【增订四】。

P246 注释① Heidegger: “The Origin of the Work of Art”, in *Poetry*, *Language*, *Thought*, tr. by A. Hofstadter, 1971, pp. 54 – 5.

海德格尔:“艺术作品的起源”,见《诗歌、语言、思想》,A. 霍夫斯塔特译,1971, P54—55。

海德格尔,参见第一册 P283 注释②。

《诗歌、语言、思想》:参见第四册 P241【增订四】。

P246 注释② Roland Barthes, *Le Plaisir du texte*, 1973, p. 19.

罗兰·巴特,《文本的快乐》,1973, P19。

罗兰·巴特和《文本的快乐》:参见第一册 P711【增订四】。

P246 注释③ Le secret d'ennuyer est celui celui de tout dire.

无聊的秘密在于说出一切。

P246 注释④ Schiller, *Votivtafeln*, No. 49, *Werke*, ed. L. Bellermann, Vol. I, p. 184.

席勒,《许愿牌》,第 49 首,《作品》,L. 贝乐曼编,第 I 卷,P184。

席勒,参见第一册 P6 注释③。

《许愿牌》:参见第二册 P468【增订四】。

P252—253 注释① Ambrose Bierce, *The Devil's Dictionary*, Dover Publications, 1958, p. 48.

安布罗斯·比尔斯,《魔鬼辞典》,多佛出版社,1958, P48。

安布罗斯·比尔斯和《魔鬼辞典》:参见第四册 P353【增订四】。

P253 注释① Katharine M. Briggs, *British Folk Tales and Legends*, 1977, pp. 261 - 2.

凯瑟琳·M. 布里格,《英国民间故事与传说》,1977, P261—262。

凯瑟琳·M. 布里格和《英国民间故事与传说》,参见第一册 P68【增订四】。

P254 注释①*Orlando innamorato*, I, xxiv, § 45, *op. cit.*, Vol, I, p. 536.

《恋爱中的奥兰多》,I, xxiv, § 45,如前所引,Vol, I, P536。

《恋爱中的奥兰多》及其作者博亚尔多:参见第一册 P99 注释③【增订四】。

P260 注释① Lord Chesterfield, *Letters*, ed. B. Dobrée, Vol. IV, p. 1307.

切斯特菲尔德爵士,《信件》,B. 多布雷编,第 IV 卷,P1307。

切斯特菲尔德爵士、B. 多布雷和《信件》:参见第一册 P98 注释①。

P263 注释① Sainte-Beuve, Causeries du lundi, Vol. VI, P. 198.

Proust, *La Prisonniére*, in *A La recherche dutemps perdu*, Bib. de la Pleiade, Vol. III, p. 106.

圣-伯夫,《周一漫谈》,第 VI 卷,P198。

普鲁斯特,《女囚》,见《追忆似水年华》,七星文库,第 III 卷,P106。

圣-伯夫和《周一漫谈》:参见第一册 P319【增订四】。

普鲁斯特和《追忆似水年华》:参见第二册 P34【增订三】。

《女囚》:参见第五册 P107 注释①。

P263 注释② Pater: "The Poetry of Michelangelo", *The Renaissance*, Macmillan, P. 91.

佩特:《米开朗基罗诗歌》,《文艺复兴》,麦克米兰出版社,P91。

佩特和《文艺复兴》:参见第二册 P506 注释①。

P263 注释③ Flaubert, *Correspondance*, ed. J. Bruneau, Bib. de la Pléiade, 1973, Vol. I, p. 605, à Louis Bouilhet; cf. p. 1086, Note: Ce passage exprime admirablement le théorie flaubertienne du désir: que la satisfaction le détruit, ce qui est le fondement même, à ses yeux, de la tragédie humaine.

福楼拜,《书信集》,J. 布诺编,"七星文库",1973,第 I 卷 P605,致路易斯·布利赫;参见 P1086,注释:这段文字令人钦佩地传达了福楼拜的欲望理论:如愿偿欲毁万事,在他看来,这是人类悲剧的基础。

福楼拜,参见第一册 P436【增订四】。

P263—264 注释①*Complete Poems of Emily Dickinson*, ed. T. H. Johnson, 1960, No. 1382, p. 594.

《艾米莉·狄金森诗歌全集》,T. H. 约翰逊,1960,第 1382 首,P594。

艾米莉·狄金森,参见第一册 P45 注释②。

P265 注释①*Der Antichrist*, § 39, *Werke*, ed. K. Schlechta, 1955, Vol. II, p. 1200.

《敌基督者》, § 39,《作品集》,K. 施勒赫塔编,1955,第 II 卷,P1200。

《敌基督者》:参见第四册 P560【增订四】。

《敌基督者》的作者尼采,参见第一册 P23 注释②。

P265—266 注释① Leo Rosten, *The Joys of Yiddish*, Penguin, 1971, p. 67.

利奥·罗斯腾,《意第绪语的乐趣》,企鹅丛书,1971, P67。

利奥·罗斯顿和《意第绪语的乐趣》:参见第四册 P577【增订四】。

P274 注释① Bismarck, An Wagener, 1850.

俾斯麦,一辆马车,1850。

俾斯麦(Otto Eduard Leopold von Bismarck, 1815—1898),劳恩堡公爵,普鲁士王国首相,德意志帝国首任宰相,人称"铁血宰相"、"德国的建筑师"及"德国的领航员"。俾斯麦是十九世纪德国最卓越的政治家,担任普鲁士首相期间通过一系列铁血战争统一德意志,并成为德意志帝国第一任宰相。

一辆马车:这是 1871 年俾斯麦对当时欧洲关系的比喻说法。他认为,欧洲大陆各国像挤乘在同一辆马车里的旅客,面面相觑又满怀狐疑地相互戒备着,如有人将手摸向口袋里的手枪，其邻座则已做好先扣动扳机的准备。

P274 注释② Homer（*Hesiod*，*the Homeric Poems and Homeriod*，Loeb，p. 573）；Plutarch，*Moralia*，"A Letter of Condolence to Apollonius"，§27，Loeb，II，pp. 177－9；Dio Chrysostom，*Discourses*，XIII，2－3，Loeb，II，pp. 303－5.

荷马(《赫西奥德、荷马诗歌与荷马》,洛布古典丛书,P573);普鲁塔克,《道德论丛》,"致阿波罗尼奥斯的哀悼信",§27,洛布古典丛书,II, P177—179;狄奥·克里索斯托,《论说集》,XIII, 2—3,洛布古典丛书,II, P303—305。

荷马、赫西奥德和《赫西奥德、荷马诗歌与荷马》：参见第一册 P285 注释①。

普鲁塔克和《道德论丛》：参见第一册 P84 注释①。

狄奥·克里索斯托和《论说集》：参见第二册 P246【增订二】。

P275 注释①M. C. Hyers，*Zen and the Comic Spirit*，1974，p. 144，the Profusion of Puns.

M. C. 海尔诗,《禅宗与喜剧精神》,1974, P144,双关语的丰富性。

M. C. 海尔诗和《禅宗与喜剧精神》：参见第二册 P101【增订五】。

P275 注释② Lona Opie and Moira Tatem，*A Dictionary of Superstitions*，1989，P. 305.

洛娜·奥佩和莫伊拉·塔特姆,《迷信词典》,1989, P305。

洛娜·奥佩,参见第二册 P327【增订四】。

莫伊拉·塔特姆,参见第二册 P570【增订五】。

《迷信词典》：参见第二册 P570【增订五】。

P276 注释① Jules Renard，*Journal*，Bib. dela Pléiade，p. 455.

儒勒·列那尔,《日记》,七星文库,P455。

儒勒·列那尔,参见第一册 P301 注释③。

《日记》：参见第二册 P632【增订五】。

P276 注释② Opie and Tatem *A Dictionary of Superstitions*，1989，pp. 48,287

洛娜·奥佩和莫伊拉·塔特姆,《迷信词典》,1989,48, P48,P287。

洛娜·奥佩,参见第二册 P327【增订四】。

莫伊拉·塔特姆,参见第二册 P570【增订五】

《迷信词典》:参见第二册 P570【增订五】。

P276 注释③ *An Essay in criticism*, 301 - 2: As shades more sweetly recommend the light, /So modest plainness sweetly sets off sprightly Wit.

《批评论》,301—2:正如阴影能更好地衬托出亮光,因此,朴实无华突出智慧更有力量。

《批评论》:参见第三册 P334 注释①。

《批评论》的作者蒲柏:参见第一册 P100 注释①。

跋

本书在采录《管锥编》西文注释时所用的版本是生活·读书·新知三联书店(北京)2001年出版的《管锥编》。虽然早在1979年8月,《管锥编》第一版就正式出版,但考虑到2001年“三联”的新版本把后来钱钟书先生屡次增订的内容全部融合到正文之中,比较全面;而且,2001年版本有清晰的PDF电子书,采录西文注释也相对方便。所以,本书中所标明的第几页第几注释(P * 注释 *)都是指生活·读书·新知三联书店2001年版《管锥编》中的第几页第几注释。

《管锥编》西文注释中涉及数千个(种)作者和书籍,其中一部分早为我国学术界所熟知,而也有相当大一部分对于我们来说仍然属于“冷僻”一类的。在译解过程中,我们在详略上作了区别对待。对于耳熟能详的作者和作品,我们就少说明少解释,而对于那些“寂寂身名”的作者和作品,就尽可能多着笔墨。

此书虽然经我多次修改和校对,但纰漏错讹仍然难免,翻译不够精确、信息不够全面、表达不够严谨的地方也比比皆是,敬请广大读者不吝指正。在对《管锥编》西文注释中的人名、书名做解释词条时,由于信息来源众多、书本篇幅有限,因而未能一一注明出处,实为一大憾事!

《管锥编》中的西文注释涉及多个语种,对其进行译解需要不同语种的外语专业人才参与其中;也由于成书过程中译解、查阅、考证、梳理工作量巨大,非单枪匹马所能完成,所以我组建了一个专门团队,他们是(按姓氏笔画多少排列):无锡科技职业学院的丁宁老师、南京机电职业技术学院的马坤豪老师、北京黄城根小学的马金鑫老师、苏州农业职业技术学院的冯泽寰老师、江苏省太仓中等专业学校的吕美琪老师、无锡市梁溪区扬名教育集团的刘增荣老师、南京师范大学附属中学宿迁分校的张瑜、无锡市太湖格致中学的严璐老师、西南大学外国语学院的李贵洁博士、江阴市第一初级中学的李玲娜老师、战略支援部队信息工程大学的李梦雨博士、昆山南星渎中学的杨培培老师、东莞市商业学校的张翠翠老师、华中师范大学附属息县高级中学的余慧灵老师、苏州市陆慕高级中学的周翠老师、江南大学外国语学院研究生季露、天津外国语大学附属滨海外国语学校的赵凯琪老师、江南大学外国语学院研究生徐婉冰;浙江纺织服装职业技术学院的黄青青老师。

本书得以出版首先要感谢江南大学哲学社会科学研究基地“钱钟书及其海外传播研究”的资助;感谢江南大学外国语学院龚晓斌教授、方文开教授、严敏芬教授和朱义华博士给予的支持;感谢外国语学院的老师、朋友、学生的鼓励和启发。感谢参与部分校对工作的童星如、付亚楠、向雪艳、杨旸、任婷、钱越、刘心怡等几位同学。

也感谢上海三联出版社的殷亚平编辑及其同事的倾力帮助。

还要特别感谢江南大学外国语学院的邢爱华博士、范喆博士、于琰博士、张驭倩博士,还有远在意大利求学的黄心成同学。他们在西文译解方面,尤其是德语、法语、意大利语的翻译方面给予我大量指点。

张俊萍

2021 年夏

图书在版编目(CIP)数据

《管锥编》西文注释译解/张俊萍著. —上海: 上海三联书店，2021.9

ISBN 978-7-5426-6812-7

Ⅰ.①管… Ⅱ.①张… Ⅲ.①文史哲—中国—文集
Ⅳ.①C539

中国版本图书馆 CIP 数据核字(2019)第 221493 号

《管锥编》西文注释译解

著　　者 / 张俊萍

责任编辑 / 殷亚平
装帧设计 / 一本好书
监　　制 / 姚　军
责任校对 / 王凌霄

出版发行 / 上海三联书店
(200030)中国上海市漕溪北路 331 号 A 座 6 楼
邮购电话 / 021-22895540
印　　刷 / 上海惠敦印务科技有限公司

版　　次 / 2021 年 9 月第 1 版
印　　次 / 2021 年 9 月第 1 次印刷
开　　本 / 710×1000　1/16
字　　数 / 640 千字
印　　张 / 35.25
书　　号 / ISBN 978-7-5426-6812-7/C·587
定　　价 / 128.00 元

敬启读者，如发现本书有印装质量问题，请与印刷厂联系 021-63779028